重振西藏文化的
密續佛教

Tibetan Renaissance:
Tantric Buddhism in the Rebirth of Tibetan Culture

羅納德・戴維森（Ronald M. Davidson）著
黃書蓉、陳桂芬、釋若理、陳美靜、洪琬雯 譯
梅靜軒 校潤

通序

2014年8月教育部核准設立「法鼓文理學院」（Dharma Drum Institute of Liberal Arts，縮寫 DILA），法鼓山創辦人聖嚴法師（1930－2009）多年的「大願興學」完成。法鼓文理學院第一、二任校長（2014－2022）惠敏法師指出，1994年創辦人聖嚴法師為提供中華佛學研究所之各種研究成果，以及各種獎助、補助的佛學相關著作，給學術界與社會大眾參考使用，精選出版《中華佛學研究所論叢》，希望能達到出版優良學術作品之目的，進而提高國內佛教研究的國際學術地位。法鼓文理學院成立後，原來的各類叢書，也更名為《法鼓文理學院論叢》、《法鼓文理學院譯叢》、《法鼓文理學院特叢》，2018年亦新開闢《法鼓文理學院e叢》，可以更多元地發展學術出版成果。

2021年法鼓文理學院學制以「心靈環保」為核心價值，立基「佛教學系」之博、碩、學士班，與人文社會學群之「生命教育碩士學位學程」，以及「社會企業與創新碩士學位學程」（社會企業、社區再造、環境與發展三組）。2023年新設「社會企業與心靈環保碩士在職學位學程」、「生命教育學系進修學士班」，實踐終身教育與終身學習的發展。

至於教研處設立學術出版組，規畫、執行各項學術出版業務，並組成「法鼓文理學院學術出版委員會」。依據其設置要點，負責訂定出版物之出版原則及各項重要相關事項之決議，包含《法鼓佛學學報》、法鼓文理學院叢書、教學

教材及其他經議決同意出版之出版品。

　　2022 年適逢聖嚴法師心靈環保（1992 年提出）三十週年，法鼓文理學院透過心靈環保跨領域對話學術研究，兼備佛法與世學，邁向公益與利他心思維，並於學術出版組成立《心靈環保學報》，將心靈環保理念落實於學術研究與社會實踐，發揮社會影響力。

　　為繼往開來，本校將秉持聖嚴法師大願，廣納相關研究成果，藉由學術出版委員會規畫，持續推廣出版各式優質論文以饗讀者，提高臺灣佛教與人文社會研究之國際學術地位，並促進國際學術文化交流。

陳定銘

法鼓文理學院校長
2022 年 9 月 6 日謹誌

導讀

　　本書是關於西元十至十三世紀間，佛教於西藏高原蓬勃發展的歷史。在歷經雅隆王朝（約 650-850）與隨後持續約一百年左右，分裂動盪的「黑暗時期」後，西藏知識僧侶、印度譯師等宗教菁英，聯手開創出一個佛教發展的高峰。傳統的西藏史書經常以殘餘灰燼中重燃的希望之火來描繪這個復興階段。主導這個時期的宗教人士以晚期密教文獻與修持法做為重建制度與興建寺院的參考，並且改造了中央西藏的政治局面。地方領主則透過儀式展演，實現了儀軌所蘊涵的權威象徵意義，從而鞏固其世俗地位。

　　作者羅納德・戴維森（Ronald M. Davidson）從四個主題分析這階段的西藏宗教文化運動。首先作者認為，西藏菁英人士運用印度晚期的密教文本與儀軌，重整破碎的西藏社會文化。其次，此過程以翻譯密續典籍為開端，從而刺激了西藏本土宗教人士的創作熱情。他們面對大量的藏譯佛教典籍，在消融吸收後注入西藏文化的特性，進行文本注解、撰寫修持儀軌、教法源流史等各種類型的宗教文學創作，為日後西藏佛教的發展，奠定穩固的基礎。又因這些西藏文人的努力，成功地將雪域高原轉化為一個佛教世界，甚至超越佛教的印度源頭，成為舉足輕重的國際佛教中心，以及密續佛教的權威來源，一再地吸引西夏人、中國人、尼泊爾人乃至印度人前往學習。最後，西藏僧侶不只擁有穩固的宗教權威，也順利地取代了王室，成為西藏社會合法的統治者，形塑了一種特殊

的政治與宗教權力交織呼應的圖景。本書書名原文為 *Tibetan Renaissance*。作者借用中世紀歐洲的文藝復興運動為譬喻，來點題十至十三世紀這三百多年間，西藏分裂的社會情境與本土宗教創作的蓬勃發展樣貌。作者提醒我們應避免以歐洲文藝復興的過程，來想像這個時期西藏高原宗教發展的顛峰。是以本書的中譯本將書名譯為《重振西藏文化的密續佛教》，以避免誤導。

　　本書主要以組成薩迦派的昆氏家族人士為核心，但不限於昆氏後裔，也旁及了同時期噶當、噶舉、寧瑪等教派成型初期的祖師們。本書引領讀者進入中世紀初期，西藏的宗教文化社會發展歷程，見證了這些宗教人物創作的熱情與性格。事實上，本書可以說是這三百多年間西藏宗教人物的一部側寫。作者展現文獻學者本色，梳理西藏歷史文獻、人物傳記、教派源流史書、祖師文集等著作，使那些性格色彩鮮明的宗教人物與其事蹟，無論光彩與否，都鮮活地躍然紙上。

　　密續佛教世界中，究竟有多少樣貌與身分迥異的人物呢？在本書中我們可見到有教派歸屬之士，也有遊走於僧與俗之間的類僧侶、頂髻羅漢、咒師等造型特殊，在禮俗與違反紀律之間走跳的行為怪異人物。從教派歸屬來說，寧瑪派的貴族世家，如努千（gNubs chen）、素爾（Zur）家族等，他們延續了帝國時期流傳下的修持法，以及這些教法所根據的密續譯著。雖然本書中對於黑暗時期沒有太多的著墨，僅以背景交代方式呈現，熟悉西藏佛教歷史的讀者應該都聽聞過努千・桑傑耶謝（gNubs chen Sangs rgyas ye shes）的大名。他是述及西藏黑暗時期歷史時，很難被忽略的人物。而素爾家族成員被認為是促成編輯《寧瑪十萬密續》的主要貢獻者。此外，本書第六

章聚焦討論了寧瑪派的一種特殊文類——伏藏（gter ma），以及掘取此類文本、寶物的關鍵人物伏藏師。伏藏師開啟伏藏的行為，所揭露的不只是埋藏於帝國瓦礫堆下的物質遺產，更是彰顯了舊譯派修持法的合法源泉，亦即蓮師的遺教。這不僅是寧瑪人士的一種自我驗證，也是光榮帝國的高光與神聖再現。伏藏師每一次從西藏的湖泊山川、懸崖峭壁開啟伏藏的行為，都在聖化藏地的自然景觀；透過想像的過去與未來的歷史，他們一次次地將西藏再現為諸佛菩薩神聖活動的領域。換言之，帝國榮耀、集體意識、神聖重現、傳承與創新等等這些政治、宗教主題，都與伏藏師的取藏活動息息相關。

西藏佛教復興最顯而易見的指標是戒律傳承的延續。雖然桑耶寺隨著王朝的崩解成為斷壁殘垣，所幸源自「根本說一切有部」戒律傳承的香火並未滅絕。西藏佛教傳統認為，後弘期戒律的復興分別來自安多草原，也就是位於中央西藏東北部的戒律傳承；以及在古格—普蘭王國的西部戒律復興，他們從印度再度引入戒律在高原流傳。這東、西兩部（又或者稱下部律學、上部律學）戒律傳承的僧侶對教法延續與佛教復興功不可沒。一批接受東部戒律傳承的僧侶們返回中央西藏後，重建寺院並專注於經教、阿毘達磨等教義的學習。日後多數噶當派的僧侶所領受的聲聞戒都是由東部戒律傳承的戒師所授予。反之，東部律僧也接受了噶當派的寺院教育課程體系。這兩類僧侶群體間有良好的互動，也為往後寺院體制、課程與寺院教育的發展，奠定紮實的基礎，成為十一世紀大譯師時代的基石。關於這主題，在本書的第三章有精要的陳述。

另一類宗教人物是狂行者（smyon ba），或廣泛地通稱瑜伽士。本書有不少篇幅描繪帕丹巴‧桑傑（Pha dam pa Sangs rgyas）與嘉耶達羅（Gayādhara）這類型不完美的專業人士。而占據本書最多篇幅的，當屬譯師這群體，如熱譯師（Rwa lo tsā ba）、桂譯師（'Gos lo tsā ba）、馬爾巴（Mar pa）、卓彌（'Brog mi）、嘉耶達羅等人。從章節內容來說，本書前兩章分別為讀者鋪陳了九至十世紀印度密教發展的背景，以及雅隆王朝覆滅後的社會失序與三次動亂以及黑暗時期的宗教處境。除去前述第三章東部戒律僧侶與第六章伏藏文本和寧瑪派的本覺思想外，本書其餘的五個章節主要是環繞著薩迦派，或是與薩迦祖師直接相關的文獻內容。第四章正式進入譯師的主題，作者首先中肯地定位譯師為傳播南亞大陸佛教文獻進入西藏的重要媒介作用；並且梳理了十一世紀的西藏需要譯師這樣的專業人士重新翻譯佛教典籍的社會脈絡。這一章有助於讀者理解西藏歷史上重要的分水嶺，即所謂的「前弘期」、「後弘期」，或被稱為「舊譯」、「新譯」的兩大時期。其中涉及的是西藏從一個統一且強大的帝國政權瓦解，社會分崩離析的景況。在這樣的動盪時代，宗教人士從佛教文獻與修持法中得到滋養，藉以重建家園與社會秩序。佛教對於雪域高原的藏人而言，從來就不只是宗教信仰而已。他們從經、律、論三藏中汲取的不僅是出世超脫的究竟真理與救贖之道，也從中學習了王道、醫療、宇宙觀、人倫律法等塵世生存的知識與技術。這些構建西藏社會的重要知識來源，很大程度仰賴這個時期譯師們的貢獻。當然我們也不應天真地認為，西藏的宗教知識組成是印度源頭的翻版，是一成不變的複製結果。作者提出了一種「灰色文本」存在的可能性，很大程度地為讀者開啟了一扇未知之窗。這也可說是此章最大的亮點。第五章介紹卓彌譯師這位非比尋常的文學天才，以及與同時期的嘉耶達羅互動的經

歷。這些生動有趣的故事非常適時地緩和了大量繁瑣的教法文本流傳與版本細節的討論。

　　第七至第九章是本書的壓軸之作。卓彌留給後世的重要遺產除了翻譯作品外，他也培養了優秀的弟子謝敦・昆里（Seston Kun rig），透過他進而造就了昆氏和薩瑪兩大傳承氏族。薩迦派的創立始於昆・貢丘傑波（'Khon dKon mchog rgyal po），他在跟隨卓彌學習一段時間後，無論是在教義的理解抑或是修持證悟方面，都有了非凡的成就。十一世紀下半葉的宗教菁英，面對著數量龐大且體系龐雜的譯著，這促使他們致力於系統化彙整教法文本與實踐方法。因為他們的努力，迎來十二世紀西藏佛教本土思想和創造表達的全新與全盛時期。第八章前半篇幅梳理了中央西藏的新宗教發展階段，作者除了分析《時輪金剛續》傳入西藏後普遍被認可的原因外，也討論了以女性祖師傳承聞名的斷境法（gcod）。之後本書聚焦於薩迦初祖薩千・貢噶寧波（Sa chen Kun dga' snying po）以及他的兩位傑出兒子──索南孜摩（bSod nams rtse mo）和札巴堅贊（Grags pa rgyal mtshan）。作者詳細地呈現了他們對於道果法的注解與修持儀軌所做的巨大貢獻。

　　這本書主要的九個章節，囊括了中世紀三百多年間，西藏佛教浴火重生的歷程。這是集佛教四眾弟子之力，共同成就的輝宏大業。必須留意的是，上述的人物屬性與分類並非絕對的，許多人同時具備數種身分，或者時而在不同身分間轉換。無論如何，這些學有專精但可能同時貪婪、嗜權的人物，成辦了佛教在雪域高原的生根發展。對於西藏佛教歷史或教義感興趣的讀者來說，這是一部難得的讀本；但也必須承認，這是本難讀的書籍，因為閱讀此書也可能考驗著讀者的耐心。

最初翻譯本書的動機是有鑑於書中豐富的歷史文獻資訊，因而選擇此書做為筆者所開設的「西藏佛教史」課程的補充教材。然而，學生普遍反映內容過於艱深難懂。是的，這問題發生在 AI 翻譯尚未鋪天蓋地席捲我們生活的年代。猶記得當時班上的幾位學生，書蓉、若理法師、桂芬等同學，自告奮勇地接受這項艱鉅的任務。時光荏苒，所謂的當時，至今已是屈指難數的春秋。和許多艱鉅的工程一樣，中間必定延宕數回，遭逢挫折。感謝上述三位同學以及美靜、琬雯的加入，特別是書蓉在翻譯後期的彙整稿件，統一翻譯用語等。這本書的中譯過程與書中部分內容也時有巧妙的共鳴。在完成校譯的當下，真是如釋重負。最終的最終，這部集眾人之力完成的作品，現在得以呈現在讀者的眼前。對於所有參與者的付出與堅持，以及兩位審查委員的寶貴意見，敝人都銘感於心。

　　基於各方考量，本書部分章節段落略做了刪減。原書的三個附錄最終也決定不收錄。這本書是藏學家羅納德・戴維森的代表作之一，反映的是歷史文獻學者視角下的西藏歷史與教法演變，特別是薩迦派道果系統教法的文獻成型過程。希望此中譯本的出版，對於臺灣佛學、藏學研究社群，能有所助益。

梅靜軒

法鼓文理學院佛教學系副教授
2024 年 7 月 22 日

重振西藏文化的密續佛教

目次

通序 3
導讀 5
前言 17
圖表目次 21

導論 23
    八思巴和蒙古滅亡 29
    復興時期的歷史代表人物 34
    薩迦典範和本書 39
    以「文藝復興」做為一種比喻 44

第一章　中世紀初期的印度與密教概論 57
    中世紀時期印度政治社會概況 60
    佛教的經歷和制度化的密教 64
    位於社會邊緣的成就者 70
    密續文獻和儀軌 73
    那洛巴傳奇——入境隨俗的大班智達 84

畢如巴傳——醜陋先生進城了 91
　　傳記、傳承和傳播 98
　　結論——新興的印度儀軌 103

第二章　王朝的覆滅與昏暗的道路 115
　　帝國末日的善意 116
　　四分五裂——於黑暗中潰逃，在陵墓中有光 122
　　顛簸的宗教之路 130
　　十至十一世紀的氏族 140
　　結論——西藏命運的改變 144

第三章　東部戒律僧侶的改革與復興 159
　　前往西藏東北地區求法 162
　　將佛陀的教法傳回中央西藏 169
　　世界屋脊上的衝突 186
　　西藏西部與噶當派 190
　　歷史是勝出的偉大思想和完善的組織 196
　　結論——帝國陰影下的傳統 199

第四章　新的特權階級——譯師 217
　　咒師和重新翻譯的動機 220
　　跨喜瑪拉雅山的加冕 223
　　熱譯師・多吉札的奇異人生 232
　　密教的法術競賽 243
　　神祕的馬爾巴大師 250

灰色文本、新譯疑偽經和薩瑪・確吉傑波 259
　　新保守主義正統思想的誕生 263
　　知識的崇拜和文化 267
　　結論——如同普羅米修斯一般的譯師 271

第五章　卓彌——中央西藏譯師們的老前輩 291
　　遊牧出身的譯師 294
　　旅印時期的卓彌 302
　　返回西藏 307
　　印度代表團——嘉耶達羅和其他班智達們 313
　　卓彌的工作成果和《道果根本頌》的起源 320
　　《道果根本頌》的內容 327
　　道果附屬八法 333
　　卓彌的其他譯作 345
　　結論——不完美的文學天才 350

第六章　伏藏、帝國傳統和大圓滿 375
　　埋藏於帝國瓦礫中的寶藏 376
　　諸神護佑的帝國亡魂 383
　　十一至十二世紀的伏藏 392
　　請給我古時候的宗教 401
　　另類的知識信仰——本覺 406
　　結論——將傾覆之帝國視為永恆之寶藏 415

第七章　十一世紀末——從密教傳承到氏族廟宇　435

小黑阿闍黎——帕丹巴和他的希解派　437
通俗的表達方式和傳法的熱情　441
十一世紀末的知識全盛時期　452
卓彌的遺產和下一個世代　459
昆氏族的神話和家族傳承的薩迦寺　464
結論——繼譯師之後的全新階段　473

第八章　十二世紀初——自信的西藏佛教　495

噶當派的知識團體　498
時輪時代的來臨　501
岡波巴及噶舉派的全盛時期　503
一展長才的瑪紀瑜伽女——斷境法及薩瑪道果法　513
薩千・貢噶寧波——薩迦寺的危機與存續　517
跋里譯師和不可或缺的儀軌　522
薩千和十一個注釋本　529
薩千其他的文學遺產　539
畢如巴示現和昆氏近傳　544
結論——重塑宗教的藏人　551

第九章　十二世紀末至十三世紀初——道德危機、國際聲譽以及體制的成熟　577

十二世紀末的衝突和狂者　581
噶舉派的傳法活動和西夏人　587
薩千的弟子、兒子以及傳承的延續　591

延續昆氏法脈的索南孜摩 595
　　札巴堅贊和薩迦道場 602
　　夢境、示現和圓寂 611
　　相得益彰的文人兄弟以及道果法的本土化 614
　　釐清密法以及注疏體系的整合 625
　　佛教的背景和薩迦早期的教學作品 633
　　結論──佛教信仰的可靠資料 635

第十章　結論和後記──氏族結構、晚期密續佛教及新保守主
　　　　義的勝利 659

名詞解釋 667
略符表 671
參考書目 673
索引 773

前言

　　本書試圖表彰人類歷史上最了不起的成就之一，即九世紀中葉西藏文化於吐蕃帝國災難性的瓦解和分裂後約一個世紀，佛教的重整和復興。此現象在傳統和現代的敘述中被忽略的單純事實是，藏人採用了印度怛特羅（tantric）佛教的詞彙、文本和儀軌。這是一種最不可能促進文化穩定的方式，藏人卻以此完成復興大業。藏人以印度佛教最後階段且最深奧的瑜伽修持法，以及對佛教經典的研究和翻譯為基礎，重組其社會和宗教，來順應以氏族為中心，不斷演變的密教傳承和教團體制。隨著時間的推移，他們改善並實現了密續思想，直到西藏成為眾所周知的諸佛菩薩佛行事業之地。結果，西藏最終取代了印度，成為理想的佛教學習和修行的源頭，成為歐亞大陸大部分地區虔誠佛教朝聖者的目標，以及所有可持續發展之密教的衡量標準。

　　然而，倘若沒有我的藏人上師和朋友的自願參與，這部作品就不可能面世，特別是哦‧塔傑堪布‧索南嘉措（Ngor Thar rtse mkhan po bSod nams rgya mtsho [Hiroshi Sonami]），他和我一起閱讀了本書所使用和翻譯的許多薩迦派文本。他堅持要我考慮將我們從 1976 年開始，直到 1987 年 11 月 22 日他英年早逝前的這十一年間，一起閱讀的許多作品翻譯出來。這完全體現出他的慷慨精神。我們兩人都知道，這想法與薩迦派幾世紀以來所蘊藏的文化背道而馳，但塔傑堪布也相信，西藏佛教要想在海外繁榮發展，就必須以前所未有的方式，重新

界定自己。儘管我們在資料的有效性和歷史表述的方法上存在分歧，但我們一致認為，薩迦傳統就如它所宣稱的那般燦爛輝煌。後來，我在1996年得到薩迦法王薩迦崔津（Sa skya khri 'dzin）尊者的批准，出版我翻譯的《道果根本頌》。這比其他任何事情都更能證明塔傑堪布對未來的展望是正確的。

在這本著作的發展過程中，另一位最有影響力的人是我的朋友和同事，維吉尼亞大學（University of Virginia）的大衛·傑瑪諾（David Germano）。幾乎從我們遇見的那一刻起，大衛和我就一直在互相支援彼此的工作。他一直為我的文稿騰出時間，並提供那些文稿的評價。我們這些主要在大學任教的人，沒有資源可以在研究所課堂中審視自己的作品，而大衛一直提供我這種機會。多年來，他在維吉尼亞大學的碩士生課堂中，使用此書的不同章節，邀請我去和他的研究生們互動，持續不斷地回答他們對於所有我已出版的學術作品，甚至未發表的文章的質疑。我非常感激他願意為我所寫的，經常是難以理解的散文，和關於這二、三個世紀間的西藏佛教的古怪筆記騰出時間閱讀。我們都認為這二、三個世紀的西藏佛教在各種意義上，都非比尋常。

我應在此表達對其他許多朋友、同事和機構更多的感激之情。自從1971年我與馬修·凱普斯坦（Matthew Kapstein）第一次見面以來，他一直是我的靈感源泉和參考標準。珍妮·嘉措（Janet Gyatso）在柏克萊大學（University of California, Berkeley）畢業之前，就已經和我分享了她對西藏佛教的看法。西魯斯·史登斯（Cyrus Stearns）博士非常慷慨地分享了他自己的《道果根本頌》（*Lam 'bras rtsa ba*; *Root Text of the *Mārgaphala*）譯文以及他對我翻譯的批評，從而使我避

免了許多或大或小的錯誤。大衛・傑克遜（David Jackson）經常給予我支持，即使我們對薩迦派的許多方面存在分歧意見。布萊恩・奎瓦斯（Bryan Cuevas）仁慈地閱讀了整本書，並提出許多有用的建議。我的朋友史蒂芬・古德曼（Stephen Goodman）和肯尼斯・伊斯特曼（Kenneth Eastman）認識我的時間比我願意承認的還長，我感激他們的許多好意。羅伯特・維塔利（Roberto Vitali）、丹・馬丁（Dan Martin）、大衛・盧格（David S. Ruegg）、桑登・卡梅（Samten Karmay）和佩爾・卡斐爾尼（Per Kværne）一直鞭策我，是優良學術的一貫標準。珍烏爾禮區・索比什（Jan Ulrich Sobisch）使我有機會得到《帕摩竹巴全集》（*Phag mo gru pa bka' 'bum*）的部分內容，而李奧納德・範德庫伊普（Leonard van der Kuijp）為我提供了他在中國獲得的寫本影本。我也應感謝我在費爾菲爾德大學（Fairfield University）的支持者們：學術副校長歐林・葛羅斯曼（Orin Grossman）、院長提摩西・史奈德（Timothy Snyder）、約翰・泰爾（John Thiel）、保羅・雷克蘭（Paul Lakeland）、法蘭克・漢納非（Frank Hannafey）以及我在宗教研究學系（Department of Religious Studies）裡的所有同事。

在印度，班納西・賴（Banarsi Lal）博士對我的協助實在難以言喻。自1983年他對我伸出援手開始，到1996至1997年我們一起合作，直到現在。感謝桑東仁波切（Samdhong Rinpoche）教授、中央高等藏學研究所（Central Institute of Higher Tibetan Studies）和桑普曼南德梵語大學（Sampumanand Sanskrit University），他們在我不同的研究時期，為我提供了機構歸屬。這項研究得到了美國印度研究所（American

Institute of Indian Studies）、傅爾布萊特資深學者國際交流委員會（Council for the International Exchange of Scholars' Senior Fulbright Research Fellowship）、美國新聞處（United States Information Service）、費爾菲爾德大學文理學院（College of Arts and Sciences at Fairfield University）、費爾菲爾德大學教師研究委員會（Fairfield University Faculty Research Committee），以及我宗教研究系同事們的資助。

此外，我必須感謝哥倫比亞大學出版社（Columbia University Press）的溫蒂・羅克納（Wendy Lochner），她承擔了這份困難、冗長而複雜的文稿出版工作。她在我們的討論中鼓勵我的研究工作。而哥倫比亞大學的編輯人員萊斯利・克里塞爾（Leslie Kriesel）、蘇珊娜・萊恩（Suzanne Ryan）和瑪格麗特・山下（Margaret Yamashita）對這個專案嚴格要求，堪稱典範。我永遠感激他們的耐心和毅力。

最後，我想對我的妻子凱薩琳・施瓦布（Katherine Schwab）博士表示感謝，她讓我知道並非全世界都圍繞著文本和語言，但她在我過去幾年瘋狂的寫作和出版中一直給予我支持。無論成果如何微不足道，她的仁慈和優雅總能讓我得到學術之神的眷顧。一如既往，毫無疑問的，困擾著這部史書和翻譯作品的諸多錯誤，絕不能歸咎於我有幸認識的許多傑出的老師、朋友和同事，那些錯誤只屬於我一個人。

羅納德・戴維森（Ronald M. Davidson）
康乃狄克州費爾菲爾德（Fairfield, Connecticut）

圖表目次

地圖 1	西藏四如及衛藏的主要區域	26
地圖 2	十、十一世紀印度怛特羅佛教的活動地點	78
地圖 3	河西和宗喀地區	167
地圖 4	烏如和北夭如	179
地圖 5	許多譯師使用的前往尼泊爾、印度的貿易路線	238
地圖 6	藏區西部和拉堆東部	309
地圖 7	夭如（包括達波、涅河谷）	505

表 1	十一世紀維嵩繼承人簡表	126
表 2	王朝諸氏族之領地	141
表 3	十一世紀雲丹繼承人簡表	170
表 4	衛藏區的東部戒律僧侶	177
表 5	薩千注釋本中引述之人名	530
表 6	薩千注釋本中的道果定義	534
表 7	道果法之道的四種五分法	538
表 8	索南孜摩標注年代之著作	600
表 9	札巴堅贊標注年代之著作	607

| 圖 1 | 那洛巴（臨摹自阿爾奇寺〔Alchi〕三層堂〔gSum-brtsegs〕之壁畫） | 86 |
| 圖 2 | 桑耶寺烏策殿（臨摹自一張現代照片） | 175 |

圖 3	葉巴寺（臨摹自理查森〔Richardson〕之照片）	181
圖 4	卡九寺（臨摹自理查森之照片）	184
圖 5	阿底峽和種敦（臨摹自一幅十二世紀噶當派圖畫）	191
圖 6	帕賓（作者攝）	253
圖 7	色喀古托（臨摹自理查森之照片）	258
圖 8	卓彌譯師・釋迦益西（臨摹自一幅十六世紀的圖畫）	292
圖 9	桑耶寺小型水上龍神廟（臨摹自理查森之照片）	385
圖 10	昌珠寺（臨摹自理查森之照片）	387
圖 11	庫丁寺（臨摹自理查森之照片）	389
圖 12	哲拉康寺（臨摹自理查森之照片）	399
圖 13	帕丹巴和貢噶（臨摹自十三世紀寫本中的一幅插圖）	441
圖 14	拉薩大昭寺入口（作者攝）	447
圖 15	鄂・羅單協繞之墓（臨摹自理查森之照片）	455
圖 16	噶舉派傳承中的馬爾巴、密勒日巴、岡波巴（臨摹自一幅十三世紀初的圖畫）	507
圖 17	薩千舍利塔外觀（臨摹自西魯斯・史登斯〔Cyrus Stearns〕之照片）	593

導論

　　喜聞王子菩薩貴體安康，莊嚴佛事遍滿十方！吾等蒙您慷慨布施之士亦安好。您大慈大悲護佑一切，廣泛地利益國家和佛法。然您竟將吾等卑微之人，納入您的「心腹」（字面意義是「核心壇城」）！因此，閣下之言語彷若甘露（bDud rtsi）之流。又，吾等得具足一切美妙事物，均係您美意加持，將其傾注吾等之身，吾等之歡喜油然而增。

——八思巴（'Phags pa）致忽必烈汗（Khubilai Khan）函
約於 1255-1259 年[1]

　　人們普遍認為西藏是個政教合一的傳統國家，直到最近仍由一位法王統治著龐大的僧團，並被國際社會譽為真正的佛教聖地。然而，西藏在這些現象產生之前是什麼狀態？令人驚訝的是，西藏從災難性的文化崩解中重生，並以前所未見的方式形塑其文明，使佛教的地位制度化，實現其宗教之獨特性。上面所翻譯的是法王八思巴致忽必烈汗謙卑恭順之信函的部分內容，他代表了西藏佛教僧侶擔任政治職務時的兩難。他是西藏歷史發展的象徵，是文明的標誌。這個文明成功地取得佛教上的成就，翻轉了無序的狀態，令全亞洲同聲稱頌。

　　八思巴是一個佛教修持傳承的繼承者。該傳承從元朝的蒙古皇室開始，延續到中央西藏南部的薩迦寺經堂，再進入印度密教（esoteric），或怛特羅（tantric）佛教發展的隱密角

落。八思巴以「薩迦寺」為基礎，該寺創建於 1073 年，它是若干密教修持法的發源地，其中最著名的一個被稱為「道果」（*mārgaphala: lam 'bras）法。然而，八思巴身為若干怛特羅祕密佛教的代表，依賴的是始於十世紀末至十一世紀初，幾代藏人和印度人對佛行事業的奉獻。大約從 950 年至 1250 年的三百年間，佛教僧侶和瑜伽士們為整個亞洲大部分地區的密教繁榮奠定了基礎。在這段期間，他們將倖存於印度宗教生活邊緣的佛教形式轉變成推動宗教復興運動的核心要角。在這個過程中，藏人創造了人類歷史上史無前例的事件，即西藏佛典的編輯和編纂，以及西藏宗教生活的制度化。

　　本書是關於西藏史上的復興時期，也就是在充滿活力的西藏帝國（約 650-850）和社會動盪的西藏黑暗時代（約 850-950）後的階段。最特別的是，本書是關於做為西藏文明餘燼的晚期印度密教，在西藏文明重新融入亞洲大文化圈時，所占據的關鍵地位。從十至十二世紀，藏人透過不斷發展的晚期密教文獻和修持法，做為重要的參考資料來重建制度、興建寺院以及改造中央西藏「四如（如拉克〔Ru lag〕、耶如〔g.Yas ru〕、烏如〔dBu ru〕、夭如〔g.Yo ru〕）」[1] 的政治現況。全新翻譯的經典，因其所提供之宗教方法的神祕和靈驗而確保了它們的卓越地位。這使得專門翻譯此類文獻的譯師取得了實質上的貴族地位，這地位對某些譯師而言，並非與生俱來的。在這些西藏譯師中，最惡名昭彰者以封建領主的身分行事，通過其行為實現了密教儀式中所蘊涵的象徵，成為精神世界的神聖主尊。就是這些十至十二世紀的人物，最終導致達賴喇嘛（Dalai Lama）的神權政治，他們在行使政權時，有些人會喪失其僧侶身分，或損毀他們的誓言。

復興時期的西藏宗教文化運動共有四個主題。首先，藏人使用佛教的宗教體系，特別是晚期的密教，即以修行為基礎的印度怛特羅佛教所提供的文本和儀軌，將他們破碎的文化重新整合。這點很奇怪，因為晚期印度怛特羅佛教是一種地方性的型態，並未如它最終在西藏那般，受到全印度佛教的認同。其次，在藏人文化復興的過程中，他們努力將大量文獻翻譯成持續發展的文學語言。這個驚人的成就為他們帶來新知和接觸印度文明思想的管道，最終促使他們書寫自己的文化，產生了多樣的文本類型。第三，中央西藏人士相當成功且鉅細靡遺地推廣他們的新佛教文化，以至於到了十二世紀，他們已順利取代印度，成為國際佛教思想的最佳來源。在這一點上，他們受益於印度逐漸惡化的安全局勢，因為印度在十一至十三世紀間，一直因伊斯蘭的入侵而備受困擾。最後，西藏喇嘛們運用新的儀軌和思想形式，創造了佛教僧侶的宗教政治權威敘事，使僧侶們最終能取代古老的王室血統，成為中央西藏合法的統治者。

　　所有這一切的主要推動力量是舊西藏貴族，他們構成了多數有權勢的佛教僧侶階級。當時以及其他任何時候，所有藏人都必須在氏族結構所形塑的社會網絡中，追求個人或共同的目標。而那些缺乏富有家族支持的人則不然。矛盾的是，西藏的貴族在帝國時期就已經出現問題，並在分裂初期造成社會動盪。但在復興時期，他們卻成為建立穩定制度的重心。我們研究的西藏，即中央西藏四如尤其如此。這個地區包括衛（dBus）區和藏（gTsang）區，因此本書中的「西藏」主要指的是這個區域（地圖1）。這是復興時期，各大氏族建造莊園，並利用宗教達成多種目的，有時也製造衝突的地區。這也

·26· 重振西藏文化的密續佛教

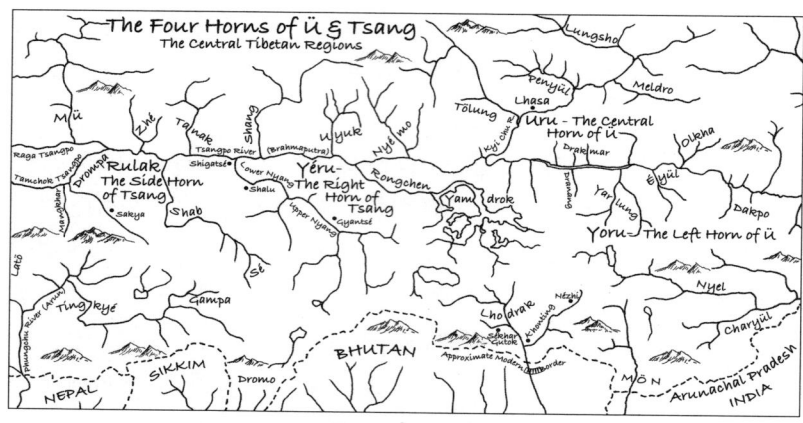

地圖 1　西藏四如及衛藏的主要區域

The four horns of Ü&Tsang 衛藏四如
The central Tibetan regions 中央西藏區
Rulak-The side horn of Tsang 如拉克──藏區邊如
Yéru-The right horn of Tsang 耶如──藏區右如
Uru-The central horn of Ü 烏如──衛區中如
Yoru-The Left horn of Ü 天如──衛區左如

Approximate Modern Border 約略的現代邊界
Arunachal Pradesh India 印度阿魯納恰爾邦
Bhutan 不丹
Charyül 甲域
Dakpo 達波
Drak mar 札馬
Dranang 扎囊
Dromo 卓木
Drompa 仲巴
É Yül 埃域
Gampa 崗巴
Gyantsé 江孜
Khouting 庫丁寺
Latö 拉堆
Lhasa 拉薩
Lho drak 洛扎
Lower Nyang 下娘區
Lungsho 林周
Mangkhar 曼卡
Meldro 墨竹
Mön 蒙域
Mü 門曲
Nepal 尼泊爾
Nézhi 乃西
Nyé mo 尼木
Olkha 沃喀
Penyül 彭域
Phungchu River（Arun）朋曲（阿龍河）
Nyel 涅河
Raga Tsangpo 熱嘎藏布江
Rongchen 榮青
Sakya 薩迦
Sékhar Gutok 色喀古托寺
Sé 謝曲
Shab 夏布曲
Shalu 夏魯
Shang 香曲
Shigatsé 日喀則
Sikkim 錫金
Tamchok Tsangpo 馬泉河
Tanak 大那曲
Ting Kyé 定結
Tölung 堆龍
Tsangpo River（Brahmaputra）雅魯藏布江（布拉馬普特拉河）
Kyi chu R 吉曲
Upper Nyang 上娘區
Uyuk 烏郁
Yam drok 羊卓湖
Yar lung 雅隆河
Zhé 柴曲

是被認可的西藏佛教的宗派或教派興起、建立寺院、尋求成功和取得正當性的區域。這是宗教復興時期，西藏宗教產生重要儀軌和文學發展的地方。

在這個錯綜複雜的過程中，有幾個自相矛盾的地方，其中最重要的是關於這個運動的密續資料。這些主要是由《大瑜伽續》（mahāyoga-tantra）或《瑜伽母續》（yoginī-tantra）等經典、口訣和儀軌所組成。從復興時期開始，藏人便運用一系列密切相關佛教瑜伽文本來建構他們的文化。他們藉此達成了一套共同的論述，這是他們無法單從倖存的佛教或本土西藏宗教體系中獲得的。然而，這套新的宗教卻威脅著正在崛起的脆弱文明，像是為個人灌頂（abhiṣeka）的思想、反典範的行為和內在瑜伽修習。最終，包括舊王朝遺留下來的貴族以及一些新崛起的氏族派系，大致掌控了這場復興運動。儘管佛教在西藏從未完全落入貴族的掌控之中。大氏族的重新掌權引發了那些代表舊王朝宗教信仰的氏族與個人，以及那些改信新教派的氏族與個人之間的爭端。薩迦寺的創建者昆氏（'Khon）族成為這場衝突中的調解力量之一，因為即便他們積極地支持新運動，卻也同時繼承了舊帝國的歷史資產。他們體現兩個世界的能力，以及他們在體制和儀軌上的強大活力，最終引起了成吉思汗（Chinggis Khan）蒙古子孫的注意，並尋求他們的護持。

即便是對傑出能力習以為常的後現代社會，我們還是能一眼看出西藏僧侶和學者們的非凡成就。藏人已經走出了西藏帝國瓦解後的黑暗時期，迎來宗教文化重新綻放的曙光。西藏歷史文獻確實以火焰從殘存的餘燼重新燃燒的比喻，來描述這個時期。因此，藏人經歷了一段文化旅程，這段旅程從內戰和氏族鬥爭中走出，進入知識和精神蓬勃發展的時期。那些畢生致

力於將密續佛教文獻翻譯成藏文以滋養西藏宗教的人們，對於自己的貢獻也許並未完全理解。在事件發展的過程中，這些聖人和學者成功地為藏人塑造了一種新的、穩定的宗教。此宗教既考慮了西藏僧侶和國王們過往的努力，又鑄造了一種全新的佛教思維。這一切的觸發因素是八至十一世紀在印度發展起來的儀軌和瑜伽文獻。它深入了印度的區域中心和地方傳承，深入了簡陋的農村和部落之中。這在某種程度上很類似藏人本身的情況。

這是西藏宗教史上的一個偶然，而這個時期數十位優秀知識分子的故事仍鮮為人知。他們在取得成就之後，大多如同普通人般不受重視，成為被安置於西藏宗教神龕中的塑像，其真實的生平故事也被塵封於寺院的書架。這些嚴謹的學者大多是佛教僧侶，他們在難以想像的困難中努力不懈，把密教艱澀的義理和儀軌轉變成國家朝氣蓬勃的宗教制度。通過這種方式，他們將印度密教的修行、儀軌和概念，嵌入剛出現的西藏語文的復興當中。他們還重新使用舊的詞彙和術語，以迎接佛教新生活的挑戰。隨之而來的文本產物促使藏人重新評估自己，以便未來可依據佛教文本，來界定資料的合法性和權威性。

這些專家中也有些人以自我為中心，懷抱著個人的美好願景，於其社會中表現出積極進取的姿態。有些人出身平凡，是氂牛牧民或遊牧部落之子，他們曾在那血液會凝固的高原世界，驅趕著氣味刺鼻的牛群。其他人則代表了或大或小的氏族，所憑藉的權威是神話傳說、家族聯盟以及土地資源等。有些密教譯師充滿抱負，他們利用自己的語言和文學訓練，掌控新建機構下的區域，將其轉變為貴族領地。如此一來，西藏持續分裂，私人或共同管轄區域從政治資產轉變為宗教的控制範

圍。此外,有助於西藏公共生活復興的儀軌、瑜伽和禪觀修持法,其模式和詞彙也體現了印度的封建世界。儘管區域性地確認穩定局勢,但它是一個想像的世界,並無法實現直接的政治統一。

八思巴和蒙古滅亡

在這個宗教王子和貴族譯師的世界裡,年輕的僧侶八思巴成為蒙古帝國的人質,也是蒙古王朝的崛起,以及蒙古對中央西藏產生興趣的推動者。這一切都始自於 1230 年代。八思巴的地位標示著密教和薩迦教團成為歐亞大陸上帝國意識型態的一股勢力。八思巴與凶殘的帝國征服者忽必烈汗之間時而恭順、時而正式的關係,是中亞史上的謎團之一。1246 年左右,八思巴和弟弟做為人質,隨著他們的叔父薩迦班智達（Sa skya Paṇḍita）一起抵達闊端汗（Köden Khan）的營地,被送到了蒙古眾領導人的面前。八思巴才剛滿十歲,他必須理解自己做為叔父和全西藏人民的代表被監禁。為了應付迫在眉睫的入侵威脅,薩迦班智達被迫在這些蒙古王子的監看下度過餘生,而這些王子則為了繼承祖父成吉思汗的遺志而彼此爭奪。薩迦班智達和八思巴一起成功地抑制了這個世界上前所未有的,最強大的軍事機器的潛在破壞力,特別是使中央西藏避免了其他文明所遭受的蹂躪,甚至是滅絕。在薩迦班智達成功地轉移了蒙古對西藏的全面入侵後,八思巴眼睜睜地看著他的叔父做為闊端汗的一名人質死去。[2] 而後,八思巴取代了他的位置,成為中亞草原上殘忍軍隊首領之間,互相交換的神聖奴隸,最終引起了忽必烈的注意。儘管如此,八思巴在蒙古人手

中的那段時間卻成為歷史上最引人注目的成功故事之一。他不僅贏得了更多的自由,並且以佛教僧侶、薩迦班智達的繼承人和忽必烈精神知己的身分,最終為他的氏族和教團取得了西藏政治的統治權。1246 年做為一名政治犯被帶到這裡,1261 年 1 月 9 日被冊封為忽必烈的國師,1269/70 年成為帝師。[3]

關於八思巴,大多數史學家都會問的兩個問題是:他在忽必烈朝廷中的活動和影響是什麼?在蒙古人統治西藏高原一百多年中,他的建樹為何?這兩個問題都很重要,也得到了些許答案。根據某些學者的說法,八思巴將忽必烈合理化為「轉輪聖王」(cakravarti)或神聖菩薩,並且創造了蒙古統治世界的宗教政治理論。[4] 另一種說法強調了西夏統治者與藏人所建立關係的先例,即八思巴以提供解決個人健康或軍事策略的神異之方來協助忽必烈。[5] 除此之外,他還鼓勵盛大的公共慶典活動,並成功贏得與中國道士的辯論,使忽必烈受益。[6] 最後,他將蒙古的行政制度引進西藏,僅略舉數例,如他們的人口普查、稅制、劃分萬戶區等。[7]

有個較少被提及的問題,卻與西藏佛教在泛亞洲社會取得成功這個更大的議題有關。那就是導致蒙古人需要薩迦班智達和八思巴的初始原因何在?提出這個問題的少數學者大多是政治和軍事史學家,因此,他們的答案都與政治或軍事有關,再加上人際網絡或社會因素所代表的附加價值。在他們看來,闊端需要藏人代表向他們獻降,並充當蒙古統治者的代理人,儘管舊西藏王室的後裔可能提供他們更好的服務。[8] 同樣地,有些人認為,西藏僧侶在調解世俗事務和政治手腕是無庸置疑的。這從他們在西藏維護自己的領土,或居中協調蒙古人紛爭的能力,就可以得知。[9] 或者,我們可以確定八思巴所

代表的文明與遊牧民族的傳統類似，他的教派確保怛特羅佛教能包容本土的薩滿教。因此蒙古人出於類似的理由護持西藏佛教而非其他宗教。[10] 也有一種看法認為，薩迦傳承是以家族為基礎，這隱含了一種長治久安的制度，而蒙古人正在尋求此種制度，以取代他們透過收買世族來征服一個國家的常規作法。[11] 最後，某些作者指出，八思巴討好忽必烈的皇后察必（Chabi），影響她為了八思巴的利益，左右她的丈夫。[12]

每一種解釋都有助於我們了解蒙古人，特別是忽必烈的信仰觀念和價值取向。然而，過度地強調功能主義的解釋就說明了，八思巴做為蒙古行政管理中的一個有用齒輪，並被授予西藏做為禮物。[13] 似乎有必要問一問，這個評價是否準確地說明藏人在成吉思汗後裔中的所扮演的角色？也許正好相反，這個常見的分析反映了這些作者的傾向，即主要透過中國政治文獻的濾鏡，以及社會學與政治史的假設來評價這個角色。事實上，這個常見的解釋之難點在於，蒙古朝廷中共存著許多宗教，如聶斯托留派基督教（Nestorian Christianity）、天主基督教、道教、摩尼教、中國佛教、儒家禮教、蒙古薩滿教和伊斯蘭教蘇菲主義等，它們幾乎同樣可以完成這些任務。我們可以回想成吉思汗本人積極地維護薩滿傳統，特別體現在帖卜‧騰格里（Kököchü）身上。帖卜‧騰格里預言成吉思汗將成為世界征服者，儘管這兩人在權力鬥爭中成為死敵，但他的地位對於成吉思汗的統治十分重要。[14] 事實上，帖卜‧騰格里的預言對蒙古大汗的繼承人來說極為關鍵，以至於忽必烈的弟弟旭烈兀（Hülegü，伊朗的伊兒汗）在寫給法國國王路易九世（Louis IX）的信中，就以拉丁文翻譯了這位薩滿的預言做為開頭。[15] 至少在原則上，八思巴所承擔的政治和社會功能，似

乎同樣可以由成吉思汗身邊的薩滿來完成。成吉思汗對薩滿的需求並不比忽必烈來得少。當我們意識到八思巴新保守主義密教形式,很可能與實際的薩滿修持最不相容時,蒙古人的護持就更令人好奇了。

成吉思汗的兒孫中,並非只有闊端、蒙哥(Möngke)、忽必烈護持西藏和印度密教大師。觀察到這一點,我們就可以質疑功能主義者的評估。伊朗的伊兒汗旭烈兀便是噶舉派(Kagyüpa)帕摩竹巴(Phag mo gru pa)傳承的支持者。事實上,伊兒汗人的草創期就是以佛教傳教活動著稱。從 1258 年開始,在伊朗北部建立了許多佛教廟宇和寺院,直到 1295 年合贊(Ghazam)改信什葉派後,所有的佛教機構才被摧毀。[16]在安撫民眾或解決國內紛爭的社會性需求上,伊朗學家鮮少給予蒙古人肯定的評論。

因此,在這種情況下,我們似乎很難接受佛教使蒙古人統治正當化這樣的看法,因為沒有任何穆斯林群體曾認可佛教的合法性。如果這個時期對佛教的護持,曾造成伊兒汗國政權維護上的任何問題,為何他們仍從西藏、印度和迦濕彌羅(Kashmir)帶進許多大師,時間長達四十年?伊兒汗國的支持只維持了幾十年,這個事實可能可以證明他們對佛教的護持僅僅是政治性的,但元朝參與西藏宗教同樣也是有時效的。佛教並未在蒙古人中廣泛傳播,直到三世達賴喇嘛·索南嘉措(bSod nams rgya mtsho, 1543-1588)將其重新傳入蒙古。[17]

此外,任何關於改變宗教信仰本質的討論,都必須考慮其社會政治功能,然而八思巴所提供之體系的性質和發展能力,肯定也曾影響它受歡迎的程度。即便如此,大多數史學家仍未在這段歷史中,定位薩迦或噶舉派密教的特質。[18]事實上,大

量密續文獻,包括一些最早期的材料都遭到忽視,我們或可質疑某些學者,是否太過輕忽西藏和蒙古的宗教了。[19]

實際上,蒙古對西藏和印度佛教大師們的護持,可說是成熟於印度的所有佛教形式中,最為成功的傳播過程之關鍵時刻。[20] 除了八思巴以外的僧人,大多都像鳩摩羅什(Kumārajīva, 344-411)一般,在軍事行動中被當成戰利品。[21] 就像四世紀時佛圖澄(Fotudeng)與石勒(Shile)的關係,許多佛教大師與軍武將領的關係都是建立在神異能力的基礎上。[22] 然而,值得深思的是,所有忽必烈和他兄弟們所欣賞的僧侶和瑜伽士都代表了一種特定的佛教,即在《大瑜伽續》和《瑜伽母續》中所見到的晚期密續形式。[23] 這種佛教是在印度社會和政治分裂的環境下發展,在大型印度寺院、小型閉關中心以及城市廟宇等的殿堂中逐漸成熟的。這種晚期佛教的密續形式在八世紀末開始傳入西藏,它提供了政治、藝術、語言、文化、經濟和正當性的功能,並且以一種史無前例的方式協助西藏文化的凝聚和復興。佛教大師們將他們的佛學涵養運用到極為廣泛的範圍,使得晚期印度密教既滿足了不同的個人或團體的需求,又在這些新的信眾中發展出綿密的活力。

鑑於密教源於中世紀初期印度四分五裂的宗教環境,它也傾向強化阻礙長期政治統一的社會目標。成吉思汗的後裔只是眾多對這種佛教體系著迷,並加以推崇的民族之一,儘管這同時削弱了他們成功地統治的能力。到了元朝末年(1368),蒙古宮廷所實踐的密教儀軌,已經成為那些儀軌表面上的誇張模仿,並成為促使元朝滅亡的原因之一。[24] 即使在那個時刻,密教體系仍持續在西藏境內繁榮昌盛。西藏的弘化活動傳播了所有佛教修持方法當中「最隱祕的」一種,從中國的太平洋沿岸

到東歐各國,都能見到它的寺院和廟宇。

復興時期的歷史代表人物

本書主要關注的是故事中的空白,即西藏佛教復興初期的代表人物之特色和活動。在這個時期,印度佛教最新、最複雜的系統以最戲劇性的方式,傳播到另一文化。透過西藏對此信仰的採納,世界屋脊被視為宗教之島和神祕信仰的源頭。因此,到了十二世紀末,中央西藏已成為印度密教偉大的繼承者,並成為西夏人、中國人、尼泊爾人、甚至印度人的學習場域。然而,這種蓬勃發展得之不易,也不乏深刻的內部鬥爭。

遺憾的是,那段奮鬥史的絕大部分尚待釐清,由於缺乏整合性的歷史敘事,使得西藏過去和現在的史學家們,竟將西藏描繪成印度的一個分支,而西藏的佛教中心只是印度大型寺院的翻版。在倖存的文獻中,這種錯誤的描述是顯而易見,它們所描寫的西藏各教派,是既衝突也是合作關係。無論衝突或合作,他們絕大多數的決定都是基於藏人的關係和想法,而非印度人。根據我對這些文獻的理解,我觀察到相當多關係鬆散的人物。他們可以被歸納為以下幾類:

首先,寧瑪派(rnying ma)的貴族們,如努千(gNubs chen)和他的兒子們,或素千・釋迦瓊磊(Zur chen Shākya 'byung gnas)和素芎・協繞札巴(Zur chung Shes rab grags pa, 1014-1074)等人,他們將古老帝國的密教和相關著作傳承了下來,同時也創作新的作品。這些作品愈來愈具有哲學意涵,其思想也深植西藏宗教權威的模式。第一部《寧瑪十萬密續》(*rNying ma rgyud 'bum*)可能是由素爾氏(Zur)族的成員所

集結的,我們在其他寧瑪派的經教傳承(bka' ma)中也看到了類似的人物。[25]

其次,「班第」(ban de)和與之相關的準僧侶,他們就如同現代西藏的居士佛教徒(chos pa)一般:半僧半俗並且間歇地遵守一些寺院傳統。他們就像「頂髻羅漢」(dgra bcom gtsug phud can),發展出獨特的衣著和髮型,其中一些人似乎與現代中央西藏大寺院中所見到的「武僧」(dab dob)型態接近。班第與舊帝國諸寺廟密切相關,這些寺廟是循帝國時期的前例運作的。

第三,就像丹·馬丁所說的,一些家喻戶曉的傳法者,如白哈爾(Pe har)神的五個兒子,以及星王(龍·星王〔Klu sKar rgyal〕)和相關人物,他們被一些王朝後裔視為異端外道(tīrthikas)。還有一些自稱為「專注修行者」('ban 'dzi ba)的宗教團體。在西藏西部古格─普蘭(Gu ge pu hrangs)國王們的詔書和傳記中都有記載。

第四,瘋狂的瑜伽士(smyon ba),他們模仿密勒日巴(Mi la ras pa)或其他雲遊的密法修行者行為,造就了西藏版本的印度成就者(siddha)舉止。有些人與家喻戶曉的傳法者行為一致,他們的道歌(dohā)具有廣泛的吸引力。其他人則與那些進出西藏的印度或尼泊爾成就者們,關係更為密切。如帕丹巴·桑傑(Pha dam pa Sangs rgyas)或嘉耶達羅(Gayādhara)。

第五,東部戒律傳承的僧人們,這是十至十二世紀最被忽視的一個團體,儘管他們占據了「西藏四如」,即中央西藏衛藏區域的幾百個道場。東部律僧最初專精於帝國遺留下來的古老戒律、經典和阿毘達磨(Abhidharma)教法,但他們在十

一世紀的最後二十五年，開始接納噶當派（bKa' gdams pa）的課程。與東部律僧密切往來的對象，是當時的噶當派僧侶以及一些「班第」的成員，偶爾也與他們發生爭執。到了十一世紀後半葉，東部律僧彼此之間也不合，爭奪寺廟和土地的所有權。事實上，東部律僧不同團體間不時發生的衝突，在十二世紀對中央西藏的主要建築造成了災難性的後果。

第六，噶當派僧侶，他們起初人數較少，影響力也很小，因為他們從未建立獨立的戒律傳統，而且大多數噶當派僧侶都是在東部律僧的主持下受戒的。不過，他們的確播下了北印度各大寺院所採用之課程的種子。這些課程在十二世紀，也就是阿底峽‧燃燈吉祥智（Atiśa Dīpaṁkara Śrījñāna, 983-1054）過世幾十年後，變得非常有影響力，而這些教材和教學大綱也成為西藏知識發展的重要里程碑。噶當派僧侶也以新穎的方法指導未受過教育之人學習佛法，創造了廣受歡迎的傳法技巧。

第七，十一、十二世紀的伏藏師（gter ston），如娘列（Nyang ral）和介貢‧納玻（lCe sgom Nag po）或類似的人物。許多人物隸屬於古老的寺廟或與之有關，因此代表了一些「班第」、「長老」（gnas brtan）和其他類似僧侶的人物。但也有伏藏師是具有獨立權威範疇的貴族。伏藏師會被帝國時代的任何人物啟發、附體或被認為是其化身。最主要是赤松德贊（Khri srong lde'u btsan）、無垢友（Vimalamitra）、白若札那（Bai ro tsa na）以及十二世紀間日益風靡的蓮花生（Padmasambhava）大士。

第八，一些非噶當派的西部戒律傳承僧侶，他們追隨的是仁欽桑波（Rin chen bzang po, 958-1055），但很少人活躍於中央西藏。在智慧光（Ye she 'od）王統治時期，西部戒律傳統

由印度傳法僧施戒（Dānaśīla）傳入西藏，但它主要盛行於古格普蘭王國內，大多數戒律傳承史認為這一支傳承在其他地方的影響力不大。然而，西部律僧的詔書偶爾也是有影響力的，如寂光王（Pho brang Zhi ba 'od）在1092年頒布的《大詔書》（bKa' shog）。

第九，從扎拉那·益西堅贊（Tsa la na Ye shes rgyal mtshan）及卓彌譯師（'Brog mi lo tsā ba）時期開始，中央西藏出現了新經典的翻譯者。他們通常專精於密續。這是密續翻譯的偉大時期，就如同帝國時期是基礎大乘三藏（tripiṭaka）翻譯的偉大時期一樣。本書中有兩章專門介紹這些譯師，其中卓彌是他們的領導者、典範，有時甚至是對手。

第十，漫遊的印度、尼泊爾、迦濕彌羅，還有奇怪的錫蘭、于闐或西夏僧侶或瑜伽士。他們其中有些人是各種類型的密教徒，有些人則是受過戒的僧侶。如果認為此時這些外國群體之間的意見完全一致那就錯了，他們偶爾會對佛教的目標和宗旨出現衝突或分歧。無論如何，他們代表了一個流動的，不斷變化的真實性來源。藏人持續地與之搏鬥。隨著時間的推移，這五花八門的群體也變得更加明確，主要是因為十二世紀西夏人對於中央西藏的興趣，以及印度佛教徒日漸衰敗的處境所致。

十一，偶爾也會見到神祕的苯教（bon po）仙人（gshen）。苯教仙人秉持自己是傳說中塔孜克（Tazik）國後裔的神話，為舊帝國主持祖先的祭祀儀式，但在八世紀佛教盛行的浪潮中，至少有一次受到信奉佛教的國王，赤松德贊的迫害。苯教在第六章所概述的伏藏運動中顯然發揮了作用，但苯教文獻中所記載的復興時期史料，卻出奇的少。[26] 那些倖存的

資料大部分都是神話，沒太大用處。佛教傳記作品偶爾會提到苯教代表人物，但都過於粗略而無濟於事。

使問題更具挑戰性的是，任何評估都必須依據當地的情況，考慮上述群體成員的多重身分。因此，一個人可能是東部律僧，同時學習噶當派和舊譯（snga 'gyur）密續。對某個群體的參與程度也可能因地而異，以至於東部律僧（也許是最大的一個群體）在藏區娘（Myang）河谷的活動和組織，與在雅隆（Yar lung）河谷、扎囊（Dranang）、拉薩（Lhasa）、葉巴（Yer pa）或其他地方的活動和組織明顯不同。因此，我們發現創建於1017年的索那唐波齊寺（Sol nag Thang po che）是雅隆早期戒律、大乘經典和瑜伽行派（Yogācāra）的教學中心，而扎囊則在札巴・恩謝（Gra pa mNgon shes, 1012-1090）的帶領下，成為日益關注古老密續修持法的區域。

在敘述這些團體和個人的故事時，我們還必須留意氏族的歸屬。中央西藏的大氏族們大多數是帝國遺留下來的，但也有些是在動亂時期產生的。這些氏族是重心所在，無人可以完全逃脫，但他們並沒有形成一個特定的團體動力。因此，一個氏族（如介氏〔lCe〕或鄂氏〔rNgog〕）的某些成員，在新的伏藏運動中投入了大量精力，而其他人則建立東部戒律傳承的寺廟或翻譯新的文獻。氏族所做的事情，為其中的一些團體帶來了權威、組織和資源。他們還提供了繼承和正當性的機制，以穩定中央西藏之佛教教派的持續發展。

最後，我們可以在這個時期，特別是接近此時期尾聲時看到新保守主義分子，他們塑造並提出新的佛教正統思想。新保守主義分子與西藏本土保守主義分子的目標不同。新保守主義者以印度封建佛教寺院為真實性的標準，本土保守主義者則維

護古老氏族貴族的優越性和本土神祇的權威,並尋求恢復君主制度和帝國的復興。對新保守主義分子來說,偉大的佛教寺院及其博學的上師,構成了正統課程、證悟的僧侶和公眾管理的理想。對他們來說,任何非印度的東西,在定義上都是非佛教的,以至於所有義理、儀軌、行為或修行口訣上的創新,從根本而言,都是不正當的,只因為它們無法與印度文本或印度傳統連結。在某些情況下,還不僅於此,因為一些新保守主義分子嚴厲批評那些明顯的是印度,但並非出自特定大型寺院課程的修持法或想法。因此,藏人抨擊印度上師行為失檢,如惡名昭彰的紅衣阿闍黎(Red Ācārya)或帕丹巴·桑傑。但是,與前述諸團體不同的是,新保守主義分子並不是一種特定的社會型態,而是一種被少數個人挪用的思想意見,儘管相當明確的是,這種意見在西藏西部以及藏區最為強烈。

薩迦典範和本書

本書雖以整個復興時期為研究範圍,但焦點大體放在穩定的社會和實際體制的形成因素和發展方向,特別是薩迦派(Sakyapa)的體系。由於它對西藏的最終走向極為重要,因此薩迦派所採用的密教類型,比其他有趣且重大的發展成果更值得關注。這是一個不幸的限制,但也是必要的。因為薩迦派在該時期有大量可用材料,並且是該時期的活力所在,這個著重點特別適用於忽必烈本人在1263年灌頂後,便著手研究的喜金剛壇城法。[27] 這套在西藏被稱為"lam 'bras",或「道果法」的修行法門歷史,是西魯斯·史登斯(Cyrus Stearns)的論文主題,他運用了傳統方法進行研究。[28] 因此,

批判歷史的內容,如社會因素、重要的思想以及相關的宗教架構等,仍然需要更多的關注。[29]

　　道果法有時被稱為薩迦密法修持的「頂峰之寶」,它應是在 1040 年代由印度佛教史上一個相當古怪的人,即卡雅斯塔・嘉耶達羅(Kāyastha Gayādhara)帶到西藏的。在西藏,據說嘉耶達羅遇到了博學且貪婪的卓彌譯師,兩人在五年的時間裡合作了各種譯本,成果豐碩。遺憾的是,嘉耶達羅的名聲有些問題,因此檢視道果法可能的印度先例是有必要的。整個教法體系也應置於西藏宗教代表們與其鄰國互動的脈絡中。本書認為,道果法的內容遠比據稱是嘉耶達羅所著的內容要多得多。道果法不僅僅是一系列複雜的內在瑜伽修持法,它還成為中央西藏南部昆氏家族新興勢力和權威的象徵。與薩迦派所採用的其他密教傳統一樣,道果法體現了昆氏對獨特性的要求,並確立了昆氏成為中世紀前蒙古時期,最重要的貴族文化持有者之一的地位。

　　本書共分為九個章節和結論。第一章檢視了九至十世紀印度密教的印度背景,它總結了中世紀早期印度政治社會和宗教的情況,研究了密教的發展成果,並以我之前專注於此時期的研究作品為基礎。[30] 此章還描述了印度成就者那洛巴(Nāropā)和畢如巴(Virūpa)的早期傳說版本,因為他們是藏人復興時期最重要的兩位成就者。

　　第二章回顧了雅隆王朝覆滅後的西藏政治社會環境,以及熱巴堅(Ral pa can)的地位、他的遇刺和哥哥的篡位。本章接著通過倖存王子們派系之間的繼承之爭,描繪了帝國的瓦解以及對西藏政府制度和氏族關係的影響。西藏不知不覺陷入的社會失序和三次暴動,以及眾所周知的分裂時期最黑暗末期的

宗教情況，也進行了詳盡的討論。

第三章檢視了十世紀末和十一世紀中央西藏佛教的復興。我們探索了早期「衛藏人士」的非凡之舉，以便說明中央西藏寺院網絡的興起是偉大譯師們的重要基礎。本章著重在這個網絡，並檢視了這些僧侶和班第及其他類僧侶之間的衝突。我們還探討了終於傳入的噶當派，噶當派著名的創立者阿底峽直到1046年才來到中央西藏，這是從漢、藏邊境重新引入寺院佛教的幾十年之後。

第四章將焦點轉向後來的譯師，探討他們做為西藏和南亞之間中介者的身分。我們從翻譯的動機和方法，來探究這個過程中印度人在西藏創作文本的情況。我們還檢視了譯師傳承的正當性，特別是馬爾巴（Mar pa）的傳承者所發明的聖傳典型例子。我們同時也討論了譯師們面對古帝國之宗教信仰的代表人物（此時稱為「寧瑪派」）的挑戰。最後，我們說明了被新興知識和智慧所吸引的十一世紀的人物和團體。

第五章介紹卓彌這個人物，他是中央西藏最早的密教譯師之一，也是一位不同凡響的人。我們探討了他在尼泊爾及印度的經歷，以及他與嘉耶達羅這位古怪且有些可疑的孟加拉（Bengal）聖者的相遇。我們通過對札巴堅贊（Grags pa rgyal mtshan, 1148-1216）對卓彌最早著作的解釋和分析來了解卓彌的活動。我們討論了卓彌避居在目谷隆（Myu gu lung）的洞窟、嘉耶達羅的背景以及卓彌的文學遺產，也總結了道果法的根本文本以及「八個附屬修持法」。最後，我們檢視了卓彌的全部翻譯作品，說明了他從密教寶庫中挑選文本並將其翻譯成藏文的決策和方向。

第六章關注的是寧瑪派對新社會宗教局勢的反應：即伏

藏文本的思想。本章研究了早期文獻中主張的「伏藏」，是指在古老帝國廟宇的遺址中發現的珍貴文物。接著思考藏王的地位、祖先的遺產、舊廟宇的重要性、護法神以及西藏持續發展的經典製造文化。在此之後，我們檢視了寧瑪派的辯護，無論是以教典傳承（bka' ma）或伏藏，回應譯師和新保守主義分子們的挑戰。本章最後討論了「本覺」（rig pa），它做為西藏的一種宗教貢獻，不同於新譯經典對於智識的強調。

第七章進入十一世紀晚期，此時藏人已開始系統化的整理一個世紀以來所承襲的努力成果。我們研究了噶當派和噶舉派受歡迎的義理，以及在佛教哲學領域和密教理論中的新知貢獻。帕丹巴‧桑傑和他在藏區的傳法活動被當成多變的印度宗教的一個典型案例。昆氏族被描述為一個以氏族為基礎之宗教組織的典範案例。從它做為諸神後裔的神話開始，到它在早期帝國的真實地位，以及分裂時期的昆氏家族故事等。我們探討了第一位真正昆氏名人，昆‧貢丘傑波（'Khon dKon mchog rgyal po），他受教於卓彌等人，並創建了薩迦寺。

第八章將探討的範圍轉向了十二世紀早期，並討論了中央西藏的宗教信心和宗教體系的制度化。本章研究了時輪（Kālacakra）開始得到廣泛認同的原因，以及恰巴‧確吉僧格（Cha pa Chos kyi seng ge, 1109-1169）大乘哲學義理的發展成果、女性斷境修持法（gcod）短暫的全盛時期，和岡波巴（sGom po pa）的密續思想。本章餘下的部分集中在薩迦五祖的第一位「薩千‧貢噶寧波」（Sa chen Kun dga' snying po, 1092-1158），他早期的生活和後來的著述生涯。他得到一位重要但缺乏足夠研究的人物，跋里譯師‧確吉札巴（Ba ri lo tsā ba Chos kyi Grags pa, 1040-1112）的指導。跋里在印度接受

的儀軌訓練以及他對薩迦寺的貢獻也有所著墨。薩千的著述生涯也被詳細地描述，特別是因為其中涉及了道果法。本章最後分析了據說是由成就者畢如巴授予薩千‧貢噶寧波的「近傳」（nye brgyud）。

　　第九章研究了十二世紀後半葉和十三世紀初的情況。本章首先介紹了當時中央西藏人士所經歷的危機和所面對的機會。我們討論了岡波巴的繼承者，特別是尚上師（Bla ma Zhang）、第一世噶瑪巴‧杜松虔巴（Kar ma pa Dus gsum mkhyen pa, 1110-1193）以及帕摩竹巴‧多吉傑波（Pagmo Drupa Dorje Gyelpo, 1110-1170），也特別探討了希解派（Zhi byed）和斷境法傳承的「狂者」（sMyon pa）聖人的問題行為。本章還檢視了此時西夏與印度人的湧入，助長了國際化的意識。本章大部分內容聚焦於薩千的兩個兒子，索南孜摩（bSod nams rtse mo）和札巴堅贊的生平和成就。如果沒有他們的媒介，八思巴在蒙古人之中的成就或後來任何的薩迦派活動，是很難實現的。這兩兄弟身處十二世紀中至十三世紀初的背景下，性格迥異。

　　最後，結論扼要重述的是，雖然印度密教抑制了西藏政治的統一，但它也促成了中央西藏文化和佛教制度的復興。

　　讀者可能會問，為何本書直接避開了探討我在導論開頭所介紹的兩位人物，薩迦「五祖」的第四祖和第五祖，薩迦班智達和八思巴？我這樣做有兩個原因。首先，相對於他的傳教活動而言，薩迦班智達的著作幾乎完全是西藏佛教的另一個面向，代表了傳統學術主義以及他在佛教寺院領域的新保守主義樣貌。這些資料已經被那些比我更專精的學者研究過，也將繼續被探討以說明這位在西藏思想史上開創性人物的重要事蹟。

然而，對蒙古人來說，重要的顯然是密教的元素，即使是在此之前的十一、十二世紀間，中央西藏氏族和社會團體之間的爭執，以及西夏人對西藏佛教毫不掩飾的愛慕，都是因為密教。薩迦班智達的伯父、密教系統的主要上師札巴堅贊過世僅二十八年後，蒙古人便將他學問淵博的侄兒當成人質。由於這些年間歷史沒有太多變化，我們也許可以假設薩迦派的密教層面在這個時期少有變動。其次，雖然八思巴幾乎只以他伯祖父們的方式，而不是伯父的方式關注密教，但八思巴一生大部分時間都生活在蒙古皇室的勢力範圍中，因此，對他的研究最好也以那樣的背景為基礎。然而，密教在西藏復興時期的性質，以及氏族在此獨特時期所享有的關鍵地位都需要釐清，因此我選擇將它們做為我的重點。

以「文藝復興」做為一種比喻

讀者們可能會發現這本書與他們的某些期待不太一樣。研究西藏的學者們已經習慣一種說法，即十世紀末以後，佛教和印度文化的重新傳入西藏，就是西藏文明的「復興」。然而，毫無疑問的是，「文藝復興」（Renaissance）一詞是一個充滿意識型態和類型聯想的標題。也許這種用法多半是源於佩脫拉克（Petrarch），他的基本看法是十四世紀擺脫了中世紀黑夜的籠罩，是文明再興的世紀。這種看法在某段時間內維繫了人們對歷史的想像力。[31] 它唯一的接班人是菲力波‧維拉尼（Filippo Villani），從十五世紀初開始意識到的古典文化的復興，儘管佩脫拉克也曾經預示過這個主題。[32] 的確，希臘學復興的認同感是如此強烈，以至於卡爾文（Calvin）的日內瓦繼

承人泰奧多爾・貝扎（Theodore Beza）將1453年奧圖曼帝國（Ottoman）征服君士坦丁堡（Constantinople）之後，希臘學者的湧入歐洲，視為這一時期的重要轉折事件。後來的史學家們指出，從薄伽丘（Boccacio）對古典學問的崇拜開始，希臘學已經蔚為風潮，義大利人文主義者對拉丁文和希臘文的研究又進一步推波助瀾，這種學問在十五世紀更藉由古騰堡（Herr Gutenberg）先生神奇的傳播工具而得以擴散開來。

當然，「復興」是一種複雜而多面的現象，它涉及了十四世紀國家分裂期間的社會政治事件，以及在非首都城市興起的行會經濟。黑死病和饑荒所造成的人口大量減少，又因在歐洲西部遊蕩的武裝人員隊伍而進一步加劇。人們普遍的分裂感也因兩位，甚至有時三位教宗的出現，以及神聖羅馬帝國（Holy Roman Empire）的瓦解而更加惡化。權力分散（decentralization）的概念也被運用到哥白尼（Copernicu）的新宇宙論中，儘管新宇宙論受到了教會和1492年發現新大陸的壓制。1492年也是西班牙宗教裁判所（Spanish Inquisition）成立，以及伊莎貝拉女王（Queen Isabella）和費迪南國王（King Ferdinand）將猶太人驅逐出西班牙的一年。然而，相較於任何其他特質，復興更代表了人文主義的興起。當李奧納多（Leonardo）極具先見之明地，將後來哈姆雷特（Hamlet）令人難以忘懷的感嘆之語，鐫刻在歐洲人的集體意識中時：「人類是一件多麼偉大的傑作！多麼高貴的理性！多麼無限的能力！」（第二幕第二景），這是一種類似人類承諾的感覺，如果還未被正面否認，至少也尚未實現！

顯然，如果我們要了解中央西藏自十世紀下半葉起，到蒙古人介入時期的情況，就必須避免與歐洲文藝復興時期做

輕率的比較。西藏沒有受到巴克特里亞（Bactria）和犍陀羅（Gandhāra）的希臘化文明（Hellenism）的影響也沒有米開朗基羅（Michelangelo）或薩盧塔蒂（Salutati）學的學者們，重複述說他們對希臘成就的理解。人文主義沒有興起，也沒有促成寓言式的（allegorical）文學傳播或人文學（studia humanitatis）的課程。從十一世紀就在中國廣泛運用的印刷術，直到十三世紀才對西藏產生影響；即使在那個時刻，印刷術也沒有以馬爾西利奧‧費奇諾（Marcillio Ficino）領導下的希臘文的學習方式，被用來在外國經典語言中，建立文獻學研究方法。

權力分散是西藏政治社會問題的一部分，而不是地區複雜化的原因，那裡也沒有如同李奧納多那樣，以數學為基礎，朝向應用技術精湛發展的運動。事實上，據我所知，這段時期的重要象徵——「復興之人」仍未在亞洲出現，雖然偶有聖傳的作者們宣稱，其所描述之聖者擁有「全知」之人。印度本土文化和佛教寺院都給予工匠相當低的評價，不夠重視他們，我們看不到類似歐洲十六世紀藝術家地位轉變的情況。這種轉變使得文藝復興時期能出現溫文爾雅的畫家。[33] 因此，當時的中央西藏不在實驗室裡培育聖人，沒有人文主義工程師，也沒有詩人數學家。直至今日，大多數藏人仍不清楚定量研究的根本法則，且將性質的定義看成是所有精確描述的必要條件（sine qua non）。

在文藝復興時期進行的眾多發展軌跡中，天主教改革經常被列為人文主義和去中心化的必然結果。[34] 雖然十世紀末和十一世紀初，中央西藏恢復了佛教修行制度，部分受到西藏西部古格普蘭王國由國家支持的改革運動的刺激，但從歷史的角

度看，我們也許可以認為這既是一種因為佛教修行制度消失所產生的新型的社會學，也是一種潛在信仰模式的擴展，而不是「佛教教團」這個龐大體制的分裂。事實上，這個時期展現出它與其他新興宗教運動的社會學最大的共同點，如同我們在史塔克（Stark）和班布里居（Bainbridge）以及其他人的著作中所看到的那樣。[35] 如果這場運動還意味著在新建或翻修的寺院中發展偉大佛教人物的畫像，那麼捐贈和敘事的畫像主要是那個時代印度、尼瓦爾（Newar）、迦濕彌羅和中亞風格來到西藏後的發展產物。這樣的聖像畫當然不是大量的再次採用過去古典主義自然真實的肖像畫標準，在國際資金所推動的資助計畫下，該種標準很快就被羅倫佐·德·麥地奇（Lorenzo de Medici）統治下的佛羅倫斯（Florence）藝術家們所超越。然而，西藏的宗教藝術到了二十世紀仍然很刻板、高度墨守成規，並且很少觸及透視、真實的人體和直接觀察自然等議題。

　　如果我們要認真對待我們所研究的歷史，我們就必須了解，自從啟蒙運動（enlightenment）時期以來，困擾著人文學科的漸進主義假設，在如此多相反證據面前，特別令人懷疑。相反地，系統分析（systems analysis）要求我們去研究史蒂芬·傑伊·古爾德（Stephen Jay Gould）和尼爾斯·艾崔奇（Niles Eldredge），為解釋演化生物學而發展出的間斷平衡（punctuated equilibrium）模型中，所隱含的複雜性躍進。[36] 若將這個生物學典範延伸到人類文化中，我們可以看到文明似乎將驚人的發展，壓縮在一段令人難以置信的極短時間內。這種發展真的是政治社會、經濟、藝術、知識、文學和精神等活動的突破性發展。這些突破可能是史無前例的，如同伯里克里斯（Pericles）的雅典（Athens）或秦朝的崛起一般。或者，它

們可能集中在一段失落時代的再生思想中。這個模式使文化取得的成就比之前在失樂園中所經歷過的更為偉大。創新和隨後重生的這兩種情況，都可以經由它們依賴外部準則來建立發展標準的程度而進一步區分。例如，從 645 年到 794 年，日本模仿長安建立了四座城市，分別是難波京、長岡京、奈良和平安京。雖然這對日本人來說是史無前例的，但卻都是以唐朝首都為模型來建造。在類似的 618 年到 842 年之間，藏人建立了他們第一個統一的文明，這個文明從中國、印度、契丹、波斯、迦濕彌羅和其他國家輸入文化，但他們從若干來源挪用文化模式的能力，讓他們擁有了日本人所沒有的決策上的自由度。

　　如果歐洲文藝復興是我們自己歷史中最引人注目的復甦案例，那麼我們不應忽略幾乎同時發生在中國宋朝或西藏後弘期（phyi dar）的類似情況。在漢、藏兩地的例子中，被荒廢的文學和文化的表現形式再度出現，附帶著一個重拾失落時代精神的敘事。因此，新譯時期（gsar 'gyur）可以被認為是中央西藏社會文化的重生，就算不是文藝復興，也是西藏社會試圖重塑帝國活力的一種復興。雖然其實際政治狀況仍不在西藏的掌控下。

　　因此，如果西藏是世界上一個特殊的地方，那麼佛教復興時期就是一個不平凡的時代。從帝國的分裂和衰敗中痛苦地轉變，十至十三世紀的文化凝聚是由佛教，主要是晚期的密教義理、儀軌和修持法所推動的。西藏鄰近印度和塔里木盆地，這是西藏佛教復興的催化劑。西藏學者們有時不惜以性命為代價，前往尼泊爾和印度尋找真正的佛教。他們在那裡的大寺院和佛教大師們的小型閉關道場中學習，瑜伽士和僧侶都融入追求佛法的過程之中。他們不僅帶回了書籍，也帶回了印度寺

院、閉關場所和學習中心的文人文化，並利用新的密教體系促成西藏文明的更新。大貴族氏族成功地整合印度多個瑜伽派別，並將其本土化和體制化。而這些體系是在人類曾經創作過的某些最驚世駭俗的宗教文獻中發現的。儘管如此，在這個激進的佛教形式中，西藏貴族氏族和平民百姓都發現了文化轉型的工具。

原注

1. 八思巴致忽必烈函，約 1255 至 1259 年，rGyal bu byang chub sems dpa' la gnang ba'i bka' yig [〈呈王子菩薩函〉]，*SKB* VII.238.3.2-4。這封信在 Szerb 1985, p. 165, n. 2. 中被提及，他認為信是寫給忽必烈的，這絕對正確。這封信是在 1260 年五月五日忽必烈當選為可汗前寫給他的；Rossabi 1988, pp. 51-52；Ruegg 1995, pp. 38-40。八思巴在 1255 至 1258 年呈給忽必烈的新年祝福中，一般都使用「王子菩薩」一詞來稱呼忽必烈，有一次還加上了忽必烈的名字（藏：go pe la [高貝拉]）；見 rGyal po go pe la sras dang btsun mor bcas la shing mo yos sogs la gnang ba'i bkra shis kyi tshigs bcad rnams [〈致王子高貝拉暨王妃等女眷新年祝福信〉]，*SKB* VII.300.3.7 (1255), 301.1.4 (1256), 301.47 (1258)；在 1256 到 1258 年間未標明日期的文件，則以 bsod rnams dbang phyug rgyal ba'i sras po go pe la [一切福德自在勝者之子高貝拉] 代替（301.2.1）。另一件八思巴寫給忽必烈可汗的文章，是他的 bsNgags par 'os pa'i rab tu byed pa [〈可歌可頌之篇章〉]，為 1275 年忽必烈打敗宋朝而寫，也是一樣地謙卑順從。

2. 薩迦班智達被監禁的實際後果是，他在蒙古關押期間幾乎沒有任何作品；Jackson 1987, vol. 1, pp. 28-29, 68。Tucci 1949, vol. 1, pp. 10-12 翻譯了一封據說是薩迦班智達寫給藏人的信，講述了他們悲慘的處境；但其真實性被 Jackson 1986 所質疑。

3. Petech 1990, pp. 16-22。關於國師之位，見 Ruegg 1995,

pp. 18-19, 46-52。關於帝師的經歷，見 Dunnell 1992；Sperling 1987。

4　Franke 1981, pp. 58-69；Heissig 1980, p. 24。Ruegg 1997, p. 865 認為薩迦班智達及八思巴均因責任過重「而無法就上師和施主統治者所代表的兩種階層之間的『法制』關係，撰寫完整的理論論述」，這樣的說法很難讓人信服。相反地，我認為由於這種想法沒有印度先例，因此無論在理論和實踐上都會有極大的問題。參照 [〈向國王解說教授詳述經典〉]（rGyal po la gdams pa'i rab tu byed pa'i rnam par bshad pa gsung rab gsal ba'i rgyan），特別是 *SKB* VIL95.1.6-4.1，關於密教師生之間的誓言。Szerb 1985, p. 168 表示這部作品是八思巴指導，協繞循努（Shes rab gzhon nu）所著。

5　Franke 1978, pp. 58-61；Szerb 1980, p. 290；Rossabi 1988, p. 143；Grupper 1980, pp. 47-63, app. I；Sperling 1991, 1994，這些人多數強調蒙古和西夏世界裡大黑天（Mahākāla）儀軌的作用；Sperling 1994, p. 804 指出：「這段關係的一個關鍵因素是，人們普遍相信與大黑天有關儀軌的功效，認為這是一種展現力量的方法，而蒙古帝國可以利用這種方法。」雖然這種說法無疑是正確的，但其所引用的文本卻是來自十六和十七世紀，那是大黑天變得格外重要的時期。Heissig 1980, pp. 26-27, 56 說明，大黑天成為後期蒙古人的一種儀軌體系，專門用來調解與動物之間的關係，或許對早期的蒙古人來說也是如此。

6　Rossabi 1988, pp. 145-47.

7　見 Petech 1990, pp. 39-140 所做之總結。

8　Petech 1990, p. 9。就如同大多數現代史學家一般，Petech忽視了王室後裔也可以當成西藏代表被蒙古人帶走，並做為其人質的情況。

9　Rossabi 1988, pp. 143-44.

10　Jagchid 1970, pp. 121-24.

11　Wylie 1977, pp. 113-14.

12　Rossabi 1988, pp. 16, 41。Grupper 1980, pp. 53-54, app. I 引用了 1739 年的 *Altan Kürdün Mingyan Gegesütü Bic' 'ig* [《千輻金輪》]。

13　Szerb 1980, 290 總結了這個功能化約主義者的假設：「薩迦派影響力不斷擴大的主要原因無疑是政治性的。但因蒙古統治者們普遍熱衷於法術……。」

14　Ratchnevsky 1991, pp. 96-101; Cleaves 1967.

15　Meyvaert 1980, pp. 252-53.

16　Boyle 1968, pp. 538-42; Petech 1990, pp. 11-12.

17　Heissig 1980, pp. 26-28; Jagchid and Hyer 1979, pp. 180-82.

18　Szerb 1985；Sperling 1994；Ruegg 1995，在這方面做出了貢獻。

19　例如：Petech 1990, p. 2；Wylie 1977, p. 103。我們知道 Ruegg 絕非一位功能主義者，但早期（1283）的 *Lam 'bras slob bshad* [《道果教學釋》] 文集中，益西堅贊所著之 *Bla ma dam pa chos kyi rgyal po rin po che'i rnam par thar pa rin po che'i phreng ba* [《師尊法王珍寶傳記寶鬘》] 中的八思巴傳，即使到了 Ruegg 1995 中仍遭到忽視。

20　關於蒙古護持迦濕彌羅大師南摩（Na mo）之事，見 Jagchid 1970, pp. 117-20；1980, pp. 80-84。

21 關於擄獲鳩摩羅什的呂光（Lüguang），其傳記之英譯版，見 Mather 1959，特別是 pp. 4-6, 35, 86-87；關於鳩摩羅什的生平和地位，見 Robinson 1967, pp. 71-95。
22 Wright 1990, pp. 34-67（原先出版於 *HJAS* II [1948]: 321-71）。Wright 對佛圖澄與石勒和石姓宗族的關係分析，比後來大多數人說明的八思巴與忽必烈的互動要複雜一些。Wright 認為該龜茲僧侶展示了「佛教四大神通領域」：造雨、軍事建議、醫藥和政治。
23 關於蒙古人和其西藏上師們的名錄，見 Wylie 1977, p. 108, n. 16。
24 Heissig 1980, p. 25：「不僅是中國資料，蒙古資料也描述了蒙古皇室的狂歡慶祝，是對這個教義的褻瀆與誤解的結果，隨之而來的蒙古統治階級的墮落，是蒙古對中國統治潰敗（1368）的最重要原因之一。」
25 關於近期對於該過程的評論，見 Ehrhard 1997。
26 Martin 2001b, pp. 40-55 對苯教資料的問題進行了討論。我細讀了他提到的大部分文獻，但卻只有少得可憐的收穫，我認為苯教專家們會更好地探討這個主題。
27 這個年代一直被認為是 1253 或 1258；見 Szerb 1985, p. 166；Ruegg 1995, pp. 33, n. 42（1258 的依據是 *mKhas pa'i dga' ston* [《賢者喜宴》], pp. 1414-1），pp. 48-49, nn. 88, 54。多數學者顯然接受 1736 年 *Sa skya gsung rab dkar chag* [《薩迦經典目錄》], p. 316.4.2 中所說的 1253 年。在 *Lam 'bras slob bshad* [《道果教學釋》] 文集中，益西堅贊所著之 *Bla ma dam pa chos kyi rgyal po rin po che'i rnam par thar pa rin po che'i phreng ba* [《師尊法王珍寶傳記寶鬘》]

的早期傳記中，完全沒有提到所謂的三次灌頂（八思巴與忽必烈的關係卻在 pp. 304-6, 327-29 中詳細說明），但八思巴自己的 bsTod pa rnam dag gi phreng ba [〈清淨寶鬘頌〉] *SKB* VII.143.3.2 記載了忽必烈的受戒年代是 1263 年（chu mo phag [陰水豬]）。1434 年 *rGya bod yig tshang chen mo* [《漢藏史集》] 記載的灌頂年代是 1255 年五月（p. 326.8）後的某個時間點，就在八思巴 1256 年返回西藏之前（p. 326.8）。西藏是忽必烈送給八思巴的灌頂供品（dbang yon）的傳統說法，似乎最早出現在 *rGya bod yig tshang chen mo* [《漢藏史集》], p. 327 之中，這可能是在元朝薩迦政權之後，其實際政治統治權被帕摩竹巴・絳曲堅贊奪走很久以後，為了重新在西藏取得權力所做的嘗試。我的猜測是，灌頂只有一次，在 1263 年，但那個事件不斷與其他事件混為一談，最終與西藏做為灌頂供品的傳說結合在一起。

28 Stearns 2001 從頭到尾都被提及，我們在解讀材料上的差異是很明顯的。

29 Davidson 2002c, pp. 1-24 專門討論了這個問題。傳統社會的知識分子認為他們的重點是重申宗教文化，他們掩蓋了不連續性、創新和不道德行為等困難問題，並將提出的問題限制在傳統已經確認的問題上。對於傳統主義者來說，對待現代批判性歷史的最佳方法是，忽略歷史學家和他或她的動機、行為或心理因素，並發動人身攻擊。

30 Davidson, *Indian Esoteric Buddhism: A Social History of the Tantric Movement* [《印度密教運動的社會史》]。

31 Spitz 1987, vol. 1, p. 2; Cochrane 1981, pp. 14-20.

32　見 Green 1988, pp. 120-21；見 Maristella Lorch: "Petrarch, Cicero, and the Classical Pagan Tradition [佩脫拉克、西塞羅以及古典異教傳統]", Rabil 1988, vol. 1, pp. 71-114。

33　中世紀工匠的社會地位在 *Mayamata* [《印度房屋建築與意象專書》] 第五章中曾加以探討；參照 Dubois 1897, pp. 34-35, 63，他認為壞政府的問題是錯誤的。一個很好的現代研究是 Kumar 1988, pp. 12-62，其中觀察了瓦拉那西（Banaras）工匠的社會地位。關於十六世紀歐洲藝術家地位的提高，見 Martines 1988, pp. 244-59；Burke 1986, pp. 74-B7。醫學與宗教的關係花了一些時間才出現；例如 *Deb ther sngon po* [《青史》] 就沒有記載 *rGyud bzhi* [《四部醫典》] 或其他醫藥或工匠的著作。在 1434 年的 *rGya bod yig tshang chen mo* [《漢藏史集》] 中，有關於醫學和其他藝術的材料，然而作者似乎暗示早期的著作非常稀缺，如同他在「對劍的討論」（p. 232）中所說的一般。較早的醫學史作品似乎是源自於十二世紀；見 Martin 1997, nos. 17, 35-37, 105 等。十二世紀也是我們在薩迦寺看到醫學的時候，札巴堅贊專門寫了一本關於醫學的作品，這部作品很醒目地做為最後一項放在他的作品集中：*gSo dpyad rgyal po'i dkor mdzod*, SKB IV.354.3.1-396.1.6 [《醫學王庫》]。

34　將這些範疇應用於西藏視覺藝術的一個例子是 Klimburg Salter 1987。

35　Stark and Bainbridge 1985。較近期對新興宗教現象的有趣研究包括 Barrett 2001、Dawson 2001，以及 Fink and Stark 2001 等。

36　Gould 2002, pp. 745-1022 是這個模型及其在文化中應用的詳盡論述。

譯注

[1] 參見地圖 1。
[2] 各章節注解中 [ ] 內之中譯書名或中譯詞,為譯者依據藏文所補充。

第一章　中世紀初期的印度與密教概論

您派遣〔傳教使節〕艾拉·阿若（Era A ro）、曼殊師利（Mañjuśrī）以及隨從人等，攜帶上等之金銀財寶去印度尋求聖法，以便他們能打開一扇窗，照亮西藏的黑暗。

無上至尊赤松德贊以源源不絕的神蹟示現，身為真正的佛密（Buddhaguhya，其祕密為佛），那令我心歡喜的世間最高王權，在他的統治下，整頓了種種權力的扭曲。他下令：「在佛法、人、神的高原上馳騁吧！」因此，他令曼殊師利和穆利塔（Mu ri ta）切勿認為重大疾病的成因是風、膽、津聚集在這熾熱的金剛身（vajrakāya），或因八萬魔羅的阻礙所造成。

他們鍥而不捨，從高地來邀請我，但我無力前往。聖者曼殊師利菩薩親自告誡我：「若你前往西藏，必將喪失生命！」儘管我無法成行，但我還是送去了我的觀修口訣《入瑜伽法》（Yogāvatāra）以答謝國王之贈禮。

——佛密（Buddhaguhya）之〈致國王信〉（Bhoṭasvāmidāsalekha）I.6-9[1]

佛密的感嘆反映了許多印度僧侶面對西藏文明召喚時的矛盾心情。在印度佛教徒的眼裡，藏人雖原始卻對佛教事業極為投入。當印度佛教遭遇一次又一次的挫折時，藏人似乎代表了護持佛教的有力來源。而十一世紀後西藏佛教的興盛，看來

既像是印度諸多問題的結果,又像是西藏潛能的展現。就如同五個世紀後,闊端汗對薩迦班智達的召喚一般,佛密的邀請函來自一位外國領袖,即一位以當時的亞洲標準來看,勉強稱得上文明的帝國君王,對一位密教僧侶的邀請。無論如何,帝王需要佛教僧侶成為隨從是被各種價值觀所驅使的,也就是對佛教信仰魅力的著迷、應用印度文明產物的渴望、聖化軍事權威的需求,沒有著名聖者隨伺在側,便感覺若有所失,以及懼怕聖者的神祇也許無所不能等等。這種邀請本就取決於佛密和薩迦班智達的公眾光環,這種聖潔和學識的聲譽是帝王的官員們從僧侶的同時代人物那裡發現的。

　　無論是十三世紀的蒙古人,還是五世紀被漢人將軍呂光（Lüguang）俘獲的龜茲僧人鳩摩羅什,佛教的聖潔魅力,就如同磁石一般,存在中亞探險家的心裡。密教對這些帝國人物最初的吸引力,就代表著對話過程的開始。如果密續佛教沒有持續驗證其權威、力量、效用和儀式展演,或者僧侶們不具備直接談論修行、語言、神聖性和等級問題的能力,密續佛教或將成為另一個淹沒在專門討論小型宗教運動書籍中的難以理解的注腳。正如我將展示的,密續佛教在這方面極具優勢,也許是唯一能夠進行這種論述和其他支持失衡社會、政治及文化系統論述的體系。而這種能力不過是源於密續佛教產生的時間和地點,因為它是佛教人士於不穩定的環境中,對極端威脅做出的回應。因此,密續佛教體系擁有兼容並蓄的策略,使它成為不同的地理和文化區域的首選,並使它能夠歷經數個世紀,至今仍具權威。事實上,荒謬的是,西藏君主們最終對於密續佛教極為謹慎,而該體系在西藏的全盛發展並非是在西藏帝國時期,而是在帝國瓦解以後。然而,由於密續佛教能夠有效的在

地化,並證實個人的魅力,使它能完全適應中央西藏後帝國時期社會文化的失序狀態。

　　本章大體討論了密續佛教的印度起源,並將重點放在那些述說並證實這場獨特的西藏運動的文本和人物。儘管西藏和中國的作者通常會忽略密教的印度特性,但印度密教的出現並非為了改變西藏、中國、日本、緬甸或其他國家的王室信仰,或是吸引這些地方的知識分子。佛教在這些地區的成功如此顯著,在印度的黯然失色又如此徹底,這使得該主題作品的標準作法似乎是迴避其印度起源。事實上,密續佛教的印度基礎和它的時代一樣重要,也就是中世紀初期(七至九世紀)。本章首先勾勒出這個時代印度的政治社會狀況,接著總結了當時的佛教發展,並概述在印度體制化的密教。這個密教將最高統治者神聖化,成為中世紀的封建典型。「成就者」做為新的佛教聖者類型被提出,是與持明轉輪王(vidyādharacakravartin)的統治目標有關的較古老佛教人格形式。我們講述了密續文獻以及它與不同形式之修持法的關係,說明了藏人如何揀擇特定的類別。就西藏復興時期的信仰體系而言,理想的成就者通常不是那洛巴就是畢如巴。我們摘錄了他們的傳記,並將重點放在成就者的主題和歷史背景上,特別是因為那些傳記解釋了藏人將其傳承分類為注疏傳承(bshad brgyud)或者修行傳承(sgrub brgyud)兩種。不幸的是,本章第一部分無可避免地重複了我以前著作中已經詳述過的許多觀點,因此,熟悉該著作的讀者們可以直接跳過,到我從某些不同角度思考密續文學類別的地方。

中世紀時期印度政治社會概況

　　密續佛教源於中世紀初期印度特定的時間和地點，即550年左右笈多王朝（Guptas）結束之後，特別是647年曷利沙（Harṣa）過世，普西亞布蒂（Puṣyabhūti）王朝隨之滅亡之時。這段時期對印度人來說相對困難，因為印度的每個層面幾乎都發生了變化。在這之前，北印於印度的政治軍事動態中一直占據主導地位，或至少與南方平起平坐，但在此充滿活力的新時期，首度屈居次要位置。相反地，南印及其信仰濕婆教的國王們占據核心地位，並在許多方面占盡先機。首先也是最重要的，這表示北印之政體愈加被迫屈服於對其領土、財富和城市安全的惡意攻擊。軍事上最困難的時期是在七世紀中至八世紀中，那時我們幾乎感受不到北印的生命力，但卻看到德干高原以南的帕拉瓦王朝（Pallavas）、恆伽王朝（Gaṅgās）等王國變得無比重要。到了八世紀中，印度在位於曲女城（Kanauj，瞿折羅—普臘蒂哈臘王朝〔Gurjara Pratīhāras〕）、孟加拉（波羅王朝〔Pālas〕）和克里希那（Kṛṣṇa）河谷（羅濕陀羅拘陀王朝〔Rāṣṭrakūṭas〕）的主要勢力之間，形成了一種鼎足三分的關係。在750年到950年的兩個世紀裡，這三者爭權奪利，羅濕陀羅拘陀王朝幾乎在每個領域都占有優勢。即使羅濕陀羅拘陀王朝覆滅，也不意味著北方的復興。因為加茲尼王朝（Ghaznivid）的穆斯林已準備好從阿富汗出發，進行掠奪。而朱羅王朝（Coḷas）則在南方發展他們優雅的文明。如果說波羅王朝似乎退出了衝突的區域，那也只是暫時的，該王朝最終被支持南孟加拉的重整勢力所擊潰。因此，到了十二世紀末，就在伊斯蘭土耳其人大規模入

侵之前，北印再次成為支離破碎的政體。從孟加拉到吉拉特（Gujarat），從迦濕彌羅向南延伸至德干高原。只有南印度是強大且相對統一的。

這些政治現實掩蓋了國與國之間關係的本質。這種關係類似查托帕德亞亞（Chattopadhyaya）所稱的薩曼塔封建制度（sāmanta feudalism），或史坦（Stein）提出的分支國家（segmentary state）的模型。[2] 簡而言之，這些論述表示大國與較小的、鄰近的國家建立了一系列的關係。在這些或大或小的政體中，都有類似的官僚層級。因此，每個政體都有一名負責戰爭與和平的大臣，有主要的將軍，也與特定的宗教傳承建立正式的儀式關係等。附庸國與它們的「主君」（rājādhirāja）[1] 建立了稅收／商業（進貢）的關係。而較小政體的統治者經常在霸主所準備的加冕典禮（abhiṣeka）上就職，或參加霸主自己的加冕典禮。因此，在中世紀初，印度大部分地區在國家之間建立了一整套儀式、商業和軍事關係。較小的國家享有被保護的權利，並承受與大國往來的苦果。這些小國在大國之間充當緩衝國或附庸國，因此，環繞在霸主周圍的藩屬國形成一個陣列（曼荼羅〔maṇḍala〕）。但有時小國會逐漸強大，使大國黯然失色，特別是在後者發生繼承之爭，或者肆無忌憚地對待其藩屬國時。在這些情況下，附庸國可能會暫時聯合起來試圖推翻霸主，其結果是之前的一個附屬國成為該地區的新強權。

這個時期對北印度的經濟，特別是較大都市地區具有毀滅性的後果。從七世紀開始，它們經常遭到襲擊，並且深受人口淨損之苦。與其說這是因為印度整體人口的減少，不如說是由於家庭和個人成為政治或經濟難民而不斷遷徙所造成的。隨著

各大都市的衰弱，完善的貿易體系和行會也成為這個時期的犧牲品，部分原因是伊斯蘭和摩尼教商人從八世紀開始，獨占了新的國際貿易。例如，羅濕陀羅拘陀王朝就發現，支持伊斯蘭商人符合他們最大的利益，而阿拔斯（'Abbassid）的迪拉姆幣（dhiram）是南方持續了約兩個世紀最受歡迎的貨幣。在地方上，各地領主也占有當地的貿易市場，以便積累行會和寺廟的財富，來進行擴張地盤或保衛國家的昂貴軍事戰役。因此，北印的財富便日漸落入其國王們或南部親王的手中。

另外，小型區域中心成為大部分人口遷徙的目的地。中世紀初期，我們看到小國的興起與凝聚，這些國家出現於以前不存在，或僅有部落族群活躍的地方。事實上，許多這些部落族群成為新國家的來源，如由瞿折羅族（Gurjaras）、阿比拉族（Ābhīras）、薩巴拉族（Śabaras）、貢德族（Gonds）、吉羅陀族（Kirātas）以及其他部族所形成的新興小國。在這些小國中，雖然主要人口聚集於傳統的土地上，但也開始進行土地開墾和隨之而來的森林砍伐。在主要區域之間有一些邊緣地帶，那裡的部落或半印度化民族採行的是游耕和狩獵採集法，這使得從屬關係認定不易，因此邊緣地帶在同盟和歸屬上仍是個問題。

隨著區域中心新人口的到來，出現了新的美學，以及認同和神祇的問題。藝術作品是以當地神靈和傳統裝飾圖案的神像為基礎，並被雕刻於媒介物上，譬如石頭，石頭是這些人以前沒有嘗試過的。因此，最初位於大都市中的工作室被遷移到半鄉村的環境中。不僅是藝術家，婆羅門也因宗教合法性和法律技能而被這些小國積極爭取。統治的正當性往往是通過儀式的手段，並藉由權力的行使，如決策的銘文、皇家特權等來確

立。這些權力曾被其他處於類似地位的統治者行使過。婆羅門的法律技能被用來援引其他地方所建立的先例，以便將本地契約和傳統協議納入全印度的法律架構中。此事使得該族群被納入種姓制度（薩巴拉族國王是什麼種姓？他們的生命禮儀〔rites of passage〕是什麼？）的上層結構中，也將他們的眾神置於不斷發展的往世書（Purāṇic）文學所承認的眾神殿中。[3] 在這個過程中，無論當時或現在，部落百姓經常被趕出自己的土地，而非被視之為土地所有者，或者被降級至遠低於他們以前所享有的自由權力和權威的位置。如今，他們的聖地被奪，部落的土地被婆羅門侵占，部落百姓得到的往往比他們應得的還少。

這時期主要的宗教勢力是以濕婆教（Śaiva）信仰為主的南方各國。由於之前印度教地區以外的部落區域，成為移民定居的目標，因此新的侵略性政體，和隨之而來的流離失所的人口，都遇上了本土神祇和地方鬼神。這使得神靈的數量爆炸性成長，有神人同形的，也有動物形的。其中特別是許多地方女神，被簡單地認同為某個女神或大女神摩訶提毘（Mahādevī）本尊。有趣的是，雖然虔信（bhakti）現象在全印度各地吸引追隨者；同樣地，在南方這現象與日俱增，但佛教作者們卻認為無關緊要。也就是說，七至十二世紀的作者們，一般都不承認這種新宗教情感的重要。

相反地，佛教徒一直將濕婆教修行人，以及常見的婆羅門視為佛法的主要反對者。特別值得注意的是濕婆教信徒中的極端族群，那些人使用人骨或異常行為如食生肉、食糞等做為其儀軌的一部分。少數群體（特別是庫拉派〔Kaulas〕）在儀式中會合，部落人民也經常向大地或當地的女神獻祭。所有

這些活動往往讓佛教作者深深感到著迷、嘲弄、仿效，或其他反應。濕婆教族群中最重要的是迦波唎迦派（Kāpālikas），他們在儀式上模仿濕婆陪臚（Śiva Bhairava）斬首創造神梵天（Brahma）之後的懺悔。另一個重要的群體是帕蘇帕達派（Pāśupatas），他們通過模仿狗或牛的行為，招惹莫須有的公眾譴責。其熟練的歌舞技巧，對傳統表演藝術做出了巨大的貢獻，讓他們成為大眾著迷及皇室贊助的對象。

在文化方面，中世紀是詩歌、藝術、音樂和舞蹈最經典的時期。這是印度教寺廟建設的大時代，一些最宏偉的建築都是在當時規畫與執行的。儘管被描述為混亂和黑暗的時期，在六至八世紀之間確實如此，但它並沒有表現出中世紀通常被描繪的文化解體的特徵。相反地，這是一個轉換標準和新規則的時代，其中有些談論的是知識和藝術的優越性，有些則抑制了過往文獻中可見到的公民責任感。這是一個國王和祭司被賦予神性，從而允許他們率性而為的時代，有些人當然濫用了這種特權。最重要的是，此時在印度發展出來的體制接受了不統一和不連續性，認為這是既定的自然條件。因此，也許現代世界認為理所當然的課題，如平等、統一和普遍性等，完全不是該文明整體論述的一部分。

佛教的經歷和制度化的密教

佛教機構在印度向來屬於少數傳統，其命運在歷史上一直起伏不定。事實證明，中世紀初期的佛教機構尤其困難。隨著南印的重要性與日俱增，北印的佛教組織若無法適應新方向，將會慘遭淘汰。不幸的是，佛教社群走上了後面這條路，而經

濟和政治環境,以及佛教菁英們所做的決定,都加劇了他們的衰弱。

其中最重要的一點是佛教失去資助。自從創立以來,佛教僧侶一直成功地與北印的大商會結盟,特別是那些國際貿易行會,他們從印度輸出貨物,並輸入中國、羅馬、印尼等地的物產。僧人們與這些商人一起旅行,並提供熟練的語言、法律和醫療服務,以換取國內外的護持。寺院貸款給那些涉及高風險國際商業活動的在家居士,壓低了印度銀行公會要求的高利率。貿易行會發現與僧侶和寺院往來是有益處的,他們從受人尊敬的機構學習記帳法和占星術,而該機構與種姓制度無關,只有傳播佛法的熱切渴望。寺院與行會之間相互依賴的關係,在對抗政治官員的權力和軍隊的傲慢時也很有效。國王和軍武將領都知道自己既需要寺院,也需要行會,即使二者都很難掌控。如此一來,佛教徒在印度和國外傳法,一部分是藉由行會的協助,一部分是經由僧侶提供的各種服務。

647年曷利沙過世後,在冒險主義日漸增加的情況下,大貿易行會紛紛倒閉,很大程度地改變了這種情況。羅濕陀羅拘陀王朝對阿拉伯水手的偏愛,以及七世紀前後,粟特(Sogdian)商人在塔里木盆地的空前成功,加劇了印度的局勢。印度的小領主通常自行經營貿易,且頻繁地以海盜行為或與犯罪幫派合謀來增加利潤。由於難民、逃兵、無薪士兵等武裝團體的增加,印度的法律和秩序也逐漸惡化。即使像南部艾耶沃勒(Ayyāvoḷe)集團那樣資金雄厚的行會,也得隨身攜帶武器,有時還兼做犯罪集團。好戰的苦行者(sādhus)如某些帕蘇帕達派人士,會受雇為商隊的武警。

由於無法與南方的許多國王和領主妥協,克里希那河谷

的佛教社群，這個近千年來佛教活動特別活躍的地區，在激進的濕婆教浪潮中慢慢地消失了。因此，許多佛教社群在北印、西印、遙遠的南方，特別是東部皇室護持的區域中，收縮成較大的、如城寨一般的寺院。到了十世紀，印度佛教寺院主要分布在奧里薩（Orissa）、孟加拉、比哈爾（Bihar）、北方邦（Uttar Pradesh）、西海岸一帶以及中央邦（Madhya Pradesh）的一些小地方等。除了納加帕蒂南（Nagapattinam）及其周遭的區域以外，安得拉（Andhra）以及南部大部分地區的佛教社群幾乎完全消失，那些區域因與斯里蘭卡和印尼的往來，而獲得了很大的活力。在中世紀的佛教神話中，南印大部分地區都呈現出一種恐怖的氛圍，其中，魔女伺機抓捕佛教僧侶和商人，嗜血的國王們向憤怒女神獻祭旅人等。

即使是比哈爾、奧里薩和孟加拉這些佛教大本營，護持經費的問題也持續困擾著寺院。它們的運作也因此愈來愈接近賦予它們土地和特權的封建領主。最宏偉的大寺院，如那爛陀寺（Nālandā）、飛行寺（Odantapuri）、索瑪普里寺（Somapuri）和超戒寺（Vikramaśīla）等，擁有專門護持僧團的聚落。它們藉由集體的學術力量，吸引了來自中亞、東南亞和東亞的僧侶。最大的寺院可能有兩千五百名至三千名僧侶從事研究、觀修和金融業務。這些大寺院既是該地區組織最嚴密的力量，也是重要的政治機構。它們在這些地區徵稅並維持警力，因此，一些僧人變成了實質上的官僚。諷刺的是，隨著佛教機構的日益稀少以及地區壓力的逐漸增加，它們卻變得愈來愈大，並獲得了更多的國際關注。

最後，婆羅門的對抗和尋求機構的穩定等一直存在的問題，似乎困擾著佛教教義的表述。佛教思想家們不再創作具有

高度原創性和充滿活力的佛教思想。反之,在七世紀發生的兩件事,改變了印度佛教徒宣揚其哲學論述的方式。首先,中觀學派內的一個激進運動,聲稱任何形式的佛教術語皆不可取。他們認為所有的陳述都隱含著對立;因此,表述本身是謬誤(歸謬法〔prasaṅga〕)的。同時,佛教學者們開始借用婆羅門知識論者的語言和訴求,這使得佛教思想家內化感官體驗的重要性優於洞見或智慧,並將之納入佛教課程中。

不幸的是,這些發展方向產生了許多不可預料的後果。佛教徒在極端的中觀立場中開始表現得無話可說,或至少認為任何論證寺院制度、業力或佛教修道的基本原理,在本質上都是有問題的。雖然龍樹(Nāgārjuna)曾警告不要誤解他的立場,但對於那些不太理解辯證法義理精髓的人來說,誤解確實發生。某些僧人還認為功德和戒律是可以討價還價的。相反地,認識論的發展似乎顯示出,即便佛教的論述並無謬誤,但它們至少是衍生自婆羅門的假設。儘管佛教徒在認識論的道路上已展現出他們有能力講述中世紀印度哲學語言,但他們相當不重視具體論證佛教義理和哲學架構。這種自成一格且不依賴婆羅門理論的立場,意味著其他人往往將他們視為印度認識論中的一個支派,而不認為他們有顯著和根本的差異。這兩種情況中的看法都屬於七或八世紀印度的發展成果,並對西藏產生了不同的影響,特別是從十一世紀末開始。

這些內部的成果助長了下一個階段的發展,即密教儀軌。根據我們的資料顯示,成熟的密教運動始於七世紀下半葉。早期的文本討論了一些主題,如防護性的咒語以及將各種圖像組合成壇城(maṇḍalas),甚至是灌頂儀式和偶爾將自己觀想成佛陀等。然而,這些討論並未被整合成一種自覺的運動,也不

必然是彼此配合的。因此,咒語可能在文本的某部分被具體描述,壇城的觀想則在另一部分,但彼此沒有特定的關係。不過,到了七世紀末,我們開始看到逐漸凝聚的證據,這些元素在廣泛的譬喻下整合為眾諸侯環繞著一位霸主。該譬喻並非以印度論典如《政事論》（Arthaśāstra）中的政體理論為基礎,而主要是中世紀印度薩曼塔封建制度（sāmanta feudalism）的直接結果,絕大多數是始於七世紀。

當時的封建體系授權野心勃勃的國王,通過儀式被奉為霸主,在典禮中,他本身被灌注一神或多神而成聖,並在諸附屬國組成的壇城中心就位。這些附屬國就像緩衝區一般包圍著大國,這就是為什麼它被稱為壇城,即一個圓圈。由於每個附屬國都是獨立的,因此一個較小的國家也可以取得大國的地位,並占據壇城的中心。事實上,早期密教的詞彙幾乎精準地反映出七、八世紀的碑文和文獻中的政治語彙。印度人相當清楚這些詞彙的相似之處：

僧侶從金剛（vajrācārya）處獲得灌頂（abhiṣeka）,他因為成聖而感到（devatābhimāna）,他也將被賦予不同家族（kula）（maṇḍala）的權。他成為持咒之瑜伽士（mantrin〔咒師〕）的同伴,因此可以運用他們的密咒（guhyamantra）。他受到

王從祭師（purohita）處獲得加冕（abhiṣeka）,他因此被認是神（devāmśa）,並將被賦予不同世系（kula）之諸侯（maṇḍala）的管轄權。他與顧問們（mantrin）為伍,以便利用他們的機密建議（guhyamantra）。他得到軍隊將領（tantrādhipati）的保

金剛手（Vajrapāṇi），即祕密將軍（guhyakādhipati）的保護。他被授權施行各種儀式（karma）。

護。他被授權施行各種王權（rājakarma）。

這種譬喻模仿的弦外之音在七至十世紀被詳盡地研究，各類經典的術語也與時俱進地充滿了政治軍事模式的意識型態。有些著作將所有章節都用來論述國家權力的獲取以及如何實現目標，譬如《大黑天續》（Mahākāla tantra）。在這類案例裡，作者基本上不用譬喻，並且回到了《政事論》最後一章的類似立場，即在軍事冒險無用的情況下，具體說明神奇的手段。其他作品則明確地將譬喻當作譬喻來闡述（「就如同轉輪王被加冕一樣⋯⋯您亦應如此」），但仍假設儀式行為（tantrakarma）會給咒師（sngags pa）的護持者們帶來有形的政治社會利益。因此，護持密教的理由通常是，瑜伽士將取得象徵性霸主的地位，同時為真正的君王提供祕密服務。

然而，這種譬喻並不表示密教可被簡化為衰頹的機構，在凶殘暴君的統治下逢迎，以鞏固自己的地位。相反地，它說明佛教徒始終密切關注主導公眾生活的模式，特別是當這種模式在機構發展的文化中，變得無所不在時。由於寺院在各方面都仿效了大封建領主，因此將這些視為人類經驗中本具的，是既順應時勢又理所當然的過渡。

這類似早期佛教僧團（Samgha）借用民主結構，該結構與薩迦和離車族（Licchavi）的政治情況相似。在這幾個例子中，我們都可以看到現狀的神聖化，即重新定義現實和空間組織，使佛教義理能將特定文化視為真實而非虛構。事實上，聖

化行為是密教經典中不斷描述的基本行為,那就是轉毒藥為甘露。就像修行人將人性之毒(貪、瞋、癡)轉化為智慧的甘露一般,現實的結構也可同樣地轉化為修行的層級。不同於國家的壇城之間的關係被猜疑和欺騙所主宰,修行者的壇城是充滿慈悲和智慧的領域。儘管如此,無法迴避的事實是,該體系的根源是封建制度,壇城的本質是政治性的,且描述的是回應層級與控制的分裂群體。所有這些都對西藏的個人和整體社群的行為產生了影響。

位於社會邊緣的成就者

雖然「成就者」在中世紀宗教運動的背景中較為人所知,但這種稱呼似乎在西元前數世紀,首次被用於某類耆那教(Jaina)的聖者身上。在此種用法中,成就者們沒有業力,永遠存在於宇宙頂峰的一個崇高層面上。[4] 對耆那教的作者們來說,沒有業力意味著靈魂不會落入世間,這使得普通的感官無法見到成就者。他們的精妙的身軀幾乎是人類,但模糊不清。儘管他們具有不可思議的特性,但這樣的成就者仍未達到耆那教阿羅漢的究竟解脫。

然而,在印度的政治文獻和浪漫主義文學中,可以很清楚地看到佛教成就者的先驅,而耆那教徒有時會輕蔑地把他們稱為「世間的成就者」,因為他們關注的是能力(siddhi)。這些成就者並不模糊,他們清晰可見,在社會的邊緣活動,那是森林和田野之間的幽暗地帶,充滿能量和魔幻的地方。在這些領域中,成就者以他們的各種儀式聞名,這些儀式試圖導致強大的存在賦予他們地位、長壽、神通和空中飛行等能力。成就

者文獻顯示,他們被賦予類似持明者(vidyādhara)這個階級所擁有的能力和特異功能。而持明者的頭銜則來自於他們在人間或天界所使用的咒語或知識(vidyā)。

　　成就者是一種新型態的佛教聖人,其發展仰賴許多不同因素,諸如人們需要一種新類型的聖人、與部落百姓和賤民族群接觸、對濕婆(Śiva)和薩克塔(Śākta)的實踐和文本的挪用、以往支持佛教的大型貿易中心的遷徙人口能繼續支持密教、融入當地或以部落為基礎的新興封建體系等。佛教成就者代表一種新的社會典型,為區域中心和被剝削的族群,提供了印度教種姓以外的權力自主模式,並給予無需放棄區域認同的細膩的宗教保證。這與佛教僧侶們在大寺院中所經歷的喪失自我的感覺完全不同。成就者們吟唱不同語言創作的歌曲,或以這些新族群所使用,或期待的美學意象用語來吟唱歌曲。成就者們肯定當地與部落有關之儀式文化的重要性,也肯定叢林周遭、高山和田野邊緣的原始型態的重要性;所有這些價值觀在佛教成就者的文獻中都得到了讚揚。他們使用的意象和訴說的故事違反了婆羅門教的理想,這必定讓他們的信眾既震驚又高興。他們對說故事技巧的重視,在最極端的佛教經典《瑜伽母續》中成為典範。他們巧妙地運用語言就像孩子玩玩具一般,往往無所顧忌,有可能導致嚴重的結果。

　　較保守的成就者和僧侶團體將某些成就者文獻制度化,在很大程度上仰賴佛教史上最好的詮釋策略,但其成就有限。在馴化的過程中,這些成就者幾乎和人類一樣成為,並被編寫成帶有數值的文學人格,尤其是數字四十、五十、八十到八十四和八十五。這些數值方案在鄉村和區域政治組織中已廣為人知。因此,在將成就者編寫於系統化的文獻中時,奧里薩、孟

加拉、中央邦、烏金國（Oḍiyāna）和科那卡那（Koṅkana）海岸的經濟和政治結構都成為其中的相關內容。經由將非制度化的密教制度化，密續佛典整合了源自濕婆派、薩克塔派、紹拉派（Saura）、毘濕奴派（Vaiṣṇava）、區域神祇和地方屍陀林等成就者傳統的思想和行為，可說是無所不包。總的來說，體制化的過程從八至十一世紀進行了將近四個世紀，但仍有一些未盡事宜。

不僅行為的範圍，至少對某些人來說，行為的連續性也從《政事論》書中所描述的成就者，延伸到整個中世紀時期佛教和納德派（Nāth）的成就者，乃至當今苦行者的行為。作為古怪，有時還涉及犯罪的角色，成就者經常成為人們迷戀和崇拜的對象，因為他們將自己隱藏在權力和能力的光環中。這種光環從未成功地被推廣。這些不同的行為以及神聖的語言，是因為成就者不同的背景所致，他們也不像密教僧侶擁有遍及全印度的佛寺體制，為他們提供相對統一的社會化環境。然而，有些成就者來自菁英階層，受過最高等的教育，但離開了寺院、大都市或皇室，開始了一種新的原始社會生活模式，擺脫了印度強烈階級意識的限制。有些成就者來自社會最底層，他們在絕望中進入成就者的生活模式，希望理解這個不斷崩壞的世界，因為眾神似乎支持擁有武力、權力和財富者的反覆無常行為。源自各階層的成就者同時帶來了優點和缺點。因此，新興的成就者文化是由一系列儀軌展演和個人的技能建構而成，其中個人魅力和虔誠與智慧和自然狀態一樣重要。

密續文獻和儀軌

　　中央西藏復興時期具代表性的密續文獻和儀軌系統吸收了多樣化的背景，有些是七世紀末至九世紀初已傳播至中國、日本和西藏等地的著作，接受度最高的經典是在寺院環境中產生或編輯的。特別重要的是後來被區分為三種類型的密續：《事部密續》（*Kriyā-tantra*）、《行部密續》（*Caryā-tantra*）和《瑜伽部密續》（*Yoga-tantra*）。這些類別包括了像是《蘇悉地經》（*Susiddhikara*）、《大毘盧遮那成佛經》（*Mahāvairocanābhisambodhi*）、《最勝佛頂陀羅尼經》（*Sarvadurgatipariṣodhana*）和《金剛頂一切如來真實攝大乘現證大教王經》（*Sarvatathāgata tattvasaṃgraha*）等。當然在這些密續類別下，遠不止這些著作。這些作品和推廣這些作品的人，強調大型的壇城系統以及帝國象徵，同時淡化了隱喻及其附屬文獻中，明示或暗示的欲望和權力之印度內涵。這些文本倡導另一類儀軌系統，通常強調佛教形式的古印度火供（homa），用於四種密續儀式目標：息（疾病、敵人、情感）、增（金錢、權力、功德）、懷（對手、諸神、激情）、誅（敵人、諸神、自我意識）。在中國、西藏、南紹和其他地方的王室中，官方翻譯的密教經典會依據權貴的需求來量身訂製，從而阻礙或抑制了印度佛教中的分裂因素。即使如此，間歇的加諸在那些受限制的文本和修持法，往往不夠完整或無效，一些被禁止的作品仍在流通，儘管它們在帝國認可的經典目錄中不見蹤跡。

　　然而，在印度境內流傳的密續體系範圍和那些在境外流傳的內容並不一致。印度佛教和非佛教文獻中的引文清楚顯

示,從八世紀中葉起,印度密續修持法和相關文獻內容的變化程度,遠超過受外國王室支持且受限的佛教環境中所接受的文本,甚至也大於那些在官方批准的場所外祕密流通的文本。這些被禁止的文本中,有許多自稱是《大瑜伽續》(Mahāyoga-tantras)或《瑜伽母續》,最終還被某些人歸納為「無上瑜伽」(yogottara)類。這是超越前面提過的事續／行續／瑜伽續之上的第四類儀式文獻。這四個類別在藏人中最受歡迎,他們強烈抗拒其他分類法,但印度作者們卻提出了大量不同的分類。因此,無論是在此或密續佛教所有其他領域,都難以實現類別結構一致的立場。[5]

對此,眾多作品可能會依據它們被使用的方式而分門別類。例如,《聖妙吉祥真實名經》(Mañjuśrīnāmasaṃgīti)經常因作者的想法或解釋的詞彙而被重新分類,有時被歸屬於瑜伽部密續,但經常更高階。這個過程很重要,因為所有不同修持道的倡議者,無論是印度人、迦濕彌羅人、尼泊爾人或西藏人等都了解,一個大師的地位,在某種程度上取決於該體系的地位。因此,將該體系置於宗教價值逐漸提昇的尺度上,表示該大師的社會地位向上攀升。儘管,印度人對這些分類似乎相對淡定,因為他們往往會在頃刻間,便進行重新分類。然而,對地位的渴求意味著,對那看似瑣碎細節的複雜爭論,是受到傳承和個人被認可的需求所驅使,因為這決定了信眾的吸納、資源的分配和機構的生存能力。這個情況可從兩個案例,即布敦‧仁欽珠(Bu ston Rin chen grub, 1290-1364)和哦千‧貢噶桑波(Ngor chen Kun dga'bzang po, 1382-1456)試圖在西藏恢復「下部密續」(亦即「事部」至「瑜伽部」)的努力中看出。[6] 這兩人都沒有取得多少成效,因為他們被分級的邏輯給

限制住了。換言之，既然有更高等級的密續承諾可以更快解脫，且賦予其更豐富的世間利益，那麼修行者為何要花時間修持較次等的密續呢？

對復興時期的藏人來說，有三個最重要的密續修持系統：密集金剛（Guhyasamāja）、勝樂金剛（Cakrasaṁvara）和喜金剛（Hevajra）。這三者在印度都擁有多樣化的相關文本，如根本續、釋續、注釋書、修持手冊、入門儀式與灌頂之著作，以及多樣化的傳承等，並且在十世紀末時被廣泛地接受。這三者都包含了生起壇城的修持法（生起次第〔utpattikrama〕），以及與極端成就者有關的身心瑜伽實踐（圓滿次第〔sampannakrama〕）。生起次第是一系列複雜的觀想，其中世俗世界被消融，並被一個完美壇城所取代，佛教諸神祇位於堅不可摧之城堡中。修行者將自己觀想為中心的主尊。這個壇城新世界是一個精神性的封建環境，觀修者是壇城的霸主，他被不同方位代表不同家族（kula）的神聖諸侯所包圍。當然，儀軌的形式和詞彙都強調了本尊的新生（utpatti）。據說觀修者藉由這個方法淨化了自己的誕生。此外，觀修者在灌頂之後自我觀想為佛，是中世紀教義的一種儀式應用，也就是使一位新加冕（abhiṣikta）的國王經由儀典而成聖。

《大瑜伽續》和《瑜伽母續》所強調的另一種儀軌體系，是圓滿次第的內在與身心瑜伽的修持法。這些修法都包含了一系列新的灌頂。在這種情況下，其他的加冕典禮都被歸為初級，或稱為瓶灌頂（kalaśābhiṣeka）。除此之外再加上了祕密灌頂（guhyābhiṣeka）、智慧灌頂（prajñājñānābhiṣeka）、以及第四級灌頂（caturthābhiṣeka）。

新體系在九世紀被統整彙編後,這些灌頂據說為儀軌或瑜伽修持法提供了途徑。在這個體系中,瓶灌頂授權了生起次第的修持,也就是觀想自己處於壇城之中。祕密灌頂授權了「自加持」(svādhiṣṭhāna)的瑜伽體系。瑜伽士觀想他的內在輪(cakra)、脈(nāḍī)和氣(vāyu),一股火焰從他的臍輪生起,沿中脈向上,致使「菩提精華」從囟門下降。這種修法後來成為西藏「布衣」聖者,如著名的密勒日巴廣泛採用的「拙火」(gtum mo)瑜伽的源頭。智慧灌頂授權瑜伽士進行「壇輪」(maṇḍalacakra)的身心瑜伽修持法。在此過程中,瑜伽士與道侶合一,觀想菩提精華經由脈輪向上至囟門。這種菩提精華上升的觀想,據說會產生一連串喜樂的感受。最後,第四級灌頂被賦予不同的屬性,但它經常授權瑜伽士觀修勝義真如法性(the absolute),通常被賦予「大手印」(mahāmudrā)的象徵。

透過圓滿次第的瑜伽修持法,據說瑜伽士會經歷構成微細身/金剛身的普通風、脈、四大、體液和種子字的轉化。特別是與普通生理活動有關的「業風」(karmavāyu)將被引導到中脈,並因此轉化成「智風」(jñānavāyu)。這使得佛教行者所觀想的各種智慧特性能經由這些瑜伽實踐獲得。這兩種主要的圓滿次第修持法之外,還附帶著各種多樣的瑜伽法,如夢瑜伽、幻身、奪舍等。瑜伽士遵行瑜伽姿勢、呼吸練習、身心修持、觀想以及構成圓滿次第有關的複雜訓練的結果,其首要目標是,瑜伽士能因這些訓練,以可控制的方式,直接觀察四大消融的體驗。這些元素消融的體驗,對於一般瀕死的人來說,是不可控制的。[7] 同樣地透過這種訓練,藉由壇城本尊的誕生,生起次第被認為得以淨化出生,而圓滿次第則被認為透

過顯像與空性的結合,得以淨化死亡。

在這個寬廣的架構中,密集金剛體系以瑜伽續儀軌的發展為基礎,儘管它最終被歸類為《大瑜伽續》,但它的許多文本只承認自己是瑜伽續,而大瑜伽續這個語彙也被用於這些作品中。到了八世紀末,《密集金剛續》(Guhyasamāja-tantra)的根本文本已經有十八個章節,不同大師們正在發展體系和撰寫注釋本。九世紀期間有兩個儀軌學派被彙整並廣泛接受,那就是以大師佛智足(Buddhajñānapāda)命名的智足派(Jñānapāda school),以及聖賢學派(Ārya school)。後者是以八世紀的密教大師龍樹,與隨後的大師聖天(Āryadeva)和月稱(Candrakīrti)的傳承命名的。可以確定還有其他許多傳承,但這兩派最為興盛,部分原因是聖賢學派借用了幾世紀之前知名中觀權威人士的身分,另外則是因為這兩派大師在制度化方面非常成功,他們與整個北印度和南印斯里賽勒(Śrī Śaila)周圍的佛教中心結盟(地圖2)。

就像其他成功的傳承一樣,密集金剛體系也為佛教詞彙做出貢獻,包括儀軌組織和專用術語。在現存的《密集金剛續》中,生起次第的儀軌被分成四個部分——無私奉獻(sevā)、近成就(upasādhan)、成就(sādhana)和大成就(mahāsādhana),但該密續的最後一章也開始將這四部分擴展到圓滿次第。[8] 以這部密續為基礎,智足派及聖賢學派均創立了自己的主要壇城。智足派描述了一個以文殊金剛(Mañjuvajra)為中央本尊的壇城,而聖賢學派則提出了一個以不動如來金剛(Akṣobhyavajra)及其眷屬為特色的壇城。[9] 為什麼會有這樣的區別?這兩位本尊都出現在《密集金剛續》中,但該傳統認為兩位本尊分別體現了傳承祖

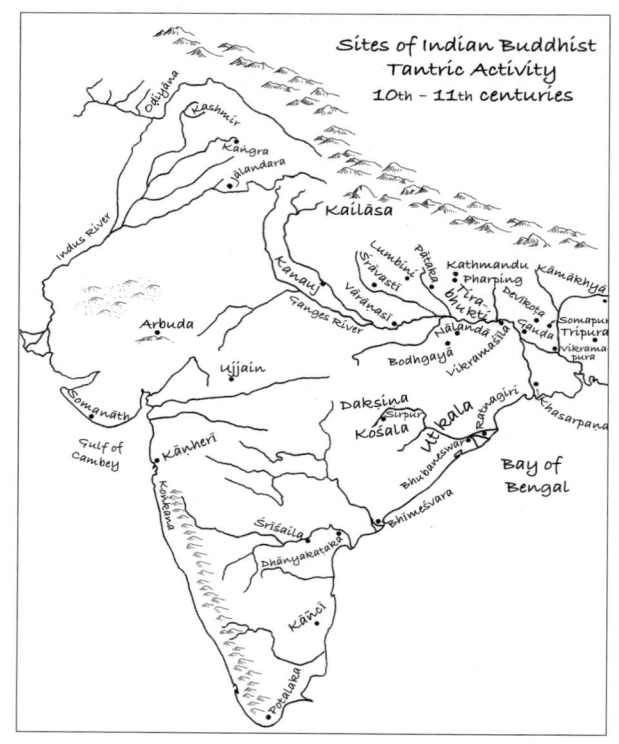

地圖 2　十、十一世紀印度怛特羅佛教的活動地點

Arbuda 阿布山	Kanauj 卡瑙傑	Ratnagiri 拉特納吉里
Bay of Bengal 孟加拉灣	Kāñcī 建志	Sirpur 錫爾布爾
Bhīmeśvara 畢梅西伐拉	Kaṅgra 坎格拉	Somanāth 索姆納特
Bhubaneswar 布巴尼斯爾	Kāṇherī 甘赫里	Somapur 索瑪普
Bodhgayā 菩提伽耶	Kashmir 迦濕彌羅	Śrāvastī 舍衛城
Dakṣiṇa 達克希納	Kathmandu 加德滿都	Śrīśaila 斯里賽勒
Devīkoṭa 德維闍怛	Kharsarpaṇa 卡莎路巴納	Tirabhukti 鐵拉布克梯
Dhānyakaṭaka 馱那羯磔迦	Koṅkana 科納卡納	Tripura 特里普拉
Ganges River 恆河	Kośala 拘薩羅	Ujjain 鄔闍衍那
Gauḍa 高達	Lumbini 蘭毘尼	Utkala 烏特卡拉
Gulf of Cambey 坎貝灣	Nālandā 那爛陀	Vārāṇasī 瓦拉那西
Indus River 印度河	Oḍiyāna 烏金國	Vikramapura 比克拉姆布拉
Jālandara 札蘭達拉	Pātaka 帕塔卡	Vikramaśīla 超戒寺
Kailāsa 岡仁波齊峰	Pharping 帕賓	
Kāmākhyā 卡瑪赫迦	Potalaka 布怛洛迦	

師的不同揭示。[10] 例如，據說佛智足得到了本初佛金剛總持（Vajradhara）化身的啟示，而龍樹之壇城據說是他向薩熱哈（Saraha）學習修持法的結果，但在龍樹紛亂的傳說裡往往也會提到其他人物。[11]

在詞彙方面，聖賢學派最大的貢獻是闡述圓滿次第的過程中，關於空性和光明昇華的體驗。[12]

空性（śūnya）　　　　明（āloka）
超越空性（atiśūnya）　明增（ālokābhāsa）
大空性（mahāśūnya）　明得（ālokopalabdhi）
一切空（sarvaśūnya）　光明（prabhāsvara）

這些證悟層次是經由該學派描繪的五種觀修練習（pañcakrama）所開發出來的，並體現在同名書《五次第》（Pañcakrama）之中。這部影響深遠的作品至少有兩位不同的作者，分別為龍樹和釋迦友（Śākyamitra）。這說明了一種集體而非個人的創作模式。[13] 無論如何，這五次第包括「金剛念誦」（vajrajāpa）、「一切淨淨」（sarvaśuddhiviśuddhi）、「自加持」（svādhiṣṭhāna）、「最勝密樂正覺」（paramarahasyasukhābhisambodhi）及「雙入」次第（yuganaddha-krama）。聖賢學派的詞彙體系，如生起次第的四個等級被證實極具影響力，直至今日仍是藏人討論相關材料的方式。

勝樂金剛傳承則代表了一種新的嘗試，它為密續注入了一種聖地感。該傳承最早期的密續出現於八世紀末，最終至少結合了三個修行派別，即盧伊（Luhi）、甘大巴

（Ghaṇṭapāda）、和甘哈（Kāṇha）。這三個派別都強調聖地，最初通過勝樂金剛壇城和它起源的神話而開展的一個運動。勝樂金剛的支持者改編了《金剛頂一切如來真實攝大乘現證大教王經》（Sarvatathāgata-tattvasaṁgraha）等瑜伽續作品中所講述的故事，認為本初佛金剛總持化身為黑魯嘎（Heruka），以便控制大自在天（Maheśvara，即濕婆神）和他的二十四個化身，陪臚（Bhairava）及其道侶。大自在天被羞辱和毀滅，黑魯嘎取代了他在須彌山頂的位置，並以二十四位陪臚控制印度二十四個朝聖地。[14] 這二十四個陪臚被賦予不同的價值，我們雖有幾份不同的列表，但幾乎每個勝樂金剛壇城都涵蓋了列表的某些結構。雖然每個壇城神祇的確切數量不盡相同，但每個壇城都以顯現為黑魯嘎的勝樂金剛為中心，從中心向外延伸出三個同心圓。每一圈有八位陪臚，代表意、語和身之壇城。一個被廣泛接受的版本列出了壇城中的下列二十四個地點：

四座（pīṭha）：烏仗那（uḍḍiyāna）、札蘭達拉（jālandhara）、普里亞瑪拉雅（pullīyamalaya）、阿普陀（arbuda）。

四近座（upapīṭha）：哥達瓦里（godāvarī）、朗梅斯伐拉（rāmeśvara）、德維闊達（devīkoṭa）、摩羅婆（mālava）。

二國土（kṣetra）：迦摩縷波（kāmarūpa）、奧德拉（oḍra）；二近國土（upakṣetra）：趣薩昆尼（triśākuni）、拘薩羅（kośala）。

二愉悅地（chandoha）：羯陵伽（kaliṅga）、濫波（lampāka）；二近愉悅地（upachandoha）：建志（kāñci）、

喜馬拉雅（himālaya）。

二集會地（melāpaka）：崔塔普利（pretapuri）、噶哈德瓦塔（gṛhadevatā）；二近集會地（upamelāpaka）：娑羅蹉（saurāṣtra）、蘇瓦那維巴（suvarṇadvīpa）。

二屍林（śmaśāna）：吳哥（nagara）、信度（sindhu）；二近屍林（śmaśāna）：馬羅（maru）、庫拉塔（kulatā）。

由於這份列表關注的是聖地，一些印度勝樂金剛大師很清楚印度境外和境內都有聖地。列表中的蘇瓦那維巴便是一個位於緬甸或印尼的中世紀王國。[15] 後來有些藏人認為他們的國家是崔塔普利（Pretapuri，「鬼城」，一個集會地），是將西藏的本土傳說與印度聖地的神話結合在一起。[16] 奇怪的是，後來與勝樂金剛體系有關的各種瑜伽修持法，整體上不如聖地思想重要。而勝樂金剛的圓滿次第首先受到聖賢學派的詞彙和瑜伽順序的影響，隨後又受到喜金剛相關術語的影響。

本書後面的章節經常提到《喜金剛續》（Hevajra-tantra），它在印度創作的時間晚於另外兩大密續。《喜金剛續》屬於成就者類的作品，可能是來自東印度某個地方（孟加拉、比哈爾、阿薩姆或奧里薩），寫成時間應該是九世紀末或十世紀初。因為《喜金剛續》有兩個儀軌段落（kalpa），所以也被稱為《二儀軌》（Dvikalpa）。它被認為是五十萬偈「大《喜金剛續》」的一部分，而將一部被人們普遍接受的文本，指認為一部龐大而神祕之著作的一小部分，是密教寫作中常見的手法。如同《密集金剛續》與《勝樂金剛續》（Cakrasaṁvaraa-tantra），《喜金剛續》有許多相關的文本，如經典、注釋本和儀軌手冊等，這些文本時而互相引

用,時而互相衝突。對我們來說,最重要的是兩部彼此相關的經典,《桑布札續》(Saṃpuṭa-tantra)和《金剛帳幕續》(Vajrapañjara-tantra),這兩部經典被認為是最舉足輕重的釋續。《喜金剛續》和它的各種傳承對中央西藏的復興具有深遠的影響,它們代表了一種儀軌和修行傳承。這對於薩迦派和噶舉派都很重要,但薩迦派比其他各派更加強調它。

薩迦派記載了他們所持有的喜金剛生起次第的四個傳承,分別為成就者東比黑魯嘎(Ḍombiheruka)、甘哈、湖生金剛(Saroruhavajra)和克里希那班智達(Kṛṣṇapaṇḍita)的傳承。這些是較具代表性的,此外當然還有許多其他傳承。事實上,著名密續學者寶生寂(Ratnākaraśānti)的著作就是其中較有影響力的,但某些藏人對這位偉大班智達的修為表示質疑。[17] 大多數傳承的核心是基本的喜金剛壇城,這是一個非常古老的形式,但喜金剛在應用上卻並不古老。壇城的主角是喜金剛以及他的道侶無我佛母(Nairātmyā),周圍環繞著八位不同身分的空行母(ḍākinī)。從五世紀起我們就可看到印度類似的體系,大部分是在部落地區和那些供奉七或八位「本母」(mātṛkā)之處。[18] 這也是在勝樂金剛諸壇城中重複了三次的形式,在其他《瑜伽母續》的資料中也可以見到。

除了生起次第的壇城外,喜金剛體系之所以擁有極大影響力,是因為它在圓滿次第中運用了四個等級,類似聖賢學派的密集金剛修持法模式,但實際上與它截然不同。《喜金剛續》表示四種狂喜的層次是在身心瑜伽的修練中產生,並且與菩提精華通過不同的脈輪有關。這四種喜也與覺悟的四剎那、四輪、四佛身等連結,是另一種體驗層級。[19]

灌頂	喜	剎那	身	輪	種子字
阿闍黎	喜	差異	自性身	頂	含（HAM）
祕密	勝喜	成熟	報身	喉	嗡（OM）
智慧	離喜	消融	法身	心	吽（HŪM）
第四級	俱生喜	無徵兆	化身	臍	啊（A）

此表說明了喜（ānanda）、勝喜（paramānanda）、離喜（viramānanda）和俱生喜（sahajānanda）代表了逐漸上升的證悟層次，與四剎那有關，即差異（vicitra）、成熟（vipāka）、消融（vimarda）和無徵兆（vilakṣaṇa）。我們必須注意，喜和剎那的順序、意義，以及它們與不同脈輪之間的關係，全都被不同大師所爭辯，每個人都有自己偏好的版本。再者，這方面的運動最初可能是從密集金剛大師如佛智足和蓮花金剛（Padmavajra）開始的，但卻因《喜金剛續》的創作而最為成功地融入密續經典中。因此，喜金剛大師們，如同所有密續作者，將不同材料整合，將它們與本尊觀想結合在一起，並且特別強調圓滿次第的體驗境界。

我們將不時討論其他有影響力的密續傳統，現在還有兩部密續值得一提。在某種意義上來說，它們出現在最古老和最新的傳承中，而這意味著它們最多只相差了四個世紀。至少和《密集金剛續》一樣古老的是供奉閻摩敵（Yamāri）／閻曼德迦（Yamāntaka）／怖畏金剛（Vajrabhairava）的儀軌和經典形式。閻摩敵被統稱為死神（yama）的征服者以及文殊師利（Mañjuśrī）菩薩的化身。其中一個傳承被熱譯師‧多吉札（Rwa lo tsā ba rDo rje grags，生於1016年）帶回中央西藏，他的生平會在第四章詳細討論。閻摩敵傳統是許多神奇儀式的來源，特別是印度、尼泊爾和西藏所採用的誅法儀式。閻摩敵

文本則包含了一些有趣的印度鄉村鬼故事和巫術的短文。

另一部是現在受到廣大歡迎的密續《時輪密續》（Kālacakra-tantra）。這部作品據說在 1027 年左右由吉玖・達瓦維瑟（Gyi jo Zla ba'i 'od zer）首度翻譯成藏文，因此在整個復興時期都能找到各種版本。[20] 但令人驚訝的是，這部作品在十二世紀之前的影響力很小，但在隨後的幾個世紀裡，當它成為覺囊派（Jo nang pa）非正統立場的焦點時，開始受到很大的關注。也許《時輪密續》最初不太受歡迎的原因是它與眾不同的文學特性。《時輪密續》是我所知唯一一部由一位作者獨立完成的密續。它斐然成章且組織縝密，共有五個長度相近的章節，彼此完美地結合在一起。它本具的複雜性和整合的組織，意味著研究它需要付出極大的努力和紀律。因為必須先了解每一章的內容，才能理解整部著作的宏偉架構和具體應用。這與大多數獨特之密續截然不同，它們多半擁有數個短篇章節，且含有許多內在的矛盾、不同的風格與作者。當十三世紀，蒙古人為西藏帶來了秩序和統一時，顯然《時輪密續》很適合當時大融合與體制的發展，因為《時輪密續》是集統一與秩序於大成的典型範例。但由於它發揮最大影響力的時間，是在本研究的時間範圍以外，故縱使它後來很重要，我也並未著墨太多。

那洛巴傳奇——入境隨俗的大班智達

上述各體系主要是通過佛教成就者們創作和傳播的。這些成就者通常是在家居士，但偶爾也有僧侶或還俗的僧侶。這些人物的故事讀起來非常有趣，這也是那些故事的眾多目的

之一。與其他聖傳一樣，成就者的故事是由若干因素結合而成，如體裁、預期目標、原型等，所有這些都是因各種贊助需求和社會形式來編寫的。社會形式與時代和社群的具體需求不同，而傳記代表了主人公不斷出現的神聖人格。此外，成就者傳記最好依據產生、支持和傳播它們的瑜伽體系來逐一研究。但由於我主要的重點不在印度，因此我只能完成其中的一小部分。

這裡我們可以將注意力從印度成就者傳記的最早期資料，轉向它們在印度境外做為宗教傳播媒介的進一步應用。早期的各類口傳資料需要重新表述，以便更加強調其特定價值。在這些案例中，傳記的文學架構是一個重要的關注點，因為這些作品主要是文學產物，儘管它們可能包含很多歷史訊息，不能將之理解為任何有意義的歷史。最後，只要我們可以找到這些體系的資料並加以研究，我們便應該思考那些敘事與相關的儀式或修行體系之間的關係，因為那些傳記經常展現一些據說在實踐這些體系時，會產生的精神、心理或生理上的體驗。

無庸置疑的，在這些古怪的人物中，對中央西藏復興最重要的人物就是那洛巴。那洛巴就像另一位受西藏編年史家喜愛的成就者薩熱哈一般，是個擁有大量傳記的人物，以至於在他身上幾乎找不到一點真實人物的成分（圖1）。第四章研究了一份那洛巴時代對他的記載，這份記載表明這位來自孟加拉的在家上師喜愛政治、宗教、食物和具輕微麻醉劑的檳榔，他於1041/42年過世。然而，就像佛教徒對待聖者的方式一樣，噶舉派的聖傳將那洛巴的人性去除，以若干預先設定好的性格來塑造他。由於西藏傳記作者們不看重證據，因此對於他的出生地、家庭、早期生涯和其他大部分細節都有不同看法。許多藏

圖1　那洛巴（臨摩自阿爾奇寺〔Alchi〕三層堂〔gSum-brtsegs〕之壁畫）

人誤認他是迦濕彌羅人，也有人正確地指出他的出生地是孟加拉；有些人說他是婆羅門，也有人說他是王子。此外，在無畏施吉祥（Abhayadattaśrī）所彙編的版本中，發現的一份資料顯示，他來自一個賣酒（śauṇḍika）的低種姓家庭。

其中一件最早期的資料是十三世紀結湯巴・德千多傑（rGyal thang pa bDe chen rdo rje）的文本，在他所寫的三十三偈頌詞和附帶的注釋文中，一開始就將那洛巴的青年時代描繪得如同佛陀一般。[21] 在這故事中，那洛巴出生於孟加拉一個名為納迦拉（Ngara，亦即「城市」）的城市中。他出生在釋迦氏族，是國王善鎧（*Kuśalavarman）的兒子。按照藏人的理

解,於佛陀出生之吠舍佉月(vaiśākha),他來到這個世界。就像悉達多(Siddhārtha)本人一樣,那洛巴無師自通了所有經典,他違背自己的意願被迫結婚,後來放棄了世俗生活,成為那爛陀寺的偉大住持,名為無畏稱(Abhayakīrti):[22]

在履行住持之責時,
他傳播義理,改正所有嚴重的問題。
他剪去外道之髮,插上宗教勝利之旗。
禮敬義理之王那洛巴!

在履行義理之責時,
智慧空行母(Jñānaḍākinī)賜予他一預言:
「尋找帝利巴(Tillipa),他觀修要義!」
禮敬接受此預言的那洛巴!

那洛巴唱了一首出離之歌後,前往尋找帝利巴。
那爛陀寺僧眾全都求他留下,
但他不聽,滿懷信心往尋上師。
禮敬持守正業的那洛巴!

全心全意尋找師尊之時,
他仍苦修不息。
有無形之聲要他修行勝樂金剛,而非喜金剛。
禮敬成就勝樂金剛的那洛巴!

然勝樂金剛告知那洛巴,若無法尋得並倚賴帝利巴,

那洛巴將無法成佛。
因此,他滿懷信仰和虔誠,尋找具有正確特徵的上師。
禮敬尋求上師的那洛巴!

以此方式努力尋求上師,
當那洛巴終於得見上師,卻並未認出他,
故他滿懷渴望、信仰和虔誠飽受苦難。
禮敬淨除障礙,得遇上師的那洛巴!

他以虔誠之力求法,
師尊展示甚深之法相。
理解那些相,那洛巴便了悟佛法實相。
禮敬以法相得解脫的那洛巴!

師尊帝利巴乃化身佛(nirmāṇakāya),
為令那洛巴之心相續成熟,賜予他四灌頂。
知曉灌頂之義後,那洛巴唱了一整首道歌。
禮敬獲灌頂的那洛巴!

那洛巴信仰堅定,依上師指示,
從堡壘最高處跳下,被木樁刺中腎臟,
跳入檀香木火焰,在沼澤中搭橋等。
禮敬修持苦行道的那洛巴!

一國王聽聞那洛巴修行功德,
見證那洛巴的神奇力量後,他生起信心和虔誠。

國王獻出女兒,那洛巴修持後,行誅法並使其復活。
禮敬行身心瑜伽法的那洛巴!

國王的祭師鎧卡瓦那(*Kākavana)
對瑜伽士之王那洛巴之修行〔心懷巨測〕,
因而見到令他下地獄之貪、瞋等果報。
禮敬引導眾生懺罪的那洛巴!

而後,師尊帝利巴,
於那洛巴面前飛進虛空,
唱起道歌,以教言弘揚佛法。
禮敬因虔誠而傳唱道歌的那洛巴!

上師認可其證悟,他獲得最高成就。
該成就與其功德一致,
安立預言後,他安住於無分別中。
禮敬遵大師口訣得成就的那洛巴!

在這個故事中,那洛巴本是印度佛教晚期大寺院中一位志得意滿的住持,但被智慧空行母喚醒,智慧空行母指責他不理解所閱讀字句的意義,但帝洛巴／帝利巴／德洛巴(Tilopa/Tillipa/Telopa,這位成就者的名字因不同之作者而有不同的拼寫方式)卻是明瞭法義之人。那洛巴違背了該寺僧眾的意願,離寺尋找帝利巴,但帝利巴卻與這位偉大的學者玩起了捉迷藏。那洛巴首先被檢驗是否理解非語言之象徵,然後才為他灌頂,授權他修行。奇怪的是,大多數的聖傳並未強調他從德洛

巴那裡接受的瑜伽訓練，因為大多數傳記對於瑜伽內容或德洛巴和那洛巴之間傳承的性質大多都避而不談。[23] 相反地，傳記作者們都沉浸在對上師之虔誠和上師給予那洛巴的十三項考驗中，而那洛巴被描繪得如同宗教上的海格力斯（Herakles）一般。正是那些考驗訓練了那洛巴，他通過苦行（vratacaryā）的修持而實現目標，完全不在意社會認同並且全身心投入密教瑜伽士的生活中。如果這些考驗的性質因傳記作者而有差異，那麼個別的故事情節就成為傳記作者展現技巧的地方。每一個敘述都為尋求證悟的那洛巴增添一些痛苦和折磨。就像所有成就者傳記一般，故事結束於成就的展現，即成就者凌駕諸神（太陽、河流等都是神）和四大元素的神通之力。

大多數故事不重視實質內容，這點更令人不解，因為據說德洛巴得到了四（或六）個主要的傳承。有個標準的傳法清單可以說明，儘管這個傳法清單同樣也有許多不同意見。從龍樹那裡，德洛巴得到了《密集金剛續》、《四座續》（Catuḥpīṭha-tantra）、幻身和遷識瑜伽等。從卡雅帕達（Caryapāda）處，他得到了《大幻化續》（Mahāmāyā-tantra）和夢瑜伽修持法。從羅巴帕（Lwabapa）那裡，他得到了所有的母續（或《瑜伽母續》），包括《勝樂金剛續》以及光明瑜伽。從蘇巴寂尼（Subhaginī）處，德洛巴得到了《喜金剛續》以及拙火（cāṇḍālī）瑜伽。[24] 另外有人認為德洛巴將圓滿次第體系傳給了那洛巴，該體系最終被確認為「那洛六法（或瑜伽）」，即拙火、幻身、夢瑜伽、光明、中陰（bar do）、和奪舍。[25] 此外，所有權威人士都堅稱首先將這些瑜伽修持法加以匯整的是德洛巴，但他實際上並不需要這些輔助方法，因為他是本初佛金剛總持的化身，而這確實是一個

聰明的身分選項。因此，那洛巴與帝利巴的關係，是永恆覺醒狀態的會面，但以不太可能的食魚賤民瑜伽士的形式表現。

畢如巴傳——醜陋先生進城了

在思考那洛巴傳記的主要意義之前，我想先比較一下成就者畢如巴的傳記。因為兩者有許多相似之處，也有許多耐人尋味的差異。傳統記載了那洛巴生平的約略時期，卻沒有記載畢如巴的時代。畢如巴的生存年代在西藏引起了廣泛的討論。到了十五世紀，一位薩迦派的學者哦千·貢噶桑波認為，畢如巴就是那爛陀寺院的住持法護（Dharmapāla），法護是大乘義學體系「唯識派」（vijñānavāda）的重要人物。[26] 以這些想法為基礎，哦千陷入了西藏諸世系名冊以及古西藏王朝神話，神聖血脈的幻想境界中。他推斷畢如巴生於佛陀涅槃後大約1020年。[27] 如果我們假設哦千使用的是薩迦班智達的佛陀生平表，那麼佛陀應該是在西元前2134年涅槃，而畢如巴就應該是活在西元前1114年左右。這個年代較大多數古印度和現代學術界估計的釋迦牟尼佛實際的出生時間還早了數百年。[28] 我們將看到偉大的古老性是西藏宗教的重要價值之一，而將此價值融入聖人的生平中，也成為確認他們的神聖性和權威性的重要工具。

在畢如巴的例子中，刻意的古老性是顯而易見的。據說畢如巴在受懷疑的情況下離開了寺院，儘管他當時正獲得高度的證悟。他在印度各地流浪，經常與外道發生爭執。外道通常是指濕婆教或性力派（Śākta）的瑜伽士、婆羅門或其他不屬於佛教的人士。畢如巴的故事幾乎包含所有成就者的形成因

素。因此代表了成就者傳記文學如何將印度的信仰、西藏的魅力、純文學的模式、好奇的保守主義、多重文學出發點,以及以阿帕伯朗沙文語(Apabhraṁśa)的第一人稱道歌偈頌敘事等結合在一起的典型範例。藉由一名佛教徒之《朝聖歷程》(*Pilgrim's Progress*),畢如巴的傳記帶領讀者穿越神祕的聖地和儀軌之戰,所有這些都與神聖和荒謬的幽默交纏在一起。

我們沒有太多關於畢如巴的印度資料,相較之下,畢如巴的藏文文獻較為確實可靠。因為畢如巴是薩迦派的唯一焦點,就像那洛巴是噶舉派著迷的對象一樣。現存最早有關畢如巴的藏文論述出現於薩千‧貢噶寧波的著作中,他是西藏佛教薩迦派的初祖。薩千獻給畢如巴的一首頌詞作品似乎是對證悟的祈求和對遙遠上師的呼喚(Bla ma rgyang 'bod),這是西藏文學中一種亙古不變的體裁。再者,他的頌詞對薩千自己的傳記和畢如巴的一樣重要,值得完整翻譯:

〈具德畢如巴頌〉:[29]
禮敬畢如巴!
啊呀!至尊畢如巴
出於任運和無變化,[30]
以此方式〔連結〕您的吉祥光彩和光輝
超越了概念
喔喲!您已成吾之吉祥!

您之光明已除去〔吾〕所有之分別心,
故將〔身、語、意〕三門之內風,
擴展為〔圓滿次第〕之四喜,

並將惡業轉化為樂空，
因而得清淨，為簡短憶念您的生平，我向您致敬！

您之吉祥乃自他利益之結合，
那是自他無上之利樂。
透過知識和愛，您教導了幸運之弟子
最殊勝之道，您引領他入涅槃。
我頂禮最勝不動之展現。

生於此世間之剎帝利（kṣatriya，戰士）種姓，
他拋棄階級，圓滿學習五個專門領域。
人們仰仗他，因他教導僧團中不同程度的課程。
我頂禮著名之上座法護！

身為語自在（Vāgīśa），以三學為目標的
大乘經典之辯論中，
他不曾被擊敗。
僅向地表無可爭議的第二位遍智，
義理之生命之樹頂禮。

以種種法乘之甘露遍灑一切會眾，
如白晝到來以露水遍灑所有眾生，
夜晚，他藉祕密修持之成就得解脫。
禮敬六地菩薩，無我佛母所選之人！

為通過苦行之修持以引導眾生，

他以此劣行，遠離僧眾之聖域
朝城鎮出發，於世間四處遊走[31]
向人稱畢爾哇（Birwa）者頂禮。

他令恆河逆流，並調伏被誤導的國王。
他令太陽靜止，於全域大飲其酒。
清醒後，他折斷林伽（lingam）並降伏簪芝噶天母
（Caṇḍikā）。
向著名之神通王頂禮。

如是展示其無窮能力後，
他於娑羅蹉國（Saurāṣṭra）降伏迦喇底迦國王（Kārttika）
向無二大樂之展現者頂禮
其無所不在之慈悲遍滿了虛空界。

他以四耳傳（snyan brgyud bzhi）闡明甚深之道，
此耳傳乃快速證悟
一切存在元素清淨樂空實相之法。
向他頂禮，因他令幸運之弟子們成熟解脫。[32]

喔！至尊，我祈求您能一次又一次
在我眼前現形，
因我還未臻解脫之境，
那圓滿勝義之域！

若您能增加甘露之流，

那〔瑜伽修持法之〕流生起於
您慈悲之力——
我求您圓滿此願！

那如您一般學習之人，
我亦祈求他們利益佛教，
祈求他們永不離密續二次第，
永不遭遇修道之障礙！

完全清淨之三門內風
被接續而來之四喜所擴展。
將風消融於四行中，[33]
願得金剛總持之灌頂！

此被高度珍視之處，
其聲譽已深入大地（Sa）和虛空，
灰白（kya）如蓮為滿月綻放，
願它巧妙運用吉祥之功德！[34]

　　雖然這篇頌詞無法明確看出他是否得到成就，但其他畢如巴的傳記指出，身為偉大的班智達法護，他確實已得成就，但有個痛苦的祕密。他在誦持勝樂金剛咒的金剛乘修行中失敗了。法護絕望地想放棄，他將念珠扔進寺院的糞坑，發誓不再觀修。那晚，無我佛母親自前來協助法護，出現在他面前，並連續六個夜晚為其加持，令他證得菩薩之第六地（abhimukhī bhūmi：現前地）。

對薩迦派人士來說,畢如巴是本初佛,他們堅信無我佛母總共授予這位新成就者四種悟境和一部經典。札巴堅贊的傳記闡述了這決定性的剎那:[35]

〔四耳傳〕:[36] a. 以此方式,因〔無我佛母〕化身完整地賜他四灌頂,他體驗到「灌頂之流不減」。b. 因他生起菩薩初地至第六地之證悟,他體驗到「加持之流不斷」。c. 之前,他從未生起任何成功之徵兆或圓滿之成就。事實上,由於不祥之兆生起,令他沮喪。而後他想:「以前未蒙聖者告知,我未能識別(那負面之暗示)禪定之『煖』的徵兆;但如今,我已正確了知,故得『口訣之要義不顛倒』」。[37] 最後,因他無比確信,此刻,已證悟等同圓滿成就之佛陀,故他獲得「滿足淨信之力」。

據說,無我佛母還將道果體系深奧的瑜伽文本賜與了法護／畢如巴,我將在第五和第八章加以討論。該體系的名稱 *Mārga-phala(藏:lam 'bras)出自這部作品,因為它論述了道(lam)和果('bras bu)之間的關係。這部艱澀的文本成為薩迦派修持的核心,也成為主張優於其他傳承的重要著作。

此後,法護沉迷於女人和酒,那是最足以代表成就者的樣子,他被要求離開寺院,並被指控為醜陋的(virūpa)僧人,他的名字便由此而來。這也是我將他翻譯為醜陋先生(Mr. Ugly)的原因。傳記的其餘部分描述了畢如巴展現神通、令外道皈依、摧毀他們的形象並阻止他們血腥的儀式。最後,南孟加拉一處受歡迎的佛教聖地本尊持蓮觀音菩薩(Khasarpaṇa Avalokiteśvara)出面干預,制止畢如巴與外道的

激烈戰鬥。我們相信畢如巴後來融入了吉拉特（Gujarat）索曼那沙（Somanātha）的濕婆教遺址的一面牆中，在那裡他成為一尊永恆的塑像，現在還有可能看得到。[38]

儘管薩迦派肯定畢如巴，但我們沒有什麼理由相信他在證悟前是一名偉大的學者。而現存畢如巴的作品顯示，這位成就者與其他唱誦阿帕伯朗沙文歌曲的成就者所關心的問題，有許多相似之處。諸如外道修持法的弊病、上師的重要性、悟道重於學習等。如果薩迦派傳記中的畢如巴真的存在，我們沒有不相信的理由，他應該是在十世紀最後二十五年出現，應該不會更晚，當然也不會早太多。這個判斷是基於畢如巴傳記中的兩個強烈相關的遺址，索曼那沙和畢梅西伐拉（Bhīmeśvara）。後者位於哥達瓦里（Godāvarī）河口。事實上，這兩個遺址存世的時間都不長。畢梅西伐拉可能是遮婁其毘摩一世（Chāḷukya Bhīma I，892-921 在位）或達拿那瓦（Dānārṇava，971-973 在位）所建造的。而索曼那沙是由穆拉瑞賈一世（Mūlarāja I）在 960 至 973 年左右建造的，1026 年被加茲尼的馬哈茂德（Maḥmūd of Ghazna）破壞或摧毀，後來才加以重建。假設有一個畢如巴去了這些地方，並在十一世紀中發展了一套體系傳至西藏，那麼他應該是十世紀下半葉的人物，最有可能是在最後的二十五年（975-1000）。

畢如巴是個失敗的僧侶，也許不是很有學問，而且與流浪的吟遊詩人們一起遊蕩。他們用阿帕伯朗沙語創作是常態。事實上，薩迦派保留了某個畢爾哇（Birwa）以阿帕伯朗沙文創作的不完整的傳記。他可能將這個貶義的名字——畢如阿（Viruā）／畢爾哇（畢如巴這個名字的原型）當成勇氣的象徵。雖然他絕不是第一個，但有可能是最後一個被這樣叫

的;儘管後來的一些薩迦派學者堅稱畢如巴出現過三次。[39] 道果學者欽哲旺秋（mKhyen brtse'i dbang phyug, 1524-1568）指出，必定有位更早的畢如巴，他是女性成就者蘇卡悉地（Sukhasiddhi）的上師，這段話記載於其他傳記之中。[40]

傳記、傳承和傳播

對噶舉派和薩迦派最有影響力的成就者傳記，有著明確信息，通過各自傳承，傳播給信眾的。首先也是最重要的，文本透過敘述來發展象徵性的形式。每個原型人物都代表著體制的次要地位，因為我們被告知，沒有任何體制優於對覺悟的真實探索。每一位成就者都被描述為始於一位偉大的學問僧，最終成為一位苦行上師。在成為聖人前，他們都在寺院取得了極大的成功，他們的覺醒在很大程度上取決於他們捨棄了大型寺院的世俗羈絆，擺脫了豐富知識和宗教權威的負擔。這樣做是為了承擔起救世的權威，因為這些傳承認為地位和學識本身是不真實的。然而，其信息在某種程度上來說比這更加微妙，因為上述兩派之成就者在他們獲得瑜伽士與上師的崇高地位之前，均必須願意放棄他們費盡辛苦才獲得的地位。因此，世俗宗教上的成功是他們成為成就者的前提。

同樣地，至尊上師和聖境也直接連結。帝利巴是金剛總持本身；那洛巴被智慧空行母從自滿中喚醒；畢如巴從無我佛母處直接接受口訣。無我佛母還將道果法本授予畢如巴，以示其慈悲，並認證他的證悟。另外，特定的業力必須正確地成熟，每個人也都必須向正確的本尊祈求。因此，那洛巴最初修持喜金剛，但被告知必須捨此觀修，轉而修習勝樂金剛。畢如巴的

命運則正好相反：他一開始修持勝樂金剛就失敗。喜金剛之道侶，無我佛母則告知畢如巴，她才是應被專注修持的對象。這兩個案例顯示，傳承會將某密續及其口訣置於最高的位置，如薩迦派雖仍修行各種勝樂金剛傳承，但喜金剛修持法是最為重要的，而噶舉派則正好相反。

兩派的差異也很重要，這些差異直接表現於故事中。毋庸置疑地，噶舉派整體傳記故事缺乏明確的文本訊息，這有利於他們專注於人物和瑜伽修持，間接強調了修持法的經典和文本基礎。另外，他們主要關注於對上師的虔誠、困難任務的實現和高強度的瑜伽修練，這些基本上未被複雜的文本影響。因此，他們對其他的修持來源抱持較不受限制的態度。這是他們能參與西藏伏藏揭示的一個因素，與薩迦派追隨者有所不同。薩迦派更看重《道果根本論》（*Lam 'bras rtsa ba*）。這部著作據說是無我佛母以示現的方式，親自傳授給畢如巴的。這個定位造成了薩迦派與傳承以外的佛教世界往來非常保守。然而，他們之間的共通點也不容忽視，因為薩迦派和噶舉派都將瑜伽修持，無論口頭或書面的口訣做為修行的終極標準，而非密續經典本身。

無論畢如巴傳記中所描述的生存年代為何，道果法大師們一般都認為，他在世時，是以不同的方法教導兩種主要弟子。這種差別反映了弟子的不同潛力，以及適合他需要的口訣類別。當然，這是一種古老的佛教原則，將此應用在畢如巴弟子身上，符合密教傳承的基本原則，亦即大師應對不同個人授予特定之教法。道果傳承大師遵照他們對道果文本的理解來解釋，而該文本名義上是無我佛母傳授給畢如巴的內容。

我們確信東比黑魯嘎獲得了一個道果教法的版本，卻未受

益於此。雖然在印度傳播的確切內容仍不清楚,但西藏作者們婉轉說明了這個不同傳承的三個特性。[41] 首先,我們得知東比黑魯嘎的體系確實包含了一系列喜金剛壇城,譬如在他的《吉祥喜金剛成就法》(*Śrī-Hevajrasādhana*, To.1218)中所見到的各種壇城,成為多數道果傳承中灌頂和修持法的標準。其次,對於這些壇城、儀軌和觀修體系的重視,是他們進行了義理層面的文本分析的結果。《喜金剛續》、《金剛帳幕續》、《桑布札續》和其他經由道果法傳播和教授的經典材料的教法,被認為是始於東比黑魯嘎,但由畢如巴所教導。最後,圓滿次第中的簡短教法,後來與其他附屬修持法一起被附加在《道果黃卷》(*Pod Ser*)中,偶爾也包含了上述的注疏文獻。由於這些因素,這種道果法被稱為「無本」道果(rtsa ba med pa'i lam 'bras),因為該傳承並未傳播該修持體系的「根本頌」。但奇怪的是,由於它後來又加入了大量的經典體系,所以這個傳承又被叫做「道果注疏傳承」(lam 'bras bshad brgyud)。[42]

反之,甘哈據說是畢如巴曾親授《道果根本論》的弟子。據傳甘哈是被畢如巴降伏的濕婆教瑜伽士之一。這個故事有個間接的證據。在被稱為《行歌》(*Caryāgīti*)的孟加拉古老詩歌彙編中,一位甘哈唱道,雖身為佛教徒,但卻打扮成一位卡帕力卡派(Kāpālika)的瑜伽士。當然,有些極端濕婆教派的成員必定已改信佛教,但不清楚情況有多普遍。顯然有好幾位成就者的名字是甘哈/克里希那(Kṛṣṇa),因此認定這位孟加拉老詩人就是畢如巴的弟子,有可能是真的,但絕不能肯定。

無論如何理解東比黑魯嘎和甘哈的傳承,我們都必須知道傳統上,通過這種傳承結構,成就者傳統區分成文本和瑜伽兩

類。十二世紀初,當道果法第一批注釋書出現時,它們就已經包括了反習俗的成就者活動的敘事,以及較嚴謹的體制化經典的論述。由於這類論述包含了密教的行為規範,如誓言、儀軌以及懺悔文等),顯然西藏本地的道果法將印度主要的兩種體系結合了在一起。因此,儘管很難對傳統中具代表性之成就者傳承進行驗證,但不難看出,若非全面地參與密教運動,西藏的道果法是不可能出現的。

最後,在以此種方式建構一個雙重法脈之道果體系時,如同所有密續傳統一般,他們會設法將第一位上師(Ādiguru)形塑為這個傳承的偉大初師。這裡是指畢如巴。因此,密續體系借用了現實世界的生物親屬關係,以修行傳承或密教法脈取而代之。此處,密教法脈被定義為在某個壇城中得到灌頂,從而使某人自上師(ācārya)處取得授權而生於佛家。一首流行於八至十一世紀的偈頌,在大乘和金剛乘儀式的尾聲都會加以誦持。在金剛乘的情況中,弟子在灌頂後會重複念誦:

> 今吾生乃果與利。
> 今吾生於佛陀家,
> 吾乃正信之佛子。[43]

金剛乘大師們致力於傳承和權威的印度模型,因為血統是種姓制度的基礎,是所有代代相傳的權威核心。無論是婆羅門教徒誦讀《吠陀》(Vedas)時,還是在父王主持之加冕儀式中被戴上皇冠的王儲皆然,而後者更是密續佛教所使用的譬喻。

因此,那些一起灌頂的弟子們被稱為「金剛」兄弟姊妹

（vajrabhātṛbhaginī），以表示他們的神聖地位，因為「金剛」（vajra）一詞通常做為某個詞的前綴，代表一個世俗的名稱被昇華至神聖佛教意義的稱謂。[44] 其中一個較為重要的行為規範是，他們應避免衝突，特別是在密法之薈供儀式時。[45] 薈供儀式的其中一個目的是打破種姓身分，並以殊勝的密續佛教組織取而代之，因為飲食的禁令（以及婚姻和職業）是強化種姓制度的一種手段。因此，在金剛家庭成員的聚會中，所有人都一起飲食，因為「對這些食物沒有錯誤的觀念。婆羅門、狗以及賤民都一起享用，因為他們的本質都是一樣的」。[46]

儘管印度密續文獻喜歡凸顯那些出生於高貴種姓之人，但依照修行傳承重新定義血統是有部分效果的。因為據我們所知，種姓並非密續灌頂的一個障礙。很可能就像現代的羅摩難陀（Ramanandi）派一樣，種姓在某類制度的決策中是一個重要因素，即上師的種姓、弟子的種姓以及誰能成為住持等。[47] 即便如此，我也沒有在印度佛教中看到任何證據顯示種姓（varṇa）、出生的族群（jāti）、特殊的氏族（gotra）或某個地方家族（kula）曾經獲得體系所有職位的任命權，或成為主持儀式和招收弟子的唯一權威。我們已經提到許多較高種姓從賤民處得到灌頂的例子，如東比黑魯嘎、固故利（Kukuri）、德洛巴。因此密續佛教的結構相當有效地抑制了印度社會過於強調種姓制度這個主流模式。這一點很值得注意，因為在中央西藏，上師家族的社會地位變得極為重要，而貴族的後裔最終也與獲得佛教機構的權力緊密相連。實際上，對社會背景不同的處理方式，成為區分西藏與印度宗教體制的重要特點之一。這個事實就更加矛盾了。因為整體來說，西藏社會往往比印度社會平等。無庸置疑地，西藏變得比印度更像

佛教國家，但氏族身分的保留是西藏宗教的重要話題，這也是藏人在復興時期一直試圖解決的問題。

結論──新興的印度儀軌

印度權威很大程度是根源於持續發展並維護複雜的儀軌生活，以及深刻的哲學體系的能力上。這兩種發展軌跡在中央西藏復興時期一直處於互相角力的狀態。從某種意義上來說，密續佛教的儀軌凌駕於知識之上。因為正如我們所看到過的，最受歡迎的成就者們，曾是地位崇高的學問僧，拋棄一切後過著流浪聖人的生活。這些傳記敘事強化了一種理想境界，顯然是以對佛教思想做出實際貢獻的人物為典範，儘管成就者可能才是真正在裝腔作勢的人。然而，他們引起鄉村吟遊詩人和宮廷佞臣關注的能力，代表他們為佛教帶來了一種正當性。而這種正當性在古板的寺院環境裡已有些黯然失色了。

對藏人來說，印度密續體系的行為廣度，使他們能夠接近印度文明的各種產物，如醫學、數學、語法、占星、儀軌和宗教創意等，同時又不需拋棄自己有些粗獷的性格。在佛教的多種形式中，只有密續呈現了宗教和政治領域的基本一致性。也只有密續給予藏人沉迷儀軌的完整權利。只有密續體系認可本土神祇有其存在的必要性，而密續的壇城也被證明足夠廣大，能將每一個地方神靈與鬼魔納入修行世界中的某個角落。密續體系最大的缺點，即偏好無倫理基礎的反習俗行為，在接下來的一千年裡，仍是藏人努力要解決的問題，這也是印度人在幾世紀前試圖處理的問題。

這一點對於復興時期的中央西藏人來說，遠比其他國家，

譬如中國和日本的密教徒更加真切。因為雪域的瑜伽士非常著迷於《大瑜伽續》和《瑜伽母續》中的各種瑜伽體系。清楚的身心瑜伽法在其獨特的祕密口訣手冊（upadeśa）中加以描述，並在叢林或文明社會邊緣，與外道爭奪權威的古怪的成就者的故事中被證實。在這些文本和故事中，無論是貴族氏族或普通藏人都找到了人類存在、各種感官活動、地方認同和氏族功能的證明。密續的價值雖然不利於印度社會穩定，卻曾經歷權力高峰，但在九世紀中葉崩潰，陷入災難的衛藏地區發揮了穩定的功能。復興時期的故事，實際上是中央西藏大氏族運用密續和瑜伽文獻，協助剛崩解的西藏社會重新崛起的故事。那導致解體的因素，最終也促成了西藏的重生。

原注

1. Dietz 1984, pp. 360-65 校訂和翻譯成德文。我與她的譯文在一些小問題上有分歧。我知道目前的文本不可能完全正確；見 Karmay 1998, p. 25。
2. Chattopadhyaya 1994, pp. 183-222；Burton Stein 1991 是壇城國家模型的最新發展。
3. 關於這個現象，見 Nath 2001；比較 Sharma 1965 and 2001, pp. 235-65。
4. *Dravyasamgraha* [《物質綱要》], pp. 42-44, 115-16。
5. 關於藏人所繼承的這些分類標準，見 Orofino 2001。
6. 見 Davidson 1991，關於哦千研究被分類為「事部」和「行部」密續的儀軌體系的兩部著作：*Bya rgyud spyi'i rnam par bshad pa legs par bshad pa'i rgya mtsho* [《事部總論善說之海》]（寫於 1420 年）和 *sPyod pa'i rgyud spyi'i rnam par gzhags pa legs par bshad pa'i sgron me* [《行部總論莊嚴之炬》]（寫於 1405 年）。
7. 這些體驗在 Gyatso 1982 中有極佳的論述。
8. *Guhyasamāja-tantra* [《密集金剛續》], XII.58-65, XVIII.135-39, XVIII.171-77。
9. 關於這兩派傳統的優秀論述以及其文獻的爭議，見阿梅夏（A mes zhabs），*dPal gsang ba 'dus pa'i dam pa'i chos byung ba'i tshul legs par bshad pa gsang 'dus chos kun gsal pa'i nyin byed* [《善說吉祥密集金剛正法史闡明一切密集法之日光》]，特別是 pp. 24.5-48.3 講述了印度與印度文獻。
10. 文殊金剛記載在 *Guhyasamāja-tantra* [《密集金剛續》],

XII.3, XIV.37, XVI.68, XVI.86 之中；不動如來金剛記載在《密集金剛續》Vl 的導論、XI.26 和 XVII.1 之中；然而，這兩個角色在密續中都不是特別重要。

11 我在 *Indian Esoteric Buddhism* [《印度密續佛教》], pp. 311-16 中仔細地討論了佛智足的傳說；除了 Tucci 1930a 之外，幾乎沒有人研究過密教大師龍樹的背景故事。

12 出自 *Pañcakrama* [《五次第》], II.4-23。我將空（śūnya）譯為空性（śūnyatā），因為這是它實際上被解釋的方式，例如：*Pañcakrama*, II.23ef: mahā-śūnyapadasyaite paryāyāḥ kathitā jinaiḥ ǁ 關於這個資料的重要性，見 Wayman 1977, pp. 322-24，但這件作品因 Wayman 的著作艱澀難懂而罕為人知，非常可惜；比較平易近人的是 Kværne 1977, pp. 30-34 的 The Religious Background [宗教背景]，在他出版的 *Caryāgītikośa* [《行歌藏》] 的導論中。

13 *Pañcakrama* [《五次第》], p. x, n. 12 之導論。

14 見 Davidson 1991；Stein 1995；Mayer 1998。

15 關於這份聖地列表資料的討論，見 Davidson 2002c, pp. 206-11。

16 *bKa' 'chems ka khol ma* [《柱間史》], pp. 131, 138, 156；此書還認為西藏如同斯里蘭卡一般，因為西藏是拉卡撒普利（Rākṣasapuri）[2]；pp. 46, 145, 202。

17 關於這些傳承的簡短研究，見 Davidson 1992。

18 關於這些壇城的討論，見 Davidson 2002c, pp. 294-303。

19 這個表格其實是將 Snellgrove 在 *Hevajra-tantra* [《喜金剛續》], pp. 34, 38 的導論中所做的兩個表格合併在了一起。關於這些問題更詳細的討論，見 Davidson 2002d。

20. *Deb ther sngon po* [《青史》], vol. I, p. 127.18-19；*Blue Annals* [《青史》], vol. I, p. 97 中。*gDams ngag mdzod* [《教誡藏》], vol. 10, pp. 2-6 收藏了一本吉玖（Gyi jo）所翻譯的成就法，有可能是 *Kālacakra-tantra* [《時輪密續》] 第四章的一部分。

21. *dKar brgyud gser 'phreng* [《噶舉金鬘》], pp. 59-135；比較描述於 Guenther 1963, pp. 7-109 之拉尊巴・仁千南嘉（Lha btsun pa Rin chen rnam rgyal, 1473-1557）的勝樂耳傳（Ras chung bsnyan brgyud）傳承，其某些觀點與本書一致。為了理解《噶舉金鬘》的困難部分，我翻閱了那洛巴的其他傳記，包括 *sGam po pa gsung 'bum* [《岡波巴全集》], pp. 4.6-16.3 中的岡波巴早期傳記；*Lho rong chos 'byung* [《洛絨史籍》], pp. 18-29；*sTag lung chos 'byung* [《達龍教法史》], pp. 77-9；*mKhas pa'i dga' ston* [《賢者喜宴》], vol. I, pp. 760-771；*'Brug pa'i chos 'byung* [《竹巴教法史》], pp. 186-204；*dPal Nā ro pa'i rnam par thar pa* [《吉祥那洛巴傳》]。無畏施吉祥（Abhayadattaśrī）的怪異傳記在 Robinson 1979, pp. 93-95（英譯文）、pp. 338-39（寫本 ff 108-11）= *Caturaśītisiddhapravṛtti* [《八十四成道者傳》], fols. 25b4-26b1。比較那洛巴的各個傳記對研究很有幫助。

22. *dKar brgyud gser 'phreng* [《噶舉金鬘》] 那洛巴章節的偈頌 20-32 頌，該偈頌是在 pp. 62.7-64.4，並且說明於 pp. 85.2-132.4。

23. Guenther 1963 所翻譯的拉尊巴・仁千南嘉所寫的傳記之所以與早期作品不同，正是因為它在傳記中強調了瑜伽的內

容。這種作法也被旺秋堅讚（dBang phyug rgyal mtshan）的 *dPal Nā ro pa'i rnam par thar pa* [《吉祥那洛巴傳》] 所仿效。

24 這是出自 *sTag lung chos 'byung* [《達龍教法史》], pp. 56-77；比較 *mKhas pa'i dga' ston* [《賢者喜宴》], vol. I, pp. 739-54，其中依序編排了這些傳承；*Lho rong chos 'byung* [《洛絨史籍》], p.16。

25 「六瑜伽」有幾個版本，但噶舉派傾向使用這個版本；它來自 *Saddharmopadeśa* [《六法優波提舍》], To. 2330，以及 *gDams ngag mdzod* [《教誡藏》], vol. 5, pp. 106-7。

26 這是哦千‧貢噶桑波在他的 *Lam 'bras byung tshul* [《道果史》], p. 110.2.3 中提出的。他將傳說中的法護與 *Buddhabhūmisūtra* [《佛地經》] 的法護聯繫在了一起。關於學者法護之生卒年為 530 至 561 年，見 Kajiyama 1968/69, pp. 194-95。

27 *Lam 'bras byung tshul* [《道果史》], p. 110.2.4。

28 *Lam 'bras byung tshul* [《道果史》], p. 111.3.5-6。薩迦班智達在他札巴堅贊的傳記中，為古代王家年表進行了辯護，*Bla ma rje btsun chen po'i rnam thar* [《至尊大上師傳》], pp. 147.1.1 ff.，該傳記是以可疑的于闐文資料為基礎，他還否定了印度班智達薩迦室利（Śākyaśrī）的年表。這個年表是該印度大師於 1210 年估算，且認定佛陀涅槃於西元前 543 年，一個準確得多的日期。見 Yamaguchi 1984 和 Davidson 2002a。

29 這是 *dPal ldan Bi ru pa la bstod pa* [〈具德畢如巴頌〉], *SKB* I.1.1.1-2.2.4 的譯文。

30 此處故意插入一個否定句來說明畢如巴是超越二元的，這是標準大乘注疏學的一種。在別處也可以看到對照句，例如第三段偈頌，在那裡畢如巴被認為是不動之示現者。

31 kun tu rgyu ba [四處遊走] 可能表示畢如巴的阿瓦督塔（Avadhūta）[3] 狀態，雖然阿瓦督塔通常被翻譯成 kun tu 'dar ba；比較 *Hevajra-tantra* [《喜金剛續》], Snellgrove 1959, vol. 2, p. 161。

32 成熟是通過四灌頂而完成的，解脫是通過生起和圓滿次第的修持法而產生的；見札巴堅贊的 *rGyud kyi mngon par rtogs pa rin po che'i ljon shing* [《現觀珍寶奇樹續》], p. 17.1.3。

33 消融於四行（'Gros bzhi thims）；道果大師們一貫以身體的這四個層次或功能的消融來界定最後的果；*Sras don ma* [《謝屯瑪》] 437.3-440.3；*sGa theng ma* [《嘎登瑪》] 481.3-485.3。

34 在這段頌詞之後，文本繼續闡述了據說是薩千所得到的示現和教法。偉大的瑜伽士之王和四位其他成就者一起出現。薩千清楚地看見畢如巴的臉，畢如巴則向他傳法。薩千的頌詞據說就是起於這個體驗。關於這個示現的研究，見第八章。

35 *Bla ma rgya gar ba'i lo rgyus* [《印度上師傳》], SKB III. 170.3.2-5。

36 「四耳傳」（*catuḥkarṇatantra），見 To. 2337 和 2338；耳傳（snyan brguyd）可能是從 karṇaparamparā 或 karna-tantra 翻譯過來的，是道果作者們所樹立的一個重要說明體系之一，另一個主要的體系是「四量」（tshad ma bzhi）。它們

共同證實了從佛陀到教派祖師之傳承完整無缺之真實性；參照 *Sras don ma* [《謝屯瑪》], pp. 197.5-201.3；*sGa theng ma* [《嘎登瑪》], pp. 296.2-299.2；Davidson 1999。關於噶舉派祖師們所挪用之四量，見 Martin 2001b, pp. 158-76。

37 在印度，以「煖」做為禪修成功的象徵為時已久，無論是婆羅門教「熱」（tapas）的意義，或是佛教專用的「煖」（uṣman），都是此處它的藏文譯名 drod 的由來。在道果法中，這種煖的使用主要是指在世間道所生起的體驗，而非見道位以上的體驗。見札巴堅贊的 *rGyud kyi mngon par rtogs pa rin po che'i ljon shing* [《現觀珍寶奇樹續》], pp. 47.2.5-50.2.1；*Sras don ma* [《謝屯瑪》], pp. 252.6-58.2。將人格的毒藥（潛在的惡魔）轉化成解脫之特質（各種智）的能力，是金剛乘理論架構的基礎，並在薩迦派得到了明確的闡述，特別是札巴堅贊；見 *rGyud kyi mngon par rtogs pa rin po che'i ljon shing* [《現觀珍寶奇樹續》], pp. 63.2.2-69.1.4；對照 *Jñānasiddhi* [《智慧成就法》] I.37-64。

38 Thapar 2004 重新研究了索曼那沙的歷史。我正在準備一篇關於畢如巴和他阿帕伯朗沙文材料的文章。

39 *Bla ma brgyud pa'i rnam par thar pa ngo mtshar snang ba* [《上師傳承傳記稀有顯現》], p. 116.6；*mKhas grub khyung po rnal 'byor gyi rnam thar* [《賢者瓊波南覺傳》], pp. 27-29。

40 *gDams ngag byung tshul gyi zin bris gsang chen bstan pa rgyas byed* [《口訣史大密詳述》], p. 7.1-2；關於被認為是畢如巴所寫的 *Chinnamastā sādhana* [《斷頭女神姬娜瑪斯德成就法》] 的版本和討論，見 Nihom 1992。

41 在 *Glegs bam gyi dkar chags* [《黃卷目錄》], p. 5.3-4 中,札巴堅贊指出了 *Lam 'bras rtsa ba* [《道果根本頌》] IV.B 的中品道（lam 'bring po）是無本頌之道（rtsa ba med pa'i lam），意思是這個「無本頌之道」僅須持守戒律；對照 *sGa theng ma* [《嘎登瑪》], p. 487.4；*Sras don ma* [《謝屯瑪》], pp. 443.6-444.4。反之，在 *Sahajasiddhi* [《俱生成就》]、*Pod ser* [《道果黃卷》], p. 395.5 中,有個注解指出 *Sahajasiddhi* [《俱生成就》]就是 *rtsa ba med pa'i lam 'bras* [《無本頌道果》]，而將八個其他修持法納入，是在 *Glegs bam gyi dkar chags* [《黃卷目錄》], p. 6.4 的其中一行字得到了證實，即「他無法記載所有與道果相關的小教法」。這句話使得與附屬八修持法類似的各種教法都被納入其中；見 *Lam 'bras byung tshul* [《道果史》], p125.1.2。*Lam 'bras lam skor sogs kyi gsan yig* [《道果法道部法本》], p. 32.4.3-5 據說是得自於八思巴，這顯然是要瓦解東比的 *Sahajasiddhi* [《俱生成就》]及注疏傳承，自成一傳承。

42 據我所知，這種畫分法最早出現在索南孜摩的 *rGyud sde spyi'i rnam par gzhag pa* [《續部總集》], pp. 36.4.2-37.1.3 中。但索南孜摩並沒有採用「口訣派（man ngag lugs）」和「注疏派（bshad lugs）」這樣的命名法,我們也不清楚這種術語是何時開始使用的。札巴堅贊僅賦予了它們編號：第一傳承和第二傳承；*rGyud kyi mngon par rtogs pa rin po che'i ljon shing* [《現觀珍寶奇樹續》], p. 235.3.2 注意到「畢如巴之口訣傳承（birwa pa'i man ngag brgyud）」，但沒有將此與札巴堅贊 *rTsa ba'i ltung ba bcu bzhi pa'i 'grel pa gsal byed 'khrul spong* [《十四根本戒詳

釋》], p. 235.3.2 中的「注疏傳承」做區分。我注意到最早使用接近「口訣派」和「注疏派」的術語是在哦千的 *Thos yig rgya mtsho* [《聞法錄之海》], pp. 48.4.1-49.3.6，其中我們找到了口訣派壇城因地灌頂續流之傳承（mang ngag lugs kyi dkyil 'khor du rgyu dus kyi dbang gi chu bo ma nub par bskur ba'i brgyud pa），但與它對照的是 49.1.6 中的善聽分釋傳承（bshad bka' legs par thos pa'i brgyud pa）。此種獨特的術語在八思巴 *Lam 'bras lam skor sogs kyi gsan yig* [《道果法道部法本》], p. 32.4.2-5 中付之闕如，我們在那裡找到了道果傳承（lam 'bras kyi brgyud pa）和典籍傳承（gzhung gi rgyud pa）。口訣和注疏這兩個傳承的區別非常重要，以至於哦千為它們的傳承法脈各別撰寫了作品：他的 *Lam 'bras byung tshul* [《道果史》] 是為了「口訣法」、*Kye rdo rje'i byung tshul* [《喜金剛源流史》] 則是關於「注疏法」（bshad thabs）的部分論述。關於這些作品，見參考書目。更全面的討論，見 Davidson 1992, pp. 109-10。

43 這個偈頌的某個版本是用於菩薩戒典禮圓滿之時，*Bodhicaryāvatāra* [《入菩薩行論》] III.25；此處是出自 *Vajrāvalī* [《金剛鬘》], Sakurai 1996, p. 475；另一個版本見於 *Saṁvarodaya-tantra* [《勝樂總攝出生大續王》] XVIII.34c-35b。

44 例如，*Sarvadurgatipariśodhana-tantra* [《尊勝佛頂陀羅尼經》], p. 238.32；在 *Sarvatathāga-tatattvasaṁgraha* [《金剛頂一切如來真實攝大乘現證大教王經》], Chandra, pp. 59-60 中詳細說明了這種「金剛」的用法，在該書中是做

為灌頂的一部分。

45 *Vajrayānamūlāpattiīkā-mārgapradīpa* [《金剛乘根本過失廣釋》], To. 2488, fols. 208b7-210a4；關於密續戒律的研究，見 Davidson 2002c, pp. 322-27。

46 *Sarvabuddhasamāyoga-gaṇavidhi* [《一切佛平等和合聚儀軌》], To. 1672, fol. 196b4；見 Davidson 2002c, pp. 318-22；和 Snellgrove 1987, vol. 1, pp. 160-70。

47 van der Veer 1988, pp. 85-130；這個情況也許可以與 Bouillier 1997, pp. 142-57, 206-9 中所研究的納德派瑜伽士做比較。

譯注

[1] rājādhirāja 意為眾王之王。
[2] Rākṣasapuri 字面意義為「鬼城」。
[3] Avadhūta 可指不受世間禮教束縛之聖者。

第二章　王朝的覆滅　　與昏暗的道路

因此，一位來自魔族的國王
將耗盡西藏人民的功德。
佛陀的教法將被破壞殆盡……
大昭寺被毀後，邪惡之人將互相攻擊。
他們用顛倒的言詞咒罵品行端正的人，
並盛讚耽於罪行者。
所有寺院均成鹿舍，
廟宇則成牛圈。
上師被迫承擔維修工人之責，
僧人則被送去狩獵動物以維持生存。
唉！那黑暗的本質將綿延得又遠又廣。
　　——松贊干布《柱間史》（*bKa 'chems ka hhol ma*）[1]

我們似乎很容易將西藏看成永恆的佛教王國，但這種令人愉悅的錯覺，是西藏世世代代虔誠的佛教徒認真工作所造成的。這種形象又因為西藏曾在數百年的時間裡，做為強大的軍國主義帝國而更為不同凡響。然而這個帝國陷入了政治社會混亂的極度艱困時期。西藏文獻將這場災難稱為政治分裂時期（rgyal khrims sil bu'i dus）或是末法時期（bstan pa'i bsnubs lugs）的開端，後者援引佛陀教法終會消失的神話。只有在社會動盪時期之後，西藏復興才可能發生。文化的重生運用了王

朝許多舊制，來建構一條新的佛教道路。這條道路有助於形成完全不同的社會秩序，其中包括了抵制政治重整的一股強大力量。因此，即使實現了一定程度的宗教和社會穩定，但直至蒙古統治時期仍無法達成政治上的統一。

　　本章檢視了九世紀中葉西藏帝國制度的瓦解和崩潰，以及佛教在王朝滅亡中所扮演的角色。西藏佛教的矛盾之處在於，該宗教的某些形式是九世紀帝國瓦解的幫凶，正如某些佛教形式是十世紀西藏文明復興的要角一般。本章接下來追溯了分裂時期的政治局勢，包括王室的兩個分支，以及在東北部和中央西藏地區困擾藏人的三起叛亂。本章還透過後來史書的角度，來審視這個時代的社會與宗教秩序的惡化，以及奇風異俗的興起。同時也討論了眾所周知的權貴氏族的地位。所有這些因素都在十至十一世紀中央西藏佛教文化與文明的凝聚中，發揮了一定的作用，而中央西藏是本書認定的最重要的西藏地區。

帝國末日的善意

　　討論後弘期的最佳起點，是了解九至十世紀間的「西藏」的樣貌。我們的資料主要包括王朝世系表、佛教史和聖傳文本等較晚期的各類不完整的綜合資料。這些資料對九世紀中至十世紀末這段時期，顯現出語焉不詳的情況，就像佛羅倫斯文藝復興時期的作者們，對之前的時代所做的事情一樣。那個時代被認為是黑暗且四分五裂的，幾乎沒有實際活動的跡象。雖然我們擁有幾份王室後裔姓名的列表，但除了他們自行推定並保存的世系表以外，很少看到他們長達數十年的活動或關注事務的證據。後來的文獻提到王朝時期的寺廟存在著不同程度的失

修狀態，但整體西藏人民的狀況並不明確。薩迦派和寧瑪派的傳承可以追溯到這一時期，但除了少數顯著的例外，這些名字並未經核實，甚至沒有聖傳紀錄。王朝之後的王室銘文付之闕如，沒有可依照時間順序排列的明確文字材料，再加上這一時期的中國歷史幾乎沒有任何關於中央西藏的具體記載，這些全都使衛藏地區的真實情況隱晦莫測。

歷史書寫中的一句重要名言是，缺乏證據往往會使人產生誤解，而分裂時期就是這種現象的一個範例。九世紀末和幾乎整個十世紀的中央西藏必定發生過許多事情，但資料的匱乏程度令人咋舌。松贊干布（Srong bstan sgam po）和他的氏族在龐大的人口基礎上，建立了一定程度的統一，將西藏帶入了亞洲歷史。這王朝是如此生氣蓬勃，以至於能夠威懾和控制中國的大唐王朝。此外，在整個王朝期間，松贊干布的繼任者不時地重演其優秀的政績。事實上，貝克威斯（Beckwith, C.）表明，618 至 842 年間，西藏是亞洲最可怕的軍備武裝國之一，肯定足以與後來在十二至十五世紀統治亞洲的西夏、契丹、回紇和蒙古勢力相提並論。[2] 當王朝瓦解，西藏的人口可能並未經歷需要一個世紀才能復原的馬爾薩斯式（Malthusian）災難[1]。雖然這一時期的人口數量，可能在部分時間內經歷了損失，但由於該地區人口稀疏，地理區域廣闊，因此損失可能不會超過一個很小的百分比。這必定留下了相對完整的人口數量。

人們對於九世紀下半葉至十世紀末的佛教發展情況所知有限，也不清楚有哪些宗教活動。王朝大部分資料表明，佛教是王室和貴族中特定氏族的宗教，因此，這個宗教以零星的形式，存在於自稱是王朝後裔的部分領地中。[3] 某種受歡迎的佛

教思潮，似乎已滲入村落和遊牧生活中，但大多數藏人可能仍繼續信仰著受到王室護持的佛教傳入前的宗教和文化形式。當然，黑暗時期和之後的一些零碎記載，顯示佛教文學語言的優勢。這種文學語言能夠體現封建王公貴族傳承的神話，因此成為其滿意的表達方式。[4] 事實上，貴族階級正是在這些支離破碎的領地中，維繫著佛法的焰火，並將居士修行的方法傳播給民眾。因為氏族在莊園中的投入，似乎正是佛教再次萌芽的必要條件，就像從看似冰冷的餘燼中，燃起的火苗一般。

　　過去三十年間，西藏和西方大量出版的文獻，明顯地增進了我們對 842 年王朝的瓦解，以及整個分裂時期的研究。這些資料所揭示的主要人物的生卒年和活動，都存在極大程度的差異。但正如圖奇（Tucci, G.）所言，由於西藏歷史已被併入西藏佛教史之下，因此，即使是這些新出版的材料，對於王朝瓦解後的事件也少有著墨。[5] 事實上，早期的西藏資料往往不過是王朝的世系表，比如哈金（Hackin, J.）運用敦煌寫本所出版的著作。而在十二世紀的大部分時間裡，未經修飾的王朝系譜是政治範疇中，歷史書寫的主要內容。[6]

　　也許缺乏歷史紀錄的原因之一，是宗教傾向的作者們內心惶恐不安，因為佛教活動顯然加速了王朝的解體。熱巴堅強烈的親佛主張，是 840/41 年左右，西藏贊普（btsan po）被刺殺的原因之一。[7] 歷史上描述，熱巴堅宣稱他前任的贊普們主張三項職責：建造國家寺廟、維護西藏人民的幸福，以及對西藏帝國的敵人宣戰。之前的贊普們都僅履行其中一項職責，或者可能兩項。即使是三項，也是依次履行，但熱巴堅卻同時要履行三項，這導致了收支赤字和官僚猜忌。[8] 熱巴堅雇用了一批學者，落實前任贊普色納勒‧赤德松贊（Sad na legs Khri sde srong btsan）於 812 年開始的藏文拼字改革，但這需要重寫大量的寫本，這項任務不僅需要花費紙張和墨水，還需要使用許多金、銀來書寫珍貴藏書的文字。[9] 在這個過程中，熱巴堅下令完成三個藏書目錄，即那些收藏在丹噶（lDan dkar）、欽普殿（mChims phu）和旁塘殿（'Phang thang）中之書籍的目錄，並在印度大師的主持下翻譯新的材料。[10]

同樣地，他也在國境內建造或整修三十座由帝國護持的寺廟，其中有些寺廟在此之前就由王室贊助，但現在被熱巴堅改變了用途。[11] 這些寺廟中有十座位於中央西藏，之前的贊普們已在那裡建造了第一座偉大的寺院桑耶寺（bSam yas，約 780 年）以及其他幾十座寺院。不過，熱巴堅在西藏東部或東北部建立了二十座寺院，那些寺院成為下一世紀佛教復興的重要場所。擴展佛教僧團的第一件事是募集大批的僧侶，隨之而來的還有供養僧侶的需求。因此，一名僧侶被指派七戶家庭來護持。

熱巴堅還因三個偉大的詔書而聞名。[12] 第一，除了根本說一切有部（Mūlasarvāstivāda）的戒律以外，不再翻譯其他傳承的戒律材料，但根有律的所有內容都會被翻譯。第二，不再翻譯任何密續。[13] 第三，國境內所有度量衡都將以中印度所使用的度量衡取代。因此，從穀物到黃金，一切都將採用新的印度標準。這三者都是帝國前朝政策的強化，因為西藏的贊普們一直希望維持佛教修行的一致性，以誦讀大乘經典文獻為基礎，並致力維護出家僧侶，這也許是為了避免產生具有獨特魅力的貴族競爭對手。密續文獻，尤其是反常的《大瑜伽續》被視為將造成動盪之因。現存最早的《巴協》（dBa' bzhed）[2] 記載，熱巴堅的祖父赤松德贊也曾嚴禁密續的翻譯。[14]

雖然密續壇城本身的政治社會型態，似乎是為王室量身訂做，但事實上，其權力分配是經由複雜的半獨立諸侯封建體系來進行，這是有問題的。復興時期西藏將密續儀式化，施行後證實贊普們對分裂勢力的憂慮，並非空穴來風。對西藏贊普而言，他們傾向將為數不多的密教樣貌，限制在毘廬遮那佛（Vairocana）的信仰上。這種信仰既含有大乘經典的成分，也有密續的成分。[15] 他們實際支持的密續文獻內容具有很強的制度性，並且無疑是為王室所用。[16] 因此，對密續文獻翻譯的限制（雖然從未完全強制執行），意味著這個朝代是大乘經典翻譯時期，經典來源語言有中文也有梵文。印度度量衡的使用也同樣重要，因為熱巴堅衡量過，中央西藏的經濟財富與跨喜馬拉雅山的貿易關係最為密切。不幸的是，熱巴堅發現得太晚了，西藏贊普畢竟不如毘廬遮那佛那麼強大，他在 840/41 年左右，死於刺客的刀下。

在民眾對這種驚人的開支，和傳統文化的巨大變革所引發的不滿情緒推動下，最後一位真正的贊普達瑪赤・烏東贊（Dar ma Khri 'U dum btsan，即朗達瑪〔Glang dar ma〕，約 803-842 年）發起了一場反對根深柢固之佛教僧官的運動，史書中以戲劇性的方式描述了他的鎮壓。[17] 據說，起初的六個月，達瑪平靜地支持佛教活動，但他的大臣們設法讓巴・傑波塔納（sBa rGyal po stag sna）擔任官職，他是勢力強大的巴氏族（dBa'/sBa）成員。巴・傑波塔納採取了一些與佛法相違背的行動。因此，拉薩出現了霜凍和冰雹、農作物病蟲害和饑荒、人類流行病和牲畜疫病。達瑪見此情形開始抵制佛教，按照宗教的觀點來說，他是被惡魔附身了。在接下來的六個半月裡，他指派的邪惡大臣關閉了寺廟，焚燒書籍並解除僧侶職

務，促使剩下的宗教人士逃回印度、康區（Khams），或前往西藏東北部，位於中國邊境的西寧。

不過，對達瑪反佛運動的任何批評，都應該從亞洲同時期另一場反佛運動，也就是唐武宗（Tang Wuzong）的鎮壓佛教來考量。這位唐朝皇帝對僧眾的不滿也是始於841年，與達瑪的迫害同時展開。唐武宗的反佛，最後成為845與846年對宗教的全面鎮壓，直到846年武宗去世才結束。[18] 顯然，這兩次鎮壓都是因為由佛教管理的莊園所繳納之稅銳減，佛教授戒戒牒數量大增，使得人頭稅減少，貴族權威受到佛教公共形象的削弱，佛教儀式和寺院活動開支過大等綜合因素所造成的。此外，西藏帝國並未持續發展，而是因極度龐大的軍隊與新資源的匱乏，而呈現停滯狀態。

雖然從僧人的角度來看，達瑪是被惡魔附身了，但事實上，他的「鎮壓」很可能是為了替軍方和寺院僧眾解決龐大的資本支出問題，因為他也正面臨著資源持續減少和王權不斷下降，以及親佛和反佛兩派氏族挑戰的窘境。[19] 過程中，佛教和反佛教勢力都各自尋求有利於己方的目標，正如在中國，唐武宗鎮壓期間的作為那樣。這些目標很快就與特定氏族的立場結合，並因相互對立而使得情勢更加嚴峻，幾乎沒有轉圜的餘地。因為與任何一方結盟的貴族家族都能預見，若被打敗便會徹底失去地位和財產。因此，達瑪激發了氏族間的敵對行為。這些戰鬥行為不斷升高，造成了大量宗教場域被破壞，這些鬥爭也很快便超出了他的控制範圍。

四分五裂——於黑暗中潰逃，在陵墓中有光

於是，來自葉巴的佛教僧侶拉隆・貝紀多傑（Lha lung dPal gyi rdo rje）將大乘佛教的利他思想付諸行動，即為了拯救暴君而刺殺他。貝紀多傑在達瑪閱讀奈塘（Ne'u thang）碑文時暗殺了他，[20] 並用計逃脫，躲藏了起來。[21] 然而，這次暗殺恰恰發生在帝國歷史上的錯誤時刻。此時貴族階層因宗教鎮壓而分化，國庫負擔沉重，且達瑪繼承權的歸屬也很不明確。顯然，他的王妃孜邦薩（Tshe spong bza'）在達瑪遇刺前一刻，於雍布拉崗（Yum bu gla sgang）的舊城堡裡，生下了王位繼承人南德・維嵩（gNam lde 'Od srung）。不過，關於他們的父子關係還有其他許多種說法，其中一種是南德・維嵩是在達瑪過世後才出生的。後來，年長的王后白潘撒瑪（'Bal 'phan bza' ma）在拉薩附近的烏如地區也產下了一個兒子，名叫赤德・雲丹（Khri lde Yum brtan）。[22]

在雲丹和維嵩兩人，以及他們各自所屬的氏族派系之間，繼承權成了一個問題。尤其是長子繼承制還未普遍適用於西藏王室，而雲丹的合法性也值得懷疑。此外，這些資料似乎顯示，兩位王子是卓氏族（'Bro）和巴氏族爭奪的焦點，卓氏族支持維嵩，巴氏族則支持雲丹。[23] 有個故事稱雲丹不是達瑪的親生兒子，而是白氏（'Bal）家族密謀，為他們不孕的女兒所抱來的孩子。這個故事稱雲丹第一次出現時應是個新生兒，但卻已有了牙齒。然而，在「母親的斷然堅持」（yum kyi bka' brtan）下，他被接受為王位繼承人。這個故事被十三以及十四世紀的人物如弟吳玖謝（lDe'u jo sras）所接受，但促刺琛瓦（gTsug lag 'phreng ba）等人則有所保留，而最早的藏文資

料則根本沒有提到這個故事。[24] 畢達克（Petech, L.）指出，中國的資料堅稱吐蕃王國的達瑪沒有子嗣，並提到有個男孩（畢達克認為是雲丹）被王后的家族扶持坐上王位。但這些中文資料並不完全可信，因為它們似乎對於某些事情一無所知，如達瑪遇刺之事。[25]

我們的編年史認為，繼承問題是帝國分裂的關鍵。最初的決定是由雲丹接管西藏烏如（地圖1的中翼，大約是在雅魯藏布江上方的中央西藏東部）部分，並由維嵩控制夭如（左翼，大約是在雅魯藏布江下方的中央西藏東部）。這些地區資源、人口和土地都不均，因此，雙方持續為了擴大影響力和統治權而發生小規模衝突。這兩位繼承人各自獨立運作。敦煌文獻顯示，維嵩擁有充分的權力，他在844年便重新資助佛教僧眾，但雲丹似乎是在達瑪被刺殺數十年後才開始自立。[26] 敦煌材料顯示，雲丹信件中特別抨擊了卓氏和確氏（lCogs）家族的邪惡成員。我們當然也有充分理由質疑特定人士的忠誠度，因為西藏在845年至910年左右陷入了一連串的叛亂。在現存的文獻中，這些叛亂被稱為「三次人民起義」（kheng log gsum），這些起義來自不同階層，並持續了將近七十年。[27]

第一場起義實際上是一名貴族隆・貢楔（Blon Gung bzher）企圖分裂的叛亂，他是巴氏族的一員，也是西藏領土的東北地區，敦煌附近的行政長官。[28] 敦煌在848年被中國將領張議潮（Zhang Yichao）攻陷，部分原因也許就是隆・貢楔的叛亂。因此，有一些跡象表明，在帝國中心剛開始衰弱時，就有了分離主義運動。王朝正在那些被西藏統治僅數十年的地區（如敦煌）開始衰退。在唐朝末年中國的衰微也是顯而易見的，因為在拉薩的直接管理僅數十年後，民間文件仍持續使用

藏文。而拉薩的直接管理對於敦煌百姓而言，只剩下微弱的記憶了。

隆・貢楔與鄯州城的首長陷入了一連串的糾紛當中，該首長是一位名叫尚比比（Zhang bi bi）的藏人。他是卓氏家族的成員，在殖民地行政官員中代表親中派。[29] 隆・貢楔對達瑪被殺感到憤怒，並發覺可恨的卓氏族參與其中。經過多次激烈的衝突，隆・貢楔取得了勝利。但他本身代表的就是秩序的瓦解，因為他誅殺了鄯州／安多地區的所有男性，掠奪了廓、瓜、肅、哈密、高昌等州，直到851年才被張議潮降服。隆・貢楔不甘心就此放棄，後來又企圖對中國人發動叛亂。結果在866年，最後一次出現在中國政治圈中的他，是一顆裝在麻袋裡前往中國首都長安的頭顱。

由於中國人記載的主要是他們在安多地區的領土利益，對於未與中國直接毗鄰地區的藏人叛亂事件，我們知道的較少。然而，庫敦・村竺雍仲（Khu ston brTson 'grus g.yung drung, 1011-1075）《大史》（Lo rgyus chen mo）的某些段落顯示了雲丹、維嵩等家族與卓、巴等大氏族之間的緊張關係。第二次叛亂可能發生於904年，因為著名的寧瑪派作家努千・桑傑耶謝就是在當年的叛亂中，失去了六個兒子中的四個，最後被迫到他先前曾六次前往的尼泊爾避難。[30] 維嵩和雲丹死後顯然發生了更大的問題。維嵩可能死於第三次叛亂期間，據說是被一位名為孜羅篤（rTse ro dug）的人所殺害。[31] 維嵩是西藏王室最後一位葬在瓊結（'Phyong rgyas）王陵之人。他的亡故年代難以確定，維塔利（Vitali, R.）推測他亡於905年。[32]

維嵩的兒子貝廓森（dPal 'khor btsan）雖然在青少年時期，便被迫成為魁儡統治者，但他並不是很有吸引力的人物，

當時的決策顯然是由兩名有權勢的攝政大臣定奪的。[33] 歷史學家弟吳玖謝指出了貝廓森的魯莽脾氣（zhe gnag pa）和愚昧本性（glen pa）。這些特性甚至很清楚地表現在他為父親舉行喪禮時的惡劣態度上。[34] 當時的流行謠語總括了人們對這位難纏人物的感受：尊上是「吉祥輪」（dPal 'khor），王后是「喜樂輪」（sKyid 'khor），而他們的夫妻關係則是「報應輪」（lan 'khor）。[35] 最終，敵人的攻擊奪走了貝廓森的性命，他在910年左右被達孜聶（rTag rtse snyags）殺死。[36] 他的兒子們逃了出來，長子赤・吉德尼瑪袞（Khri sKyi lde nyi ma mgon）逃到了普蘭（Pu hrangs），在那裡建立了未來的古格與普蘭王國。[37] 赤・吉德尼瑪袞的三個兒子被稱為西藏西部的三「袞（mGon）」，他們為該地區的佛教復興奠定了基礎（表1）。最終由拉喇嘛・智慧光（Lha bla ma Ye shes 'od）及其繼承者領導。貝廓森的兒子中較年輕的札西策貝（bKra shis brtsegs dpal）留在中央西藏，他也有三個兒子，被稱為東部三「德（lDe）」（即古格以東的中央西藏）。這三人貝德（dPal lde）、沃德（'Od lde）和基德（sKyi lde）以及他們與雲丹後裔的爭奪或競爭，對佛教知識重新傳入中央西藏的一些地區很有幫助。

藏人對這一時期亂象的記憶主要來自於《大史》，而庫敦所寫的這部作品說明了一個驚人的教訓，即衰弱的體制、宗教謠言以及個人的野心導致了西藏的解體。

〔叛亂〕的徵兆是出現一隻鳥。之前它發生在康區，隆・貢楔擔任首領。但在那之前是發生在（中央西藏）烏如的反叛，以羅珀洛瓊貝（Lo pho lo byung sbas）為首。

表1　十一世紀維嵩繼承人簡表

維嵩（'Od srung，亡於905?年）
　　　|
貝廓森（dPal 'khor-btsan，約881-911）

尼瑪袞（Nyi ma mgon，約911-950在位）	札西策貝（bKra shis brtsegs dpal，約911-950在位）
里克巴袞（Rig pa mgon） 札西袞（bKra shis mgon） 德諸克袞（lDe gtsug mgon，約950-957）	貝德（dPal lde） 沃德（'Od lde） 基德（sKyi lde，約980-1000）
廓列（'Khor re） 松埃（Song nge，智慧光〔Ye shes 'od〕，約959-1024）	帕瓦德謝（Pha ba lde se） 赤德（Khri lde） 赤瓊（Khri chung） 聶克德（Nyag lde）
拉帝波（Lha lde po） 德瓦拉賈（Devarāja） 納格拉賈（Nāgarāja，約996-1024）	維奇跋（'Od skyid 'bar）
維德（'Od lde） 強秋維（Byang chub 'od） 寂光（Zhi ba 'od，約1024-1057在位）	赤德跋（Khri lde 'bar） 宇鏘（g.Yu spyan）及其餘六兄弟
蔡德（Tshe lde，約1057-1090在位）	宇拓（g.Yu thog） 軸噶（'Jo dga'）及其餘四兄弟
	南德（gNam lde） 軸噶（'Jo dga'） 孜德（rTse lde）——拉欽波（Lha chen po，十二世紀在位）

資料來源：出自哈佐德（Hozod, G.）2000b，頁182，注7、8。

然後，在藏區發生的動亂是以維抗庫堆孫珠（'Og 'am khu dol gsum 'brug）為頭目。叛亂的起因是抗議貴族的鎮壓，總的來說是貴族與僕從之間的權力過分懸殊所致。烏如的叛亂是由於卓氏族和巴氏族之間的衝突而產生的。在天如造反的是尚傑‧塞內（Zhang rje Sad ne），他殺死了被認命為首長的宇內（g.Yu [s]ne）。宇內有兩名妻子，其中一名被選為尚傑‧塞內的道侶，另一位（名叫貝沙‧瓦姆薰〔'Bebs za Wa mo zhung〕）因而妒忌。當時，尚傑‧塞內讓臣民在一座山腳（字面的意思是山頸）下修築運河。這名有權勢的女人〔瓦姆薰〕對所有的工人說：「為一個人頸而戰（即殺死一人），比為一座山頸而戰更容易。」當她這樣說的時候，所有人都覺得被打敗了。[38]

如同藏人生活中的許多事情一樣，這些叛亂都是由各種徵兆和預言所推動的，《大史》中稱此神聖的創造者（phya mkhan）和推動的力量為琛卡‧貝吉雲丹（Bran kha dPal gyi yon tan）。這位僧官在熱巴堅統治期間或之後不久就不公義地被殺害了。[39] 他被人見到騎著一隻鐵狼，展現叛亂的徵兆，就如同黎明時分綻放的塔卡（tarka）花一般，叛軍將在那裡祕密集結。[40] 那隻鳥被解釋為靈鳥（srin bya），是被稱為古波塞盟（Khol po sre mong）的惡魔所化現的毀滅形式，由琛卡‧貝吉雲丹指揮，向殺害他的眾氏族復仇。

叛亂的結果不僅造成中央政府的滅亡，也造成人民和社會體制的崩潰。早期作家們對群起的暴力衝突所導致的認同感和德行的喪失，都有深刻的認識。一位貴族「在一天之內，因悲痛而衰老，據說已經死了。因為領主和僕人們都已用盡了歡喜

的『卍』字（永恆吉祥的圖案），並陷入憂苦的境界中。」[41]因此，主宰西藏人民生活的宇宙圖騰，不再護佑他們的健康和福祉，卻在事件的發展和處理上烙下惡意的記號，而藏人只能去承受才剛萌芽的黑暗時期的苦難。弟吳玖謝更心痛地寫道：

> 由於動盪時期積攢的這些惡行，使得地位崇高之人侵犯另一位地位崇高之人。維巴（'Od 'bar）諸侯的叛亂造成貴族體系的封閉。母親不能向兒子傾訴，顧問和大臣、父親和叔叔之間無法取得一致的意見。國王的大臣涅多克波（sNyags thogs po）被搶劫殺害，殘骸似乎從荒涼的雪地裡冒了出來。[42]

十二世紀的神祕人物娘列本身是貴族，他也描述了社會制度的完全崩壞：「子不聽父言、僕不認主、部屬不服從貴族。」[43]歷史學家們在這種以語言文字明確承認所有階級制度的層級分明社會中，始終將那樣的時代描述為維繫社會秩序的儀式和語言形式崩壞的時代，因為那些形式已不再為人們所遵行。

因此，作者們認為所謂的「王法（rgyal khrims）金軛」的法治，和被稱為「教規絲結」（chos khrims）的宗教義務約束，在沒有可靠的制衡系統或可供上訴之王宮的情況下鬆動了。[44]事實上，對舊體系的最大侮辱是貴族成員的劫掠王陵。雖然促剌琛瓦的史書所反映的這個時期的歷史年代是有問題的，但他說明了盜墓的程度：

> 叛亂之後九年，在火雞年，徐普（Shud pu）、達策

（sTag rtse）等四人合謀，決定開挖陵墓，所以他們大肆地盜墓。涅（gNyags）掘開了屯卡達（Don mkhar mda'）之墓，徐普掠奪了上有獅子的墳墓，陳卻古（Greng 'phyos khu）挖開了（迪松〔Dus srong〕）之闕嘉（'Phrul rgyal）墓。之後，鄂歇尼瓦（sNgo bzher snyi ba）奪取了它，並留在那裡。卓和確（lCogs）一起接收了松贊之墓並在那裡逗留。[45]

作者在該書中的其他章節指出，一旦桑耶寺和拉薩的寺廟年久失修，陵墓就會被打開，在昌珠殿（Khra 'brug）的帝國寶藏也會被掠奪。[46]

總之，在西藏王朝之後，體制的崩解大約持續了一百年。傳統上往往認為實際上是十二生肖紀年的九次循環，即一百零八年，[47] 這種說法因為缺乏一致的記載，而無法得知其真實性。我們似乎也沒有更好的方法來說明這種破碎且失去功能的文化的特性。在一個擁有檔案保存機構的環境中，只要他們持續管理檔案，紀錄就能一直留存，但藏人似乎很少嘗試記錄他們的苦難，導致這一時期有兩種完全不同的宏觀史書，即所謂的「長」史和「簡」史。[48] 即使是後來最好的史書對分裂初期的年代估算都難免有誤，我們只能通過各種方法來拼湊這個時期。一部分的問題出自中文佐證資料的匱乏，使得我們無法更好地了解這一時期。然而，迄今為止大多數的論述都忽略了地緣政治的實際狀況。[49]

事實上，中國、西藏和其他中亞國家在幾乎完全相同的時間內，經歷了一系列性質幾乎全然相同的災難，並幾乎在完全相同的時間點走出了這些災難，這不可能只是個巧合。西藏

和中國對佛教的打壓是在 840 年代,這兩個帝國也在 840 至 870 年代間變得四分五裂。回紇汗國恰巧也是在 840 年崩潰,他們在亞洲內部殖民地的分裂就是結果。在兩個帝國的邊境附近,隨著文官體制的瓦解,軍事獨裁者取而代之,藩鎮割據成為常態。我們已經看到了西藏軍事強人隆・貢楔的主要對手,是中國鄯州城的藏人總督尚比比。在中國,907 年唐朝的正式解體,讓人忽略了唐朝政府其實在 875 年之後,便不再是個有控制力的國家。它已經因龐勛兵變(868-869)和黃巢之亂(875-884)而變得衰弱。[50] 我們不認為九世紀有來自西方或南方的不穩定勢力,因為這一時期這兩個地區的實力都相對強大,阿拔斯帝國('Abassids)將他們的控制權擴展至中亞,而波羅王朝和瞿折羅—普臘蒂哈臘王朝在北印度仍然至關重要。我們所有的文獻都指出,青海周圍的河西地區、甘肅走廊以及中國西部和西藏東部的交界處,是不穩定的中心。因此,我們必須說,在這個時期,中央西藏、中國和回紇的社會經濟發展強烈地相互影響。在這衰微的一個多世紀裡,他們都經歷了同樣的苦難。

顛簸的宗教之路

面對這種支離破碎的政治和文化環境,我們不禁要問,為什麼中央西藏人最終會把十世紀下半葉的佛教復興,看成是一件必須要做的事情。他們對佛教的支持似乎與藏人對帝國的看法、喪失帝國的感受,以及藏人的墮落有很大關係。佛教大師們顯然一直與王室密切合作,為了統一所付出的努力,贏得了國際的聲望。帝國的建立已成為佛教「神通」效應的延伸。

在早期西藏，尤其在帝國還很強大的時候，佛教對國內的影響大多是良性的。對於十世紀的人來說，帝國鼎盛時期，於各地區遺留下來的佛教寺廟的物質文化遺產以及王室遺跡，正是菩薩／國王這樣的人物，能夠集世俗權威與修行力量於一身之明證。烏堅林巴（U rgyan gling pa）在十四世紀的《國王遺教》（*rGyal po bka'i thang yig*）中很完美地表達了這種情感：「展現國王德行的方法有四種：優質的陵墓、他的王宮居所、他建造的神殿以及他精算後豎立的石碑。當這些都竣工時，他千戶區的人民就會聚集起來。」[51]

因此，王權的形象意味著陵墓、王宮、寺廟和石碑。[52] 而維嵩是最後一位被安葬在瓊結王陵的國王。儘管後來在中央西藏至少豎立了一座模仿帝王形式的石碑，但只有西藏西部的古格國王們恢復了豎立帝王石碑的傳統。然而，在西藏四如和東北一帶的人口中心，仍有許多小型寺廟的遺跡。這些遺跡無疑提醒了中央西藏和西藏西部的王室後裔，那些征服的輝煌，中國和親新娘的聲望，中亞、南亞和東亞屬國的財富，都和支持佛教寺院密切相關。帝國的喪失似乎伴隨著佛教修行體制的喪失，雖然政治統一仍十分困難，但宗教復興卻是個可以實現的目標。

實際上，某些佛教信仰形式仍持續存在，至少仍流傳於世襲貴族和封建領主間，或者受到其支持。但很明顯的，一些受歡迎的形式已隨著貴族實力的縮減而有所改變。到了十一世紀，從王朝流傳下來的佛教傳承被稱為「寧瑪派」（rnying ma，舊譯派）。這個名稱與十世紀末開始才引入的「新譯派」（gsar ma）密續哲學體系存在緊張關係。[53] 那些從早期翻譯時期傳承下來的修持和法本被稱為「經教傳承」體系，這個

語彙最終被用來與復興時期發現的「伏藏」文本做區分。

然而,一些經教傳承文本的權威性值得懷疑,與之相關的修持法似乎太過西藏化。其語言和思想與西藏文化相符,而非印度文化。許多寧瑪派密續當然也是如此,這些作品並不符合印度密續文獻的模式。即使其名稱中包含了「密續」一詞,但與印度密續強調儀軌、咒語、繪畫、攝取不吸引人的物質和藥材相比,它們似乎與印度傳統不符,其哲學和抽象的意味更加濃厚。[54] 相對而言,許多經教傳承密續極度沉浸於新哲學思想和觀修法,最終形成了廣為流傳的大圓滿（rdzogs chen）學說。這個語彙據說是德瓦普特拉（Devaputra）的十一世紀教學目錄中 paripūrṇa 一詞的譯名。一般認為等同於阿底瑜伽（Atiyoga）,即某些分級體系中的最高等級瑜伽。[55] 至少在十世紀晚期,寧瑪派學者以印度解脫道的層級思想為基礎,建構了九乘學說,即聲聞乘（Śrāvakayāna）、緣覺乘（Pratyekabuddhayāna）、菩薩乘（Bodhisattvayāna）、事部乘（Kriyāyāna）、行部乘（Ubha[ya]yāna）、瑜伽部乘（Yogayāna）、大瑜伽乘（Mahāyogayāna）、阿努瑜伽乘（Anuyogayāna）、和阿底瑜伽乘（Atiyogayāna）。

上述最後四個語彙的基礎,印度當然也有,但不是做為單獨的乘,也不是按照這個順序。在一些最終被歸類為《大瑜伽續》的密續中,這四個語彙（瑜伽、阿努瑜伽、阿底瑜伽、大瑜伽）有時被闡述為生起次第過程中的特定觀想標誌。也就是說,修習者在淨化的過程中,起初觀想金剛薩埵（Vajrasattva）（＝瑜伽）;他生起主要壇城本尊的觀想,例如,密集不動金剛（Guhyasamāja-Akṣobhyavajra）（＝阿努瑜伽）;他完成了外在的觀想,然後轉而創造一個內在壇城（＝

阿底瑜伽）；最後，以咒語和進一步觀想來加持內在壇城（＝大瑜伽）。[56] 但如果在某些文本中，這些語彙是以此種方式被運用，那麼在其他文本中，它們就有可能以另一種順序流通。我們確實在十一世紀初德瓦普特拉的目錄中，看到他以寧瑪派的排序（瑜伽、大瑜伽、阿努瑜伽、阿底瑜伽）做為瑜伽的四個面向，但無法確定這個順序是他編排的，或出自他的西藏弟子。[57] 儘管如此，在那份目錄中，它們並未被認定為「乘」。而九乘的梵文語彙在寧瑪派學者手中，成為有些人為的類別。這些類別也分別被許多新的密續經典填補。

十一世紀寧瑪派的學者們認為，共有七個教傳的密續修持法傳承在分裂初期流傳。[58] 涅‧佳那（gNyags Jñāna）所傳的大圓滿心部（sems sde 或 sems phyogs）和甘露本尊。蓮花生大士所傳的三部閻曼德迦法類。瑪‧仁欽丘（rMa Rin chen mchog）所傳的無垢友之《祕密藏續》（*Guhyagarbhatantra*）。卓彌‧貝吉益西（'Brog mi dPal gyi ye she）所傳的母續修持法。朗炯‧佩吉桑格（Rlangs chung dPal gyi seng ge）所傳的佛密之瑜伽和大瑜伽體系。南開寧波（Nam mkha'i snying po）所傳的吽嘎拉真實法（Hūṁkara Yang dag），以及蓮花生大士所傳的第二系閻曼德迦。這些大部分後來都與「八大法行」（bka' brgyad，八位本尊）和大圓滿心部教法結合在一起。另一支傳承系列則將大乘經典和顯教著作傳至十一世紀。

在這些傳承中，大多數資料認為有兩種儀軌和修行傳承，對復興時期的寧瑪派非常重要。首先是傳統上與普巴金剛（rDo rje phur pa, Vajrakīla）、真實黑魯嘎（Yang dag Heruka）和瑪摩（Mamo）諸女神等本尊有關的複雜儀軌，這三組是在

大瑜伽八大法行諸本尊的典籍中最常被提及的。在本書中經常會看到具有這三者之一或以上背景的上師。尤其是薩迦派，他們保留了前二者的儀軌。其次是由多位大師在多個體系中加以闡述的大圓滿心部（rdzogs chen sems phyogs）。到了十一世紀中，有三個學派脫穎而出：娘派（nyang lugs）、榮派（rong lungs）和康派（khams lugs），這些都有十三至十六世紀的代表性文本倖存至今，更早的作品則尚未找到。[59]

據說康派是由黑暗時期寧瑪派的權威之一阿若‧益西瓊磊（A ro Ye shes 'byung gnas）編纂並推廣的。[60]《青史》（Deb ther sngon po）作者認為，阿若的傳承可能活躍於十世紀下半葉，結合了中國禪師和尚摩訶衍（Heshang Moheyan）的教法與大圓滿相關的修持法。[61] 阿若有時也自行代表一個心部傳承（A ro lugs〔阿若派〕），十四世紀的一部著作概述了後人對其思想的理解。[62] 最近出版的阿若最著名的作品《入大乘瑜伽行法》（Theg pa chen po'i rnal 'byor 'jug pa'i thabs），使得人們能夠更容易地對他進行評價。根據十四世紀《龍欽教法史》（Klong chen chos 'byung）的說法，阿若的著作分為六個主要部分：外、內、密、關於苦、關於文獻的分類、轉世的口訣。[63]《入大乘瑜伽法》是「外」部的主要著作，也是一部相對簡潔的大乘教學論著，它與許多佛教著作的模式類似。在四個章節中，它說明了苦的本質、苦來自於我執、涅槃為究竟之樂，以及經由證悟無我而得解脫。[64] 這部作品中鮮少有與北宗禪摩訶衍相關的明確證據，儘管其他作品可能有更直接的關係。阿若的作品在十一、十二世紀間頗有影響力。我們在康派較具代表性的權威人士當中，發現了十三世紀重要的噶當派學者。[65]

要了解王朝各宗教體系的社會地位,就必須從寧瑪派教傳系譜中的名字著手。大多數密續傳統都是由貴族氏族的成員所主導的。這些氏族在熱巴堅統治結束前,一直是王室的隨從。他們分別是謝（Se）、卓、巴、涅、欽（mChims）、桂（'Gos）、介（lCe）、確若（lCogs ro）等。[66] 各傳承常指出,在分裂初期,寧瑪派上師將這些傳承的教法直接傳授子嗣。各別傳承最後以這些貴族的稱號來確立自己的身分,因此普巴金剛傳承就是那些採用欽氏、納南（sNa nams）等氏族法門的傳承。其中一個被賦予了最高的貴族身分,即普巴金剛「王輪」（rgyal po skor）。[67] 偶爾我們會發現傳承中有些人並不是貴族,但這種情況很少見,他們一般會被夾雜在傳承中更能代表特權階級的其他人之間。對於王室成員和那些追隨他們的人來說,佛教大體上是貴族的宗教,他們擴大了原有的儀軌和修持法,發展了新的儀式和文獻,這些最終都被歸類為寧瑪派。

對民間宗教的具體理解則困難得多。當然,民間宗教持續運用土地神（yul lha）、附身於各類靈媒的山神或地方神靈、焚燒松枝供品,以及為了卦算的目的而詢問地方術士（占卜者〔lde'u〕、卜卦者〔phywa mkhan〕等）。這僅是其中少數較重要的習俗。[68] 在這種背景下,儀軌和居住地的淨化是最重要的。因此,地下的龍神（klu）、寄居田野的地神（sa bdag）以及住在樹木和岩石中的念靈（妖厲〔gNyan〕）等都會被請來抑制疾病的傳播。卡爾梅（Karmay, S. G.）翻譯了一段儀軌：

此出自高山森林精華的供香,

> 香氣怡人，如法陳設，
> 願我們淨化天上諸神，
> 願我們淨化地下龍神（klu），
> 以及天地之間的念靈。
> 願我們淨化座位、
> 衣裳和物品，
> 願一切都能被淨化！[69]

同樣地，生命禮儀往往也需要個人神靈的移動，如結婚時從一間房子遷徙至另一間房子，或死後靈魂移至亡界等。[70]

西藏作家認為這些習俗大多是「人倫之法」（mi chos），與通常表示佛教的「佛法」（lha chos）不同。苯教有時被列入前者，有時後者，通常兩者兼有。[71] 我們對九世紀及十世紀初苯教的有限了解，如為亡者舉行之儀軌（杜苯派〔dur bon〕）、對疾病發展的預測、向山神獻祭以，及其他被歸類為苯教九乘的下層範圍。[72] 苯教徒持續進行這些儀式，這是苯教有時被歸類為「人倫之法」的原因之一。然而，由於他們同樣強調解脫，因此，難以置信的是到了十世紀末，主導中央西藏苯教的五大氏族：興（gShen）、竹（'Dru）、敘（Zhu）、芭（sPa）和梅吾（rMe'u）等傳承中，並不存在解脫思想或大圓滿傳統。[73] 苯教思想和修行的性質，到了十一至十二世紀才比較清楚，那時佛教的復興已盛極一時。

在更世俗的層面上來說，人倫之法的實踐者關注的是社會規範和山野神妖的故事。松贊干布以頒布十六條法則著稱，這些法則被歸類為人倫之法，主要是指道德行為。[74] 所有的口傳文獻，如格薩爾（Ge sar）王等的神話國王史詩、英雄

和惡棍的故事，對山神和地祇的讚美歌謠等，都被理解為人倫之法。[75] 早期這類習俗與佛教融合的程度仍不清楚，而且相關陳述也非常得少。但到了十世紀末，我們發覺某種佛教開始傳入農村地區，特別與在喪葬儀式中誦讀佛經有關，但也擴展到保護農作物以及抵禦惡靈等。

在貴族和平民的社會階級之間，一些在中央西藏有趣的團體充當佛教的餘燼。《賢者喜宴》（mKhas pa'i dga' ston）中有一段從庫敦的《大史》節錄的記載，描繪了其中的一些人物：

> 現在，由於許多〔在達瑪鎮壓期間〕以各種刑罰來破壞佛法的大臣們都病死了，大家認為這是破壞佛法的報應。因此，他們在以彌勒（Maitreya）菩薩為主的宗教集會上，擺放了兩尊覺沃（Jo bo）佛像，並進行了供養。然後，〔有人〕以塑像做為自己的〔觀想對象〕，以宗教的方式穿上「高領」衣裙。他們剃去部分頭髮，並模仿塑像的頂髻，將其餘的頭髮綁起來。然後，他們住在寺廟，進行三個月的結夏安居，遵守在家居士的五戒。然後，他們說自己已完成了夏季修行閉關的戒律，就回到城裡，過起了夫妻生活。後來出現了許多被稱為「頂髻羅漢」的人，他們開始以宗教師身分為人們服務。在中年男子死後，他們會念誦十萬遍（《般若經》〔Perfection of Insight〕偈頌版）；若是男孩，他們唸兩萬遍；若是孩童，他們唸八千遍。兩位富有遠見[76]的念誦者在閱讀一些評論時，預測未來。他們說：「紅色的文字似乎概括了整體意義，黑色的文字則詳細地解釋了它，而這段短文探討了人們的疑

慮。」基於他們的看法,接下來就無需多做說明了。一般來說,咒師們確實在沒有靜坐的情況下解說禪修,但會以他們所修持的苯教儀軌做為參考。他們〔以民謠〕唱頌經文,研究鄉村的儀軌。由於誅法儀式以及「起屍」(vetāla)的儀式已經傳播開來,因此發生了一些儀式性的誅殺。[77]

雖然有些人使用「頂髻羅漢」的稱謂,但也有人稱自己為上座羅漢(gnas brtan dgra bcom)、上座(gnas brtan)、班第(沙門僧),或「專注於修行之人」('ban 'dzi ba)。[78] 其中許多人在王朝滅亡後的數十年中,擔任寺廟管理員或門衛。儘管大量的寺廟最終被遺棄,陷入無法挽救的破敗狀態。因此,九世紀帝國所護持的一些寺廟,並未出現在十至十一世紀復興的寺廟名單中,或是未以它們原本的寺院名稱出現。奉行上述習俗的團體不是出家僧侶,他們的佛教修行中夾雜著為亡者舉行的儀軌、富魅力的儀式,同時也重視家庭的責任。

這個時期的西藏作家也指責這些團體的墮落和非法行為,他們關心好幾類事情。首先,早期遺留下來的一個廣受關注的團體(因此,他們被歸類為老派佛教,即寧瑪派),他們從事著各類不光彩的活動。十世紀末拉喇嘛·智慧光的詔書,列出了各種以佛法之名進行的攻擊行為。[79] 這些行為包括儀式性殺生(我們認為可能也有人類)以及聲稱各種不平衡的心性狀態所構成空性的觀修等。雖然該詔書指的是一個被稱為「本智巴」('Ban 'dzi ba,專注於修行之人)的團體,但在整個西藏,這些人通常被稱為「咒師」或「持咒者」。這個稱呼是指某類特定的鄉村喇嘛。這些人當中,有些聲稱自己具有正式的

貴族血統，並且參與密教修持法的儀軌，但他們對佛教知識或戒律的認識很薄弱。他們很少訴諸以世俗禮節做為支持理解真理的想法；相反地，禮節本身很可能直接被攻擊，以證明所有教條在本質上都是虛幻的。

就如同某位龍‧星王的情況一般，他們可能依據當時的需要，而稱自己是苯教徒或佛教徒。[80]《柱間史》對咒師進行了毀滅性的批判。例如他們自己尚未接受灌頂便為人灌頂；以吟唱咒語來欺騙人們；在灌頂儀式中提供非法交易並收取費用等。[81] 那些宣稱自己有神通之人，進行儀式性誅殺，大批信徒跟隨這自稱為上師之人，做出違背基本佛教思想的行為。因此，當各種流著口水的精神分裂症患者，都可以自稱是完全開悟的成就者。他以解脫之名，砍下一頭無助的獸首。這種現象似乎在某些喜馬拉雅的佛教團體中仍然存在。[82]

十世紀末至十一世紀初對宗教提出批評者，其立場在本章開頭的引文中曾提及。他們當然認為王朝的瓦解，導致了非法行為的驟然氾濫。這些行為有時被認為是對密教經典的「誤解」，就像印度人之前常從字面意義去理解密續的反習俗主張。另外，佛教徒有時也會挪用當地的習俗，卻很少如同過去的印度佛教徒般，採行必要的管控。其結果便是人們普遍感覺西藏宗教傳統正在失控，僧侶的服飾和外在形式雖然被保留了下來，但實際的修持行為卻在逐漸改變，隨順西藏村落祭祀山神的儀式，以及藏人天性中本就容許的放縱行為。

權力的分散顯然以一種特殊的方式，有益於佛教的傳播，也就是以王室為基礎的思想和價值體系，轉向了地方領地。隨著拉薩王室的分崩離析，權力轉移到地方，王朝的相關制度如藝術、儀軌、口傳文獻、資料保存和工藝鑑賞等，也被轉移到

主要人口和貴族氏族之中。除此之外，主要為統治者所支持的印度宗教，在大眾中也獲得了認可。這當然可以從文學作品的西藏化，以及由修持密法的地方貴族所創作的大量且不斷增長的密續文獻中看出。這類文獻將在後面的章節中加以討論。[83] 由於十世紀末至十一世紀初東方戒律傳統僧侶的傳教活動，使得需要民眾支持的小型寺廟大量且迅速地建造起來，因此，將佛教廣泛本土化的論調也很強大。

十至十一世紀的氏族

在分裂時期，權貴氏族和地方領主成為政治權力和宗教權威的中心，這兩者經常為同一人。西藏社會是高度層級化的社會，貴族（sku drag 或 sger pa）擁有分布在全西藏的各種或大或小的莊園。[84] 他們與領地的關係在於，當一個氏族在特定地區內獲得莊園時，他們往往以主要或最初莊園的地理名稱，做為其氏族稱號。因此，許多王朝時期的舊貴族，開始時是在欽、努（gNubs）、列（Gle）、恰（Phya）等地擁有莊園的地方領主，而這些都成為了他們的氏族名稱。同氏族的成員被視為是同一神聖祖先的後裔，如同全世界其他貴族家族一般，他們會依據社會地位和預期的利益來進行聯姻。後來的文獻中保留了一份王朝後期的氏族產業清單（表2），但有些地區的地理位置仍不明確。此外，許多在十世紀末和十一世紀初比較重要的氏族也未被臚列出來。其餘的則是從敦煌文獻和後來西藏史家留下的紀錄中得知的。[85]

表 2　王朝諸氏族之領地

民政和軍政
烏如：納南（sNa nams）、巴（sBa）、農（gNon）、薛葡（Shod bu）氏
夭如：娘（Nyang）、欽（mChims）、耶（g.Yas）、叟（Sro）氏
耶如：瓊波（Khyung po）、桂（'Gos）、帕察（sPa tshab）、朗巴（Lang pa）氏
如拉克：卓（sGro）、瓊波（Khyung po）、南德（gNam lde）、欽（mChims）氏

私人莊園	
地點	氏族
雅隆三角洲（sog kha）	庫（Khu）、涅（gNyags）
羊卓林區（Ya 'brog gnags khyim）	窟林五部（Ku rings sde lnga）
瓊瓦（'Ching nga）、嶔域（'Ching yul）	桂（'Gos）、努（gNubs）
澤（Brad）和雄巴（Zhong pa）	納南（sNa nams）
上下藏（gTsang stod smad）	卓（'Bro）、瓊波（Khyung po）
崙水囊坡（Klung shod nam po）	竹（'Dru）、楚克燊（Phyugs mtshams）
彭域（'Phan yul）	卓（sGro）、瑪（rMa）
娘若（Nyang ro）、仲巴（Grom pa）	澤（'Bre）、介（lCe）
香（Shangs）、列（Gle）	企里（Phyi ri）、列（Gle）
庸瓦界瓊（Yung ba che chung）	昌尬（Brang ka）
霞給地蒢（Zha gad sde gsum）	巴（sBas）
南拉（Nam ra）、恰克貢（Chag gong）	景（'Bring）、恰克（Chag）
塘雪葛摩（'Dam shod dkar mo）	恰（Phya）、熱（Rwa）

資料來源：《賢者喜宴》，頁 186-91。

　　有份增補的清單說明了動亂後的氏族遷徙情況。卓氏和確若氏遷入仲巴（Grom pa）/ 拉薩地區。娘氏（Myang）和南氏（sNang）占據了彰喀切兼（sBrang mkhar sbre can）。徐普氏（Shud pu）和尼瓦氏（sNyi ba）占領了恰藏昆囊（Bya tshang gung snang）。庫氏（Khu）和涅氏控制了南摩香坡（sNa mo sham po）。蔡氏（Tshe）和另一徐普氏占領了波舉孜喀（Pho rgyud rtse mkhar）。[86] 從中我們可以看出，氏族分支可能在許多地區擁有財產。例如，卓氏在西藏東北部（安多區〔Amdo〕）和拉達克（Ladakh）等地都擁有莊園。

儘管這些氏族擁有極大的權力，但並不意味著氏族結構已經僵化為一種種姓制度，因為西藏社會通常支持有限度的流動性。在特殊情況下，新氏族會崛起，也會淘汰其他氏族。[87] 當然，舊王朝的一些氏族如瓊波氏（Khyung po）或紐氏（gNyos）延續到了現代，但有些氏族卻沒有。而現代許多西藏貴族是多種因素造成的。[88] 這些因素包括通過商業活動積累的極大量的財富，在一個普通家庭中認證了一位轉世上師（特別是達賴喇嘛），因各種理由而提昇了一名具傑出能力之人等。就本書而言，當西藏走出黑暗時期，舊氏族（鄂、欽、介等）和新氏族（馬爾巴等）都成為復興過程的一部分，同時也展現了他們的發展能力。

此外，十到十一世紀的婚姻安排似乎比其他時期更為靈活，其他時期貴族階級和相關的婚姻限制較多。[89] 雖然復興時期的貴族家庭一般會從其他貴族家庭中選擇配偶，但偶爾也會有同氏族不同分支的通婚。甚至還出現了優秀平民迎娶貴族女兒的例子，譬如偉大的卓彌（'Brog mi）譯師。氏族有時會分出支派，甚至改變其氏族名稱。例如，一個古老的貴族家庭欽氏族的一個分支，在十世紀期間改為尚氏（Zhang），但並未說明改變的原因。在帝國時期，尚氏這個稱號被授予重要的大臣，一般是因為他們向王室成員獻上了女兒，也有可能這個人以大臣的身分，為王朝倖存的某個分支服務。[90] 有些氏族支系

採用了「角」（zur）這個分支稱號，這是用建築的比喻來表示該分支，就像我們所用的園藝比喻（亦即樹枝）一樣。藏區的素爾氏（Zur）可能就是真正的寧瑪派支持者，他們以這種方式得到姓氏。

素爾氏還示範了另一種作法，就是收養一名有血緣或遠親關係的年輕人，成為分支氏族的繼承人。[91] 這種收養形式，成為後來維繫西藏貴族結構的一個重要的法律制度，而它出現在十一世紀，表示這可能也是一種早期的傳統。收養對出家且擁有土地的上師來說，往往是無法避免的，因為他需要一位氏族繼承人在他死後管理他的財產。如此，寺廟建築和任何相關土地就不會陷入糾紛，或被當地領主沒收。當然，有些古老寺院確實成為社區財產，該社群成員有義務支付寺院的維修費用（khral tsho），並將資金用於整個組織。有些古寺則被當成私人財產或莊園的一部分來管理。這些資產經常成為爭議的對象，在這種情況下，貴族家庭的成員就可以透過領養的方式來維護他們的權利。

雖然有以上的資訊，但實際上我們對分裂初期和復興初期的氏族結構和組織所知有限。他們的組成分子、具體的婚配情況、人口數、分布狀況等一系列問題都難以釐清。偶爾，例如介氏、娘氏、涅氏、昆氏（'Khon）和朗氏（Rlangs）等，有些瑣碎的記載流傳了下來，但很罕見，而且往往無法說明十至十一世紀的情況。[92] 其他氏族的文獻則是間接得知的，例如鄂氏的家族紀錄，但到目前為止，它僅是在其他資料中找到的一些頭銜而已。[93] 然而，顯而易見的是，到了十世紀末，有些氏族擴張了他們的財產和活動領域，但另一些沒有。而這種擴張的力量最常蔓延到宗教領域。[94] 例如，介氏和鄂氏後來大力

投注於各種佛教傳承中，這種氏族控制宗教事務的模式在西藏歷史上一直是個議題。因此，我們會不斷地回到氏族議題的討論，因為穩定的西藏佛教體制的形成，終究有賴於各大氏族的充分參與和歸屬感。

結論——西藏命運的改變

在帝國末年接連不斷的混亂中，中央西藏人努力維持一種表面的秩序，但就某種角度來說，他們並沒有成功。動亂的局勢、王陵的掠奪、僧侶，以及我們可以想像的其他文化難民的逃亡，還有社會風氣的持續敗壞，再再描繪了一個令人再熟悉不過的文化自我毀滅的狀況。佛教寺院機構雖然支持了西藏帝國各種形式的表現，但也與其滅亡有關，因為就如同亞洲許多其他宗教團體一樣，佛教徒並沒有學會克制他們對特權和權力的渴望。然而，西藏佛教徒比以往更靈巧地，設法在後帝國時期的群眾中，找到比帝國時期更持久的定位。從儀軌領域延伸到死後儀式、宗教治療、神通，以及具體體現西藏佛教的藏文經典創作等。宗教貴族、寺廟管理員和雲遊的傳法者以我們只能隱約理解的方式，為自己贏得了一席之地。然而，這一切都是要付出代價的，這代價是失去中央西藏的佛教寺院制度。這意味著僧侶們做為佛教世界秩序的國際代表，不再誦讀經本、論辯義理、邀請其他國家的名僧，以及為西藏的地方風土提供解藥。這意味著那些權貴氏族之外的西藏平民不再有正統、合法的管道，因為他們不再擁有寺院職務來核實他們的宗教權威。由於這些以及其他種種原因，藏人最終又回到了尋找寺院活力的道路。

原注

1. *bKa' 'chems ka khol ma* [《柱間史》]，翻譯自 pp. 277.19-78.2, 278.13-79.1。
2. 此處的標準歷史是出自 Beckwith 1987。
3. 關於與皇室相關的佛教研究，見 Dargyay 1991。
4. 這個觀點是由 Kapstein 2000, pp. 11-12 提出的，很有說服力。封建主義（feudalism）一詞用於現代時期的西藏一直受到爭議，但是 Thargyal 1988 等在抗議中提出的，勿將封建主義的主要標準——分權、集權國家機構的解體和不安全等——用於西藏，但事實上這些標準可以在復興時期看到。由於這些和其他特點使它類似印度的封建主義，關於印度封建主義，見 Davidson 2002c, chap. 2。
5. Tucci 1947, p. 463。這個相同的觀點已經提出過很多次了。
6. Hackin 1924, p. 18；*Chos la 'jug pa'i sgo* [《入法之門》], p. 343.3；Tucci 1947, pp. 462-63 中之列表；Tucci 1956a, pp. 51-63 研究了較晚期的世系。也許是十二世紀末札巴堅贊的 *Bod kyi rgyal rabs* [《西藏王統記》], p. 296.1.5-4.2，以及娘列・寧瑪維瑟（Nyang ral nyi ma 'od zer）的 *Chos 'byung me tog snying po sbrang rtsi'i bcud* [《娘氏教法源流》], p. 446 之後，現存最早的對這一時期進行了較為廣泛討論的資料。到了十三世紀，1283 年奈巴（Nel pa）的史書 *sNgon gyi gtam me tog phreng ba* [《奈巴教法史》], Uebach 1987, p. 118 之後，*lDe'u chos 'byung* [《弟吳教法源流》], pp. 137-63 以及 *mKhas pa lde'u chos 'byung* [《弟吳賢者法源史》], pp. 364，似乎描述了這個時期完整發展的

故事；它們與 *sBa bzhed zhabs btags ma* [《巴協增補本》], Stein 1961, pp.78-92 的相似性，似乎證實了這部後來作品的完成時間較晚；關於 *sBa bzhed* [《巴協》] 學術研究的書目，見 Martin 1997, pp. 23-24。

7 Sorensen 1994, p. 410, n. 1420 提供了藏文文獻的參考資料。《新唐書》認為是 838 年；見 Pelliot 1961, p. 183；比較 Vitali 1996, p. 541, n. 923。

8 *Chos 'byung me tog snying po sbrang rtsi'i bcud* [《娘氏教法源流》], p. 417.20-18.4；*sBa bzhed zhabs btags ma* [《巴協增補本》], pp. 70.14-71。

9 Sorensen 1994, p. 412, n. 1431 注意到色納勒（Sad na legs）國王發生於 812 年的歷史事件，但他誤解了「譯例三條」（bkas bcad rnam pa gsum）的重要性，也沒有注意到改革需要時間來實施；這就是為什麼熱巴堅的素材都強調他在這次改革中的地位。比較最近 Scherrer-Schaub 2002 關於此次事件的著作。

10 近期關於這些目錄的討論，見 Herrmann-Pfandt 2002。

11 關於這些資料來源，見 Uebach 1990；感謝 Janet Gyatso 提醒我注意這篇文章。

12 *Bu ston chos 'byung* [《布敦佛教史》], Szerb 1990, p. 191.5-7；*mKhas pa'i dga' ston* [《賢者喜宴》], vol. I, p. 417.12-16；最後一部分是在 *Chos 'byung me tog snying po sbrang rtsi'i bcud* [《娘氏教法源流》], pp. 423.6-7。

13 這是 *Bu ston chos 'byung* [《布敦佛教史》], p. 191. 6 的解讀； *mKhas pa'i dga' ston* [《賢者喜宴》], vol. I, p. 417.14 讓這個限制只適用於母續（*mātṛ-tantras*），也就是早期並

未加以翻譯的較晚出現的經典。寧瑪派作者如娘列並不接受這個翻譯限制，並對所翻譯的材料進行了冗長的描述，然而該材料大部分其實是疑偽經，為了辯稱屬於早期經典而自稱是出自於熱巴堅的年代。例如，*Chos 'byung me tog snying po sbrang rtsi'i bcud* [《娘氏教法源流》], pp. 420-23 說明了如「慈氏五論」（*Byams chos lde lnga*, p. 422.8）譯文的錯誤，但那些錯誤大多是後期的鄂譯師‧羅丹協繞（rNgog Blo ldan shes rab）所翻譯的。

14 *dBa' bzhed* [《巴協》], p. 88 (fol. 2465-6)。

15 Richardson 1998, pp. 176-81.

16 *dKar chag ldan dkar ma* [《丹噶目錄》], Lalou 1953, Herrmann-Pfandt 2002。

17 *Bod sil bu'i byung ba brjod pa shel dkar phreng ba* [《西藏分裂割據史》], pp. 78-88 顯示出各種資料對這個人物的出生、死亡和統治時期分歧極大。

18 Weinstein 1987, pp. 114-37.

19 Kapstein 2000, p. 52 不接受佛教是崩潰的唯一原因，他還試著從帝國管理的角度來解釋這個問題。但他不認為熱巴堅為支持僧眾所導致的超額支出是一個主要因素，也不認為那場災難性的暗殺有多重要。關於對親佛派不滿的評估，見 Sorensen 1994, p. 423, n. 1488。

20 Woghihara 編輯之 *Bodhisattvabhūmi* [《菩薩地》], pp. 165-66；Demiéville, "Le Bouddhism de la guerre" [〈戰爭中的佛教〉]，轉載於 Demiéville 1973, pp. 261-99，特別是 p. 293；Tatz 1986, 70-71。

21 這是根據奈巴班智達之 *sNgon gyi gtam me tog phreng ba*

[《奈巴教法史》], p. 120；又 *sBa bzhed zhabs btags ma* [《巴協增補本》], pp. 81-82 也接受此說法。

22 她的名字在 *mKhas pa'i dga' ston* [《賢者喜宴》], vol. I, p. 430 中被稱為納南撒（sNa nam bza），但娘列十二世紀的 *Chos 'byung me tog snying po sbrang rtsi'i bcud* [《娘氏教法源流》], p. 446 稱為白潘撒瑪（'Bal 'phan bza' ma）；在 *lDe'u chos 'byung* [《弟吳教法源流》], p. 141 和 *mKhas pa lde'u chos 'byung* [《弟吳賢者法源史》], p. 369 則稱為潘撒潘佳（'Phan bza' 'phan rgyal）。

23 Petech 1994, pp. 652-56; Vitali 1996, pp. 196-97.

24 *mKhas pa'i dga' ston* [《賢者喜宴》], vol. I, p. 430；*lDe'u chos 'byung* [《弟吳教法源流》], p. 141；*Deb ther dmar po* [《紅史》], p. 40；諾章・吳堅（Nor brang O rgyan）提出了幾個理由，認為這個故事應不予理會，*Bod sil bu'i byung ba brjod pa shel dkar phreng ba* [《西藏分裂割據史》], pp. 103-11。

25 Petech 1994, p. 649.

26 Petech 1994, pp. 651-52.

27 諾章・吳堅對人民起義特別感興趣；*Bod sil bu'i byung ba brjod pa shel dkar phreng ba* [《西藏分裂割據史》], pp. 128-56。

28 Petech 1994, p. 651；Beckwith 1987, pp. 169-72；*lDe'u chos 'byung* [《弟吳教法源流》], p. 144；*mKhas pa'i dga' ston* [《賢者喜宴》], vol. I, p. 431；*mKhas pa lde'u chos 'byung* [《弟吳賢者法源史》], p. 372。這個人名有多種拼寫方式：郭契第東貝（Kho byer lde stong sbas）於 *mKhas pa lde'u*

chos 'byung [《弟吳賢者法源史》]、郭錫東第貝（Kho bzhir stong sde sbas）於 lDe'u chos 'byung [《弟吳教法源流》]、巴括謝列登（dBa's kho bzher legs steng）於 mKhas pa'i dga' ston [《賢者喜宴》]，以及中文名向空哲（Shang Kong zhe）於 Petech 1994, p. 651；我沿用了 Beckwith 在敦煌史書中的拼法。他很可能只與巴氏（sBa）有遠親關係，Petech 注意到他名字的中文轉寫彷彿是白（'Bal），另一個重要的氏族。

29　Petech 1994, p. 651 討論了此人的生平；另見 Richardson：「朗達瑪的繼任人」，在 Richardson 1998, p. 110。

30　Vitali 1996, p. 546；*Chos 'byung me tog snying po sbrang rtsi'i bcud* [《娘氏教法源流》], p. 447；*mKhas pa lde'u chos 'byung* [《弟吳賢者法源史》], pp. 321, 327。

31　*mKhas pa lde'u chos 'byung* [《弟吳賢者法源史》], p. 376。

32　Vitali 1996, p. 542, n. 923.

33　Vitali 1996, pp. 190, n. 545；*lDe'u chos 'byung* [《弟吳教法源流》], pp. 142-43；*mKhas pa lde'u chos 'byung* [《弟吳賢者法源史》], p. 371。我認為 Vitali 誤解了這段話，因為顯然卓・尊札拉東（'Bro Tsug sgra lha ldong）和詹堅・阿波（Cang rgyan A bo）（兩人之姓名皆有許多不同拼法）這兩個人物並沒有「於藏區保護貝廓森王位」的企圖，而是以行政長官的身分行事，這是動詞 bskyangs [守護、治理] 的常見用法。

34　*lDe'u chos 'byung* [《弟吳教法源流》], p. 142。

35　*lDe'u chos 'byung* [《弟吳教法源流》], p. 143。

36　Vitali 1996, p. 548；*mKhas pa lde'u chos 'byung* [《弟吳賢者

法源史》], p. 376；Petech 1997, p. 231 認為年代為 923 年。

37 概略的論述見 Vitali 1996 and Everding 2000, vol. 2, pp. 260-69。

38 這個段落摘自 *mKhas pa lde'u chos 'byung* [《弟吳賢者法源史》], pp. 372-73，再以 *lDe'u chos 'byung* [《弟吳教法源流》], pp. 144-46 補充。*mKhas pa'i dga' ston* [《賢者喜宴》], vol. I, p. 431 中也有類似的敘述。在三件資料中，這個段落後續都是關於徵兆和與神靈的對話，但用語非常艱澀，顯然與古西藏王朝的宗教有關。

39 在 *mKhas pa lde'u chos 'byung* [《弟吳賢者法源史》], pp. 373-74 中有一個關於他的奇怪敘事。Richardson 1998, pp. 144-48 中有關於他死亡故事的傳統情節的論述；*mKhas pa'i dga' ston* [《賢者喜宴》], vol. I, pp. 420-22；比較 *Chos 'byung me tog snying po sbrang rtsi'i bcud* [《娘氏教法源流》]；*lDe'u chos 'byung* [《弟吳教法源流》], p. 138。

40 關於後來成為地方神的琛卡・貝雲（Bran kha dPal yon），見 Nebesky-Wojkowitz 1956, pp. 232-33。Karmay 1998, pp. 437-38 講述了他以惡魔的身分挑戰中央西藏九座山神的權威。Richardson 1998, p. 147 看到了據說是琛卡・貝雲的人形填充物被擺放在葉巴寺（Yerpa）。

41 *mKhas pa lde'u chos 'byung* [《弟吳賢者法源史》], p. 371。這個詞語的不同形式被引用於 *lDe'u chos 'byung* [《弟吳教法源流》], p. 143；此處我認為 res mos 與 ris mo 同源，表示圖形或圖像。

42 *lDe'u chos 'byung* [《弟吳教法源流》], p. 143.3-6。

43 *Chos 'byung me tog snying po sbrang rtsi'i bcud* [《娘氏教法

源流》], p. 446.17-19。

44 *Chos 'byung me tog snying po sbrang rtsi'i bcud* [《娘氏教法源流》], p. 446.15-16；"dar gyi mdud pa" 表示一條中間有個繩結能夠守護性命的保護絲線；一些藏人顯然認為這種政治和宗教秩序的瓦解是不可能發生的；見 *mKhas pa'i dga' ston* [《賢者喜宴》], vol. I, pp. 420-21。

45 *mKhas pa'i dga' ston* [《賢者喜宴》], vol. I, p. 433.4-8；比較 *sNgon gyi gtam me tog phreng ba* [《奈巴教法史》], p. 85, n. 321，後者將墳墓被褻瀆的年代定為 877 年。然而，墳墓被破壞的年代更可能是在 905 至 910 年的長期叛亂期間或之後。Tucci 1950, p. 42、Petech 1994, 1997 討論了相關的難以判定的年代。Tucci 的結論認為是發生在 877 年，這與近期的許多研究相衝突；見 Hazod 2000b, p. 185；Hazod 2000a, p. 197, n. 6；和 Vitali 1996, pp. 544-47。關於墳墓的名稱，見 Haarh 1969, pp. 391-92；以及 *mKhas pa lde'u chos 'byung* [《弟吳賢者法源史》], pp. 377-79。

46 *mKhas pa'i dga' ston* [《賢者喜宴》], vol. I, p. 455.10-11；關於昌珠殿，見 *bKa' 'chems ka khol ma* [《柱間史》], p. 104.7-8。

47 噶陀・策汪諾布（Kaḥ thog Tshe dbang nor bu）的 *Bod rje lha btsan po'i gdung rabs tshig nyung don gsal* [《西藏王統世系簡史》], pp. 78-81，對王朝瓦解與佛法重新傳入中央西藏的不同時間意見提出了很好的總結，比較 *mKhas pa'i dga' ston* [《賢者喜宴》], v, vol. I, p. 481.19-21。

48 Petech 1994, p. 653；他和 Vitali 都採用了長史，此種史書在薩迦紀錄中得到了最好的體現。見 Vitali 1996, pp. 541-

51，但他們的推算結果略有不同。

49 例外的是 Beckwith 1977、Dunnel 1994，以及 Petech 1983、1994。

50 Wang 1963, p. 16; Somers 1979, pp. 727-54.

51 *bKa' thang sde lnga* [《五部遺教》], p. 152；關於「千戶區」，見 Uray 1982；Richardson 1998, pp. 167-76。

52 Francke 1914-26, p. 19 描述了在普（sPu）地的石碑，Thakur 1994 重新編輯，但 Richardson 1995 對其解釋提出了質疑。Vitali 1996, pp. 207-8 討論了該銘文。Richardson 1998, pp. 286-91 討論了一塊可能是十一或十二世紀的石碑，該石碑仿照王朝時期豎立的石碑進行雕刻。

53 關於這個差異，見 *Klong chen chos'byung* [《龍欽教法史》], pp. 413-14；*rGya bod yig tshang chen mo* [《漢藏史集》], pp. 447-448。

54 David Germano 提議將「後密續」（post-tantra）一詞用於寧瑪派的著作，因為它們與印度密續的模式有著極大的差異。

55 Hackin 1924, pp. 30, 21；有概念的讀者會發現 paripūrṇa 一詞曾與「三十二相八十種好」一起使用，但由於教學的理由而被拆開了；paripūrṇa 一般是指圓滿，即實現了所有的美好。關於大圓滿的早期應用，見 van Schaik 2004。

56 見 *Kṛṣṇayamāri-tantra* [《黑閻摩敵續》], p. 17.9-11，以及 Kumāracandra 在他所著之《黑閻摩敵續》注釋本，頁 123-29 中，提出與這件材料有關的許多有用訊息。Wayman 1977, pp. 156-59 注意到聖賢學派（Ārya）將它使用在對 *Guhyasamāja-tantra* [《密集金剛續》] 的注釋中。

57 Hackin 1924, pp. 2, 5.

58 接下來的論述是基於 *Chos 'byung me tog snying po sbrang rtsi'i bcud* [《娘氏教法源流》], pp. 435-36；更詳細的資料在 Germano 2002 的精彩論述中。

59 這些派別之專著見 *rNying ma bka' ma rgyas pa* [《寧瑪教傳廣集》], vol. 17, pp. 371-411, 426-517，以及 *gDams ngag mdzod* [《教誡藏》], vol. 1, pp. 213-371；這份重要傳承的列表，見 *Klong chen chos 'byung* [《龍欽教法史》], pp. 393-94。

60 阿若的問題在 Karmay 1988, p.133 中提出。*Klong chen chos 'byung* [《龍欽教法史》], p. 393 讓阿若·益西瓊磊成為涅·佳那鳩摩羅（gNyags Jñānakumara）的一名弟子，但不太可能；阿若似乎並未在努千的作品如 *bSam gtan mig sgron* [《禪定目炬》]中被提及，因此他似乎是在十世紀初之後才開始活躍的。*Deb ther sngon po* [《青史》], vol. 2, p. 1163；*Blue Annals* [《青史》], vol. 2, pp. 999-1000 提供了一個令人懷疑的簡短傳記。*Chos 'byung me tog snying po sbrang rtsi'i bcud* [《娘氏教法源流》], p. 491 將阿若標注在兩個大圓滿的傳承中。

61 *Deb ther sngon po* [《青史》], vol. 1, p. 211；*Blue Annals* [《青史》], vol. 1, p. 167。

62 *sNyan brgyud rin po che'i khrid kyi man ngag mkha' dbyings snying po'i bde khrid* [《珍寶耳傳解說口訣虛空藏善教》]，作者是貝卡卻巴（dPal mKha' spyod pa）；*Deb ther sngon po* [《青史》], p. 1151；*Blue Annals* [《青史》], vol. 2, p. 991 中記載這位作者是瑪巴·讓炯多傑（Karma pa Rang byung rdo rje, 1284-1339）的弟子，有可能是二世夏瑪巴·卡

卻旺波（Zhwa dmar pa II mKha' spyod dbang po），正如 *gDams ngag mdzod* [《教誡藏》] 第一卷的目錄所示，但其提供之生卒年（1350-1405）是有問題的。

63 *Klong chen chos 'byung* [《龍欽教法史》], pp. 393-94。

64 感謝 David Germano 為我提供了這部非常罕見的作品。這些章節是 'khor bar sdug bsngal nyes dmigs mang po'i gzhi [〈輪迴之苦為過患之基〉], pp. 7.2-12.1、rnam rtog bdag tu 'dzin pa 'khor ba'i rgyu [〈分別我執為輪迴之因〉], pp. 12.2-19.4、mya ngag 'das pa zhi ba bde ba'i mchog [〈解脫寂靜乃喜樂之最勝〉], pp. 19.4-25.3 和 bdag med rtogs pa mya ngan 'das pa'i rgy [〈證悟無我為解脫之因〉]u, pp. 25.3-47.4。

65 見 *Slob dpon dga' rab rdo rje nas brgyud pa'i rdzogs pa chen po sems sde'i phra khrid kyi man ngag* [《大圓滿心部阿闍黎世系金剛傳承珍寶口訣》], pp. 436-37, 516-17 之傳承表中所列的一長串噶當派人物，其中一些人是班千・釋迦師利（Paṇ chen Śākyaśrī）的弟子。這部作品是賈潛巴・南凱多杰（rGya sman pa Nam mkha' rdo rje）所寫，可能是寫於 1273 年（chu mo bya lo [陰水雞年]）。賈潛巴是著名的古瑪拉雷傑（Ku mā ra rā dza, 1266-1343）的其中一位老師；見 *Deb ther sngon po* [《青史》], vol. I, p. 246；*Blue Annals* [《青史》], vol. I, p. 199。

66 關於早期諸傳承的大致情況，見 *Chos 'byung me tog snying po sbrang rtsi'i bcud* [《娘氏教法源流》], pp. 482-92。

67 *Chos 'byung me tog snying po sbrang rtsi'i bcud* [《娘氏教法源流》], p. 485.13。

68 Nagano 2000 是最近關於這類習俗的傑出研究。

69 Karmay 1998, pp. 382；關於淨化的優秀論述，見 pp. 380-412；比較 Tucci 1980, pp. 163-212，其中強調了禍福相依。

70 關於多少被忽略的婚姻儀式，見 Karmay 1998, pp. 147-53；Shastri 1994。拔系・彭措・汪傑（Bar shi Phun tshogs dbang rgyal）的 *gNa' rabs bod kyi chang sa'i lam srol* [《古代西藏婚姻制度》] 是一部有趣的關於西藏婚姻的現代作品。關於死後靈魂移至亡界，見 Lalou 1949；Macdonald 1971b, pp. 373-76；Kapstein 2000, pp. 7-8；以及 Cuevas 2003, pp. 33-38。

71 關於這個想法的資料，見 Stein 1986, pp. 185-88。

72 Lalou 1952; Snellgrove 1967, p. 16; Martin 2001b, pp. 12-15.

73 Lhagyal 2000 對這些問題進行了充分的研究。

74 *mKhas pa'i dga' ston* [《賢者喜宴》], vol. I, p.192.12-23；關於以人倫之法（mi chos）做為墓葬的儀軌，見 vol. I, p. 170.12.。

75 有個早期的人倫之法目錄在 *sBa bzhed* [《巴協》], p. 62.8-11 及 *sBa bzhed zhabs btags ma* [《巴協增補本》], p. 53.6-8 中。

76 他們的名字是謙波・傑哇（Chen po rGyal ba）和他的弟子尚將雛（Zhang lcang grum），在 *sBa bzhed zhabs btags ma* [《巴協增補本》], p. 86 和 *Chos 'byung me tog snying po sbrang rtsi'i bcud* [《娘氏教法源流》], p. 448.16，後者更確認他們的居所為欽梅（'Chims smad），且更詳細地說明為死後儀式或預防疾病而閱讀文本評論的整起事件。

77 *mKhas pa'i dga' ston* [《賢者喜宴》], vol. I, pp. 430-3；類

似的資料見 *sBa bzhed zhabs btags ma* [《巴協增補本》], pp. 86.5-87.2, 90.11-91.1）；*Chos 'byung me tog snying po sbrang rtsi'i bcud* [《娘氏教法源流》], pp. 448.10-449.3。感謝丹・馬丁對這個段落的建議和指正。

78 *sBa bzhed zhabs btags ma* [《巴協增補本》], p. 86.9 的 'ban dzi ba 顯然與公認的拉喇嘛・智慧光的大詔書版本中拼成 'ba' 'ji ba 的詞是類似的意思；見 Karmay 1998, pp. 3-16。Martin 2001b, p. 109 的注解認為這個詞是不符合藏文規則的。然而，我傾向將 'ban/'ba' 'dzi ba 解釋成拼字上的特殊現象，為的是要表示 Bande 'dzi ba [專注於修行之人]。因為 'ba' 中的 'a 可能是以鼻音發音的，而 'ban、'dzi 和 'ji 在無頭體（dbu med）的寫本中很容易混淆。正如 Karmay 1998, p. 7, n. 30 所指出的，其他版本中有 'ban 'ji ba，例如現代印刷的 *dGag lan nges don 'brug sgra* [《斷謬獅吼》], pp. 182.21, 186.11 中的大詔書版本；Karmay 1998, p. 16 的注解認為是源自於其他的外國詞彙。

79 Karmay 1998, pp. 3-16.

80 Vitali 1996, pp. 215-18.

81 *bKa' 'chems ka khol ma* [《柱間史》], pp. 282-85。

82 關於這個問題的說明，見 Childs 1997。佛教儀式中的動物獻祭問題，無論是藏人、尼瓦爾人或其他喜馬拉雅山居民群體，都比 Childs 文章中所說的要廣泛得多。關於這個問題的嚴重性，見 Owens 1993；Locke 1985, p.14；Cüppers 1997；Diemberger and Hazod 1997。

83 感謝 David Germano 和 Matthew Kapstein 分享他們對這個問題的看法。

84 *Bod kyi gdung rus zhib 'jug* [《西藏氏族調查》] 開始確認各時期的氏族，但這部作品必須小心以對，因為它有時會將地名和氏族名稱混為一談；關於古代諸氏族，見 Stein 1961。

85 *Bod kyi gdung rus zhib 'jug* [《西藏氏族調查》], pp. 58-83 確認了王朝時期的氏族。Tucci 1956a, p. 80, n. 7 認為表 2 中的一些名字是地理名稱，而不是氏族，並認為氏族名稱不在這個表格中；不過，從語法上看，似乎可以把這些視為氏族。

86 這個段落來自於 *lDe'u chos 'byung* [《弟吳教法源流》], pp. 145-46；在 Dotson 即將出版的研究中，這份清單的幾個不同之處，說明了領地的神祇和其他細節。

87 關於現代階級的流動性，見 Carrasco 1959, pp. 128-31。

88 關於現代的氏族名稱，見 *Bod kyi gdung rus zhib 'jug* [《西藏氏族調查》], pp. 160-208。

89 關於王朝時期的階級，見 Richardson 1998, pp. 12-24, 149-66。

90 *Deb ther sngon po* [《青史》], vol. I, p. 125.1-2；*Blue Annals* [《青史》], vol. I, p. 95。

91 *Deb ther sngon po* [《青史》], vol. I, p. 147.11-14；*Blue Annals* [《青史》], vol. I, 114；此處兩者都是出自素爾氏族；關於這個氏族，見 Tsering 1978。

92 其中一些已經被研究過；見 Tucci 1949, vol. 2, pp. 656-73；Vitali 1990, pp. 94-96；Stein 1962；關於昆氏族，見第七章。

93 *rNgog gi gdung rabs che dge yig tshang* [《鄂氏大檔案》] 記

載在 *Lho rong chos 'byung* [《洛絨史籍》], p. 50.16-17 中。
94 關於諸氏族與乃寧寺（gNas rnying）的關係，見 Vitali 2002 的傑出研究。

譯注

[1] 指因人口過度增長，導致糧食不足而發生戰爭或饑饉，以減低人口數量。
[2] 目前已知的《巴協》有幾種版本，標題拼寫也出現歧異，如 dBa'/rBa/sBa bzhed，導致讀音可為「瓦協」或「巴協」。因考慮巴氏族（sBa）辨識度較高，本書翻譯時仍統一採用《巴協》。

第三章　東部戒律僧侶的改革與復興

> 現在，我將說明佛法從餘燼中重新燃起，
> 以及教團僧眾擴增的經過。
> 也就是說，擁有四種頭銜的貢巴色（dGong pa gsal），
> 於三位王子——
> 恩達・赤瓊（mNga' bdag Khri chung）、赤德貢贊（Khri lde mgon btsan）和〔扎拉那〕益西堅贊（[Tsa la na] Ye shes mtshan）的時代復興了佛法。
> 是的，佛陀教法如同海浪，有高有低；
> 又如日月升沉，有明有暗；
> 又如階梯，有上有下；
> 又如穀物，夏高冬荏。
> ——弟吳賢者（mKhas pa lde'u，約於 1260 年）[1]

終於，我們可以開始討論中央西藏的佛教復興，如同歐洲文藝復興時期，它往往被認為是一種改革運動。在西藏宗教史上，藏人和印度人在這一時期的活動，被統稱為佛法的「後弘期」或「新譯時期」，並以從看似冰冷的餘燼中，冒出火焰的西藏式譬喻來解釋。「後弘期」是西藏的一個歷史分期，因為人們通常將西藏與印度佛教文明的關係，畫分為七世紀至九世紀中葉的王朝，即前弘期（snga dar），以及十世紀後半葉開始的後弘期。有時這也會被理解為舊譯和新譯時期，這種文

學理論在西藏本土文獻中隨處可見，儘管在某些情況下仍存在爭議。

十至十三世紀中央西藏的佛教復興是若干運動的結果，但無論是西藏本土著作或是現代學術研究，都沒有給予這些運動公正的評價。這些運動中最突出的，是從西藏文化圈的東北部，即與中國和中亞的交界處，重新引進佛教寺院的戒律制度。

本章探討了少數藏人前往東北部（安多區域）的寺院中心，在西藏四如重振寺院制度的情況。他們在那裡獲得了《根本說一切有部律》（Mūlasarvāstivāda-vinaya）和王朝其他的教學課程，再回到衛藏地區（dBus gTsang），重新引入儀軌和學問，即使那使得他們與既得利益者發生了衝突。本章還探討了維嵩（'Od srung）的後裔在古格與普蘭地區所發起的西藏西部的復興，他們邀請了當時著名的印度僧侶阿底峽，並創立了噶當派僧團。不過，與傳統的觀點大不相同的是，本章認為十一世紀中葉，噶當派僧團在中央西藏地區的影響力很小。事實上，雖然阿底峽和噶當派僧團在後來的文獻中享有崇高的地位，但在中央西藏僧侶盧枚（Klu mes）、羅敦（Lo ston）等人監督下，所發展的重要且複雜的寺院系統，還是占據著主導地位。儘管如此，無論是東部戒律傳統或噶當派（即以寺院為基礎，所發展的標準大乘運動）都無法證明自己足以激起西藏文明的偉大復興，雖然西藏佛教的復興在各方面都有賴於這二者。

藏人於此時再次尋求佛教寺院制度的動機很難確定，有可能是一種緬懷過去的舉動，也有可能是政、經安全的問題，或者是對既有的各種傳統的不滿所致。在第一種情況下，中央西

藏人士承接了王朝的四件事,那就是蘊涵於該時期的故事和倖存的王室後裔中的帝國記憶;從帝國分裂的混亂中延續下來的失落感和恐懼感;帝國時期的小寺廟、墳墓、石碑和寫本寶藏等物質遺產;以及仍持續演變的宗教儀式。這些儀式的修持者代表著從分裂時期倖存下來的大氏族,或看守寺廟和主持祭祀典禮的類僧侶在家修行人。

從達瑪被暗殺,到中央西藏重新引進佛教戒律制度的運動,已經過去一個多世紀了,但國家政治經濟的混亂,阻礙了這個運動的發展。這對當時的中央西藏這種純粹的鄉村經濟體而言,要資助僧職人員及其建設計畫和附帶物資等是種負擔。就貴族層面而言,戰爭時期反覆加諸於西藏四如的權力爭奪,抑制了國際貿易、跨國行會、製造中心等投資的發展。此外,許多貴族在雲丹（Yum brtan）的殘餘勢力,和維嵩的繼承人之間複雜多變的聯盟中,必定相當憂心自己的命運。但是,政治、經濟問題很少會一直持續下去。我們有可靠的資料表明,十世紀後半葉是經濟整合和某種政治穩定重新出現的時期。

也許最重要的動機,是人們對當時佛教教團僧眾所接受的教法,產生了廣泛而深刻的不滿。十世紀末時,人們對許多佛教修持法的真實性產生了懷疑。同時,人們也強烈地意識到,西藏文明復興根本上取決於寺院殿堂再次坐滿真正的僧侶,而不是那些偶然想到才修行的鑰匙保管人。[2] 某些文獻中表達了這樣的感覺,其中顯示真正的佛教在西藏四如以外的地方保留了下來。特別是在東北地區,那裡的藏人已經形成了一個充滿活力的區域中心。以藏、漢邊境倖存的佛教制度為基礎,將戒律傳統重新傳入西藏的中心地帶,這是西藏宗教史上的一個分水嶺。

前往西藏東北地區求法

　　宏觀地說，中亞和中國在復興時期所經歷的復甦，與西藏東北部、河西和涼州等這些特定區域所經歷的復甦，幾乎完全一致。這絕非巧合。當然，藏人的經濟與文化力量並非得自於南方。因為在十世紀末，北印度的普臘蒂哈臘王朝和波羅王朝，經歷973年的羅濕陀羅拘陀王朝的瓦解後，很勉強地存活了下來。[3] 相反地，在中國，中央政權的重新出現對中國的黃金時代之一——宋朝——的發展非常重要。雖然北宋的統一名義上被認為是960年，但直到979年宋太宗（Song Taizong）攻克了北漢（五代十國）的沙陀軍，宋代才真正鞏固了對中國北方的統治。982年至1004年，河西地區形成了一定程度的穩定。北邊出現了西夏國，並與宋、契丹形成了三角關係。[4] 此外，中國西南部時友時敵的南詔王國，於937年已歸順漢化的大理（Dali）王國。[5] 所有這些地區的政治力量都促進了西藏的經濟發展，並且令佛教僧侶數量得以增長，這是一個在文化上不可或缺，但卻不事生產的一群體。

　　十世紀末，西藏的經濟更加發達，政治更加穩定，促使人們對恢復王朝時期遺留下來之古老寺院聚落產生了興趣。札巴堅贊的《西藏王統記》（*Bod kyi rgyal rabs*）認為，雖然在赤松德贊和赤德松贊統治時期，共建立了一百零八座寺廟，但赤祖德贊·熱巴堅卻供奉了一千零八座寺廟。這些數字顯然是誇張了些，但仍說明了帝王的宗教建築對藏人的持續魅力。[6] 還有一份更具說服力的名單，列出了三十個重要的寺院，這些寺院在熱巴堅的主持下，培養了僧教育。這些寺院以及其他類似的組織，連同桑耶寺，一起成為中央西藏佛教振興的基礎。[7]

雖然藏文文獻和現代的各種論述，都傾向聚焦於王朝時期桑耶寺的建立，和新譯時期西藏西部的發展成果，但有若干因素促進了十世紀末地方寺院的建設。地區性的小廟和寺院，也共同形成了中央西藏佛教最初幾百年裡最重要的元素。在早期階段，這些寺廟向藏人傳遞了一個重要的訊息，即王室致力於印度的宗教。在九世紀末、十世紀初的艱困時期，它們提供了各種聖地的實質證據，不斷地喚起王朝的記憶。在十至十一世紀期間，那些寺廟與桑耶寺一起，為小型商旅和西藏宗教人士的社會、商業互動提供了實質的網絡焦點。[8] 許多寺廟還充當了當地權貴的聚會場所，他們試圖在人們對古代贊普們的神話記憶中，提昇自己的地位。寺廟網絡及其象徵意義的重要性，在後來的文獻中被認為是受到寺廟風水的影響。在十二世紀一個具有形體的有趣傳說模式裡，王朝成員建造的廟宇就像儀式性的匕首，釘住了西藏岩魔女身體的各個部位。[9] 這種安排和敘述都奇妙地讓人聯想起印度的「劈塔」（pīṭha）。這些劈塔建在濕婆神之妻娑提（Satī）被支解的肢體所墜落的地方。同樣地，降魔的寺廟也如同劈塔一般，展現了一個神聖的網絡，交織著主要的神話與地方信仰。從歷史上看，當地權貴與寺院體系的互動，為十世紀末佛教寺院制度重新傳入衛藏地區奠定了基礎，也為西藏高原進一步的廟宇建設，提供了宗教、政治正當性的基本模型。

佛教寺院制度實際重新傳入中央西藏，是東北部（宗喀〔gTsong kha〕／河西地區）藏人和中央西藏藏人之間，長期保持政治與文化聯繫的結果。傳說，在達瑪破壞佛教的過程中，過去熱巴堅王所建造的寺院之一，曲沃日貢扎（Chu bo ri'i bsgom grwa）的禪修中心中，有三名僧人注意到某些僧

眾的行為彷彿精神錯亂般,像是有些人打著鼓、改換衣著、牽狗、打獵等等。當他們被告知其他中央西藏僧人的舉止,這三名僧人游給瓊(g.Yo dge 'byung)、藏惹色(gTsang Rab gsal)、瑪・釋迦桑格(dMar Shākya seng ge)便逃到西藏西部地區,並繼續前往中亞(霍爾〔Hor〕)。[10] 然而,他們在那裡的生活條件相當不穩定,當他們聽說達瑪被暗殺後,就決定到別的地方看看。在中亞佛教居士釋迦協繞(Shākya shes rab)的幫助下,他們牽著驢子馱著戒律(Vinaya)和阿毘達磨文本,前往宗喀地區的安瓊南宗寺(An chung gnam rdzong)。在那裡,他們遇到了一位年輕的苯教徒,他在故事中扮演了關鍵的角色。在兩名中國僧人(通常被稱為嘉化〔Ka ba〕和尚與江北〔Gan 'bag〕和尚)的協助下,這位年輕人受持具足戒,得名為噶瓦色(dGe ba gsal,或貢巴色,並駐錫於旦迪寺(Dan tig)。該寺位於黃河岸邊,接近中國現代的城市西寧。來自中央西藏的年輕人,會去拜見噶瓦色並受戒,最後回到西藏的核心地帶弘揚佛法。

實際發生的各類事件,遠比這種平鋪直敘的刻板故事要複雜得多。我們前面提到了一個由各種寺廟組成的網絡,這些寺廟成為逃離中央西藏佛教鎮壓的僧侶,以及有修行的在家居士的目的地。這種目的地並不令人意外,因為在熱巴堅所建造或護持的三十座佛學院(chos grwa)中,有二十座位於西藏東部的康區或安多地區。由於安瓊寺和旦迪寺都被列為禪修學院(sgom grwa),因此在某個學院學習的僧侶,去尋找其他學院也是可預期之事。在東北地區尋求安全住所的藏僧,他們會遵循王室護持之僧侶人員的標準行持。因此,從尼泊爾遠道而來的藏人葛維確札巴(Ka 'od mchog grags pa），聽說了西藏四如的災難後，便帶著他的驢子，馱著阿毘達磨著作來到安多。[11] 拉隆・羅卓央（Lha lung Rab 'byor dbyangs）和榮敦僧格札（Rong ston seng ge grags）從葉巴趕來，帶著許多律本和阿毘達磨的著作，而榮敦本人也出自熱巴堅所建立之佛學院。此外，嘉惹拿（Car rad na）的六名弟子，以及王朝時期的大譯師和印度大師的信徒們，也以多種方式長途跋涉到安多。甚至連達瑪的刺客拉隆・貝紀多傑（Lha lung dPal gyi rdo rje），據說也帶著大量的阿毘達磨典籍和律本抵達該地。[12]

　　肩負佛陀使命的僧侶們，為維護教學傳統而接管了河西地區的寺廟和修行石窟。藏惹色在康薩亞日布（Khang gsar ya ri phug）的石窟中，修葺了一座小寺院。葛維碓札巴接管了貝桑卡恰起普寺（dPal bzang 'khar chags dril bu'i dgon pa）。拉隆獲取了達雪采寺（Zla shod tshal），榮敦管理強咤伽絨寺（Byang tsha bye rong）。顯然，這些位置不明確的寺廟早已存在，但在九世紀中央西藏的難民抵達之前，這些寺廟的人口很少。避難的僧侶們急於保存和擴大他們所承襲的珍貴戒律傳統，於是他們積極弘法。而他們在噶瓦色座下受戒，導致更多族群，「六賢士」等人的受戒，這些人大都來自西藏東部的貴族以及許多其他家族。[13] 事實上，在第一批受戒僧從中央西藏來到這裡一個多世紀以後，人口已經足夠龐大，最後出現了兩個（甚至是三個）獨立的戒律傳承。[14] 由准・益西堅贊（Grum Ye shes rgyal mtshan）所管理的傳承稱為「尊者傳承」（btsun brgyud），這是後來傳給來自中央西藏之僧侶的傳承。另外，由努・貝吉強秋（sNubs dPal gyi byang chub）所傳授的戒律稱為「學者傳承」（mkhan brgyud）。在安多，這

兩個群體之間存在著相當激烈的競爭關係。[15]

早期的藏文史料表明,十世紀的中央西藏人,對東北地區蓬勃發展的戒律傳統感興趣,而該地區所匯聚之政治及宗教活動,說明了為何該地區的西藏佛教僧侶具有如此高的知名度。[16] 透過在中國和當地的資料,使我們能更好地了解複雜的宗喀和涼州地區(地圖3)。[17] 當然,這裡的政治經濟基礎極為強大,僅涼州地區的西藏城市西涼府(今武威),在998年的人口數是十二萬八千人,且大多數是藏人。[18] 涼州也是繁榮的西藏馬匹貿易中心,至少從990年起就一直很活躍。我們可以從一位可能是來自朗氏族的潘羅支(藏文可能是 'Phan bla rje)所進獻的貢品,來衡量該地區的財富。他在1001年上台掌權,並在1002年向宋朝首都開封進貢五千匹馬。[19] 潘羅支於1004年被党項的一個亂黨刺殺後,他最小的弟弟廝鐸督(Siduodu)被推舉為涼州和西涼府的首長,但廝鐸督的職權被削減,部分原因是1006年的一場瘟疫。[20]

在涼州以南、青海湖以東的宗喀(今西寧一帶)藏區,產生了另一位西藏領袖。1008年,一位原籍西藏西部地區的王子,其漢譯名為欺南陵溫錢逋(藏文可能是 Khri gNam lde btsan po,997-1065)。在宗喀當地有力人士的協助下,被僧人李立遵(Lilicun)劫走。他被短暫地帶到西北方的廓州(Kuozhe),並被尊為贊普。後來他和李立遵回到宗喀,在那裡被當地人稱為王子(rgyal sras),中文譯名為「唃廝囉(Jiaosile)」(或嘉勒斯賚)。在中國文獻中,這個名字普遍被用來稱呼他之後的西藏領袖。[21] 後來的西藏王統(rgyal rabs)將這個家族認定為維嵩的曾孫沃德的後裔。沃德是札西策貝所生的「東部三德之一」。[22] 到了1014年,唃廝囉有

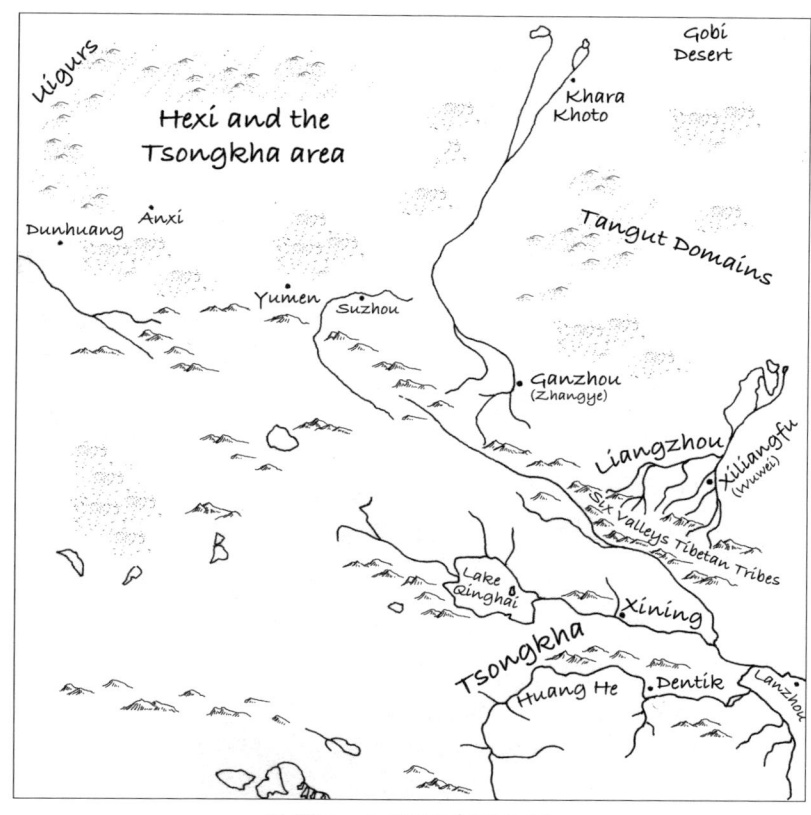

地圖 3　河西和宗喀地區

Anxi 安西
Dentik 旦迪
Dunhuan 敦煌
Ganzhou (Zhangye) 甘州（張掖）
Gobi Desert 戈壁沙漠
Huang He 黃河
Khara Khoto 黑水城
Lake Qinghai 青海湖
Lanzhou 蘭州
Liangzhou 涼州
Six Vallleys Tibetans Tribes 西藏六谷部落
Suzhou 肅州
Tangut Domains 党項領土
Tsongkha 宗喀
Uigurs 回紇
Xiliangfu (Wuwei) 西涼府（武威）
Xining 西寧
Yumen 玉門

能力組建一支四到六萬人的軍隊，以對抗党項的入侵。儘管1028年前後，回紇汗國淪入党項之手，1031年涼州的西藏區域也淪陷，但這位本地藏人領袖，在逃離涼州與他會合之藏人的協助下，於1035年設法抵擋了党項的攻擊。成功擊退党項人的宗喀王子，於1041年得到宋朝的認可，皇帝並御賜了「河西節度使」的官銜。[23] 党項人的窮兵黷武最終變成對藏人有利的局面。以往的商隊路線由於党項人的侵略，被禁止商人通行，中亞貿易改為經由宗喀地區通行。該地區雖經歷了脆弱的和平，但最終被女真通古斯人打破，他們在十二世紀初征服了契丹、西夏和整個中國北方。

在政治和軍事活動中，佛教僧侶始終擔任領導的角色。不僅李立遵與邈川大酋合作，俘獲並冊封了唃廝囉，佛教僧侶也在這一地區起著重要的政治作用。廝鐸督和唃廝囉都因其與僧侶之關係密切，而經常於中國史冊中被提及。廝鐸督也從1008年開始，每三年派遣三名僧侶到宋朝首都，接受中國朝廷加封紫袍。在甘肅走廊，這些紫袍不僅代表皇帝的寵信，也象徵僧侶為該地區桀驁不馴的半遊牧民族，成功地帶來了和平的作用。正如岩崎務（Iwasaki, T.）所言，當僧人獲得紫袍時，「代表獎勵他在管理佛教部落方面所做之貢獻」。[24] 僧人偶爾也會充當這些部落實際上或法律上的首領。1007年西涼府周圍的六谷部落十八位首領中的一人，可能就是一名僧人，因為他被稱為「仁波切」（rin po che），也許這是最早被證實的一個宗教頭銜。[25]

雖然其中一些僧侶可能是漢族或回紇族後裔，但至少早在1015年，一些獲贈紫袍者就被確認為藏人，而眾多藏僧也參與了中國邊境的軍事行動。1054年，僧侶尊訴以格（Cun zhui ge）因協助平定藏族部落，而同時獲得了紫袍和軍隊指揮官（都軍局）的稱號。[26] 寺院也得到了國家的護持。西涼府因有一座知名寶塔而聞名，也許就是現代武威市備受矚目的羅什塔。還有幾座寺院，其中一座大雲寺屹立至今。這些以及其他寺院，可能代表了西藏和他國佛教徒在維護其文獻、宣揚其儀式和跨民族交流等方面的機構基礎。即使在故事中，也提到噶瓦色需要兩名漢僧的協助，才能在旦迪寺受持具足戒。看來當時的文化融合，與現今漢、藏邊境地區的文化融合很接近。因此，當衛藏地區的藏人開始尋找宗教信仰的來源時，儘管維嵩的後裔正朝向佛教復興之路發展，但他們並沒有被吸引至西方的古格──普蘭王國。相反地，他們聽說宗喀地區寺院興旺、廟宇眾多且重要高僧雲集，他們便前去尋找引發宗教復興的點點星火。

將佛陀的教法傳回中央西藏

儘管雲丹家族的後裔被描述成有些遲疑的佛法護持者，但他們還是代表了藏人一直在尋求的希望。到了十世紀末，雖然人們對雲丹血統的合法性仍然存疑，但他的後人還是控制了中央西藏與舊王朝關係最密切的許多地區（表3）。

前往東北地區並在宗喀受具足戒的衛藏地區的年輕人，無論是四、五、六、七、十、十二或十三位（這些數字在資料中都曾被提及），多數資料都把他們說成是噶瓦色的直傳弟子。這不僅不太可能，還代表了藏人傾向將知名宗教人士與其他名人連結的習慣。即使是後來的西藏作家如噶陀・策汪諾布（Kaḥ thog Tshe dbang nor bu, 1698-1755）等人，也意

表 3　十一世紀雲丹繼承人簡表

```
雲丹（Yum brtan）
     │
赤德貢淵（Khri lde mgon smyon）
```

禮喀巴袞（Rig pa mgon）	尼維貝袞（Nyi 'od dpal mgon）
赤德波（Khri lde po）	袞倨（mGon spyod）
赤維波（Khri 'od po）	扎拉那・益西堅贊（Tsa la na Ye shes rgyal mtshan）
阿擦惹（A tsa-ra） 赤德貢贊（Khri lde mgon btsan） 赤德貢策（Khri lde mgon brtsegs）	恩達・赤巴（mNga' bdag Khri pa）
拉・德贊（Lha lDe btsan）	菩提拉扎（Bodhi rātsa，約 1050 年）
嘉普永達（rGyal bu yon bdag） 拉尊敦巴（Lha btsun ston pa）	格洛（dGe blo）
旺秋赤（dBang phyug khri） 和四兄弟	貢內（mGon ne）
拓波（Thog po）	札西貢（bKra shis mgon） 溫摩（sNgon mo） 汪德（dBang lde） 拉・噶當巴（Lha bKa' gdams pa）

資料來源：哈佐德（Hozod, G.）2000b，頁 181-89，第 1 版。

識到了年代排序上的困難，而不得不以這些人當中，有些極為長壽來解釋。[27] 最有可能的一種說法是，在噶瓦色和最終那批弘揚東北方佛教寺院體制的人中間，共有好幾代僧人。[28] 他們肯定也有許多不同的上師或戒師。我在資料中發現了好幾個：准・益西堅贊、卓・曼殊師利（sGro Mañ 'dzu shrī）、碓若・佩吉旺秋（Chog ro dPal gyi dbang phyug）、准・清喇堅（Grum Phying slag can）和佟瓦・也偕堅贊（Thul ba Ye shes rgyal mtshan）。[29] 雖然我們對這個名單沒什麼信心，但它確實說明了戒律傳承的活力，其中准氏族（Drum）則是最支持僧眾的家族。

據說，衛藏區的上師，依能力指派僧侶各種職務或專業。衛夏紮（dBus sha tshar）的盧枚・協繞慈誠（Klu mes Shes rab Tshul khrims，或慈誠協繞）被指派維繫戒律傳承。聰村・協繞僧格（Tsong btsun Shes rab seng ge）因為很聰明，受任為教授師（bshad pa mkhan）。羅敦・多傑汪曲（Lo ston rDo rje dbang phyug）因為極具威勢，被任命為護法。景・益西雲單（'Bring Ye shes yon tan）因為很有主見，便成為寺廟管理人。巴・慈誠羅卓（sBa Tshul khrims blo gros）被任命為主要的禪修大師，松巴・益西羅卓（Sum pa Ye shes blo gros）受命管理財務。弟吳玖謝描述完這些特殊任命之後諷刺地說，雖然僧人都被指派了職務，但沒有人聽從任命他們的住持（顯然是噶瓦色或景・益西雲單），每個人都只做自己想做的事。[30] 為了應付他們必須穿越北方寒冷的平原，以抵達西藏四如，他們專門製作了斗篷（ber nag）和帽子。這些帽子是在儀式中使用的特殊苯教風格的帽子（zhwa 'ob），但在四個角上塗抹了黃色物質，以便一眼能看出它是佛教徒的帽子。這種帽子成為在

運動中形成的不同宗派的標誌。[31]

　　某些資料提到了一個有趣的故事，講述羅敦催促他們離開的過程。根據這個故事，羅敦決定先和一隊商人前往中央西藏，看看他們能否為其共同的佛行事業找到援助。

　　　羅敦對其他人說：「你們在這裡等著，我先去衛藏，看看我們是否能夠傳法。如果可以，我就留在那裡，你們再跟上。如果不能傳法，那我就返回這裡。」然後，他陪同一些來自登瑪（lDan ma，在康區）的商人，他們在松場（gSum 'phrang）遇到了不錯的買賣。當他們表示要回〔西藏東部〕時，他回答：「你們都還沒有開始這個不錯的生意呢！」於是他們去了藏區。在〔羅敦的家鄉〕古媒繞卡（'Gur mo rab kha）的是羅納曲森（Lo nag gtsug san）。羅敦對他說：「你的兒子受戒後應該到衛區去。」於是就把這孩子送去了。羅敦派人送了一封信〔回旦迪寺，要盧枚跟其他人一起前來〕。又由於〔西藏東部和藏區之間的〕生意一直很好，因此有了古媒市場。這個市場也是源於羅敦的慈悲。[32]

　　如果羅敦在他人之前去了衛藏地區，這就可以解釋藏區建設是因他而快速發展。不過，這些說法有一部分是互相矛盾的，因為有些人認為這些僧人最終因各種原因而各奔東西。無論如何，毫無疑問的，宗喀與中央西藏復興區域之間，日漸增加的商業關係，開始重現歷史上佛教僧眾與行旅商人的合作共生關係。這種關係在中亞史上對佛教的弘揚起了很大的作用。

　　當整個隊伍出發時，盧枚和羅敦被認為是領袖，他們在一

段時間內持續獲得支持並互相作伴。他們顯然是與赤德貢贊保持聯繫，也決定信任他。還有一種早期的說法是，這些年輕人首先是在他的鼓動下前往宗喀受戒。[33] 無論真實情況如何，這位王室成員和他的表兄弟（或兒子、兄弟）扎拉那·益西堅贊都歡迎他們回到衛區，並為他們提供住所和衣食。他們抵達中央西藏的日期有不同的說法，雖然差別很大，但種敦（'Bromston）的 978 年和弟吳賢者的 988 年，都有可能是在正確的時間範圍內。[34] 一部早期史書繪聲繪影地描述了這些年輕人到達桑耶寺，當然也可以理解為其他的王室寺廟時，遇見的破敗狀況：[35]

> 而後，十名衛區與藏區的年輕人抵達了桑耶寺。他們在那裡得到了赤德貢贊的款待，他問他們：「你們的領袖是誰？」「盧枚！」他們回答。然後，赤德貢贊把通往主殿桑耶寺烏策殿（dBus rtse）的整串生鏽的鑰匙，放在盧枚手裡。盧枚打開迴廊（khor sa）大門，看見裡面滿是荊棘和掉落的泥灰。[36] 樹枝上的水（從窗戶流進來）把所有的畫都弄髒了。在鐘鼓房（rnga khang）中央和邊緣的一系列十二根柱子，有四根被砍掉了，[37] 其餘的柱子〔因朽壞而〕乾枯，亂成一團。[38] 在中央廊道（'khor sa bar pa），〔盧枚〕看見裝滿了大量的寺廟財物，中間還有一個狐狸洞。烏策大殿裡塑像的手上和冠上都築了鳥巢。所有的冠都被鳥的排泄物弄得臭氣熏天。盧枚看了看寺廟的金庫，然後他用防蛇、防妖的法繩封住了所有的門。他說：「這個地方其實就是個泥潭！」便收回所有的鑰匙。[39] 他把這些鑰匙還給國王說：「我是個方丈，寺廟寶庫會令方丈起

煩惱，所以我不會接管這個地方！」而後有人建議他主掌三界銅洲殿（Khams gsum zangs khang），他還是拒絕。哦采金洲殿（Bu tshal gser khang gling）欲授予羅敦和聰村・協繞僧格兩人，但他們也不接受。他們回答：「還有其他地方的許多弟子要皈依！」於是啟程回到他們的故鄉藏區。遍淨殿（dGe rgyas）被授予拉喀西・慈誠瓊內（Rag shi Tshul khrims 'byung gnas），之後也將哦采殿託付給了他。然後，盧枚被授予卡九寺（Ka chu），他姑且接受。之後，他向其他人告別：「走向通往烏如和夭如（g.Yo ru）之路吧！」[40] 後來，盧枚為了重振桑耶寺的烏策大殿而運來許多馬匹的貨物，他終於成功地修復了許多問題。[41] 然後他把鑰匙託付給了巴・慈誠羅卓和拉喀西・慈誠瓊內。

無疑地，大多數老寺院的狀況與桑耶寺相似，斷壁殘垣，椽子或樑柱腐爛。因此，對這些人來說，首要任務是復興這些與古代帝王密切相關的信仰聖地（圖2）。於是，故事中盧枚雖不願承擔桑耶寺總管的責任，但這並不表示他對於復甦這座最負盛名的寺院毫不關心。相反地，這些寺廟的政治光環，以及王室遺族和舊貴族氏族持續的參與這些寺廟的處置和使用，意味著任何主事法師或常駐上師，都無法在各自為政的西藏文化體系之下獨立行事。事實上，盧枚對桑耶寺烏策殿的關注，幾乎立即就遇到了來自他自己教團僧眾的政治干預。最初，他為修繕寺院所做的努力，因管轄區域的爭執而受到巴・慈誠羅卓和拉喀西・慈誠瓊內的阻撓，因此，盧枚請求赤德貢贊親自介入並授予他權力。[42]

圖 2　桑耶寺烏策殿（臨摹自一張現代照片）

　　那些寺廟和支持重建寺廟的諸氏族，為這些新僧侶提供了正當性，使其他地區也能抓住這個塑造全新體制的機會。因此，寺廟成為弘法僧眾的起點，但並非其最終之策略。他們開始形成社群，並將戒律傳統制度化。他們在衛區（烏如和夭如）和藏區（耶如和如拉克）等地所聚之「僧眾」（tsho/sde pa），成為在若干地區復興和建設寺廟的基礎。[43] 這些社群為佛教在中央西藏的穩定復興建立了一些模式，在這些成功的基礎上，真正的寺院才由下一代的弘法人士開始建造。然而，最初因盧枚想要整修桑耶寺而產生的分裂和衝突，在接下來的兩個世紀裡，仍是東方律僧的明顯特徵。

　　如前文所述，當盧枚忙於打理卡九寺、桑耶寺等衛區的王朝遺址時，來自藏地的兩位主要僧人羅敦・多傑汪曲和聰村・協繞僧格，卻出發返回他們的家鄉。[44] 羅敦於 997 年在靠近後來夏魯寺（Zha lu）的娘絨（Nyang rong）地區創立了

監宮寺（rGyan gong）⁴⁵，並負責培育了二十四名學有專精的堪布弟子（mkhan bu）。他也有許多淨觀的經驗，例如在前往藏地貝媄貝拓（dPal mo dpal tha）的路上，一位人間的空行母，朵潔繞天瑪（rDo rje rab gtan ma）提到了她與他未來要建立之寺院的關係。⁴⁶當他為監宮寺打地基時，他觀見當地的四位女神（dkar mo mched bzhi）幫助了他，因此他知道這個地點是吉祥的。⁴⁷羅敦的八位主要弟子，是十一世紀藏區最偉大的弘傳僧團體制之人。⁴⁸當松敦・帕巴堅贊（Sum ston 'Phags pa rGyal mtshan）接替監宮寺住持職務時，嘉・釋迦循努（rGya Shākya gzhon nu）在拉堆瑪（La stod mar）建立唐寺（Thang），並成為仲巴江寺（Grom pa rgyang）的住持。仲巴江寺是去印度學習的兩位名僧拓羅（sTag lo）和卓彌的受戒處。在監宮寺和唐寺之間，嘉・釋迦循努還創建了布多拉克拉康寺（Bul rdog lhag lha khang）。朗敦・蔣巴（Glang ston Byams pa）在藏章（gTsang 'gram）、布塘（Bum thang）、恰克薩（Chag sa）、濟貢（Kri gong）、軌敦（mGos ston）、卓瑪（Khrol ma）等地建立了嗡布寺（'Om phug）和其他寺廟，因此，他的教團分為東、西兩支。⁴⁹吉雅・益西旺波（Kyi Atsarya Ye she dbang po）的活動也堪稱典範，他在香（Shangs）地區建了三座寺廟：香喀隆寺（Shangs mkhar lung）、吉瑞朗拉寺（Gye re Glang ra）和穆香吉羅剛寺（Mu shangs kyi ro skam）。然而，介敦・協繞瓊內（lCe ston Shes rab 'byung gnas）注定要在這區域創建最偉大的寺院，夏魯寺。夏魯寺從布敦・仁欽珠起（表4），成為許多優秀學者的家園。⁵⁰

表 4　衛藏區的東部戒律僧侶

僧侶	主要弟子
衛區	
盧枚・協繞慈誠（Klu mes Shes rab Tshul khrims）	竹梅・慈誠瓊內（Gru mer Tshul khrims 'byung gnas）、尚・納南多傑汪丘（Zhang sNa nam rdo rje dbang phyug）、鄂・蔣丘瓊涅（rNgog Byang chub 'byung gnas）、芒・義西協繞（Rlan Ye shes shes rab）
景・益西雲單（'Bring Ye shes yon tan）	鄂・列貝協繞（rNgog Legs pa'i shes rab）、安・釋迦戛（An Shākya skyabs）、雅尊・昆卻嘉瓦（dBya' btsun dKon mchog rgyal ba）、簇尊・佳瓦（mTshur btsun rGyal ba）、瑪尊・家瓦（dMar btsun rGyal ba）
松巴・益西羅卓（Sum pa Ye shes blo gros）	
巴尊・羅卓望丘（sBa btsun bLo gros dbang phyug）	慈誠強秋（Tshul khrims byang chub）
拉喀西・慈誠瓊內（Rag shi Tshul khrims 'byung gnas）	堅鄂・羅卓嘉瓦（sPyan rngog bLo gros rgyal ba）、尬瓦・釋迦望丘（Ka ba Shākya dbang phyug）
藏區	
羅敦・多傑汪曲（Lo ston rDo rje dbang phyug）	松敦・帕巴堅贊（Sum ston 'Phags pa rGyal mtshan）、嘉・釋迦循努（rGya Shākya gzhon nu）、勾敦・協繞多杰（sKyo ston Shes rab rdo rje）、朗敦・蔣巴（Glang ston Byams pa）、吉雅・益西旺波（Kyi Atsarya Ye she dbang po）、介敦・協繞瓊內（lCe ston Shes rab 'byung gnas）、訴敦・尋努尊竹（Zhu ston gZhon nu brtson 'grus）、達敦・釋迦羅卓（Dhar ston Shākya blo gros）
聰村・協繞僧格（Tsong btsun Shes rab seng ge）	巴尊・羅卓遠丹（sBa btsun bLo gros yon tan）

羅敦的旅伴聰村・協繞僧格同樣也很忙碌。他的家在下布（Shabs）河谷的下布吉果雅（Shabs kyi sgo lnga），他將該地

當成根據地,但這個村莊的確切位置仍不清楚。他自己至少建立了四個中心,兩個在西,兩個在東。東邊的中心在娘河谷,即後來的江孜(rGyal rtse)城兩旁的乃寧寺(gNas nying)和內薩寺;西邊的中心是克果寺(sKal skor)和堅廓寺(rGyan skor),其位置現在仍不確定。[51] 聰村的弟子們繼續他的工作,並透過兼併其他社群(據說有五個)來擴展他的工作。巴尊‧羅卓遠丹(sBa btsun Blo gros yon tan)被任命為濟拉康寺(rTsis lha khang)的住持,他的弟子負責的克乃寧寺(sKegs gnas snying),成為西邊巴氏族群的根據地。濟拉康寺則成為東邊巴氏族群的根據地,還有其他介於兩者之間的群體。[52] 同樣地,與該地區其他各種寺廟有關的群體也被約陀北(Yol thog 'bebs)、熱‧羅卓桑波(Rwa Blo gros bzang po)、嘉‧楚森(rGya Tsul seng)、工布‧也瓊(Kong po Ye 'byung)、馬爾巴‧多傑益西(Mar pa rDo rje ye shes)、內坡‧札巴堅贊(sNe po Grags pa rgyal mtshan)等人獻給巴尊,對我們來說,這些人只是快速增加之名單上的名字罷了。他們獻給聰村的寺廟或寺院不僅代表了幾位弟子的各別傳教活動,也代表了在分裂時期黯然失色的僧侶階級結構的復興。

不過,這個階級結構的最大代表一定是盧枚,因為他在衛區整合了不同的護持階級、王朝古老的大寺院群以及重要的佛教寺院戒律(地圖4)。在這方面他是成功的,因為這個時期的藏史文獻中,盧枚、他的弟子和後裔被廣泛地描述,遠超出他們在地理上或各自傳承上的重要性。最初他大部分時間是用來修繕桑耶寺烏策殿。事實上,許多資料顯示盧枚並沒有遠行到衛地以外的地方,他的活動範圍主要局限在桑耶寺、卡九寺和葉巴寺的交界處。葉巴寺,現在叫扎葉巴寺(Brag yer

第三章　東部戒律僧侶的改革與復興 ・179・

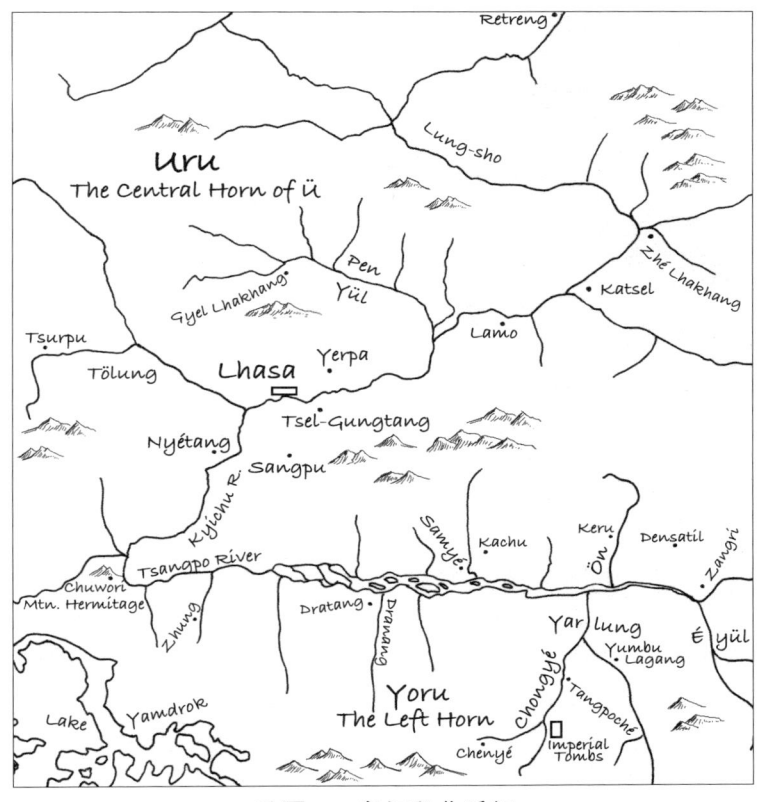

地圖 4　烏如和北天如

Chenyé 堅耶	Keru 吉如	中翼
Chongyé 瓊結	Kyichu R. 吉曲河	The Left Horn 左翼
Chuwori Mtn. Hermitage 曲沃日修行神山	Lake Yamdrok 羊卓湖	Tölung 堆龍
	Lamo 拉莫	Tsangpo River 雅魯藏布江
Densatil 鄧薩梯寺	Lhasa 拉薩	Tsel-Gungtang 采貢塘
Dranang 扎囊	Lung sho 隴秀	Tsurpu 粗樸寺
Dratang 札塘	Nyétang 聶塘	Uru 烏如
É Yül 埃域	Pen Yül 彭域	Yar lung 雅隆
Gyel Lhakhang 賈爾拉康	Retreng 熱振寺	Yerpa 葉巴寺
gYon ru 夭如	Samyé 桑耶寺	Yumbu Lagang 雍布拉崗
Imperial Tombs 皇陵	Sangpu 桑普	Zangri 桑日
Kachu 卡九寺	Tangpoché 唐波齊	Zhé Lhakhang 哲拉康寺
Katsel 噶采	The Central Horn of Ü 衛區	Zhung 雄

pa），就在拉薩的東邊，也隸屬於皇室。盧枚後半生的根據地是桑耶寺東北方的卡九寺，並將葉巴寺（約 1010 年）做為他的教學場所。不過，他也曾到過其他地區，如吉西魯（Gri zi ru）、拉摩恰弟吳（La mo chag de'u，可能就是哲吉如〔Dra'i kyi ru〕）、巴蘭乃（Ba lam gnas）、莫拉給（Mo ra 'gyel，1009 年）、莫卡喆薩（Mo 'gar 'bras sa，1017 年時受准‧跋瓦蔣秋〔Brum 'Bar ba byang chub〕之邀）、塘千（Thang chen）和色拉普巴（Se ra phug pa）等地。[53] 於色拉普巴居住期間，盧枚在前往索那唐波齊寺的途中過世，唐波齊寺是一座非常重要的寺院（1017 年），是他主要的弟子之一竹梅（Gru mer）所建。[54] 他和竹梅最後都安息於唐波齊寺的「放光大佛塔」（mchod rten 'od 'bar）中。

盧枚有四個主要的弟子，被稱為「四柱」，這是以建築結構的譬喻來代表重要人物的眾多例子之一。[55] 資料顯示，弟子們主要是在葉巴寺接受指導，大約是在 1010 年以後，根據圖奇對他在 1949 年發現之寺址的描述，我們可以明白這個地方對盧枚和他弟子們的吸引力（圖 3）：[56]

> 葉巴寺突然出現在我眼前道路的一個轉彎處，一連串白色的小建築點綴著陡峭且綠草叢生的懸崖，讓人有種置身西藏境外之感。巨大的杜松和一叢叢的杜鵑花頂著濃密的灌木叢，灌木和野草成功地戰勝了堅硬貧脊的岩石。懸崖上布滿了挖掘的洞窟和天然山洞，有些洞穴在既高且陡的山壁上，爬上去的風險很高。在較大的山洞裡有寺廟和小佛堂。我們於黃昏時抵達此處，迎接我們的是一陣陣鳥鳴雅音，鳥鳴聲為此清修之地帶來了意外的愉悅氣氛。[57]

圖 3　葉巴寺（臨摹自理查森〔Richardson〕之照片）

　　事實上，葉巴寺是西藏宗教史上一個極為重要的地方。不僅達瑪的刺客拉隆・貝紀多傑從葉巴寺出發，而且幾乎所有復興時期重要的上師都曾在那裡停留。例如，阿底峽在 1048 年第一次到那裡時，便覺得葉巴寺很和諧，顯然比起拉薩的敵對氛圍，他更喜歡葉巴寺。葉巴寺最終被比作拉薩：如果首都是西藏的生命樹（srog shing），那麼葉巴寺便是拉薩的生命樹，這是古代西藏相信一個人或一個宗派的精華可能蘊藏於一件自然物中的比喻。某本朝聖指南用了很長的篇幅來頌揚葉巴寺的功德，雖說這在朝聖指南中通常不值一提，但這些描述偶爾也會出現在傳統的西藏史書冊中。[58]

　　盧枚的另一位弟子尚・納南多傑汪丘（Zhang sNa nam rdo rje dbang phyug）是早期少數被記載了生卒年（976-1060）的僧侶弟子之一，他應該是在 1012 年建立了嘉魯列吉拉康寺

（rGyal lugs lhas kyi lha khang，或稱嘉拉康），此前他已經建立了繞恰寺（Ra chag）。[59] 他是我們知道的一個早期前往印度學習的衛地僧人的例子。也許是在卓彌（後面會詳細討論）的時代。根據傳統，尚·納南從印度高僧／成就者金剛座（Vajrāsana）處受戒，並且也在印度傳戒，可能是授予其他藏人。尚的弟子為一些早期的噶當派僧侶授戒，著名的噶當派上師博朵瓦（Po to ba, 1031-1105）據說曾在嘉拉康擔任過住持，而該寺是1239/40年被蒙古軍隊燒毀的三個佛教中心之一。[60] 盧枚的其他知名弟子包括鄂·蔣丘瓊涅（rNgog Byang chub 'byung gnas），他在師父去世後接管了葉巴寺，並建造或協助建造了許多小寺廟，其中至少有十座以上的寺廟已經完工。[61] 據說在盧枚之後，鄂擔任新進僧侶的戒師和上師，因為盧枚在世時沒有人敢擔任這個重要的位置。然而，鄂沒那麼好運，他的魅力也無法使僧團團結一致，在他領導期間，東方律僧各派成立了自己的僧團。[62] 除了鄂，還有芒·義西協繞（Rlan Ye shes shes rab），他實際上是來自葉巴寺，以及竹梅·慈誠瓊內（Gru mer Tshul khrims 'byung gnas），他與自己的上師葬於同一地。芒·義西協繞和竹梅·慈誠瓊內也負責新建或修繕了一些寺廟，許多弟子也擴大了他們的佛行事業。

許多弘法僧眾在受戒和學習之後便回到他們的家鄉，在家鄉他們有自己的政、經關係可供其建立護持體系。無論從王室得到的是舊寺廟的鑰匙還是重建的土地，他們都必須在先前的人脈中組織自己的護持群體，再以宗教復興思想、對舊王朝的懷念，以及承諾與其他地區建立經濟關係等強化之。他們的護持者和信眾顯然都認為佛教的復興，是西藏文明重建的核心議題。最終，西藏文化所有形式都被認為是佛教的延伸。大多數

西藏史都非常清楚，在接下來的幾個世紀裡，這個國家處於軍事上的弱勢地位，因為直到十三世紀蒙古人統治之前，沒有任何一個統一的政體。事實上，儘管戒規（chos khrims）的絲弦變得愈來愈重要，但王法（rgyal khrims）的金軛卻仍然支離破碎（sil bu）。弟吳賢者指出，他們依靠宗教來保護西藏，就像一個人依靠加持過的絲結（dar mdud）來保障生命安全一樣。[63] 因此，到了十一世紀，中央西藏的僧侶屬於「大人物」（mi chen po）這個等級，他們弘揚思想的努力，也被認為有助於社會組織與團結，這是一種延續至今的西藏潮流。[64]

目前為止，我已提供了早期紀錄中小部分具代表性的人物，那些名單大多只是名字和極為有限的內容。雖然我們偶爾可以拼湊出寺廟的地理位置，但大多數寺廟似乎並沒有保存到二十世紀。這一時期其他活躍人物如松巴、拉喀西、巴、景‧益西雲丹等，也參與了這種弘法活動。實際上，文獻描述了十世紀末至十二世紀衛藏區的寺廟建設和教團形成的混亂過程，在傳承代表人物的主持下，他們開發了數百個場所或教團。[65]

就我們所擁有的1959年以前的建築照片而言，大多數寺廟是一或兩層樓的小型建築，只有一個佛堂，或再加上一個小廳，整體而言是非常樸素的道場（圖4）。儘管在藏文文獻裡，東方戒律僧侶的形象很崇高，他們「從將熄的餘燼中」復興了衛藏的戒律傳統，但我們既無需誇大他們修繕和建造的道場，也不應低估他們的貢獻。許多道場並非常年有人居住。我們有例子指出，當附近一個重要的寺院迎請了一位上師或舉辦儀式活動時，僧侶們會關閉寺廟前去接受指導或參加儀式。

此外，由於大多數僧侶都跟隨數名上師學習，所以寺廟的實際隸屬關係，有許多不同的說法。因此，某件資料將某建築

图4　卡九寺（临摹自理查森之照片）

归为「巴尊」派，另一件资料却认为属于景氏的僧众。然而，他们之间的关系有时是一种荣誉，但有时也引起冲突，部分原因与这些道场的经济状况有关。这种关系通常是由附属僧众向主寺院（例如，索那唐波齐寺或其他大寺院）提供专款来维持的，这种资金被称为「赋税／差繇（khral）」或「僧税（sham thabs khral）」。在这一时期，这个词最好被理解为类似强制性质的组织规费。无论管理结构有多薄弱，我们都看不出他们与这些款项的征收和分配有任何关系。[66] 当然，这时的资产被广泛地征集，阿底峡的传记中描述松巴·益西罗卓认为，从西藏四大僧团征收的资金，应当捐给这位孟加拉上师。[67]

也许关于教团资产分配的最佳资料是出自藏区。据说罗敦在那里有八个半的收入群体资助他的努力，这些群体中有三个来自「上层」社群，五个半来自「底层」社群，虽然总群体数应该超过这个数字。[68] 同样地，据说聪村有九个护持群体为他的主寺哦林寺（sNgo gling）提供资助。同样可以肯

定的是,相關群體不時地會為了各種目的而聚集在一起,例如為那些戒師已過世的新僧侶,做出安置寺院的決定等。[69] 可惜的是,其他關於這些護持組織的情況(資金量、約定之關係等)幾乎都不清楚,僅確定後來東方戒律傳統的弟子們仍持續上述作法。[70]

東方戒律傳承影響力的擴大,有一部分是因為盧枚、羅敦等人傳承戒律的事實,但這並不是如西藏和現代的研究所展現的,是唯一的因素。,早期的文獻明確指出,戒律傳承是他們最重要的貢獻,包含著預設的組織架構、人際關係網絡、秩序規則、裁決糾紛的程序等等。然而,來自東北的新僧侶,還帶來了古代帝國寺院所使用的教學課程。最重要的是研讀《般若經》(Prajñāpāramitā)諸經,但也強調印度佛教專門文獻的探討。尤其是指對於阿毘達磨的學習。應該是指在瑜伽行派的著作《大乘阿毘達磨集論》(Abhidharmasamuccaya)中所找到的大乘阿毘達磨。但某些資料也顯示,他們研究了大量的《瑜伽師地論》(Yogācāra-bhūmi)。[71] 這並不奇怪,因為在西藏占領敦煌期間,敦煌瑜伽行派研究傳統盛極一時,這類義學研究的成果,無疑影響了帶回中央西藏的課程。因此,盧枚最喜愛的寺院之一──索那唐波齊寺,便成為義學研究的中心,代表帝國時期宗教課程在雅隆河谷的復興。[72] 從建寺之時(1017)到十二世紀末,它成為研究《般若經》和中觀論著的中心。索那唐波齊寺的住持們如庫敦・村竺雍仲等,最後成為融合舊有課程與十一世紀中、晚期傳入中央西藏的新噶當派材料的領袖。[73]

另外有一群東方戒律僧侶既接觸前弘期古老的密續系統,也參與經由十一世紀譯師們的努力,而開始傳入的新譯密續系

統。在寧瑪派的僧侶中，最突出的是古怪的札巴・恩謝，他是西藏王國的一個大貴族欽氏的後裔。[74] 他受戒於盧枚一脈的兩名僧人裴索・克瓦（Be so Ker ba）和楊學・嘉瓦沃（Yam shud rgyal ba 'od）。因對阿毘達磨（可能是《大乘阿毘達磨集論》）的深入理解而聞名，他也因此而得名「知曉（shes）阿毘達磨（mngon pa）之人」。而且，札巴・恩謝在主張密續修行的東方戒律傳承寺院群的建設發展上，舉足輕重。[75] 最重要的兩個東方戒律傳統的密續教學中心，普波切寺（Phug po che）和札塘寺（Gra thang, 1081），與札巴・恩謝、他的上師楊學和他的弟子們都有直接關係。[76] 札巴・恩謝在促使東方律僧採用密續儀軌方面非常成功，以至於引起了盧枚的弟子，也就是索那唐波齊寺的住持庫敦的嫉妒。據說庫敦訴諸法術，想毀掉札巴・恩謝，可惜並未成功。[77]

如同十一世紀的一些密教僧侶一般，札巴・恩謝晚年棄僧還俗，離開布拉馬普特拉河（Brahmaputra）附近的扎囊地區，遷徙至東南方的雅隆，在那裡他建立了新的堅耶寺（sPyan g.yas）。[78] 他必定同時接受了寧瑪派和較新的教法，後者主要是由桑卡譯師（Zangs dkar lo tsā ba）傳授的。寧瑪派視他為傳統體系的大師，也是值得注意的伏藏師。[79] 後來，札巴像許多十一世紀的人物一樣，成為一位令後人自由聯想的人物，如被認為在 1038 年開啟伏藏《醫學四續》（*rGyud bzhi*），雖然這個說法似乎沒有什麼歷史依據。

世界屋脊上的衝突

東方戒律傳承的僧侶當然不會低估在缺乏佛教僧團制度

的情況下,於西藏四如蓬勃發展的宗教形式的力量。這些形式在城堡、貴族莊園和一些古寺中大為流行。殘存舊秩序的一些元素與正在引進的佛法目標並不一致,而舊派的大師們並沒有意識到重新引入佛法的重要性,因為他們並不認為有宗教已經失去意義的任何跡象。即使他們保留了一些過去舊寺廟的圖書館資料,這些資料在達瑪鎮壓期間被藏了起來,後來才被取出,但在新的環境下,他們被批評對這些舊材料的理解有誤。十一世紀初,東方戒律傳承的主角們憑藉其政治關係、成熟的經濟資產和充滿活力的建設計畫,不可避免地要和中央西藏舊教派的殘餘勢力互動。新僧侶與舊有團體,也就是頂髻羅漢、班第、咒師以及各種類型的寺廟守護者之間,理所當然地產生了摩擦,而舊團體中的許多人都精通寧瑪的密法。

新教派與舊秩序之間的衝突,往往會以西藏特有的方式進行,亦即一個宗派對另一個宗派施加咒術。在弟吳的兩本史書中,有個故事可以加以說明。

> 當時,瓊波・僧格堅贊(Khyung po Seng ge rgyal mtshan)、巴・嘉瓦羅卓(sBas rGyal ba blo gros)和恩朗・嘉偉汪波(Ngan lam rGyal ba'i dbang po)三位咒師與一些僧人結盟。以前,新教派和咒師之間互相禮敬,但羅尊(Lo btsun)和巴尊(sBa btsun)除去了任何禮敬〔咒師〕的可能性。於是,三位咒師很不高興,他們施下邪惡的巫術。有天晚上,他們降下三道雷,劈在羅尊身上,但他因為睡在一些佛經下面,所以逃過一劫。[80]

這個故事的癥結點在於,羅敦・多傑汪曲(此處稱為羅

尊）和巴尊・羅卓（另一位「衛藏人士」）干涉了新譯派僧人和舊派咒師之間相互禮敬的習俗。按照標準的西藏禮儀，不同宗派團體之間，應該互行周到的問候禮，並基於社會認可的貴族、輩分和修行等級，建立階級制度。然而，根據標準的佛教僧制，這些咒師都是居士，任何僧侶都不能屈居於居士之下。因為僧人是出家人，憑藉著受戒之功德，其地位高於未剃度者。反之，咒師們被描述成訴諸咒術和法術進行報復之人。但咒師們眼中真正的罪魁禍首羅敦，是被一本代表佛語的經典所拯救。

隨著十一世紀的到來，逐漸增多的東部戒律傳承僧侶加劇了這類衝突，當然不是所有衝突都能藉由法術來解決。《柱間史》回顧了拉薩地區早期歷史上所發生的事件，顯示出十一世紀不同宗教團體之間彼此嫌惡的關係。這本書以首位贊普松贊干布第一人稱的口吻，以預言式的文學手法，描述近期發生的事件，以各教派與拉薩大昭寺觀音覺沃像為焦點：

然後，這些派別將出現許多僧侶，他們當中的許多菩薩將供養和禮敬這尊〔覺沃〕像。他們將在四處〔建造和〕維護寺廟，並且正確地修習聖行。

但也有「班第」，他們是魔鬼家族的化身。他們與宗派發生爭執，玷汙宗派，把他們拖垮。班第將包圍乃西（gNas gzhi，在洛札〔Lho brag〕），修築堤壩和防禦工事。他們將用長矛刺傷僧侶，向他們投擲鐵製武器。然後，這些班第將掠奪〔僧侶的〕寺廟，與主法法師們爭奪供品。[81]

無庸置疑地,這類事件的確曾經發生過,因為藏人不時地用暴力來解決宗教主張的衝突。紛爭也不只是單向的,東部戒律僧在奪取寺廟和貶抑他人宗教活動方面也相當積極。羅敦甚至被指控在 1035 年,毒殺了早期最著名的苯教伏藏師仙千・魯嘎(gShen chen kLu dga')。但這個指控相當晚才出現,因此很值得懷疑。[82] 雖然它的真實性有待商榷,但這個陳述顯示了十至十一世紀各教派之間彼此競爭的緊張關係。

實際上,這些教派之間的衝突,是價值觀和信仰模式的衝突。居士咒師代表了聖、俗合一的王朝和本土的西藏意識型態,即西藏諸神和國王與印度諸佛一樣重要。[83] 這類聖人的政治和宗教權力,來自祖先與貴族血脈相連,這些血脈來自於一個神聖的氏族,這個氏族定居於某特定的山谷中。而該山谷的神靈被該聖人所控制。咒師們把自己的家廟看作是宗教的堡壘,他們的職責是為直屬的神、社群舉行儀式。他們對這些群體同時行使宗教與世俗的權威,因為這兩者被認為是密不可分的。當達瑪的動亂開始時,他們看到僧侶們逃離了衛藏地區,但咒師們卻堅守陣地,持續祕密地修持法,並在亂世中保護中央西藏。

反之,僧侶們代表理論上的平等主義,因為任何背景的人都可以通過儀式認證(得戒)來獲得權威,而不需藉由家族出身的方式。事實上,雖然大部分僧侶都來自中央西藏的古老大氏族,但他們的宗教權威來自於他們所受的戒律與僧人身分,來自在知識復興中所創造的穩定與和諧,以及僧侶們抵達後所累積的經濟和體制利益等。由於許多藏人不知道印度佛教在密教居士與學問僧眾之間,已勉為其難地訂定了一個和平協定,專用術語稱為「三律儀(trisaṃvara)的必要說明」。許多藏

人並不清楚裁決僧侶和世俗代表們各自主張的方式。[84]「三律儀」思想最終由阿底峽在十一世紀中葉正式提出,但那時譯師現象已積極展開。

西藏西部與噶當派

近期有關西藏復興時期的歷史,強調了十、十一世紀維嵩一脈的西藏西部的僧王們的活動。他們是最早資助譯師仁欽桑波的翻譯,特別是孟加拉僧侶阿底峽・燃燈吉祥智(圖5)佛行事業的人物。[85]根據這些以及後來許多的藏文資料顯示,阿底峽1042年的抵達,是佛教繁榮興盛的開端,並為下一個千年的寺院義學制度,奠定了堅實的基礎。然而,西藏西部與中央西藏之間的關係,以及因此對西藏佛教最終發展的影響,遠比一般所知的情況更為複雜。

由於西藏西部人物的生平已經有了詳實的文獻記載,我在這裡只簡單扼要地介紹他們的活動及成效,並對他們十一世紀在衛藏地區的實際影響,做出修正意見。[86]

據西藏文獻,拉喇嘛・智慧光對古格王國所展現的佛教形式感到擔憂,因此在十世紀最後二(十五年的某個時候,他派遣了二十一位聰明的年輕人到迦濕彌羅學習。[87]由於旅途艱苦,再加上藏人對印度疾病缺乏免疫力,大多數人都過世了,但傑出的學者仁欽桑波是兩位倖存者中的佼佼者。他和他的直傳弟子受到古格—普蘭王室的大力支持,在這個西邊的王國建造或參與建造了許多佛寺。傳統上認為仁欽桑波負責建造了一百零八間佛教修行中心。最近的一項研究顯示,從992年到阿底峽離開古格—普蘭前往衛藏地區的1045年間,十一世紀

圖 5　阿底峽和種敦（臨摹自一幅十二世紀噶當派圖畫）

中葉的寺廟總數大約是三十幾到四十幾座。不過在此期間，建寺的速度持續加快。[88]

到了 1030 年代，古格王決定邀請一位來自東印度的著名學者，這與之前大多數印度僧侶均來自迦濕彌羅有所不同。[89] 各傳記均記載，西藏受到了非正統修持法的威脅，尤其是那些與惡名昭彰的紅衣阿闍黎（慧藏〔Prajñāgupta〕）和外道的藍袍宗（nīlāmbara）有關的修持法。但這些人物抵達的時間應該稍晚一些，且被錯誤地回推至這一時期。[90] 拉喇嘛的王位繼承人菩提光（Byang chub 'od），似乎非常關注寺院生活的正當性，當然也考慮修繕桑耶寺，也許是擔心中央西藏日益激烈的運動正在侵吞所有王室遺址。[91] 因此，著名的佛教僧人那措・慈誠嘉瓦（Nag tsho Tshul khrims rgyal ba，生於 1012 年）便被要求向阿底峽轉達菩提光的邀請。阿底峽當時正擔任

位於現代比哈爾邦的超戒寺住持。1037年,那措離開西藏,率領其他四位藏人學者一同前往超戒寺。他們先在菩提伽耶(Bodhgayā)的摩訶菩提寺(Mahābodhi)停留,向金剛座致敬。抵達超戒寺後,他們遇到了那措的阿毘達磨上師嘉洛‧村竺僧格(rGya lo brTson 'grus seng ge)正在當地。他也是藏人,於是透過他與阿底峽商談入藏事宜。[92]

這顯然花費了一些時間,在這期間,那措去拜見了普拉哈里寺(Phullahari)的那洛巴和孟加拉的其他上師,並繼續在超戒寺學習。[93] 最後,嘉洛、那措和阿底峽前往西藏,在加德滿都(Kathmandu)附近停留了一年,並以超戒寺為模型建立了斯坦精舍(Stham Vihāra)。[94] 阿底峽和那措於1042年抵達普蘭,並在此停留了三年。在此期間,阿底峽與仁欽桑波會面,創作了著名的《菩提道燈論》(*Bodhipathapradīpa*),並與藏人合作翻譯了多部作品。他與那措的關係最密切,此後,他們在那措故鄉旁的芒域(Mang yul)一起住了一年。後來他們決定前往中央西藏,並於1046年到達藏區,在那裡住了一年。1047年到達桑耶寺,然後又去了西藏的其他各區。阿底峽在葉巴寺待了幾年,盡量避開拉薩。不過他的弟子們會去那裡參加宗教節日活動,他自己也在拉薩住了一段時間。這位孟加拉僧侶在聶塘(sNye thang,位於吉曲河谷〔skyid chu〕)的風采最盛,並於1054年在當地圓寂。這時期的阿底峽成為中央西藏的一個小有名氣的人物,十一世紀中葉許多重要的西藏上師都曾款待過他,或接受他的教法。

表面看來,阿底峽似乎就像後來噶當派和格魯派作者所描述的那樣,在中央西藏地區很有影響力,但仔細觀察就會發現,十一世紀中葉的情況並非如此。首先,大部分僧侶,

即使是確實遵循阿底峽修行規畫的噶當派僧侶，都是在東方律僧處受戒並接受律學訓練。西藏所有戒律傳承史都指出，阿底峽在西藏的十三年中，並未傳戒給藏人。[95] 原因很簡單，他是《摩訶僧祇律》（Mahāsāṃghika-vinaya）說出世部（Lokottaravada）的僧侶。當他在聶塘試圖傳戒時，他的西藏弟子阻止了他，因為他們堅守由熱巴堅和其他國王所制定的舊律令，對於根本說一切有部（Mūlasarvāstivāda）以外的任何戒律都加以抗拒。[96]

因此，當阿底峽遊歷西藏時，他很少建立寺院或道場，所有他建立的寺院，例如1045/46年在芒域建的「白廟」（Lha khang dkar po），最終都要依靠先前與東方戒律僧侶之間所建立的關係與網絡組織。阿底峽理所當然地被邀請為新寺開光，他還被要求為聖提婆寺（Āryadeva）和衛地的一座古寺開光。[97] 這類事件證實阿底峽講學的大部分寺廟，其實是之前的上師所建造的。在阿底峽離開後，這些寺廟仍由他們掌控。因此，雖然阿底峽的弘法開示與法會偶爾會有許多人參加，但當這些僧眾離開會場時，他們隨即返回自己的家鄉。社會學家斯塔克（Stark）和本布里琪（Bainbridge）將此種接觸新興體系的活動，稱為「會眾崇拜」（audience cults），這是所有群體中最不穩定的，因為當大師離開後，這種關係也會消失。[98]

缺乏有組織的戒律關聯，意味著西藏的寺院很少能如同加德滿都的斯坦精舍等中心一般，按照阿底峽所認可的方式來運作。當阿底峽到寺廟或僧院傳法或翻譯時，他通常是由東方戒律傳承的成員接待。事實上，如果沒有他們的護持，阿底峽根本不可能有太大的影響力，因為他並不總是受到歡迎。即便阿

底峽的長篇傳記，也經常提到他和隨從於西藏四如所遭遇的敵意，藏人很有創意地將此敵意歸結為琛卡・貝吉雲丹的詭計，他是被暗殺的僧魂，是煽動分裂時期叛亂的鬼魂。[99]

早期的文本實際上將阿底峽描繪成西藏上師們手中的一顆棋子，當他途經他們的勢力內範圍並且掛單於寺院時，必須遵照他們的意欲行事。阿底峽別無選擇地聽從安排，因為這一時期重要的西藏僧侶一再地被尊稱為「大人物」。因此，當阿底峽抵達藏區時，據說松巴・益西羅卓（如果他真的還活著，一定已經非常老了）邀請他到自己的道場嘉薩岡寺（Gyasargang）。[100] 在衛區，盧枚的弟子庫敦・村竺雍仲被認為是最大的大人物。他對這位孟加拉僧人的邀請，在傳記中意義重大，因為這等於承認了阿底峽的價值。然而，傳記中也以西藏的標準來衡量阿底峽。[101] 這種邀請給阿底峽帶來了教學的壓力，因為他們經常規定授課內容。例如，當他住在庫敦的主寺索那唐波齊寺時，雖然他會稍加敘述瑜伽行派和相關的論著，但他授課的大部分內容，都符合東方戒律傳統的既定課程。[102] 當阿底峽住在桑耶寺時，他被要求維持類似的授課表。[103] 他在其他地方抱怨說，他不被允許傳授他心愛的《摩訶僧祇律》或是道歌，這些在當時的孟加拉具有無與倫比的重要性。[104] 當我們把他的授課表，與他和西藏弟子一起翻譯的密續典籍做比較時，我們便可體會到其中的差異。當阿底峽在索那唐波齊寺教授《寶性論》（*Ratnagotravibhāga*）時，他和種敦正在翻譯勝樂金剛、閻曼德迦等密續修持儀軌。[105]

這種受限的戒律課程，進一步影響了阿底峽的弟子。當噶當派大師們開始建立自己的寺院中心時，即使課程的知識部分是源自噶當派，他們還是會追隨東方戒律傳統的某個傳

承。因此，噶當派的大寺院，如位於聶塘（1055）的新寺，或是鄂·列貝協繞（rNgog Legs pa'i shes rab）所建的桑普內鄔托寺（gSang phu ne'u thog, 1073）等，主要是依東方律統的傳承建立的。只有種敦·堅威瓊聶（'Brom ston rGyal ba'i 'byung gnas）所創建的熱振寺（Rwa sgreng, 1056/7）似乎是個例外。因此，阿底峽去世後，他的傳記需要指明各噶當派寺院所追隨的是東部戒律傳統中的哪一個派別，這某種程度上是為了彰顯熱振寺的獨特地位：

> 這樣一來，在衛區為阿底峽尊者駐錫所創建的四座寺院（gdan sa）中，龐敦（Bang ston）在沃（'O）修建的聶塘寺，被巴拉喀宗（Ba Rag）人士接管。位於雅隆色篤（Se rdu）的辰吉拉丁寺（'Dren gyi lha sdings），被盧枚派占領。鄂敦巴（rNgog ston pa）在桑普寺集眾，豎起了「門一樣大的天棚（rgya phibs phya ra tsam cig）」，卻被景派占用。然而，由於熱振寺是在格西〔種〕敦巴和恰玖巴·協繞多傑（rNal 'byor pa Shes rab rdo rje）的指導下建立的，所以在熱振寺的北面修建了「鷹頭（khyung mgo can）」。[106] 雖然這是一座以屯巴（Don pa）格西的遠見為基礎的大寺院，但它並未落入任何西藏宗派之手，無論是巴拉喀、盧枚或是景派。那麼它是什麼呢？它附屬於超戒寺，是尊者〔阿底峽〕的駐錫地、屯巴格西的精神建築、守護珍貴噶當派教法的祖師以及尊者，從西藏西部到中央西藏，雪域全境的主要支提（caitya[1]）。[107]

雖然這是噶當派的呈現，但札巴堅贊肯定地說，十二世紀

的噶當派寺院雖然未被完全納入東部戒律傳承的主要宗派中，但卻與這些宗派密切相關。熱振寺隸屬於巴拉喀教團，聶塘寺與瑪（rMa）派有關聯、而桑普寺則是景教團的一部分。[108] 東部律僧的侵略性特質在古老的聶塘寺是顯而易見的，因為隨著阿底峽的逝去，我們可以看到人們爭奪該寺院的控制權。巴拉喀派的成員，即那些在巴尊·羅卓和拉喀西·慈誠瓊內傳承中之僧眾，經常被合併成一個組織，起初他們並未成功地取得聶塘寺，後來才如願取得控制權。[109]

歷史是勝出的偉大思想和完善的組織

因此，我們應該了解，十一世紀時西藏西部的佛教，最初對衛藏地區的影響並不大。仁欽桑波的弟子們幾乎完全集中於古格與普蘭地區。噶當派僧侶們在中央西藏地區興建的寺院雖然重要，但也不多，主要在那些尚未被東部戒律僧團所掌控的地區。在阿底峽被邀請到西藏之前，東部律僧已經巧妙且扎實地融入衛藏地區的社會結構達半個多世紀了。他們的每一座道場都得到補給、臣屬、親緣和權威等網絡的支持。因此，雖然古格與普蘭的國王們很希望將佛法弘傳至中央西藏，但他們對十一世紀中葉衛藏地區的佛教復興並不太重要。

無論是噶當派的組織，或是拉喇嘛、菩提光等國王的權威，在後來的藏文和西方二手文獻中，都被賦予了很顯著的重要性。為何特別偏重於此呢？我相信至少有三個原因。藏人給予維嵩一脈的崇高地位，導致他們遺忘了雲丹後裔的活動史。噶當派或與之相關的義理和教學體系，在十一世紀末以後的重要性。以及 1409 年宗喀巴（gTsong kha pa）建立新噶當派傳

承後，徹頭徹尾地改寫歷史。

早期的歷史顯示，西藏的佛教復興是通過分散在各地的三位王室成員的推動與護持而實現的，這三位成員是普蘭的拉喇嘛·智慧光、烏如的赤德貢贊和桑耶附近的扎拉那·益西堅贊。[110] 從繼承表中可以看出，其中有兩位是雲丹世系的，只有拉喇嘛·智慧光代表了維嵩一系。儘管如此，西藏文獻對雲丹後裔的描述是，他們對新佛教形式本身並不十分感興趣。正如索南孜摩所說：「雖然如此，在中央西藏四如，〔後弘期〕並非由某位護法國王的命令所促成的，而是出於之前祈求的力量……才使義理得以弘揚和發展。」[111] 儘管盧枚和他的弟子們被允許進入王朝的場域，但許多作家表示，這是出於王室的默許，並不代表王室的實際參與。相比之下，拉喇嘛和他的後裔不僅是正統寺院戒律的積極支持者，許多人自己也成為僧侶，受戒並穿上了僧袍。他們頒布了幾道詔書，證明他們有意抑制外道修持法，並培養了代表戒律傳統和大乘經典文獻的模範僧侶。

畢達克並不認同這種傳統的描述。他認為扎拉那·益西堅贊積極地參與了翻譯工作，並且顯然在晚年成為一名僧人，因為至少有一篇他的譯本跋文證實他是僧王拉尊（Lha btsun），與拉喇嘛·智慧光同樣的模式。[112] 他所翻譯的十六件譯本中包括了密集金剛釋續的其中一部，即《金剛心莊嚴續》（*Vajrahṛdayālaṁkāra-tantra*），而且許多最重要的作品都與智足學派的密集金剛修持法有關，包括佛智足本人的寧體類作品。[113] 由於這些譯本大多是與印度譯師卡瑪拉古雅（Kamalaguhya/gupta，此人曾在 996 年後的某段時間與仁欽桑波合作）合作翻譯的，我們也沒有看到任何跡象顯示這位僧

王曾前往印度,所以這些譯本無疑是在十一世紀最初二十五年於西藏本土完成的。[114]

儘管如此,藏史學家幾乎一直忽略了這參與程度,甚至專門研究密集金剛史的著作,如1634年阿梅夏(A mes zhabs)的偉大編年史,雖然有時會提到仁欽桑波、念智稱(Smṛti Jñākīrti)和紐譯師・雲丹札(gNyos lo tsā ba Yon tan grags)等人,但還是將智足學派的傳入,歸功於涅譯師・達瑪札(gNyan lo tsā ba Darma grags)。[115] 這個奇怪的現象,又因以下的事實而更加怪異。扎拉那・益西堅贊的譯本受到寧瑪派用語的影響,因此是被廣泛接受為佛典的作品中,少數幾個出現「大圓滿」一詞的例子。[116] 但即使是寧瑪派的護教者藉由提及這些文本來為這個語彙辯護時,在論述中也忽視了扎拉那・益西堅贊的作用,並模糊了他的立場。這與政治系譜中推翻雲丹一脈的大方向是一致的,正如哈佐德(Hozod, G.)所評述的:「即使是雲丹的血脈也往往被統治的王朝所否認,並以虛構的維嵩系譜所取代。」[117] 據說雲丹一脈的血統不純淨(rigs ma dag pa),所以其後裔的合法性也受到質疑,以至於在一定程度上無法將他們追溯至維嵩一脈。中央西藏的許多宗教活動也是如此,除了少數跋文以外,雲丹傳承的實際努力成果被掩蓋,而後來的譯師以及西部的作品,則被賦予了重要的地位。

噶當派僧侶最初對衛藏區的影響並不大,這個評論必須被理解為十一世紀中期的特殊狀況,因為他們對西藏寺院課程和價值觀的影響力是循序漸進的。到了1076年,隨著王室贊助的宗教大會在古格召開,那些對哲學和教義體系感興趣的人,看到自己的體系正開始逐步成形,而且大會是由受過學術認識

論和邏輯學教育的僧侶們所主導的。最終是噶當派組織並延續這個西藏知識層面，而這個知識層面主要是以鄂譯師・羅丹協繞（rNgog lo bLo ldan shes rab, 1059-1109）和其他噶當派學者的譯本為基礎的。儘管這類學術研究的轉變花了幾十年的時間才成熟，但我們將會看到，到了十二世紀初，在阿底峽過世半個多世紀以後，噶當派的課程已經成為中央西藏佛教研究主流的一部分。這是前所未有的成果。

最後，有關西藏佛教史的早期文獻顯示，至少在十四世紀末之前，阿底峽並不被認為對西藏復興具有舉足輕重的地位。在那之前，大多數西藏史在談及「死灰復燃」的話題時，重點是東部律僧的活力，而阿底峽和噶當派則是事後才被提及，這也的確是他們最初的情況。[118] 到了十五世紀，由於宗喀巴全盤接受噶當派的課程，阿底峽便從一位對西藏道場影響不大的重要孟加拉上師，一躍而成知曉藏人精神疾病解藥的遠見卓識的醫生。一位在西藏荒野中哭泣，並期待救世主宗喀巴勝利的聖約翰（St. John）。從十五世紀開始，阿底峽的貢獻益發顯著，而宗喀巴改革運動的歷史，幾乎總是從這位孟加拉僧侶對西藏精神生活的巨大貢獻開始的。[119]

結論——帝國陰影下的傳統

藏人繼承了古代王朝的許多遺產，使他們享有國際盛名和財富，但在十世紀末的中央西藏，宗教教規支離破碎，促使他們尋求一種更正宗的佛教修行方式。以大乘佛教為基礎的課程，以及以戒律為基礎的組織，在一個已經變化太快的世界中提供了一種穩定感。東部戒律僧眾帶來了前弘期教法的鮮活遺

產，其重點是學習諸大乘經典、《根本說一切有律》、有部阿毘達磨或瑜伽行派的著作。由於授戒規則雖允許非大氏族子弟參加，卻仍能為掌控其領導階層的氏族成員，提供一種權威和控制感。因此，東部戒律僧眾占據了道德的高地，維護著在衛藏地區一直受到威脅的公共秩序和道德使命。彷彿近在眼前的當地寺廟，分布在西藏四如的每個山谷中，意味著公民美德和宗教價值的建立，是以寺院體制為榜樣來實現的。僧侶和他們的居士信徒，就近成為了藏人追求自我意義和德行生活的參考指標。

到了十一世紀中葉，像札巴・恩謝這樣的人，已經開始採用古代密續體系的修持法，其他如鄂・列貝協繞等人，即使他們保留了東部戒律的傳承和組織模式，但也開始投入噶當派的課程當中。最終，東部戒律傳統的寺院制度以及其日益加深的傳承意識，成為下個發展階段的平台，也就是十一世紀大譯師們的時代。事實上，西藏文明的復興更是來自印度密續文獻的西藏譯師們，包括他們做為新宗教代表的魅力，以及他們被印度瑜伽士擴大的權威，這些印度瑜伽士為了自身的利益而強調譯師們的成就。無論是較古老的東部戒律傳統，還是較新的噶當派當中，大乘課程都有太多缺陷，無法成為這片土地上的獨占體系。大乘課程無法在缺乏中央政府的情況下，提供保護西藏的法術力量。它無法像密續體系一般，以權力和地位的譬喻來為其修持者們灌頂。它沒有密續中流傳下來的統治權威的偉大儀軌。它無法提供密續壇城中使群體組織緊密連結的思想。它也沒有傳授宣稱可以即生成佛的祕密瑜伽體系。雖然所有這些特質都出現在各種古老的密續裡，但其真實性仍應謹慎以對，其中一些問題將與對譯師的崇拜一起探討。

原注

1. 此為 *mKhas pa lde'u chos 'byung* [《弟吳賢者法源史》], p. 390.5-11 之扼要總結。
2. *Chos 'byung me tog snying po sbrang rtsi'i bcudChos 'byung me tog snying po sbrang rtsi'i bcud* [《娘氏教法源流》], p. 459；*mKhas pa lde'u chos 'byung* [《弟吳賢者法源史》], p. 390-91；*rNam thar rgyas pa yongs grags* [《高僧廣傳》], p. 113。
3. Wang 1963, p. 5.
4. Dunnel 1994, pp. 168-72.
5. Backus 1981, pp. 159-64.
6. *Bod kyi rgyal rabs* [《西藏王統記》], p. 296.3.3；比較 *Deb ther dmar po gsar ma* [《新紅史》], Tucci 1971, pp. 132-33。請注意 Tucci 1947, p. 458 不願翻譯這一段，並將其注解為「隨後是關於苯教和佛教傳播的簡短片段」，忽視了這個段落的重要性。
7. 關於這些論述，見 Uebach 1990。
8. 傳記文學中充斥著西藏譯師和商人互動的例證；例如，熱譯師的傳記，*Rwa lo tsā ba'i rnam thar* [《熱譯師傳》]，特別是 pp. 20, 36-37。關於這種現象在現代的重要性，見 Lewis 1993。
9. 見 Aris 1979, pp. 3-33；也見 Janet Gyatso 1987 對這個體系含義的討論。
10. *mKhas pa lde'u chos 'byung* [《弟吳賢者法源史》], pp.390-92，*mKhas pa'i dga' ston* [《賢者喜宴》], pp. 466-68；*Chos*

'byung me tog snying po sbrang rtsi'i bcud [《娘氏教法源流》], pp. 449-50；*lDe'u chos 'byung* [《弟吳教法源流》], p. 154-55；*sNgon gyi gtam me tog phreng ba* [《奈巴教法史》], pp. 120-24。此處民族名或地名霍爾的意義不明確，它可能是為了說明某支突厥民族的身分，因為 *Deb ther dmar po* [《紅史》], p. 41 認為這個地區接近喀喇（Qarlok）汗國。

11 這個材料出自於 *sNgon gyi gtam me tog phreng ba* [《奈巴教法史》], p. 122。

12 *sBa bzhed zhabs btags ma* [《巴協增補本》], p. 83.3-5；*sNgon gyi gtam me tog phreng ba* [《奈巴教法史》], p. 120；*Chos 'byung me tog snying po sbrang rtsi'i bcud* [《娘氏教法源流》], p. 441.6-8；*Bu ston chos 'byung* [《布敦佛教史》], p. 192.11-12。

13 *Chos 'byung me tog snying po sbrang rtsi'i bcud* [《娘氏教法源流》], p. 446.5-11；關於在這些僧侶指導下受教的個別人物，比較 *mKhas pa lde'u chos 'byung* [《弟吳賢者法源史》], pp. 391.18-93.10。

14 *Chos 'byung me tog snying po sbrang rtsi'i bcud* [《娘氏教法源流》], p. 446.4 提到了「學者派」（mKhas gral，學者傳承〔mkhan brgyud〕的另種一說法）和「尊者派」（bTsun gral）之外的 rMe gral 或美 rMe 傳承，但這個傳承尚未被確認。

15 學者傳承（mkhan rgyud，這是許多文本的拼法）有時被稱為 mkhas rgyud；關於這兩個傳承，見 *sBa bzhed zhabs btags ma* [《巴協增補本》], p. 85.15；*sNgon gyi gtam me tog*

phreng ba [《奈巴教法史》], p. 128；*mKhas pa lde'u chos 'byung* [《弟吳賢者法源史》], p. 392.1-10。

16　*sNgon gyi gtam me tog phreng ba* [《奈巴教法史》], p. 128；*sBa bzhed zhabs btags ma* [《巴協增補本》], p. 87。

17　最佳的論述是 Dunnel 1994、Petech 1983、Stein 1959, pp. 230-40、Iwasaki 1993；比較 Schram 1961 對這個複雜地區的歷史研究。

18　Iwasaki 1993, p. 18.

19　Petech 1983, p. 175.

20　Dunnel 1994, p. 173.

21　Iwasaki 1993, p. 24.

22　這些國王似乎是在十四世紀突然出現的：*rGyal rabs gsal ba'i me long* [《王統歷史明鏡》], p. 200；*Yar lung jo bo'i chos 'byung* [《雅隆尊者教法史》], p. 73；*Deb ther dmar po gsar ma* [《新紅史》], pp. 166-70。

23　Petech 1983, p. 177.

24　Iwasaki 1993, p. 22.

25　Iwasaki 1993, p. 19.

26　Iwasaki 1993, p. 25.

27　*Bod rje lha btsan po'i gdung rabs tshig nyung don gsal* [《西藏王統世系簡史》], pp. 77-81。我們無法接受諾章·吳堅的史書，因為他把這些人物的年代設定得過早，然後才去解釋寺廟建設和早期諸譯師的時間。見 *Bod sil bu'i byung ba brjod pa shel dkar phreng ba* [《西藏分裂割據史》], pp. 291-93。

28　Richardson 1957, pp. 58-63 似乎首次正確地確認了這

一點。

29 這些姓名的來源包括 *sBa bzhed zhabs btags ma* [《巴協增補本》], p. 87.4-5； *sNgon gyi gtam me tog phreng ba* [《奈巴教法史》], p. 128； *mKhas pa'i dga' ston* [《賢者喜宴》], vol. I, p. 467.7-8； *Chos la 'jug pa'i sgo* [《入法之門》], SKB II, p. 343.4.3； *Chos 'byung me tog snying po sbrang rtsi'i bcud* [《娘氏教法源流》], p. 450.5-7（包括了貢巴色）； *Bu ston chos 'byung* [《布敦佛教史》], p. 60.15-16。有些雖列出了俀瓦・也偕堅贊 *Chos la 'jug pa'i sgo* [《入法之門》], p. 343.4.3，但我認為那是 'Dul ba Ye shes rgyal mtshan 的訛誤。

30 *lDe'u chos 'byung* [《弟吳教法源流》], p. 156： de ltar bskos kyang mkhan po'i gsungs la ma nyan te | rang re ci dga' byas |（雖如此任命，但他們都不聽住持的話，只隨心所欲地做事）與這份類似但描述不完全相同的名單，也出現在 *Chos 'byung me tog snying po sbrang rtsi'i bcud* [《娘氏教法源流》], p. 450，但意義有些許差異。

31 *sBa bzhed zhabs btags ma* [《巴協增補本》], p. 87 描述了這個過程，而 *mKhas pa'i dga' ston* [《賢者喜宴》], vol. I, p. 473 討論了這頂做為他們組織標誌的帽子。

32 *rGya bod yig tshang chen mo* [《漢藏史集》], pp. 458-59；另一個版本在 *Bu ston chos 'byung* [《布敦佛教史》], pp. 61.8-62.5。

33 *Chos 'byung me tog snying po sbrang rtsi'i bcud* [《娘氏教法源流》], p. 449。

34 *mKhas pa lde'u chos 'byung* [《弟吳賢者法源史》], p. 394；

Bod rje lha btsan po'i gdung rabs tshig nyung don gsal [《西藏王統世系簡史》], pp. 78-81；*mKhas pa'i dga' ston* [《賢者喜宴》], vol. I, p. 481.19-21；*Deb ther sngon po* [《青史》], vol. I, pp. 86.13-14；*Blue Annals* [《青史》], vol. I, p. 62；*rGya bod yig tshang chen mo* [《漢藏史集》], p. 459.17；關於這個問題的討論，見 Vitali 1990, p. 62, n. 1。

35 *Chos 'byung me tog snying po sbrang rtsi'i bcud* [《娘氏教法源流》], pp. 451-52 和 *sBa bzhed zhabs btags ma* [《巴協增補本》], pp. 87-88；娘列的文本一直將 lo tshong（商人）誤讀為 lo tsā ba（譯師）。

36 這個區域在 *sBa bzhed* [《巴協》], pp. 45-46 中有所描述，而且這必定就是許多文本中的 Khor sa chen mo [大迴廊]。《巴協》中的這一段，似乎就是後來所有敘述的出處，包括 *Padma bka' thang* [《蓮花遺教》], p. 510（第 86 章）中的描述。

37 這個房間有許多種拼法：在 *sBa bzhed* [《巴協》], p. 44 和 *Chos 'byung me tog snying po sbrang rtsi'i bcud* [《娘氏教法源流》], p. 451 是 mga khang；在 *sBa bzhed zhabs btags ma* [《巴協增補本》], p. 87 中被拼成 mnga' khang；在最近印刷的 *Padma bka' thang* [《蓮花遺教》], p. 510 中則被拼成 snga khang。

38 這是我對這段說明文字的推測。Skam bu 表示某些完全乾枯的東西，也就是破爛木材的外觀。儘管環境就是這裡所描述的：沒有防護地暴露在斷斷續續的濕氣中，但我們叫它「腐木」（dry rot）是錯誤的。

39 我認為娘列所說的 *phyir rdzab zhal byas* [他說這裡是泥

潭，便把鑰匙取出來］和 *sBa bzhed zhabs btags ma* [《巴協增補本》] 的 *phyir zha la la* [從泥牆取出鑰匙] 源自一些口語化的用法，如 *phyir zhal rdzongs*：「讓我們 [把這些鑰匙] 拿出來！」但資料寫得不夠明確，所以我翻譯娘列的說法。

40 出自 *sBa bzhed zhabs btags ma* [《巴協增補本》], p. 88.6：*g.yu ru'i lam rgyag bya 'di gzung gsungs nas bzhes* | [走向通往夭如之路！]。

41 請注意 *sBa bzhed zhabs btags ma* [《巴協增補本》], p. 88.1 表示盧枚試圖修復桑耶寺烏策殿，被巴和拉克（Rag）阻撓，在赤德貢贊的干預下才獲得成功。

42 *sBa bzhed zhabs btags ma* [《巴協增補本》], p. 88.10。

43 Vitali 1990, pp. 37-39（也請比較 p. 63, n. 29）及 van der Kuijp 1987, p. 109 不同於 Tucci 1949, vol. I, p. 84 的看法，前兩者將這些理解為「畫分區域」或「地區」，這接近近代對這個詞語的用法；見 Diemberger and Hazod 1999, pp. 42-45。但在此早期階段，強大的地方性是錯誤的。Tsho 與 tshogs、'tshogs pa、tshogs pa、sogs 等形式同源，表示一群人，而且 tsho 在過去和現在一般都是名詞和代名詞的複數。在「衛藏（dBus gTsang）十人」到達中央西藏之前，他們被描述為一個共同的群體（byin po tsho yar 'ongs），因為他們都在同一時間受戒；見 *mKhas pa'i dga' ston* [《賢者喜宴》], vol. I, p. 473.3。一些作者喜歡使用 sde[pa] 一詞，如奈巴（Nel pa）在 *sNgon gyi gtam me tog phreng ba* [《奈巴教法史》], p. 132-36，而非 tsho。各地區的用法似乎也有一些差異，因為藏區的群體似乎更

經常被描述為 tsho。札巴堅贊的文章說明 tsho、sde pa 和 [b]rgyud 是有不同關聯性的詞語；見 *rGya bod kyi sde pa'i gyes mdo* [《印藏教眾之交融》], p. 297.1.3 以下。

44 關於僧侶在衛藏地區建立教眾的活動資料主要是 *mKhas pa lde'u chos 'byung* [《弟吳賢者法源史》], pp. 392-96；*Chos 'byung me tog snying po sbrang rtsi'i bcud* [《娘氏教法源流》], pp. 452-54；*lDe'u chos 'byung* [《弟吳教法源流》], p. 155-59；*sNgon gyi gtam me tog phreng ba* [《奈巴教法史》], p. 130-36；*rGya bod kyi sde pa'i gyes mdo* [《印藏教眾之交融》]；*Bu ston chos 'byung* [《布敦佛教史》], pp. 59-81；以及 *rGya bod yig tshang chen mo* [《漢藏史集》], pp. 459-68，此書似乎遵循了巴臥（dPa bo）在 *mKhas pa'i dga' ston* [《賢者喜宴》], pp. 473-81 中所採用的大部分資料。關於寺廟簡圖，見 Tucci 1949, vol. I, pp. 84-85 之間的圖表；以及 Uebach 1987, pp. 37-43。

45 這個寺廟名稱也拼成 rGyal 'gong，*lDe'u chos 'byung* [《弟吳教法源流》], p. 157；*rGya bod yig tshang chen mo* [《漢藏史集》], p. 462.1。

46 *lDe'u chos 'byung* [《弟吳教法源流》], p. 158。

47 *sNgon gyi gtam me tog phreng ba* [《奈巴教法史》], p. 132。

48 這八人在 *sNgon gyi gtam me tog phreng ba* [《奈巴教法史》], p. 132 中特別加以強調，但其餘人等則仍不清楚。

49 *mKhas pa'i dga' ston* [《賢者喜宴》], p. 478：*glang tsho stod smad tu gyes* [分為上部和下部兩大教眾區][2]。

50 關於夏魯寺的創建以及其創建年代的不同記載，見 Vitali 1990, pp. 89-122；Tucci 1949, vol. 2, pp. 656-62。

51 關於乃寧寺建寺過程的論述，見 Vitali 2002。
52 *rGya bod yig tshang chen mo* [《漢藏史集》], pp. 464-65；*mKhas pa'i dga' ston* [《賢者喜宴》], p. 479。
53 *mKhas pa'i dga' ston* [《賢者喜宴》], vol. 1, p. 474；*lDe'u chos 'byung* [《弟吳教法源流》], p. 157；*rGya bod yig tshang chen mo* [《漢藏史集》], p. 460；*sNgon gyi gtam me tog phreng ba* [《奈巴教法史》], p. 132；*Chos 'byung me tog snying po sbrang rtsi'i bcud* [《娘氏教法源流》], pp. 452-53。
54 *Deb ther sngon po* [《青史》], vol. I, p. 103.13；*mKhas pa'i dga' ston* [《賢者喜宴》], vol. I, p. 474。
55 *sNgon gyi gtam me tog phreng ba* [《奈巴教法史》], p. 136，和 *Chos 'byung me tog snying po sbrang rtsi'i bcud* [《娘氏教法源流》], p. 452 將這四名弟子稱為他的「[四]子」（bu bzhi），而非四柱。比較 *Deb ther sngon po* [《青史》], vol. I, p. 86。
56 *Chos 'byung me tog snying po sbrang rtsi'i bcud* [《娘氏教法源流》], p.452, *sNgon gyi gtam me tog phreng ba* [《奈巴教法史》], p. 136，並未將教學活動放在葉巴寺，而是在禾卓拉康瑪寺（g.Yu sgro lha khang dmar），並認為該寺廟在盧枚或松巴（Sum pa）的活動之前已經存在，因為他們只是去到那裡，但並未建造它。關於這座（些）寺廟的性質和起源，似乎有很多不同的意見：*mKhas pa'i dga' ston* [《賢者喜宴》], vol. I, p. 474 將其列為鄂・蔣丘瓊涅的寺廟之一；*Deb ther sngon po* [《青史》], vol. I, p. 103；*Blue Annals* [《青史》], vol. I, p. 75 認為那是由松巴所建造的兩座寺

廟。《青史》的說法可能是依據 rGya bod yig tshang chen mo [《漢藏史集》], p. 460。

57 Tucci 1956b, p. 107.

58 現代的 sGrub pa'i gnas mchog yer pa'i dkar chag dad pa'i sa bon [《成就者聖地葉巴寺誌信仰文集》]，寫於 1938 年，是在 gNas yig phyogs bsgrig [《聖地集》], pp. 3-49 中發現的；前面的引喻是從 p. 10.1 開始的。這個文本包含了許多來自古代 Brag yer pa'i dkar chag [《葉巴寺志》] 的材料，從它與 mKhas pa'i dga' ston [《賢者喜宴》], vol. I, pp. 456-58 中引文的一致性便可看出；例如，這裡提到的那一段是出現在 p. 457.65。

59 mKhas pa'i dga' ston [《賢者喜宴》], vol. I, p. 474.8-14 將他的死亡日期列為 1060 年（lcags byi [鐵鼠年]），八十五歲（即歐洲的八十四歲），但這個年代是有問題的。rGya bod yig tshang chen mo [《漢藏史集》], p. 460 將較早建立的寺廟寫成 Ra tshag。嘉拉康是 Richardson 1957 的研究主題。

60 Vitali 2002, pp. 100-102; Richardson 1957.

61 mKhas pa'i dga' ston [《賢者喜宴》], vol. I, p. 474；參照 Chos 'byung me tog snying po sbrang rtsi'i bcud [《娘氏教法源流》], p. 452。

62 Chos 'byung me tog snying po sbrang rtsi'i bcud [《娘氏教法源流》], p. 453.11。

63 mKhas pa lde'u chos 'byung [《弟吳賢者法源史》], p. 397。

64 rNam thar yongs grags [《高僧傳》], pp. 157.4, 176.7-10。

65 sNgon gyi gtam me tog phreng ba [《奈巴教法史》], pp. 39-43

中的表 3 至表 7，提供了一個簡易的人際關係圖。

66　khral [差繇] 一詞在 *rNam thar yongs grags* [《高僧傳》], pp. 156.15, 187.21-88.5 中被理解為 sham thabs khral [僧侶繇役]。Vitali 1990, p. 38 解釋稅收是以區域的畫分來進行的，但在早期的西藏，稅收是按家戶或商業交易進行，而非土地，土地是貴族所擁有的；Róna-Tas 1978；Thomas 1935-55, vol. 2, p. 327。因此，Khral tsho 就是一個應負擔義務的寺院團體。

67　*rNam thar yongs grags* [《高僧傳》], p. 156.15-16。

68　*rGya bod kyi sde pa'i gyes mdo* [《印藏教眾之交融》], *SKB* IV. 297.2.3-4，文本看起來有些含糊其詞。

69　*Bu ston chos 'byung* [《布敦佛教史》], pp. 72.12, 76.10-77.4，這件材料被轉載於 *rGya bod yig tshang chen mo* [《漢藏史集》], pp. 464.12, 466.6-9。

70　據說羅尊[3]的弟子吉‧益西旺波（Kyi Ye shes dbang po）在他的上部會眾（stod tsho）有四個收入群體；*rGya bod kyi sde pa'i gyes mdo* [《印藏教眾之交融》], *SKB* IV. 297.3.2。

71　*sNgon gyi gtam me tog phreng ba* [《奈巴教法史》], p. 126。

72　*Deb ther sngon po* [《青史》], vol. I, p. 104.12-13；*Blue Annals* [《青史》], vol. I, p. 76；轉載於 *mKhas pa'i dga' ston* [《賢者喜宴》], vol. I, p. 476.16。

73　*Deb ther sngon po* [《青史》], vol. I, pp. 122-124；*Blue Annals* [《青史》], vol. I, pp. 93-94 提供了相關人物的摘要；Ferrari 1958, p. 52；*Kaḥ thog si tu'i dbus gtsang gnas yig* [《噶陀司徒古蹟志》], p. 202。

74 札巴・恩謝的傳記主要是在 *Deb ther sngon po* [《青史》], vol. I, pp. 124-32；*Blue Annals* [《青史》], vol. I, pp. 94-101；另見 *mKhas pa'i dga' ston* [《賢者喜宴》], vol. I, pp. 475.16-76.16。Vitali 1990, p. 39 轉譯了許多這類資料；另見 Ferrari 1958, pp. 54-55。

75 關於他弟子的名單和他們寺院的列表，見 *sNgon gyi gtam me tog phreng ba* [《奈巴教法史》], pp. 138-41 和表 3。

76 *Deb ther sngon po* [《青史》], vol. I, pp. 104.12, 122.3-5, 127.1-2；*Blue Annals* [《青史》], vol. I, pp. 76, 93, 96-97。二十世紀初札塘寺的記載可以在 *Kaḥ thog si tu'i dbus gtsang gnas yig* [《噶陀司徒古蹟志》], pp. 123-25 中找到。

77 *Deb ther sngon po* [《青史》], vol. I, p. 126.17-18；*Blue Annals* [《青史》], vol. I, p. 96。

78 堅耶寺，見 Ferrari 1958, p. 53。

79 *Chos 'byung me tog snying po sbrang rtsi'i bcud* [《娘氏教法源流》], p. 478.7 將他與桑卡譯師及其侄兒的新譯本聯繫在一起；同一作品，p. 501.9，認為他找到了阿亞巴洛殿（Āyrapalo）的伏藏作品。

80 *mKhas pa lde'u chos 'byung* [《弟吳賢者法源史》], p. 394；*lDe'u chos 'byung* [《弟吳教法源流》], pp. 157-58。

81 *bKa' 'chems ka khol ma* [《柱間史》], p. 280。

82 Martin 2001b, pp. 93-104.

83 白哈爾王（Pe har）的信仰可以說明這種融合性；見 Vitali 1996, pp. 216-18；Karmay 1991；Martin 1996c, pp. 184-91。

84 *Vajraśekhara* [《金剛頂》], To. 480, fol. 199b4-5 成為經常被人引用的三律儀（藏：sdom gsum）文句。拉喇嘛的大詔

書，Karmay 1998, pp. 3-16 便訴諸三律儀。關於後來三律儀文獻的系統性研究，見 Sobish 2002。

85 廣泛存在的這類偏好古格王國的例子之一是 Snellgrove 1987, vol. 2, pp. 470-509。

86 關於更廣泛的研究，見 Snellgrove and Skorupski 1977-80 的兩本書。Vitali 1996 對年代和資料進行了更詳盡的討論，Klimburg-Salter 1997 對於十世紀末建立的塔波寺（Tabo）提供了極佳的研究論文。

87 在 Snellgrove and Skorupski 1977-80, vol. 2, pp.85-111 中出版和翻譯的 *Rin chen bzang po'i rnam thar shel 'phreng* [《仁欽桑波傳》]，將他的出發時間定為 975 年。關於死亡總人數，見 *rNam thar yongs grags* [《高僧傳》], p. 114。

88 關於具體的廟名，見 Vitali 1996, pp. 249-87, 303-10。

89 除非特別說明，所有關於阿底峽和那措的材料都來自於 *rNam thar yongs grags* [《高僧傳》]；這一情節是出現在 pp. 117-25。

90 關於其中的一些問題，見 Ruegg 1981；關於慧藏對卓彌和昆·貢丘傑波的影響，見第五章和第七章。*rNam thar yongs grags* [《高僧傳》], p. 192.12 記載印度小黑（rGya gar nag chung = Pha dam pa sangs rgyas [帕丹巴·桑傑]）派了一名弟子去向阿底峽獻供，但年代是錯誤的。

91 *rNam thar yongs grags* [《高僧傳》], p. 117.11-12。

92 *rNam thar yongs grags* [《高僧傳》], p. 118.4-5 描述那措第一次去印度時，曾向嘉·村僧（rGya brTson seng）學習阿毗達磨。

93 那措旅程的些許記載在 *rNal 'byor byang chub seng ge'i*

dris lan [《答瑜伽士強秋僧格》], *SKB* III.277.4-78.1.6；Davidson 2002c, pp. 316-17 中有這件資料，我用了一些，並在本書後面詳細地研究了這個記載。

94　Decleer 1996; Bajracharya 1979; Locke 1985, pp. 404-13; Petech 1984, pp. 42-3; Stearns 1996, pp. 137-38.

95　關於律統諸傳承的簡短回顧，見噶陀・策汪諾布的 *Bod rje lha btsan po'i gdung rabs tshig nyung don gsal* [《西藏王統世系簡史》], pp. 82-85；比較 *mKhas pa'i dga' ston* [《賢者喜宴》], vol. I, pp. 481-83；*Chos 'byung me tog snying po sbrang rtsi'i bcud* [《娘氏教法源流》], p. 446。

96　*rNam thar yongs grags* [《高僧傳》], pp. 178-79。

97　*rNam thar yongs grags* [《高僧傳》], pp. 164.3, 169.13-14；前者是在囊達（sNan mda'），而後面那間寺廟是在雅隆的甲薩恰（Bya sar chags）。

98　Stark and Bainbridge 1985, pp. 27-28.

99　*rNam thar yongs grags* [《高僧傳》], pp. 159, 163, 174, 186。

100　*rNam thar yongs grags* [《高僧傳》], pp. 156, 187-88。

101　*rNam thar yongs grags* [《高僧傳》], pp. 156, 187-88。

102　*rNam thar yongs grags* [《高僧傳》], pp. 169, 15-20。

103　*Chos 'byung me tog snying po sbrang rtsi'i bcud* [《娘氏教法源流》], pp. 455.18-56.1。

104　*rNam thar yongs grags* [《高僧傳》], pp. 158, 166, 179。

105　*rNam thar yongs grags* [《高僧傳》], pp. 169.17-70.3。

106　*Rwa sgreng dgon pa'i dkar chag* [《熱振寺志》], pp. 76-84 討論了熱振寺這部分建築的修建。根據這一描述，儘管這個主寺和佛塔部分是在一些較小的，主要是住宅的建築之

後建造的,但卻是成為一座真正寺院的第一個大型建築。
107 rNam thar yongs grags [《高僧傳》], p. 221.9-20。
108 rGya bod kyi sde pa'i gyes mdo [《印藏教眾之交融》], SKB IV. 297.2.2;這個材料在 van der Kuijp 1987, pp. 108-10 中有不同的論述方式。
109 rNam thar yongs grags [《高僧傳》], p. 212.21-13.3,請對照前面的陳述。
110 出自 Chos 'byung me tog snying po sbrang rtsi'i bcud [《娘氏教法源流》], p. 449,但王室支持者和雲丹後裔的名單變得愈來愈不明確;lDe'u chos 'byung [《弟吳教法源流》], p. 154;mKhas pa'i dga' ston [《賢者喜宴》], vol. I, pp. 433-34;Deb ther dmar po gsar ma [《新紅史》], pp. 170-71。
111 Chos la 'jug pa'i sgo [《入法之門》], SKB II.344.2.3 強調了西藏西部的貢獻。
112 Śrī-Guhyasamājasādhana-siddhasambhava-nidhi [《吉祥祕密集會成就法利驗生寶藏》], fol. 69b6 的跋文;Petech 1997, pp. 237, 253, n. 51。
113 Petech 1997, p. 253, n. 51 提供了一些不正確的參考資料;以下著作被認為是粲拉那・益西堅贊(Tsa la na Ye shes rgyal mtshan)的作品:To. 451, 1214, 1320, 1846, 1850, 1853, 1859, 1866, 1870, 1872-78。在這些作品中,brDa nges par gzung ba [《聲音決持》] 有可能是這位王僧本人所創作的。
114 這個時間點是來自 Hazod 2000b, p. 182。
115 dPal gsang ba 'dus pa'i dam pa'i chos byung ba'i tshul legs par bshad pa gsang 'dus chos kun gsal pa'i nyin byed [《善

說密集金剛正法起源之密集日光》], p. 185；比較 *Deb ther sngon po* [《青史》], vol. I, p. 451；*Blue Annals* [《青史》], vol. I, p. 372；*Chos 'byung me tog snying po sbrang rtsi'i bcud* [《娘氏教法源流》], p. 477.7-18。

116 *Deb ther sngon po* [《青史》], vol. I, pp. 213-14；*Blue Annals* [《青史》], vol. I, pp. 168-69；廓譯師‧循努貝（'Gos lo gZhon nu dpal）指出大部分含有大圓滿（rdzogs chen）一詞的作品，都是桀拉那‧益西堅贊所翻譯的。

117 Hazod 2000b, p. 176.

118 *Chos 'byung me tog snying po sbrang rtsi'i bcud* [《娘氏教法源流》], pp. 460-72 補充說明了西藏西部與已發生之偉大活動的關係；*sNgon gyi gtam me tog phreng ba* [《奈巴教法史》], p. 153 僅是順便提及；*mKhas pa lde'u chos 'byung* [《弟吳賢者法源史》], p. 397 中只多提供了一點內容；*Bu ston chos 'byung* [《布敦佛教史》], pp. 86-89 也只是順便提到西藏西部和噶當派（bKa' gdams pa）；*sBa bzhed zhabs btags ma* [《巴協增補本》], pp. 89.12-91.9 中則分別給予了較多的關注。*Chos la 'jug pa'i sgo* [《入法之門》], SKB II. 343.4.6-44.2.6 在回顧事件時，甚至沒有提到阿底峽或噶當派。十二世紀的 *bKa' 'chems ka khol ma* [《柱間史》], pp. 2-5, 276, 319 是最早強烈關注阿底峽的文本，書中還偽造了阿底峽與松贊干布的關係。從 1363 年的 *Deb ther dmar po* [《紅史》], pp. 61-81 開始，我們看到噶當派已經有了自己的章節，並且幾乎接近東方律僧的地位；1434 年的 *rGya bod yig tshang chen mo* [《漢藏史集》], pp. 472-81，也遵循這種方式。

119 我們在 1529 年班欽‧索南扎巴（Pan chen bSod nams grags pa）的宗派史 *bKa' gdams gsar rnying gi chos 'byung* [《噶當宗派源流》], p. 4.4-45.5，以及更主流的 *Deb ther sngon po* [《青史》], vol. I, pp. 297-425；*Blue Annals* [《青史》], vol. I, pp. 241-350 中都看到了這一點。

譯注

[1] 指於聖者逝世或火葬之地建造之廟宇或祭壇。
[2] 作者翻譯為西支和東支。
[3] 即羅敦。

第四章　新的特權階級——譯師

　　他說想去南方的尼泊爾求法時,他的父母親問他:「西藏也有佛法,為何想去尼泊爾?」

　　　　　　　　　　——熱譯師(生於1016年)傳[1]

　　我們得到了一本中天竺(Madhyadeśa)的文本,我聆聽印度住持吉祥善慧稱(Śrī Sumatikīrti)的解說。於是我,比丘札巴協繞(Grags pa shes rab)翻譯了這個文本。但,由於聖者之心宛若秋月之光,當我的錯誤顯得如此一目了然時,請您耐心以對,彷彿我是您的親生兒子一般。

　　　　　　——甘哈《四次第》(*Catuḥkrama)的譯者跋,
　　　　　　　　　　　　　　　　約譯於1090年。[2]

　　嗚呼!我是西藏的小比丘多吉札(rDo rje grags),由於我已修完〔密續的〕兩個次第,無論發生好事或壞事、歡喜或悲傷,我都有信心絕不後悔:
　　我殺死了十三位金剛大士(vajrin),最重要的是達瑪‧多德(Dar ma mdo sde)。
　　即使為此投生地獄,也絕不後悔。
　　我接受了五位同修,以維瑟普梅('Od zer 'bum me)為首。
　　縱使迷失在欲望之中,也絕不後悔。

　　　　　　　　　　　　　——署名熱譯師之偈頌[3]

我們對佛教，尤其是密教的理解，大部分是由於幾個世紀以來，中國和西藏的印度文獻譯者們極佳的表現所致。我們已經看到藏人將他們對佛學的研究畫分為前弘期和後弘期，也可以被理解為舊譯和新譯時期。也有人認為後來的譯師是跟隨早期譯師的腳步，畢竟，是先前的譯師們發明了現在被稱為古典藏文的目標（轉譯）語言。[4] 同樣地，新譯學者們大多被認為是受過良好教育的勤奮工作者，他們無法像前輩那麼具有創造性，往往依賴逐字翻譯系統，即類似希臘學界的譯者，如穆爾貝克的威廉（William of Moerbeke）所採用的機械式字對字（verbum ad verbum）的方式。[5] 相較之下，早期譯師則採用了更加細緻的「文本精神」（ad sententiam transferre）法，即由1397年抵達佛羅倫斯的曼努埃爾・赫里索洛拉斯（Manuel Chrysoloras）所提出的希臘文對拉丁文的翻譯風格。根據這個想法，藏文翻譯的重要突破，屬於早期的倡導者，而非他們後來的追隨者。

這類說法就如同大多數傳統看法一般，並非毫無道理。當然，古典藏文的發明是帝國贊助譯場的一大功績，同時我們也發現十四世紀的譯師，如布敦（Bu ston）或松敦・羅卓登巴（Shong ston Blo gros brtan pa）等人明顯的機械式手法。[6] 然而，這種分析往往意味著將新譯派人物列於次要地位，也很少考慮將已支離破碎文化重生，甚至復興的問題。在政治或軍事上都不可能再像以前一樣。此外，人們也沒有通盤了解到，這兩個時期的譯師處於完全不同的社會環境，甚至他們的動機、所翻譯的文獻和達成的成果也都有所不同。對後來的學者缺乏重視，等於漠視了十至十二世紀的宗教文化承載者，他們做到了前輩不曾做到的事情。他們整理了聚集在寺院的高等古典的

宗教／文學文化，這種文化一千年來都不曾向西藏文明裡的分裂力量讓步。無論該文化有什麼缺點，藏人都因其文獻、儀軌和哲學，成為歐亞大陸大部分地區的焦點。難怪藏人一直以來都認為後弘期的譯師受到了天神（gnam lha）的啟示，得天獨厚，並以雙頭杜鵑的圖像來描繪他們的成就。此鳥據說對原始語言和目標語言都極為精通。

然而，如果沒有制度的建立和伴隨而來的切身利益，這樣的成就在人類社會是不會發生的。這一時期的譯師們經常在「事實」上，有時在「法律」上扮演封建領主的角色，他們的統治權不一定是經由出生或傳統社會階級的地位所決定的，而是由他們做為新法王而被賦予的。他們在印度待過一段時間，重振了西藏的知識和體制，使他們自己也成為崇拜活動的對象，因此我們可以自信地宣稱，十一世紀初至十二世紀初是譯師擁有至高無上宗教地位的時代。他們和東部戒律傳統的上師們挪用了先前只屬於貴族的權力，預告了佛教僧侶最終將取代王室，成為國家的掌權人。

本章介紹了一些後弘期密續譯師的故事，特別是那些前往南亞的譯師，因為有些譯師似乎從未離開過家鄉，如扎拉那・益西堅贊。對於那些的確曾遠行的譯師來說，他們在印度和尼泊爾學習印度語言的挑戰、在喜馬拉雅山上的漫遊以及回國後的新社會地位，是主要的談論主題。新譯時期的密續譯師往往出生貧寒，人們認為他們是正在從事一項往往很困難，且不時引起爭議的冒險行動的知識分子，儘管他們的冒險是有回報的。他們主要的學習內容大多是存在於《大瑜伽續》和《瑜伽母續》裡的瑜伽和儀軌體系，相關的口訣以及類似的瑜伽文本。他們創造的價值是如此明顯，以至於在某些情況中，有些

新作品是由印度班智達和西藏譯師之間的互動所創作的,這種現象我稱之為「灰色文本(gray texts)」。再者,由於這些譯師的貢獻至關緊要,致使他們的經歷經常被一些追隨者嚴重地誤導,馬爾巴便是這樣的一個例子。許多譯師與宗教人士建立關係,不論他們屬於哪個宗派,如熱譯師‧多吉札;其餘譯師如桂譯師‧庫巴列介('Gos lo tsā wa Khug pa lhas brtsal)等,則對較古老的文獻體系發動了新保守主義的攻擊。所有人都陷入了對新知識的渴求,這被看成是對西藏文明的救贖,能照亮「鬼城」(Pretapuri)黑暗的明燈,鬼城也是某些藏人對他們四分五裂的宗教文化的看法。

咒師和重新翻譯的動機

總的來說,藏文文獻毫不介意地接受了這個階段不可避免之事,即十一、十二世紀時,譯師做為一種具有個性、修為和政治力量的人物的崛起。倘若一名作者不知如何解釋人類歷史上最驚天動地的文學運動之一,他通常會將其描述為一個「消除疑慮」的必經過程。[7] 大多數人甚至不會解釋到這個程度,我們只會簡單地讀到某位舊帝國的貴族後裔希望將佛法帶回西藏,於是派年輕的藏人到印度取經,返回西藏進行翻譯等。印度人受到邀請,而翻譯的過程就在盧枚、羅敦等人開創的經濟和政治基礎上開始被制度化。在某種程度上,我們可以接受西藏西部做這件事,因為拉喇嘛(Lha bla ma)和他的王國鄰近迦濕彌羅,沒有大量的王朝遺址與之競爭,再加上圖書資源稀缺,也不像更遠的東邊可與宗喀(gTsong kha)地區密切接觸。[8] 因此,支持翻譯的決定在古格—普蘭王國似乎比較有說

服力,而中央西藏則並非如此,因為任何譯師出現在衛藏地區之前,寺院的復興早就已經開始了。

「疑慮」的問題主要是體制文化的衝突問題,以及解決迥然不同主張的問題。因此,十二世紀的《柱間史》表示,翻譯運動真正開始的原因,是舊宗教利益團體和新僧侶之間的紛爭。[9] 在這種情況下要解決疑慮,便不僅僅是可用資訊的問題,因為無庸置疑的,十一世紀初西藏四如的主要問題不是缺乏資訊,而是太多資訊喧嘩擾嚷。有支持戒律傳統的聲音、有支持舊譯密教體系的聲音、也有支持哲學論述的聲音,所有這些聲音都主張自己在文化凝聚的過程中,應被賦予首要地位。

因此,促使新譯運動的疑慮問題,實際上是由於貴族和王室對於適當行為的標準,與西藏個人或團體明顯不恰當的行為之間的差異而產生的。後者有些是使用王朝時期翻譯之密續文本的密教上師。在這種情況下,諸如身心瑜伽法或是攻擊性的修持法,有時會被當權者譴責為對密教經典的「誤解」。他們主張某些人以字面意義來解釋密續中某些反社會習俗的陳述,儘管這正是一些印度人在過去曾經做過的事情。而結果是,人們普遍感到宗教傳統支離破碎和失去控制,僧袍和外在形式雖然被保留了下來,但西藏修行人的實際行為,卻逐漸隨順了西藏村落血祭山神的儀式,以及藏人天性中本就許可的放縱行為。

這種情況也可能說明中央西藏人最終到印度尋求佛法的另一個原因——一種希望儀軌圓滿的感覺。許多文獻顯示,佛教的密教被認為最負盛名,但同時也最有問題。當然有種感受是,無論是出於無明還是個人權利意識,許多藏人違背了祕密制度的誓言結構。我們也看到了一個逐漸成形的想法,即社會

對這類行為也負有責任。依據標準的密教灌頂文本,若有人確實背棄了誓言,此人必須再次接受灌頂,以便重新立誓。[10] 分裂時期的大多數文章,都可以從這個角度來理解。這個時期是達瑪違反了誓言的結果,但他的邪惡行為,又因維持密教體系的各路人馬對真正佛法的故意破壞而進一步加劇。因此,宗教護法們沒能保護西藏,而有三次叛亂、陵墓的挖掘以及統一的喪失等情況,使西藏成為禿鷹盤旋之地。唯一可行的作法,是派遣年輕男性到印度重新接受佛法灌頂,將純正的祕密制度帶回西藏,並使用印度寺院制度,而不僅是西藏東北地區的規範為參照來重建寺院和廟宇。

隨著時間的推移,顯然並非所有用於寧瑪貴族儀式系統或哲學圖書文本都是王朝佛教已知來源的真實譯本。有些文本肯定是在西藏被增添內容、改變順序、拼湊組裝或完全虛構出來的。而這過程似乎在十世紀末到十二世紀期間加速進行。因此,隨著宗教團體的出現,具有西藏本土思想的新文本也隨之出現。由於在西藏文化中,從來沒有一種明確的語言或肯定的模式來驗證西藏本土義理或儀軌的發展,這類文本的作者在別無他法的情況下,只能提供翻譯作品的外衣,以便讓它們被正統性的斗篷所覆蓋。但在某些案例中,西藏的著作忽略了標準印度經典的創作原則。[11] 因此,佛教挪用當地習俗的標準作法,在西藏施行時,往往很少考慮過去的佛教徒對此類事件所展現的控制。因此,寧瑪派在文本工作方面的成果,經常是經、續的奇特組合。如果缺少一支專精於經典來源文化的語言系統(梵文、中文、于闐文或阿帕伯朗沙文)的專家隊伍,那麼要確定哪些作品是印度的,哪些不是,將非常困難,甚至是不可能的。例如,許多疑偽經被冠以冒充印度語或其他語文的

標題,但對於未受過印度語文教育的西藏文人來說,它很可能也是荷馬式的希臘語(Homeric Greek)。

不幸的是,藏人對印度人有能力解決他們疑慮的信心是錯誤的,因為印度樂於容忍比這些更加混亂的聲音。而在長壽的摩醯波羅一世(Mahīpāla I,約 992-1042)統治下,成熟的波羅(Pāla)王朝的社會經濟規模,也完全不是世界屋脊上的小統治者能夠望其項背的。只有在複雜和高度多樣化的印度大型人口中心及其周圍,以及較小的居於中介地帶的喜馬拉雅山區諸王國,才可能維持多元化的主張和行為標準。在中介區的迦濕彌羅、尼泊爾以及更多在印度當地的中央西藏人,發現了多如牛毛的可能性,以至於他們原先期望尋得一個真正佛法的任何想法,似乎都毫無希望。他們在印度發現了比預期更多的佛教修行方向,文獻中充斥者中央西藏的譯師們,對他們遇到的印度人所展現的新發展方向感到驚訝的例子。特別是在與密集金剛、勝樂金剛、喜金剛、怖畏金剛等相關的新瑜珈文獻。更令人不安的是,當這些人回國後,新密教材料的譯師不得不面對這樣一個事實,那就是印度密教已經發生非常大的變化,以至於與早期諸傳承的代表們產生了爭議。這些早期傳承都被歸類為寧瑪派,即「舊(過時的)人物」。隨著譯本的數量增加,問題也跟著增加,不僅是寧瑪派代表的問題,還有新譯陣營中的個人問題,因為並非所有去印度的年輕人,都是帶著最好的佛教行為回來的。

跨喜瑪拉雅山的加冕

這些因素必須從翻譯行為對那些追求譯本之人,具有完

全無法抗拒之合法性的角度來看。藏人不斷地將譯師描繪為通過他們在南亞所受的教育，成為事實上的上流人士，亦即彷彿被加冕成法王了。西藏作者傾向將月稱和維昌・羅卓旺秋（'O bran bLo gros dbang phyug）對閻曼德迦文獻（Yamāntaka texts）的弘傳和翻譯，標示為前弘期的結束，而非841/42年達瑪對佛教的鎮壓。[12] 同樣地，有人將後弘期僅僅視為後譯時期（phyi 'gyur），而不包括盧枚或羅敦所建立的「死灰復燃」的寺院組織。[13] 也許那些認為後弘期是由念智稱所開啟的作者們，最能說明藏人對翻譯的喜愛。[14]

娘列講述了一個故事，有位名叫珮瑪・馬汝傑（Pema Marutsé）的尼泊爾人需要為古格王拉喇嘛尋找一名佛法專家，於是他去了印度。在那裡他找到了念智稱和阿闍梨法拉拉陵巴（Phralaringba，尼瓦爾人？），但是在回西藏的途中，尼泊爾譯師珮瑪・馬汝傑去世了。念智稱和法拉拉陵巴毫無畏懼地繼續前行，但被匪徒俘虜並賣給了名為夏克贊（Shag btsan）的造反頭目為奴，這個頭目占領了日喀則（gZhis ka rtse）西北部的達那（rTa nag）。[15] 在達那，兩名佛教學者於牧羊的同時，無疑也在思考業力的本質和宇宙的諷刺。最終，當芒・楚清寧波（Glan Tshul khrim snying po）認出他們是比丘時，他們才得到釋放，這兩位大材小用的牧羊人遂前往康區。[16] 念智稱開始在康區翻譯各種密教著作和學習藏文，最後也寫出藏文的文法書籍。[17] 由於這兩位牧羊的印度迷途學者，顯然是被來自宗喀的東方律僧弟子所解救，除了翻譯本身在中世紀西藏宗教中所具有的權威以外，不清楚他們為何會被賦予開啟佛法後弘期的地位。更矛盾的是，我們對於絕大多數甘冒嚴寒，前往次大陸的西藏年輕男性知之甚少。即使他們很幸運

地得到某位偉大王室後裔的資助,他們遇到的阻礙也令人卻步。他們必須先前往一個中介點,通常是尼泊爾或迦濕彌羅,在當地找到一群懂藏語和北印度方言,即中世紀阿帕伯朗沙語或原始印度斯坦語(proto Hindustani)的商人。他們在那裡學會用這種語言交流,藉此他們最終將學習梵文。許多人在這個階段就失敗了,因為當他們的文化缺乏最基本的教學方法時,無論他們多麼精進或虔誠,也並非每個人都能了解另一種語言。事實上,有例子指出,一些人在南亞生活多年後回到西藏,都沒能理解任何印度語言的基本原理。

其他人有可能是因為印度人對當地旅客的惡劣態度而遭遇挫敗,儘管一些印度人肯定很歡迎不定期造訪的遊客,但也有許多印度人喜歡揶揄外國人。玄奘(Xuanzang)講過一個故事說,菩提迦耶(Bodhgayā)的一間大寺院,摩訶菩提雅朗瑪寺(Mahābodhyārāma)的創建,是因為一位僧伽羅(Singhalese)王子前往印度佛教聖地時,有太多不好的經歷所致。[18] 無論走到哪裡,他都受到蔑視和侮辱,這一切都因為他來自一個「邊地國家」,這是印度人用來稱呼那些不住在印度種姓人口中心的人所使用的語彙。因此,摩訶菩提雅朗瑪寺是為了斯里蘭卡的旅行僧而修建的。在卓彌及馬爾巴旅居印度的同一時期,阿爾比魯尼(Albīrūnī)指出,對於印度人而言,「他們所有的極端行為,都是針對那些不屬於他們的人,也就是所有的外國人」。[19] 雖然阿爾比魯尼的觀點肯定有偏差,他當時正隨著加茲納維德人(Ghaznavid)入侵到印度,但他的陳述與許多其他看法一致。對印度人來說,藏人來自邊地國家,且直到今天,許多印度人仍因藏人不同的清潔習慣、禮節和血統而鄙視他們。因此,雖偶有藏人被提及在印度受到

歡迎的情況，但這很可能是基於佛教寺院制度的意識型態，或藏人企圖自我辯護的獨立事件，畢竟誰會想告訴藏區的大王，他的宗教代表，就如同所有藏人一般，被當成賤民來對待？

印度對有志從事翻譯工作的藏人來說，也是一種身體上的挑戰。他們之中的大多數人很可能客死異鄉，死於種種特殊的印度疾病，如瘧疾、肝炎、霍亂、腸胃炎、導致血液感染的各種皮膚炎、腦炎等等。根據七世紀中國朝聖者義淨（Yijing）的紀錄顯示，疾病的危害只有土匪、地方霸權的監禁、水災、火災和饑荒等問題可以比擬。[20] 那些倖存下來的藏人還得適應夏天（這是衛藏區唯一真正舒適的時間）潮濕的天氣，以及三月底至六月的炎熱季節。飲食的改變、肉類的缺乏、不同的營養素與新蛋白質來源的消化吸收等相關問題，肯定助長了這些有志翻譯之士的高死亡率。此外還有適應不同海拔高度的壓力，因為藏人身體基因上的優缺點，是他們在高海拔地區經過許多世代所發展出來的。

一旦藏人在身體上和文化上適應了印度，他們就開始了真正的工作，即吸收佛教文化的義理和儀軌基礎。有些人無疑比其他人更加容易做到這一點。雖然我們還不清楚十一世紀的譯師在抵達迦濕彌羅、尼泊爾或印度前做了多少準備，但他們肯定曾獲益於他們的前輩。那些留下記載的人，表示受過的訓練極為有限。馬爾巴學會了字母、桂譯師・庫巴列介對譯師的富足印象深刻，但大多數人似乎對於接受佛法的深度訓練，都沒什麼準備。如果一名藏人落腳在一間大寺院，那麼直到他在知識上有所成就之前，他都只是個微不足道的存在。即便知識有所成就，在挑選領導職位時，藏人也絕不可能與印度僧侶相提並論。儘管個別藏人已得到某些印度法師的尊重，但據我所

知,沒有一個西藏僧人被安排在印度佛教寺院的領導位置上,無論他的語言、修行或知識的能力有多好。在中國、蒙古或俄羅斯,個別藏人經常得到掌聲、禮物和重要的任命。無論印度人在印度境外如何行事,但在印度境內,想讓印度人認為有個外國人與他們不相上下,似乎不太可能。雖然中亞人、藏人和中國人經常將印度人拔擢為權威人士,但印度人是否也如此對待外國人,值得懷疑。無論印度佛教的反種姓言論或國際主義情懷為何。

我們對於印度寺院在十一、十二世紀間,如何開展他們的教育事業也知之甚少,特別是是否曾給予外國人任何特殊考量。很少有譯師留下任何關於印度寺院課程的討論,他們只列舉了一些書單,並指出確實有舉辦考試並頒發證書。學生可能從文法開始學習,《旃陀羅文法論》(*Candravyākaraṇa*)或《卡拉帕文法論》(*Kalāpa*)系統似乎很受歡迎。[21] 然而對藏人來說,這種學習是新的,因為早期關於梵文文法的藏文文獻很貧乏,而標準印度文法的藏譯本,最早出自十三世紀。[22]

經過初步的語言學習後,一般會透過世親(Vasubandhu)《俱舍論》(*Abhidharmakośa*)和德光(Guṇaprabha)《律經》(*Vinayasūtra*)的角度,來學習古老佛教兩大支柱阿毘達磨和戒律,而不是要求學習說一切有部(Sarvāstivāda)的古老文本(《發智論》〔*Jñānaprasthāna*〕等)或精通龐大的《根本說一切有部律》本身,除非是專門研究這些領域之人。大乘經典研究的特色是《現觀莊嚴論》(*Abhisamayālaṃkāra*)注釋學的興起(七世紀時的玄奘尚不知曉),以及對本生(Jātaka)和譬喻(Avadāna)敘事的持續教導。但顯然,大型寺院的課程,與玄奘在那爛陀寺學習

時強調的「唯識」論著有了變化。當藏人抵達那爛陀寺（或超戒寺、索瑪普里寺、飛行寺）時，那些一流的寺院已經採用的認識論和學術書籍，是法稱（Dharmakīrti）、月稱和清辨（Bhāvaviveka，大約 700 年）的思想，如《量抉擇論》（*Pramāṇaviniścaya*），《釋量論》（*Pramāṇavārtika*）和《中觀根本論》（*Mūlamadhyamaka-kārikā*）的注釋本，中觀的獨立著作像是《中觀二諦論》（*Satyadvayavibhaṅga*）和寂天（Śāntideva）的全部作品等。進階的學生可能會追隨其他綜合的知識論者，如寂護（Śāntarakṣita），或研究當時的爭論之一。例如，佛陀的覺知是否含有認知的元素（sākāravāda〔有相派〕）？抑或沒有（nirākāravāda〔無相派〕）？

那些熱衷學習密續的藏人，最初可能會被駐錫於比哈爾或孟加拉道場中的密教阿闍黎所吸引，許多藏人從那裡開始學習。其他人則在迦濕彌羅、孟加拉和尼泊爾的小型寺院及區域寺廟中，找到了更為豐沛的資源。密教故事持續強調地區性的差異和傳統、個別上師和特定的瑜伽士，因為這些是支撐進階圓滿次第瑜伽體系的機構。縱使大型學習中心可能有專門供奉密續本尊的寺廟（那爛陀寺就有座勝樂金剛殿），或是擁有像寶生寂級別的金剛乘專家，成就者的信仰中心仍處於邊緣地帶。那洛巴在他隱居的東印度普拉哈里寺頗受敬重，他的弟子如龐亭巴・語自在稱（Phamthingpa Vāgīśvarakīrti）和他弟弟覺賢（Bodhibhadra），則在加德滿都河谷南方的隱居地帕賓（Pharping）受到稱頌。然而，很多時候我們知道藏人是通過偶遇，或在一處叢林中找到了他的上師，儘管此「叢林」很可能不過是主要補給路線旁的一個村莊罷了。

無論在大型的富裕寺院或小型的森林隱居地，許多譯師

都開始在那裡工作,他們將正在學習的文本轉譯成藏文,即使他們仍在學習階段。譯本的跋文有時能讓我們一睹他們的生活:「吾等,班智達帕拉西達帕朗巴(Parahitaprabha)和西藏譯師蘇嘎多傑(gZu dga' rdo rje)於迦濕彌羅之阿彌利都婆毘精舍(*Amṛtodbhava-vihāra),尋得一份古寫本,故吾等將其譯出。」[23] 同樣地,在一些現在已不似過去出名的遺址,我們往往也會讀到一些尼泊爾的譯本:「於尼泊爾加德滿都城之涅瓦通界巴(?)(Nye ba'i 'thung gcod pa),此盛極一時之偉大遺址(mahāpīṭha),學者賈塔卡那(Jaitakarṇṇa)和西藏譯師釋迦比丘‧尼瑪堅贊貝桑波(Shākyabhikṣu Nyi ma rgyal mtshan dpal bzang po)翻譯了此部作品。」[24] 不過,有些譯本顯然是在印度的大寺院裡完成的,甚至也可能在那裡做了初步的修訂:

摩揭陀(Magadha)班智達阿難跋陀(Ānandabhadra)和西藏譯師謝洽‧索南堅贊(Se tsha bSod nams rgyal mtshan),於大城蒂拉哈提(Tirahati)南方從地湧出之維蘇達佛塔(Viśuddha stūpa)前,依據摩揭陀文本翻譯、校對和定稿。之後,上座塔巴譯師‧尼瑪堅贊(Thar pa lo tsā ba Nyi ma rGyal mtshan)根據他自吉祥那爛陀大寺之成就者卡納斯里(Karṇaśrī)處聽聞之教導,正確地將其譯出。[25]

在阿底峽建立了斯坦比哈爾寺(Stham Bihar),或將其重新命名為超戒寺,聲明與他自己的比哈爾道場具有正式之關係後,藏人有時會自稱在超戒寺進行翻譯,但我們並不清楚

譬如，梅玖‧羅卓札巴（Mal gyo bLo gros grags pa）是否曾經到訪過這座位於比哈爾的大寺院：「印度和尚曼殊師利和西藏譯師梅玖‧羅卓札巴於大超戒寺翻譯此部作品，進行修訂，最後完成此譯本。」[26] 我們不清楚相對於西藏而言，於迦濕彌羅、印度或尼泊爾完成之譯本的實際比例，但顯而易見的是，多數譯本都不是在喜馬拉雅山以南定稿的，因為十一世紀印度的情況對佛教僧侶來說持續惡化，而在十二、十三世紀間，似乎有日益增加的印度訪客到訪。

這些新譯師回到家鄉後，很少如同王朝時期於國家譯場中的譯師，或漢人僧侶一般，擁有充裕的設施，但新譯師也無須承受享用國家設施之人理應遵循的翻譯限制。如果幸運的話，許多譯師能從貴族家庭獲得初期資金，其中可能包括了一個住所和一定程度的合法性。如果他們也能得到在該地區流浪的某位印度班智達的協助，那就更好了，因為大多數藏人除了極少量的紙、筆用品和一本《翻譯名義集》（*Mahāvyuttpati*）寫本的抄本以外，就身無長物了。少數人可能有一份念智稱的文法抄本。據說榮松‧碓吉桑波（Rong zom Chos kyi bzang po）的文法著作是為了幫助著名的噶舉派創始人馬爾巴‧碓吉羅卓（Mar pa Chos kyi blo gros）而創作的。[27] 大多數藏人在翻譯方面做出了真誠的努力，但特別是十三、十四世紀，有些譯師完全依賴機械式的逐字翻譯系統，這可能是印度體制的衰落和學者匱乏的結果。[28] 這種方式往往使他們的文本不啻於胡言亂語，而我們只能可憐他們的弟子，他們被迫嘗試理解以這種方式所製造的詞語集錦。

譯師還有文本的問題，任何研究晚期佛教寫本傳統的人，都會對那些能成功翻譯雜亂無章的印度寫本的西藏學者讚歎不

已。西藏學者遇到的問題有兩個，首先，印度抄寫者使用的字體，於九世紀左右發生了變化，即「城文（nagārī）變體」。源自古笈多婆羅米文（Gupta Brahmī）所發展出的古老悉曇摩咀理迦文（siddhamātṛkā）為基底的字體，逐漸被淘汰，取而代之的是一系列新的字體。從此，這些較新的字體就有了根本的不同，特別在東印度和尼泊爾，印度人經常難以理解較古老的寫本和其中複雜的連詞。唯有在九世紀和之後在迦濕彌羅使用的夏拉達文（śāradā），保留了悉曇摩咀理迦文的一些特徵，而這些特徵在孟加拉、比哈爾等地發展出來的許多城文體中都已經消失。[29] 因此，在迦濕彌羅的寫本中，可以看到一定程度的連貫性，但這對衛藏地區的藏人來說價值不大，尤其是那些在寺院中受教育的僧人，他們使用的是新字體。

此外，寫本的來源仍然是個問題，因為許多譯師經常使用別人留下的寫本，或試圖使用王朝時期彙整的古老寫本圖書館。因此，在這些古老的遺址中可能找到的寫本，對許多發現它們的學者來說，無論是印度或西藏學者，都是難以理解的天書。這個問題是由十一世紀的寧瑪派代表所提出來的，他們譴責後來的印度班智達們缺乏閱讀舊字體的能力，而被迫要面對自身正當性的問題。因此寧瑪派文本的真實性問題，依舊較其對手所提出的問題更為棘手。

這時期印度寫本的另一個問題是，許多印度抄寫者在傳抄寫本時的粗心大意和愚笨無能。阿爾比魯尼於1030年左右評論道：

> 印度抄寫者漫不經心，不願努力製作正確且精心校對的抄本。因此，作者心智發展的最高成果，因他們的疏忽而

喪失，他的書在第一或第二個副本裡便已經充滿錯誤，以至於文本看似全新，卻〔無人〕能再理解。[30]

印度抄寫者不僅不重視抄寫工作，他們還經常採用讓學者背誦文本的權宜之計，以至於抄寫者必須依據孟加拉語或尼瓦爾語的發音，記錄下梵文文本的音譯，從而造成更多的困難。其他印度人還因為對寫本「加工」而惡名昭彰。也就是說，那些不完整或破損的抄本，會被學者們用自己創作的材料來填補，而不是確保第二個抄本與初本完全一致。這些類似的作法，有時會給一位有意願且有能力的譯師一組難以理解的棕櫚葉或樺樹皮抄本。後來，寇巴‧貝桑波（sKyob pa dPal bzang po）懇求說：「我無法找到一名班智達，也無法取得第二份寫本，所以但願博學之人對錯誤之處耐心以對；這件文本應被校訂並糾正錯誤的段落！」[31] 十一世紀的譯師有時採用古王朝的翻譯，做為修訂的基礎來規避這些困難，這是阿底峽和他的弟子們在古格和中央西藏所採用的方法。然而，這種作法對某些人來說，只是延續了不確定性，因為在過去三到四個世紀裡，修訂本的差異如此之大，以至於新的印度文本與之前翻譯所依據的版本明顯不同。

熱譯師‧多吉札的奇異人生

無論譯師曾遇到什麼困難，翻譯本身的真實性，無疑為譯師提供了一種可以和舊貴族同享特權的感覺。博學的譯師們以早期宗喀的僧侶們未曾使用過的方式，擄獲了藏人的想像力。譯師的公眾形象喚起了王朝的宗教活力，這是世俗的政治或軍

事階層無法望其項背的。當地方統治者的權力受到地理上的限制時,譯師卻可以聲稱全西藏都是他們的弘法範圍。他們在宗教領域的影響力,源於他們在南亞大型寺院的成功經歷。這足以吸引那些追隨盧梅和羅敦腳步的僧眾之弟子和資源。隨著在喜馬拉雅山另一側學習梵文的經驗,成為衡量所有其他信仰形式的標準,譯師的光環便蔓延到了中央西藏的百姓事務中,因為藏人大都不願意像印度的僧侶那樣,於聖、俗之間做出嚴格的畫分。雖然許多十一世紀的譯師並未緊握自動送上門的政治權力機會,但顯然某些最出名的譯師曾行使不同程度的政治、經濟權力,而且幾乎所有這樣做的,都是密續佛教文本的譯師。

在此過程中,譯師不僅與世俗當局發生衝突,也和尋求類似勢力範圍的寧瑪派上師發生衝突,甚至當活動範圍有所牴觸時,也和其他譯師發生衝突。儘管寧瑪傳統與新譯體系對立,但這種政治上的衝突,不一定是出自對經典真實性的不同意見。反之,紛爭的根源更多是在個人人格,他們的權威感以及巨大自我意識的層面,這些都是由於密教將自己觀想成某位超越人界的本尊所造成的。新、舊體系的衝突,往往會成為他們意見分歧的工具,當然也是背景,但這只是偶發,並非核心問題。我們也發現有影響力的新譯派密教譯師彼此之間的爭執,就如同他們與寧瑪派大師的爭執一樣頻繁。

十一世紀所有的譯師中,最惡名昭彰的也許是熱譯師‧多吉札,他是十一世紀最重要的人物之一。他的傳記根本就是一部敘述的彙編,是現存早期新譯派譯師中最長的敘事之一,可能是在十三世紀的某個時間點或之後編纂的。這件粗俗無禮的文獻對熱譯師聲譽的傷害,就像十五世紀的藏寧(gTsang smyon）撰寫的《密勒日巴傳》（*Mi la rnam thar*）對布衣聖人的傷害一樣。它與後者的相似之處，在於它喜歡虛構聖人的生平。即使熱譯師傳的歷史真實性有待商榷，但毫無疑問的是，它大致呈現了世俗欲望和宗教信仰的融合，而這種融合在十一世紀許多西藏密教體系大師的生活中，都表現得淋漓盡致。

熱譯師可能出生於 1016 年，是聶納朗（sNye nam glang）地區熱敦・滾卻多傑（Rwa ston dKon mchog rdo rje）和妻子多傑貝宗（rDo rje dpal 'dzom）的兒子。[32] 這個河谷沿著坡楚（Po chu）河，於現今尼泊爾邊境的聶拉木（gNya' lam）縣直接向下延伸至尼泊爾。熱譯師在五個兒子中排行老三，他的父親是小貴族，承襲了一個長達七代均信奉寧瑪派修持法的咒師法脈。他的父親修習真實黑魯嘎和普巴金剛修持法，這是寧瑪派經教傳承體系最重要的兩尊本尊。熱譯師八歲時在這些傳承中接受灌頂，他的傳記作者提供了許多他兒時可能經歷過的超自然體驗的例子，像是在六個月大的嬰兒時期，被吉祥天母（dPal ldan Lha mo）抱著到西藏各地旅行等。由於熱譯師在各類事件中活了下來，因此被賦予「雷擊不死」（Deathless Lightning strike, Chi med rdo rje thogs）的名號。他在父親的教育下學習了喜馬拉雅山區流傳的各種修持法，他的機靈為他贏得了聰穎的名聲，有些人因此稱他為「智慧所生處」（Shes rab 'byung gnas）。儘管如此，他的童年還是留下了冒犯長輩的汙點事蹟，包括了語言上和肢體上的。[33] 他和當地一位年輕女士的婚約似乎出了問題，於是他南下前往尼泊爾學習更多佛法。[34] 約在 1030 年左右，十四歲的少年熱譯師最終抵達了尼泊爾加德滿都河谷的大城拉利特—帕坦納（Lalita paṭṭana）

（帕坦〔Pāṭan〕）。

熱譯師見到的尼泊爾與西藏的河谷大不相同。正如當時的西藏文獻中經常看到的，該傳記將帕坦描述為佛教淨土：

> 河谷的形狀如同一朵盛開的蓮花，那是吉祥的，也喚起了人們的歡喜心。那裡生長著各類穀物，八功德水層層疊疊地流動著，周圍是供人沐浴的芬芳池塘。那是一個孕育生命的清淨藥園。那裡有著被參加法會之人的雙足所踏平的奇妙場地，有成群的馬、大象和公牛無憂無慮地在長有不同花卉的草地上遊蕩。那是學者和成就者的居所。因為那裡有如此多尸陀林，聚集了許多勇父和空行母，所以看起來就像是神奇的凱卡利（Khecarī，即空行母）之島。城市四周都是森林，森林裡有各種水果、檀香木、香蘆薈等。杜鵑、鸚鵡和其他各式小鳥優美的叫聲迴盪，並充滿了整座森林。在這一切中央的是巨大的城市，圍繞四周的城牆內有四條寬闊的大道和四座大門。約有五十萬戶人家居住在那裡，建築物大小均一，可見其乃物產豐盈之地，並且到處都充滿了人。如同國王皇宮一般的高貴宅邸共有五百層，每一層都鑲有無數名貴的水晶、玉石和象牙等寶物。在城市廣場各處遍布各式各樣令人驚歎的店鋪，陳列著來自每個國家和地區的許多商品。由於城裡的人們生活富足，彼此沒有敵意，因此他們全都歡笑著一起玩不同的遊戲。許多女孩演奏七弦琴（vina）或吹長笛，也喜歡唱歌。隨處都能看到無數的身、語、意護持著三寶。在三寶面前，妙供不間斷地流出，以展現功德的方式成就。無論走到哪裡，人們都顯示出真誠，無論和誰結交，那人都值

得信賴。[35]

熱譯師傳記載了一位帕坦統治者巴拉哈斯提（Balahasti）國王，但我們沒有以此為名的尼泊爾國王的記載。我們知道十一世紀是尼泊爾統治者的混亂時期，期間共有十四位君主在位。這是經常被稱為塔庫里時期（Ṭhakurī, 879-1200）的中間階段，儘管曾有其他歷史學家建議使用「過渡期」稱之，但這兩個名稱都不夠令人滿意，因為顯然並非所有的王室都來自塔庫里種姓，而任何歷史時期都不應被簡化為重要時期之間的過渡期。[36] 從某方面來說，熱譯師認識的加德滿都河谷，在印度區域中心崛起的過程中是一個特殊的地點，類似迦濕彌羅、阿薩姆、康格拉（Kaṅgra）、庫馬盎（Kumaon）等地。

我們知道在十世紀的最後二十年中，也許在共同統治了一段時間之後，貢納卡馬提婆（Guṇakāmadeva）將尼泊爾城（加德滿都河谷）政治分裂的環境整合在他的統治之下。[37] 在他之後又恢復了雙王統治，有可能是帕坦的某個宮殿中有位國王，而另一位則在加德滿都巴格馬蒂（Bagmati）河的另一側。熱譯師抵達時，拉克希米卡瑪提婆（Lakṣmīkāmadeva）是拉利特—帕坦納王國的主要統治者，也許他早在 1010 年時就已經擁有了某些權力。[38] 所有資料都證實帕坦城本身在維賈亞提婆（Vijayadeva）的直接管理之下，他約在 1030 至 1037 年執政，1039 至 1048 年間再次執政。或說是熱譯師在城裡的大部分時間內都是由他執政。[39] 維賈亞提婆第二次統治時期，是與婆塞羯羅提婆（Bhāskaradeva）共享的，與前面提過的拉克希米卡瑪提婆時的情形類似，這也是阿底峽和那措前往西藏西部途中，停留於加德滿都的時期。各種資料都描述了脆弱的政

治氛圍,那些資料也提到拉克希米卡瑪提婆為國家的和平舉行了儀式,並指出在 1039/40 年左右,於巴克塔布(Bhaktapur)爆發了一場戰爭。尼泊爾政局在後來的一個半世紀中都不太穩定,直到 1200 年阿里摩羅(Arimalla)的新王朝成立,才實現了某種程度的穩定。

熱譯師應該是經由兩條極重要的貿易路線之一抵達尼泊爾的。這兩條路線直接從西藏高原往來運送貨物至河谷(地圖 5)。西藏貿易是如此重要,以至於在 695 年梨車族(Licchavi)國王濕婆提婆二世(Śivadeva II)的拉岡多(Lagantol)碑文中也曾提及,當時他授予一個村莊以支持波輸鉢多派(Pāśupata)的苦行者,其中包含提供西藏路線上的繇役。[40] 熱譯師在 1030 年左右,走的無疑是這兩條路線中的東線,因為它經過聶納(sNye nam)以及宗都(Tshong 'dus,現在的聶拉木)廣為人知的市場;再沿著坡楚河/波特科西河(Bhote Kosi River)越過山脊,可能抵達曹塔拉(Chautara),穿過因德拉瓦蒂(Indrawati)河,然後進入桑庫(Sankhu)旁的河谷。這條古老的貿易路線在目前阿尼哥(Arniko)公路以北的位置,直接進入博德納斯(Bodhnāth),在查巴希爾佛塔(Chābhil stūpa)轉而向南,經過凱拉薩庫塔(Kailāsakūṭa)的疑似古梨車族皇宮遺址(現在只是帕舒帕蒂納斯〔Paśupatināth〕北邊的一個土堆)西側,然後過橋前往帕坦,完全繞過加德滿都。

反之,通往西藏的西線則向上經過加德滿都,到達通常是自治區的納瓦果德(Navakoṭ)。在那裡它通過了特耳蘇里(Trishuli)河/吉隆藏布(Kyirong Tsangpo)河,穿過芒域河谷向上至吉隆(sKyi grong),再到宗噶(rDzong kha)。

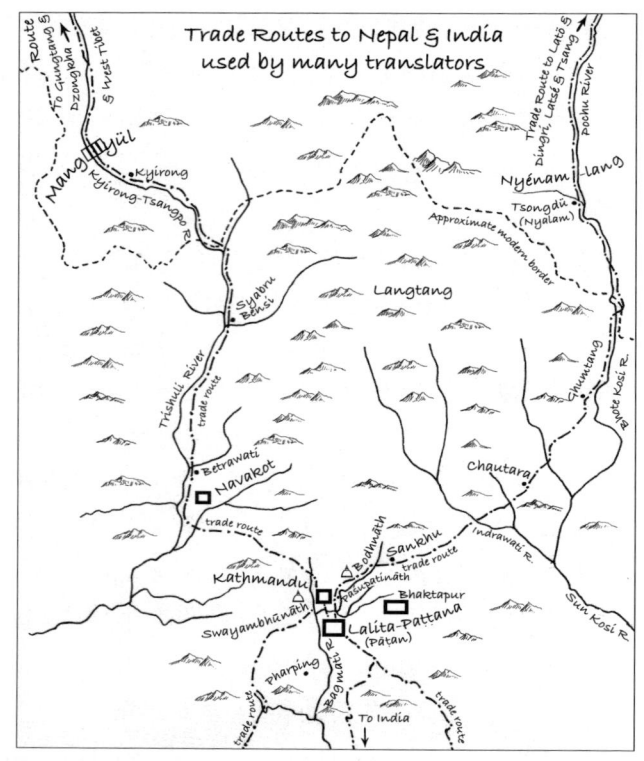

地圖 5　許多譯師使用的前往尼泊爾、印度的貿易路線

Approximate Modern Border 約略的現代邊界
Bagmati R. 巴格馬蒂河
Betrawati 貝特拉瓦蒂
Bhaktapur 巴克塔布
Bhote Kosi R. 波特科西河
Bodhnāth 博德納斯
Chautara 曹塔拉
Ghumtang 緄塘
Indrawati R. 因德拉瓦蒂河
Kathmandu 加德滿都
Kyirong-Tsangpo R. 吉隆藏布河
Kyirong 吉隆
Lalita-paṭṭana（Pāṭan）拉利特—帕坦納（帕坦）
Langtang 朗塘
Mangyül 芒域
Navakoṭ 納瓦果德
Nyénam-lang 聶納朗
Paśupatināth 帕舒帕蒂納斯
Pharping 帕賓
Pochu River 坡楚河
Route to Gungtang & Dzongkha & West Tibet 往貢塘、宗噶及藏西之路線
Sankhu 桑庫
Sun Kosi R. 桑科西河
Swayambhūnāth 斯瓦揚布納斯
Syabru Bensi 夏布魯貝西
To India 往印度
Trade Route to Latö & Dingri, Latsé & Tsang 往拉堆、定日、拉孜和藏區之貿易路線
trade route 貿易路線
Trishuli River 特耳蘇里河
Tsongdü（Nyalam）宗都（聶拉木）

宗噶是貢塘（Gung thang）地區的商業中心，也是加德滿都和古格王國之間重要的停靠點。1042 年，那措譯師正是沿著西線將阿底峽帶到了西藏西部，並花了一年時間在斯瓦揚布寺（Swayambhū caitya）、納瓦果德和斯坦比哈爾寺。[41] 依照慣例，春末或秋初比較容易到達宗噶和聶拉木，就在雨季引起的土石流使得旅程更加危險的前後。熱譯師傳指出，從聶納到帕坦的旅途需要十天，這對一百多英里的旅程來說，是合理的時間。[42] 傳統的商人會提供有志於佛教的藏人陪伴及保護，儘管他不太可能獨自旅行，熱譯師傳堅稱他第一次是在年少時期獨自前往，不過傳記也提供了他和商人們合作的許多例子。[43]

自梨車族國王們開始，尼泊爾便一直是佛教活動的中心，而 607/8 年鴦輸伐摩（Aṃśuvarman）的「哈里岡第二石碑」（Second Harigaon Stele），提供了官方護持五個主要和幾個次要佛教道場的說明，但大多數情況下很難將那些名稱與已知的寺廟做比對。[44] 同樣地，梨車族時期和之後的王朝史中，記載的幾間寺院也尚未確認。[45] 也許比較準確的紀錄是帕坦國王悉地・納拉辛哈・摩羅（Siddhi Narasiṃha Malla, 1618-1661）將城市裡的寺院整編成十五組，再加上城市外圍的三組，構成帕坦的主要寺院群。[46] 但是城市中的許多寺院，包括據說至少一座是由這位帕坦君主新建的三座寺院之一，肯定是更古老的或者並未被納入記載，因此這內容中的政治修辭，阻礙了我們對十一世紀帕坦道場的準確評估。

想證實熱譯師在帕坦的寺院「日上大寺」（*Sūryatala-mahāvihara, Ye rang nyi ma steng），也出現類似的問題。[47] 這座寺院有可能是東寺（Wam Bāhā），其梵文名稱為 Sūryavarma-Saṃskarita-Vajrakīrti Mahāvihāra。是由蘇利耶跋摩

（Sūryavarman）翻新的金剛稱（Vajrakīrti）大寺。[48] 據說這是悉地‧納拉辛哈‧摩羅新建的寺院之一，但是 1440/41 年一份寫本的跋文卻指出它早已存在。上述兩個梵文名稱的相似性，表示這個中心正是熱譯師在帕坦的落腳之處。首先，帕坦其他老寺院的名稱中都沒有「日」（Sūrya＝nyi ma）字。其次，熱譯師的法名多吉札，據說是他在那爛陀寺受具足戒時賦予他的。但是傳記裡那爛陀寺戒師的名單很奇怪，很有可能是為了傳記而捏造出來。[49] 然而，rDo rje grags（多吉札）有可能是從 Vajrakīrti 翻譯過來的，是 Wam Bāhā 的梵文名稱，有可能反映了那裡的受戒傳承，至少理論上是如此。最後，該寺院正是我們認為熱譯師會找到的地方，也就是位於城市的東北區，就在他行經古老貿易路線渡過巴格馬蒂河後的東邊。

同樣令人好奇的是熱譯師在那兒遇見的偉大上師：巴洛‧恰克頓（Bhāro Chagdum）。十三世紀的傳記沒有提供更多關於這個人物的訊息，但熱譯師幾部譯作的跋文都宣稱這些作品是他和巴洛共同完成的。[50] 恰克頓這個稱呼（phyag rdum）是 lag rdum 的敬語，梵文 kuṇḍa 的標準翻譯，當用在人身上時，這些詞語通常表示斷掉的肢體，這也是它被譯成藏文的方式。然而，當它指稱物件時，kuṇḍa 是指小火坑或燒火的區域（也稱為 agni kuṇḍa），特別是為了懺罪、灌頂或某種密續儀軌而舉行護摩（homa）火供儀式的地方。[51] 在目前尼瓦爾寺廟的使用方式中，這個坑被用於各種不同的儀式，我們可以想像在十一世紀時，該坑僅保留給部落中被稱為上座（sthavira）或接受過高階灌頂的少數官員。[52] 名字的另一部分，巴洛（Bhāro）是賦予商人（vaiśya, urāya 或類似的）種姓重要成員的一種新的政治頭銜，顯示持有者是個小貴族。該頭銜也是十

一世紀之後才出現的。[53] 這些尼瓦爾貴族和佛教具有特殊的關係，十一世紀中葉的加蘇‧巴洛（Gasu Bhāro）和他的兒子多加‧巴洛（Dhoga Bhāro）都是佛教大師的護持者。[54]

由於所有古文獻都將巴洛放在名字的第二位，因此，我們可以合理地推測熱譯師上師之名為袞達‧巴洛（*Kuṇḍa Bhāro），他曾是寺院中與護摩有關之密教儀式大師，來自一個有能力的商人家庭，也和帕坦統治者維賈亞提婆的王室有政治關係。巴洛肯定是個密教儀軌專家，他曾一度坦承自己對佛教義理和寺院戒律幾乎一無所知；但是，他懂儀軌以及金剛亥母（Vajravārāhī）和怖畏金剛成就法。[55] 他的寺院肯定是以居士為主的道場，洛克（Locke）直覺認為，這一直是尼瓦爾密教中心的主要性質，而且似乎很適用於這個十一世紀早期的案例，因為妻子（bhari）和女性家庭成員確實存在於傳記之中。[56] 這座主要為居士中心的寺院，對熱譯師來說顯得十分舒適又充滿異國情調，並為他提供了良好的設施，使他能夠研究印度材料，接觸印度的宗教價值觀，又不需立即成為佛教僧侶的身分。

熱譯師第一次訪問帕坦時，必定自上師處學到很多東西，因為他在此第一次就接受了金剛亥母和怖畏金剛儀軌的灌頂。他還獲得了一位有影響力的尼瓦爾商人的支持，這位商人名為「妙月」（*Candrabhadra）。妙月在金剛亥母修持法的儀軌中治癒了疾病之後，熱譯師便被任命為他的主法法師（purohita）。[57] 反之，熱譯師在繞行斯瓦揚布寺時，遇到了一位名為普納卡拉（Pūrṇakāla）的濕婆派術士，並引來了他的敵意。故事中，普納卡拉見到熱譯師時，聲稱這位藏人是自己的弟子，雖然這種情況不太可能發生在十一世紀強調種姓議題

的濕婆教徒身上。據說,圓滑的熱譯師曾回答,由於他是佛教徒,他看不出有什麼理由要參與婆羅門教的學習,因為「我為何要下馬騎驢呢?」[58]這次互動的結果,導致熱譯師和普納卡拉進行了一場法術大戰,這讓袞達·巴洛很不高興。儘管如此,這位資深的密教大師還是為熱譯師提供了各種方法,以抵禦對手的法術。熱譯師在他住所的床上放了一幅金剛亥母畫像,然後躲進一個罐子裡。而普納卡拉的法力則將這幅畫變成了灰燼。比賽的結局是普納卡拉自殺,他因為沒能征服這位年輕術士而感到絕望。傳記強烈表示這種法術競賽,純粹以犧牲不幸的濕婆派術士為代價,被用於所有真正佛法的敵人上,即所有熱譯師的敵人。在西藏、尼泊爾和印度都是如此。

熱譯師經歷此番冒險以後,袞達·巴洛將原屬於蓮花金剛的金剛杵和鈴(vajraghaṇṭa),以及他私人的怖畏金剛像和一份口訣手冊(gdams ngag gi be bum)贈送給熱譯師,這證實了有形紀念品在佛教儀軌傳承中仍然非常重要。[59]在回西藏途中,熱譯師遇到了前來尋找他的一位哥哥登棗烏(brTan spre'u),因為熱譯師的家人聽說這個男孩在與外道術士的一場法術決鬥中被殺害了。當兩人回到家以後,一切都不順利,因為他的家庭正為了熱譯師未婚妻的命運,與另一個村莊的人爭論不休。傳記描述熱譯師運用法術確保了這位年輕女士的自由。傳記作者藉由肯定熱譯師的家族事業是佛法,因此對其他氏族進行法術攻擊是正當的,來掩蓋他為了家族目的而使用暴力的道德問題。[60]

密教的法術競賽

　　這位年輕的大師隨後開始了占去他餘生大部分時間的活動，也就是傳授怖畏金剛的全新開示、參與法術競賽並確保西藏各地區的和平與繁榮。熱譯師顯然對公開展示這本祕傳的傳統毫不保留，且將諸儀軌傳得又遠又廣，儘管若干文獻中都描述了他的上師警告他切不可如此。[61] 雖然尼瓦爾人持續對他們的儀軌高度保密，但藏人卻從十一世紀起，除了少數例外，一直很樂意在密教體系的祕密性質上採取權宜的手段。舉例來說，熱譯師的反對者似乎對他的儀軌瞭如指掌，而他們以公開展現敵意做為對立的主要方式。

　　熱譯師的第一位法術對手，將這些道德和弘傳的問題凸顯了出來。藏區聶谷隆（Myu gu lung，後面討論卓彌在該處的居所時，會再解釋）的昆・釋迦羅卓（'Khon Shākya blo gros）忌妒熱譯師的功成名就。釋迦羅卓被認為是藏區昆氏家族的一個成員，他有可能是後來創立薩迦寺的昆・貢丘傑波的真正父親。正如同我們所了解的昆氏族，釋迦羅卓被視為普巴金剛和真實黑魯嘎儀軌和修行體系的大師，這兩者都是優秀的寧瑪派傳承，熱譯師的父親也曾修習過。為了不讓熱譯師過分成功，據說昆・釋迦羅卓散布了這樣的說法，他說這位年輕譯師：「從名為巴洛的外道求得了一個獸首外道神〔的儀軌〕。憑藉此成就，他迷惑了所有人，只要見到他就會讓你下地獄！」[62] 熱譯師聽說了此事便想離開西藏前往尼泊爾，以避免衝突。

　　然而，觀世音菩薩（Avalokiteśvara）代表西藏人民進行了干預，這表示即使是慈悲的菩薩，也必須對難纏的有情眾生使

用激烈的手段:「特別是在這個被稱為黑暗之島的西藏,人們對其教法、人格和義理見解的偉大之處,提出了各種主張,貶低其他人,他們累積了惡業,這是個巫術(abhicāra)之國!」[63]因此,在西藏護法神的命令下,熱譯師被迫與敵人交戰。在怖畏金剛的降伏儀軌(abhicāra)中,他殺死了昆・釋迦羅卓。所有人都看見了與怖畏金剛合而為一的熱譯師,於顱骨帽中帶著真實(Yang dag)五十八本尊之壇城,顯示其優於其他神祇。[64]所有釋迦羅卓的護持者和弟子們計畫進行報復,他們集結了一支軍隊。但熱譯師以法術變出一陣大風將他們吹向四面八方。因此,據說昆・釋迦羅卓的弟子成了熱譯師的弟子,他屬地的臣民('bangs),也成了熱譯師的臣民。

熱譯師的名聲遠播。他的傳記表示,他花了很多時間修繕定日(Ding ri)、拉堆(La stod)和其他地方的舊寺院,如同宗喀來到中央西藏的僧人所做的事情那樣。熱譯師護持複製經典,製造或修復佛像,在他所到之處禁止打獵和捕魚,限制水路交通以防止土匪,釋放了在反覆無常的西藏領主監獄裡受盡折磨的囚犯,並做了許多有益之事。[65]某次,他去拜見朗拉・強秋多傑(Lang lab Byang chub rdo rje),一位寧瑪普巴金剛傳承的重要大師。但朗拉用以往的指控斥責熱譯師,即怖畏金剛和巴洛都是外道的產物,根本無法代表正統的佛教傳承。接著又是法術的考驗。但這次熱譯師沒能取得勝利,他勉強逃過一劫,在朗拉撒下的一場金剛橛(vajrakīla)一般的雷電之雨後,他不得不用法術才使他的弟子復活。度母(Tārā)出現在熱譯師面前,勸他立即返回尼泊爾,因為他需要在巴洛的指導下,接受更多訓練,才能成功地對付如此強大的敵人。因此,熱譯師回到尼泊爾,接受了新的教法,也得到河谷中其

他大師更多的指導，如龐亭巴（Phamthingpa）、印度金剛手（Vajrapāṇi）以及哈度噶波（Haḍu dkar po）。⁶⁶ 他參觀了河谷中的聖地，然後在大批商人的陪同下，從帕坦出發前往印度。據說他在那爛陀寺受戒，並向擔任該寺住持的尼泊爾人滿竹林巴（Mañdzu ling pa）廣泛地學習。後來，熱譯師返回尼泊爾，接著又回到了西藏。他再次與朗拉・強秋多傑交手，最後在法術的交戰中擊敗了他。⁶⁷

從那時候起直到他過世，熱譯師繼續向愈來愈多的信眾傳授怖畏金剛體系、在法術競賽中殺死敵人、復興古老的寺院（包括桑耶寺）、最後也開始勾引年輕女性。在傳記的結尾處，砦沃確格西（dGe bshes Kre'o mchog）如同他人一般質問熱譯師。善良的格西問道：「如果你持守的是比丘（bhikṣu）戒，難道你不害怕殺生和行淫（sbyor sgrol）會讓你下地獄嗎？」⁶⁸ 熱譯師回答，他殺害了十三位金剛總持，包括馬爾巴的兒子達瑪・多德，並且納了五位明妃，包括工布・阿嘎（Kong po A rgyal）十一歲的女兒。⁶⁹ 即使最後這個驚險舉動使他入獄，即使他冒著下地獄的風險，但他聲稱自己毫無悔意。雖然修繕了包括桑耶寺和昌珠寺在內的一百一十二座寺院，付出讓許多人餓死的代價，他仍不後悔。因為他信奉怖畏金剛，因此任何被別人稱為「變態」的事情，都不會使他產生懷疑。藏人普遍接受了熱譯師在文獻中的形象，寧瑪派護教者索格多克巴（Sog bzlog pa）相信熱譯師藉由怖畏金剛的降伏儀式，謀殺了十三位菩薩和十三位譯師。⁷⁰

關於這部出色宗教文獻中的故事和傳記陳述，尚有許多可供討論之處，但這裡可以提出一些反思。首先，就熱譯師而言，新譯材料和古老的寧瑪密教儀軌體系之爭只是部分

的問題。當然,熱譯師傳經常描述他與舊體系的權威人士發生衝突,也稱他寄了一封信給某位獅面空行母儀軌大師謝敦·索南維瑟(Se ston bSod nams 'od zer),聲稱金剛童子(Vajrakumāra)(金剛橛〔Kīla〕)和真實金剛黑魯嘎的特定本尊也許很強大,但對他卻毫無作用。[71] 然而,熱譯師也表現出對蓮花生大士的喜愛。例如他在龐亭(Phamthing)外蓮花生大士的山洞中靜坐,並得到示現。據說他發現印度術師埋藏的寶藏,後來偉大的寧瑪派護教者惹那林巴(Ratna gling pa, 1403-1478),更是對熱譯師的伏藏體系大加讚賞。[72] 從根本上來說,人們並不認為熱譯師會詆毀舊體系本身,若他真如此做的話是很反常的,因為他的父親和親戚們顯然仍持續寧瑪派的修持法。同樣地,熱譯師也經常與新傳承的代表或僧侶發生衝突,那些人質疑他是否有能耐自稱是一個擁有多名妻子的僧侶。

更有趣的也許是熱譯師和桂譯師·庫巴列介之間的較量,桂譯師是《密集金剛》的譯師,也是這時期更具爭議性的人物之一。[73] 桂譯師的名字庫巴列介,這並不是法名,成為討論他家族史時的重心所在。《青史》中記載,「郭庫巴」指的是他出生於達那河谷上游的達那埔(rTa nag bu),一個主要由桂氏族成員所組成的村莊。[74] 現有的資料對於生卒年並不確定,但他與熱譯師和素芎·協繞札巴是同時代之人。[75] 據說由於桂譯師的母親是度母的化身,所以他被稱為列介,意味著受聖者保護。《青史》的作者廓譯師·循努貝指出,只有傻瓜才會相信他出生(btsas pa)於牛圈(lhas ra)的想法。[76] 但其他人認為,儘管這位博學譯師的父母都出自貴族的桂氏族,但他們也是兄妹。桂譯師也因此出生在牛圈裡,因為他的父母羞愧地試

圖掩蓋他們亂倫的結果。[77]

多數資料都認為,桂譯師年輕時先在藏區向受到高度評價的著名寧瑪派大師素波切(Zur po che)求教,但是並沒有得到佛法的教導,這似乎也證實了桂譯師的身世的確有些問題。接著他去找卓彌,但因卓彌對金錢需索無度,因此所費不貲卻所學有限。最後,他與吉玖・達瓦維瑟合作,後者本身也是一名偉大的譯師。他們一起旅行,在尼泊爾和印度廣泛地學習。據說桂譯師在印度人嘉耶達羅第二次訪問西藏時接待了他。[78] 桂譯師站穩了腳跟後,他與素爾氏大師之間的關係,就被描述為真誠而友好。廓譯師・循努貝說素芎曾到達那埔向這位偉大的譯師學習《喜金剛續》,而另一次,這位譯師則向素芎跪拜。[79] 儘管如此,桂譯師仍指控素爾氏族偽造經典。而他態度的改變,可能是由於他親眼目睹了舊譯經典的著作。

據說桂譯師與熱譯師之間的較量,始於他誹謗熱譯師的上師,這也是一種普遍的模式。傳記作者還描繪桂譯師對熱譯師進行了降伏(abhicāra)儀式,這些儀式來自桂譯師的密集金剛傳承。熱譯師當然不能假裝不知道這些活動,他以自己的法術回擊。此時,達那的三百位村民都捲入了這場紛爭,其中七十名圍攻熱譯師,質疑他令他們在奇幻法術的夾攻下受盡折磨。他用法術征服了這些村民,使他們吐血,還將他們的盔甲和武器捲成一團。

在所有這些事件中,熱譯師反道德立場的正當性,顯然是來自對《大瑜伽續》某些部分的字面解讀,其中認為對於覺醒的大師來說,沒有任何惡行是有罪的。我們也應該知道,此時的熱譯師還繼續為新僧侶授戒,彷彿殺生和行淫的放縱行為,

對他持守出家戒是沒有影響的。目前還不清楚這樣的情況在印度是否有先例，因為印度文獻對於有這類行為上師的處理方式，是將犯罪者逐出寺院，例如從大阿闍梨法護（Mahācārya Dharmapāla）轉變為成就者的畢如巴。

相反地，傳記作者將熱譯師等人描述為進行了嫻熟的宗教活動之人，無論好壞，這些活動都蔓延到了世俗領域。雖然在宗教範圍之外掌握世俗影響力，一直以來主要是地主階級的特權，但譯師的宗教訓練確實賦予他們某些正當性，這是他們的家族組織可能沒有，或者在某些情況下也不能提供的，尤其是資本的累積和土地的所有權，以及強徵資源以用於建築項目等。桂譯師的挫敗，證實了譯師在他們定居的河谷中行使了一定程度的政治權力，而庫巴列介之死更讓達那埔這個村莊，失去了世俗或宗教權力的中心。譯師建立他們的「丹薩」（gdan sa，權力之座）。這個詞在語義上與《吐蕃贊普編年史》（*Old Tibetan Chronicle*）的土地術語（skya sa〔冬季牧場〕、sngo sa〔夏季牧場〕）有關，也與《巴協》諸修訂本中王室聚會（mdun sa〔集會處〕）的詞語有關，最接近王權寶座（rgyal sa〔王位〕）之意。一些密教譯師結束他們的職業生涯方式是捨棄戒律（卓彌）、生下私生子（熱譯師）或為自己建立一個由自願之女弟子組成的美好小後宮（馬爾巴和熱譯師）。這模仿了封建貴族的行為，那些貴族主要是透過父系長子繼承制來繼承財產的。特別是隨著傳承的傳播和發展，許多十一世紀的密教大師，將法脈傳給他們的直系親屬或氏族成員，如此一來便能以佛教的方式改寫家族文獻，融合氏族和宗教，以配合新的修持法。[80] 即使沒有這類文獻，傳承也蘊涵於無所不在的建築工程的譬喻中，如四柱、八樑等。這充分展示

了地點類別的重要性。這些作法導致十一、十二世紀的真言乘（Mantrayāna）諸傳承，最常以氏族名來命名（Rong lugs〔絨派〕、'Khon lugs〔昆派〕、rNgog lugs〔鄂派〕、lCe lugs〔契派〕、Rwa lugs〔熱派〕等），極少以人物命名（'Brog lugs〔卓派〕）。以地方來命（比如：Sa lugs〔薩派〕），則往往是從統治地「丹薩」（宗教中心）向外延伸。

十一世紀譯師和其他宗教人士儘管諸多作為，卻仍能獲得公眾的讚譽，這種令人訝異的能力，很可能僅僅是由於西藏集宗教和世俗的權威於一身，並以前者來擴展後者的模式所致。[81] 熱譯師傳中有個插曲，前僧人彭賈列（dPon rGyal le）透露自己是如何從一名僧人變成地方強人的：

> 起初我是個僧人，聽聞很多上師傳法。後來，由於過去惡業的影響，我不再能修法，反而由於女人的緣故，製造了許多戰爭和混亂。我殺了許多男人和馬，大肆搶劫並毆打許多佃農等人，因為這是擔任地方領主的必要手段。有了我這樣的罪業，除了下地獄似乎無處可去，所以祈求上師以慈悲守護我！[82]

這種特殊的西藏轉化過程可能是受到尼瓦爾密教中心世俗化的影響。其中，像是袞達・巴洛這樣的大師，既是儀軌大師（vajrācārya）[1]，也是尼泊爾封建制度中擁有土地的貴族。然而，我們在宗喀也看見同樣的模式。喇嘛們成為中國的封建王公，並因其戰鬥能力而獲得認可。到了十二世紀末，這種範式最終成熟為被充分授權的上師模式。尚上師的雇用僧侶和士兵便是最佳的寫照。[83]

神祕的馬爾巴大師

　　因此，密教譯師有時會捲入若干層面的競爭和潛在衝突。一方面，密教模式遠比較古老的大乘菩薩理想更加優越，似乎已被大多數印度人、尼泊爾人和藏人所接受。金剛乘中經常出現且強調速成的主張，也就是即身成佛的承諾，似乎可以透過在壇城中心將個人觀想為佛陀而得到驗證。對藏人來說，金剛乘在北印度被廣泛接受的事實，為他們提供了另一個層次的真實性。這種真實性甚至比他們本身對於複雜且具有感召力之儀式的迫切需求更為重要。十一世紀時，西藏古帝王的後裔們，於壇城中看到了他們自身對控制權和中心地位的渴望，因此，他們在牆上繪製毘盧遮那佛或文殊師利菩薩的壇城圖像，似乎是要在各自為政的西藏現實政治世界中，證實他們對權威的主張。因此，密續佛教達到了它被精心設計的目的，即封建權威的神聖化。

　　另一方面，密教的譯師們往往直接在成就者傳統中接受教育，他們直覺地知曉各種宗教政治形式的限制。事實上，他們所宣稱的真實性，很少依賴偉大密續裡的壇城，而是仰賴成就者思想中，對已成就上師之口訣的充分信心。那些上師通過進階瑜伽修行，將絕對實相的直觀知識，傳授給做好充分準備的弟子。在這種次文化中，大師直接傳授的口訣，往往被認為跨越繁瑣的經典材料，使瑜伽士能夠直接洞察實相，避免漫長的文本研究和解釋的阻礙。這些珍貴的口訣在脆弱的傳承中，從原始金剛總持佛直接傳給譯師的上師（或類似的短傳承），因此成為號稱能解脫之真實口訣的試金石。再者，如果口傳的傳承成為成就者密教的必要條件，那麼對於藏人（也許還有印

度人）來說，在金剛總持佛和藏人譯師之間的傳承愈短，這個體系的訛誤必定也愈少。難怪在十一、十二世紀時，爭執的焦點既是傳承與口傳口訣的問題，也是某部經典是否為真經的問題。

某些情況下，可以明顯地看出關於譯師生平的誇大其辭與他們難以證實的真實生活間的差距。馬爾巴譯師・確吉羅卓（Mar pa lo tsā ba Chos kyi blo gros）無疑是復興時期的典範之一，他的傳記與成就者那洛巴之間的關係，已成為西藏虛構故事中的一件不朽著作。藏寧・黑嚕嘎（Tsang smyon Heruka, 1452-1507）寫於十六世紀初的馬爾巴傳，是以有利於噶舉派的方式，來描繪這位偉大的譯師。該傳記幾乎虛構了傳承的每一個面向，其中只有極少部分具有歷史背景。即使被廣泛接受的《青史》[2]，記載馬爾巴的生卒年為 1012 至 1097 年，但它不是較早期的資料或與馬爾巴同時期的資料，幾乎可以肯定是錯誤的。許多資料沒有提供任何年分，僅說明馬爾巴一生中關鍵時刻的年齡。有些資料認為他出生於某個雞（bya）年，因此他可能出生於 1009 或 1021 年。但由於他很年輕時便與卓彌[3]往來，因此 1021 年更有可能。[84] 馬爾巴的父母有好幾個名字，這表示可能沒有一個是正確的。早期的資料支持這樣的想法，因此都沒有提供他雙親的名字。

不過，馬爾巴的父母或祖父母，有可能真的是從瑪域（Mar yul，拉達克）移居至他的出生地洛扎（Lho brag）。[85] 馬爾巴的傳記將他描述成一個令人難以忍受之人，不斷地與人打架、愛喝酒並且喋喋不休。有個傳記中說，馬爾巴的父親認為，要麼他殺人，要麼他被人殺害。因此，他的父母顯然是富有的，將他們的一些資產用於他的教育上，在他十一歲時便

將他送到遠方，跟隨卓彌學習。然而，卓彌的任何教法都需要提供大筆的學費，三年後馬爾巴決定隻身前往尼泊爾，直接向尼泊爾人和印度人學習。馬爾巴這個青少年和一名資深學者紐譯師‧雲丹札一起旅行，而紐氏族對於後者生平的記載，為馬爾巴虛構性的傳記提供了很好的對比。[86]

根據紐譯師的紀錄，十六歲的馬爾巴加入五十五歲的學者以及其他二十多名青年一同前往尼泊爾學習。事實上，馬爾巴可能在帕賓接受了大部分的指導，兩位（或四位）那洛巴的弟子龐亭巴兄弟在該處授課（圖6）。在尼泊爾待了一段時間後，他們一起去了印度，最後分道揚鑣，馬爾巴向西行，譯師往東。紐譯師遇見一名巴令阿闍黎（Baliṁ Ācārya），並且跟他學習當時的密續課程，包括《喜金剛續》、《勝樂金剛續》、《大幻化》（Mahāmāyā）、《密集金剛續》以及其他諸密續、儀軌和注釋本等。噶舉派普遍認為，馬爾巴到迦濕彌羅向那洛巴學習，最終和十三位班智達一起研究，包括神祕古怪的固故利巴（Kukuripa），他和他的犬類伴侶一起生活在浪濤洶湧的毒芹湖畔，一個很怪異的居住地。紐氏族認為他們離開了七年又七個月，但噶舉派作者有時會誇大馬爾巴的學習期間到幾十年，並使他處處都優於紐譯師。[87] 馬爾巴的傳記作者似乎懷有很重的敵意，因為他們將紐譯師描述成一位善妒且具有破壞性的旅伴，他把馬爾巴的書丟到河裡，而且涉及欺騙，但我們沒有理由相信這個傳說，而紐氏族的文獻則尊敬地對待馬爾巴。[88]

困擾馬爾巴傳記的部分問題是，那洛巴約於1040至1042年間去世，而馬爾巴在三次前往印度的旅程期間，應該與那洛巴相處了十二年以上的時間。[89] 即使馬爾巴出生於較早的年

第四章　新的特權階級——譯師 ·253·

圖 6　帕賓（作者攝）

代，但這樣長的接觸時間也很難加以證明。[90] 雖然一些學者試圖解決這個難題，但其說詞似乎完全忽略這個矛盾之處。有些噶舉派作者甚至採用了一種權宜之計，那就是讓馬爾巴在第三次印度之行中遇見「已經逝世」的那洛巴。[91] 名人那措的證詞與這個問題密切相關，那措擔負邀請阿底峽，並將他帶到西藏西部和中央西藏的重責大任。他的故事出現於札巴堅贊所寫的一封信中，信中回覆了來自康區的一位上師強秋僧格（Byang chub seng ge）向他提出的三個問題，強秋僧格認為馬爾巴是否真的遇見過那洛巴一直存在爭議，札巴堅贊的回答很有意思：[92]

　　現在回答您關於馬爾巴是否曾見過那洛巴尊者的問題，

由於這些〔噶舉派〕傳承沒有原始文本（lung），他們完全依賴史冊（lo rgyus），但史冊的陳述很難理解。然而，那措譯師曾說過：

我做為一位地位低微的比丘，獨自去邀請阿底峽尊者。他由於摩揭陀的一個機會耽擱了一年，我想我應該去見那洛巴尊者，因為他的名聲很好。我從摩揭陀出發往東走了一個月，因為我聽說尊者住在一間名為普拉哈里的寺院。能夠去拜見他生起了極大的功德。

我抵達那天，他們說某個王子也要來表達敬意。我前往現場，一個巨大的寶座已經架起來了，我就坐在它的正前方。人群開始嗡嗡作響：「尊者要來了！」我看了看，尊者身形相當肥胖，他的白髮〔被散沫花染得〕鮮紅，頭上綁著朱紅色的頭巾。他〔坐在轎上〕被嚼著檳榔葉的四名男子抬著。我抓住他的腳，心想：「我應該聽他傳法！」但是，愈來愈強多的人將我推開，我離他的座位愈來愈遠，最後我被拋到了人群以外。所以，我在那裡看到了尊者的臉，但沒有真正聽到他的聲音。

然後，返回〔摩揭陀〕的阿底峽尊者與我（上師和弟子）在加德滿都河谷停留了一年〔1041/42〕。當時，我們聽說那洛巴尊者已經放下了身體的重擔，他的心已轉移至天界眾空行母處，他們用聖鈸陪伴他。即使在火葬場也有許多神奇的供品，例如聖鈸的聲音和花雨等。接著我們在西藏西部的阿里（mNga' ris）待了三年〔1042-1045〕，然後往東在貢塘待了一年〔1045/46〕。我再次往東至矗塘，因為阿底峽尊者正在傳授佛法。馬爾巴・確吉羅卓在那裡聽了幾堂課就離開了。

有人說他遇到了尊者（那洛巴），還聽了很長時間的佛法。我經由直接的消息聽到了一個無可置疑的故事，那就是馬爾巴沒這麼說過。馬爾巴在彭域（'Phan yul）時的弟子，藏達‧德巴也謝（gTsang dar Dad pa ye shes）說：「別人說我的老師和那洛巴尊者會面的事，他自己說：『我從來沒有到過那裡（普拉哈里）！』我的上師〔馬爾巴〕是從那洛巴的嫡傳弟子甘伽‧慈護（Gaṅga Metrīpa）那裡聽到那洛巴全部的開示。」而我自己是從德巴也謝的弟子那裡聽到了這個說法。

〔札巴堅贊接著寫道：〕因此，還無法確定馬爾巴是否自己做出了這些聲明。有首道歌據說是馬爾巴所寫，其中提出了〔關於見到那洛巴的〕說法，但是鄂‧確吉多傑（rNgog Chos kyi rdo rje, 1023-1090？）、梅村波‧索南堅贊（Mes tshon po bSod nams rgyal mtshan）等人並不認同這首歌的歌詞。反之，一位從蓊隋（Ngom shod）來的瑜伽士相信並傳唱了它。許多人知道這不是馬爾巴本人所寫的。現在雖然密勒日巴認可了這偈頌，但根據闇種日巴（Ngan rdzong ras pa）的說法，那首歌似乎不是密勒本人所撰寫的。那些知道這不是馬爾巴所寫之歌的人，會反駁任何說是他寫的人，並指出歌詞內容自相矛盾，必是由一位不了解印度之人所寫的，因為裡面出現了許多關於印度的錯誤。

因此，顯然那不是馬爾巴寫的詞（而馬爾巴也並未拜訪那洛巴）。

一般來說，謊言和造假都抗拒理性和經典。
如果每件隨意說的事情都能實現，那麼，
還有誰會關注那些完整表達的〔真理〕。
由於這是邪惡的時代，蠻族〔土耳其〕國王在摩揭陀取得了勝利。
他偽造宗教並四處散布〔伊斯蘭教〕，詆毀真正的修行人。
如果你希望遇到優秀的人，但由於當地的不幸而無法得遇，
那麼，倘若你正確地修法，你一定會遇見尊聖〔釋迦摩尼〕的真正僕從。

如果這是真的，而馬爾巴主要是向那洛巴的尼瓦爾和印度弟子學習，這便可以回答許多經常被問到的，關於馬爾巴和那洛巴在文獻中前後矛盾的許多問題。[93] 例如，馬爾巴一些譯作的跋文寫著，它們是那洛巴在迦濕彌羅的普斯帕哈里（Puṣpahari）閉關時翻譯的，而其它譯本則只是簡單地說明普拉哈里寺是那洛巴的寺院。[94] 普拉哈里寺是那洛巴的閉關處，但它是在東印度（比哈爾或孟加拉），不在迦濕彌羅。不管是誰捏造了這些跋文，他應該不知道這個事實，或者試圖將 pulla/phulla（「盛開」）變成 puṣpa（僅僅是「花」），並將地點置於迦濕彌羅以增加可信度。這種聯想很可能導致了紐譯師將馬爾巴描述為在西邊學習，但紐譯師的紀錄中也沒有提到那洛巴。

由於十一世紀末或十二世紀初有許多迦濕彌羅的班智達，因此噶舉派權威人士對那洛巴可能是孟加拉人這件事，

是難以想像或坐立不安的。促刺琛瓦將他是迦濕彌羅人的說法，歸因於鄂・確吉多傑的《和合往生竅訣》（*Sre 'pho'i zhal gdams*），也承認它與《惹瓊耳傳》（*Ras chung snyan rgyud*）的傳統說法不一，後者確認了那洛巴的隱居地是孟加拉。[95] 很明顯的，無論那洛巴住在哪裡，早期噶舉派作者確實知道馬爾巴和這位孟加拉成就者之間的關係很微弱，所以將馬爾巴學習的地方與那洛巴的閉關處連結在一起，就變得非常重要。這些努力實際上是成功的，岡波巴接受了那洛巴的寺院是迦濕彌羅的普斯帕哈里寺，儘管該傳承反常的在那洛巴和馬爾巴之間插入了塔巴朗敦（Thar pa lam ston, *Mokṣamārga-panthaka*?）。[96] 不同權威人士試圖解決這個無解的問題所做的愚笨嘗試，只是證明了那措對馬爾巴生平的證詞很可能是正確的，也凸顯出一個傳承願意付出極大的努力，只為了縮短首位成就者那洛巴和功不可沒的噶舉派譯師馬爾巴之間的距離。

　　我們還可以注意到，札巴堅贊的信中隱約期望一正統成就者的傳承來到西藏，應有三個組成部分：道歌（glu）、歷史（lo rgyus）和文本（lung）。薩迦派的道果法也是如此，這似乎也是其他一些傳承的標準。札巴堅贊似乎也認為噶舉派透過馬爾巴獲得的傳承，缺乏具體的文本，雖然這位偉大的譯師肯定傳播了許多文本。因此，對於札巴堅贊等人而言，某些修行指引完全透過口傳來傳遞，似乎是個問題，而我們也再次注意到了實質的物品對於真實性的驗證極為重要。熱譯師擁有蓮花金剛的儀軌、袞達・巴洛的怖畏金剛像以及祕密法術的口訣文本，明確且有根據地展示了佛法的傳播。之後我們將會看到，跋里譯師費心收集聖者遺物，大大助長了藏區薩迦寺的名聲，而為了建立這些特定聖地的公眾形象，遺物的交易也變得很

重要。

　　無論馬爾巴所受的教育為何,他回到洛扎後深受歡迎,還被提供自由挑選的土地。他選擇居住在庫丁寺(Kho mthing)舊址的上游,庫丁寺是首位贊普松贊干布建立的古寺,也是十二世紀經由伏藏文本的發掘,而進行大部分宗教復興的所在地。馬爾巴和家族在洛扎的地位,確保了他在政治舞台上擁有一席之地,他回國後被任命為該地區的首領(gtso bo)。他最終建造了兩間住宅,一處是他位於卓窩隆(Gro bo lung)的主要住所,另一處是為他的兒子建造的九層塔樓。那座塔被稱為「九層子堡」(色喀古托,Sras mkhar dgu thog,圖7)。這說明了十一世紀末的西藏動亂,因為若無必要性,很少人會建造堅固的堡壘。馬爾巴最終像摩門教的后宮一般,為自己聚集了九位道侶,並生了七個兒子。不幸的是,除了他的長子達瑪・多德早逝外(熱譯師承認是他的犯行),其餘的兒子都沒

圖7　色喀古托(臨摹自理查森之照片)

能在馬爾巴的宗教帝國有所建樹。我們甚至發現馬爾巴的某個兒子，不爭氣的在賭博中輸掉了父親的遺物；那些遺物後來被鄂‧多德（rNgog mDo sdé）收集了起來，他是負責修建馬爾巴陵墓之人。噶舉派史家承認馬爾巴的子孫是不幸的，他們說那洛巴預言馬爾巴的家族後裔將會像天空中虛幻的花朵一般消失，而他的經教傳承則會像河流一般流遍世界。事實證明這兩點都是真的。[97]

灰色文本、新譯疑偽經和薩瑪‧確吉傑波

討論假定密宗文獻是以佛陀所說的實體文本的形式存在的，而密宗的文本本身就是最深奧、最有問題的，因此受到最嚴密的保護。從這個角度來看，後來的人們為了建構一個虛假的傳承，在寫作時所做的努力似乎很奇怪，並且有可能適得其反。但它們是有效的，如同在噶舉派中所看到的，儘管證據確鑿，但因藏人對這些譯師寄予厚望，以至他們最終完全不理會那些反面的證據。事實上，中央西藏人願意賦予西藏譯師全然的自由，最終導致了重新定義了何為真實的佛教文本。在王朝時期，赤德松贊召集的大會試圖對所有譯本，或至少是王室贊助的譯本制定政策。密續文獻被列為首要棘手問題。討論的重點在於這類文獻是祕密的，不應該毫無限制地透露給任何人，因為這將與文本本身自相矛盾。結果只有某些文本允許被譯出。[98] 這些討論假設密教文獻是以實質文本的形式出現的，由佛陀所說。而密續文本本身是最祕密、最有問題的，因此應該受到最嚴密的監視。

所有這些假設在新譯時期都受到了質疑。也許系統性顛

覆這些分類的最佳例子,正是密法觀修口訣(upadeśa: gdams ngag)。據說是經常在(神話中的)烏金國出現的智慧空行母(空行母的一種)所揭示,並傳授給了某位成就者,再由他將這些口訣帶到西藏。[99] 十一世紀時,這些口訣在功能上取代了密續經典本身,儘管被賦予了最高的權威,但它們並未自稱是佛陀或某某佛所說。下一章要討論的道果法文本很顯然就是這一種類型。畢如巴的神話將此作品視為正式的文本,從無我佛母傳給畢如巴,然後傳給甘哈,再通過傳承傳給嘉耶達羅。他最後以口傳文本的形式將道果法帶到了西藏。其他被「翻譯」成藏文的密教作品,其真實性甚至遠不如此,因為許多作品並非是以實際的文本形式傳到西藏,而是成就者的直觀智慧所展現他將此揭示教法帶到西藏,轉達給一位譯師,這位譯師再翻譯成藏文。因此,這類作品與標準的印度文本,也就是於印度被理解,以印度文書寫下,在印度佛教中心被使用,然後再被帶到西藏,在世界屋脊被實踐的文本模式相去甚遠。事實上,我們沒有證據證明這許多的口訣「文本」曾在印度存在過。但它們的密教光環變得如此之大,以至於從它們的弘傳中獲取了巨額的資金。卓彌一人試圖壟斷道果法的市場,更不用說其他作品了。

我想把這些視為「灰色文本」,因為它們絕對不是印度的,也並非西藏文本。[100] 這些新譯的準疑偽經,不能單純地被視為藏文著作而不予理會,因為它們與某些在十、十一世紀分裂時期所撰寫,寧瑪派傳統所使用的明顯疑偽作品不同。相反地,它們似乎是某位印度／尼泊爾／迦濕彌羅的成就者或學者,和一位受過印度語言訓練的優秀藏人合作的結果。在這種情況下,灰色文本的創作符合了特定的印度瑜伽士和個別藏人

的要求。因此，這類「文本」的「譯本」能夠滿足每個人的需求。在南亞的班智達們越過最後的高山隘口進入西藏高原之前，這些文本很可能只是他腦海中的一個主題罷了。然而，這些文本並非純粹為了個人利益或擴張自我權勢而編造出來的，雖然這些因素有時非常明顯。相反地，它們代表了密續佛教傳統，在另一個社會地理環境中的不斷發展，與印度本身的密續和密法口訣的作品絕對是一脈相連的。密續源於標準的印度佛教傳統與區域因素（賤民、部落等群體）的碰撞，而這些灰色文本則是同樣的印度佛教傳統，與新區域西藏碰撞的結果。因此，所謂的疑偽經，是因為它們並不像它們自己所描述的那樣是佛說。但這麼說來，很少印度佛教經典或其他著作實際上呈現出它們所描述的那樣。反之，這些新作品是可靠的，因為它們展現了佛教智慧在特定時空環境下持續創作的方法。

　　灰色文本的優秀例子，是十一世紀後半葉和十二世紀初由帕丹巴・桑傑和薩瑪・碓吉傑波（Zha ma Chos kyi rgyal po）共同創作的那些文本，它們是很好的檢驗案例，原因有二。首先，文本不只一件。薩瑪譯師負責翻譯了許多與成就者相關的文獻，其中成就者的教法和身分很奇怪，或明顯不同於已知的印度模式。其次，薩瑪的譯本被使用於希解派傳承，這個傳承勉強維持了一段時間，但並未如其他傳承一般，於制度上有重大的建樹。他的姊姊薩瑪・瑪紀（Zha ma Ma gcig）成為道果史上的著名人物，代表西藏婦女偶爾能夠擁有重要位置，這與印度婦女所經歷的磨難形成鮮明的對比。但道果的薩瑪傳承並未像昆氏族那樣制度化，因此到了十六世紀時，它僅是道果史中一個無足輕重的註腳罷了。薩瑪譯師也跟姊姊一般，沒能依據從神祕的印度上師處所獲得的教法，建立一套長久的修持體

系。事實上，在帕丹巴‧桑傑的傳統傳記中，薩瑪譯師也只是一個注腳，甚至更糟。[101] 因此，在那洛巴和馬爾巴的表面關係中，幾乎看不見對於傳記材料進行重新定位、編輯跋文以及對其他顯而易見的制度化步驟投入心血。

薩瑪譯師負責了十五件被收錄於藏經（To. 2439-53）中的密法口訣和傳記的譯本，其他的則被收藏在藏外文集中。[102] 這些文本都不長，但事實證明，在十一至十二世紀西藏密教的形成過程中，許多至關緊要的作品大多都是如此。然而，最有趣的是，其中許多作品都聲稱是直接從帕丹巴的《空行母密藏》（ḍākinī-guhyakośa：mkha' 'gro gsang mdzod）中摘錄出來，並被傳給了薩瑪譯師，他再將其原樣翻譯。例如，《金剛空行母歌》（Śrī-Vajraḍākinīgītā）的跋文：[103]

> 「空行母符文共五卷」——在與五大主[4]的會面中，它被當成密藏中的一卷，於印度丹巴尊者的所在地交給了他。隨後，在定日的一位侍者薩瑪譯師將其翻譯，並將它交付給貢噶（Kun dga'）菩薩。這便圓滿了高貴八大歌之四。

雖然後面的章節將研究帕丹巴的希解和斷境修持體系，但在這裡，我們將以不同的角度來看待這位班智達和譯師的關係。在上面的敘述裡有許多顯著的特徵。例如從密藏摘錄出的一卷文本、一位神祕的護法、一名被選中的揭示者，但此人並非真正寫下材料之人等，這些似乎與當時西藏的伏藏現象如出一轍。同樣地，我們也在薩瑪的文本中發現某些異常的形式。舉例來說，某部作品將成就者的名單擴增到三百八十一人，似

乎是唯一一部在成就者名錄中,含有超過八十五個名字的文本。[104]

就這些案例以及其他的例子來看,我們必須懷疑是否有些新譯派人物在印度模式的影響下,創作新的素材,就像古老的寧瑪體系顯然是如此。儘管沒有任何文本能確實證明有個朝向新譯疑偽經的更大發展,但從整體上看,這種趨勢是不可否認的。許多新譯材料可能只是印度與西藏結合的產物,包括由印度密教大師傳給西藏譯師的一些較著名的祕密教法,似乎已輕易地被其最初的繼承者信服,儘管它們的原始出處並不清楚,甚或往往存在爭議。在這裡,創造性的翻譯過程,與創造性的宗教靈感和想像過程密切合作,難怪在這一時期引入的大量密續文獻,需要在許多方面做出解釋。

新保守主義正統思想的誕生

如果後來的一些傳統,願意暫緩對十至十二世紀之間,來自印度等地的經典進行批判的話,就會發現這個時代實際有影響力的某些人物,並非都是輕信的。我們已經看到一些問題行為被視為是藏人對佛法的誤解,或是將外道的修持法引入西藏的結果。同樣地,在這整個時期,特定的作者試圖在文獻中,對於實際上是否為印度的、是否是佛教的以及是否為正統傳統的資料進行區分。這個過程對當時在西藏流傳的許多作品的印度根據,提出了質疑。學者們多半是因為後期的論戰,而習慣將對文本真實性的懷疑,視為是一種新的、真實的、印度的密續經典,對古老寧瑪派疑偽經典的挑戰,但這當然不是所有十一或十二世紀的情況。[105]然而,較新經典的支持者,最終成

功地使用自己的標準來批判舊體系的權威,而許多舊經典從固有的正統領域中被置換,以致於形成兩套密續藏經:一為公認藏經《甘珠爾》(bKa' 'gyur)的密續部,另一則為《寧瑪十萬密續》。但是,這樣的模式在很大程度上,是透過十四、十五世紀布敦、種登‧日克列(bCom ldan Rig ral)和惹那林巴等人物對藏經討論的視角來體現的。早期藏經論戰的性質要複雜一些。兩件關於文本真實性的論述都來自十一世紀下半葉,分別是桂譯師‧庫巴列介的《駁邪咒》(sNgags log sun 'byin)和寂光王的《詔書》(bKa' shog)。[106]

《駁邪咒》是現存最早的極度重視經典的作品,儘管還有部仁欽桑波所著之名稱相同、內容也類似的作品尚未被找到。仁欽桑波的文本也許可以和古格統治者拉喇嘛‧智慧光的立場掛勾,因為索格多克巴‧羅卓堅贊(Sog bzlog pa bLo gros rgyal mtshan)在十六世紀末或十七世紀初為寧瑪派體系辯護時,便是如此歸類該作品的。[107] 顧名思義,《駁邪咒》對那些自稱是金剛乘正統經典的文本提出質疑。桂譯師首先描述了末法時代,遵循印度的圓滿(Kṛtya)、三分(Treta)、二分(Dvāpara)和鬥爭(Kali)等時期(yuga)的分類法。這個分類法在金剛乘的詮釋學裡,已經取代了佛教劫數(eon)的系統,以證明密續經典的四部體系是合理的。桂譯師的觀點認為,在這個末法時代,我們知道會出現各類錯誤的教法。例如,西藏認為傳授《無上瑜伽續》(yogottara-tantra)的時間應是在佛陀般涅槃之後的 112 年,但被駁斥為在印度根本無人知曉。

桂譯師快速檢視了舊譯時期後,便轉向寧瑪派的主要作品,如大瑜伽、阿努瑜伽、阿底瑜伽(Atiyoga, mdo sgyu

sems gsum〔經、幻、心三部〕）中的心部教傳。根據桂譯師的說法，王朝譯師瑪·仁欽丘編輯了《祕密藏續》和大瑜伽文集中的其他《幻網續》（*Māyājāla*）作品。巴果·白若札那（sPa gor Bai ro tsa na）編輯了阿底瑜伽心部的五件作品。[108] 努·桑杰仁千（gNubs Sangs rgyas rin chen）編輯了《希有法》（*rMad du byung ba*）諸作，加上之前的五件，使基本舊密續中的心部文獻累積至十八件。[109] 阿若·益西瓊磊籌畫心部的注釋，而達千貝（Dar chen dpal）則偽造了阿努瑜伽的作品。桑傑仁波切（Sangs rgyas rin po che）編輯了一些關於「八大法行」（bka' brgyad）諸本尊最重要的作品，其他藏人則增添了一些關於「本母」（ma mo）的文本等。他們的方法包括將非佛教的資料和教義結合，再將其與作者本身的想法加以融合。所謂藏人編造之作品的特色是，當印度班智達們被問及這些著作時，他們均一無所知。

　　關於桂譯師的這場論戰有些奇怪之處。例如，該書的標準版本中並沒有提到伏藏文獻，但這對於後來恰羅·確傑貝（Chag lo Chos rje dpal, 1197-1264）和布敦的反駁言論是非常重要的。[110] 當然，這並不是說伏藏文獻在這個時候不存在，而是說它似乎不被認為是一個獨立的疑偽經類別。其次，桂譯師顯然並沒有譴責早期的譯本本身，因為他自己也接受了許多王朝時期完成的譯文，只是對那些不符合他標準的譯本提出了質疑，而他的標準是「當時的印度人知道它們」。同樣明顯的是，他和後來許多新保守主義者一樣，既譴責那些肯定是出自西藏的作品，也譴責真實的印度作品。最著名的例子是《祕密藏續》，他認為這部作品的作者是瑪·仁欽丘。[111] 後來的寧瑪護教者索格多克巴不厭其煩地指出，不僅種登·日克

列從桑耶寺取得了這件作品的梵文寫本,而且洛倭譯師・貝登強邱(bLo bo lo tsā ba dPal ldan byang chub)也從阿底峽創立的道場,即位於加德滿都的斯坦比哈爾寺獲得了第二份寫本。第二份寫本據說是由一位名叫曼尼卡・斯里加納(Maṇika Śrījñāna)的人所翻譯的另一件譯本的底本,而浦扎(Phug brag)版藏經則保留了塔巴譯師(Thar pa lo tsā ba)的另一個譯本。[112]

另一件十一世紀的作品,寂光王的《詔書》,卡梅(Karmay, S. G.)認為發布時間是 1092 年。[113] 這是一件有趣的作品,因為它限縮了真實性的範圍。它不僅將特定的寧瑪派疑偽經排除在外,也嚴厲指責具有優秀印度來源的作品。寂光是古格—普蘭的王子,他依循祖先的作法,受持了出家戒。他聲稱有些資料無助於解脫,並認為這些資料都具有「西藏成分」,儘管很明顯的,許多作品是由一位惡名昭彰的印度人紅衣大師(Atsarya dmar po)所弘傳的,並且據說有六件是他創作的。[114] 實際上,這些作品有許多不過是後來的《瑜伽母續》或附屬作品,而一些《明點續》(Tilaka-tantras)或相關文本也被包括在內,例如《大手印明點續》(Mahāmudrā-tilaka-tantra)、《大祕密歡喜明點續》(Rahasyānanda-tilaka)、《智慧藏》(Jñāna-garbha)和《智慧明點續》(Jñāna-tilaka)等。被廣泛接受的密續標準修持法作品,如《五次第》等也被認定是不真實的。在「非真實文本」中最有趣的標題,是十部來源各異的作品,它們都討論了大手印的各個層面,而且正是薩瑪和馬爾巴所關注的那類作品。總之,這些都為我們提供了寂光王的觀點,即他對於大約同時期的桂譯師所採用的標準不太關心,並認為有問題的作品,對藏人

的修行會造成危害,因此應該被淘汰。寂光王總結這個部分時警告:「母續(亦即《瑜伽母續》)的編寫語言(sandhyā bhāṣā)被僧人誤解,他們因此而違背誓言。」因此,對這位西藏西部的王室子孫來說,成就者經典的書寫語言與其反禮教行為之間,持續存在著的緊張關係,特別難以解決。

因此,在思考正統性的問題時,新保守主義者的觀點確實體現了兩種觀點中的其中一種。一方面,如果某件作品、教法或儀軌源自於印度,就會被認為是真實的,儘管這一點往往很難確定。另一方面,無論該作品、教法或儀軌的來源為何,都可能會被認為是不真實的。種敦就是後一種情況的例子,他非常直率地要求阿底峽不要討論成就者的道歌偈頌,因為它們可能會敗壞藏人的道德觀念。而幾乎半個世紀後的寂光王也遇到了同樣的爭論。我們必須知道新保守主義的立場不一定都是學術性的,儘管這個立場最後被最偉大的學者薩迦班智所採納。相反地,它代表佛法的真實性受到了極大的限制,而這種理想化的想法,可能是由密續權威和學者堪布們所持有的。然而,這種想法只是一部分佛教徒的想法,因為印度人一直保有佛典不應受到任何限制的想法。這就是他們與中國人、藏人不同,從未編纂過一部藏經目錄的原因。[115] 新保守主義者的立場也不一定被新譯派的譯師所接受,因為許多人像熱譯師或卓彌一樣,他們與人結盟或攻擊敵人,是以個人立場為基礎,而非宗派或文獻傳承的立場。

知識的崇拜和文化

最後,十一世紀時,藏人著迷於各種形式的知識,這對

新、舊教派都產生了影響。歸根結柢地說，譯師並不僅僅是為了自我表現和擴張個人權勢的目的而進行翻譯，即使這些因素對某些密教大師來說確實重要。反之，一旦政治秩序以及其安撫分裂分子的能力穩定下來，譯師們的工作，主要是受到藏人所接觸到的新知識形式的巨大社會價值所推動的。從十世紀末到十二世紀，藏人渴望得到廣闊世界中所有可知的事物，彷彿前個時代的知識饑荒，讓他們需要飽餐一頓，又如同一條巨龍從漫長的沉睡中突然甦醒，變得飢不擇食一般。他們從印度和中亞引進了各種學科的專家，似乎是為了知識本身而汲取一切知識。從十一世紀起，西藏四如似乎充斥著協助翻譯文學、藝術、醫學、馬病學、政治學、音律學、占星學以及其他各種主題文本的大師們。他們在這方面的成就，應該得到承認，因為直到1959年以前，西藏都被廣泛地認為是密教知識的權威中心，而藏人在將自己宣傳為神祕知識的唯一承侍者一事上，於全亞洲都獲得了絕無僅有的成功。

在這個過程中，密教研究至關重要，也是知識匱乏的藏人主要的（往往還是難以消化的）課程。新譯的密教經典在這方面提供了包羅萬象的知識主題，以及一個認知的語彙「智」（jñāna），其中知識成為文化成功和精神成就的象徵。如果我們細數收錄在藏經中的經典，標題裡含有「智」的數量，總計二十個。令人驚訝的是，其中大多數是在十一世紀中葉的幾十年間被翻譯出來的。如果我們除去一個短篇的密咒文本《智慧燈明陀羅尼》（To. 522, *Jñānolkadhāraṇī*）、三個版本的《無量壽佛（Amitāyus）經》（To. 674-76）、以及早期翻譯的三部標題帶有智的大乘諸經（To. 100、122、131），那麼其他所有作品均是由十一世紀初至中期的大師們所翻譯的。[116]

其中,只有《聖妙吉祥真實名經》也在其他時代被翻譯過。[117] 顯然有些事情正在醞釀當中,而過程是由一定程度的篩選所推動的。

榮松於十一世紀中葉聲稱(於第六章討論),印度人會依據受歡迎的主題來撰寫文本,這一點甚至在此處也可以列入考慮,因為卓彌翻譯了六部名稱中帶有「智」的短篇密續,他當然可以利用這些材料來利益自己。這種情況也可以證明,事實上也驗證了藏人對於知識主題難以抗拒的興趣,但由於有證據顯示,在新譯時期仍有這類的短篇密續未被翻譯,因此這個問題就有些難以理解了。最近出版的《智起續》(*Jñānodaya-tantra*),說明這類檔案仍未被充分研究,這件作品應是在印度或尼泊爾創作的,因為據編輯們所知,它尚未被翻譯成藏文。[118] 因此,這些譯師似乎特別關注的關於智的各類作品,實際上是從有關該主題的更大文本檔案中挑選和翻譯的,這些文本無論在早期或是後來,都並未被賦予同樣的熱情。

當然,標題並非作品,而密續經典的標題所標示的問題,與它們實際內容之間的關係,往往也很薄弱。儘管如此,我們應該知道這類標題也只是俗話所說的冰山之一角而已,因為智、覺知和各類知識也經常出現在其他的密續作品中。事實上,整個密續部都致力於智,有時是「俱生」智(sahajajñāna)的主題,這個事實對《瑜伽母續》的讀者尤其明顯。[119] 在印度,這類新文學與關於智／知識的直覺之間的關係十分重要,以至於寶生寂、不二金剛(Advayavajra)等人都在他們對於此類體裁的注釋本和論文中,特別突出這個主題。這個方向最終導致了印度密教最後一部偉大經典,即《時輪密續》其中一章的創作,然而直到十二世紀初,該密續對西

藏密教知識分子的影響都很小。

雖然能夠討論的篇幅有限，但這佛教語彙「智」與另一個偉大的佛教認知語彙「慧」（prajñā）具有不同的屬性。慧，最明確地體現於《般若經》諸經中，但仍無法滿足對知識的需求，因為這些神聖作品的主要方向是解構與實相之間的正向連結，使得實相的一切要素，都能被理解為自性空。在南亞笈多（Gupta）和維達跋（Vākāṭaka）霸權的穩定時期，這個方向可能是有利的。在這期間，更廣闊的世界知識，似乎無孔不入地湧入了印度邊界，但到了十一世紀的西藏，這些文本與死後的儀式密切相關，讀誦般若諸經或抄寫經文，是最盛行的佛教死亡儀式之一。此外，般若諸經的內容大多似乎並不談論令人興奮的世界，它只是告訴藏人他們已經知道的事情，那就是他們並不理解實相的本質。

反之，深奧的密續揭開了以往未知的世界領域：語言、醫學、身體內在的本質、宇宙學、新的神祕文字、難以發音的單詞、天文曆算，為了長壽、政治統治和性能力所進行的儀式等。這一切看來都是實用的素材，該素材使用令人興奮的語言來表達，並以藏人可以獲得的最先進的文明，即印度文明來推廣。更妙的是，該素材既承諾提供抽象知識，也承諾帶來終極解脫（jñāna），並以此為題來進行編寫，因為「智」這個語彙在印度佛教中同時具有這兩種意義。菩薩應該在修道的早期階段累積智慧資糧（jñānasambhāra），而證悟五智（pañcajñāna）被頌揚為解脫的祕密，他因此而能獲得一切事物任何形式的知識（一切種智，sarvākārajñatā）。事實上，智與抽象知識如此密切相關，以至於在十一世紀中爆發了一場爭論，即佛地是否存在智，有哪些類別，或佛是否取代了對智的

需求等。從榮松開始，學者們思考了智學問題的急迫性，討論了智／知識是否可以成為宗教的方法和目標。[120] 難怪藏人在所有這些論述中會如此著迷：對於一個感覺自己正從四分五裂的黑暗中崛起的文化來說，還有什麼比迎接知識的饗宴更有吸引力的呢？

結論──如同普羅米修斯一般的譯師

如果佛法後弘期為引進新的宗教體系或瑜伽修持法，以及翻譯新的「佛語」提供了機會，它同時也開啟了一個充滿困難和不確定性的時代。此時，中央西藏正在恢復古老的學問，從心理上（如果不是身體上）的黑暗時代中重新崛起，重新認識自己以及那個曾經聽其差遣的世界。他們本可以拋棄印度佛教的殘跡，採用中國的宗教樣式，接受阿拉為唯一之真神，或者乾脆什麼都不做，繼續為貴族塑造一些新的儀軌和願景體系。畢竟，阿富汗人和中亞人信仰佛教的時間比藏人更久，而蒙古人支持佛教約一百五十年，但他們都一一屈服於其他宗教的召喚或脅迫。中央西藏人完全沒有任何理由去尋找和重塑西藏佛教。

第十與十一世紀的作品，不由自主地予人一種藏人正在尋求賦權和理解的想法，個人和氏族藉由尋求微觀之瑜伽和宏觀之壇城的同一性，試圖在一個充滿混亂和潛在敵意的世界裡，為自己賦權。熱譯師獲得和運用的儀軌、對尼瓦爾術法的重視、對瑜伽體系的關注以及法術力量持續具有重大意義等，這些都說明一個民族正在尋求控制其奇美拉（chimera）[5] 怪獸。對許多藏人來說，從印度上師處翻譯而來的多種誅殺儀軌

以及其使用的記載,強烈地證明了有一類對環境起疑、對同伴戒備的佛教徒。同樣地,特定譯師確實使用的身心瑜伽修持法,改變了出家的清淨梵行,由此而在貴族氏族中產生的後代(如馬爾巴的孩子們),則支持藏人結合宗教、社會和政治傳承的習性,使個人魅力、領地、權威以及管轄權等被視為是綿延不絕的。

隧道的盡頭有光。薄伽丘在承認學問對他的時代產生了極深遠的影響時,將博學的學者稱為第二個普羅米修斯(Prometheus),他無視眾神,為人類文明帶來新的火種。[121] 譯師們必定也被賦予了類似的尊崇與榮耀,但他們往往如同普羅米修斯一般,也必須承受其傲慢所帶來的苦果。雖然十至十一世紀的中央西藏與《布敦佛教史》(1322)開頭對學識的動人讚頌相去甚遠,但我們可以感受到洗鍊的知識和被磨礪過的心靈,對那些只掌握政治權力之人所產生的影響。[122] 的確,1076年在托林寺(mTho lding)舉行的譯師學者大會,似乎預示新時代的到來,這也是與會者後來對此事件的描述。[123] 譯師們在前人未獲成功之處取得了成功。他們建立了穩定的道場,這些道場已經維持了一個世紀,並且每天都在更廣大的群眾中獲得認可;他們發展出在這些道場中體現其重要性的方法;他們也對本土著作進行批判,使印度的真正佛法能占據制高點的位置。

在這個過程中,他們試圖在衛藏地區塑造一種新的文本文化,這種文化以當時印度的文學標準做為神聖性、優雅性和詮釋的範式。[124] 印度作品成為這個時代的文本標誌,因此其引文、解釋和扼要重述的模式,成為藏人模仿的典範。然而,西藏並未因此而形成單一的文本類型,因為根深柢固的西藏敘

事、快速的本土經典創作、來自印度的不同傳承,以及東方戒律傳統課程的普遍經驗等,全都不利於建立一個統一的文本形式。因此,藏人從未總結出一套通用的密續教學大綱,所以也沒有成功地建立得以代表佛教世界至高無上,且不容置疑或挑戰的理論體系。在這一點上,他們與其他許多佛教文化的發展類似,但與歐洲的經驗形成了鮮明的對比。

也許在十至十二世紀持續演進的文獻中所發現的對於智(jñāna)和本覺的全新重視,就是這些軌跡的功能。儘管新的學問和其不斷擴大的認知潛力,必定以一種遠遠優於之前時代的獨特方式出現,但藏人根本完全無法放棄他們輝煌的過去。這個時代的戲劇性發展,甚至可能蒙蔽了藏人,使他們看不到一個再簡單不過的事實。那就是學問一旦被發展起來,就必須持續維護它。在閱讀譯師傳記時,讀者定會一再地感傷。在義大利文藝復興時期以及之後將古典語言研究制度化的決定,顯然具有重大的影響,但藏人卻沒能在西藏境內重現這種作法。就像歐洲文明是從古典希臘和羅馬世界衍生而來的一樣,西藏的視野也仰賴從印度引進宗教和知識模式,但鮮少有藏人嘗試將梵文學習制度化。即使藏人在寺院書庫,例如桑耶寺、哦寺(Ngor)、熱振寺、薩迦寺中有這類藏書,也有尼泊爾梵文佛教學者的偉大文檔,但大多數西藏僧眾卻只是選擇背誦譯本,而非閱讀原著寫本,或深入梵文文獻之中。除了偶爾有個怪人前往尼泊爾以外,到了十四世紀末,梵文研究在西藏實際上已完全消失。

然而,譯師也嘗試運用其所學,部分是為了給個人賦權,對於他們來說,他們的智慧和學問是實現目標的工具。譯師是中央西藏不斷發展文化中的明星,而他們知道這一點。在這個

時候，這些人物與義大利文藝復興時期的偉大作家之間的任何相似性，都必須加以討論。十一世紀中央西藏的密續文獻譯師們，太常將佛教個人解脫的理想拿來自吹自擂。那些贊同這種價值觀的人，未將他們在摩揭陀、孟加拉和迦濕彌羅偉大寺院中的課程內化，反而在枝微末節處強調宗教。他們並未專心致力於智的圓滿成就上，而是投身於政治上、文化上皆分裂的西藏世界觀中，本已顯著的目標，如控制、統治、權威、權力和懲罰。雖然西藏僧團中有許多謙讓的學者（那措譯師立刻浮現在我的腦海），但他們中的大多數人並不專注於金剛乘，而是認識論或菩薩道方面的專家。因此，卓彌譯師和他的同輩為主的密續譯師便代表了這個世界（包含它所有的夢想和挑戰）和法界無二的真實體現。

原注

1 *Rwa lo tsā ba'i rnam thar* [《熱譯師傳》], p. 10.9-10。
2 *Catuḥkrama* [《四次第》], fol. 358b6-7；札巴協繞（Grags pa shes rab）肯定是和鄂譯師・羅丹協繞幾乎同時代的人，因為他們兩位都曾經和善慧稱（Sumatikīrti）合作。De Jong 1972, p. 516 主張片語 la gtugs pa 或 dang gtugs pa 意思是「[將某文本] 與 [另一文本] 做比較」。但這是在某些文本有許多版本的情況下的隱含意義（此處不是，文本在這裡保證是唯一的），gtugs 實際上是指遇見或請教，因此帶有校對的目的。De Jong, pp. 533-34 的解釋造成了一些問題，如果跋文指出某些人被遇上了（或沒被遇上：paṇḍita la ma gtugs shing [沒有遇上班智達]），這並不表示和一位班智達比較文本，而是指沒能遇見一位可以解決文本難題的班智達。
3 *Rwa lo tsā ba'i rnam thar* [《熱譯師傳》], p. 310.1-7。
4 Snellgrove 1987, vol. 2, p. 470 對傳統看法做出總結：「印度佛教在西藏的第二次弘傳主要被視為一種必要的學術活動，是西藏改變宗教信仰的一個重要階段，但到目前為止，它僅在印度佛教經典的校對和翻譯方面，代表了一個新的開始。」
5 關於這種翻譯方式的文獻非常多，在 Rabil 1988, pp. 360-81 有個好用的摘要。
6 關於松敦・羅卓登巴，見 Davidson 1981, p. 14, n. 38；布敦令人無法接受的翻譯方式出現在他的作品 *Tārāmūlakalpa* [《上向髻大儀軌》]（To. 724）中。

7　這個解釋是建立在 *Chos 'byung me tog snying po sbrang rtsi'i bcud* [《娘氏教法源流》], p. 459 中的論述。比較 *mKhas pa lde'u chos 'byung* [《弟吳賢者法源史》], p. 396。*rNam thar yongs grags* [《高僧傳》], p. 113 中特別堅定地認為對於正道的疑惑才是問題所在。

8　*Chos 'byung me tog snying po sbrang rtsi'i bcud* [《娘氏教法源流》], p. 462.18-21 中提到一些舊寺院的圖書館無法找到部分密教文獻。

9　Sørensen 1994, pp. 14-22 裡說明了 *bKa' 'chems ka khol ma* [《柱間史》] 的歷史,而 van der Kuijp 1996, p. 47 指出在蘭州出版的《柱間史》結論中的兩個傳承列表的其中一個（p. 320：阿底峽 [Atiśa]、Bang ston、sTod lung pa [1032-16]、sNe'u zur ba [1042-1118/19]、'Bri gung pa [止貢巴,1143-1217]、rGya ma ba [1138-1210]、Rwa sgreng ba、dKon bzang、rDor je tshul khrims [1154-1221]、然後是編輯者),儘管兩人都認為將止貢巴('Bri gung pa)校訂為拉欽・止貢巴(Lha chen 'Bri gang pa [約 1100/10-1190])會使名單更具歷史意義。然而,我相信這裡真正想要傳達的是,一些噶舉派僧侶在十三世紀薩迦派崛起的過程中,挪用了阿底峽的傳記以提高他們的地位,因而無法依照合理的時間順序援引噶當(bKa gdams)派之傳承,也導致了時間的無法連貫。該文本承認(p. 321)它是在藏區流傳的短、中、長三種版本中最長的版本,並提到(p. 287.10)一個名字以 snying po(snying po'i mtha' can)結尾的人,毫無疑問指的是達波・貢處(Dwags po sGom tshul,1116?-1169,全名 Tshul khrims snying po,見附在

mNyam med sgam po pa'i rnam thar [《無比岡波巴傳》], p. 166.9 裡他的簡短傳記），因此該文本很可能是他弟子們的作品，他們參與了 1165 年左右的大昭寺整修。

10 舉例來說，參見 *Vajrayānamūlāpattiṭīkā [《金剛乘根本過失廣注》], To. 2486, fol. 190b4。

11 關於這個主題，見 Davidson 1990。

12 這是關於月稱重要但被忽視的證據。如果這位印度人被證實就是 Guhyasamāja [《密集金剛》] 注釋本 Pradīpodyotana [《燈明注釋》] 的作者，那將有助於我們了解印度密續的歷史。見 Chos 'byung me tog snying po sbrang rtsi'i bcud [《娘氏教法源流》], p. 459；對照 mKhas pa lde'u chos 'byung [《弟吳賢者法源史》], p. 394，其中他對第二個翻譯團隊努·也協嘉措（sNubs Ye ses rgya mtsho）和壇那達拉（Dhanadhala？）以及後者的惡咒，進行了有趣的描述。

13 在噶陀·策汪諾布的 Bod rje lha btsan po'i gdung rabs tshig nyung don gsal [《西藏王統世系簡史》], pp. 77-85 中，有關於後弘期各種意見的有用回顧。

14 關於念（Smṛti）故事的早期版本，在 Chos 'byung me tog snying po sbrang rtsi'i bcud [《娘氏教法源流》], pp. 459-60 和 mKhas pa lde'u chos 'byung [《弟吳賢者法源史》], p. 396 中。

15 關於這個人物，在文本中讀為 khyeng je shag btsan bya ba la btsongs te [被賣給夏克贊的奴隸]；我的理解是 khyeng/kheng [奴隸] /rgyen 同源，前二者未經證實，但後二者是眾所周知的。

16 茫·楚清寧波可能是盧枚的一位弟子；參見 sNgon gyi

gtam me tog phreng ba [《奈巴教法史》], p. 144。

17　sMra sgo mtshon cha [《語門武器喻》]（To. 4295）在 Verhagen 2001, pp. 37-57 中有深入的研究。

18　《大唐西域記》（T. 2087.51.918b16-24）；Beal 1869, vol. 2, pp. 135-36。

19　Sachau 1910, vol.1, p. 19.

20　《大唐西域求法高僧傳》，T. 2066 通篇；Lahiri 1986, p. xvii。

21　Verhagen 1994, pp. 185-98, 231-57 討論了這些文法以及它們的相關文獻。

22　Verhagen 1994, pp. 9-107 研究了該項努力之成果。

23　Ārya-tathāgatoṣṇīṣasitātapatrāparājita-mahāpratyaṅgirā-paramasiddha-nāma-dhāraṇī [《聖如來頂髻所出白傘蓋無有能及回遮母最上陀羅尼》], fol. 219a7 的跋文。

24　Bhikṣāvṛtti-nāma [《行乞法》] 的跋文。我無法找到加德滿都的涅瓦通界巴（Nye ba'i 'thung gcod pa）。關於司徒班禪（Si tu Paṇ chen）1723 和 1744 年訪問加德滿都的譯文，見 Lewis and Jamspal 1988。司徒班禪所提到的遺址，沒有一個和這個相同。請參閱 Lo Bue 1997。

25　在三個文本的跋文裡，都包含了這幾行幾乎相同的字，這三個文本為：Raktayamārisādhana [《紅閻魔敵成就法》], To. 2084, rgyud, tsi, fol. 161a4-5、Kāyavākcittatrayādhiṣṭhānoddeśa [《身口意三加持優波提舍》], To. 2085, rgyud, tsi, fol. 162b4-5、Trisattvasamādhisamāpatti [《三薩埵三昧三摩鉢地》], To. 2086, rgyud, tsi, fol. 162b3-4。請注意東北目錄（Tohuku catalog）沒有列出其中第一件（To. 2084）的譯師，這只

是該目錄許多有誤的地方之一。關於蒂魯德（Tirhut），見 Petech 1984, pp. 55, 119, 207-12。

26 *rJe btsun ma 'phags pa sgrol ma'i sgrub thabs nyi shu rtsa gcig pa'i las kyi yan lag dang bcas pa mdo bsdus pa* [《聖多羅母尊成就法二十一尊分作法略集》], To. 1686；*bsTan 'gyur* [《丹珠爾》], rgyud, sha, fol. 24b6 的跋文。關於斯坦比哈爾寺（Stam Bihara）指的是超戒寺，見 Stearns 1996, p. 137, n. 37。

27 *Rong zom chos bzang gi gsung 'bum* [《榮松確桑全集》], vol. I, p. 238。

28 見 Hattori 1968, pp. 18-19 的評論；*Mañjuśrīnāmasṁgīti* [《聖妙吉祥真實名經》], Davidson 1981, p. 13。

29 Witzel 1994, pp. 2-3, 18-20.

30 Sachau 1910, vol. I, p. 18；Witzel 1994, pp. 2-3 裡也有討論。

31 *Śrī-Hevajrābhisamayatilaka* [《吉祥呼金剛現觀明點》], fol. 130a6 的跋文。

32 以下是取自 *Rwa lo tsā ba'i rnam thar* [《熱譯師傳》]；Decleer 1992 研究了這件文獻中的一些問題。

33 *Rwa lo tsā ba'i rnam thar* [《熱譯師傳》], p. 9。

34 Decleer 1992, pp. 14-16 說明了各種資料來源對這個婚約的不同看法。*Rwa lo tsā ba'i rnam thar* [《熱譯師傳》], p. 9 稱他並不想結婚，而多羅那他（Tāranātha）在講述同一個故事時，表示他的未婚妻無法忍受熱譯師；兩者在某種程度上可能都是真的。

35 *Rwa lo tsā ba'i rnam thar* [《熱譯師傳》], pp. 11-13。

36 Slusser 1982, vol. I, pp. 41-51 建議以過渡期（Transitional）

稱之；Petech 1984, pp. 31-76 亦予採納；Malla 1985, p. 125 則在某種程度上提出了質疑。

37 除了特別說明的以外，以下的政治描述來自 Petech 1984, pp. 31-43。見 Malla 1985，儘管這是對於 Petech 1984 過分嚴厲的評論。

38 對照 Petech 1984, pp. 37-39，他提供的執政年代為 1010 到 1041 年，而 *Gopālarājavamśāvalī* [《世界保護者國王世系史》] 的編輯們則認為是 1023 到 1038 年（p. 236）。

39 Petech 1984, pp. 39-41；*Gopālarājavamśāvalī* [《世界保護者國王世系史》], p. 127；*Nepālavamśāvalī* [《尼泊爾王朝史》], p. 98。

40 Regmi 1983, vol. I, pp. 132-33, vol. II, pp. 82-83, vol. III, pp. 221-23；那個年代是馬納提婆（Mānadeva）時代，從 576 年 10 月開始的第 199 年。關於這個時代，見 Petech 1984, p. 12。

41 Eimer 1979, §§ 248-251.

42 *Rwa lo tsā ba'i rnam thar* [《熱譯師傳》], p. 60。

43 *Rwa lo tsā ba'i rnam thar* [《熱譯師傳》], pp. 11, 20-21, 38, 68, 81 等。

44 Regmi 1983, vol. I, p.76-77, vol. II, p.46-47, vol. III, p.139-46；桑庫（Sankhu）的 Guṁ Bāhā 是唯一能被確認的；見 Locke 1985, pp. 467-69。

45 Locke 1985, pp. 533-36.

46 Locke 1985, pp. 28-30 研究了這個寺院組別。

47 Decker 1994-95 依據地理的敘述假設「也讓日上寺」（Ye rang nyi ma steng）位於喬巴爾峽谷（Chobar Gorge），但

證據不足,而且也不太可能是那個地點。我比較喜歡完全按照文本指示的地點尋找寺院,並將其對地理的描述解讀為對淨土的聯想。

48 Locke 1985, pp. 70-74 討論了這座寺院。

49 *Rwa lo tsā ba'i rnam thar* [《熱譯師傳》], p. 72:特別的是,據說其阿闍黎(Upādhyāya)是慈護(Maitrīpā),但這位成就者因不當之性行為被阿底峽逐出了超戒寺,而他是否在差不多的時間裡於那爛陀寺得到申辯的機會,值得懷疑。

50 Siklós 1996 編輯和翻譯了其中兩部經典;其跋文是在 pp. 114, 155。Siklós 對於資料傳播到西藏的分析,在 pp. 10-11,但沒什麼說服力。薩千‧貢噶寧波證實巴洛‧恰克頓(Bha ro phyag rdum)對閻摩敵材料很重要,因為在他出現在薩千承接的傳承中,*Bla ma sa skya pa chen po'i rnam thar* [《薩迦派大上師傳》], p. 83.3.1。

51 *Mayamata* [《印度房屋建築和圖像》] 25.43-56 中包含各種 kuṇḍa 構造的記載。

52 關於現在的用法,見 Kölver and Śākya 1985, p. 15;對照 Gellner 1992, pp. 162-86。

53 Petech 1984, pp. 190-91;Kölver and Śākya 1985, pp. 72, 91, 107, 128。最早被證實為巴洛(Bhāro)者,是卡達‧巴洛(Kaḍhā Bhāro),在某件文獻中之年代為 1090/91 年,即熱譯師抵達六十年以後。我們很難從目前的種姓名稱推測遙遠十一世紀時的種姓,而且以前也很可能發生過如同二十世紀一般的顯著變化。關於過去兩個世紀內瓦爾社會的變化,見 Rosser 1978。

54 *rNam thar rgyas pa* [《廣傳》], Eimer 1979, §§ 271, 393；Petech 1984, p. 190.

55 *Rwa lo tsā ba'i rnam thar* [《熱譯師傳》], p. 66。

56 *Rwa lo tsā ba'i rnam thar* [《熱譯師傳》], p. 13；關於 bhari = 妻子，見 *Gopālarājavaṁśāvalī*, p. 181。Locke 1985, p. 484a 特別對中世紀帕坦的下列描述提出了質疑：「文章認為曾經有個依據印度佛學院的模式所建立的偉大（出家）寺院和學術傳統，但在摩羅（Malla）時期惡化，並產生了一種腐化的佛教。這個（模式真的）存在過嗎？或者尼泊爾佛教從一開始就主要是由在家僧侶支持的儀式性佛教？」然而，請注意，保守佛教寺院制度的思想在寺廟（bāhīs）完全居士化之後仍然存在，這可能表示它們曾經是正統大乘佛教的出家中心；見 Gellner 1992, pp. 167-68；Locke 1985, pp. 185-89。

57 *Rwa lo tsā ba'i rnam thar* [《熱譯師傳》], pp. 20-21, 39-40；商人的名字在後面被稱為 Zla ba bzang，也許是 *Candrabhadra 或是類似的名字。

58 *Rwa lo tsā ba'i rnam thar* [《熱譯師傳》], pp. 15-16：*nga rta la babs nas bong bu zhon pa mi 'ong* [我為何要下馬騎驢呢]。

59 *Rwa lo tsā ba'i rnam thar* [《熱譯師傳》], p. 35。

60 *Rwa lo tsā ba'i rnam thar* [《熱譯師傳》], p. 43；Decleer 1992 表示此情節和多羅那他描述的方式截然不同。

61 *Rwa lo tsā ba'i rnam thar* [《熱譯師傳》], pp. 30-31，這些警告與熱譯師在公眾中的弘傳形成強烈對比，pp. 45, 54, 143, 145, 158, 159, 162, 181, 183, 188, 200, 217, 229、234,

241, 243, 291, 300 等。

62 *Rwa lo tsā ba'i rnam thar* [《熱譯師傳》], p. 48。

63 *Rwa lo tsā ba'i rnam thar* [《熱譯師傳》], p. 49。

64 *Rwa lo tsā ba'i rnam thar* [《熱譯師傳》], p. 50。

65 *Rwa lo tsā ba'i rnam thar* [《熱譯師傳》], p. 100。

66 *Rwa lo tsā ba'i rnam thar* [《熱譯師傳》], p. 63；我無法在中世紀尼泊爾的文獻中找到這個頭銜的確切意義，但西藏資料將哈度（Ha du 或 Haṁ du、Had du）當成尼瓦爾出家人的一個類別；對照 *Rwa lo tsā ba'i rnam thar* [《熱譯師傳》], pp. 64, 66。在後面的段落中，有兩百個這樣的人被集合在一起。Hang du dkar po 也曾被記載為薩千的某些瑜伽母、密集金剛和時輪教法的資料來源；見 *Bla ma sa skya pa chen po'i rnam thar* [《薩迦派大上師傳》], p. 85.4.2-3。對照 Stearns 2001, pp. 206-7, n. 15。

67 我發現沒有一位寧瑪派普巴金剛的史學家承認這個結果。對他們來說，熱譯師是被朗拉・強秋多傑殺死的，他們對此事深感驕傲；譬如，索格多克巴 *dPal rdo rje phur pa'i lo rgyus chos kyi 'byung gnas ngo mtshar rgya mtsho'i rba rlabs* [《吉祥普巴金剛法源史稀有海浪》]，在 *Sog bzlog gsung 'bum* [《索格多克全集》], vol. I, pp. 168-77 之中。

68 *Rwa lo tsā ba'i rnam thar* [《熱譯師傳》], p. 309。

69 *Rwa lo tsā ba'i rnam thar* [《熱譯師傳》], p. 310；這首偈頌的其中一段答覆翻譯於本章起首處；見注 2。工布・阿嘎（Kong po A rgyal）女兒的情節被描述於 pp. 293-95；熱譯師的倖存和逃脫當然是個奇蹟。

70 *Sog bzlog gsung 'bum* [《索格多克全集》], vol. I, p. 168。我

們發現索格多克巴宣傳這個數字是有原因的，因為他聲稱朗拉・強秋多傑是唯一逃脫熱譯師法網的人，從而說明了普巴金剛體系優於怖畏金剛體系。

71　*Rwa lo tsā ba'i rnam thar* [《熱譯師傳》], pp. 102-3。

72　*Rwa lo tsā ba'i rnam thar* [《熱譯師傳》], pp. 64, 142；*Chos 'byung bstan pa'i sgron me* [《佛教史炬》], p. 148.1-2。

73　*Rwa lo tsā ba'i rnam thar* [《熱譯師傳》], pp. 166-68；Davidson（即將出版的 b 部分）進一步研究了這個衝突。

74　*Deb ther sngon po* [《青史》], vol. I, pp. 438-43；*Blue Annals* [《青史》], vol. I, pp. 360-64。

75　*Deb ther sngon po* [《青史》], vol. I, p. 159.9-10；*Blue Annals* [《青史》], vol. I, p. 123。

76　*Deb ther sngon po* [《青史》], vol. I, p. 438.9-10；*Blue Annals* [《青史》], vol. I, p. 360。

77　*dPal gsang ba 'dus pa'i dam pa'i chos byung ba'i tshul* [《吉祥密集金剛正法史》], pp. 115-17；Vitali 2002, p. 90, n. 6 提到 *gNas rnying skyes bu rnams kyi rnam thar* [《古代士夫傳》] 中的故事版本。

78　*Bla ma brgyud pa bod kyi lo rgyus* [《西藏上師傳承史》], p. 173.3.5，翻譯於第五章。

79　*Deb ther sngon po* [《青史》], vol. I, pp. 151-52；*Blue Annals* [《青史》], vol. I, pp. 117, 121。

80　*Lho rong chos 'byung* [《洛絨史籍》], p. 50 提到鄂氏（rNgog）族的 *rNgog gi gdung rabs che dge yig tsang* [《鄂氏大檔案》]。

81　Snellgrove 1987, vol. II, pp. 470-526 包含了許多關於這一點

的有力意見。

82 *Rwa lo tsā ba'i rnam thar* [《熱譯師傳》], p. 122。

83 見 Jackson 1990, pp. 102-4。

84 *Deb ther dmar po* [《紅史》], p. 74.2 提出了雞年；十三世紀的 *dKar brgyud gser 'phreng* [《噶舉金鬘》], pp. 137-38 沒有提供年分，*mKhas pa'i dga' ston* [《賢者喜宴》], vol. I, pp. 774-75 也沒有；*Lho rong chos 'byung* [《洛絨史籍》], p. 49 對混亂的年分提供了最豐富的信息：「這位尊者出生於土豬年（999 或 1059），八十六歲時離世（亦即八十五歲）；我們可以接受兩年的差別，即他出生於陽水虎年（1002 或 1062），但也有人接受五年的差別（1004?），這些說法中究竟哪個正確應再加以研究。*Chos 'byung mig 'byed*（?）說他出生於陽木鼠年（1024），過世於八十四歲的陰火虎年（1107），但這會使得他亡故時密勒日巴六十八歲、鄂‧多德（rNgog mdo sde）三十一歲，時間都對不上。」只有後來的噶舉派資料如 *sTag lung chos 'byung* [《達龍教法史》], pp. 132-44 接受 *Blue Annals* [《青史》], pp. 404-5 的年分。

85 關於瑪域和現今拉達克的關係，見 Vitali 1996, pp. 153-61。

86 編纂於 1431（?）年的 *Kha rag gnyos kyi rgyud pa byon tshul mdor bsdus* [《喀剌紐氏諸法略攝》], pp. 5-16。這個傳記本身顯然也有問題，p. 16.3 記載紐譯師死亡時年齡超過一百四十歲。

87 *Deb ther dmar po* [《紅史》], p. 74.16 中記載馬爾巴向那洛巴學習了六年又六個月。

88 Decleer 1992, pp. 20-22 研究了這個怪異的情節；Stearns 2001, p. 220, n. 62 討論了紐譯師偽造密續而非翻譯它們的指控。

89 那洛巴確切死亡日期的問題，延伸到了噶當派的論述中。我們將會看到札巴堅贊信中關於那措的記載，以及阿底峽和那措抵達尼泊爾後才收到那洛巴死亡的消息，使得1041 年是最有可能的年分。然而 rNam thar rgyas pa [《廣傳》] 認為，那洛巴是在超戒寺見過那措二十一天後才過世；見 Eimer 1979, § 232。

90 例如 sTag lung chos 'byung [《達龍教法史》], pp. 131-45。

91 Mar pa lo tsā'i rnam thar [《馬爾巴傳》], p. 84；藏寧（sTsang smyong）的信徒查克拉尊・仁欽囊噶（Brag dkar Lha btsun Rin chen rnam rgyal, 1457-1557）也在他的那洛巴傳中採用這個策略，這個傳記也被 Guenther 1963 所翻譯；見 pp. 100-102；關於藏寧，見 Smith 2001, pp. 59-79。

92 rNal 'byor byang chub seng ge'i dris lan [《答瑜伽士強秋僧格》], SKB III. 277.4.4-78.2.7。

93 有許多人都注意到了這個問題；以 Wylie 1982 為代表；對照 Guenther 1963, pp. xi-xii。

94 舉例來說，Ṣaddharmopadeśa [《六法優波提舍》], To. 2330, fol. 271a2-3；對照 Guhyaratna [《祕密寶》], To. 1525, fol. 83b1-2。

95 mKhas pa'i dga' ston [《賢者喜宴》], vol. I, p. 760；鄂譯師的生卒年出自 Lho rong chos 'byung [《洛絨史籍》], p. 52，但其他資料認為他出生於 1036 年。

96 *sGam po pa gsung 'bum* [《岡波巴全集》], vol. I, p. 326.8；關於這個人物，見 *Deb ther sngon po* [《青史》], vol. I, pp. 485.2-67；*Blue Annals* [《青史》], vol. I, p. 400；關於岡波巴將普斯帕哈里寺置於迦濕彌羅，見 *sGam po pa gsung 'bum* [《岡波巴全集》], vol. II, pp. 8, 392。

97 *dKar brgyud gser 'phreng* [《噶舉金鬘》], p. 173；這個預言經常被反覆述說；見 *Deb ther dmar po* [《紅史》], p. 74；*mKhas pa'i dga' ston* [《賢者喜宴》], vol. I, p. 775；*'Brug pa'i chos 'byung* [《竹巴教法史》], p. 325。

98 *sGra sbyor bam po gnyis pa* [《聲明要領二卷》], fol. 132b6-33a1。

99 *Rwa lo tsā ba'i rnam thar* [《熱譯師傳》], p.104 指出了三種空行母：食肉（sha za）、世間（'jig rten）和聖智（ye shes）。我們不清楚這些類別是否來自印度。

100 關於這個段落關注事項之完整闡述，見 Davidson 2002a。

101 例如，*Pha dam pa'i rnam thar* [《帕丹巴傳》], pp. 60-61。

102 *Dam chos snying po zhi byed las rgyud kyi snyan rgyud zab ched ma* [《希解派正法藏甚深耳傳傳承》], vol. I；這部非常有趣的文集需要大量的研究工作；Hermann-Pfandt 1992, pp. 407-15 已經開始這項工程；對照 Davidson 即將出版的 a 部分。

103 *Śrī-Vajraḍākinīgītā* [《金剛空行母歌》], To. 2442, fol. 67a1-2。

104 *rNal 'byor pa thams cad kyi de kho na nyid snang zhes bya ba grub pa rnams kyi rdo rje'i mgur* [《一切瑜伽真性光全金剛歌》], To. 2453。

105 Mayer 1997b, pp. 620-22 認為所有新譯派觀點幾乎毫無例外都是真實的。
106 有兩個公認的 *sNgag log sun 'byin* [《駁邪咒》] 的版本。一個在 *Sog bzlog gsung 'bum* [《索格多克全集》], vol. I, pp. 475-88，裡面包含對於譯者立場的行間注解和駁斥。第二個版本在 *sNgags log sun 'byin gyi skor* [《駁斥邪見密法》], pp. 18-25。這兩件文本存在重大的歧異。
107 *gSang sngags snga 'gyur la bod du rtsod pa snga phyir byung ba rnams kyi lan du brjod pa Nges pa don gyi 'brug sgra* [《駁斥西藏歷史上不同時期對寧瑪派密續作品的指控》], 於 *Sog bzlog gsung 'bum* [《索格多克全集》], vol. I, p. 444.4。
108 關於白若札那，見 Karmay 1988, pp. 17-37。
109 關於這部佛典，參見 Karmay 1988, pp. 23-24。Kaneko 1982 列出了五件標題中有 *rMad du byung ba* [《稀法》] 的作品：nos. 10, 20, 38, 40, 42。Karmay 1988, p. 24 確認 no. 20 是《心部》（*smes sde*）佛典裡的文本。
110 *sNgags log sun 'byin gyi skor* [《駁斥邪見密法》], pp. 13, 26。
111 Mayer 1996, p.142, n.29 描述 Alexis Sanderson 認為，因為它在維拉薩瓦（Vilāsava）*Mantrārthāvalokinī* [《真言義觀》] 的寫本中被引用，因此這部作品真正的名稱是 *Guhyakośa* [《祕密庫》]。然而，Hackin 1924, p. 7 所研究的敦煌寫本讀作 *Guhyagarbha* [《祕密藏》]，而且此文本提供了很接近我們預期的一位十世紀印度人——德瓦普特拉（Devaputra）——的發音。
112 David Germano 讓我注意到塔巴譯師·尼瑪堅贊（Thar pa

lo tsā ba Nyi ma rgyal mthsan）的這件被保存在浦扎（Phu brag）藏經，no. 754, Samten 1992, pp. 233-345 中的譯本；對照 *Sog bzlog gsung 'bum* [《索格多克全集》], p. 479。索格多克巴記載曼尼卡·斯里加納的譯本是在鐵猴（lcags pho spre'u）年完成的。循努貝（gZhon nu dpal）在 1478 年寫道，桑耶寺的文本事實上是喀切班千·釋迦師利在十三世紀初找到的，最後到了種登·日克列手裡，再由布敦的一位上師塔巴譯師加以翻譯，而循努貝本人則擁有現存的梵文貝葉本。見 *Deb ther sngon po* [《青史》], vol. I, p.136；*Blue Annals* [《青史》], vol. I, p. 104。

113 Karmay 1998, pp. 29-30.

114 Karmay 1998, p. 30 正確地指出他就是班智達慧藏（Prajnā-gupta）。

115 關於這個問題，見 Davidson 1990。

116 To. 378, 379, 392-94, 398, 404, 410, 421, 422, 447, 450.

117 關於這個觀點的討論，見 Davidson 1981, p. 13。

118 *Jñānodaya-tantram* [《智起續》], Rinpoche and Dwivedi 校編。

119 關於這一點，見 Tsuda 1974 關於自己校編之 *Saṁvarodaya-tantra* [《戒起續》], p. 30 導論。

120 Jackson 1996, p. 235 首先注意到這雖是在十二世紀，但其根源是在十一世紀；儘管榮松在別的作品中也討論過這個問題，但他在兩部作品中專門討論了它：*Sangs rgyas sa chen po* [《偉大佛地》], *Rong zom chos bzang gi gsung 'bum*, vol. II, pp. 69-87；*Rang byung ye shes chen po'i 'bras bu rol pa'i dkyil 'khor tu bla ba'i yi ge* [《談偉大自生智化現之果之壇城書》], *Rong zom chos bzang gi gsung 'bum* 榮松確桑全

集》], vol. II, pp. 111-30。米龐（Mi pham）在其所著之傳記目錄中討論過這個問題，*Rong zom gsung 'bum dkar chag me tog phreng ba* [《榮松全集目錄花蔓》], *Rong zom chos bzang gi gsung 'bum* [《榮松確桑全集》], vol. I, pp. 15-21；感謝 Orna Almogi 提醒我注意這些作品。

121 Spitz 1987, vol. I, p. 148.
122 *Bu ston chos 'byung* [《布敦佛教史》], pp. 3-9；Obermiller 1931, vol. I, pp. 8-17。
123 *Rwa lo tsā ba'i rnam thar* [《熱譯師傳》], p. 205；關於這個事件，見 Shastri 1997；van der Kuijp 1983, pp. 31-32。
124 關於歐洲文本文化，見 Irvine 1994；關於文本文化定義的問題，見 Stock 1990, pp. 140-58。這個情況似乎比 Blackburn 2001 記載的斯里蘭卡的情形更加複雜。

譯注

[1] 梵文意為金剛阿闍梨。
[2] 編纂於 1476-1478 年。
[3] 其生卒年為 990-1075 年。
[4] 即五大元素。
[5] 希臘神話中會噴火的怪物，由眾妖之祖和蛇妖所生的眾多怪物後代中的一員。

第五章　卓彌
——中央西藏譯師們的老前輩

　　我們對浩瀚的梵文所知有限。因此，雖有人能修得無分別智之眼，但由於我們翻譯了壇城、咒語、儀軌和手印，這使得其他人有可能成為持明之王。

　　我們對此文本有信心，也欲利益他人，因為我們的翻譯仍可能被質疑，但又肯定此作品，願空行母們耐心包容我們的錯誤，因為我們尚未成就聖道。

　　——卓彌和嘉耶達羅為難勝月（Durjayacandra）的《曼荼羅儀軌成就法善攝》（*Suparigraha-maṇḍalavidhi-sādhana*）所寫的譯者跋文[1]

　　早期譯師並非都像桂譯師・庫巴列介那樣，象徵著王朝諸傳承和新譯體系之間的緊張關係，許多譯師並不關心這個備受爭議的領域及其結果。其他譯師則並未於各自所在的河谷中，成為實際上或法律上的封建領主。他們大多也並未得到言行逾矩的惡名。儘管如此，大部分的新譯派譯師都有一個共同的價值觀，即目前從印度翻譯過來的佛法形式，優於那些歷經早期分裂和封閉時期，在西藏流傳下來的佛法。此外，在將各類佛教文本以古典藏文清楚表達的過程中，他們都證實了自己的知識，也說不定是修為能力，因為對以藏語為母語的藏人來說，古典藏文就像外國語言一樣陌生。

　　《喜金剛續》相關文本的主要譯師卓彌・釋迦益西

圖 8　卓彌譯師・釋迦益西（臨摹自一幅十六世紀的圖畫）

（'Brog mi Shākya ye she），是這種文學語言的大師（圖8）。如同許多其他西藏譯師一般，他在印度度過漫長的艱苦歲月，和那些並不在乎他西藏習性的印度人一起學習，並背負著那些送他到印度學習的西藏王公們的期望。他至少得精通兩種印度文學語言，除了學習語言和哲學必要的背景知識外，還得花大量時間進行佛教儀軌和修行的學習。適應尼泊爾的環境以後，他就展開了在比哈爾及孟加拉等地的參訪活動。但他隨即發現印度的密教體系相當困難，以至於即便他已在印度待了許多年，回國後仍持續在藏區家鄉與優秀的學者們一起研究。卓彌在許多方面是翻譯的典範，他在西藏從事翻譯活動的這段期間，成功地譯出一些對西藏宗教最具影響力的密續經典。他的譯文準確，甚至是精湛。我們必須用最正面的詞語來評價他在翻譯上的專業貢獻，因為他的作品浩瀚繁複，他的譯本展現

出他對梵文、阿帕伯朗沙文文獻文法和意涵的深入理解,他的古典藏文往往可說是無懈可擊。

但在其他方面,他的翻譯生涯和早期譯師們大不相同。他出生遊牧家庭,而非貴族甚至農耕家庭。事實上,卓彌是個特例,他頗為貪婪,對於入門弟子要求大量黃金以及其他的供養物。這使得他成為該地區和時代的傳奇人物。他的這個人格特質最後成為西藏流行文學的話題,那些作品將卓彌塑造成最典型的貪婪上師。[2] 卓彌懷疑有人要和他競爭,便請求他的印度夥伴不要將道果法傳給其他藏人,以確保獨占此最祕密教法的地位。同樣地,他也不傳授弟子他全部的學問,因此他必須確認那些得到修行口訣的弟子沒有機會接觸主要文獻,反之亦然。就像一位優秀的戰略大師一般,他將傳承一分為二,征服了他的弟子們。由於卓彌個人對體系的操弄,也由於他的弟子們最終成功地使他所做的各種努力均落空,我們才能擁有目前的道果法。

本章將詳細討論卓彌・釋迦益西和他的主要伙伴卡雅斯塔・嘉耶達羅將喜金剛傳承傳入西藏的過程。[3] 本章也會翻譯並討論薩迦派的重要紀錄,即札巴堅贊的《西藏上師傳承史》(*Bla ma brgyud pa bod kyi lo rgyus*),並檢視這部作品記載和省略了什麼內容。我們也會研究最典型的密教文本《道果根本頌》(*Lam 'bras rtsa ba*),這部作品據說是卓彌和嘉耶達羅一起翻譯的,但深奧難懂。我們當然也會檢視後來區分為道果「口訣派」(*upadeśanaya:man ngag lugs)與「注疏派」(*vyākhyānaya: bshad lugs)兩派的道果體系。前者與道果法文本的傳播和實修有關,後者則與《喜金剛續》和相關文獻的詮釋有關。我們也會探討卓彌的其他貢獻,包括他的其他譯

本、他所接受的最終稱為「道果九法」（lam skor dgu）的作品，以及他和許多其他印度學者的工作成果。

遊牧出身的譯師

就像熱譯師‧多吉札、馬爾巴譯師‧確吉羅卓、桂譯師‧庫巴列介等和他同時代，但年紀較輕的譯師一樣，卓彌‧釋迦益西是十一世紀的人。那是資訊大量出現而令人興奮的時代，也是充滿開拓精神的時代。感謝他最終的傳人之一，芒埵‧盧竹嘉措（Mang thos kLu grub rgya mtsho, 1523-1596）於1566至1587年間努力寫作的成果，我們才知道卓彌的生卒年為993至1077年。[4] 然而，我所找到的最早的卓彌年代，是藏區僧侶強巴‧多傑堅贊（Byams pa rDo rje rgyal mtshan）於1479年所寫的目谷隆寺（Mugulung）的朝聖記載。強巴‧多傑堅贊說目谷隆寺建於1043年，但事實上目谷隆寺可能是十年後才興建的。[5] 同樣地，我們在後來的年表中也發現卓彌的生卒年資料，如松巴堪布（Sum pa mkhan po）的年表，他記錄的生卒年是約990至1074年。[6] 不幸的是，任何有關卓彌生平的早期資料都找不到日期，但所有這些資料都盡可能詳細地列出了其他歷史人物的生卒年。即使共如‧協繞桑波（Gung ru Shes rab bzang po, 1411-1475）完成了哦千先前沒有完成的道果史，這個時候仍然沒有卓彌的生卒年分紀錄。所有這些日期似乎都是在十五世紀最後二十五年拼湊出來的，並於十六世紀末開始流傳。因此，我們現在沒有卓彌生卒年的可靠資料，未來也不太可能會有。

卓彌可能出生於990至1000年這十年之間，據說他在

尼泊爾和印度學習了十年或更久之後返回。回國後曾是桂譯師・庫巴列介（約出生於 1015 年）和馬爾巴（出生於 1009 至 1021 年間）的上師。假設桂譯師・庫巴列介和馬爾巴從青少年時期就開始學習印度佛法，那麼卓彌應該最晚在 1030 年或更早就從印度返回西藏，這樣他才有時間讓自己聲名大噪以吸引學生。是以，如果我們以十一世紀的前二十五年為卓彌的學習期間，並從第二個二十五年開始教書，這應該說得通，雖然我們不能確定他是否活到該世紀第三個二十五年尾。卓彌比他早期最重要的弟子種・德巴敦芎（'Brom De pa ston chung）活得還久，而他在西藏主要的印度資訊提供者嘉耶達羅，則是在第三次前往西藏的途中獲悉這位偉大譯師過世的消息。

卓彌的故事開始於拉孜（Lha rtse）城外的仲巴江寺，該寺座落於雅魯藏布江和其支流春水（Khrum chu）的交匯處。[7] 據記載，這座寺院是後來神話記載松贊干布所建的四大「鎮魔寺」之一，目的是壓制位於西藏魯拉克[1]的岩魔女的左臀。[8] 仲巴江寺最終成為著名的伏藏的取出地，包括十四世紀時由桑波扎巴（bZang po grags pa）所掘出的《祈請文七章》（gSol 'debs le'u bdun ma），這是藏文中最具影響力的祈請文之一。[9] 薩迦派的早期史料描述了貝廓森的三個孫子，也就是東部三「德」：貝德、沃德和基德感歎無人常住寺院。因此，他們決定邀請兩位衛藏區人士羅敦和聰村（Tshon btsun），從其駐錫的監宮寺前來擔任住持。羅敦因有其他要事，故選派二位年長弟子嘉・釋迦循努和謝・益西村竺（Se Ye shes brtson 'grus）代他前來，他們兩人開始管理寺院事務，為許多新弟子提供出家（pravrajyā）剃度大典的儀式。

在敦卓克（gDung 'brog）一帶，沿著起千曲（Dril chen

chu）河，有個遊牧部落的小領主。遊牧部落是階級分明的社會，就像農業或半牧／半農（sa ma 'brog）的藏人一樣。[10] 這個部落的領主又有兩種所屬隨從，一種是由在家居士組成，另一種則是由班第所構成。班第是地位與德行都不明確的僧人。有位居士隨從要求著名的東部戒律僧親自為他剃度，並被授予了卓彌·釋迦益西之名，這個名字表示他來自一個遊牧區域（卓彌），而他兩位上師的名字分別是釋迦（循努）和益西（村竺）。

這當然不是牧民第一次進入菁英階層，因為偶爾也會有其他「牧民」（'brog mi）出現在佛教傳承的名單中。而卓彌這個名稱有時會被當成一個特定的地理區域，譬如在奈巴（Nel pa）的千部（stong sde）清單中便是如此。[11] 以「本母」為名的有趣儀式類型代表中，卓彌這名稱做為法名的第一部分這件事，特別值得注意。該派別似乎是本土女鬼傳說和印度本母摩咀理迦（mātṛkā）派的融合。[12] 例如，在王朝時代末期，有卓彌·貝吉益西（'Brog mi dPal gyi ye shes），之後在該同一傳承裡，我們還看到了另一位譯師，卓彌·扎吉熱巴堅（'Brog mi Phrag gi ral pa can）。[13]

卓彌·釋迦益西和一位共同剃度的夥伴拓羅·循努慈誠（sTag lo gZhon nu tshul khrims）是仲巴江寺初期最主要的兩位受戒者，儘管後來的書籍中又增加了一位鮮為人知的任·益西循努（Leng Ye shes gzhon nu）。[14] 無論這次儀式中的戒師兄有誰，上師選派了卓彌和拓羅·循努慈誠兩人到印度，並資助他們大量黃金做為旅費。他們將去學習佛教經典，帶回知識，以便在西藏弘傳真正的佛法。此處所使用的是我們最早期的資料，即札巴堅贊十二世紀末或十三世紀初的傳承史，這本

書與他的《印度上師傳》（Bla ma rgya gar ba'i lo rgyus）是同一系列：

> 《西藏上師傳承史》
> 頂禮上師蓮足！[15]
> 這本「西藏史」與是關於上師的傳承：
> 1. 嘉・釋迦循努和謝・益西村竺分別在仲巴江寺（法輪）擔任〔受戒僧侶之〕堪布（Upādhyāya）和阿闍黎（Ācārya）。謝上師〔從這些出家僧侶中〕選派了拉欽（Bla chen）[2] 卓彌・釋迦益西和拓羅・循努慈誠兩人前往印度。謝・益西村竺囑咐他們：「教之本為戒。教之心為《般若經》。教之髓為密咒〔法本〕。去聽受吧！」在此囑咐下，他們去了印度。
> 2. 拉欽〔卓彌〕先到尼泊爾，經由〔上師〕巴洛・翰敦（Bhāro Haṁ thung）進入密咒之門。之後他到印度，發現阿闍梨寶生寂（Ratnākaraśanti）名聞天下且學識淵博，於是他深入地聽受戒律、《般若經》和密咒。後來他去東印，遇見比丘畢拉金剛（Bhikṣu Vīravajra），他是難勝月最傑出的嫡傳弟子，而難勝月本人也是阿闍梨畢如巴弟子東比黑魯嘎傳承的持有者。卓彌從比丘畢拉金剛那裡深入地聽受了喜金剛三續的密咒，並完成其所有支派。他還求得了許多《不可思議次第優波提舍》（Acintyādvayakramopadeśa）的口訣法本，因此他也聽受了《無本頌道果》（rtsa med lam 'bras）。就這樣，卓彌在印度生活了十二年，成為一位偉大的譯師。
> 3. 至於拓羅，他除了學會印度誦讀《心經》的方式以

外,什麼也沒學到。他就待在金剛座,繞行〔摩訶菩提寺的〕經堂。然而,由於他的個人魅力和修行功德,最終還是有許多人追隨他,且自認是拓羅派的成員。

4. 之後拉欽卓彌回到了西藏,定居於靠近帕卓(sPa gro)的囊塘噶坡(rNam thang dkar po)[16],並廣傳佛法。上師嘉耶達羅傳來訊息:「來迎接我吧!」卓彌詢問嘉耶達羅熟知哪些類教法。當卓彌發現嘉耶達羅對金剛乘有深入研究後,他非常高興,遂前往迎接這位大師。他們住在拉孜扎(Lha rtse'i brag),這時期後來被稱為「法的歲月」,並且他們對彼此的學識深感滿意。[17] 嘉耶達羅對卓彌說:「我將在此停留五年。」卓彌表示:「我將供養您黃金五百兩。」因此,他們便前往目谷隆寺駐錫。

5. 但三年之後,嘉耶達羅表示要離開,卓彌心知他尚未全數供養五百兩黃金。卓彌進行了求金大法會,卻連一點黃金也沒有得到。於是他寫信給素波切·釋迦瓊矗(Zur po che Shākya 'byung gnas):「請帶著求法的供養前來!」但素波切正在進行「真實(Yang dag)法」的閉關修行,他的弟子提醒他〔不可停止閉關〕,他們說:「這是您修行成就的障礙」。素波切答覆了他們的憂慮:「卓彌是一位偉大的譯師,他一定有〔解決這個問題的〕口訣。」素波切供養卓彌一百兩黃金,並被授予了《不可思議次第優波提舍》。素波切·釋迦瓊矗非常高興,他宣稱:「由於偉大上師之慈悲,小師弟的修持已超越了財富。」

6. 因此,某天,卓彌將全部五百兩黃金供養給了嘉耶達羅。嘉耶達羅不敢置信,他納悶:「這是種戲法嗎?」於

是，他走到曼卡起千（Mang kar dril chen）人群聚集的街道問：「這東西到底是不是黃金？」眾人都說是，知道那是真黃金後，嘉耶達羅非常高興。他對卓彌說：「我會給你任何你想要，讓你快樂的東西。」卓彌表示：「我別無所求！」然而，嘉耶達羅一次又一次地詢問，卓彌終於鬆口：「嗯，請您不要把這個聖言（即道果法）傳授給其他人。」嘉耶達羅同意了這一請求，並動身前往印度。

7. 後來，桂譯師・庫巴列介在卓木（Gro mo）遇到嘉耶達羅，嘉耶達羅聲稱：「我是慈護（Maitrīpā）」。於是，桂譯師邀請他到西藏，結果發現嘉耶達羅並非慈護。桂譯師對嘉耶達羅說：「上師說謊。」然而，嘉耶達羅僅回答道：「我比慈護更博學，如果你想求法，事實上你應該感到高興！」桂譯師對佛法感興趣，所以在嘉耶達羅返回印度前，一直非常禮敬這位上師。

8. 後來，吉玖・達瓦維瑟邀請嘉耶達羅到他位於上阿里（mNga' ris stod）的家中。他也十分尊敬這位上師。雖然嘉耶達羅正在返家途中，但是吉玖的弟子卡拉克・藏巴（Kha rag gtsang pa）〔即紐譯師〕邀請他到卡拉克（Kharak），他也去了。卡拉克巴在很多場合推崇他，但大師開始示現將死的徵兆。「帶我去那座山的山頂，」嘉耶達羅要求道：「我的心子在那裡！」卡拉克巴問：「難道我們不是您的心子嗎？」嘉耶達羅回答說：「這是無益的，帶我去那裡！」在山頂上的是卓彌的兩位弟子，大修行人謝（Srad）和羅克（Rok）。[18] 嘉耶達羅抵達後宣稱：「我盡心盡力地成就我的弟子，儘管我從未禪修，但這是一位咒師面對死亡的時刻。」他拿起自己的金剛杵和

鈴，這時他的囟門發出一團光，他便圓寂了。直至今日，在堆布（Thod phu）仍能發現那金剛杵和鈴。

9. 拉欽卓彌立下規矩，絕不傳授道果修行口訣給那些學習文本注釋的弟子。反之，也絕不會傳授注釋方法給那些他所指導的，修持道果法的徒眾。他傳授了五位弟子道果法注釋，分別是來自拉孜的吉江・玉噶瓦（Gyi ljang dbu dkar ba）、來自香的扎孜索納巴（Brag rtse so nag pa）、來自薩迦（Sakya）的昆・貢丘傑波、來自昶沃（'Phrang 'od）的雷・貢丘傑布（dbRad dKon mchog rgyal po）和喇嘛拿里巴・謝威寧波（mNga' ris pa gSal ba'i snying po）。完成修行口訣的三人是種・德巴敦芎、拉尊葛里（Lha btsun ka li）和喇嘛謝喀瓊瓦（Se mkhar chung ba）。他們特別受選修行道果口訣的原因是他們都全心全意承侍卓彌。拉尊是卓彌的連襟。謝喇嘛則在卓彌門下共計十七年，剛開始七年，而後再回來十年。他還供養卓彌大約三十頭「黑矮」犛牛。[19] 對此，卓彌回應說：「禮雖輕，但是很必要。」據說謝喀瓊瓦之所以獲得道果修行口訣，是因為他對卓彌微薄的供養、長時間的承侍以及對修持的精進等，都令卓彌感到滿意。他根據指導完成道果的修習後，也請求學習經教。然而卓彌重申其立場：「我不會向已經得到道果修行口訣之人講授經教。如果你相信書本，請到薩迦去！」於是謝喇嘛去了薩迦，在那裡他跟薩迦祖師〔昆・貢丘傑波〕學習了四年，聽聞全部的文獻。最後，卓彌的弟子獲得成就（siddhi）的有三位男弟子和四位女弟子。三位男弟子分別是給貢色波（sGyer gom se po）、興貢・羅克波（gShen sgom rog po）和鄔巴・

隆波切（dBus pa Grod po che）；四位女弟子則是堆嫫‧朵結措（rTad mo rDo rjé 'tsho）、雷貢孃‧昆內（dBrad sgom ma dKon ned）、夏巴嫫‧江吉喀（Shab pa mo lCam gcig）和契嫫‧南喀嫫（'Phyad mo Nam mkha' mo）。這七名男女弟子中，前六人獲得不留肉身的成就；而契嫫‧南喀嫫只獲得一般的成就。此外，卓彌有許多弟子也獲得了某些成就。

10. 至於傑‧貢巴瓦（rJe dGon pa ba）與謝喇嘛一起居住了十八年，由於他無微不至的承侍與專注成就法儀軌的修持，令上師感到滿意。他得到道果法所有的修行口訣做為回報。他住在吉曲寺（sGyi chu）時，薩迦派大師〔薩千‧貢噶寧波〕首次遇到謝喇嘛。謝喇嘛多次詢問他有關薩迦和他的父親昆‧貢丘傑波的事情。他把年少的貢噶寧波抱在腿上，哭著說：「雖然這個筋疲力盡的老人有一些法，但你得快點來。如果你遲遲不來，我就要死了。」然後，他賜予薩千一些零星的道果法。昆瓊格西（dGe bshes 'Khon chung）知道到薩千要去跟隨謝喇嘛時說：「他沒什麼特別的，他的成就只是我們拿里巴喇嘛的零星碎屑罷了。」所以他不允許薩千離開。隔年，薩千還是去了，卻聽到謝喇嘛已經圓寂的消息。於是他問道：「他的弟子中哪位最優秀？」聽說喇嘛貢巴瓦是最認真的一位，薩千遂前去見他。喇嘛貢巴瓦知道薩千的父親是自己上師謝喇嘛的老師，為了信守禮敬傳承的誓言，教授薩千便成為他的責任。因此，貢巴瓦授予薩千完整的道果法。

這是《西藏上師傳承史》的摘要，該書是由具足梵行者札

巴堅贊所著。

旅印時期的卓彌

實際上,我們對於卓彌在印度的經歷所知有限,他是第一批在印度本土學習了一段時間的新譯師之一。雖然 980 年代末就結束第一階段學習,回到古格(Gu ge)的仁欽桑波,必定比卓彌早了數十年西行。仁欽桑波的傳記雖然記載他在迦濕彌羅和印度兩地學習,但他顯然主要是在迦濕彌羅河谷而非恆河谷的大寺院學習。[20] 據說盧枚的弟子尚・納南多傑汪丘曾在菩提迦耶學習,但他什麼時候旅居印度並不確定,而且他似乎是停留了很久以後才離開的。僧王扎拉那・益西堅贊在中央西藏與卡瑪拉古雅合作,於十一世紀第一個二十五年製作譯本,但沒有跡象顯示他曾經去過印度或尼泊爾。他們的譯本似乎也僅在有限的範圍內流通。卓彌大約是在二十歲左右出發前往尼泊爾,也許早在 1010 年(甚至更早一些),但可以確定不會超過 1020 年。《青史》認為約在仁欽桑波五十歲時(亦即約 1008 年時),卓彌和拓羅被送往印度,可能比其他中央西藏的藏人都還早,這種說法得到一些西藏史學家的認可。[21]

據記載,學識淵博的西藏上師給卓彌和拓羅三個建議。他們應該學習僧侶必備的寺院戒律;要研究《般若經》系經典,這是西藏在混亂時期所關注的儀式焦點;要學習密續及其應用。最後一項可能是後來的解釋,因為至少有一份早期資料並未包括求取密法的建議。[22] 根據相關資料,卓彌首先在尼泊爾追隨某位名叫巴洛・翰敦(Bhāro Haṁ thung)的人學習梵文(或許最初是翰敦・巴洛,因為「巴洛」在尼瓦爾文獻中被做

為姓氏）。此人是十一世紀初的尼瓦爾人，他被尊稱為巴洛，該名號在十一世紀前半葉似乎是某種貴族的稱謂。正如我們討論過的，「翰敦（Haṁ tung）」是從僧侶頭銜 Had du/Haṁ du 變化而來。十一世紀時這個詞語有時會被帕坦和帕賓的尼瓦爾人使用。後來的作者指出，這位翰敦・巴洛是佛教徒，正式的梵文名字是山塔巴德拉（Śāntabhadra）。或許可以這麼說，他是一位關注儀軌超乎正統佛法的尼瓦爾人。類似衰達・巴洛，他曾於 1030 至 1040 年間指導過熱譯師・多吉札。[23] 卓彌應從其巴洛上師處得到了某些儀軌的訓練（他接受了一個灌頂）以及零星的文法，但是早期資料沒有提到他的學習地。也許是在帕坦，那是加德滿都河谷的傳統佛教重鎮，十年或二十年後，熱譯師・多吉札也會在同一個城市受教。

在尼泊爾待了一年後，卓彌和拓羅繼續前往印度，相關資料都認為卓彌進入了超戒寺，向寶生寂學習。寶生寂是位成就非凡的人物，其作品包括三段推理法、認識論、般若思想以及大量的密法修行文獻。可惜的是，寶生寂對佛教專門文獻的傑出貢獻，被西藏權威人士和現代專家所忽視。前者因藏人認為中觀懷疑論是印度佛教思想的巔峰，後者則因寶生寂驚人的學術成果令人生畏所致。[24] 寶生寂試圖重申傳統佛教的類型，儘管這在當時的潮流中似乎相當困難。他創作了一系列巧妙的論述，指出在特定的佛教框架下，修行體驗和智慧實相的優越性。可惜的是，寶生寂為佛教所做的努力，得到了令人痛心的回報。他不時被詆毀，在體制上被邊緣化，他的作品被歸類為缺乏權威。[25] 儘管如此，卓彌在印度的前幾年，還是選擇參加這位傑出人物的開示教學。

卓彌抵達印度時，即使印度人已經對來自加德滿都河谷

的尼瓦爾人,或在他們中心學習的迦濕彌羅人習以為常,但他們仍對藏人相當陌生。像卓彌這樣精進的人,已經幾乎兩百年不曾見到了。而王朝最後一批藏人對新素材不感興趣,他們更喜歡學習已確立的材料。早些時候,仁欽桑波可能在卓彌之前拜訪過超戒寺,但不清楚他是否待了很長時間。[26] 一段時間以後,藏人成為超戒寺的基本學員。我們知道曾有若干位僧侶,於不同時間點前來邀請阿底峽前往西藏,但直到1037至1039年左右,那措才終於成功。[27] 如果超戒寺所使用的安頓方式與後來西藏寺院的策略相同,那麼卓彌應是與來自山區的其他「邊民」,一起被安置在一座獨立的院落中。邊民指的是指迦濕彌羅除外的尼瓦爾人、阿薩姆人及來自喜馬拉雅西部山區人士。我們對卓彌與師長或同學之間的私人關係一無所知,只知道他在超戒寺的這段時期,背負著學習中世紀印度方言和古典語言的艱鉅任務。然而,該寺的課程以學術為主,著重辯經、三段論式、適合印度而非西藏的儀軌。

雖然早期如札巴堅贊等人的著作,對卓彌求學內容的記載相當籠統,提到卓彌學習了戒律、《般若經》和金剛乘(上文第二段)。但到了十三世紀中,薩迦派史料卻提供了詳細的科目和文本清單。馬敦(dMar ston)稱超戒寺東門的守護者寶生寂教授卓彌文法、認識論、戒律、廣泛的般若經典(包括注釋本)、喜金剛法類的三主要續以及總攝(Saṁvara)的材料等。[28] 相關資料也記載卓彌繼續向超戒寺的其他學者求教。根據這些資料,我們推測南門守護者語自在稱(Vāgīśvarakīrti)是四部與《密集金剛續》修持法有關的短篇作品,以及其他短篇主題的權威。[29] 據說卓彌曾向他學習了更多的文法和認識論,以及抒情文學(kāvya)和阿含(āgama)。[30] 西門守護者

慧生藏（Prajñākaragupta）教導卓彌外道學科，這可能是指正理—勝論學派（Nyāya Vaiśeṣika）。北門守護者尊者那洛塔巴（Nāroṭapa）則指導卓彌大乘佛教文學。

要評估這個虛構的課程有些困難，因為卓彌的學習成績單顯然是精心包裝過的。特別是十三世紀作家馬敦的科目清單，是以札巴堅贊的陳述為基礎。然而這樣的課程並未出現在非薩迦派的作品中。非薩迦派的作品強調的是超戒寺以外的印度人所扮演的角色。[31] 更為後期的《小紅卷》（*Pusti dmar chung*）明確記載了一些簡短的口訣，這些口訣出自上述的幾位知名人士，並附帶簡要的歷史陳述。這些史料證實卓彌跟隨寶生寂學習期滿，即將返回西藏前，還剩下一點黃金，他便都供養了這位偉大的上師。上師則回贈以《經續結合之修持法》（*mDo rgyud bsre ba'i nyam len*）。[32] 此外，那洛巴教授卓彌《淨除三苦》（*sDug bsngal gsum sel*）；語自在稱教授《清楚憶念本然》（*gNyug ma dran gsal*）；慧生藏傳授了《外來魔障之防護口訣》（*Phyi rol gdon gyi bar chad bsrung ba'i man ngag*）；智吉友（Jñānaśrīmitra）授予《身障之防護口訣》（*Lus 'khrugs kyi bar chad bsrung ba'i man ngag*）；最後，寶金剛（Ratnavajra）教導他《禪定心障之防護口訣》（*Ting nge 'dzin sems kyi bar chad bsrung ba'i man ngag*）。[33]

這些作品的印度系譜，理應受到質疑，因為它們並非出自十一世紀早期的印度作者，卻顯然與十二、十三世紀在中央西藏所發現的各類口訣密切相關。事實上，我們會在後面的章節檢視薩千·貢噶寧波的著作中，這類體裁作品的較長清單。而這六部作品也必須與接下來要研究的，更為可信的八種道果附屬修法（lam skor phyi ma brgyad）有所區分。這

六件口訣的佐證故事也與其他證據不一樣,似乎是十二、十三世紀間為了尋求贊助所做,也許是仿照了噶當派阿底峽的著作,或當時其他的傳記敘事。例如,阿底峽的傳記證實了那洛巴曾經造訪過超戒寺,但在卓彌學習期間,他不太可能是個正式駐錫的學者。[34] 那措譯師肯定是在 1038/39 年左右見到了那洛巴,那時那洛巴已是一位進入生命晚年的年邁成就者,即便是正統傳記也只說他曾在那爛陀寺,而非超戒寺。後來藏人似乎對這兩座完全不同的寺院,存在很大的混淆,這種混淆出現在《小紅卷》的夾注(mchan bu)中,這個注解認為這些學者全部出自那爛陀寺而非超戒寺。[35] 同樣地,我們也想知道為什麼著名的認識論學者慧生藏會教授進階禦魔法。最後,我們經常被告知卓彌跟隨寶生寂學習圓滿後,並未自超戒寺返回西藏,而是繼續前往孟加拉求見一位更重要的人。

數年後,據說卓彌終於對超戒寺的學術課程感到不滿,遂前往位於孟加拉南部的卡莎巴納(Khasarpaṇa)朝聖。該地專門供奉觀音,傳說畢如巴和其他密教人物也曾參拜該地。卓彌在途中遇到一位托缽僧人,這名僧人為了化緣,在樹林深處用他的錫杖敲打樹幹。住在樹裡的精靈化身為配戴珠寶的一雙手,將食物放在出家人的缽裡。[36] 卓彌得知這位出家人名叫普拉笈念達拉如奇(Prajñendraruci),他對這位出家人生出無比的信心。普拉笈念達拉如奇帶領卓彌進入源自東比黑魯嘎和畢如巴的成就者文化中的密法修持,該體系包含了經典、注釋本和修持法。的確,某些資料過分強調這位孟加拉學者的重要性,完全忽略了卓彌在超戒寺的學習生涯。[37]

普拉笈念達拉如奇的傳承最後被稱為「無本頌道果」,與畢如巴傳下來的根本頌的道果體系截然不同。然而,無本頌道

果很弔詭地和各式文本有關，特別是喜金剛諸續、注釋本以及相關注疏。因此無本頌道果也被稱為「道果注疏派」，這個傳統堅稱該體系是普拉笈念達拉如奇單獨傳給卓彌的。[38] 薩迦派一直堅信普拉笈念達拉如奇的祕密法名（gsang ba'i mtshan）是畢拉金剛（Vīravajra），因此認為署名這兩個名字的許多作品，應該是出自同一人。也有一說認為，普拉笈念達拉如奇是後來在西藏跟卓彌一起合作的諸多印度班智達當中的一位。

我們無法得知卓彌究竟在印度待了多少年，有的資料說是九年，有的說十二年，甚至十八年。[39] 所有的這些數字都很容易解釋，由於像超戒寺這樣的高等學府，寺院教育授課教材數量龐大。因此他很可能在尼泊爾、印度學習了約十年。事實上，卓彌的成就非凡，儘管不確定他實際用在義學課題上的時間，因為他在西藏期間似乎既未翻譯也未教授這些課題。札巴堅贊常以描述卓彌最初的同伴拓羅·循努慈誠令人沮喪的學習成果為樂（學者們有時就是會這樣做）。拓羅停留的時間與卓彌大致相同，但除了在金剛座繞行，在摩訶菩提寺背誦《心經》以外，幾乎沒有其他成就。然而拓羅堅持認為他對菩提樹（mahābodhivṛkṣa）充滿信心，因此不願再做任何其他事情。他在這方面受到很多非議，因為他是得到供養金前去受教，故應帶回知識技能，以對所屬僧團和同胞負責。然而，許多西藏史學家並未嚴厲苛責他，因為他在寺院建立了自己的領導地位，也終因其德行而備受讚譽，即使學習成就乏善可陳。

返回西藏

卓彌返回中央西藏，在拉孜地區安定下來，最終於拉孜以

南曼卡（Mang kar）山谷的目谷隆建立自己的學習中心。他修建了一座寺院，開始吸引護持者以及印度的班智達們，包括十一世紀最有趣的人物之一卡雅斯塔・嘉耶達羅，其生涯我將於後面描述。卓彌為何要定居於曼卡，特別是在目谷隆呢？地圖6顯示，曼卡河谷朝北，其河流曼卡河（Mang mkhar chu）與雅魯藏布江交會，而雅魯藏布江是沿著喜馬拉雅山北側，由西向東奔流的大河。事實上，雅魯藏布江及其支流界定了大部分傳統的中央西藏區域，多數重要的商業和宗教場所，幾乎都位於其流域或在其向北、向南延伸的河谷中。在曼卡河下游幾公里處，另一條河流春水，從薩迦地區流入雅魯藏布江。拉孜地區就位於這兩處匯流的下游，而拉孜以東是卓彌的家鄉寺仲巴江寺，它可能是帝國晚期的一個遺址。[40]

除了是宗教和神話的位置之外，這整個地區的重要性足以被列入王朝早期的行政單位名冊中。西藏四如的每個如都被畫分為十個「千戶部落」（stong sde），其中藏區的三個千戶部落是曼卡、拉孜和仲巴河谷，這說明它們對帝國軍事、行政官員的價值。[41] 由於在中央西藏四如只有四十個「千戶部落」，故一個擁有帝國百分之八左右的人力與經濟資源的千戶地區，其重要性可見一斑。魯拉克的仲巴、曼卡、拉孜便是這樣的區域。此地多半由強大的卓氏和瓊波氏所控制。這些氏族即使到很久以後，仍持續對藏區有難以想像的影響力。其軍政首領（如本，ru dpon）是令人敬畏的卓・堅贊森格（'Bro rGyal mtshan seng ge）和瓊波・岳素普（Khyung po g.Yu'i zur phud）。[42] 仲巴被分給了另一個重要的氏族介氏，該氏族隨後對夏魯寺和心滴（sNying thig）伏藏材料的維護是有目共睹的。[43] 仲巴對於帝國的重要性，一直持續到黑暗時期，因為貝

第五章　卓彌──中央西藏譯師們的老前輩 · 309 ·

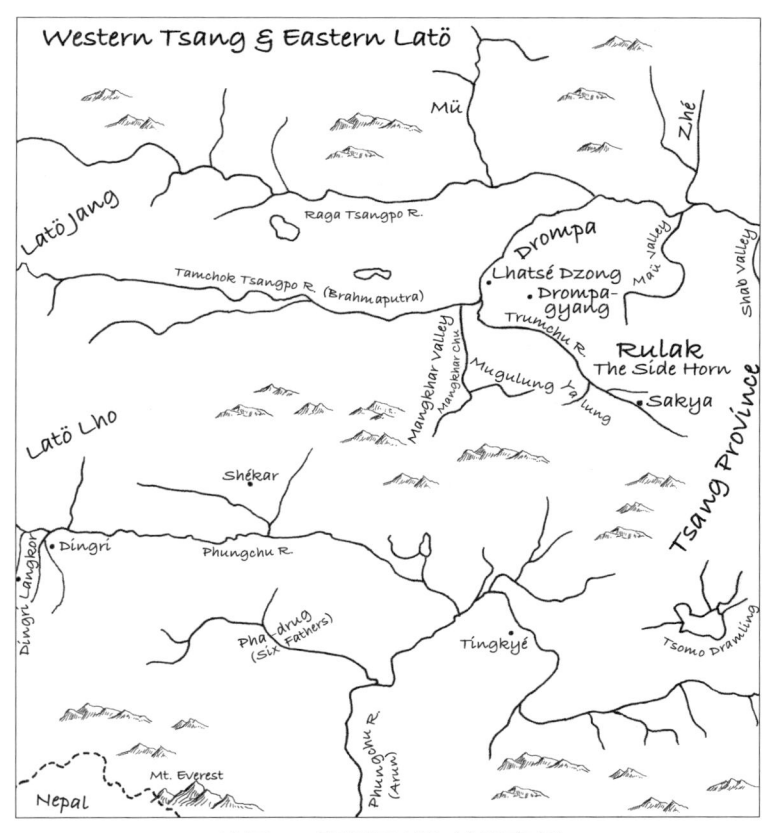

地圖 6　藏區西部和拉堆東部

Dingri Langkar 定日朗科
Dingri 定日
Drompa-gyang 仲巴江
Drompa 仲巴
Latö Jang 拉堆絳
Latö Lho 拉堆洛
Lhatsé Dzong 拉孜宗
Mangkhar Chu 曼卡河
Mangkhar Valley 曼卡河谷
Maü Valley 曼曲河谷
Mt. Everest 聖母峰
Mugulung 目谷隆

Mü 門曲
Nepal 尼泊爾
Pha-drug (Six Fathers) 六父地區
Phungchu R. (Arun) 朋曲（阿龍河）
Phungchu R. 朋曲
Raga Tsangpo R. 熱嘎藏布江
Rulak 魯拉克
Sakya 薩迦
Shab Valley 下布河谷

Shékar 協噶
TamcRulakhok Tsangpo R. (Brahmaputra) 馬泉河（布拉馬普特拉河）
The Side Horn 邊如
Tingkyé 定結
Trumchu R. 春水
Tsang Province 藏區
Tsomo Dramling 措母折林
Ya Lung 亞隆
Zhé 柴曲

廓森在混亂的帝國分裂期間，為其父維嵩舉行葬禮時，一直住在仲巴拉孜的王室宅邸裡。[44]

帝國對這個地區的重視，至少有一個基本的原因。從拉薩到西藏西部，再從西藏西部到迦濕彌羅和西突厥斯坦的貿易路線，以及從拉薩到尼泊爾，再從尼泊爾到印度的路線，都是沿雅魯藏布江先到拉孜，再進而分流。它是戰略以及鹽、貴金屬和其他物品的貿易要點，同時也是中央西藏的內部路線。如果拉孜被來自迦濕彌羅、阿里或尼泊爾的軍隊給奪走，那麼衛藏地區也會進而失守。反之，由於這個區域有肥沃的河谷和貿易網絡，以及前往尼泊爾與印度的相對便利性，因此對十一世紀的譯師們更有吸引力。比馬爾巴定居的洛扎要好得多。卓彌原本希望脫離仲巴江寺的影響，因為那些古老的寺廟既負盛名又具高度政治性，從東部戒律僧眾與桑耶寺的關係便可得知。因此，卓彌顯然採取了印度佛教徒以前使用過的重要策略。那就是他選擇靠近地區首府，但不在首府內。那裡的地價較低，宗教人員仍然可以得到領地的賞賜，卻不必在難以避免的日常爭吵中選邊站。在封建制度下選邊站，有可能造成失去土地、生命等嚴重後果。儘管帝國體制早已消失，但該地區仍保留了許多古老的氏族組織。那些氏族組織對整體西藏而言，仍至關重要。

卓彌定居的目谷隆是個什麼樣的地方？我尚未發現早期薩迦派或其他西藏權威人士，有任何對於該地區十一或十二世紀之景況的記載。目谷隆是卓彌的住處，也是支流河谷的名稱，實際上距離薩迦很近。兩地之間只需步行數日便可到達，所以顯然無須多加描述。[45] 像薩迦這樣的另類寺院興起之後，傳承繼任者當然希望這些新建築成為朝聖中心。這是它們成為

頌詞敘述對象的主因之一。不過,朝聖指南仍及時地將目谷隆納入了它們的朝聖路線,儘管它們對如此重要的地點竟缺乏有形的遺跡感到苦惱。當然,該地區一定有利於禪修,因為據說偉大的薩迦派上師札巴堅贊曾在附近有個禪窟。[46] 曼卡最終成為嚓千・羅謝嘉措（Tshar chen Blo gsal rgya mtsho, 1502-1566）的家鄉。嚓千是道果嚓巴派的祖師,奠定了基本教學模式的發展。五世達賴喇嘛所寫的《嚓千傳》中強調,在曼卡河谷有四個懸崖,嚓千約於 1532 年時首次進入位於西側的札巴堅贊禪窟閉關,這個懸崖被稱為查隆多傑札（Cha lung rdo rje brag）。[47] 嚓千在很接近卓彌舊址的地方建立了自己的寺院。從那時起,嚓千在圖登格珮（Thub bstan dge 'phel）的居所,或是在達常莫切寺（mDar grong mo che）的墳塚,多少搶走了卓彌遺址的光彩。後來,來自西藏各地的朝聖者,像是蔣揚・欽哲旺波（'Jam dbyangs mKhyen brtse'i dbang po）或是司徒・確吉嘉措（Si tu Chos kyi rgya mtsho）對河谷中卓彌從事翻譯工作的宗教遺跡相當失望,因為卓彌似乎一直居住在一個相當簡陋的山洞建築中。[48]

　　幸運的是,有本 1479 年的短篇朝聖指南流傳了下來。這是強巴・多傑堅贊在嚓千的傳承開始稱霸河谷之前所撰寫的。[49] 與大多數此類文獻一樣,它提供了引人遐想的名稱來源,強調了聲稱有聖蹟發生的特定地點,並提供該區域的基本描述。據悉,曼卡目谷隆的名稱源自該河谷的地理屬性。曼卡是較大的河谷,儘管曼卡之名起初的意思是「許多駐紮地」（mang gar）,但在現代藏文中意指「許多碉堡」。[50] 曼卡河谷從拉孜開始向南延伸,在離開舊拉孜中心一段距離後,河谷便一分為二,主要的河谷繼續向南,也就是較小的目谷隆河谷

後，左轉向東朝薩迦前進。在河谷的某個分岔處有一座目鐘山（Mount Muk chung），這座山可能是河谷名稱的來源。雖然該指南也提供了河谷名稱的其他兩種詞源學來源，但這個最令人信服，因為西藏的地名通常是根據該地區的自然特徵。

除此之外，僧人強巴告訴我們目谷隆有解脫的含義，因為解脫的梵文是 mukti。因此，目鐘山[3]是小解脫的象徵，表示這座河谷能令人獲得解脫。強巴・多傑堅贊對另一個通用的流行詞源較不感興趣，即藏文 mu 的意思為「邊際」或「結果」，象徵佛法的目標或解脫的結果。但他確實被河谷的相關傳說所吸引，據說這座河谷有一零八處修行地、一零八位成就者來到這些地方實現他們的目標。這裡還有一零八座寺院、一零八個村落、一零八個小市集、一零八座柳樹林、河流裡有一零八個漩渦，這些都說明了這個地方的神聖性。此外，河谷南部有一座高聳的青山（spang ri），附近還有一座青石板山（g.ya' ri）像龍一樣地盤繞著，表示像龍一般的瑜伽士，以及其他許多宗教象徵的存在。

然而，此河谷最重要的是十三個山洞，其中許多與卓彌、嘉耶達羅及他們的活動有關。朝聖指南的作者表示，這位偉大的譯師最早於 1043 年在該處活動，雖然這似乎有點晚。這些山洞中最著名的是「白屋洞」（gzims khang dkar ma phug），它實際上是個上下兩層的洞穴。嘉耶達羅住上層，卓彌住下層。據說下層有個真人大小的卓彌泥塑像，其心臟處鑲有一尊嘉耶達羅的小石像，只有拇指在上的拳頭大小。在 1479 年前，該河谷曾受到來自中央西藏和不知名的南方軍隊入侵，這兩座塑像都因曾在危急時刻開口說話而聞名。該地還有一個製造許多譯本的「譯師洞」（sgra sgyur lo tsa phug）、一個與密

教灌頂有關的「灌頂洞」（dbang bskur byin brlabs phug），以及與空行母和大手印教法有關的許多山洞。朝聖指南還描述了其他聖者的山洞，最重要的是印度畢拉金剛的山洞，畢拉金剛是普拉笈念達拉如奇的另一個名字，卓彌從他那裡得到了道果注疏法（bshad thabs）。據說畢拉金剛於該處書寫了非常重要的喜金剛成就修持法《寶炎成就法》（*Ratnajvalasādhana*），該法本成為薩迦派文集中的重要作品之一。[51] 強巴‧多傑堅贊很肯定地說，畢拉金剛在那裡住了三年。他是從印度乘著日光來的，畢竟，這是旅行的唯一一種方式。

印度代表團——嘉耶達羅和其他班智達們

無庸置疑的，在目谷隆與卓彌合作過的印度人中，最重要的就是嘉耶達羅。他可能是孟加拉人，性格複雜，他的偉大成就包含十一世紀最重要的一些密續合譯本。嘉耶達羅的學識卓越，但行為大有問題，連最虔誠的佛教文獻都提到了嘉耶達羅的缺點。據稱嘉耶達羅共造訪西藏三次，第一次到西藏時，他與卓彌合作了三至五年，累積了大量的譯本。所有文獻也描述嘉耶達羅是個很少講真話的人，我們發現他第二次到西藏時偽裝成慈護，欺騙了翻譯密集金剛傳承的桂譯師‧庫巴列介，直到嘉耶達羅被他前次旅居期間的弟子認出，才揭穿了他欺騙了護持他的桂譯師。從一開始，嘉耶達羅就被描繪成一個不可靠的人，他維持著在家居士的身分，並且顯然在這方面影響了卓彌。如同所有的高僧傳一般，嘉耶達羅的故事隨著時光飛逝變得更加撲朔迷離，後來的文獻添加了廣泛的背景，其真實性值得懷疑。

我們知道嘉耶達羅是一名卡雅斯塔（Kāyastha）。這是中世紀初期北印度抄寫員（kāraṇa）所形成的一種種姓。不過早在一世紀馬圖拉（Mathurā）的碑文中，就提到卡雅斯塔是一種官職（而非種姓）。[52] 儘管有各種卡雅斯塔的神話，但碑文和文獻資料都認為卡雅斯塔來自北印度、孟加拉或西印度（摩訶剌侘國〔Mahārashtra〕或瞿折羅〔Gujarat〕）這三個地區中的一個。[53] 從嘉耶達羅所傳播的文學作品的性質來看，三者之中的西印度不太像是他的出生地，因為喜金剛的素材是否曾在西部流傳仍不確定。此外，據悉嘉耶達羅所使用的各種阿帕伯朗沙文的字詞和偈頌的口語發音，與古孟加拉文《行歌藏》（Caryāgītikoṣa）的發音並不相似，這也使人對其有時自稱是孟加拉人的身分產生懷疑。[54] 的確，卡雅斯塔的孟加拉支系在孟加拉境外很重要，特別是在奧里薩邦（Orissa），但該地區在嘉耶達羅的神話或文獻中皆未被充分證實。

即使嘉耶達羅的出生地可被證實是孟加拉的某個地方，我們也會猜測他是否並不屬於北印度這一支，或他是否應該是在比哈爾傳統中接受基本教育。北印度是卡雅斯塔分支中最重要的一支，共有十二個亞種姓。[55] 事實上，其中一個亞種姓叫做高達（Gauḍa）。這個名稱可能用來表示該亞種姓與波羅孟加拉（Pāla Bengal）間歇性的首府高達有關。或高達是該亞種姓主要的所在地，但卡雅斯塔的資料會區分高達和孟加拉卡雅斯塔。[56] 北印度分支自認是第五種姓（varṇa），不同於其他四個種姓，而四個主要種姓是從創造神梵天（Brahma）的口（婆羅門〔Brahmans〕）、手臂（剎帝利〔Kṣatriyas〕）、大腿（吠舍〔Vaiśyas〕）或足（首陀羅〔Śūdras〕）所創造出來的。北印度的卡雅斯塔堅信他們是由創造神的身體所形成的。

因此被安放（stha）於梵天的身體（kāya）裡。喜特拉古波塔（Citragupta）是他們的始祖和偉大的祖先，他帶著筆和墨水瓶，從梵天的身體誕生，擁有創造神抄寫員的充分能力。在有關卡雅斯塔的人類學文獻中，記載著這位偉大祖先及其工具在宗教崇拜中的重要性。[57]

在此之前的好幾個世紀裡，佛教僧眾就已經參與了抄寫工作，佛教僧侶擔任抄寫員（divira）的活動，也被中亞尼雅（Niya）的佉盧文獻（Kharoṣṭhī）所引述。[58] 抄寫員並不只是聽寫而已，以「祕書」一詞稱之更能表達其職能範圍，祕書一職能適用於低階辦事員、聯合國祕書長以及兩者之間的許多級別。抄寫員在法律、文學、宮庭語言、會計、契約、遺囑、訴訟、證據裁決等諸多能力範圍的領域中，運用他們的專業訓練。卡雅斯塔們在所有這些場合中充分發揮自己的專長。我們經常讀到他們以中世紀官員的身分行事，該身分結合了戰爭及承平時期的國務卿（Mahāsandhivigrahin）的工作。[59]

不過，正因為卡雅斯塔的職務是村民稅務和契約的書記官，所以他們因欺騙、腐敗和盜竊而聲名狼藉。[60] 古普塔（Gupta, C.）提到卡雅斯塔代表中世紀的一個難題，因為他們「受教育的程度高並且贊助藝術和文化活動」，然而「繳稅的百姓對卡雅斯塔極度懷疑，因為在他們的話語和文件中都潛藏著欺騙」。[61] 即使從劇作家首陀羅迦（Śudraka）的年代起，便可發現類似的評論。如首陀羅迦稱卡雅斯塔們為「蛇」，並聲稱即使是罪犯也不會住在他們附近。但對卡雅斯塔譴責最嚴厲的，是與嘉耶達羅同時代的克什曼得拉（Kṣemendra）和迦爾訶那（Kalhaṇa）。[62] 例如，克什曼得拉認為卡雅斯塔發明不同的字體是一種騙人的方法。因此，善良的國王即使知道卡

雅斯塔是「急於殺人、搶劫他人財產的強盜、流氓和魔鬼」，卻也為了國庫的財政平衡而不得不與他們交好。[63]

從嘉耶達羅顯著的學術成就，到他的道德淪喪與貪婪，也可以見到這些五花八門的特質。根據 1344 年丹帕上師（Bla ma Dam pa）的道果史，嘉耶達羅是為孟加拉國王工作的抄寫家族的一員。[64] 十六世紀時，欽哲旺秋認為那名國王是甘德拉魯帕（Candrarūpa），這個名字對我們來說沒有任何意義。[65] 據說，嘉耶達羅在魯希特（Lohita）河畔遇見了他的上師阿瓦都底（Avadhūti）。魯希特河（Lohita River）從阿薩姆邦的布拉馬普特拉河分支而出，流向阿魯納恰爾邦（Arunachal Pradesh）。阿瓦都底在阿魯納恰爾邦，一直以赤裸的苦行方式（avadhūtacaryā）修行，是居住在部落地區的成就者的一個例子。[66] 據說，觀世音菩薩曾對嘉耶達羅說，從上師那裡獲得道果法後，他便應前往西藏尋找延續其教法的弟子。[67] 在西藏他碰到了普蘭譯師・循努協繞（Pu rangs lo tsā ba gZhon nu shes rab）。這位譯師學法後，希望學到更多教法，但嘉耶達羅繼續前往藏區，尋找他的命定弟子。嘉耶達羅停留在一處禪窟時，聽到河流發出解脫之聲（mu gu），而這條河正是結束於目谷隆。因此，他決定在那裡教授道果法。[68] 他夢見卓彌，並給了他一封信要求見面。他們後來在拉孜扎，也就是嘉耶達羅的禪窟會面。此禪窟至今仍聞名[69] 根據芒埵・盧竹嘉措記載，他們會面時，嘉耶達羅已經兩百八十八歲了。[70]

卓彌明白這是個千載難逢的機會，他與嘉耶達羅往來了三年或者更長的時間，他們一起翻譯了大量的材料。正是在這段期間，卓彌承諾給予嘉耶達羅五百兩（srang）黃金以求法，尤其是道果法。此道果法終將成為卓彌和其最親近弟子的

重要修行體系。卓彌最後要求的回報是，在西藏只有他可以使用此法本和教授此體系。嘉耶達羅同意了這個要求，他答應除了卓彌不會再傳授任何人道果法。問題是，當嘉耶達羅想離開時，卓彌無法拿出承諾的黃金，所以他請寧瑪派的道友素波切‧釋迦瓊磊從閉關的塔迦巴（Thag rgya pa）攜帶大量黃金前來接受教法。素波切聽話照做，但並非毫無阻力。[71] 當時素波切的弟子們反對，認為離開閉關將造成修行的障礙。素波切則稱卓彌是位偉大的譯師，因此必定有特殊的觀修口訣（man ngag）。素波切果真得到了《不可思議次第優波提舍》的口訣（稍後加以檢視），以及喜金剛觀修教誡。

雖然黃金交易的故事依然存在於史料中，但並非所有的細節都相同。例如，非薩迦派的資料認為，卓彌邀請的並不是素波切，而是素波切的養子素芎‧協繞札巴，但這可能性很小。[72] 薩迦派的作者們則不約而同地為這個故事提供一個幽默的結局，消遣了嘉耶達羅。嘉耶達羅不相信所得到的是真黃金，便在袋子裡裝滿卓彌供養的黃金，前往曼卡市集，逢人便詢問自己所收到的是否是真的黃金。每個人都向他保證，那是真的黃金。他因而回到卓彌處，並允諾除了卓彌以外，不會教授其他人道果法。然而，嘉耶達羅的承諾毫無意義，因為他第三次前往西藏時，發現卓彌已然過世。因此，嘉耶達羅顯然與吉玖‧達瓦維瑟重新翻譯，或重新創作了道果法。[73] 欽哲旺秋在十六世紀書寫傳承史時，第二個譯本似乎已經遺佚，或至少是極為罕見。[74]

噶舉派作者們則對嘉耶達羅提出完全不同的看法，認為他最值一提的，是做為成就者帝普巴（Tipupa）之父。帝普巴是惹瓊巴（Ras chung pa）的印度上師。[75] 根據一些人的說法，

帝普巴是馬爾巴之子達瑪・多德的奪舍化身。達瑪・多德是熱譯師仇恨的對象,熱譯師傳的作者聲稱達瑪・多德是被熱譯師的黑術所殺。[76] 由於達瑪・多德精通奪舍法(grongs'jug),所以他進入嘉耶達羅之子的屍體中,成為婆羅門帝普巴。這個故事的難題之一,正是那洛巴生卒年的問題,因為帝普巴據說是那洛巴這位偉大成就者的弟子,他大約在1040至1042年間去世。當時馬爾巴可能是二十歲,而達瑪・多德去世時,應該已經是個成年人。

在藏區的印度人無疑對卓彌有很深遠的影響力,因為據說卓彌與下列許多人合作過:不空金剛(Amoghavajra)、寶金剛、慧生藏、普拉笈念達拉如奇以及來自斯里蘭卡一位有趣但鮮為人知的瑜伽女月蔓(Candramālā)。[77] 卓彌與上述人合作的大部分時間裡都保持僧侶身分,但他與嘉耶達羅往來的尾聲,我們在譯作跋文裡看到他不再稱自己是僧人。在五十九部收錄於藏經且附有跋文的典籍和一部藏外典籍中,卓彌自稱是僧侶的,共有五十五部,占了絕大多數。在另外五部裡,顯然他已有了其他不同的身分,因為他棄僧還俗了。在這後來的五部譯本中,有三部(To. 381, 385, 1220)是和嘉耶達羅一起完成的,其中包括巨著《桑布札續》(Samputodbhava)譯本,這是卓彌所有譯作中最長的一部。此外,在卓彌和寶金剛共同翻譯的,由東比(Ḍombi)所著的一部短篇密續注釋本(To. 1416)的跋文中,以及卓彌自己翻譯的另一部簡短的度母儀軌(To. 1705)中,他不再自稱為僧侶。

卓彌最後一定對自己的權威地位深感驕傲,因為他在完成《桑布札續》譯本時,稱自己為「大權威」(bdag nyid chen po)。[78] 據說約在1046/47年間,阿底峽這位孟加拉學者在前

往中央西藏的途中，卓彌曾邀請他和種敦到目谷隆。[79] 卓彌住在崗巴宗（Gam pa'i rdzong）時，後來和一位貴族女子結婚。[80] 她名叫哲登沃察喀（mDzes ldan 'od chags），是卓彌最重要的弟子之一，拉尊葛里的妹妹。他似乎跟她生了至少兩個兒子，因陀羅（Indra）和多傑（Dorjé），可能還有其他孩子。[81] 卓彌雖有如此成就，但他在嘉耶達羅第三次返回西藏前便去世了。這次嘉耶達羅合作的對象變為吉玖·達瓦維瑟。[82] 卓彌明確要求在他死後七日內，不要移動他的身體。據說卓彌在這段時間裡得到大手印的最高成就。[83] 雖然無法確定卓彌的死亡年代，但他在世的時間應該不晚於 1075 年。因為，當拿達哲德（mNga' bdag rTse lde）於 1076 年資助舉辦大譯師會議時，沒有任何跡象顯示他還在世。[84]《青史》可能提供了最正確的說法，即卓彌與種敦·堅威瓊磊約在同一時間去世，即 1064 年。[85]

嘉耶達羅本人也不比他最出名的弟子卓彌活得更久。他第二次到西藏時，假裝是偉大的成就者慈護，欺騙了桂譯師·庫巴列介，直到詭計被拆穿為止。最後一次的西藏行，他大部分時間都待在西藏西部，即使他那時惡名昭彰，卻仍然非常有名。因此香巴噶舉派的始祖瓊波南覺（Khyung po rNal 'byor）聲稱和他一起去過托林寺，但我們不清楚嘉耶達羅是否真的到訪過古格的這座偉大寺院。[86] 在與吉玖·達瓦維瑟和他的弟子紐譯師合作一段時間後，嘉耶達羅知道自己死期將盡，但他想離卓彌的弟子近一些。[87] 因此，他搬到卓彌的兩位弟子謝和興貢·羅克波居住的卡拉克堆普（Kha rag thod phu）。[88] 他預知時至，便以正規的禪坐姿勢盤起雙腿，手握金剛杵和鈴於胸前，並宣布「這便是咒師死亡的方式！」他

進入遷識的禪定之中，從其囟門發出一道光便進入中陰狀態（antarābhava）。[89] 後來的歷史學家告訴我們，嘉耶達羅的杵和鈴以及他的舍利、書籍和一幅畫像，都經由各種不同途徑到達了薩迦。[90]

卓彌的工作成果和《道果根本頌》的起源

卓彌和多位印度大師共事，在十一世紀承擔了數量可觀的譯本翻譯工作。將在本章末尾檢視他們的著作。在卓彌的譯作中，《道果根本頌》譯本被薩迦派信眾認為是最重要、最奧祕且最嚴密保護的作品。這部著作經常會有不同的標題，如《金剛句》（*Vajrapada*）等，標題的問題後面會再討論。我們知道卓彌要求嘉耶達羅勿將文本傳給其他人，但有些權威人士發現似乎存著另一版本的《道果根本頌》。十五世紀時，哦千‧貢噶桑波推斷，在嘉耶達羅第三次旅藏期間，吉玖‧達瓦維瑟曾翻譯了另一個譯本。[91] 哦千顯然知道這個不同的版本，因為他提到了屬於該傳承的一份彙編（yig cha）。他宣稱這些資料很完整且曾廣泛流傳，但到了他的時代已經不見蹤影。[92]

這部《道果根本頌》是我所見過最奇特的藏文作品之一。沒有跡象顯示這部作品的印度版本確實存在過，因為沒有任何流傳下來的印度著作曾引用該文本。在十五世紀西藏論戰最激烈的時期，哦千無法提供此一作品在印度曾是權威著作的證據，只好依靠畢如巴的身分來證明該傳承。即便如此，他也不得不重新詮釋各偈頌，以便在最完整可靠的資料中能看到畢如巴的名字。[93] 實際上，畢如巴的作者身分，以及卓彌和嘉耶達羅兩人的譯師身分都有問題，因為這件文本並沒有可以證明它

是畢如巴的作品,或是由此團隊所翻譯的跋文紀錄。如果我們從卓彌所有其他譯著都以極為嚴謹而為人讚賞來判斷,這確實令人震驚。此外,文本的傳承也存在問題,因為薩迦派並沒有與道果法有關的任何實體文件。十二世紀時,尚・貢巴瓦(Zhang dGon pa ba)沒有傳授,而薩千・貢噶寧波也沒有得到道果法文本或任何筆記。有一派傳承甚至宣稱《道果根本頌》直到薩千的上師尚・貢巴瓦的時代才被記錄下來。[94] 因此,《道果根本頌》很可能完全是由尚・貢巴瓦或薩千對此作品的記憶所建構出來的,而並非出自一個不間斷的寫本傳承。雖然更有可能是卓彌的許多弟子手稿在四處流傳,但是這件文本的特殊性以及其相關文獻的貧乏,使得此著作的傳播存在許多不確定性。

文本本身是一篇以不同方法進入祕密佛教修道的文章,它與畢如巴的其他著作幾乎沒有共通之處。除了在藏經和標準傳記中的簡短自傳偈頌外,在西藏《丹珠爾》(*bsTan 'gyur*)裡,還有十多個文本上有畢如巴(Virūpa)、吉祥畢如巴(ŚrīVirūpa)、畢瓦巴(Bir ba pa)或類似的名字。這些作品約可分為四個基本類型:(1)某本尊的觀修法本;(2)關於煉製藥丸或各種密續羯磨的真實儀軌文本;(3)描述操控「氣」和身心瑜伽的作品:(4)陳述證得實相的神祕文本。第一類關注紅閻魔敵—紅閻曼德迦(Raktayamāri-Raktayamāntaka)的本尊和壇城,在此類文本中也呈現了斷首母(Chinnamuṇḍā)。[95] 如果歷史上的畢如巴的確傳下成就法,也許就是這個。因為在別處,一部作者不詳的紅閻魔敵專著中,畢如巴令太陽停止運行的神蹟被視為一種成就而受到吹捧。[96] 此外,第二類的儀軌文本與這些文本一致,因為它們使

用了令人厭惡,甚至危險的物質來製作「甘露」丸,而這種作法通常與紅閻魔敵─紅閻曼德迦傳承有關。[97] 畢如巴的《紅閻曼德迦成就法》(*Raktayamāntakasādhana*)中,特別要求使用這些方法。但這並不奇怪,因為這些方法在其他密續文獻中也經常被提出。[98] 另外,一部閻曼德迦雅卻(Yamāntaka yantra)作品被認為是畢如巴的著作,這部作品的內容是藉由密續的活動來操控現實。[99] 第三類瑜伽作品似乎可以提供一個更豐富的領域,來尋找與《道果根本頌》內容的相似之處,但事實並非如此。在現存的兩部瑜伽作品中,第一部非常的基礎,第二部幾乎沒有採用任何道果法中的專門語彙來思考「自加持」瑜伽(自加持次第〔svādhiṣṭhāna-krama〕)。[100]

最後是三部大型的證道歌集:《道歌藏》(*Dohākoṣa*)、《畢如巴八十四句》(*Virūapādacaurāsi*)和《善無戲論真實優波提舍》(*Suniṣprapañcatattvopadeśa*)。[101] 這些是扣人心弦且文筆出眾的道歌體裁範例,為印度九世紀至十二世紀的成就者們所使用。它們為閻魔敵─閻曼德迦眾多作品中所使用的繁瑣的儀軌和民間術法,提供了哲學或知識上的對照。難怪哦千最後轉向這些文本中的最後一類,試圖為畢如巴和道果法在印度信仰版圖中的地位進行辯護。[102] 但是,這些文本並無法更進一步證實可能也是畢如巴所撰寫的《道果根本頌》和任何這些偈頌集。簡而言之,令人驚訝的一個事實是,沒有一件被認定是畢如巴的文本,與《道果根本頌》的技術條列、特定術語甚至綱要是相同的。也許衡量兩者不一致性的最佳方法是,在大多數情況下,前面提到的四類文本相對清楚,有時甚至很容易閱讀,幾乎沒有必要進行解釋或說明。

但《道果根本頌》的情形顯然並非如此。事實上,這部

第五章　卓彌——中央西藏譯師們的老前輩 ‧323‧

作品的神祕本質既來自其簡潔晦澀的文筆，也來自其被隱藏於西藏寺院的聖殿中。這部作品中的語彙有時似乎是該文本所獨有的，偶爾會有注釋者努力將作品的內容與各種經典（尤其是《喜金剛續》）的主題相匹配。但這樣的作法更加凸顯出它們之間的差異性，也證實了沒有任何文本和《道果根本頌》真的類似。[103]《道果根本頌》充滿了由標題加以區分，但並未具體說明的條目。例如，I.C. 類別中的「四量」（tshad ma bzhi）。這些條目在薩千注釋本中的表達方式，往往同樣令人困惑，因為有些條目只能對應到少數的佛教思想類型。《道果根本頌》的許多內容已經超出了典型密續的規範，以至於它們似乎形成了一個後繼無力，朝向完全不同修持道路的運動。如果沒有薩千於十二世紀所寫的注釋本的幫助，許多《道果根本頌》的章節便無法解釋，甚至薩千有時也不以標準藏文文法來解讀文本。同樣令人好奇的是，薩千對怪異類別的解釋本身就很不一致，其中一些例子在譯文的注解中已經指出。薩迦派現任法王[4]曾不止一次告訴我，他覺得《道果根本頌》的意義很難理解，而這完全無損於薩迦法王本身深厚之學識涵養。

我們可以從這些難題中推測出一件或多件令人不安的事情。首先，卓彌可能故意以需要口頭指導的方式來翻譯該文本。他如此操作的可能用意，是希望完全掌控這部作品。卓彌的其他譯作是十一世紀最好且最精鍊的譯本，從那些作品來看，這個策略需要完全背離他本人所確立的翻譯準則。其次，薩千可能沒有得到這個文本的正確解釋，因為薩千所接受到的文本並未被正確地傳承。但是，這種看法與第一種觀點一樣，都不太可能。因為這兩人全心全意投入此特定作品的詮釋，很難想像他們會不記得該教法。畢竟，這個文本並不長。就薩千

的情況而言，同樣的注釋結構和措辭在他所寫的十部長篇注釋本中，大部分時候都是一字不差地出現的。並且，儘管該傳承加以否認，但薩千在他生涯的某個時間點，他很可能擁有了來自之前大師的一些書面文本。[104] 因此，薩千和他的前輩學者們，應該都細心研究了他們認為實際上是天界女神無我佛母所創作之作品。

但是，第三種可能性值得我們注意。嘉耶達羅似乎正是榮松所批評的當時新譯派體系中的那種印度班智達。榮松認為印度班智達發現了藏人想要的東西，並於前往西藏的途中創造了新作品。當然，嘉耶達羅在第二次西藏行時假冒成慈護，蓄意欺瞞。因此，嘉耶達羅肯定不惜為自己創造一個虛假的角色。這個角色可以為他提供尊嚴、收入，以及接觸衛藏地區大氏族的機會。再者，如同許多卡雅斯塔種姓一般，嘉耶達羅也是一位學識卓越但品行可疑之人，常為了自己的地位而從事投機行為。從他所翻譯的大量素材來判斷，毫無疑問的，他既聰明又精通密續經典的特定體系。最後，嘉耶達羅向卓彌保證他不會把《道果根本頌》傳授給其他人。但是後來吉玖·達瓦維瑟似乎也獲得了《道果根本頌》，這更令人懷疑嘉耶達羅的誠信。

因此，有種可能性是，博學但投機的嘉耶達羅來到西藏，他發現卓彌想要得到一個無人知曉的文本。由於偉大成就者都深受歡迎，所有其他的「祕密口訣」皆已廣泛流傳。卓彌已經擁有許多，但這些無法為他提供他想要的專屬授權。面對這樣的需求，嘉耶達羅有可能編造了一個文本。如果真是這樣，我不認為他是親自完成所有的工作，因為道果法是如此的雜亂無章，所以不可能是由一位作者完成的。最有可能是嘉耶達羅已經擁有一個非常簡短，但難以歸類的作品，也就是該作品第

一部分（I）的大部分內容，這部分是了解佛法解脫道諸法門的鬆散組合。這一小部分的內容，可能由特定的修持指引所擴編而成。可能來自於嘉耶達羅所得到的特定口訣，從他所知道的密法材料中擷取出的精華，或由他的現場發揮。若考慮該作品在所有修訂本中所出現的特殊標題：《道連同果之教誡與口訣》，這種情況似乎更為合理。早期眾多注釋本中的一個「梵文標題」：Pratrimatidha-upadeśa，是由某位不懂梵文的人所撰寫的，並且顯然是十二世紀人士偏好的產物。也就是為了主張是正宗的印度作品而杜撰出，看起來像印度文的標題。[105] 因此，無論其來源為何，這部作品必定除了基本道的結構之教誡（gdams ngag）外，再融入了專門的口訣（man ngag: upadeśa）。

我們應該看看唯一流傳下來，且被確認為嘉耶達羅的真正文本，《生起智慧優波提舍》（*Jñānodayopadeśa*, To. 1514），它與上述作品的模式完全不同。[106] 該著作分為三部分，第一部分探討勝樂密續的重要咒語；第二部分描述間接語言；第三部分探討不同的主題，並以菩薩地／佛地與勝樂體系二十四聖地之間的關係做為結論。在所有這些不同的主題中，沒有任何類似道果法之處。如果嘉耶達羅是《道果根本頌》的作者，那麼《道果根本頌》的專門用語與他其他作品的術語之間應該具有某種連續性，就像畢如巴的情況一樣。然而，我還是無法完全排除嘉耶達羅或他的上師阿瓦都底是作者的可能性，因為《道果根本頌》是立基於最晚期的密續口訣。例如，我偶爾會發現道果法與某些晚期密續之間的一致性。比如《瑜伽母普行》（*Yoginīsañcāra*）表達了三十七菩提分法（saptatriṁśad-bodhipākṣika-dharmāḥ）的重要性，而該法也是

《道果根本頌》第 II 和第 III 部分的主要思想架構。[107]

或者，也許卓彌是該作品的作者。他支付嘉耶達羅這筆黃金，也許只是為了給材料提供一個虛假的印度來源。以這種模式來看，卓彌偽造一部需要付給嘉耶達羅極高報酬的作品，他應該會相當憂心未來的收益，我覺得這種可能性微乎其微。雖然不能說卓彌是個完美的僧侶，但在詳細檢視他的全部作品後，我確定他是個能力非凡且知識豐富的學者。事實上他比嘉耶達羅還優秀。雖然有些作者譏諷卓彌對資金的迫切需求，但沒有任何人抨擊其知識水平。因此，儘管十一世紀時許多藏人或印度人的作品令人質疑，但卓彌並不在那些被大力譴責之人的行列當中。

無論這部最怪異的作品是誰創作的，《道果根本頌》的任何部分，都不能毫無疑問地確認是任何一個名叫畢如巴之人所作。因為這件作品與其他所有包含這位十世紀末著名詩人／酒鬼／瑜伽士之名的文獻材料，在語彙上有明顯的不同。如果嘉耶達羅是文本的主要創作者，那麼薩千有問題的文法解讀，對一件不斷發展的作品來說，是可以理解的。因為在卓彌和嘉耶達羅合作的期間，原始「譯本」肯定會受到重新詮釋。該作品的另一個名稱《金剛句》（*Vajrapada*）或《金剛根本句》（梵：*Mūlavajrapada*，藏：*rtsa ba rdo rje'i tshig rkang*）在任何版本中均未獲得證實，卻首次出現在薩千的注釋本中。[108]這個不一樣的標題，很可能是朝向正統化的象徵。因為成就者本就應創作或得到如此精闢的金剛句（vajrapada），以做為他們成就的產物，或做為天界女神的示現品。[109]《道果根本頌》的問題，正是我們在其他晚期印度成就者作品中所看到的諸多難題的縮影。為了方便起見，我使用了較為中立的標題《道果

根本頌》，這也是它後來的名稱之一。

《道果根本頌》的內容

為了使《道果根本頌》各部分主題更容易理解，我在此概述全文。儘管這顯然不是此部艱澀作品的目的，也不是該傳承所希望的。《道果根本頌》分為三個較長以及一個較短的段落，每個段落的長度均不同。劃分這些段落的根據是注釋本，除了讓每個部分均能呈現出不同的內容以外，這種劃分還有很多優點。三個較長的段落描述了「廣博之道」，並被稱為（I）解說輪迴、涅槃之共通教法；（II）解說諸脈輪（cakras）彼此和諧（英：Cakras are coaxed；藏：'khor lo 'cham pa）之〔世間〕道，以及（III）解說令脈輪旋轉之出世間道。除了這三部分，還有一個簡短的第四個段落，這僅只是說明金剛乘是甚深、中等和精簡之道的概要性結論。這三道都被一筆帶過，彼此之間幾乎沒有共通之處。

由於種種不同的原因，第一部分在歷史上最為重要。它包括了七個項目。其中兩項界定了完整的道次第（lam rim），其他五項則描述道的標準或具體方向。首先提出的是「三現分」的概念，這是非常古老的佛教觀念的重述。簡言之，它意味著對存在本質的解析、對道的本質的闡述以及對證悟情況的說明。這個術語認為對於被束縛之人、從事修行之人和已經充分證得佛菩提之人來說，實相所呈現之樣貌不同。對第一種人而言，存在是煩惱且充滿痛苦的，也被情緒起伏所染汙。然而，對修道之人而言，實相的顯現變化很大，有時看起來很清淨，有時看起來很染汙。不過，在證悟之時，所有的實相都以

無生和絕對清淨的狀態出現,因為實相從來都是如此,只因理解不足,才會認為它有其他樣貌。

這個模式的古老特性是顯而易見的,大乘佛教主要典籍如《寶性論》在描述如來藏(tathāgatagarbha)時,也是使用類似的詞語,如垢染、垢染與無染兼具、無垢。一切都取決於個人在佛道上的修行程度。[110] 事實上,三現分的大乘根基對其體制化至關重要,因為它成為向道果初學者介紹佛教修行背景的標準。其內容與研究阿底峽、岡波巴和宗喀巴作品時廣為人知的「道次第」資料非常類似。[111] 必須強調的是,文本中任何關於三現分的陳述,都不是密教專用的解釋法。但是這種表述方式在語義上的聯想,顯然使其具有吸引力,又讓人無法迴避。

反之,第一段的下一個部分(I.B)討論三續(rgyud gsum),基本上類似三現分,是道的概述。簡言之,三續以類似的方式應用於密續的思想,與大乘的三現分標準修持法不同。因此,道的基礎是建立在可能導致煩惱或解脫的見解上;色身為方法;灌頂則是種下種子的手段,讓種子在修行、防護和懺悔罪愆中成熟;果則在大手印中加以描述。I.B 與 I.A 所使用的語言形成鮮明的對比,使得三續的奧祕本質在文本中顯而易見。因此,這種表述方式成為奧祕解釋的支柱,就如同三現分法成為道果法的公開標準教學模式那樣。

在討論薩千的貢獻時,我們將再回到 I.B,但此處想先提出一些我對道果法實際寫作方式的看法。首先,道果法「道」的部分完全是通過四灌頂的授權儀式來編排的。因此,每種灌頂都允許瑜伽士練習一種觀修:本尊瑜伽、拙火和兩種不同形式的壇輪瑜伽(maṇḍalacakra)。甚至每種觀修之果也是根據灌頂來編排的。因此,道次第的每一地(第 1-6、7-10、11-12

1/2 和 13 地〔bhūmis〕）以及佛四身的每一身，都是透過修行四灌頂所授權的材料來證得的。這種將灌頂做為道的所有面向的界定架構，對其徹頭徹尾地倚重，在我所知的任何其他密續傳統中都不曾看過。在《道果根本頌》中，密道的所有細節都被安排在這些灌頂中，並以儀軌為所有進一步的修行，提供了基礎框架。

其次，在該文本中完全沒有任何關於個別本尊或壇城的具體說明。文本中只指出應該進行生起次第（utpattikrama），而不是哪一位本尊的生起次第。因此，《道果根本頌》與八世紀以來一些其他的理論性著作，如《智慧成就》（Jñānasiddhi）相似。但由於該文本對於內在瑜伽體系的內容說明得相當具體，因此確實需要將它與特定的《瑜伽母續》傳承相連結，也默許了道果法與喜金剛或勝樂金剛密法一起修行。[112] 這個默許承認了該文本沒有明確的外在壇城，但在大多數情況下都以喜金剛體系來詮釋。同時，該傳承也承認，他們所觀想的身體內在壇城，與勝樂金剛修持法中的內在壇城更為一致。[113] 因此，該文本在某些地方模稜兩可，但在某些地方又很明確；有點像喜金剛文本，又有點像勝樂金剛作品。這種矛盾可能反映了嘉耶達羅的性格和他的密教精神，因為他的譯本同時納入了這兩個體系的作品。

和其他諸《瑜伽母續》的傳承一樣，道果法規定生起次第之後必須有圓滿次第。通常，圓滿次第包含了兩個基本修持法，即經由觀想的內在拙火（「自加持次第」：svādhiṣṭhāna-krama）和壇輪瑜伽。後者可完全以觀想（慧印〔jñānamudrā〕）的方式或與一位真實的伴侶（業印〔karmamudrā〕）一起修持。這兩種基本修持法的差異非常

重要,儘管相當細微,但兩者都需要內在的觀想體系,其中將身體視為存在若干(從一到五個)內在中心或脈輪,在脈輪中各有不同的本尊或種子字產生作用。這種內在結構代表著金剛身,對許多《瑜伽母續》來說,這並非修行的結果。相反地,金剛身是人類身心相續的自然狀況,它做為人類經驗的基礎,但大多數人難以控制它。

對道果法而言,金剛身主要由三個壇城組成,即色身及脈(脈身壇城〔rtsa lus dkyil 'khor〕)、身體的「特質」及其種子字(祕字壇城〔yi ge bha ga'i dkyil 'khor〕),以及體液「甘露」,身體運作的產物(身甘露壇城〔khams bdud rtsi'i dkyil 'khor〕)。[114] 前二者都具有粗糙和微細的形式。如果感官和四肢是粗糙的身體形式,那麼體內許多不同的脈就是微細的形式,周而復始地運送著各種元素。「祕字」壇城的粗質形式是各自的祕處,其微細的形式則是由脈中特定位置的種子字(尤其是十四種子字)所構成。最後,身甘露壇城是由各種身體漿質所組成。調動所有這三種壇城的是「風/氣」。它是與心緊密相連的行動力。心的專注力與氣結合,可以將氣帶入中脈,並且能將氣從業氣(karmavāyu)轉化為智慧氣(jñānavāyu),而這單純的主張被道果法所提出的各種複雜的微細身觀點和不同模型所遮蔽了。道果法中交織著醫學理論、瑜伽修持與相關文本。儘管噶舉派還有若干不同的瑜伽體系,但大多數印度佛教瑜伽學派普遍認為,圓滿次第主要由上面提到的「自加持」拙火和壇輪瑜伽兩個基本修持法所構成。但道果法並非如此,它提出了第三種圓滿次第修持法。這第三種修持法稱為「金剛波」(rdo rje rba rlabs),雖然這個術語有時會引起誤解。該修持法雖是壇輪瑜伽法的改良

版,但在細節處卻以不同方式進行觀想和操控。其目的是抑制（rengs ba）形成二元性之客體、主體和其概念的波動（rba rlabs）。因此,菩提精華受到操控流經右脈、左脈,然後停留在中脈,從而使這三者都止息於不離樂、空,不再產生主、客等之二元分別之金剛波中。雖然禪修者體驗到了四喜和四剎那,就如同他們在壇輪瑜伽修持法（這兩種修持法都以俱生喜〔sahajānanda〕的體驗告終）中所體驗到的那樣,但金剛波修持法是在從肚臍到囟門的中脈,生起四喜和四剎那,而壇輪瑜伽則是從囟門到肚臍生起該等感受。[115] 因此,這個第三種形式很可能試圖結合兩種不同風格的壇輪瑜伽,因為印度對四喜究竟是上行還是下行存在爭議。此處上行、下行二者是相互接續的。[116] 然而,道果法的權威人士聲稱,金剛波的體驗不同於普通的壇輪瑜伽體驗,其程度更為強烈,因為它引發了終極感受。成功的禪修者會將各種氣、漿質、種子字和意識都轉化為各種佛身,以及隨之而來的智慧形式。

　　回到《道果根本頌》,I.C 至 I.F 的論述精簡,彷彿它們都是不證自明的,儘管它們大多未被證實。薩千的注釋本說明了「四量」（I.C）、四耳傳（I.E）和五緣起（I.F）的細項。只有六教誡（I.D）在文本中充分闡述,但它們一點也不明確。我的英譯雖語焉不詳,但我設法透過注解把意義解釋清楚。此外,（I.G）末尾的防護材料似乎與其他內容不一致,應是指該文本後面部分所探討的一些修持法。I.A 到 I.F 說明了道的基本架構,或衡量道的各種標準,I.G 則提供了某些消除障礙的防護細節,但 I.G 出現在第 I 部分有些突兀。

　　第 I 部分被解釋為輪迴束縛（saṃsāra）與涅槃解脫（nirvāṇa）的狀態是平等的。而第 II 部分同樣地,根據注釋

本,討論了世間道(laukikamārga),因為具體說明的各種瑜伽觀修法,可以在未達菩薩地的情況下進行。第 III 部分涉及出世間道(lokottaramārga),因為菩薩地被整合到各種修持法中,並說明了證悟的程度。如同 I.G 一樣,第 II 部分幾乎都在討論修持法及其障礙、對治和體驗,其中許多內容是前所未見的明確。此部分約略以「凝聚精華」(khams 'dus pa)的三種方法為架構,這三者之間的區別僅在於觀修體驗的強弱。後來的作者將這三種方法,結合圓滿次第的三種修持法(自加持及兩種壇輪瑜伽)。然而這種後期的解釋,在早期諸注釋本中只是一種選項。早期的各種注釋本往往特別排斥這種簡便的安排。[117] 同樣地,第 III 部分是以菩薩十地的類別來獨立解釋的。菩薩地在此處被擴展成十三地,因為密乘顯然可以通往最高處,金剛總持之殿堂。這是終極覺醒的象徵。第 III 部分的結構援引第二部分的三種凝聚;由於菩薩地是出世間的,而三種凝聚是世間的,所以不重疊。然而,讓人既困惑又訝異的是,第 II 部分和第 III 部分共同被賦予了一個更深入的佛法結構,即三十七菩提分法。由於另增了各種項目,如六隨念(II.F)和神通(mngon shes, III.C)等,這些內容並不在三十七菩提分法的標準清單中,使得情況更加混亂。第 III 部分還根據四灌頂來編排,並指出何種灌頂會導致菩薩地中的何種果位以及何種佛身。

因此,《道果根本頌》透露了一個思想上的難題,即各類教義疊床架屋,但這些教義彼此間都無法完全融合。其不同類別之個別細項之間的關係,成為教學大師和個別的修行人都必須解決的難題。做為一套綜合的修行方案,它深陷晚期印度密教思想的複雜性之中,就如同《現觀莊嚴論》之於大乘傳統

一般。《道果根本頌》顯然是一位具有綜合性思考之作者（或作者們）的著作。這位作者不畏挑戰，將顯、密大乘佛教的各種偉大類型整合在一起，但又不願為了淺顯易懂而放棄簡潔精練。只有梳理了不同的體系，以及在費力的注釋工作使它變得清晰時，這項驚人的創舉才會顯現出來。如果這個文本和畢如巴的傳記之間有任何的共同之處，那就是其玩笑似的文章布局，都是詞不達意東拼西湊的各種分類的大雜燴。

道果附屬八法

除了《道果根本頌》之外，傳統認為卓彌是附屬八法的接受者，這些修持法之所以被稱為附屬，只因卓彌及其後繼者將它們置於次要地位。這些修持法和道果法被統稱為「道果九法」，薩迦派作者們堅稱卓彌是唯一一位集結它們的人，儘管其他人曾獨自傳播過其中的某一種。所有九法的文本和歷史問題，是之前曾提過的兩個因素的極佳範例。首先是短篇的修行口訣作品較密續經典更有優勢。這種精闢的文本有人類作者和簡短的傳承。其次，這八部附屬瑜伽作品中，有些有不同的版本，這些不同的版本出於不討喜的譯本等原因，而未被收錄於藏經《甘珠爾》中。這些作品大多數都是「灰色文本」，因為雖然這些口訣聲稱來自印度的作者，但它們往往是後來的藏人依據印度人所寫的極簡短的教法撰寫而成。或許最重要的是，這附屬八法展現出一個菁英文化傳承對十至十二世紀之間，從印度、迦濕彌羅、尼泊爾傳出的大量觀修法和不同傳承的回應。因為當時大多數譯師同樣都得到了極大量的混亂的教法。在當前以追溯《西藏大

藏經》形成過程為主軸的浪潮下，我們也許可以思考，不同的宗教著作，由於歷史偶然和其他原因，並未被納入十四至十八世紀藏經的彙編中，而是在中央西藏和西藏東部的大型出版機構以外的有限環境中持續流傳。[118] 以下是這八個體系在現代印刷的札巴贊堅的《道果黃卷》中的順序：[119]

一、《不可思議次第優波提舍》，大手印成就者——師利庫達拉帕達（Śrī-Kuddālapāda）

《不可思議次第優波提舍》[120] 與十一世紀期間翻譯的許多作品一樣，是一部聚焦圓滿次第的文本。初始的梵文文本相當短，只有一百二十四句偈頌，但即便如此，也比這類型的作品要長一些。此文本有兩部流傳下來的譯本，一部收錄於薩迦派所使用的道果文獻彙編《道果黃卷》中，另一部則在《西藏大藏經》中。[121] 前者是寶金剛和卓彌的譯本，而《西藏大藏經》中的版本（To. 2228）則是蘇克漢庫惹（*Sukhāṅkura）和桂譯師（也許是庫巴列介）所譯。這兩部譯本差異很大，應該是來自《不可思議次第優波提舍》的不同修訂版，但它們又相當接近，可以看出是出自同一個底本。薩迦派通過為該作品提供注釋本和特定段落的簡短討論，以及主要人物的傳統編年史來完善該文本。[122] 事實上，該編年史出自文本本身的直接陳述，並於兩部譯本中加以補充說明，這兩部譯本對傳承的解讀有些許不同。[123]

哦千 1405 年的作品主張，該文本是依據《桑布札明點續》（Sampuṭa-tilaka-tantra）所撰寫的，但這種關係充其量只是間接的。作品本身以介紹有關正見的口訣開始，使用的是大手印論述中常見的詞彙，接著便詳述圓滿次第。文本沒有清楚

的結構，但《道果黃卷》現代印刷版中的一個匿名的注釋本，根據三續架構進行劃分。「基」的內容專注於見解，包括十二個口訣，即關於身心相續、心一境性、顯空不二，以及定義修道路徑的三種知識。道的內容涵蓋七個目標，即攝心、將心安立於實相中、修法、克服障礙、確認八種具體的有益活動、理解體驗，以及依靠同修等。修道之果是智慧和佛身的各種形式。我們應該強調的是，這種分類法在來源文本中一點也不明顯，應被視為是新出現的注釋產物。

二、《俱生成就》東比黑魯嘎

卓彌得到並譯出的《俱生成就》（Sahajasiddhi）[124]，似乎與辛吉（Shendge, M. J.）所修訂和翻譯的《俱生成就》大相徑庭。[125] 這是東比的梵文名著。現存的梵文本分為三個部分。第一部分與兩個標準的圓滿次第修持法有關，第二部分討論諸佛家族（kula）和誓言（samaya）的問題，第三部分則提出無分別的標準。而道果法中的內容根本不同於印度的文本，因為該作品顯然是一部以東比黑魯嘎的俱生（Sahaja）教法為基礎所創作的藏文作品。它特別以第三人稱的方式，提到東比依據《喜金剛續》的一首偈頌撰寫了《俱生成就》。[126] 與薩迦派的許多著作一樣，《道果黃卷》彙編中發現的匿名文本，是圍繞著三續編寫的。俱生被定義為修行之基、道與果。這部作品有許多部分與《不可思議次第優波提舍》及《道果根本頌》重疊，更不用說其他著作了。但它的確與《西藏大藏經》中，以《俱生成就》為標題的其他文本不同，雖然有些內容顯然是所有這些文本所共通的。[127] 在《道果黃卷》中，關於《俱生成就》的道果法口訣，與其他有此標題的著作之間的差

異非常明顯。在《道果黃卷》中，該文本（如同許多其他藏文著作）的標題是印度文，彷彿我們即將要看的是一個譯本。然而，該文本僅宣稱自己是以《俱生成就》為基礎的觀修口訣（gdams ngag）。在結論中，一段來源不明的旁注說明該口訣是東比黑魯嘎從畢如巴那裡獲得，並由畢拉金剛傳給卓彌的珍貴的無本頌道果法。[128] 無本頌道果法的這段記載，略同於前面翻譯的《西藏上師傳承史》中札巴堅贊的描述（第2點），但在哦千所寫的道果史中則付之闕如。[129]

三、《得於佛塔前》（Mchod Rten Drung Thob），題名龍樹

這部作品[130]與第二個文本的許多難題相同。它被書寫並呈現為一本印度著作，但同時又自稱是以兩部印度作品的口訣為基礎。此文本是由札巴堅贊專門撰寫的。《道果黃卷》列出此一文本的四個不同標題：《得於佛塔前》（mChod rten gyi drung tu thob pa）、《確立心性之口訣》（Sems thag gcod pa'i gdams ngag）、《修習勝義菩提心》（Don dam pa byang chub kyi sems bsgoms pa）、《以大手印為實相之口訣》（Phyag rgya chen po rnal du ston pa）。此著作分為五個主題：藉由正見確立心性、累積功德、心專注、認知心即是實相、以證悟為基礎的活動與發展。這件被收錄在《道果黃卷》中的文本堅稱，依據不動如來金剛在《密集金剛續》第二章中所講述的一首關於菩提心（bodhicitta）的偈頌，薩熱哈創作了他《道歌藏》的歌曲。同樣地，龍樹也根據毘盧遮那金剛（Vairocanavajra）在《密集金剛續》的第二章中，講述一首關於菩提心的偈頌，創作了《菩提心釋》

(*Bodhicittavivaraṇa*)。《得於佛塔前》是以這兩件著作的口訣為基礎,而且據說是龍樹在由阿修羅建造的馱那羯磔迦城(Dhānyakaṭaka)佛塔前,從薩熱哈那兒獲得的,這座佛塔靠近吉祥山(Śrīparvata)。[131]

評估這件作品的其中一個來源相對容易,因為《菩提心釋》的藏譯本是始於毘廬遮那金剛的偈頌,而此偈頌應該是出自《密集金剛續》。因為這部作品激發了菩提心文獻的形成,特別是該續的第二章專門討論此一主題。[132]《道歌藏》就比較困難了,因為《道果黃卷》中認定的文本是以阿帕伯朗沙文流傳下來的文本,而該文本中並沒有翻譯這首出自《密集金剛續》的阿帕伯朗沙文偈頌。[133] 雖然這兩個來源都著重於心與實相之間的關係。因此與《得於佛塔前》能夠連貫,就如同所有描述修習菩提心的密續文本一樣,但心與實相沒有什麼必然的關係。因此,這件作品所提出的傳承,似乎更多是為了確立其真實性,而不是為了準確評估其起源。這種想法因後來的各種傳承僅強調龍樹的文本是源頭,對薩熱哈隻字不提而更加強化。從而反映出在十四、十五世紀時,龍樹這位集哲學家／成就者身分於一身之人,日漸增強的權威感。[134] 這部作品顯然是由札巴堅贊根據薩千‧貢噶寧波的解說所撰寫的。應該理解為沒有之前的任何文本,只有卓彌從畢拉金剛那裡獲得的口傳口訣。[135]

四、《大手印無字訣》(*Phyag Rgya Chen Po Yi Ge Med Pa*),題名語自在稱

《道果黃卷》再次以類似的方式描繪了此一作品。[136] 語自在稱根據《密集金剛續》和《喜金剛續》二續,以及

度母的開示,創作了《七支》(*Saptāṅga*)和《真性寶光》(*Tattvaratnāvalok*)。然後,語自在稱運用了東比黑魯嘎的《無我佛母成就法》(*Nairātmyayoginīsādhana*)構思了這個名為《大手印無字訣》的口訣。[137] 該文本的開頭,是一位上師將自己觀想為無我佛母,對弟子進行加持和指導,並包含了一個有關心性和實相的口訣。第二部分則是弟子修道時的觀想與修習。第三部分是對佛陀三身特性的簡要論述。

　　語自在稱的作品被收錄於藏經中,說明他的主要貢獻在於以嚴格的方式對待第四灌頂。此灌頂無論在表象或解釋上,都允許最大變化。上面提到的語自在稱的兩部作品《七支》和《真性寶光》,以及他對《真性寶光》的自釋,都是他最重要的文本,其中也包括各種密續灌頂中使用圖畫的有趣發展。[138] 然而,在《道果黃卷》中被薩迦派認定為語自在稱的作品,與其被收錄於藏經中的著作之間,並沒有明顯的關係。我猜想之前看到的真實性問題,應該也是這裡的主要問題。東比黑魯嘎的《無我佛母成就法》,顯然是為了證明東比黑魯嘎的作品對卓彌傳播無我佛母觀想法的重要性,才被做為《大手印無字訣》的資料來源而被提及。同樣地,《大手印無字訣》這個文本,可能是札巴堅贊根據語自在稱的教法所撰寫的,此教法據說是卓彌從不空金剛那裡獲得的。[139]

五、《生起次第之莊嚴甚深九法》(*Bskyed Rim Zab Pa'i Tshul Dgus Brgyan Pa*),題名蓮花金剛(或湖生金剛)

　　這文本[140]也是由札巴堅贊所撰寫的,文中指出它是湖生金剛依據《吉祥喜金剛成就法》所造。[141] 這個作品分為四個

部分。首先,見地被理解為輪迴與涅槃無別。其次,通過息止密法的修持與道次第來安住心的九種方法。接著通過此九種甚深之法所產生的定解,來斷絕所有與外界有關的分別念。最後以三身和七支來解釋修持之果。[142] 因此,這個標題不是很正確,因為在畫分各種不同道的九種基本方法中,完整的基、道和果都涵蓋其中(包括圓滿次第)。

《生起次第之莊嚴甚深九法》明確強調輪迴與涅槃無別,這樣的義理在蓮花金剛所造的《吉祥喜金剛成就法》中並沒有得到很好的體現。事實上,目前的《道果黃卷》文本也收錄了一部被認為是湖生金剛所造的典籍,《吉祥呼金剛燈明頂髻教訓》(Śrī-Hevajrapradīpaśūlopamāvavādaka, To. 1220)。此文本無論在圓滿次第或其義理論述上的創作精神,看來皆不同於《生起次第之莊嚴甚深九法》。[143] 蓮花金剛無疑是九世紀最著名的密法作者之一,他曾為許多作品撰寫注釋本,如《空行父之海》(Ḍākārṇava,即《吉祥空行父之海瑜伽母怛特羅大王注釋船筏》〔Śrī-Ḍākārṇava-māhayoginītantrarāja-vāhikaṭīkā, To. 1419〕)、《佛頂蓋》(Buādhakapāla,即《佛頂蓋怛特羅難語釋真性月》〔Buddhakapālatantrapañjika Tattvacandrikā, To. 1653〕)、佛密的《怛特羅義》(Tantrārthāvatārā,《怛特羅義入注釋》〔Tantrārthāvatā-vyākhyāna, To. 2502〕)、他自己的《祕密成就》(Guhyasiddhi)以及許多短篇修行作品如《吉祥喜金剛成就法》等。然而,將《生起次第之莊嚴甚深九法》的作者認定為蓮花金剛是有問題的,因為「蓮花」(padma)是藏文的標準外來語,而此處之藏文名措給多傑(mTsho skyes rdo rje)是梵文的湖生金剛或類似的名字。但在其他被認為是蓮花金剛之作品的藏文譯本中,他的名字只是

寫成 Padmavajra 或 Pad ma rdo rje。因此，札巴堅贊所寫的這個口訣與蓮花金剛所造的其他作品之間的關係並不明確。札巴堅贊沒有提供此口訣的傳承，但是《吉祥呼金剛燈明頂髻教訓》是卓彌諮詢嘉耶達羅後所譯的。[144]

六、《以拙火圓滿道》（*Gtum Mos Lam Yong Su Rdzogs Pa*），題名摩訶卡雅·西納拉塔·甘哈（*Mahācārya-Cīrṇavrata-Kāṇha）

札巴堅贊在這件作品[145]的導論中宣稱，甘哈以其上師師利·摩訶·迦瀾達拉（Śrī-Mahā-Jālandara）的理解為基礎，再根據他對藏經分類制度的認知來創作他的作品。佛法全部被統合為金剛乘；所有密續三部被整合為大瑜伽；關於方便和智慧的兩類密續則被歸類為《喜金剛續》與《總攝》（*Saṁvara*）的無二續；這些全都被歸屬於《金剛空行父》（*Vajraḍāka*）和《桑布札續》（*Samputa*）的釋續中。[146]如果將其概念結合在一起，也許可以表達圓滿次第。因此甘哈寫了有關該次第的六部作品：《春時明點》（*Vasantatilaka*）、《祕密真性明》（*Guhyatattvaprakāśa*）、《四次第》（*Olapati*）、《心髓集》（*Garbhasaṁgraha）、《制注釋》（*Saṁvaravyākhyā*）和《大印契明點》（*Mahāmudrātilaka*）。[147]札巴堅贊認為這六部作品全都可以整合於《四次第》的四個主題中，而其口傳口訣則於此處陳述，增加了一個第五部分。

依據現存的梵文本或《西藏大藏經》中的譯本，我能夠辨別被認為是甘哈所做的六部作品中的四部。[148]在這四部作品中，Olapati 無疑是最奇怪的名字，因為 ola 一詞，在某部藏經著作的標題中，表示次第或順序（rim pa，通常等同於

krama）的意思，但在別處似乎並無法證實，可能是甘哈熟悉的一種普拉克里特文（Prakrit）或地區性的表達方式。後來的作者對 Olapati 的內容描述，與人們所知之標題為《四次第》（*Rim pa bzhi pa*, To. 1451）的藏譯經典內容完全一致，而且 ola 也在甘哈所造的自釋中得到了證實。《四次第》分為密續、密咒、智慧和祕密次第的論述。[149] 甘哈的這部作品和其他著作，都受到薩迦派大師們的歡迎，薩千和札巴堅贊都以不同的方式，對其中一些作品表達意見或進行討論。[150] 這個文本是以《四次第》的某些組織架構為基礎，儘管它被區分為起始的見（lta ba）、修（bsgom pa），然後再以各種佛身做為道之果。在前兩個部分，內容的編排方式與「四次第」相同，即密續、密咒、智慧和祕密，但增加了一個新的次第：無二。我們再次注意到薩迦派處理文獻時，傾向採用基、道、果的方法。這個觀修法和下一個口訣都是嘉耶達羅傳給卓彌的。

七、《矯枉為正之口訣》（*Yon Po Bsrang Ba'i Gdams Ngag*），題名阿求塔・甘哈（Acyuta-Kāṇha）

這件簡短的文本[151] 顯然也是由薩千・貢噶寧波或札巴堅贊所著，因為儘管作者身分不明確，但它是在薩迦撰寫的。[152] 與其他作品相同，此文本與圓滿次第有關，而且哦千指出此作是根據所有的母續（亦即《瑜伽母續》）所造，儘管《道果黃卷》沒有確切指出這部作品的創作基礎。[153] 此文本以一段簡短的傳記情節開始，其中描述了阿求塔・甘哈在從匝蘭達拉（Jālandara）出發的途中，遇到了一位舉止非凡的瑜伽士，名叫阿求塔（Acyuta），其佛教／溼婆教徒的雙重人格在此處是顯而易見的，就如同《行歌藏》（*Caryāgītikośa*）中，甘哈所

做的三首歌曲中的人物性格一般。[154] 此處，甘哈獲得了一首偈頌，該偈頌的內容便是這位阿求塔的修持法：

> 若藉由〔瑜伽之〕忿怒相掌握氣，
> 那麼您將除去白髮和皺紋。
> 解脫老、死後，
> 便成如虛空一般的，不死之人。[155]

　　文本對這首偈頌進行評論，它簡要地描述了幻輪瑜伽修持法（'khrul 'khor: yantra），以及從婆蘇巴達（Pasupata）或其他溼婆信仰（avadhūta caryā）的激烈的瑜伽活動，到標準的佛教行為（samantabhadracaryā）之間的演變過程。文本煞費苦心地指出，這些「忿怒」修持法的結果，是消除瑜伽士的白髮、皺紋和其他衰老的跡象（亦即「枉」），因此，甘哈被稱為「不死」（acyuta）。就像該類別的許多其他作品一樣，這件文本以對諸佛之身的論述做總結。哦千特別將阿求塔・甘哈認定為前一件文本中的甘哈，表示已通過傳承表，證實了這兩人是同一個人，且兩件文本都被認為是卓彌從嘉耶達羅處得到的。[156]

八、《手印之道》（*Phyag Rgya'i Lam Skor*），題名印札菩提（Indrabhūti）

　　如同標題所示，這件文本[157]專門討論在圓滿次第運用手印的修持法。這件作品的篇幅是附屬八法中較長的一部，顯現出它對傳承的重要性。實際上，其口訣經常被複製到薩千所造的十一個注釋本中最長的一部，即《謝屯瑪》（*Sras don ma*）

的論述中。[158]《手印之道》與印札菩提（Indrabhūti）一首偈頌的解釋有關：[159]

> 在提婆達多（Devadatta）所坐〔亦即騎〕的馬上
> 這四扇門將被那伽蛇（nāga）打開。
> 用伸長的弓來執持欲望。
> 以龜步來增加它。
> 因為它已被阻止，再倒吸一口氣，
> HIK 字纏繞使〔菩提心〕到位。

對這段神祕偈頌的解釋，占去了文本的大部分篇幅，作品的前半部是字面意義的詮釋，後半部則針對特定的困難點進行解釋。作品的結尾對印札菩提的特質做了有趣的評論。薩迦派認為有三位印札菩提，也就是大、中和小三位，皆以其時代來編排。雖然三位都被認為是密教金剛手菩薩的化身，但大表示古老。這個密教口訣是經由慧生藏傳給卓彌的。慧生藏這個名字被貼上了十一世紀其中一位惡名昭彰的人物——紅衣阿闍黎（Ācārya dmar po）的標籤。據說，這位大師來自烏金國，是迦濕彌羅人寶金剛的弟子；至少從寂光王的時代起，紅衣大師的權威就備受爭議。[160]

對這附屬八法的任何評估，都必須指明，除了《不可思議次第優波提舍》以外，其餘作品都沒有可供驗證的印度文本。這些作品的作者們，主要是札巴堅贊，他費盡心力地試圖將這些作品與某些著名的印度文獻相提並論。然而，由於這些特定作品與其假定的資料之間，存在明顯的差異，致使他們的努力都受到質疑。因此，這些文本主要是以藏文本為基礎，而這個

事實經常被模糊,因為《道果黃卷》,這些印度標題的使用,導致他們被假設為是印度文本的翻譯。這些著作描述的是不同的內容,從密續佛教的基礎理論,到壇輪瑜伽與究竟實相的最進階的口訣等,幾乎無所不包。它們的來源也包羅萬象。卓彌從許多訊息提供者得到這些作品:有兩部(二和三)來自畢拉金剛,也許三部(五?、六、七)來自嘉耶達羅,還有一部分分別來自寶金剛(一)、不空金剛(四)和慧生藏(八)。它們的內容表示在薩迦體制的環境中,一種明確朝向同質化運動的發展方向,因為它們都是以佛陀諸身的口訣告終,而且許多都以基(gzhi)/道(lam)/果('bras bu)為結構。的確,在研究「附屬八法」時,同質化的運動通常顯而易見,正如共如·協繞桑波(Gung ru Shes rab bzang pa)所說的,道果法的作者們一直認為這附屬八法闡明了道果法中語焉不詳之處,也補充了需要加強的地方。[161]

因此,這些口訣應該有助於我們深入了解十一至十二世紀之間,新譯派權威人士在文本創作的過程中,所遭遇的文本的易變性和不確定性。在這段時期,許多沒有特定文本基礎的不同觀修口訣,都被收編於文本中,正如我們將在薩千·貢噶寧波所編纂的「珍貴」文本彙編中所看到的那樣。毫無疑問地,這八部作品只是最明顯的例子,它們試圖解決創作過程的矛盾,例如觀修技巧、個人定位、朝向制度化的運動,並且想要以西藏信眾能夠接受的方式,建構這些作品等等。如果西藏信眾認為唯一可以接受的,是那些正宗的印度作品,那麼唯一能呈現它們的方式,就是在作品的前面加上印度文的標題、傳承表以及表明其出處的跋文。然而,這些跋文(同樣地,《不可思議次第優波提舍》除外)說明了它們的西藏起源,從而展

現了作者正直的人格。如果這些跋文能夠指出這件文本是根據一首偈頌被創作出來的（如《矯枉為正之口訣》和《手印之道》），那就更好了。儘管這些偈頌的解釋和偈頌本身一樣有待商榷。因此，就像上一章中簡要研究的薩瑪譯師的許多作品一樣，這附屬八法的大多數作品全部屬於「灰色」文本的範疇，雖然實際上以藏文創作，但它們的靈感來自印度。

卓彌的其他譯作

如果將前面談到的，卓彌和其他班智達們的那些作品，當成他們最重要的成果，這是不正確的。不過這些文本象徵了卓彌在曼卡河谷建立其宗教權威的能力。倘若這些譯本和傳承提供了權威性，那麼其他許多譯本就證明了他做為知識分子領袖和優秀學者的真實性。由於卓彌非常努力，我們沒有必要重述一份沒有什麼意義的書單，就如同許多過去討論西藏譯師們的作法一般。反之，我將把這份翻譯作品集，區分為幾個具有重要意義的部分，以便能夠了解卓彌的全部作品。這樣做的同時，我們必須謹記某些局限性。也就是說，目前的藏經目錄代表了後來的藏人所認同的藏譯本嘗試，但這些目錄既不詳盡，也不完全正確。《道果根本頌》就是一個很好的例子。在藏經中，這部作品並未被認為是卓彌所造，但我們也沒有證據證明這件作品不是出自卓彌之手。即使吉玖・達瓦維瑟自己另造了一部道果頌。同樣地，收錄在《薩迦全集》（*Sa skya bka' 'bum*）中的《不可思議次第優波提舍》版本，的確表示另有一個未收錄於《丹珠爾》藏經中的譯本。其真實性無可指摘，並且是由卓彌所譯。因此，他創作的核心是確定的，但我們必

須假設仍有些遺失散逸的作品。卓彌本人很清楚譯本與譯者脫勾的問題,他在最後的譯作《桑布札明點續》的跋文中,痛斥剽竊的問題:

> 後來(在他和嘉耶達羅的初譯本之後),一些西藏「譯師」刪除了先前學者的譯本上所署名的譯師,並替換上自己的名字;同時在一些微不足道之處修改了文字。為了駁斥這些譯師和其他無知之人(也就是那些接受修訂本為獨立作品的人),我得到並核對了印度密續的四個(版本),也確立了最終的譯文。[162]

在 1198 年薩迦班智達對此譯本的一系列旁注中,剽竊者被認定是桂譯師·庫巴列介和其他不知名之人。[163] 桂譯師是下一位與嘉耶達羅合作翻譯密教作品的藏人,而旁注則暗示,嘉耶達羅可能一直利用之前與卓彌合作的成果,來提昇他後來護持者的地位。

除了前述的道果九法以外,卓彌的譯作還包括了三十七部密續和二十二部其他種類的密教作品,如密續注釋本、灌頂指引和觀修口訣等。[164] 這些譯作說明卓彌在此時期的興趣和當時的權威類型,在所有的五十九部作品中,除了一部之外,其餘都與《瑜伽母續》有關,或是從它們衍生而來的。例外的一部是薩哈佳比拉撒(*Sahajavilāsa)所造的《聖度母曼荼羅成就法儀軌》(Ārya-Tārāmaṇḍalavidhi-sādhana)。此作品在內容和意境上,與大瑜伽修持法的關係更為密切。[165] 密續著作的標準分類法,對整理卓彌的作品集並沒有什麼幫助,因為卓彌的作品絕大多數都是單一種類的。但是如果我們在體裁

的問題之外,再進行兩項觀察,這批作品就會變得更容易理解。首先,卓彌翻譯的所有文本可分為與嘉耶達羅合作(三十九部),和未與嘉耶達羅合作(二十部)的作品;在後者當中,卓彌與不同的印度人合作,僅有一次是他獨自翻譯(To. 1705)。其次,這些作品可以分為短篇主題(十頁以內)和較長的作品。這種非常簡便的探索方式,在少數情況中可能會受到質疑,但大多數的短作品實際上不到七頁,而大多數長篇作品都超過二十頁。當我們發現卓彌翻譯的眾多短篇密續作品,大多是和嘉耶達羅一起翻譯時,這種差異是非常明顯的。

　　卓彌的點睛之作,無疑是與喜金剛有關的重要經典的全部譯本。如《喜金剛續》本身、《桑布札續》、《桑布札明點續》、《金剛帳幕續》等。[166] 這些作品提供了薩迦派的大多數壇城,在噶舉派和其他教派也占有舉足輕重的地位。除了《總攝》相關的作品外,它們還代表了十一世紀印度最重要的《瑜伽母續》文獻。這些經典再以勝樂金剛、密集金剛、金剛童子(即普巴金剛)的修持法加以補充,為薩迦派的密續儀軌和觀修提供了主要內容,直到現在仍是如此。除了這些,卓彌顯然沒有翻譯過其他長篇密續,因此,他所有的長篇經典都是和嘉耶達羅一起翻譯的。

　　同樣有趣的所有短篇密續,是與嘉耶達羅(二十五部)或其他印度人一起翻譯(八部)。這些短篇作品的重點和它們所提供的,關於十世紀末至十一世紀初印度佛教的信息都很特別。這些作品大多數都聚焦在一個主題上,雖然有些作品處理的問題適用於更廣泛的印度密教種類。因此,《吉祥大虛空怛特羅王》(*Śrī-Mahākhatantrarāja*, To. 387)討論了四魔羅(Mara),並更進一步四分,羅列了十六魔羅。同樣地,

《吉祥大三摩耶怛特羅王》(Śrī-Mahāsamayatantra, To. 390) 援引內在和祕密形式的思想以及外在的規範，重新定義了大量的密續三昧耶（samaya）。《吉祥祕密焰火怛特羅王》(Śrī-Jvalāgniguhyatantrarāja, To. 400) 對修行者將面對的死後體驗，以及為這些人舉行之死後儀式進行了有趣的論述。《吉祥智慧意樂怛特羅王》(Śrī-Jñānāśayatantrarāja, To. 404) 則提供了密續標準的五智解釋。

標題與內容的關係對某些作品來說非常重要，以至於這些作品只是對標題語彙的討論而已。因此，《吉祥金剛怖畏破壞怛特羅王》(Śrī-Vajrabhairavavidāraṇatantrarāja, To. 409) 只討論了標題語彙的意義：金剛（vajra）、怖畏（bhairava）、破壞（vidāraṇa）、怛特羅（tantra）、王（rāja）。同樣地，《吉祥空行母制怛特羅王》(Śrī-Ḍākinīsaṁvaratantra, To. 406) 關注的是空行母（ḍākinī）本質的問題，以及密續律儀（saṁvara）與違犯的問題。其他作品似乎也是以這種方式開始，但會轉移到其他主題上。因此《吉祥屍林莊嚴怛特羅王》(Śrī-Śmaśānālaṁkāratantrarāja, To. 402) 的開頭是討論標題的詞語問題（屍林、莊嚴、怛特羅、王的意思），但通篇幾乎只關注生起次第所援引的外在八大屍陀林。其他標題則完全與內容不符。例如，《吉祥火鬘怛特羅王》(Śrī-Agnimālātantrarāja, To. 407) 看似應該討論火鬘或類似的東西，但實際上，這部作品是對黑魯嘎（Heruka）本質（外、內、密）的深入詮釋，最後還有關於金剛亥母（Vajravārāhī）的附錄。

或許在這些短篇經典中，最有趣的是討論較廣泛議題的作品。《吉祥勝樂金剛不可思議怛特羅王》(Śrī-

Cakrasaṁvaraguhyācintyatantrarāja, To. 385）專門討論法界一切存在的不可思議（acintya）特性，特別是心、心所、智慧、佛身等。《吉祥日輪怛特羅王》（*Śrī-Sūryacakratantrarāja*, To. 397）討論了接受，或者更恰當地說是不抗拒密續修持法的重要性，尤其是圓滿次第的修持法。同樣地，《吉祥智慧王怛特羅》（*Śrī-Jñānarājatantra*, To. 398）具體說明了煩惱，尤其是錯誤（bhrānti）與密乘中不抗拒之修持的關係。《無濁怛特羅王》（*Anāvilatantrarāja*, To. 414）更為廣泛地說，非常類似於解構傳統的佛教分類道歌，它著重禪修的基本原則，並嚴厲批評某些瑜伽士濫用密教術語的行為。從文學的角度來看，這些短篇作品中最有趣的是《吉祥寶焰怛特羅王》（*Śrī-Ratnajvala-tantrarāja*, To. 396）。這部作品是對最高等級瑜伽密續的三個類別進行理論論述的專著，此三類密續被辨識為方便續（upāyatantra）、智慧續（prajñātantra）和無二（advayatantra）。結合其他線索後，我們得知「無二」這個類別在十一世紀才剛剛開始發展，在密教的推動力尚未由創造轉向防禦之前，它未達到最終形式。後來接受這一類別的權威人士，都將《喜金剛續》和《時輪密續》放在此類別中，但札巴堅贊在關於《四次第》的著作，即附屬八法的第六部中說，《總攝》也被某些人認為是一種無二續。

與那些表面上是佛語的密續不同的是，卓彌所翻譯的其他二十二部作品可以更為平均地分成他與嘉耶達羅合譯的十部，及他與其他人合譯的十二部。事實上，這些譯作中最重要的是和普拉笈念達拉如奇一起翻譯的。據說他去過西藏，也許是他和卓彌在印度合作過之後。最具影響力的譯作是難勝月對《喜金剛續》的注釋本《月光難語釋》（*Kaumudīpanjikā*,

To. 1185），此注釋本為後來大部分薩迦派學者的研究提供了依據。同樣地，普拉笈念達拉如奇的《寶炎成就法》被後來的傳承認為是在目谷隆創作。由卓彌與作者一起翻譯，並且在解說灌頂、成就法和附屬之施食（bali: gtor ma）儀軌之間的關係等主題上，也很有影響力。其他兩部成就法最終是和普拉笈念達拉如奇一起翻譯的。但是另一部難勝月所造的成就法作品《六支成就法》（Ṣaḍaṅgasādhana, To. 1239）在札巴堅贊的影響下，也變得十分重要。這是卓彌與寶勝智（Ratnaśrījñāna）一起翻譯的。他是十一世紀中在西藏見到的許多不知名的印度人之一。[167] 其餘不是和嘉耶達羅合譯的作品，都是和寶金剛一起完成的，儘管卓彌曾與寶吉祥友（Ratnaśrīmitra）合作過一次。

　　嘉耶達羅對藏外文獻翻譯的貢獻，主要是關於喜金剛修持法的簡短專著。其中兩部（To. 1305, 1306）涉及喜金剛的道侶無我佛母，其餘則是標準的喜金剛觀修法的具體內容，以湖生金剛的作品為主。如前所述，湖生金剛根據喜金剛體系對圓滿次第的闡述《吉祥呼金剛燈明頂髻教訓》，是薩迦派理解標準喜金剛瑜伽修持法的核心。然而，嘉耶達羅和卓彌合譯的一些作品，可能是以匿名方式翻譯的。有三件作品（To. 1221-1223）特別引人注目，據說是湖生金剛所造。在藏經中，這三件被當成是卓彌和嘉耶達羅的作品，並與其他作品編輯於同一個部分。這些作品似乎與卓彌的文本密切相關。

結論——不完美的文學天才

　　衛藏地區密續佛教的變革，從扎拉那・益西堅贊開始，並

由嘉耶達羅和卓彌所接續。他們都符合同樣的原則，也就是跳脫傳統社會規範的人物，仍有可能為他們自己和他人建立新的知識或修行準則。十一世紀的人物是複雜的，很少有人能像卓彌和嘉耶達羅這樣聲名卓著又惡名昭彰。他們有時似乎很擅長譴責各自文化中的傳統看法，無論是以優越的智力、模稜兩可的道德還是對社會的雄心壯志。兩人似乎都不太關心自己違反印度佛教或新興中央西藏的社會結構。而一個貪婪的藏人和一個自我陶醉的印度人的合作，表面上看來似乎是災難的根源，然而，卓彌和嘉耶達羅兩人的成就證明，這樣的評價是錯誤的。因為文學翻譯的崇高目的，並不能完全被歸結為簡單的自我膨脹。即使兩人都是公認的權威，但他們並沒有把自己當成一名作者來宣揚。從卓彌翻譯的六十多部作品可以看出，他的細心與對細節的關注，表示他關心的不只是自己。如果他對財富的需求令人震驚，那麼他為自己的傳承所付出的精力，也同樣令人震撼。雖然他堅持只教幾位優秀的弟子，這樣的作法與現代西藏不同，但這反映出印度密教師生的親密關係和良好的教學方法。因為他們研究的文本一直是困難的、複雜的並且充滿了未經證實的特殊語彙。也許對卓彌能力的最佳評價是，與他合作過的許多人，無論是印度人還是藏人，都被稱為各自領域的專家，身為學者和聖人的他們，對復興西藏古典文化的貢獻至今仍難以動搖。

即便如此，我們也必須承認，文化復興很少有一個如此動盪的開始。卓彌、嘉耶達羅、桂譯師‧庫巴列介、馬爾巴、寶金剛、紅衣阿闍黎以及其他與卓彌相關的人，不時在西藏批判性的文獻中受到攻擊，認為他們具有各種道德缺陷。雖然在十一世紀的中央西藏，他們可能位居無賴行列，但在中世紀中亞

的英雄榜上,他們卻也贏得滿堂喝采。他們都冒著生命和名譽的危險,穿越世界最高的山脈,住在洞穴裡,而他們的同胞就在他們身邊過世。在一個充滿不確定的復興時期,他們把一個脆弱且瀕臨滅絕的佛教次文化的優秀思想,轉變成另一個文化的特殊語言。如果他們的行為偶爾會挑戰我們的道德底線,那麼他們的語言和文學成就,應該也會挑戰我們對知識和宗教活動奉獻的價值觀。難怪下一代藏人清楚地知道,他們的知識成就令人望而生畏。即便同樣發現,這些人物的道德標準也相對容易超越。

他們所翻譯的文學語言作品,提供後來的藏人穩定的參考文獻、可靠的知識指南,並做為一種格外神祕的模型來使用。而西藏文明的出現,正需要依賴這些參考文獻。這些文獻是西藏文化的標誌,但矛盾的是大多數人並沒有研讀過這些文獻。奇怪的是,偉大譯師們渴望壟斷他們的作品,卻沒有在這些指標性作品中,將他們的教學制度化,使得那些被假設為印度作品的標題,可以未經評論而被接受。此外,西藏缺乏嚴格的梵文研讀課程,這意味著宗教可以被創造性地挪用,其判斷技巧並未必因跨文化語言和經典解讀而有所提昇。也許這個時期最大的諷刺是,「灰色」文學和疑偽經能夠被書寫與接受,正是因為沒有持續的語言學分析標準,被印刷和制度化的學校教學所支撐。在沒有辭典和識字資源的情況下,氏族為新宗教觀所製作的文本,與譯本同樣具有權威。此外,那些文本以一種熟悉、易懂的語言清晰地陳述,並能表現出對該文明具有深刻意義的象徵體系。

原注

1. *Suparigraha-maṇḍalavidhi-sadhana* [《曼荼羅儀軌成就法善攝》], fol. 154a6-7。
2. 例如：*Deb ther sngon po* [《青史》], vol. I, p.484；*Blue Annals* [《青史》], vol. I, p.399；另見 *Chos 'byung me tog snying po sbrang rtsi'i bcud* [《娘氏教法源流》], pp. 474-75。
3. 關於阿底峽（Atiśa）名字的拼法，其母音上的長音符號受到關注一事，這是由於 Eimer 觀察到在藏文中，Atiśa 從未被拼寫為 Atīśa 所引起的。有鑑於此，我必須告訴讀者，在西藏文獻中 Gayādhara [嘉耶達羅] 始終被拼寫為 Gayadhara/Ghayadhara，後者很常見，儘管可能性最小。所以為什麼變成這樣？因為我從未在碑文上見過這個名字拼寫成 Gayadhara，只有 Gayādhara。例如，Banerji 1919-20, l. 27；Kielhorn 1886, v. 81。在研究過中世紀孟加拉文和尼瓦爾文手稿後，我得到的結論是，元音長度可能已經受到超出必要的關注了。
4. *bsTan rtsis gsal ba'i nyin byed* [《佛曆年鑑》], pp. 81-83。
5. *gNas chen muk gu lung gi khyad par bshad pa* [〈目谷隆寺聖地詳述〉]，在 *Bod kyi gnas yig bdams bsgrigs* [《西藏古蹟誌選編》] 中，p. 299 指出目谷隆寺在 1479 年時已建立了 436 年。
6. *Chos 'byung dpag bsam ljon bzang* [《如意寶樹史》], p. 834 假設卓彌去世時八十四歲來推斷其出生日期；對照 *bsTan rtsis gsal ba'i nyin byed* [《佛曆年鑑》], p. 83。
7. *Bla ma brgyud pa'i rnam par thar pa ngo mtshar snang ba*

[《上師傳承傳記稀有呈現》], p. 13-20；關於中央西藏的不同傳承，請參照 Tucci 1947，關於這些傳承名單的可靠性，請參照 Richardson 1998, pp. 106-13。

8   Aris 1979, pp. 3-34; Gyatso 1987.

9   Ferrari 1958, pp. 66, 154.

10 Ekvall 1968 對傳統遊牧生活提供了很好的介紹。

11 *sNgon gyi gtam me tog phreng ba* [《奈巴教法史》], pp. 19-24, p. 53；*Chos 'byung me tog snying po sbrang rtsi'i bcud* [《娘氏教法源流》] 有一處顯然把卓彌當成一個集合名詞，p. 461.6-7。

12 Nebesky-Wojkowitz 1956, pp. 269-73.

13 卓彌・貝吉益西（'Brog mi dPal ye shes）出現在 *mKhas pa'i dga' ston* [《賢者喜宴》], vol. 1, p. 613 中；譯師卓彌・扎吉熱巴堅則見 *Chos 'byung me tog snying po sbrang rtsi'i bcud* [《娘氏教法源流》], p. 490。藏扎寺（mTshams brag）的 *rNying ma rgyud 'bum* [《寧瑪十萬密續》] vol. tsha, fols. 26a6-7 描述 *Sarvabuddhasamāyoga* [《與一切佛合一》] 的精簡本是班智達密（佛密？）和卓彌・貝吉益西的譯本；同樣地，關於定結（gTing skyes）寫本，見 Kaneko, 1982, no. 207。

14 *bsTan rtsis gsal ba'i nyin byed* [《佛曆年鑑》], p. 82，*Lam 'bras khog phub* [《道果架構》], p. 121.1。

15 *Bla ma brgyud pa bod kyi lo rgyus* [《西藏上師傳承史》], SKB III, p. 173.1.6-74.1.6。

16 SKB 版本讀做 *snga dro'i tshur nye ba rnam thang dkar po na* [靠近阿卓一帶的囊塘噶波]，但地名 sPa gro 顯然被編輯

重寫成 sNga dro（早晨），正確的名稱和不同拼法則保留在文本的其他版本中；見 *LL* XI.595.5: *spa gro'i tshur nye ba gnam thangdkar po na* [靠近帕卓一帶的囊塘噶波]；對照 *Pod nag* [《道果黑卷》], *LL* XVI.17.6-18.1。

17 札巴堅贊講述的故事太簡略，難以直接翻譯，因此我以 *Pod nag* [《道果黑卷》], *LL* XVI.18.1-23.3 中的意思加以補充。

18 同樣地，這段文字沒有什麼意義。相較於 *Bla ma brgyud pa'i rnam par thar pa ngo mtshar snang ba* [《上師傳承傳記稀有呈現》], *LL* XVI. 22.2 的內容，*LL* XI. 597.2 的校訂已經被認可：*der bla chen gyi slob ma sgom chen se rog gnyis can du bzhugs nas* [在山頂上的是卓彌的兩位弟子，大修行人謝和羅克]。

19 *gNag smad* 顯然是一種野生黑犛牛。這些犛牛的故事及其在謝喀瓊瓦家族中所扮演的角色有更詳細的版本，在 *Bla ma brgyud pa'i rnam par thar pa ngo mtshar snang ba* [《上師傳承傳記稀有呈現》], *LL* XV. 32.6-33.1 中，謝於孩童時期被派到山上放牧，這對牧民（'brog pa）來說是相當普遍的經歷，甚至那些來自準貴族世系之人也一樣。

20 在 Vitali, 1996, pp. 186-89 和 n. 263 中有仁欽桑波史問題的討論。Snellgrove and Skorupski, 1977-80, vol. 2, pp. 83-116 提供最早的仁欽桑波傳記的版本和譯文。請注意，該傳記認為那洛巴是迦濕彌羅人；因此，它受制於困擾那洛巴傳的所有問題。

21 *Deb ther sngon po* [《青史》], vol. 1, p. 257；*Blue Annals* [《青史》], vol. 1, p. 205；*bsTan rtsis gsal ba'i nyin byed* [《佛曆年

鑑》], p. 81。
22　*Lam 'bras snyan brgyud* [《道果耳傳》], p. 436。
23　Stearns, 2001, p. 207, n. 15.
24　Davidson, 1999 試圖說明重估寶生寂作品的必要性。幸運的是，其他學者像是 Isaacson 2001 已經開始編輯和重新評估他的材料。
25　例如，關於寶生寂觀點的不足處，見 *rNam thar yongs grags* [《高僧傳》], pp. 49, 71, 75-76, 86。
26　*rNam thar yongs grags* [《高僧傳》], p. 114。
27　*rNam thar yongs grags* [《高僧傳》], pp. 114-26。
28　*Zhib mo rdo rje* [《微細金剛》], Stearns 2001, pp. 85-87；對照 *Bla ma brgyud pa'i rnam par thar pa ngo mtshar snang ba* [《上師傳承傳記稀有呈現》], pp. 15-16。
29　德格（sDe dge）版的 *bsTan'gyur* [《甘珠爾》] 收錄了他有關欺騙死神 *Mṛtyu-vañcanopadeśa* [《避死優波提舍》], To. 1748 的短篇著作、四篇關於 *Gubyasamāja-tantra* [《密集金剛續》] 之教誡（To. 1887-90）、佛像開光的儀軌（To. 3131）以及金剛手（To. 2887）和度母（To. 3682）的短篇成就法。
30　以下是參考 *Zbib m ordo rje*, Stearns, 2001, pp. 85-89；對照 *Bla ma brgyud pa'i rnam par thar pa ngo mtshar snang ba* [《上師傳承傳記稀有呈現》], p. 16。
31　對照 *Lam 'bras snyan brgyud* [《道果耳傳》], p. 437；*Bhirba pa'i lo rgyus* [《畢如巴傳》], p. 395。
32　該作品另有其他三個標題：*Instruction of Śāntipa* [《賢諦巴教誡》][5]、*Autolocomotion of the Essential Meaning* [《重要

意義之自運行》]，以及 *Instruction of blessing the Awareness of Appearance* [《加持顯現意識之教誡》]；作品收錄在 *Pusti dmar chung* [《小紅卷》], *LL* XIII, pp. 394-398。

33 *Pusti dmar chung* [《小紅卷》], *LL* XIII, pp. 398-410 包含這些不同的口訣；*Lam 'bras khog phub* [《道果架構》], pp. 124-125 強調這些口訣的重要性。

34 *rNam thar rgyas pa* [《廣傳》], Eimer, 1979, pp. 231-32。

35 *Pusti dmar chung* [《小紅卷》], *LL* XIII, p. 398.3: *nā léndra'i mkhas pa sgo drug las* [六名學者是出自那爛陀寺]。

36 *Zhib mo rdo rje* [《微細金剛》], pp. 86-87；*Bla ma brgyud pa'i rnam par thar pa ngo mtshar snang ba* [《上師傳承傳記稀有呈現》], p. 16。

37 *Lam 'bras snyan brgyud* [《道果耳傳》], p. 437 及 *Bhir ba pa'i lo rgyus* [《畢如巴傳》], p. 395 認為是九年；札巴堅贊認為是十二年；*Zhib mo rdo rje* [《微細金剛》], pp.88-89 認為在尼泊爾和印度共計十三年；*Lam 'bras khog phub* [《道果架構》], p. 124 認為是十八年。

38 有關這個命名的來源，見第一章，注 41、42。

39 *Lam 'bras snyan brgyud* [《道果耳傳》], p. 437；*Bhir ba pa'i lo rgyus* [《畢如巴傳》], p. 395。

40 Aris, 1979, pp. 3-34; Gyatso, 1987.

41 *sNgon gyi gtam me tog phreng ba* [《奈巴教法史》], p. 52；*mKhas pa'i dga' ston* [《賢者喜宴》], vol. 1, pp.187.19-20；Everdling, 2000, vol. 2, pp. 279-89 注意到如拉克（Ru lag）的重要性。

42 *mKhas pa'i dga' ston* [《賢者喜宴》], vol. 1, pp. 187.4-5,

188.15-16。

43 *mKhas pa'i dga' ston* [《賢者喜宴》], vol. 1, p. 187.6；*Chos 'byung me tog snying po sbrang rtsi'i bcud* [《娘氏教法源流》], p. 492；Vitali, 1996, pp. 89-96。

44 *Chos la 'jug pa'i sgo* [《入法之門》], p. 345.1.5；該時期是依據 Vitali, 1996, p. 547, n. 934 的解釋。

45 欽哲旺波（Mkhyen brtse'i dbang po）認為行程可以在一天內完成；Ferrari, 1958, p. 64。

46 *Tshar chen rnam thar* [《嚓千傳》], p. 500；Ferrari, 1958, p. 65。

47 *Tshar chen rnam thar* [《嚓千傳》], p. 500；這個山洞被稱作查隆多杰札宗（Cha lung rdo rje brag rdzong）。

48 Ferrari, 1958, p. 23；在 1919 年造訪目谷隆的司徒・確吉嘉措（Si tu Chos kyi gya mtsho）對卓彌的記載同樣只有寥寥數行；*Kaḥ tog si tu'i dbus gtsang gnas yig* [《噶陀司徒古蹟志》], pp. 328-29。

49 此文本並未給出標題，但編輯提供了一個標題 *gNas chen muk gu lung gi khyad par bshad pa*，它被收錄在 *Bod kyi gnas yig bdams bsgrigs* [《西藏古蹟誌選編》], pp. 295-99 的「聖地誌」（gnas yig）文選中。

50 我們見到有 mang 'gar、mang kar、mang gar、mang dkar 等等；參閱 *Zhib mo rdo rje* [《微細金剛》], pp. 90-107, 117, 180, 226, 229, 235；*sNgon gyi gtam me tog phreng ba* [《奈巴教法史》], p. 52；*mKhas pa'i dga' ston* [《賢者喜宴》], vol. 1, pp.187.19-20。

51 普拉笈念達拉如奇（Prajnendraruci）所造的 *Ratnajvala-*

sādhana [《寶炎成就法》], To. 1251。

52 我所知道的最早例子是來自馬圖拉的一名 Kāyastha Bhaṭṭipriya。詳見 Sharma, 1989, p. 312 中所編輯和翻譯的一世紀的碑文。對照 Russell, 1916, vol. 3, pp. 404-22；Gupta, 1996, pp. 8-49。然而，除了 Gupta 所注意到的題詞之外仍有許多，中世紀卡雅斯塔族群（Kāyasthas）的歷史也尚待研究。

53 種姓的簡要說明，請參閱 Leonard, 1978, pp. 12-15。

54 *Bla ma rgya gar ba'i lo rgyus* [《印度上師傳》], SKB III, 173.1.1-6 提到在嘉耶達羅自己的 *Jñānodayopadeśa* [《智慧出生優波提舍》], fols. 363b7-368a2 中，發現阿帕伯朗沙文。

55 Gupta, 1996, p. 50 ff.; Russell, 1916, vol. 3, pp. 416-418.

56 Gupta, 1996, pp. 61-62 對此提出異議，但是考慮到「高達」（Gauḍa）一詞的極端獨特性，他的推論是有問題的；對照 Russell, 1916, vol. 3, p. 418。

57 Russell, 1916, vol. 3, p. 421.

58 Boyer, Rapson, and Senart 1920-29, nos. 330, 338 是由抄寫僧布達拉奇（Budharachi）所抄寫的，他在 419 年被確定為一名重要的僧侶。Lin 1990, p. 285 是由僧侶僧伽蜜多（Saṁghamitra）所書寫的；對照 Salomon 1990, p. 54 的評論，其中僧侶是被允許保留工具的抄寫員（即此處的卡雅斯塔），而且很顯然是為了佛法才行使其技能。

59 有太多碑文需要注意，請對照 Rajgugu 1955-76, vol. 4, pp. 97, 103, 109, 155 等等；其他的請參照 Gupta 1996, pp. 94-99。

60 Gupta 1996, pp. 156-62.

61 Gupta 1996, pp. 156, 158.

62 *Mṛcchakatika* [《小泥車》], pp. 182-83, 324-25 (act 5, v. 7, prose, act 9, v.14)；對照 *Rājataraṅgiṇī* [《王河》] 5.180-84, 8.131。

63 Gupta 1996, pp. 160-61 中探討克什曼得拉的 *Kalāvilāsa* [《騙術論》]；有關克什曼得拉對密教修行者的批評，請見 Baldissera 2001。

64 *Bla ma brgyud pa'i rnam par thar pa ngo mtshar snang ba* [《上師傳承傳記稀有呈現》], p. 117。

65 *Tshar chen rnam thar* [《嚓千傳》], pp. 414-14。

66 *gDams ngag byung tshul gyi zin bris gsang chen bstan pa rgyas byed* [《口訣史大密詳述》], p.43；*Lam 'bras byung tshul* [《道果史》], p. 111.1.5-6。

67 *gDams ngag byung tshul gyi zin bris gsang chen bstan pa rgyas byed* [《口訣史大密詳述》], p.43。

68 *Tshar chen rnam thar* [《嚓千傳》], p. 414。

69 *gDams ngag byung tshul gyi zin bris gsang chen bstan pa rgyas byed* [《口訣史大密詳述》], pp. 43-44。

70 *bsTan rtsis gsal ba'i nyin byed* [《佛曆年鑑》], pp. 92-93。

71 *Deb ther sngon po* [《青史》], vol. 1, p. 145；*Blue Annals* [《青史》], vol. 1, p. 112；*Zhib mo rdo rje* [《微細金剛》], pp. 90-93。

72 *Lam 'bras snyan brgyud* [《道果耳傳》], p. 438；*Bhir ba pa'i lo rgyus* [《畢如巴傳》], p. 396。

73 *Lam 'bras byung tshul* [《道果史》], p. 114；*Zhib mo rdo rje*

[《微細金剛》], pp. 96-97。

74　gDams ngag byung tshul gyi zin bris gsang chen bstan pa rgyas byed [《口訣史大密詳述》], p. 49。

75　例如 'Brug pa'i chos 'byung [《竹巴教法史》], p. 221。

76　Lho rong chos 'byung [《洛絨史籍》], p. 47。

77　Śrī-Jñānajvala-tantrarāja [《吉祥智慧焰怛特羅王》] 的跋文確認是她，To. 394, fol. 223a6：sing gha la'i gling gi rnal 'byor ma tsandra ma la [斯里蘭卡的瑜伽尼月蔓]。卓彌可能曾參與 Abhidhānottara-tantra [《善說無上本續》] 的修訂，該經典收錄在浦扎版的佛典中，Samten, 1992, no. 446，這本書他可能也曾和波羅跋迦羅（Prabhākara）合作；見 Samten 1992, p. 163，該頁列出修訂者為波羅跋迦羅和釋迦益西（Shākya Yes shes），但年代難以判定，這有可能是另一位釋迦益西或姓名有誤。

78　Sampuṭa [《桑布札續》], fol. 158b6。

79　rNam thar yongs grags [《高僧傳》], p. 159；mKhas pa'i dga' ston [《賢者喜宴》], vol. 1, p. 683；bsTan rtsis gsal ba'i nyin byed [《佛曆年鑑》], p. 103。

80　Stearns 2001, pp. 91, 213, n. 39；gDams ngag byung tshul gyi zin bris gsang chen bstan pa rgyas byed [《口訣史大密詳述》], pp. 77-79。欽哲（mKhyen brtse）將拉尊葛里描繪成貝德國王（mNga' bdag dPal lde）之子，意指卓彌的妻子是王室的一位公主。但貝德（dPal sde）的後代名單中，沒有一份能證明這個說法；對照如 Bod rje btsan po'i gdung rab tshig nyung don gsal [《西藏王統世系簡史》], p. 71，其中貝德育有兩子：長子名為奧貝德（'Od dpal lde），

小兒子是達瑪・薩克拉（Dharma Tsakra）。Stearns 2001, p. 213, n. 39 似乎接受了公主和牧民的婚姻，儘管他在 p. 232, n. 114 承認沒有任何道果文獻能證明這個講法。確實，像卓彌這樣的平民不太可能有能力迎娶一位公主，他所娶的貴族可能是分裂時期出現的冒牌貨之一。

81 *Zbib mo rdo rje*, Stearns 2001, pp. 90-91 的注解中如此說明他兒子的情況，丹帕上師也於 *Bla ma brgyud pa'i rnam par thar pa ngo mtshar snang ba* [《上師傳承傳記稀有呈現》], p. 17 中仿效之，對照《上師傳承傳記稀有呈現》, p. 35.6 所列的其子之名。但是，娘列的 *Chos 'byung me tog snying po sbrang rtsi'i bcud* [《娘氏教法源流》], p. 480.15 提到一位 'brog mi sras po lo tsā ba [卓彌之子譯師]；Stearns 2001, p. 213, n. 39 討論了這些兒子的傳說。*Phag mo gru pa'i rnam thar rin po che'i phreng ba* [《帕摩竹巴傳寶鬘》], p.13.2 提到了一位上師曼卡瓦（Bla ma Mang dkar ba），他有可能是卓彌的後裔。

82 *Zhib mo rdo rje* [《微細金剛》], pp. 96-97；*gDams ngag byung tshul gyi zin bris gsang chen bstan pa rgyas byed* [《口訣史大密詳述》], p. 49。

83 *Zhib mo rdo rje* [《微細金剛》], pp. 100-101。

84 關於印度、西藏與會者的名單，請參考 Shastri 1997, pp. 877-78。

85 *Deb ther sngon po* [《青史》], vol. 1, p. 100；*Blue Annals* [《青史》], vol. 1, p. 72。

86 *mKhas grub khyung po rnal 'byor gyi rnam thar* [《賢者瓊波南覺傳》], p. 33；至於所說的是嘉耶達羅的哪一次旅行並

不清楚，我們也不確定瓊波南覺的傳記作者，是否知道這位孟加拉學者曾有過多次的旅行。

87 *Lam 'bras snyan brgyud* [《道果耳傳》], pp. 439-40；*Kha rag gnyos kyi rgyud pa byon tshul mdor bsdus* [《喀剌紐氏諸法略攝》], pp. 12.4-13.2。

88 雖然這裡的羅克（Rog）很明顯是指貢巴・羅克（sGom pa Rog）或興貢・羅克波（gShen sgom Rog po），但不清楚這個謝（Se）是不是謝敦・昆里（Se ston Kun rig）。*Bla ma brgyud pa'i rnam par thar pa ngo mtshar snang ba* [《上師傳承傳記稀有呈現》], p. 22；對照 *gDams ngag byung tshul gyi zin bris gsang chen bstan pa rgyas byed* [《口訣史大密詳述》], p. 49；*Lam 'bras khog phub* [《道果架構》], pp. 138-39；Stearns 2001, p. 233, n. 120 討論了這個問題。

89 *Bhir ba pa'i lo rgyus* [《畢如巴傳》], p. 398；*Bla ma brgyud pa'i rnam par thar pa ngo mtshar snang ba* [《上師傳承傳記稀有呈現》], pp. 21-22；*Zhib mo rdo rje* [《微細金剛》], p. 97。

90 *Zhib mo rdo rje* [《微細金剛》], p. 99；丹帕上師主張它們都是納克敦譯師（Nags ston lo tsā ba）從薩千那兒求取道果法時，供養給薩千的；*Bla ma brgyud pa'i rnam par thar pa ngo mtshar snang ba* [《上師傳承傳記稀有呈現》], p. 22。

91 *Lam 'bras byung tshul* [《道果史》], p.114.1.2-5。

92 *Lam 'bras byung tshul* [《道果史》], p.114.1.3-4；哦千列出下列文本：[*Lam'bras*] *rTsa ba rdo rje'i tshig rkang* [《[道果]金剛句》]譯本、吉玖弟子傳承史（Gyi jo'i slob brgyud）、*Lam'bras rtsa ba* [《道果根本頌》]的一本長

篇注釋與一本短摘要、討論如女陰壇城（bha ga dkyil 'khor）種子字等主題的數量不明的文本。吉玖的傳承為吉玖·達瓦維瑟、訴果羅（Zhu 'khor lo）、訴達瑪堅贊（Zhu dar ma rgyal mtshan）、訴敦·侯嫫（Zhu ston Hor mo）、維巴屯內（'Od pa don ne）、欽·楚青協繞（mChims Tshul khrims shes rab）。

93 *Lam 'bras byung tshul* [《道果史》], pp. 110.3.5-11.2.5。

94 勾然·索南僧格（Go rams bSod nams seng ge）的 *Zab don gnad kyi sgron me* [《甚深要義之炬》], p. 2。

95 *Raktayamāntakasādhana* [《紅閻曼德迦成就法》], To. 2017；*Raktayamārisādhana* [《紅閻魔敵成就法》], To. 2018；*Uḍḍi-yānaśrīyogayogīnisvabhūta-sambhga-śmaśānakalpa* [《吉祥烏仗那瑜伽者瑜祇母自受用屍林分別》], To. 1744（這件作品的 fol. 113b1 將其與 *Mahāmāyā-tantra* [《大幻化網續》] 或 *Khasamatantra* [《虛空平等續》] 串聯在一起）。*Chinnamuṇḍasādhana* [《斷首成就法》], To. 1555；Nihom 1992 校對和研究了最後一部作品的不同版本。

96 *gShin rje gshed kyi yid bzhin gyi nor bu'i phreng ba zhe bya ba'i sgrub thabs* [《閻魔敵如意珠鬘成就法》], To. 2083, fol. 159a7。

97 Schaeffer 2002 介紹了此一文獻，但是避開（p. 523）了文獻主要是描述一種物質：甘露（amṛta）的事實，而非長生不老。

98 *Raktayamāntakasādhana* [《紅閻曼德迦成就法》], To. 2017, fol. 78a2；這一點並不令人意外，但是能確認這一點很

讓人開心。甘露法文本是 *Amṛtasiddhimūla* [《甘露成就根本》], To. 2285 及 *Amṛtādhiṣṭhāna* [《甘露加持》], To. 2044。

99 *Yamāriyantrāvvalī* [《閻魔敵迷輪鬘》], To. 2022。

100 這兩者分別是 'Od gsal 'char ba'i rim pa [《光明照次第》], To. 2019，以及 *karmacaṇḍālikā-dohakoṣa-gīti* [《業旃陀羅女道藏歌》], To. 2344。儘管後者是道歌形式，但它實際上是口訣文本。

101 *Dohakoṣa* [《道歌藏》], To. 2280；*Virūapādacaurāsi* [《畢如巴八十四句》], To. 2283；*Suniṣprapañcatattvopadeśa* [《善無戲論真性優波提舍》], To. 2020。

102 bsKyed rim gnad kyi zla zer [《生起次第疑難月光》], p. 178.3。

103 在 Pod ser [《道果黃卷》] 中有三部像這樣的特殊作品：Lung 'di nyid dang mdor bsdus su sbyar [《本經略攝》]、Lung 'di nyid dang zhib tu sbyar ba [《本經詳述》]、Lam 'bras dang bcas pa'i don rnams lung ci rigs pa dang sbyar [《道果教理諸義》]。它們都集中在《道果黃卷》的 pp. 481-581。

104 在 sGa theng ma [《嘎登瑪》], pp. 175, 180, 186-87, 192-93, 195-96, 203, 223, 267, 280, 282, 319-20 和 331-32 中，特別指出了各上師（印度和西藏）的不同意見。

105 lDan bu ma [《燈補瑪》], p. 298.1。

106 這部作品可能與最近出版的 *Jñāno-dayatantra* [《智慧出生根本續》] 有關。

107 *Yoginīsañcārya* [《空行母普行》], 1.1 和第 2、3 章主要討

論這個思想;《空行母普行》,Pandey 2002(編輯), pp. 8-13, 19-41。

108 例如,*Sras don ma* [《謝屯瑪》], pp. 11.2, 21.1, 22.4, 27.5 等。

109 我們也許會注意到從 *Ratnagotravibhāga* [《寶性論》] 起,它便被持續地使用,該大乘佛教作品的開頭是七「金剛句」(*vajrapada*);*Ratanagotravibhāga*, I.1;Takasiki 1996, pp. 141-42。對照 *Pañcakrama* [《五次第》], I.11-12 中的論述。

110 *Ratanagotravibhāga*, 1.23-26;Takasiki 1996, pp. 186-95.

111 例如,Jackson 1996;Levinson 1996。

112 例如,*Sras don ma* [《謝屯瑪》], pp. 51-52 同時允許勝樂金剛和喜金剛觀修體系,儘管它顯然較偏愛前者。

113 *Sras don ma* [《謝屯瑪》], p. 24.1-2。

114 此資料是取自 *rGyud kyi mngon par rtogs pa rin po che'i ljon shing* [《現觀珍寶奇樹續》], 30.3.5-35.1.5,並以 *sGa theng ma* [《嘎登瑪》], 386.4-400.2、*Sras don ma* [《謝屯瑪》], 323.6-34.4 加以補充。

115 薩千的描述有很多奇特的地方,有一點是,壇輪瑜伽(maṇḍalacakra)修持法的四喜稱為「上行」,儘管體液是從囟門下降至肚臍,而金剛波的四喜則是「下行」,但它們是從肚臍上升至囟門。我還沒看過把術語做這樣的變化解釋。此二者都經歷了喜—勝喜—離喜—俱生喜(ānanda-paramānada-viramānanda-sahajānanda)的順序。有關這些與其上下行爭議的討論,見 Snellgrove 對 *Hevajra-tantra* [《喜金剛續》], p. 38 的介紹;另參考

Kværne 1975；Davidson 2002d。

116 關於此爭議和俱生（sahaja）的知識，請參閱 Davidson 2002d。

117 例如，在 *Klog skya ma* [《珞迦瑪》], pp. 254-55 中，這三種凝聚精質的方法（'khams dus pa）都被應用於金剛波（rdo rje rba labs）上。但是，薩千在 *Gang zag gzhung ji lta ba bzhin du dkri ba'i gzhung shing* [《完全依照〔道果〕法及弟子個性提供教學建議之文本》], *Pod ser* [《道果黃卷》], pp. 12-13 中將兩份列表的三個項目等同看待。

118 例如，我已經指出 *Mañjuśrīnāmasaṁgīti* [《聖妙吉祥真實名經》]的其他多種藏文譯本是最常在寺院的法會（chos spyod）中遇到的，但它們卻與匈‧洛追登巴（Shong Blo gros brtan pa）的後期佛典譯本（To. 360）不完全相同；Davidson 1981, p. 13；參見 Wedemeyer 即將出版的書。

119 *LL* XI. 347-479；我們注意到哦千在其 *Lam 'bras byung tshul* [《道果史》], pp. 109.3.2-10.1.6 中提出了不同的順序。

120 標準梵文本是由 Samdhong Rinpoche and Dvivedi 校編的 *Guhyādi-Aṣṭasiddhi-Saṅgraha* [《八部祕密成就總集》], pp. 195-208；卓彌的譯本出現在 *Pod ser* [《道果黃卷》], *LL* XI.347-62 中，當時此文本顯然已有了 *Acintyādvayakramopadeśa* [《不可思議次第優波提舍》] 的標題；Stearns 2001, p. 210, n. 30 簡要陳述了這附屬八法。

121 見參考書目；值得注意的是札巴贊堅（Grags pa rgyal mtshan）的 *Glegs bam gyi dkar chags* [《黃卷目錄》] 並未提到附屬八法本，所以，這些文本顯然是後來才加進 *Pod*

ser [《道果黃卷》], LL XI. 1-8 中的。

122 LL XI.362-87.

123 Acintyādvayakramopadeśa [《不可思議次第優波提舍》], vv. 87-89；LL XI. 358.4-5；To. 2228, fol.103a7-b1。

124 此文本發現於 Pod ser [《道果黃卷》], LL XI.387-95。

125 Shendge 1967（Sahajasiddhi [《俱生成就》]）；Samdhong Rinpoche and Dvivedi, Guhyādi-Aṣṭasiddhi-Saṅgraha [《八部祕密成就總集》], pp. 181-91；對照 Pod ser [《道果黃卷》], LL XI.387-95。

126 Hevajra-tantra [《喜金剛續》] I.x.41；對照 Pod ser [《道果黃卷》], LL XI.387.4。

127 這些已被 Shendge 1967, p. 128 研究過。

128 Pod ser [《道果黃卷》], LL XI.395.5：'di la rtsa ba med pa'i lam 'bras bya ba'ang ming 'dogs te | [此亦名為無本頌道果法]。

129 Lam 'bras byung tshul [《道果史》], p. 109.4.3；對照他認為東比黑魯嘎在「注疏派」中之地位的討論，Kye rdo rje'i byung tshul [《喜金剛史》], pp. 282.1.1-2.5；哦千對這個傳承的看法，見 Davidson 1991 和 1992。

130 此文本是在 Pod ser [《道果黃卷》], LL XI.400-406 中發現的。

131 Pod ser [《道果黃卷》], LL XI.405.5-6。

132 Guhyasamāja-tantra [《密集金剛續》], p. 10 有這兩首偈頌，雖然毘盧遮那金剛所造的偈頌並沒有被 Matsunaga 認出並加以編號；不動如來金剛的偈頌是 II.4。前一首偈頌在 Bodhicittavivaraṇa [《菩提心釋》] To. 1800，fol. 38a7 的

開頭。Namai 1997 已開始探討菩提心文本的複雜性及其與《密集金剛續》之間的關係。

133 *Sarahapādasya dohākoṣa* [《薩熱哈道歌藏》], Bachi 1935, pp. 52-120。

134 *Lam 'bras byung tshul* [《道果史》], p. 109.4.2。

135 *Pod ser* [《道果黃卷》], LL XI.402.4, 406.1。

136 此文本是在 *Pod ser* [《道果黃卷》], LL XI.406-419。

137 *Pod ser* [《道果黃卷》], LL XI.406.3；請注意哦千在 *Lam 'bras byung tshul* [《道果史》], p. 110.1.2-3 指出語自在稱用自己的 *De kho na rin po che'i phreng ba* [《真理寶鬘》] 做為資料來源，而非東比黑魯嘎的 *Nairātmyayoginīsādhana* [《無我佛母成就法》]。但是我們似乎沒有語自在稱所造的以上述標題為名而流傳下來的文本，我很好奇哦千是否將語自在稱與不二金剛混淆了，因為後者確實寫了 *Tattvaratnāvalī* [《真理寶鬘》]，該文本在 *Advayavajrasaṃgraha* [《不二金剛集》], pp. 14-22 之中。

138 *Saptāṅga* [《七支》]（To. 1888），尤其是 fol. 190a-b；*Tattvaratnāvalok* [《真性寶光》]，Janardan Pandey 編輯（To. 1889）。

139 *Pod ser* [《道果黃卷》], LL XI.406.5, 418.6。

140 此文本是在 *Pod ser* [《道果黃卷》], LL XI.406-419 中找到的。

141 *Pod ser* [《道果黃卷》], LL XI.419.4-5；我們注意到哦千依據 *Śrī-Hevajrasādhana* [《吉祥喜金剛成就法》] 和 *Śrī-Hevajrapradīpaśūlopamāvavādaka* [《吉祥呼金剛燈明頂譬教訓》] 造了此作品；*Lam 'bras byung tshul* [《道果史》], p.

109.3.6-4.1。
142 *Pod ser* [《道果黃卷》]，*LL* XI.420.2-3。
143 *Pod ser* [《道果黃卷》]，*LL* XI.441-445；對照 To. 1220 的同一個譯本。
144 *Pod ser* [《道果黃卷》]，*LL* XI.445.3.3。
145 此文本出現在 *Pod ser* [《道果黃卷》]，*LL* XI.445-57。
146 將 *Saṁvara* [《總攝》] 認為是一部無二續是很反常的；參閱索南孜摩的 *rGyud sde spyi'i rnam par gzhag pa* [《續部總集》]，p. 18.1.2。
147 *Pod ser* [《道果黃卷》]，*LL* XI.445.4-46.1。
148 *Vasantatilaka* [《春時明點》] 已由 Samdhong Rinpoche and Dvivedi 編輯完成；*Guhyatattvaprakāśa* [《祕密真性明》] 藏文為 *gSang ba'i de kho nan yid rab tu gsal ba*（To. 1450）；*Saṁvaravyākhyā* [《制注釋》] 則是 *sDom pa bshad pa*（To. 1460）；*Olapati* [《四次第》] 稍後會討論。
149 該自釋的梵文標題為 *Olacastustayavihhaṅga* [《四次第詳釋》]，但這個梵文名稱不夠好，其藏文為 *Rim pa bzhi'i rnam par 'byed pa*; fol. 358b7。
150 在 *SKB* I.216.4.2-256.3.6 發現了薩千論述甘哈傳承的作品，這些作品提到甘哈的「六文本」（gzhung drug），特別關注 *Olapati* 和 *Vasantatilaka*。札巴堅贊的資料主要是關於灌頂儀軌和傳承，儘管其中也談到了「六文本」的主題；*Nag po dkyil chog gib shad sbyar* [《黑壇場儀軌合併本釋》] 和 *bDe mchog nag po po pa'i dkyil chog lag tu blang ba'i rim pa* [《勝樂黑壇場儀軌修行次第》]。
151 此文本給出了 U tsi ta 'chi ba med pa，似乎是出現了

acyuta → ucyata → ucita 的一連串抄寫錯誤,因為 acyuta 確切的翻譯是 'chi ba med pa,即「不死」。文本在 Pod ser [《道果黃卷》], LL XI.457-61。

152 Pod ser [《道果黃卷》], LL XI.461.1。

153 Lam 'bras byung tshul [《道果史》], p. 110.1.4-5。

154 Caryāgītikoṣa [《行歌藏》], nos. 10, 11, and 18。

155 Pod ser [《道果黃卷》], LL XI.458.5。

156 Lam 'bras byung tshul [《道果史》], p. 110.1.5。

157 此文本出現在 Pod ser [《道果黃卷》], LL XI.461-79。

158 Sras don ma [《謝屯瑪》], pp. 364.4-66.1。

159 Pod ser [《道果黃卷》], LL XI.461.2-3。

160 Pod ser [《道果黃卷》], LL XI.479.3-4。對照 Blue Annals [《青史》], vol. 2, p. 697,慧藏被認為是提供印度 Mahāmudrātilaka [《大印契明點》](To. 420)和其他密續(To. 421-22)之人。Ruegg 1981, pp. 220-21 探討了他的生涯,並錯誤地重造了他的名字,而 Jñānatilaka-yoginītantrarāja-paramamahādbhuta [《智慧明點瑜祇母怛特羅大王最勝稀有》], To. 422, fol. 136b4 的跋文則提供了 Prajñāgupta 的正確名字。另見 Karmay 1998, pp. 30-35;Stearns 2001, pp. 52-53;Vitali, 1996, p. 238, n. 336。

161 Lam 'bras byung tshul [《道果史》], pp. 124.4.6-25.1.2;我認為這一段是共如·協繞桑波自己完成的部分。共如·協繞桑波指的是 Pod ser [《道果黃卷》], LL XI.6.4 之中的一行。

162 Sampuṭatilaka [《桑布札明點》], To. 382, fol. 194a6-7;de Jong, 1972, pp. 26-27 注釋和翻譯了此跋文,但其詮釋並不

令人滿意。有趣的是，卓彌最後修訂版之前的這部密續的初譯稿，收錄在浦扎版《藏經》no. 461 中； Samten 1992, p. 168。

163 rGyud kyi rgyal po chen po saṁ pu ṭa zhes bya ba dpal ldan sa skya paṇḍi ta'i mchan dang bcas pa [《具德薩迦班智達之〈桑布札續〉旁注》], fol. 300a3（p. 667.3）；fol. 300b4（p. 668.4）提供了日期。

164 此處所列舉的資料是取自東北（Tohoku）目錄，編輯 Ui 等人，1934 年。這些編號分別是 To. 381-411, 413-14, 417-18（這兩個編號為同一件作品，即《喜金剛續》），418-19, 426-27, 1185, 1195, 1207-8, 1210-13, 1220, 1225-26, 1236, 1241, 1251, 1263, 1305-6（請注意，此處出現了錯誤的編號，1306 出現二次，因缺少 1304，所以又給了一次 1306），1310, 1416, 1514, 1705。我們可能還注意到在目錄中列為嘉耶達羅和（卓彌·）釋迦益西（Shakya ye shes）所造的 To. 429，是對跋文的誤讀，跋文列出的譯者是嘉耶達羅和桂·庫巴列介（'Gos khug pa lhas btsas）。同樣地，根據印刷本，To. 1209 和 To. 1240 不確定是卓彌所造，因為它並未提供譯者名，儘管 To. 1210 和 To. 1241 掛卓彌之名，可能表示這兩件作品都是前一件作品的結尾部分。浦扎版 446（Samten 1992, p. 163）被認為是波羅跋迦羅（Prabhākara）和釋迦·益西（Shākya Ye shes）的校訂本，但這人可能不是卓彌。

165 這部作品描述一個十本尊之壇城，其特色是一尊四頭八臂之金色度母。目前仍不清楚卓彌為何會翻譯這部作品，儘管他是獨立完成此作，而且可能是在他生命即將結束前完

成的。*Ārya-Tārāmaṇḍalavidhi-sādhana* [《聖度母曼荼羅成就法儀軌》], To. 1705。

166 它們分別是 To. 381, 382, 417-418 和 419；To. 417 實際上是這件作品兩個部分中，第一部分的前半部（kalpa），因此譯者在跋文中指出他們在整體譯本中所代表的部分，而東北目錄也需要修正。關於喜金剛不同譯本重要性的意見，見 van der Kuijp 1985，他在梵文中的錯誤被 Nihom 1995, p. 325, n. 29 指出。Samten 1992, pp. xiv, 167 注意到在浦扎版 no. 458 發現的 *Vajrapañjara-tantra* [《金剛帳幕續》]雖然歸於該團隊，但實際上與其他佛典的版本大不相同。

167 哦千在其 *bsKyed rim gnad kyi zla zer* [《生起次第疑難月光》], p. 175.2.2 中，將寶聖智（Ratnaśrījñāna）當作嘉耶達羅，這個看法似乎是哦千另一個與眾不同的歷史解讀。

譯注

[1] 關於魯拉克的位置，請見導論之地圖 1。
[2] 意為大喇嘛。
[3] 鐘是藏文「小」的音譯。
[4] 指第四十一任薩迦法王。
[5] 賢諦巴即是寶生寂。

第六章　伏藏、帝國傳統和大圓滿

> 如今，許多教導今生覺悟的神聖教法
> 已經為國王您翻譯出來。
> 由於國王被諸多瑣事分散心神的緣故，
> 即使您無法修習它們，您也已建立了適當的業緣。
> 因此，將它們當成伏藏埋藏，
> 以便在第十七個世代結束時，國王能見著它們。
> ——娘列《蓮花生大士之赤銅洲》[1]

　　由於東部戒律傳承僧侶們的活動，以及新派激進譯師們所產生的作用，西藏宗教界開始以出乎意料和令人不安的方式進行變革。譯師們經由其寺院建設、教眾組織、土地耕種、語言能力、外國代理人的身分、社會階層的流動以及新的宗教表達方式，亙古不變的西藏宗教領域正逐年縮小。山神和土地神不再是展現權力和權威的主要仲裁者，皇室後裔以及舊貴族領主也不再是西藏領土的專屬管轄者。古老的寺廟、宮殿的神壇、帝王的陵墓以及高山的聖地，不再是神聖力量的主要來源。喇嘛、寺院管理者、班第、咒師以及降神師（lha pa）等人物，也不再是神與人之間的主要媒介。從古老帝王那裡繼承而來的莊嚴儀式，已在講述不同神明語言的新的嘈雜聲中消失無蹤，那些雜音是由卓彌這類，可能並非出自貴族之人所製造。

　　更糟的是，商人和譯師對印度、尼泊爾、迦濕彌羅情況

的熟悉,加上他們掌握南亞佛教語言的新優勢,使傳統上師所保有的許多文本和修持法的來源受到質疑。隨著時間的消逝,知識分子清楚認識到,許多珍貴的密續在當時的印度已不復存在,導致那些剛被稱為寧瑪派(舊派)人士所使用的文本和儀軌遭受質疑。只有當我們對十至十二世紀有愈來愈清楚的理解,西藏本土宗教人士快速地以錯綜複雜的方式回應質疑的過程,才開始變得清晰。對我們來說,本土回應最重要之處,在於將伏藏視為帝王遺產一部分的文學修辭,對他們文本真實性問題的反駁,以及對西藏大圓滿教義的辯護。這些都需要重新確認氏族和貴族的功能,確認藏人在文化混亂時期和之後所完成的新文本及其思想的成熟,並且必須重新評估被當成真正精神源頭的帝國(或名義上的帝國)遺址。

　　本章探討了伏藏(gter ma)的出現和早期發展情況。伏藏源自於藏文寶藏(gter)這個字。[2] 我們審視了佛教伏藏,並稍微涉及苯教伏藏。早期有關伏藏埋藏和發掘的敘述,以及相關地點和神靈的傳說,和復興時期幾乎影響伏藏體系所有層面的帝國神話。本章同時檢視了十一世紀對寧瑪派著作的辯護,以及寧瑪派有關大圓滿的智慧學說,即本覺思想的闡述。大圓滿是印度義理和西藏信仰的重要融合。所有這些議題,本章僅能觸及此格外有趣運動的一些精彩的部分。由於迄今關於伏藏的學術研究,傾向避開其起源時期,因此我將會討論該時期某些特別重要的面向。

埋藏於帝國瓦礫中的寶藏

　　研究伏藏傳統的學者,傾向強調伏藏的出現,是由於驚

人的翻譯工作的成果,也就是我們前面才檢視過的那些。[3] 根據這個觀點,大量文本的湧入是主要困難所在,因為這使得那些代表舊體系之人必須做出回應。另外一些學者則如同西藏的護教者一般,將重點放在被掘出之文獻的印度起源上,因為這在西藏伏藏辯護學中被賦予了極重要的分量。[4] 在這個稍顯不同的脈絡下,新文本的大量湧入與其說是個問題,不如說是印度佛教本身的真實情況。因為藏人正將龍樹從龍宮取回《般若經》,或彌勒在兜率天傳授無著(Asaṅga)瑜伽行派著作等神話付諸實現。這背後有著同樣的文學發展歷程。

這兩種立場有很多優點,但可能都忽略了一些需要被考慮的問題,因為他們都僅著重於一個較無爭議的因素。如果西藏本土傳統被佛教新譯本壓制是唯一的考慮因素,那麼藏人應該在有若干宗教體系同時競爭的舊譯時期,便發展了伏藏。事實上,苯教聲稱做過類似的事情,他們認為他們首次被壓迫是在止貢贊普(Gri gum btsan po)統治時期,當時他們埋藏了一些文本,以便日後重新取出。赤松德贊對苯教進行第二次鎮壓時,他們再次採用了這個方法。[5] 但我們有很多理由懷疑止貢時期的伏藏,因為難以證實,而且它與我們所知道的西藏字母的形成和最早期寫作相牴觸。此外,伏藏不僅是關於文本的埋藏,而是關於它們的重新取出以及後續的修持,而苯教與佛教的伏藏師,大約是處於同一個時代。

同樣地,如果伏藏傳統僅是一種印度普遍存在的形式在西藏的發展,那麼在其他地方和其他時間,也應該發現它的存在。因此在王朝時期和其他佛教文化中也應該出現。然而,伏藏的象徵和社會結構,似乎都沒有在東南亞出現,而且在大多數其他的佛教國家,也沒有出現發掘經典的現象。即使印度人

偶爾會使用文本被發現的意象做為伏藏，但實際上在印度並沒有任何本質上類似伏藏的運動。事實上，印度缺乏這個發展的許多核心要素，特別是社會和宗教的價值觀，這些價值觀使大氏族成員從地下取出的帝國書籍和宗教文物享有特殊待遇。雖然佛教在不同的文化環境中，傾向複製印度持續進行經典創作的期望，但在不同的文化區域，經典創作的社會性質和語言的譬喻，顯然主要由該地區的文化和語言來界定。

再者，產生此類文獻的各種因素，取決於特定時期的社會組織，因此伏藏隨著西藏社會本身的變化而改變。因此，儘管伏藏體系具有明顯的連續性，但在十一和十四世紀之間，伏藏體系模型順應了不同的情勢，而且，與傳統藏人和一些現代作者的伏藏思想都不盡相同。例如，那些熟悉現代伏藏分析之人，可能會驚訝地發現這裡看不到「地伏藏」（sa gter）、「意伏藏」（dgongs gter）和「淨相」（dag snang）這三種分類，因為這是相對現代的表達，而本章是針對較早期的描述。[6] 其次，印度聖人蓮花生在早期伏藏的論述中，僅占據很小的篇幅，至少直到十二世紀晚期之前都是如此。即便在這之後，也僅存在於特定的範圍。因此，早期著作的重點是贊普，帝國政、教律法的整合、帝國所遺留的寺廟和文本遺產，以及帝國所支持的眾多聖者等。事實上，後來伏藏的各種敘述不再強調帝國遺產，而那正是早期著作的重心所在。

毫無疑問的，伏藏傳統與西藏帝國的物質遺產密切相關。在西藏向外擴張的兩個世紀裡，做為貢品和戰利品流入帝國遺址的工藝品和大量的珍貴資料，在帝國滅亡後所留傳下來的東西。畢竟，「寶藏」可能正是這個意思，因動亂或鎮壓而被埋藏的物品。而早期的伏藏文本，據說常與帝國時期的聖人或政

治人物有關的特定物品一起被發現,例如塑像、珠寶、遺骨、儀式用法器等。

因此,現存最早的專門討論伏藏的文本,十三世紀卻汪上師(Gu ru Chos dbang)的《伏藏廣史》(*gTer byung chen mo*)認為僅有兩種主要的伏藏,即法伏藏和財伏藏,此二分法在十二世紀也曾出現。[7] 另外,卻汪上師具體說明了做為四種寶藏之一的「物伏藏」(rdzas gter)。[8] 根據這個觀點,物質財富既證實了神話,也能資助貧窮或艱困時期對伏藏文本的尋查。與這些寶物在一起的還有塑像、藥物和儀式法器等。伏藏經典宣稱,帝國的聖人或偉人們已經埋藏了大量的財富,因為他們預先知曉了藏人在未來會需要它們。一般來說,這樣的觀點出現在伏藏文本的預言部分,該部分會以最極端的語彙描述未來一段時間的狀況,其中一些肯定是真的。預言接著說在此黑暗時期,某人將出現並取出那個時代中,少數的善男子善女人所需要的特定教法。正如娘列所描繪的蓮花生大士述說其傳記被發現時的情況:

> 當這些寶藏出現時,人們以牛糞做為他們粗劣的食物,並以山羊毛皮蔽體。他們將洗劫所有寺院,燒毀關房。為了他們的神聖宣言,他們將會賣魚,並以千為單位估計死者。為了所謂的道德行動,他們將身著鐵衣,傳播道德汙染和衝突。上師們將成為將領,僧侶們將成為刺客。他們將寺院變成防守陣地,並隱居於村莊中。咒師們將繁衍家人,並在惡食中下毒。首領們將背棄誓言,並以刀殺死英雄。藏人將分崩離析,就像鱗狀盔甲破成碎片一樣。父子相爭,並殘害他們的親戚。戰神和魔鬼將大聲呼喊,而

盜賊會駐守懸崖峭壁的小徑。邪魔（'gong po）將盤據丈夫心中；女妖（bsen mo）將留在婦女心頭；小鬼（the'u rang）住在小孩心裡；所有人都將受到魔鬼的影響。由於八類鬼神受到干擾，疾病和饑饉的災害均將發生。

屆時將出現三種無能為力，地球將無法留存寶藏，所有法財和財寶都將敞開，金、銀和珠寶將會被揭露。委託給護法（dharmapāla）的財富將無法被保護，因此獻給三寶的財富將被掠奪。最後，佛法將無法被班第修習。由於他們不能修行佛法，他們將販賣佛法以賺取錢財。為了追求名聲，他們雖未親自修行，卻將傳法給他人。[9]

因此，這個時代是如此糟糕，以至於法伏藏和財伏藏都被暴露出來，彷彿地球的身體已經腐朽，無法憑藉聖人之功德而再生。文本繼續預言娘列的到來，他將成為這個時代的伏藏師，並被描述為赤松德贊王的轉世化身，蓮花生大士對他預立了這個預言。

像這樣的陳述並不表示所有這些事件都是真實的，少數的早期敦煌文獻表示，藏人確實傾向將世界視為是混亂的，而人類是失控的。[10] 事實上，這成為伏藏文獻的一種文學手法，因此，倘若我們相信每個說法，那麼西藏史就只是一部冗長的戰爭目錄而已。此外，由於這些作品從十一世紀起就不斷被取出，如果這種持續混亂的描述是真實的，那就意味著沒有一部伏藏曾經真正達到了它的訴求，也就是恢復功德。但這個十二世紀晚期的陳述，以及該世紀早期類似的文本，如《柱間史》等，描繪了一種模式，即對帝國遺址和寺廟寶物的掠奪，對久遠前留下之寶藏的挖掘，以及衰弱的宗教體系和民政機構，和

發掘帝國時期的文本等,這些必定涉及那些不斷造成人們感受混亂的真實事件。

伏藏有個重要的看法是,在十世紀末和整個十一世紀,佛教僧侶、譯師和咒師們都在寺廟中尋找文本和遺物,那些物品事實上來歷不明,或已經完全被遺忘。直到熱巴堅為止的國王們,若非限制就是完全禁止密續的翻譯,因此密續經典通常都是祕密翻譯且隱瞞帝國官員的。此外,與早期伏藏有關的一些寺廟和區域位於西藏南部,較接近尼泊爾、錫金或不丹的邊界,這些正是製作或保存祕密譯本的地方,因為譯師們會從印度帶回新文本或譯本,並將其存放於該處。或者,譯師們可能會將抄本送一份到帝國的邊緣地帶,一個遠離潛在侵略國家軍隊的安全區域。伏藏通常被描述為書寫在黃色紙捲上(shog ser),這可能是表示它們的宗教地位(黃色),或者只是表示紙張的老化或絲綢腐朽後變成黃色的事實。

然而,這只是故事的一部分,因為大部分寧瑪派密續,無論是被歸類為持續不斷傳播的教傳體系,或被發掘的伏藏,都是在西藏撰寫的。正如其他人已經觀察到的,部分的伏藏文本,肯定是佛教徒對印度佛教文獻整體理解的成果。在另一本書中,我曾將印度佛教描述為一種經典創作的文化,因此,蘊涵於印度佛教中心的體制文化的想法是,經典應隨著世界新思維的出現而不斷發展。[11] 在文化混亂的黑暗時期,藏人將這個想法付諸實行,創作了包括契經和密續在內的新經典。[12] 我們對西藏早期的創作情況知之甚少,也不清楚印度經典的創作情況,因為所有經典的作者都隱姓埋名。再者,印度密續文獻在西藏與印度短暫的往來中斷時期,仍持續地發展,因此在新譯時期流行或流通的密續,強調的是早期並不存在的瑜伽修持

法。權威人士如卓彌和馬爾巴傳回中央西藏的,正是這類材料。然而,印度人並未經歷過的是,突然出現自己以外的佛教權威。但在十世紀末,這個古老的西藏傳承卻突然要面對新譯派的另一種聲音,這些聲音的真實性又都不容抵賴。

為了回應這些聲音,古老的世襲貴族開始建立一種已由中亞和中國僧侶曾經實施過的作法,即文本可以在特定的文明中被創作或被取出,就像在印度那樣。然而,特別的是,其他國家偶一為之的作法,卻成為西藏的家常便飯,就像印度不定期的尋求轉世上師和辯經,卻成為西藏宗教體制的支柱。對於寧瑪派來說,伏藏的發掘成為自我認證的一種工具,既是對印度新資料的挪用,也是發展西藏本土宗教的一種手段。其中,後者尤為有趣。伏藏傳統並非是對基本印度資料的簡單重述,而是讓藏人將自己的典範之作,喬裝成新出現的印度權威。就像《柱間史》在其為伏藏創作所表達的:

> 以該種方法建造了〔大昭寺〕之後,〔我們知道〕這西藏雪域的眾生無法皈依如來,也不能嘗到聖法的甘露,因為他們對於聖教沒有信心。他們的心不接受覺悟之法,他們也無法受三學教化。然而,他們已經被我〔松贊干布〕的佛法和王國的法律所轉化。因此,以這種方式〔在大昭寺〕畫一系列的壁畫〔來展示佛法〕。然後〔通過這些壁畫〕促使雪域無明眾生開始學習。把要做的事寫成故事,這樣他們就會對文本產生信心,因而減輕他們學習時的痛苦,增加他們的興趣,讓他們開始接受佛法的教育。先寫下苯教義理,然後將它們置於佛法的三學之中。[13]

這個表達很有趣，時間也相當早，它既說明了以繪畫和故事來增進藏人理解所謂人倫之法（mi chos）的舉動，也顯現出以印度的標準來看，西藏是愚昧無知之地。該文本也認為，要專心致力於印度優越的思想，必須付出一些代價。如果所有的真實性都來自印度佛教，那麼西藏為了成為完美典範的境外翻版，注定必須在這樣的陰影下努力，放棄了對西藏本土信仰純粹的自信心。

諸神護佑的帝國亡魂

根據伏藏神話的敘述，伏藏文本被埋藏或存放於王朝相關的場域，包括地底下、柱子或雕像中。但對復興時期（以及現在）的藏人來說，這種作法並非意味著將一件價值不明的物品，存放在無生氣的地底或其他地方那麼簡單，如同歐美社會人士所認為的那樣。在西藏，這些地方是神魔的聚居地，它們有自己的特性和欲望，自己的社會和階級。[14] 看似簡單的翻動大地的動作，無論是為了埋藏一件物品、挖掘它，或者挖地基，甚至是耕種一塊田地等，都不是單純的動作，因為那個世界的居民必須被安撫或降伏，否則有可能造成嚴重的後果。在柱子和田地的表層以下，潛伏著那些地區的神靈。天地間存在著地底下控制泉水的龍神，空地和田野的地祇（sa bdag），附於樹木、柱子和石頭中的念靈（gnyan）等。[15] 它們全都屬於龐大而多變的靈界，居住在我們通常認為是無生命的自然界的每個地點，無論是氣候、雲、閃電、風或有形世界的任何地方。每個族群都自有階級，因此藏王或許曾繪製八大龍神的圖像，做為與龍王建立友誼的基礎。[16]

十一世紀有許多種類的伏藏守護神，在後來的著作中被賦予極重要地位的空行母，於最早期的文本中較少被提及。由於印度模式的價值不斷升高，最終使空行母被昇華，成為最出類拔萃的伏藏護法。我們在別處也能見到印度化的現象。尤其是龍神，它被認為與印度的那伽（Nāga）蛇神相同，因為兩者都現出蛇相並能控制水源。[17] 但它們的屬性並不完全相同。[18] 例如，龍神掌管疾病的傳播；反之，那伽噴出毒液，因為在印度，疾病主要屬於鄉村女神的掌控範圍。[19] 那伽也可以是具有生育功能的大象。事實上，幾乎每個印度村莊的神龕上，都有一幅求偶蛇舞動的圖像，因為它們是生育能力的象徵。反之，在早期伏藏中，據說整個西藏都在龍神的管轄之下，使人類世界受到地下領域的強烈影響。[20] 從神話層面來說，最重要的也許是那伽和龍神都控制著寶藏。神話中的印度蛇神以頭上鑲嵌的一顆寶石為標誌，以便必要時在黑暗中發光。

　　在王朝時期和之後，龍神的祭祀與寺廟的關係尤為密切。許多帝國的寺廟如大昭寺和桑耶寺等，都有供奉這些神靈的重要偏殿（klu khang），而龍王被認為是這些地方最重要的護法神之一（圖9）。[21] 例如，在某份文獻的記載中，提到盧瑁（Klu mes）參訪桑耶寺時，在繞寺環道的中圈所看到的部分寶藏，就是託付或指名給了龍神，因為那些寶藏就是在這種神靈的管轄之下。[22] 在大昭寺北方的小昭寺，有一間特別的「殿堂」專門供奉龍神和地祇，據說覺沃佛像便是安放在那裡。[23] 大昭寺建寺的故事指出，有一種特殊的金剛泥是從龍界採集而來的，它像鑽石一樣恆久不變，當塗抹在木頭上時，可做為阻燃劑或防腐劑。[24] 這類生靈的干擾會給所有工程、建造者和木匠帶來困擾，包括某些負責決定動土及奠基儀式的監工

圖9　桑耶寺小型水上龍神廟（臨摹自理查森之照片）

（phywa mkhan）在內。[25] 難怪即使在現代，優秀的建築師同樣會被分派到西藏傳統政府中任職，因為他們的部分職責，便是管理地底下的靈界。[26]

同樣地，伏藏的各種護法神：夜叉（yakṣas）和羅剎（rākṣasas）、本土神靈如念青唐拉（gNyan chen thang lha），名字的意義為「偉大的念靈，高原之神」，有時被認為是「土地神」，有時被認為是其他神靈。然而，他們大多數起源於西藏高原，並傳達西藏的社會階層與諸神的階層之間，一脈相連的想法。諸山神如雅拉香波（Yar lha Sham po）被認為是當地藏民的祖先，因此當伏藏被歸類為祖先的寶物時，文本、雕像、遺物等也就都在其管轄範圍內。因此，他們的隨從和次級神靈都參與了防禦和守護的工作。[27] 層級縝密的神祕領域，是人界和祕密世界權威互動交流體系的一部分。

也許揭露埋藏聖物意圖的最古老的傳說，是在《巴協》的諸多版本中。其中一個修訂版表示，一位早期的藏王，拉妥

妥日聶贊（Lha Tho tho ri gnyan btsan）有件寶物名為「玄祕神物」（gNyan po gsang ba）。他每隔一段時間就會打開寶匣進行供奉，也詔令所有的後代子孫如此。據說那是一部以泥金寫成的印度佛經。[28] 同樣地，第一位藏王松贊干布據說也令人翻譯了佛經，然後封存於瓊瓦（'Ching nga）城堡的庫房（phyag mdzod）中，五代之後再取出。[29] 赤松德贊青少年時期，輔政大臣壓制佛教期間，也就是皈依印度信仰之前，他試圖要擺脫象徵西藏新宗教的佛像，因此想將釋迦牟尼的覺沃佛像送回中國。[30] 當這個方法無法實施時，佛像便被埋於地底。然而隔天早上它就開始從土裡冒出。就像本章開頭所翻譯的娘列的陳述引文，大地無法承受寶藏，因此它暫時被移往尼泊爾邊界。赤松德贊成為佛教徒後，決定鎮壓苯教，他要官員們將大部分苯教典籍扔進河裡，其餘的則被塞進了桑耶寺的黑塔中。[31] 也許這個故事最耐人尋味的部分，與之後中國和印度佛教徒間的爭執有關。中國的典籍被認為不適合他們的時代，因此被藏在某種陶罐中（rdzas），以便那些未來善業成熟之人可以從中受益。[32] 這不僅是伏藏文本基本的思想闡述，而且呼應了早期藏人的罐葬習俗，以及中亞佛教徒將經本儲存於陶土罐中的傳統。阿富汗的佉盧文（Kharoṣṭhī）寫本就是如此保存的。[33]

這些大多是復興時代早期的敘述，說明藏人認為較古老的塑像、珠寶和文本是他們祖先的聖物（yab mes kyi thugs dam）。[34] 這種想法因初期伏藏文本的宣稱而更為強化，如《瑪尼全集》（Maṇi bka' 'bum）中的《大史》主張，它們在某種意義上是國王的神魂或精神（rgyal po'i bla）的延伸。

由於國王〔松贊干布〕具有神通（abhijñā），他將這部《教言》〔亦即《瑪尼全集》〕託付給譯師，說道：

圖 10　昌珠寺（臨摹自理查森之照片）

　　將我的教法抄寫兩份。在藍色「水綢」（chu dar）上以金、銀泥書寫一份，將它做為「國王的精神」存放於昌珠寺（圖 10）庫房中。在中國卷軸紙上書寫第二份，將它藏於〔桑耶寺〕大悲殿（Mahākāruṇika），馬頭明王（Hayagrīva）像的足下。[35]

　　神魂／精神（bla）的概念，是西藏本土的想法，因為西藏的宗教人類學認為人身充滿許多元素，包括各種（往往是五種）神明以及一種生命力（srog）和一個神魂。[36] 關於這類概念的早期資料很少，因為它們與許多佛教義理互相衝突，但它們充其量有些籠統，如同實際上許多宗教的本我概念那樣。西藏大部分的敘事都是很晚期才付諸文字的，當時佛教體制早已勝出。而這些西藏本土概念主要表現於史詩和醫學文獻中。事實上，伏藏中的敘述有些反常，因為它們是現存最早的提到這類概念的資料之一。這類概念肯定比伏藏傳統還要古老。

　　雖然「bla」有不同的意思，但做為名詞時，它通常被理解為神魂／自我。當形容詞時，它表示「高貴的」或「合宜的」，但在古老的文本中，這些意義難以區分。我相信這個字通常是用於國王（或其他）高貴的人格，就像印度的「神我

（puruṣa）」一詞既表示自我，也指深植於世界中的神性和權威（原質〔prakṛti〕）。同樣地，雖存在微細的差異，prakṛti一詞多半也適用於藏文的「bla」，因為它可以描述重要或高貴之物，若無此物，個人也就不復存在。當松贊干布統一西藏時，他將自己的王宮（bla'i pho brang）設於瓊瓦達孜（phying nga stag rtse），但王后與王子們則被安置於他處。[37] 當赤松德贊開始在國內組建僧團時，重要的僧人巴・賽囊（sBa gSal snang）被任命為佛法之負責人（chos kyi bla），還被賦予右衛指揮官的軍銜。[38] 稍後，當桑耶寺要開始建造時，巴・賽囊要求不要在桑耶寺修建帝王神殿（bla'i gtsug lag khang），而是允許他在拉薩東部的家鄉巴朗喇（Ba lam glag）一帶建廟。[39] 其他文獻曾提到過有醫生被指派為松贊干布的人神醫生（rgyal po'i bla sman），因為他們行醫顯然是針對國王高貴的身體（rgyal po'i bla spyad）。[40] 這些用法與伏藏一致，因為「國王之精神伏藏（rgyal po'i bla gter）」通常與其他類似的品項放在清單的首位，如咒伏藏（mthu gter）、意伏藏和藥伏藏（sman gter）等。[41] 另外據說王室祖先神聖之經卷（yab mes kyi bla dpe）被埋在洛扎的庫丁寺（圖11）中。[42]

所有這些都意味著伏藏與國王是密不可分的。而「國王之精神伏藏」中的文本和其他寶物，從某種意義上來說，是他神魂或自我的延伸。在這方面，藏人認為個人或群體的「精神」，可以位於某個特定的物件。國王之精神伏藏很可能是由偉大的聖者或天上的菩薩們所寫，並由神聖的譯師們加以翻譯。它們的埋藏是出於國王的詔令，為的是利益後來的藏人，也象徵國王的精神以文本的形式持續體現。因此，我們經常讀到某人將她的神魂嵌入綠松石、山、樹或其他的自然物中。這

第六章　伏藏、帝國傳統和大圓滿 ·389·

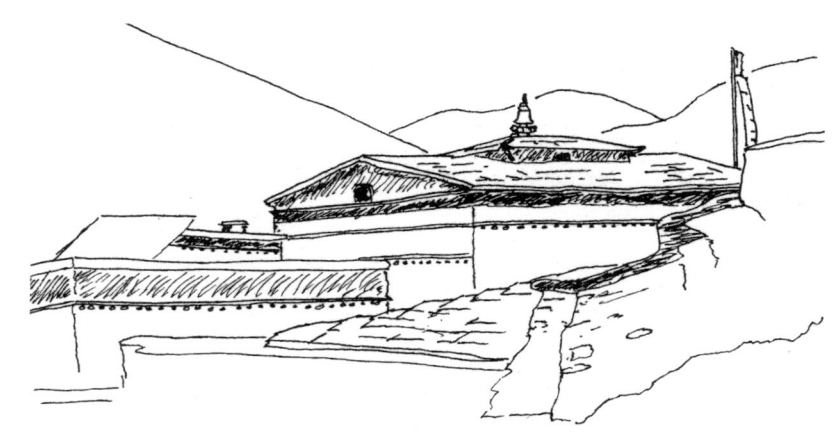

圖 11　庫丁寺（臨摹自理查森之照片）

種現象甚至也在一些傳統婚禮的歌曲中加以歌頌。在這些歌曲中，新娘一方形式上地要求新郎的隨行人員，描述他們的家鄉和山嶺，新郎的其中一位青稞酒搬運工答道：

> 後山像一頭威嚴的大象，是偉大父親的神魂之巔！
> 前山如一座立體的壇城，是偉大母親的神魂之巔！
> 右山像一卷白色的圍巾，是強壯兒子的神魂之巔！
> 左山如一卷紫色的圍巾，是純真女兒的神魂之巔！
> 這地方如一朵八瓣蓮花，是所有幸福喜悅的泉源！[43]

每一個「神魂之巔」都是 "bla ri" 的譯文，代表了個人的人神精神之山。在現代的達波（Dwags po）和沃喀（'Ol kha）間的湖泊拉姆拉錯（Lha mo bla mtsho），被認為是女神瑪格佐媽（dmag zor ma）的「神湖（bla mtsho）」以及達賴喇嘛神力的所在（bla gnas）。[44] 此外，氏族也可以動物圖騰

來代表，因此，羊、氂牛、馬、鹿、牛、公牛、山羊等都成為氏族精神的象徵（bla rtags）。[45] 各族群也可以擁有這種集體的神魂。一些文獻指出，達瑪對佛教的鎮壓，導致西藏神山的崩塌。[46]

做為藏王精神而被埋藏起來的伏藏（bla gter）文本，就是無價之寶，因為它們代表了他的臨終聲明或遺囑（bka' 'chems），是他留給後代的遺產。這個觀念是如此重要，以至於即使在十二世紀末，當 bla gter 被列入一個寶物的延伸清單時，它被放在最顯著的清單首位。除了最初的埋藏地點從大昭寺轉移到了桑耶寺，國王也從松贊干布換成了赤松德贊以外，大部分的敘事內容都保持不變。[47] 卻汪上師宣稱，由於「國王之精神伏藏」包括了佛法和珠寶，故它以一千一百種方式傳達其重要意義。[48] 此外，當十四世紀伏藏師烏堅林巴討論這份清單時，包括寧瑪派密續在內的幾乎所有佛教佛典，都被認為是「國王之精神伏藏」的一部分，遠遠超過其他十七種伏藏所包含的文本內容。[49]

在文本中讀到的神魂／精神（bla），和個人、家庭或族群的保護神（lha），是相輔相成甚至是流動的類別。有些詞彙的拼法可替換（bla/lha），例如戰神（dgra lha/bla）；或雍布（Yum bu）宮，此宮因為是領主之城堡（bla mkhar）或充滿天神（lha sgang）之處而被命名，而這兩者幾乎是完全相同的東西。[50] 又如，史詩文獻稱，第一位被埋葬於陵墓中的國王止貢贊普，是因為失去他的守護神而導致自身的滅亡。[51] 止貢贊普準備與敵人洛昂達孜（Lo ngam rta rdzi）作戰時，他在身上綁了一些東西，包括頭上的黑色頭巾、右肩上的狐屍（毛皮？）以及左肩上的狗屍。這些東西分別使他的獵神（mgur lha)、戰神（dgra lha）和公神（pho lha）消失。因此，當止貢揮劍時，他斬斷了通往天界的天梯（rmu thag rmu skas），使得他需要一座人間的陵墓。[52] 這個墓建在絳妥神山（Gyang to）周圍，最早的王室墓區。墳墓被視為王室精神的土丘或帳幕（gyang to bla 'bubs）。[53] 藏王和贊普的墳墓最終被視為是他們集體神靈的安居處，並被認為與佛塔中的佛陀舍利有許多相同的特性，因此，國王在墳墓中的遺骨守護著整個西藏。[54]

國王的一些朝臣也隨他殉葬。在我們的史料被編纂時，之前的活人獻祭制度已棄之不用，而是以守墳人（dur srung）終生的職守所取代。[55] 這些人當時被稱為「亡人（gshin po）」，是從藏王或贊普的大臣（nang slon）中挑選出來的。一旦被指派為國王服務，就不允許在陵墓的石界外走動。但他們可以使用存放於墳墓裡的所有食物和財寶，特別是在每年的祭祀儀式上。在祭祀的前一天，王室的代表會來到墓地並通知「亡人」祭祀的流程。亡人大臣們那時可以離開陵墓，這是唯一允許他們離開的時間。隔天，王室成員會走到墓前宣布：「所有的亡人都已離去！」如果沒有任何回答，他們便向已故國王的塑像和遺骨獻上祭品。那些「亡人」守墳人隨後會返回，奪取這些留給國王的墓葬品。

當我們從這些描述轉向那些早期的伏藏時，某些相似之處是顯而易見的。事實上，王室遺址的思想似乎是早期伏藏描述的主要來源。這些遺址、寺廟和陵墓是寶藏的存放地和後續來源。不論是寶石、貴重金屬或是書面文本。這些寶物皆有令人敬畏的守護神，無論是地祇、山神，或守墳人。每一處都是充滿力量和權威，也是既危險又神祕的地方。那地方的建築侵入了極端危險的地下世界，但也延伸到了人類的生活世界中。

早期伏藏的描述只涉及隱藏或埋藏物品的概念。後來聖化的概念，也就是教法根植於意識的說法（意伏藏），直到十三世紀才開始被提出。[56] 像「意伏藏」這樣的類別肯定是存在的，意伏藏與其掩埋處共同被認為是傳達國王或某些偉大聖人精神遺產的實質物件。[57]

十一至十二世紀的伏藏

我們很難確定伏藏傳統是從何時開始的，因為伏藏神話確實發展出三個彼此相關且相輔相成的想法。首先，在某一時期編纂或取出的文本，其創作和發現都被歸功於更早的時期。這個過程開始得很早，但隨著時間不斷累積，到了十九世紀，康楚（Kong sprul）的《大寶伏藏》（*Rin chen gter mdzod*）和《108伏藏師傳》（*gTer ston rgya rtsa rnam thar*）中，充滿了冒充早期人物的晚期文本和可疑傳記。其次，預言後續伏藏、挖掘地點及伏藏師的文本模式出現得很早。到了十四世紀，烏堅林巴於著作中提出了許多伏藏師的名字，這些名字到了後來，竟變得公式化了。[58] 這種趨勢成為一種典型的自我實現的預言，因為後來進入伏藏體系的個人，將占用這些身分，如烏金帖達林巴（U rgyan gter bdag gling pa, 1646-1714）等人。他們依據早期文本，在應該找到伏藏的地點尋找它們。這類指示最終形成一種正式的祕密指南或說明（byang bu），指引未來的伏藏師伏藏的標記或埋藏地點，以便需要伏藏的人能找到伏藏。[59] 第三，藏人所創作的龐大密續文獻，是推動這種精心編造之神話的早期力量，幾乎所有作品都是匿名的。到了十二世紀，《寧瑪十萬密續》開始成形，其中一些即來自伏藏文獻。

下面我們將更詳細地探討這三個方向。

根據典型的故事記載，尋找伏藏文本的傳統始於十世紀。苯教和佛教的伏藏師掘出了源自於王朝的作品。苯教傳說稱，其中許多是由商人或雲遊尋寶師偶然發現的，如三位著名的尼泊爾學者在西藏遊走尋找黃金的故事。[60] 卡斐爾尼（Kværne）所發表的年表和卡爾梅（Karmay）的《格言寶藏》（*Legs bshad rin po che'i mdzod*）當代譯本，都表示苯教伏藏應該是在十世紀取出的。[61] 然而，現存最早的苯教文本的伏藏師，據說是仙千·魯嘎，他在1017年發現伏藏，成為苯教徒一個重要的年代。[62]

佛教徒認為最早的伏藏師是桑吉喇嘛（Sangs rgyas bla ma），據說他活躍於仁欽桑波的前半生，但沒有現存的作品。[63] 十九世紀時，康楚認為他的師友蔣揚·欽哲旺波（'Jam dbyangs mKyen brtse'i dbang po）神祕地得到了一部據說是桑吉喇嘛所發掘，後來遺失的作品，並由欽哲再次發掘（再伏藏〔yang gter〕）。康楚在他的《大寶伏藏》中轉載了這部作品，但此作品對早期伏藏歷史的價值卻令人懷疑。[64] 咕汝·札西（Gu ru bKra shis）的《咕汝·札西教法史》（*Gur bkra chos 'byung*）及康楚的《108伏藏師傳》都包含許多據說是十一世紀伏藏師的傳記故事。但這些人幾乎都沒有文本流傳下來。在某些案例中，甚至沒有任何他們實際存在的早期證明。在沒有其他證據的情況下，這些故事有許多是對文獻及其後來的傳承上師進行認證的大計畫的一部分，而非準確的歷史描述。

十一世紀末至十二世紀初，顯然是早期伏藏文本最流行的時候。我們將更仔細地研究一些現存最早期的作品，每部

作品都被認為是十一世紀的人物所作,但卻可能是十二世紀作者／編纂者的成果。我們必須理解,這意味著這些早期伏藏的兩種可疑的託名方式。這些文本不僅被認為是王朝時期人物的作品,而且它們的掘出也被託名為較實際發掘者更早之人。[65] 最重要的是這些名義上的作者形象,因為某些名義上的十至十一世紀伏藏師,若非很有名氣,就是被賦予了重要的政治關係。例如,我們發現阿底峽的王室護持者菩提喇扎(Bodhirātsa),他的兒子拉尊溫墨(Lha btsun sngon mo),被康楚列為一位伏藏師。但他又表示,拉尊所找到的伏藏是在十九世紀發現的。[66]

像這樣的例子有很多,但其中有幾個最重要的例子。我們知道札巴・恩謝是一位重要的東部律僧,因為他將寧瑪派的密續修持法融入東部戒律傳承寺院的課程中。他最後放棄了僧袍,成為一名密續系統的在家上師。這是另一種十一世紀的現象,在卓彌的案例中已經探討過。就我所知,討論札巴・恩謝東部戒律傳承的文獻中,沒有一件記載他發掘過伏藏。即使寧瑪派的護教者也承認他的傳記中並未提及伏藏的發掘。[67] 不過,到了十二世紀,娘列在一個短得出奇的名單中,將札巴選為伏藏師,這個名單與十九世紀所發現那些極為浮誇的名單不同。「阿底峽從阿亞巴洛殿(Āyrapalo,即大悲殿)發掘。然後札巴・恩謝找到。而羅敦、涅敦(gNyag ston)、竹妥紐珠(Grub thob dngos grub)從大悲殿馬頭明王座下取出伏藏。我,娘列在桑耶寺、昌珠寺及庫丁寺發掘伏藏。」[68] 此處並未將任何文本託名於札巴・恩謝。在烏堅林巴十四世紀的清單中也沒有將任何文本託名於他,只說他會(用文本?)塞滿一〇八個地方,並成為一座帝國時期寺

廟的住持。[69] 醫學文獻也是伏藏的一個重要類別，多部醫學著作的伏藏地位是由卻汪上師進行確認的，但他沒有提到札巴‧恩謝與這些著作有關。[70] 似乎大約只有在這個時期，古典《醫學四續》被認為是札巴‧恩謝取出的伏藏。因此桑傑嘉措（Sangs rgyas rgya mtsho）在《藍琉璃》（*Baiḍūrya sngon po*）中也這麼記載，儘管他無疑是依據前人的想法。[71] 有趣的是，一些傳統藏人在檢視醫學密續的伏藏宣稱，得出結論認為札巴‧恩謝與醫學伏藏的關係不大。[72]

同樣地，我們也沒有理由相信阿底峽或他的貼身隨從與《柱間史》有任何關係，連故事都令人難以置信。因為文本本身便討論了阿底峽是如何取出《柱間史》的。後來具有強烈寧瑪派傾向的噶當派上師是更可能的作者人選，如十二世紀的尚敦‧達瑪堅贊（Zhang ston Dar ma rgyal mtshan）。另外，達波‧貢處（Dwags po sGom tshul, 1116?-1169）修繕大昭寺之後，眾多噶舉派人物也是可能的人選。因《柱間史》中也提到了達波‧貢處。[73] 我們甚至發現有些文本清楚表明是由一位新譯派人物發掘的例子。但在別處並沒有這件伏藏的紀錄。這顯然是為了藉此連結，來提昇其正當性的一種說法。例如，浦扎版《甘珠爾》中有部密續，名為《瑞瑪蒂命咒續王》（*Re ma ti srog sngags kyi rgyud kyis rgyal po*）[74]。這部作品聲稱是由蓮花生大士所埋藏，最後被卓彌取出。但在研究該作品後，我很難相信卓彌參與了這個伏藏的發掘。事實上，有若干位十一世紀的譯師成為伏藏傳記作品中的人物，包括熱譯師、嘉譯師和紐譯師。[75] 我們僅能得出的結論是，還可以舉出更多例子，來說明作者策略性地將自己的作品，託名於已逝的知名人士。

從另一個角度來看，《柱間史》其中一節還預測了未來伏

藏的發現地點，該節被證實是伏藏文獻中最具影響力的一節。這節就在如何撰寫伏藏和繪製地圖的指示之後，講述伏藏應被埋藏在哪裡，又應於何處被掘出。在松贊干布對大昭寺建寺的指示中，他告訴他的尼泊爾王妃，應將伏藏埋藏在寺廟周圍和帝國的其他寺廟中：

> 為了在雪域西藏傳播聖法，將法寶藏於〔大昭寺〕「葉形」柱附近。憑藉其功德，佛法將傳遍雪域一切眾生、我的大臣以及王室後裔。因此，為保護他們不受傷害，將猛咒詛罥術之寶藏於「蛇頭」柱附近。憑藉其加持力，所有對拉薩有信心之人或生靈都不會受到任何傷害。為了確保不被惡咒所害，並使來自邊境之國的軍隊折返，將逆轉之法寶藏於「乳獅」〔？〕柱附近。憑藉其加持力，所有對拉薩有信心之人或生靈都不會受到任何傷害。將醫學之寶藏於「葉形」柱附近……〔接下來還有更多關於大昭寺的指示〕此外，將適合龍神的法寶藏於天如的昌珠寺，將原始苯教之寶藏於洛札的庫丁寺，這些將大利未來的眾生。將星象之寶藏於康區之隴塘度母寺（Glong thang sgrol ma），將重要的咒寶藏於工布（Kong po）的布爾曲寺（Bur chu）。將觀修口訣之寶藏於藏區的仲巴江寺。憑藉其功德，許多成就者將會在藏區出現。將王室血統眾多分支之寶藏藏於北方（Byang）的貝千寺（dPal chen），如此一來，皇室血統將不會斷絕。[76]

這些不僅是十一世紀的重要寺廟，在帝國時期，它們還是帝國詔令副本的存放處。因此在復興初期，真實和想像的帝國

文件便混雜在了一起。[77] 這個《柱間史》的段落，也成為許多未來伏藏預言的範本，且自十二世紀末開始擴充篇幅。[78] 這類陳述證實了過去的疑偽經，因為它們是帝王刻意安排的結果，同時也證實了未來的創作，因為未來還未書寫之作，被掘取呈現為過去隱藏的經典。伏藏最重要的目的之一，是證實十至十二世紀大量湧現之寧瑪密續（教傳）的真實性，即那些據說是出自舊譯時期的疑偽作品。伏藏在這方面的邏輯相對直接。伏藏把有問題的教傳文本變成了真正的密續經典，因為對某件作品的證實，可以確保其相關作品的真實性。這個問題對西藏經典的存續和它們傳承持有者的權威至關緊要。因為依照十一至十二世紀從印度傳來的新密續經典的標準，早期寧瑪密續並不尋常。如前所述，相較於傾向強調儀軌的印度原型，大多數早期的寧瑪密續更具有哲學性和抽象性。教傳和伏藏密續通常關注大圓滿的義理和實踐，其詞彙以及實相。

由於「大圓滿」的義理和涵義，與典型的印度思想相去甚遠，所以這個語彙便成為反寧瑪論戰的引雷針之一。十一世紀的譯師們非常清楚，印度經典中的任何思想，都不可能符合被鬆散地歸類為大圓滿的一系列修行概念與範疇。原因是，大圓滿是西藏本土的表述，其文獻包含了一些佛教史上最原始的概念，與道元等東亞人物的創造性作品不相上下。大多數大圓滿文本並非一開始便被認為是伏藏，而是從帝國時期開始不斷傳承的教傳遺產之一。事實上，對伏藏文本的辯護一直聲稱，教傳和伏藏是相輔相成的，任何一方皆無法獨立發揮作用。[79] 至少有一組文本能同時代表這兩個類別。十一至十二世紀興起的最重要大圓滿傳承之一，是心滴文類，即經常被歸類為口訣部（man ngag sde）的十七部密續。[80] 在我看來，這套經典是十

一至十二世紀的產物,可追溯到一個貴族氏族,即介氏的命運。他們後來得到尚氏的協助。無論是在王朝時期與王室往來,在混亂時期求取生存或在佛法後弘期的再度崛起,介氏都代表了一個經常依靠佛教來發展其生存策略的氏族。其成員於藏區,特別在娘河谷是很大的管理階層。他們建造了至少兩座堡壘,並像許多大氏族一般,控制著當時的宗教和世俗事務。[81] 介氏家族的成員創建並監管、維持夏魯寺的運作。該寺最終成為布敦·仁欽珠的駐錫地,於編纂《西藏大藏經》一事上發揮了極其重要的作用。介氏成員前往印度尋求灌頂,為寧瑪傳承持有者之後裔,並深入參與了衛區和藏區的伏藏復興。如同下一章將討論的昆氏族及其他大氏族一般,介氏代表了十一至十二世紀西藏宗教界的活力。

毫無疑問地,這十七部密續絕對是一組伏藏,儘管它們與偉大上師蓮花生大士無關,後來還被列入教傳彙編,而非伏藏文集之中。原因是,十一至十二世紀的西藏伏藏史是早期一系列人物相互競爭的景況,包括白若札那、松贊干布、無垢友和蓮花生大士等多樣化的人物。然而,這十七部密續竟被視為是無垢友,一位八世紀僧人的遺產。他如果發現自己成為這個傳統的焦點,必定感到十分驚訝。發掘這十七部續的證詞,是在這些作品中最長的一部,即《本覺自現大續》(*Rig pa rang shar chen po'i rgyud*)的跋文中。該跋文記載了這件材料被唐瑪·昏嘎(lDang ma lhun rgyal)取出,他是一位古老的唐(瑪)氏族的成員及古寺哲拉康(Zhwa'i lha khang,圖 12)的管理人。哲拉康寺是拉薩以東,烏如區的古老皇家寺廟之一。[82]

第六章 伏藏、帝國傳統和大圓滿 ·399·

圖12 哲拉康寺（臨摹自理查森之照片）

　　願護法〔大黑天〕兄妹守護這部佛經！願他們割斷褻瀆誓言之人的命脈，吸食其心血！願血紅色忿怒女王一髻佛母（Ekajātī）守護這部經！願輝煌哲拉康之主，誓言的擁有者，以約束那些未正確立誓之人來解放這部佛經！若它被給予了那些褻瀆誓言之人，願他們被十八種空行（Ḍākas）處罰！現在，這部祕密釋續〔被無垢友〕從三種不同的語言翻譯出來，並傳給了兩人，國王〔赤松德贊〕和大臣〔？巴‧賽囊、？琛卡‧貝雲（Bran kha dPal yon）〕。但這部偉大的密續沒有再傳給娘溫（Nyang dben）。國王〔赤松德贊〕將它放在兩片寶石水晶書套之間，並置於一個銀質寶盒之中，再用四個大釘將它固定。國王隨後對娘溫說：「由於這是一部惡咒（文本），可能會使西藏分裂。如果它真的分裂了西藏，那麼就把它帶往偏遠地區。」這樣吩咐以後，他用黑犛牛氈布將它包裹，並單獨託付給娘溫。然後，偉大的娘溫把它藏在哲拉康，託付給領主翟塔堅（Gres thag can）。這是國王〔赤松德贊〕無誤之密意。然後，上座唐瑪將它賜給了介尊‧僧格旺秋（lCe btsun Seng ge dbang phyug），太醫〔唐瑪〕深入講解了有關該文本的修行口訣。他教導介尊以完全不同於其他修行法的方式來修行。而後這部神聖的密法口訣便

被單獨藏了起來。

這部經王不會出現在南贍部洲其他地方,對這點應有信心!聽聞〔經典解說〕是沒有必要的,僅僅擁有文本〔對於領悟它〕就已足夠!若某人將此口訣之王給予一個不當之人,那麼兩人都會被毀滅。願博學之人尋得它,實踐正行!再願此「密咒之教」長存,清除眾生無明之迷霧!那位如我一般的介尊瘋子,將印度賢者之口傳蘊涵於此意義圓滿之甚深口訣中,傳遞給我。此甚深口訣極其稀有罕見,無人領會被隱藏為地下伏藏。[83] 「願它被正行之人找到!」因此,領主介尊表達願望後,將該經典做為伏藏埋藏於地底下。這是正確的。

儘管《心滴大史》(*sNying thig lo rgyus chen mo*)中,對於心滴文獻的埋藏和發掘有些許不同的說法,但上面兩段敘述無疑都對若干西藏價值,表達了肯定之意。[84] 首先,修行的標準是西藏帝國時期的標準,而不是西藏分裂時期的標準。而且無論後來的譯師傳進多少新經典或口訣,這些標準都被認為是世上獨一無二的。其次,當時的印度人之所以不知道這些古老的經典,是因為後來這一代墮落的印度班智達們,沒有能力接觸那些曾經並持續守護西藏的精神力量。第三,該經典的埋藏和發掘,完全是赤松德贊王刻意安排的結果。第四,西藏本土的護法和小神祇,在這種精神信仰不斷湧現的世界中,扮演了不可或缺的角色,除去他們做為西藏中介力量的地位(正如新譯派傳統所提議的那樣),不僅侮辱了帝國的偉大祖先,更會威脅西藏本身的生存。最後,帝國時期的西藏宗教典型人物,仍可為藏人所用,因此,無垢友、蓮花生大士、赤松德贊、觀

世音菩薩等的持續出現,支撐西藏度過了帝國滅亡後的黑暗時期。如果藏人忽視這些莊嚴的聖者為利益世界屋脊所埋藏的有形經典,對藏人來說是危險的。

這便是伏藏的精髓所在。伏藏文本,讓西藏成為佛教世界的積極參與者。西藏不再是偉大印度文明不光彩的繼子,藉由伏藏,西藏這個雪域成為佛陀證悟活動的真正基地。伏藏向藏人介紹了代表王室祖先的文學,而這些祖先,是釋迦族的後裔,如同釋迦牟尼佛一般。通過伏藏文獻,首位西藏贊普松贊干布成為觀世音菩薩的化身。隨著以蓮花生大士這個人物為中心的伏藏正式化,這位默默無聞的印度咒師成為兩個文化交匯的標誌。他迎娶了一位西藏公主,既是王又是佛,他不斷向他的西藏信徒展現他自己,並向整個階層制度施展法術,一舉降伏眾神靈和諸王。

無庸置疑的,這肯定對菁英和底層、王室和鄉民都是一種安慰和鼓勵。伏藏經典證實了人們熟悉的文化觀點。諸如古代國王的陵墓、在內戰中團結中央西藏的各個家族、舊帝國的遺產、降服魔女同時做為朝聖地的國家寺廟、西藏語文的權威等。這些新材料讓藏人在不安定的時期,形成了一種本土的應對方式,這種應對方式運用了新學問的主要內容,確保西藏優於所有神聖事務的地位,並以一種令人安心的樣貌將它重新展現出來。

請給我古時候的宗教

寧瑪派對新譯派論戰的第二個應對方式,是對新密續的譯師和其印度兄弟有問題的行為模式,直接提出挑戰,因為他

們往往因受到大眾尊敬而為所欲為。的確,我們可以想想對新譯運動提出的那些指控,由榮松・確桑提出,並由羅格奔・謝拉維(Rok ban Shes rab 'od, 1166-1233)在其《大宗義教史》(*Chos byung grub mtha' chen po*)中加以詳述。榮松不僅是十一世紀後半葉最博學的藏人之一,他本身也與印度班智達們合作翻譯新的密續文獻,[85]但這並不妨礙他編纂古老的普巴金剛傳統,如「榮派普巴金剛」(Rong lugs rdo rje phur pa),這是維繫他身分的修持法;或是寧瑪派傳承中被稱為大圓滿心部的榮松傳承。[86]因此,他擁有雙重視角,因為他既知曉新學問和舊信仰的價值,也了解兩者的優缺點。例如,榮松將舊譯和新譯派的注釋運動,同時整合到他對《聖妙吉祥真實名經》(*Mañjuśrīnāmasamgīti*)之注釋本的討論中。[87]然而,讀過榮松作品之人都不會認為他沒有派別,因為他是堅定的寧瑪派代言人。羅格奔將榮松的嚴謹觀察,視為是對新譯師如桂譯師・庫巴列介等人之論戰,最重要回應之一:[88]

> 現在,如果你想知道為何不同密續的產生說法不一。那我們就必須觀察在末法時期,印度的教法已經衰弱。偉大的密續已逐漸消失,寫本也被損毀。由於不同成就者剛從空行母手中取回〔替代〕文本,使得密續如何產生歷史敘事,只是不圓滿地被理解,尚未被完全內化。此外,現在的班智達在貪求黃金的驅使下,摸索何種形式的佛法會在西藏受到重視,然後就編造出許多這類的教法。譯師們在學習需求的驅使下,夏天待在芒域,冬天便南下到尼泊爾。這些新譯師根據早期譯師菩薩及班智達們所翻譯的佛法,然後依照自己的想法改變一些事情。他們依據的是他

們在一些特殊的聖地（pīṭha）所看到的氣、脈、明點等與外道教義一致的教法。然而，這種「金法」（gser chos）使得如來的教法被削弱和傷害了。[89]

　　如今，也許你會想，為何在印度唯獨見不到舊譯密續傳承的文本？據說早期印度所有的佛法均已被譯出。其中，那些後期再次被翻譯的文本被稱為「新譯」，而那些沒有被重新翻譯的文本被稱為舊譯。確實有一些作品，尤其是母續當中，有些早期未被翻譯，後來從空行母手中獲得，然後才被譯出。你可能會質疑為何這些舊密續沒有被重新翻譯。早期的密續是在金剛座（菩提迦耶）東南方札霍爾（Zahor）國境來到人間，因此它們在那個區域〔札霍爾國〕很普遍。當時，班智達們在札霍爾國受教育，因此早期被邀請到西藏的班智達都是來自札霍爾國。即使是那些來自東印度塔南達拉（*Dhanadāla）地區和其他地方的人，通常也是在札霍爾國學習。由於當時寫本中的字一般都是札霍爾國的字體，所以後來來自摩揭陀國的班智達就沒有再回去看它們（亦即無法閱讀它們，因此沒有重新翻譯文本）。此外，佛法在札霍爾國漸漸消失，因為與札霍爾國接壤的一個國家向該國發動戰爭。因此，在西藏後弘期，無法邀請〔來自札霍爾國的佛法和班智達〕。由於大圓滿的口訣非常深奧，所以不可能被每個人理解。其文本被藏在金剛座下，而師利星哈（Śrī Siṁha）僅將取出的一點點傳給白若札那。其餘的還在埋藏的地方……這些歷史是根據康巴・僧格（Khamps pa Seng ge）的《朵康教法史》（mDo Khams smad kyi chos 'byung）和《問念智稱之斷疑大史》（Smṛti Jñānakīirti la dri ba'i the tshom bcad *pa'i lo rgyus chen mo*）中的資料所編寫的。[90]

藏人帶著一袋袋黃金，出現在印度寺院的影響很少被關注。這正是榮松想表達的。文獻顯示他們確實是如此抵達該處的，我們偶爾會看到有關他們往返印度，運輸黃金的方式和所遭遇之困難的訊息。[91] 榮松表示很可能出現了市場機制所推動的文本創作，即印度人帶著大量墨跡未乾的密續著作來到衛藏高地，內容是根據那些藏人感興趣的題材所創作（展示）。我也相信，早期王朝時代所翻譯的經典，甚至翻譯成中文的大乘經典，這些影響力也被忽視了，因為它們都同樣受到許多張力的影響。與廣泛被接受的，佛典是從遙視得到啟示的縝密意識型態不同；就最糟的情況而言，佛教聖典的生產就是一種商品交易。某些印度人帶著市場需求的經典出現，只要用印度人始終鍾愛的黃金支付即可。

榮松的某些看法是千真萬確的。在九至十一世紀間，字體有巨大的轉變，即城文變體。在迦濕彌羅作品的例子中，如《尼拉瑪塔往世書》（*Nīlamata-purāṇa*），維茨爾（Witzel, M.）指出，以笈多字體為基礎的悉曇摩呾理迦（siddha-mātṛkā）文，對於後來的班智達來說，是難以理解的。他們在必要時，便自行聯想。根據他的說法，這在迦濕彌羅所造成的問題，比在摩揭陀和孟加拉要小。[92] 同樣屬實的是，印度經典，如往世書，以及密續的現代史，就是持續不斷的重新塑造。典籍內容經常隨著抄寫員或班智達們認為贊助人想聽的內容而變化。羅徹（Rocher, L.）對往世書的研究，便指出了這種過程的許多實例。無論贊助人是英國人還是印度人，都是從社會認知延伸而來，即這些文本是展示性和湧現的，而不是僵

化和靜態的。[93]

對許多新譯派的譯師來說，佛教經典和印度注釋本成為他們確立了個人權威的籌碼。從桂譯師指控《祕密藏續》的作者是瑪‧仁欽丘一事，同樣可清楚地說明，即使是博學的藏人也很難確定哪些作品真的來自印度。因為我們知道《祕密藏續》是印度原創作品。那些造訪舊王朝遺留下來的圖書館的班智達和譯師們，顯然從未想過王朝時期的圖書館藏編目策略。西藏四如都沒有梵文寫本的目錄。無論是到訪桑耶寺的阿底峽，或是 1106 年修繕桑耶寺的熱譯師，顯然都不曾想過運用他們閱讀寫本的技巧，來為印度的藏品編目。其他持有王朝時期印度寫本的圖書館，也都沒有編輯目錄。難怪印度文本的存在與否，不能成為確認或否定一個傳承的唯一決定性因素。

另一種評估傳承的方式是本尊，無論是經典宣稱的或成就法中描述的本尊。密續譯師正是因為對於個人本尊虛實參半的領悟，賦予其某種權威感。羅格奔等人對新譯師們的攻擊，特意在對其信仰提出質疑，從而質疑他們的傳承。根據這些寧瑪派護教者的說法，附近的新譯師們都只是普通人，都是信仰外道諸神的賊寇，而王朝時期的譯師則是觀世音菩薩的化身。後來的護教者惹那林巴對桂譯師‧庫巴列介相當嚴厲：「我不知道他是瘋了還是真的被惡魔附身，但可以肯定他已經在地獄裡了。」[94]

然而，我們有些驚訝地發現，榮松和羅格奔的論戰，與桂譯師和拉喇嘛‧智慧光所受到的挑戰一樣，都是被新保守主義的價值觀所鼓動的。所有這些大德實際上有兩個相同的論點，對方陣營的文獻或教法不是真正起源於印度，以及他們的行為損害了真正的佛法。如此回應新譯派的質疑，讓論戰更為劇

烈,使得十一世紀後半葉成為對立更深化的時期。對寧瑪派的作者來說,他們的應對方式是非常有意義的,後來的護教者們不遺餘力地指出,伏藏經典被某些新譯派權威人士選擇性地接受了。此種接納尤其延伸到了像《柱間史》或《瑪尼全集》這類的伏藏文本上,它們都不是可以完全由單一傳承或任何獨占的文獻。[95] 的確,這些作品的吸引力有一部分在於,它們傳達了一種神聖化身的民族敘事,並且這些化身是為了利益所有藏人而存在的。而這種吸引力至今仍表現在藏人對達賴喇嘛綿延不絕的崇敬。因此,質疑伏藏正當性之人,很少將砲火延伸到自己傳承所接受的作品中。

另類的知識信仰──本覺

和其他藏人一樣,寧瑪派大師也被新知識熱潮吸引。這些新知為他們帶來聲響以及國際佛教運動的參與感。就榮松而言,他與一些寧瑪派學者一樣,密切關注並詳述了印度對「智慧」的重視。不過,還有更具創造力的作者,他們以自己的掘藏傳統來發展本土智慧學說。在這方面,他們慎重擬定並闡述了一些義理素材,以他們自身提倡的語彙為主,最重要的是本覺,但也包括了智慧(ye shes: jñāna)。如同其西藏儀軌和當地本尊一般,伏藏也為藏人自我表述的,關於證悟的主題提供了正當性。[96] 當然,寧瑪派作者飽覽了翻譯自印度和中國之精華作品,其中如《華嚴經》和《楞伽經》等。這些經典對西藏和中國後世的佛教文學創作,具有不可磨滅之影響。新譯派和現代學者們,將寧瑪派的發展,簡單地歸類為受到和尚摩訶衍北宗禪的影響,似乎是基於印度人和中國人可以有本土的精神

信仰,但藏人不行的假設。這與藏人重要的歷史互相矛盾。[97] 對寧瑪派來說,本覺智慧的重要性,事實上是大圓滿教義與眾不同的標誌之一,也凸顯出在語彙和思想上,與中國文獻有所區別的特徵。[98]

如果以智慧為主要內容的印度著作,似乎在十一世紀特別成功,那麼在眾多的寧瑪派中心裡,最引人注目的是「本覺」。在大圓滿心滴體系中,有《本覺自現大續》這樣的標題,最終發展出以本覺活力為焦點的一種特殊灌頂（rig pa'i rtsal dbang）,這似乎成為寧瑪派精神文化的典型。如同其他許多十一至十二世紀的寧瑪派密續一般,我們現在所見到的《本覺自現續》（Rig pa rang shar）文本,主要聚焦於本覺,即 rig pa 的問題。在接下來的討論中,我將這部作品做為西藏智慧學說發展的一個重要成果,儘管當時複雜的寧瑪派思想,我們應謹慎,避免全盤概括。[99]

從某些方面來說,本土的本覺典範,實際上是較第四章所討論的智慧表述更為靈活,而這種靈活性在新興的經典中運用得非常好。印度佛教的部分問題是指向性認知,或識（vijñāna）與智之間的關係。早期的瑜伽行派大師如無著探討闡述純粹意識層次的方式,但是以印度的標準來說,這似乎並不令人滿意。部分原因是,就「識」的語意史而言,在其認知領域需要一些多樣性的論述（識〔vi-jñāna〕＝種種識〔vividhā-jñāna〕）。識和智之間的差異,需要制定一個過渡系統、一個轉依（āśrayaparivṛtti）的過程,以實現無明和證悟之間劇烈的變化。[100]

反之,本覺不需要替代的語彙,也沒有蘊涵什麼複雜的意義。因此這個詞語可以用於普通的認知,也可以用

於已解脫聖人的智慧。做為一個專門術語，本覺在譯本裡往往是以我們較熟悉的複合詞「自我本覺」（rang gi rig pa）的縮寫出現，在翻譯印度文本時，用來對譯梵文語彙 svasaṃvedanā 或 svasaṃvitti。這些語彙的意思是「自證」，最初似乎是由偉大的印度知識論論師陳那（Dignāga）首次在《因明正理門論本》（Nyāyamukha），然後在《集量論》（Pramāṇasamuccaya）中提出。在這兩本書中，他試圖用精準的認識論語彙，來描述唯識派作者們已經理解的現量（感知事件）和比量（推論事件）。換言之，所量（認識的對象）、能量（認識的手段）、量果（認識的結果）是沒有分別的，差別僅因對應用於剎那感知的一致性語言產生曲解所致。[101] 陳那最初的觀點被法稱所捨棄，他闡述了一個更為深奧的定義，特別是關於現量。[102] 因此，"svasaṃvedanā" 一詞在使用上始終保留了「感知」的涵義。

密續的作者一如既往地從知識論者處取用材料。顯然，svasaṃvedanā 一詞是從他們的哲學同道傳入密續經典的，因為我無法從早期阿毘達磨或瑜伽行派文獻中找到這個語彙。[103] 金剛乘傳統廣泛地使用該語彙，但有區別。認識論論師們假定，在所有現量的情況中，都有自證知的成分，金剛乘作者們則著重於已證悟者之量。這種重點的轉變值得注意。金剛上師（Vajracarya）通常不關注一般人已知的求知手段，而是從存在之基、解脫之道以及證悟之果等方面，關注瑜伽士的聖量，亦即「本覺」。

對寧瑪派來說，蓮花生大士所著之《口訣見鬘》（Man ngag lta ba'i phreng ba）別具意義，因為它是復興早期將大圓滿教法的某些分支系統化的重要資料。[104] 該論書在「大圓滿

法」中，確定了自證是在第四也是最後一個證悟情境中：

> 關於真實的證悟，一切法本初清淨的狀態，與經典和解說口訣並不相牴觸，但也不僅僅是依據經典和口訣的文字。反之，自證乃是透過甚深智慧〔對此事實〕之確認，而達到〔這種〕真實的證悟〔狀態〕。[105]

然而，這個段落的重要性不應被過分強調，這是早期撰寫或翻譯的兩部最具影響力的金剛乘論著中，唯一有系統地提及「自證」之處。這兩部作品為《口訣見鬘》和《菩提心修習》（Bodhicitta-bhāvanā），後者是妙吉祥友（Mañjuśrīmitra）所著。[106] 這兩部作品主要的智慧學說的成分是智（jñāna），復興時期的譯師較偏愛這個詞語。榮松似乎更保守地將自證降至其原始位置，即唯識學派描述現量的術語。[107]

然而，比榮松更早的是努千・桑傑耶謝（gNubs chen Sangs rgyas ye shes）的作品，他是九世紀末至十世紀初的作者。[108] 在努千的《禪定目炬》（bSam gtan mig sgron）中，有兩類關於自證的陳述：一類與《大瑜伽續》有關，另一類與阿底瑜伽體系有關。這兩類陳述中的第一類與《口訣見鬘》中討論的內容相當類似，必定代表了源自於印度文獻的標準訊息。然而，努千大瑜伽章節中關於自證的最重要的陳述，有別於感知的語境，專注於智慧的作用：

> 因此，〔絕對的〕自證知並非將意識界轉變成感知對象意識的能、所二元，而完全是法界本身（dharmadhātu），因它於現象中不執取任何法性，也不

想像其中存在任何邊見。如密續所言:「識的對境和識界之智,無非皆是自證知。」[109]

努千在阿底瑜伽章,討論了另一類的意識,顯然代表了朝向完整與無所不在發展的本覺。這在所有心滴典籍中都可以找到:

> 謂「大圓滿」者,象徵一切不可思議之法無需費力,本自圓滿。為知曉〔法〕之自解脫性,我將詳釋之。此偉大先祖之自性,此一切乘之本源,乃俱生實相之法界。於內自證後,智慧無所得之偉大實相,將於自證中清晰顯現。[110]

有必要指出的是,即使在這種早期大圓滿仍相當純粹的氛圍中,該術語在某種程度上與覺知的原始用法保持一致,並且仍與一些感知的語言息息相關。不過,這種延伸的詮釋,有多少可以歸因於印度的資料,仍是個問題,因為努千來自一個藏人已開始從根本上重新詮釋印度材料的時期。

那麼,《本覺自現續》與這個背景有何關係?由於該文本內容龐大與文本的多樣,因此很難確定它表達本覺這個中心思想的措辭。然而,到了該文本創作時,自證及其基礎感知模式的思想只剩殘留的痕跡——而這些表達仍然存在於《禪定目炬》中。但我們的確可找到一些說法,如這三句表述「在自顯清淨本覺之燈中,『心』、『智力』等之概念與特性,自然不存。」[111] 然而,這些陳述通常都從兩個角度思考。首先,闡述「體現」(kāya)的教義,並進一步延伸至佛陀其他覺醒形式;其次,通過象徵的使用,來說明本覺的存在及運作的

方法。

《本覺自現續》中，第二十一章啟發式地闡釋了佛身，此章標題是〈三世諸佛密意釋〉。這一章專門討論了本覺和佛陀標準三身之間的關係。在陳述清淨本覺之燈是三世諸佛密意最佳的主題後，所有三世佛都涵蓋在實相的體現，也就是法身（dharmakāya）中。文本以下列方式確定了清淨本覺和這個法界：

> 此外，法身在清境本覺之界中圓滿。因清淨本覺於一切無所執著，故為法身自性。本覺之顯現無礙，故為報身自性。本覺以各種形式出現，故為化身自性。以此方式一切法於清淨本覺之界中圓滿。[112]

這種基本的論述形式重複了許多次，並且成為該經典最主要的論題之一。

然而，該文本並沒有止於印度佛教所確認的佛陀基本三身概念，也沒有以印度佛教中廣泛證實的其他三身，即自性身（svābhāvikakāya）、智慧身（jñānakāya）以及金剛身（vajrakāya）來總結。相反地，它試圖擴大「身」的概念，最終將其納入本覺「根本身」（*mūlakāya）的範圍內。透過大量的意象定義本覺後，《本覺自現續》第六十二章並再次討論了「身」的主題：

> 此外，正確地說，本覺如同續流中的一條金剛鏈。雖然它並不具實存性，但它在造作的顯現中生起，而覺醒之「身」則為莊嚴此本覺而生。從覺醒的體現變化中生

智慧;從莊嚴的智慧中生光;從光點乍現光輝。究竟什麼是覺醒的體現呢？有根本自覺身（*maulasvasaṁvedanā-kāya）、方廣法身（*vipuladharma-kāya）、遍滿界身（*spharaṇadhātu-kāya）、不變金剛身（*avikaravajra-kāya）、不變自性身（*nirvikarasvābhāvika-kāya）、正樂身（*samyaksukha-kāya）、曲心身（*mithyācitta-kāya）、能見解脫身（*dṛṣṭavimukti-kāya）、自證明點身（*svasaṁvedanā-tilaka-kāya）、無斷方廣虛空身（*avicchinna-vistarākāśa-kāya）、無分日月身（*nairpākṣika-sūryacandra-kāya）、悟無分別身（*abhinnaikajña-kāya）以及不定解脫身（*nairābhiniveśika- vimukti-kāya）。[113]

接下來，該章更詳細地定義了其中的每一項。我刻意地將這十三種身的藏文轉成梵文，以表明它們在印度語境中顯得多麼古怪。這些詞語大部分都沒有對應的印度文，甚至在「曲心身」這個例子裡，竟將從本覺延伸而來的「身」，等同於明顯染汙的狀態。這種等同顛覆了印度長期以來，將「身」視為道之果的發展軌跡。此外，在《本覺自現續》中出現，並在後來傳統中繼續發展的各種「身」，並沒有就此停歇。

現在我要簡單地探討這些延伸的發展成果之一，藏文中稱之為「童子瓶身」（gzhon nu bum pa'i sku）。這個例子說明了印度的概念，如何被藏人以創造性的方式闡述，且涉及了將分類廣泛地重新詮釋。這個詞語約莫可以對應梵文"*Kumārakalaśa-kāya"。但我並未發現印度佛教存在這個詞語的跡象。該構想的早期形式，出現在《本覺自現續》的第四十一章，在讚頌尊者傳授經典的段落：「一切佛的偉大始祖，

具有意義重大的三身,是具有慈悲力之尊者,永遠的童子化身。」[114] 這段引文的情境,呼應了後來作品中的典型表述,即隱藏在陶瓷或金屬罐中的燈炬形象。燈炬閃耀,永遠發光,但瓶罐使它無法被外界看到。這個意象被用來解釋,人人本自具足覺醒的本覺,但因自身業障之故,而無法覺察這個事實。如同後來作品所談到的,這個問題圍繞著大乘的根本問題。那就是,若本覺無所不在且本具光明、自在等特性,那麼為何此種認知在一般感知或直觀的狀態下無法顯現?《本覺自現續》將自身的形象與一個被埋藏起來的寶藏連結,來解決這個問題:

於四大元素之廣大壇城中,自生之智被埋為寶藏。於空性之城堡中,淨相被埋為寶藏。於智慧界廣大壇城中,五方佛之不變實相被埋為寶藏。於中有實相顯現中,本覺之智被埋為寶藏。於五毒(kleśa)底層之陰暗深處,無礙之本覺被埋為寶藏。於錯誤情緒傾向之廣大壇城中,澄淨之慧(prajñā)被埋為寶藏。因此,應了知這些偉大的寶藏埋藏於自心壇城,也藏於佛陀之陵墓中。[115]

同樣地,「童子瓶身」代表了隱藏的燈炬,覺醒的實相,在瓶身(業障)打破時顯露。燈之不可見乃因瓶所障,非燈之過。

當然,在這些和其他類似的記載中所形成的敘事材料和意象,提醒了我們應該注意心滴諸經中譬喻的轉變。瓶、燈和童子是大乘經典中譬喻的標準意象,通常指的是如來藏。西藏傳統運用寶藏、祖先、瓶、燈和墓等,編織意象之網,具

體地喚起人們對西藏王室的想像。[116] 在這方面,即使在託名無垢友的《甚深祕密四心滴》(*gSang ba snying thig zab pa po ti bzhi*)的主要注釋本的標題上,也能看出王朝時期帝國職銜委任書的象徵。《甚深祕密四心滴》據說是無垢友所埋,介尊·僧格旺秋取出。上述委任書依據書寫文字的顏色,標上「金」(gser yig)、「綠松石」(g.yu yig)、「銅」(zangs yig)等代號,而那些注釋本則會以同樣的方式,寫上「金字」(gSer yig can)、「銅字」(Zangs yig can)、「莊嚴論」(Phra khrid)、「綠松石字」(g.Yu yig can)、及「螺貝字」(Dung yig can)等。[117]

也許對王室陵墓和祖先的崇拜,更能清楚地說明中央西藏的象徵系統。在前述《本覺自現續》的引文中,童子瓶身被清楚地認定為居住於佛陀陵墓中的偉大祖先。王室之墓葬儀式包括將剛去世的國王,安葬於一個裝滿貴金屬和寶石的大型瓶罐裡。[118] 這種理念認為,他的心靈仍活在那個瓶罐中,他的存在藉由每年的紀念儀式來呈現,儀式在一條以石碑和護墓石獅為標誌的精神之道上舉行。[119] 這個童子瓶身概念的提出,將眾所周知的瓊結王陵的獨特表徵,與佛陀永恆胎藏的印度教義,如同舊瓶裝新酒一般地連結在一起。所有延綿不絕的化身、長壽、掩埋、陵墓、揭示和飛升天界等的聯想,都在教義的象徵與傳承諸文本的翻譯、埋藏、發掘和再發掘的故事中,起了重要的作用。無論我們討論的是介尊、心滴文本或是譯師,他們全都被賦予了藏人的祖先崇拜和緬懷帝國相關的器物及儀軌傳統。

結論——將傾覆之帝國視為永恆之寶藏

隨著許多新思想、文本、傳承、寺廟，以及佛教修持和哲學體系的湧入，古老的帝國似乎在其後世繼承人的眼前逐漸消失。然而，不可否認的是它的力量，以及它對藏人集體意識的制約，因為每間寺廟、每座墳陵、每塊石碑、每件古文本或生鏽的文物上，都個別或集體地講述了中央西藏政治的起始和巔峰。那些維護遺址和儀式的人從未忘記，他們獨自擁有那個遺產，控制其中的鬼神、聖人和文本，以及將西藏置於世界中心之宇宙觀。

因此，當他們「揭露」不同社群所創作的文本時，實際上伏藏師發掘的不僅僅是文字，因為這些書本成為一種指引佛教社群前進方向的標誌。在這個想像的過去和未來的歷史中，伏藏師將西藏帶入了諸佛菩薩的活動領域，因此他們並不屬於邊地之國，而是屬於佛教神話的中心。他們的新儀軌、教義和敘事並非一蹴而就的，而是各種元素編織而成的新裝扮，它同時發現和掩蓋了真實。伏藏師運用西藏起源的故事、帝國的神話、對觀世音菩薩的著迷和帝國的失落感等，將十至十二世紀的口頭傳說，以書面形式呈現了出來。

特別是在贊普精神寶藏的這個類別和內容中，我們發現了將贊普精神文本化的情況，因此，贊普的意圖經由持續取出的文本來實現。君王的神祕詔書被寫在這些作品中，其中包括了很多故事，並與帝國流傳下來的寺院中的壁畫共同產生作用。最終，贊普的精神從寺院的樑柱間，延伸到西藏的洞穴、山脈、岩石和織品當中，成為新寶藏的所在之處。事實上，從將松贊干布的精神文本化開始的整個過程，以西藏的自然界被

描繪為諸王的精神告終。過往只有地區性的力量和權威的土地神，最終成為西藏人民的共同信仰。因此，前往現在定居於這些地區的佛教諸神的聖地朝聖，已被證實具有宗教上的效用。

這些文本的力量是如此靈驗，以至於這些作品被大眾所接受，認為與譯自印度的作品沒有區別。因此，佛教這個印度宗教，無論是在範圍、性質和領域上真正的藏化了。藏人出神入化地運用語言，以及他們輕易擄獲的所有藏人的認同感，使得伏藏成為所有文獻中最好的材料之一，也是西藏持續自我懷疑的焦點。然而，就像地心引力一樣，沒有任何西藏傳統可以忽視伏藏的議題、帝國歸屬問題或諸氏族對大眾宗教生活始終一貫的主張。

第六章　伏藏、帝國傳統和大圓滿・417・

原注

1　*Zangs gling ma* [《赤銅洲》], p. 129.13-17。
2　Gyatso 1996 主要是從後來的觀點對伏藏現象進行了很好的研究；關於苯教伏藏（gter）傳統，見 Martin 2001b。
3　這是 Snellgrove 1987, vol. 2, pp. 397-99 中的重點。
4　特別是在 Mayer 1994, p. 541；Gyatso 1994 討論了最早期，即卻汪上師的辯解，他的觀點將在此處發揮一部分作用。
5　Karmay 1972, pp. 65-71.
6　關於這些類別，見 Gyatso 1998, pp. 147-48；關於現代的西藏伏藏表述，見 Thondup 1986。
7　*gTer byung chen mo* [《伏藏廣史》], pp. 101.7, 104.1。
8　*gTer byung chen mo* [《伏藏廣史》], pp. 81.5-82.3；這些都在 Gyatso 1994, p. 276 中討論過。
9　*Zangs gling ma*, pp. 132-133.
10　Thomas 1957, pp. 45-102.
11　Davidson 1990, 2002a, 2002c, p. 147.
12　由於某些理由，顯經受到的關注很少，但有幾部佛經被引述於伏藏文獻中，最著名的是標題為 *Chu klung sna tshogs [rol pa'i] mdo* [《[莊嚴]種種江河經》] 和 *rNam rol mdo* [《《示現經》》] 的各種不同版本，見 *bKa' 'chems ka khol ma* [《柱間史》], pp. 14.17, 15.8-9, 107.13-14；*Maṇi bka' 'bum* [《瑪尼全集》], pp. 173.3-75.4；以及卻汪上師的 *gTer byung chen mo* [《伏藏廣史》], pp. 89.5, 91.6。Martin 2001b, p. 23 似乎推測了一個印度文本，並為上述兩本顯經之一

提供了梵文化的標題 *Nāḍilalita Sūtra*，一個不太可能的組合。見 Davidson 2003，即將出版之 a。

13 *bKa' 'chems ka khol ma* [《柱間史》], p. 258.2-12；參照卻汪上師的 *gTer byung chen mo* [《伏藏廣史》], p. 83.6-84.1；Gyatso 1994, p. 280-83。

14 Denjongpa 2002, p. 5：「有一天，我的老師 Lopen Dugyal 提到，在錫金的自然環境中居住著比人類數量多更多的鬼神。」

15 Karmay 199B, p. 254; Tucci 1949, vol. 2, pp. 721-24; Nebesky-Wojkowitz 1956, pp. 287-300.

16 *bKa' thang sde lnga* [《五部遺教》], p. 137.18。

17 Lalou 1938 翻譯和研究了阿底峽關於八大那伽（Nāgas）的文本。

18 它們與中國龍的比較也是如此，中國龍有某些特點被賦予了西藏魯龍（klu），即西藏的龍（'brug），以及西藏的風馬（lung rta）；關於後者，見 Karmay 1998, pp. 414-15。

19 關於那伽，見 Sutherland 1991, pp. 38-43；Vogel 1926。

20 例如，*Zangs gling ma*, p. 111.12-15 記載因為受到龍神的控制，蓮花生大士進行了許多針對龍神的法會。

21 *bKa' 'chems ka khol ma* [《柱間史》], pp. 257.12, 247.8；*sBa bzhed* [《巴協》], p. 46.5；*sBa bzhed zhabs btags ma* [《巴協增補本》], p. 38.1；Richardson 1998, pp. 247-50 認為該小廟為第 12 和 16 號的龍（klu）宮和夜叉（gnod sbyin）廟。

22 *sBa bzhed* [《巴協》], p. 45.12-14 沒有提到魯龍，該寶藏被稱為「物品的倉庫」（rdzas kyi bang mdzod），但 *sBa*

bzhed zhabs btags ma [《巴協增補本》], p. 37 刪去了它；參照 bKa' thang sde lnga [《五部遺教》], p. 139.12：'khor sa bar ma klu la gtad pa yin [中央廊道是託付給龍神的]。

23 bKa' 'chems ka khol ma [《柱間史》], pp. 37.14, 203.8；mKhas pa'i dga' ston [《賢者喜宴》], I: 221.6。

24 bKa' 'chems ka khol ma [《柱間史》], p. 221.5-7；mKhas pa'i dga' ston [《賢者喜宴》], I: 223.15-17。

25 sBa bzhed [《巴協》], p. 53；sBa bzhed zhabs btags ma [《巴協增補本》], pp. 53 (11a), 55 (12a), 63 (14b)；關於 phywa 這個問題的討論，見 Karmay 1998, pp. 178-180, n.; 247, n.。

26 Tucci 1956b, p. 77.

27 在 Blondeau and Steinkellner 1996 的優選論文集中，已經研究了這方面的內容。

28 dBa' bzhed [《巴協》], pp. 24-25（fol. 1b3~6 的文字已被譯者們相當隨意地加以詮釋）；Sorensen 1994, p. 150；Haarh 1969, pp. 335-38；Stein 1986, pp. 188-93；Richardson 1998, pp. 74-81。關於玄祕神物（gNyan po gsang ba），見 mKhas pa'i dga' ston [《賢者喜宴》], vol. I, pp. 168-70；rGya bod yig tshang chen mo [《漢藏史集》], p. 137.6；Chos 'byung me tog snying po sbrang rtsi'i bcud [《娘氏教法源流》], pp. 164.8-166.7。

29 dBa' bzhed [《巴協》], pp. 24-25（fol. 2a1）。

30 dBa' bzhed [《巴協》], p. 36。

31 sBa bzhed [《巴協》], p. 35.2-3；sBa bzhed zhabs btags ma [《巴協增補本》], p. 28.5-6。

32 sBa bzhed [《巴協》], p. 32.15-17；sBa bzhed zhabs btags ma

[《巴協增補本》], p. 26.6-7。

33 Haarh 1969, pp. 348-49；關於佉盧文（Kharoṣṭhī）的資料，見 Salomon 1999, pp. 240-47。

34 這段話取自 rGyal rabs gsal ba'i me slong [《西藏王統明鏡》], p. 61.4，與玄祕神物有關。

35 Maṇi bka' 'bum [《瑪尼全集》], fol. 96.5-6；此處引用的普那卡（sBu na kha）版將廟名錯誤地讀為 phra 'brug，但雪印書廠（Zhol spar khang, fol. 90b6）版寫的是 khra 'brug；這個寶藏可能是放在昌珠寺；見 bKa' 'chems ka khol ma [《柱間史》], p.104.7-8。大悲殿是阿亞巴洛（Ārya palo，即 Āryāvalokiteśvara [聖觀世音菩薩]）殿，接近寺區南方入口處，是赤松德贊所建造的；這裡由松贊干布來認證是一種時空的錯亂；sBa bzhed [《巴協》], p. 339.5-6；sBa bzhed zhabs btags ma [《巴協增補本》], p. 32.1-4。「水綢」是一種以搗碎的水中苔蘚製成的板狀或毛氈狀的材料（Tshig mdzod chen mo [《藏漢大辭典》], p. 802b）；我們仍不清楚 chu bal (mo)（水苔）是何種水中苔蘚，Arya 1998, p. 65b 試圖將其與異形水綿（spirogyra varians，一種藻類）相提並論，可能並不正確，因為一張硬紙是需要纖維的。伏藏中持續提到水綢，意味著它可能是藏人在進口中國產品前，所使用的一種早期（神聖？）的紙張形式；見 bKa' thang sde lnga [《五部遺教》], pp. 160.19, 195.21。於卻汪上師的 gTer byung chen mo [《伏藏廣史》], p. 102.4 中，在可以合法抄寫（bris gzhi）伏藏的材料表上，它被放在第一位。

36 關於 bla 思想的最好的資料被收集在 Karmay 1998, pp.

310-38 之中；也可見 Tucci 1980, pp. 190-93。

37 *mKhas pa lde'u chos 'byung* [《弟吳賢者法源史》], pp. 254.21-55.1。

38 亦即 g.yas kyi tshugs dpon [右衛指揮官]；*dBa' bzhed* [《巴協》], p. 60, fol. 14a7；*sBa bzhed* [《巴協》], p. 34.7；佛法的負責人（chos kyi bla）這個頭銜被 *sBa bzhed zhabs btags ma* [《巴協增補本》], p. 27.10 給刪除了。

39 *sBa bzhed* [《巴協》], p. 35.14；*dBa' bzhed* [《巴協》], fol. 15a2；*mKhas pa'i dga' ston* [《賢者喜宴》], vol. I, p. 333.13；但未見於 *sBa bzhed zhabs btags ma* [《巴協增補本》], p. 26.11 中。桑耶寺的帝王廟（bla'i gtsug lag khang）在 *sNgon gyi gtam me tog phreng ba* [《奈巴教法史》], p. 112 之中是顯而易見的，*Bod kyi lo rgyus deb ther khag lnga* [《西藏五部史籍》], p. 28.2 中同樣的故事也記載了桑耶寺。關於 Ba lam glag（巴朗喇）廟，見 *dBa' bzhed* [《巴協》], Wangdu and Diemberger 2000（在 *dBa' bzhed* [《巴協》]之下）, pp. 41 n. 90, 63, n. 203。

40 *rGya bod yig tshang chen mo* [《漢藏史集》], pp. 192.8, 192.15。

41 *Zangs gling ma*, pp. 130-32.

42 *Chos 'byung me tog snying po sbrang rtsi'i bcud* [《娘氏教法源流》], p. 437.5。

43 *gNa' rabs bod kyi chang pa'i lam srol* [《古代西藏飲酒制度》], p. 37。

44 Ferrari 1958, pp. 48,122, n. 207.

45 Karmay 1998, pp. 327-28.

46 Karmay 1998, p. 314.

47 *Zangs gling m*a, pp. 130-32.

48 *gTer byung chen mo* [《伏藏廣史》], p. 98.5-6。

49 *bKa' thang sde lnga* [《五部遺教》], pp. 166-77。

50 *rGya bod yig tshang chen mo* [《漢藏史集》], p. 136.13；*Chos 'byung me tog snying po sbrang rtsi'i bcud* [《娘氏教法源流》], p. 164.8。

51 *Tun hong nas thon pa'i bod kyi lo rgyus yig cha* [《敦煌古藏文歷史文書》], pp. 34-35（= Pelliot Tibetan 1287）。

52 Haarh 1969, p. 144；*mKhas pa'i dga' ston* [《賢者喜宴》], p. 161.15-21。

53 Haarh 1969, p. 381 和 Macdonald 1971b, p. 222, n. 133 指出，帳幕為墳墓提供了重要的象徵，這個說法不被 Karmay 1998, p. 225 所接受。我認為 Karmay 在這點上是錯誤的，儘管他發現了該遺址理應被稱揚。

54 這個想法在寧瑪派文獻中特別明顯；見吉美林巴（'Jigs med gling pa）所著之 *gTam gyi tshogs theg pa'i rgya mtsho* [《乘海論集》], pp. 278-303。這一章被 Tucci 1950, pp. 1-5 和 Haarh 1969, pp. 114-17, 362-64, 381-91 所使用；比較 Lalou 1952 中所研究的苯教文本。

55 *bKa' thang sde lnga* [《五部遺教》], p. 146；Tucci 1950, p. 10 中加以討論，Haarh 1969, pp. 350-52 中將其翻譯出來，但他的譯文需要修改，Haarh 誤認為守墳人與大臣不同。

56 卻汪上師的 *gTer byung chen mo* [《伏藏廣史》], p. 102.3 提到 gter [伏藏] 有個取之不盡的地點，因為它可能被埋藏在心中；這可能導致 dgongs gter [意伏藏] 的體系，但還

不完全是，因為它缺少蓮花生弟子的轉世意識，在後來的年代發掘早期埋藏之文本的問題。

57 *Zangs gling ma*, p. 130.15 便有 thugs gter ［心伏藏］被埋藏於 mChims phu'i dben gnas，亦即欽普閉關山洞區，此地被 *Padma bka' thang*［《蓮花遺教》］, p. 551.17 所採用，但 p. 551.5-7 所使用的文字不盡相同；*gTer byung chen mo*［《伏藏廣史》］, p. 98.7 則有意伏藏被埋藏於 rNam skas brag（無法辨認之地點）。還有個意伏藏，但也被放在地底下，*bKa' thang sde lnga*［《五部遺教》, pp. 74.21-75.1 表示有三個意伏藏，將被藏在三處 Jo mo gling［女尼洲］中。

58 *Padma bka' thang*［《蓮花遺教》］, pp. 558-74。

59 後來的例子見於 Gyatso 1998, pp. 57-60, 168, 173-75, 255-56；我們在 Zangs gling ma, p. 140.2 中發現的伏藏指南（kha byang），看到了這個過程的開端。

60 Karmay 1972, pp. 118-22.

61 Kvaerne 1971, p. 228; Karmay 1972, pp. 112-26; Karmay 1998, pp. 122-24.

62 Martin 2001a, pp. 49-80, 93-99; Karmay 1972, pp. 126-32.

63 我所看到的最早的桑吉喇嘛的記載，是在 *Padma bka' thang*［《蓮花遺教》］, p. 558.9 中；這個段落在 *Gu bkra'i chos 'byung*［《咕汝‧札西教法史》］, pp. 365-66 中被引用與詳述，然後又被複製於 *gTer ston brgya rtsa'i rnam thar*［《一〇八位伏藏師傳記》］, fols. 36a-37a5 中。

64 這是 *Yang gter rtsa gsum dril sgrub*［《三根本合修再伏藏》］，見 *Rin chen gter mdzod chen mo*［《大寶伏藏》］, vol. 97, pp. 521-52。當我們思考咕汝‧札西的陳述，即五世達

賴喇嘛無法找到桑吉喇嘛的任何文本時，這件作品的可疑性就很明確了；*Gu bkra'i chos 'byung* [《咕汝・札西教法史》], p. 366.1。有趣的是，康楚在將此作品收錄於 *Rin chen gter mdzod chen mo* [《大寶伏藏》] 前，曾向秋吉林巴（mChog gyur gling pa）及其他人求證；見 *gTer ston brgya rtsa'i rnam thar* [《一〇八位伏藏師傳記》], fol. 37a4-5。

65　Martin 2001a, p. 53 指出許多與仙千・魯嘎有關的文本是由後來的伏藏師找到的。

66　*gTer ston brgya rtsa'i rnam thar* [《一〇八位伏藏師傳記》], fol. 6oa2-b5；同樣地，這些材料大多是取自 *Gu bkra'i chos 'byung* [《咕汝・札西教法史》], pp. 39B-99。

67　*rGyud bzhi'i bka' bsgrub nges don snying po* [《醫學四續・成辦了義藏》], pp. 235.4-36.2；Karmay 1998, pp. 228-37 首次提及，特別是 p. 230, n. 12。

68　*Chos 'byung me tog snying po sbrang rtsi'i bcud* [《娘氏教法源流》], p. 501.8-12。

69　*Padma bka' thang* [《蓮花遺教》], p. 563.1-4。

70　*gTer byung chen mo* [《伏藏廣史》], pp. 84.7-85.7。

71　*Baiḍūrya sngon po* [《藍琉璃》], pp. 206.6-10.4；比較 *Gu bkra'i chos 'byung* [《咕汝・札西教法史》], pp. 376-78 和 *gTer ston brgya rtsa'i rnam thar* [《一〇八位伏藏師傳記》], fols. 45b6-46b5。

72　Karmay 1998, pp. 228-37 對此問題依舊給予了嚴謹的關注。

73　例如，1302 年的 *Zhu len nor bu phreng ba* [《問答珠鏈》] 提到 *bKa' 'chems ka khol ma* [《柱間史》] 的發掘只與尚

敦‧達瑪堅贊有關（p. 454）。他是尚敦‧達瑪札（Zhang ston Dar ma grags, 1103-1174）的弟子，尚敦‧達瑪札的生卒年在 *Blue Annals* [《青史》], vol. I, p. 284 中。關於噶舉派的證據，見第四章注解 9。還有幾位十三世紀噶當派大師與中央西藏的康派心部（khams lugs sems sde）密切相關：見 *Slob dpon dga' rab rdo rje nas brgyud pa'i rdzogs pa chen po sems sde'i phra khrid kyi man ngag* [《大圓滿心部阿闍黎世系金剛傳承珍寶口訣》], pp. 436-37, 516-17。

74　浦扎版 no. 772；Samten 1992, pp. 240-41。

75　比較 *Padma bka' thang* [《蓮花遺教》], p. 558.9-13；*Gu bkra'i chos 'byung* [《咕汝‧札西教法史》], pp. 366.10-17 及 *gTer ston brgya rtsa'i rnam thar* [《一〇八位伏藏師傳記》], fol. 37a5-b4。

76　這個段落是 *bKa' 'chems ka khol ma* [《柱間史》], pp. 258.14-59.8, 260.17-61.7 之譯文。為了便於閱讀，我將 259.1 的 ra sa 改為 lha sa [拉薩]，這也是 259.5-6 同樣句子的讀音；我也將 Khrom pa rgyan 改為 Grom pa rgyang [仲巴江]，因為這顯然是該寺廟的一種不常見的拼法。我不清楚 259.4 中 seng ge lag zan ma[1] 的意思，但在後來的修訂版中，它顯然被改成了 ka ba seng ge can，即獅柱（*bKa' thang sde lnga* [《五部遺教》], p. 159.9）。

77　*mKhas pa'i dga' ston* [《賢者喜宴》], pp. 372-76。

78　*Zangs gling ma*, pp. 130-32；*bKa' thang sde lnga* [《五部遺教》], pp. 74-75, 155-207, 529-32；*Padma bka' thang* [《蓮花遺教》], pp. 548-57；比較 *mKhas pa'i dga' ston* [《賢者喜宴》], vol. I, pp. 246-47 中之引文。

79 *gTer byung chen mo* [《伏藏廣史》], pp. 105.2, 111.5。

80 感謝 David Germano 關於心滴諸傳承問題的多次交談。

81 關於介氏族的地位可以在 Vitali 1990, pp. 91-96 找到很好的說明，不過，此氏族及在娘堆（Myang stod）區的其他氏族，仍有許多可供深究的內容。

82 *Rig pa rang shar* [《本覺自現續》], pp. 852-55，阿宗卻嘎（A 'dzom chos gar）校編；藏札寺（mTshams Brag）版 pp. 696-99；定結寺（gTing skyes）版 pp. 332-34。感謝 David Germano 對於跋文譯文的建議和更正。

83 我讀到的是「kun gyis ma tshims sa yi gter du bzhag [將所有人皆不滿意的東西做為地下伏藏藏起來]」，文字在此處是有問題的。

84 比較 *sNying thig ya bzhi* [《四心滴》], vol. 9, pp；*rNying ma bka' ma rgyas pa* [《寧瑪教傳廣集》], vol. 45, pp. 643-52。Karmay 1988, p. 209, n. 16 認為兩段敘述的年代為十二世紀。我之前曾錯判年代，認為該文本為龍欽巴（Klong chen pa）（Davidson 1981, p. 11）所著，並且對於十二世紀的年代沒有異議，但 Karmay 比我更有信心，他認為第一人稱 bdag 僅一次的出現，表示該文本的作者應該是尚敦巴（Zhang ston pa, 1097-1167），因為這種第一人稱的身分往往是由傳記作者所使用的。

85 我已經能夠確認他所翻譯的八件譯本：To. 604: *Khrodhavijayakalpaguhyatantra* [《佛說妙吉祥最聖根本大教經》]，獨自譯出（見 Samten 1992, p. xv）；To. 1301：曼殊師利之 Hevajrasādhana [《喜金剛成就法》]，與作者合譯；To. 1319：不知作者名之 *Kurukullesādhana* [《拘留

拘囉母成就法》]，再一次與曼殊師利合譯；To. 1922：帕達帕尼（Padmapāṇi）之 *Kṛṣṇayamāritantrapañjikā* [《黑閻羅敵怛特羅難語釋》]，與帕拉梅斯瓦拉（Parameśvara）合譯；To. 1982：不空金剛（*Amoghavajra）之 *Vajrabhatravasādhanakarmopacāra-sattvasaṁgraha* [《金剛怖畏成就法作業儀軌有情集》]，與曼殊師利和曲藏・旺秋嘎波（Phyug mtshams dBang phyug rgyal po）合作的修訂譯本；To. 2014：維拉薩瓦迦勒（*Vilāsavajra）*Yamāntakavajraprabheda-nāma-mūlamantrārtha* [《閻魔多迦根本真言義金剛分別》]，與烏帕雅師利米札（Upāyaśrīmitra）合譯；To. 4432：不知作者名之 *Tripratyaya-bhāṣya* [《三字緣疏》]，獨自譯出；以及維拉薩瓦迦勒之 *Vajramaṇḍalavidhipuṣṭisādhana* [《金剛壇城戒律增長成就法》]，不在佛典中，而在 *Rong zom chos bzang gi gsung 'bum* [《榮松確桑全集》], vol. I, pp. 355-67。關於他的傳記資料，見 Almogi 2002。

86 榮派普巴金剛（Rong lugs rdo rje phur pa）；*Sog bzlog gsung 'bum* [《索格多克全集》], vol. I, pp. 145-56 探討了榮松派之灌頂傳承（rong zom lugs kyi dbang lung）；關於榮派心部（Rong lugs sems sde）之四個傳承，見 *Klong chen chos 'byung* [《龍欽教法史》], p. 394。

87 榮松之玄孫駱本・梅奔（Slob dpon Me dpung）詳細整理了他的全部作品，於 *Rong zom chos bzang gi gsung 'bum* [《榮松確桑全集》], vol. 2, pp. 235-39，令人沮喪的是，保存下來的資料非常少；此人與榮松的關係見其傳記，*Rong zom chos bzang gi gsung 'bum* [《榮松確桑全集》], vol. I, p. 30。榮松的主要資料集中於 *Rong zom gsung thor bu*

[《榮松文集》], rNying ma bka' ma rgyas pa [《寧瑪教傳廣集》] 中（特別是在 vols. 8-9 中他的 rdo rje phur pa [《普巴金剛》] 和 gsang snying [《祕密藏》] 諸文本）、Theg chen tshul 'jug [《入大乘理》] 和 Rong zom chos bzang gi gsung 'bum [《榮松確桑全集》]。我找不到最近出版的他的康（Khams）版作品集；另見 Martin 1997, p. 25, n. 6。我們應該知道他還有一本 Chos 'byung [《教法史》]，但在戰亂中遺失了；見 Martin 1997, p. 25, n. 5。

88 Chos byung grub mtha' chen po [《大宗義教史》], pp. 43.3-47.4；我還沒有翻譯的材料（……）包括白若札那被驅逐的討論及無垢友與其他班智達們之間的問題，結論是印度沒有更多的文本了。也可比較惹那林巴之 Chos 'byung bstan pa'i sgron me [《佛教史寶燈》], pp. 72-73 中關於這段話的部分引文。比較榮松・確吉桑波關於寧瑪派優於新譯派之引文，於羅格奔・謝拉維之《大宗義教史》, pp. 115-18，以及在惹那林巴 pp. 136-40 中之討論。Tshig mdzod chen mo [《藏漢大辭典》], pp. 3223 和 3228 給予羅格奔的生卒年為 1166-1233。

89 無論榮松或羅格奔都使用諷刺的雙關語；不止一個新譯派將他們的教法稱為「金法」，但該文本暗指這些譯師和班智達們真正在意的是能帶來黃金（gser）的法（chos）。

90 這些歷史著作未被收錄於 Martin 1997 中；惹那林巴之 Chos 'byung bstan pa'i sgron me [《佛教史寶燈》], p. 106 引用了相同的資料，很可能是出自羅格奔。

91 Eimer 1979, § 239.

92 Witzel 1994, pp. 1-21.

93 Rocher 1986, pp. 49-59.

94 *Chos 'byung bstan pa'i sgron me* [《佛教史寶燈》], pp. 166-67。

95 例如，惹那林巴之 *gTer 'byung chen mo gsal ba'i sgron me* [《大伏藏明燈》], pp. 46.1-47.2, 52.5-54.5 不遺餘力地確認了新伏藏（gsar ma gter）的類別。我們甚至可以發現 gter 這個議題本身顯然直到恰譯師（Chag lo tsā ba），以及他在 *sNgags log sun 'byin gyi skor* [《駁斥邪見密法》], pp. 13.2-14.2 之中的 *Chag lo tsā bas mdzad pa'i sngags log sun 'byin pa* [〈恰譯師所造之駁邪咒之法本〉] 的時代才成為一個有爭議的領域。

96 Karmay 1988, pp. 175-200 從一個不太一樣的視角研究了本覺。

97 關於 *Rig pa rang shar* [《本覺自現續》], Tucci 1958, vol. 2, pp. 63-64 說：「這部密續傳達的是道不存、因果不存的教義。」我們將會發現這嚴重地曲解了這部經典。藉由此種錯誤表述，Tucci 試圖證明寧瑪密續是禪宗學說的重述。參閱 van Schaik 2004。

98 關於這些用語，見 Broughton 1983；Gómez 1983；Ueyama 1983；和 Meinert 2002, 2003 以及即將出版者。我自己對於像是 Pelliot Tibetan 116, 823；Stein Tibetan 468 等文件的閱讀，讓我相信它們對於大圓滿最古老的層面，即「心部」幾乎沒有影響。例如，在 Pelliot Tibetan 116 發現的少數 *so so'i rang gi rig pa* 的使用表示，*pratyātmavedanīya*（內自證）的譯文，或一些類似的經由中文轉譯的梵文詞語，並沒有解釋出 rig pa 智識的力量；見 Mala and Kimura

1988, p. 90 (f. 157, 3-4 行）；見 fols. 111.4-12.1, 237.5 的類似使用。Pelliot Tibetan 116 中，我注意到唯一類似寧瑪派的意義是在 fol. 194.4，但其後緊接著無心（myed pa'i sems）和無住（myed pa'i gnas）的長篇論述，這便與寧瑪派的用法無關。Stein Tibetan 468, fol. 1b1 將 rig pa 做為一個開始理解的術語，相當於 shes pa（知道），而我在 Pelliot Tibetan 823 中則完全找不到 rig pa。

99 我特別要聲明某些心滴密續的內容，如 *sGra thal 'gyur chen po'i rgyud* [《聲應成大續》]（Kaneko 1982, n. 155），*rNying ma rgyud 'bum* [《寧瑪十萬密續》]，定結（gTing skyes）寫本，vol. 10, pp. 386-530 並未在 *Rig pa rang shar* [《本覺自現續》] 的明確意義中思考 rig pa。但其他許多密續如此做，而且它仍是寧瑪體系主要的智慧學語彙。

100 關於瑜伽行派文獻的回顧，見 Davidson 1985。

101 Tucci 1930b, p. 51; Hattori 1968, pp. 28-31,101-6; Bandyopadhyay 1979.

102 *Pramāṇavārttika* [《釋量論》], pp. 190-210, 223-45。

103 Davidson 1981, p. 8 n. 21；Davidson 1999；安慧（Sthiramati）在他的 *Madhyāntavibhāga-ṭīkā* [《辨中邊論釋疏》], pp. 79.12, 122.16 中使用了這個字。這兩類參考文獻中的阿毘達磨較重要，因為它出現在一部未命名之顯經的引文中。那本經書認為 svasaṁvedya 是用來描述無分別智（nirvikalpajñāna）的，通過無分別智可進入法界（dharmadhātu）。

104 很少人注意到這件作品在《巴協》後來的兩部增補版中起了重要的作用，在復興早期寧瑪派的自我表述中，也扮演

了重要的角色；*sBa bzhed* [《巴協》], p. 32.5-7；*sBa bzhed zhabs btags ma* [《巴協增補本》], pp. 25.16-26.1。

105 這是本人的譯文；比較 Karmay 1988, pp. 159,167；這個段落以略微不同的形式被 *bSam gtan migs gron* [《禪定目炬》], p. 192.4-5 所引用。關於這個段落的討論與年代久遠的 *Man ngag lta phreng* [《口訣見鬘》]，見 Karmay 1988, pp. 140-44。

106 To. 2591；Norbu and Lipman 1986 編輯並翻譯了妙吉祥友之文本。

107 榮松・確吉桑波之 *Theg chen tshul 'jug* [《入大乘理》], pp. 319.4, 333.2-6；我們注意到他在其 *Man ngag lta ba'i phreng ba zhes bya ba'i 'grel pa* [《口訣見鬘釋》], p. 104.2 中對 rig pa 的少量論述。在他對 *Guhyagarbha-tantra* [《祕密藏續》] 的釋本，即 *rGyud rgyal gsang ba snying po'i 'grel pa rong zom chos bzang gis mdzad pa* [《榮松確桑著祕密藏續釋》], p. 207.1-2 中的一處密續引文，似乎是想要解釋 rig pa，但他將它解釋為 ye shes [智慧] 的一種感知。在同一注釋本中，他又強調了 rig pa 在感知方面的詮釋；例如，pp. 148.5, 151.5。

108 Karmay 1988, pp. 99-103 討論了努千（gNubs chen）的生卒年，並認為是十世紀；Vitali 1996, pp. 546-47 根據其他資料得出了相同的結論。

109 努千之 *bSam gtan mig sgron* [《禪定目炬》], p. 196.1。

110 *bSam gtan mig sgron* [《禪定目炬》], p. 290.6。

111 *Rig pa rang shar* [《本覺自現續》] 定結（gTing skyes）版：p. 106.7；阿宗（A 'dzom）版：p. 539.5。

112 *Rig pa rang shar* [《本覺自現續》] 定結版：p. 62.4-6；阿宗版：pp. 473.6-74.2；在別處也能看到同樣的措辭，例如定結版：p. 42.1-5；阿宗版：p. 446.1-4。

113 *Rig pa rang shar* [《本覺自現續》] 定結版：pp. 205.5-206.2；阿宗校編版：p. 683.2-6。

114 定結版：p. 134.4；阿宗校編版：p. 583.6；比較定結版：pp. 99.7-100.6.。

115 *Rig pa rang shar* [《本覺自現續》] 定結版：p. 57.2-5；阿宗校編版：p. 465.6-66.3。

116 見 *Nye brgyud gcod kyi khrid yig gsal bar bkod pa legs bshad bdud rtsi'i rol mtsho* [《光明莊嚴善說近傳決斷教法甘露遊戲海》], p. 26；Karmay 1988, p. 185 研究了一些早期的材料；*Ratnagotravibhāga* [《寶性論》], I.42-44；Takasaki 1966, pp. 225-29；Ruegg 1971, p. 464, n. 73；1973, p. 79, n.3。

117 *mKhas pa'i dga' ston* [《賢者喜宴》], vol. I, pp. 190-91；這份清單是由 Tucci 1956a, pp. 88-89 所修訂的；比較 Chang 1959-60, pp. 133,153, n. 21。這些文本可在 *sNying thig ya bzhi* [《四心滴》], vols. 8-9 中找到。phra khrid 一詞可以古藏文 phra men 來理解，Tucci 1950, p. 79, n. 45 認為它相當於銀鎏金（silver-gilt），正如敦煌的中文同義詞所說的。比較 Richardson 1985, p. 105, n. 1 裡的青金岩（lapis lazuli）有可能是這個東西，儘管他不能確定；見 Stein 1986, p. 193。關於這些官職，見 Stein 1984；Demiéville 1952, pp. 284-86。

118 Haarh 1969, pp. 380-91.

119 Richardson 1998, pp. 219-33；Tucci 1950 通篇；比較 Paludan 1991 中說明和討論的神明之道。

譯注

[1] 作者譯為 lion-milking（乳獅）。

第七章　十一世紀末
——從密教傳承到氏族廟宇

> 我在龍神城堡的上方建了這座薩迦寺，以便往後財富能增長。但有風險存在，倘若此地藏人的行為變得粗鄙不堪，龍神就有可能傷害人民。因此，將我的清淨身嵌入小圓球中，放在豎立於蘭斯台（Lance-stand）峽谷上的佛塔內，我將長居於彼。
>
> ——昆‧貢丘傑波之臨終遺言，1102 年 [1]

到了十一世紀下半葉，藏人已展現出驚人的成就。中央西藏已達到一定程度的經濟活力與社會穩定，這是十世紀的人們夢寐以求的情況。許多故事也開始敘述衛藏地區諸氏族的雄厚財力與豐沛物資。其中有些是新近獲得的財富。這時藏人在他們不斷發展的文學語言中，擁有大量儀軌和哲學材料的譯本。這些譯本是由學識和水平不斷提高的譯師們所完成的。藏人正享受著一種失而復得的認同感和重要感，其中一部分源自於以伏藏文本的理念，重塑西藏的思想，這使得過去的帝王能持續庇佑雪域子孫。東部戒律傳統的僧侶們組建了強有力的寺院網絡，使僧人能夠從尼泊爾邊境前往工布，並且在絕大部分的旅途中，都可以使用佛教廟宇和寺院。

然而，許多挑戰仍然存在，因為中央西藏的復興才剛開始，在情感上還略顯生澀。最重要的是，新的密續傳承正經歷著一定程度的體制不穩定。宗教傳統的穩定，仰賴於體制展現

出中心地位與長久性。但這對譯師、他們的嫡傳弟子和後代來說，是不易解決的問題。因此，十一世紀末時，有兩個因素變得明顯起來。首先，各道場創建的目的不盡相同，使得宗教志業與世俗成就密不可分。第二，密續的範式不僅抑制了政治統一，而且削弱了各種傳統領袖之追隨者和繼承人的地位。因此，無論是寧瑪派或新譯派的密續上師，都持續盤據準封建領主的位置。特別的是，十一世紀的譯師們不只留下了家族傳承給兒子們，讓他們繼承了房產和財富，也留下了一個或多個宗教傳承予以弟子，使他們弘傳教法。而這兩支傳承鮮少重疊。在下一個世紀，許多問題通過各種方式得到了解決，其中的一些方法便是始於十一世紀末。

　　本章回顧了十一世紀後半葉那些尚未討論過的發展。首先簡要探討了十一世紀最惡名昭彰的人物之一，帕丹巴・桑傑，在他的主導下引進了許多新文獻，特別是因為這代表了印度和西藏文化之間的持續融合。我們檢視了噶當派和噶舉派所代表的廣受歡迎的新宗教表述方式，展示了他們對西藏意象的創意表達。十一世紀在噶當派權威人士強調大乘的清淨心和業力思想下，我們見到了德行重要性的再次浮現。特別是在此世紀的最後二十五年，我們更見證了一種新的正統觀念的發展。藏人開始對於來自印度的豐富教義材料，有了應該正確處理的想法。換言之，他們將印度的文本和見解，依據重要性來分級，並且意識到西藏本土著作的必要。本章還探討了著名人物卓彌過世後的密續傳承問題。最後分析了昆氏族的崛起，它的神話以及1073年所創建的核心道場薩迦寺。新體系在各方面都不斷地與寧瑪派和其他本土宗教和文學傳統進行重新融合。所有成功的新譯派傳承，最終都與較古老的形式達成了某種程度的

和解。

小黑阿闍黎——帕丹巴和他的希解派

帕丹巴肯定是十一世紀末至十二世紀初,西藏最有影響力的印度瑜伽士,也許只有另一位聲名狼藉的人物——慧藏,能在這個角色上與他相提並論。慧藏出生的時間稍早,並與卓彌發展的八種「附屬」修持法中的最後一法有關。帕丹巴比十一世紀末的任何印度人,更加樂意將創造性經典傳播到西藏,並且在加速宗教開放的時代精神做出了貢獻。他很可能來自南印度。《青史》(Deb ther sngon po)稱他的父親出自一個珠寶商的種姓,但後來的傳記作者將他的地位提升為婆羅門。[2] 帕丹巴被授予了五十四位成就者為其上師,都是大名鼎鼎的人物,像是薩熱哈、畢如巴、龍樹等。人們也認為他曾前往神祕的鳥金國,據說他曾在那裡接觸了三十多位空行母。無論這種描述的真實性為何,毫無疑問的,他對於北印度的密續文獻和修行方面,均受過良好的教育。

帕丹巴的傳記充滿了不可思議的記載。據說他在數個世紀中,曾七度前往西藏。根據一些說法,他第一次前往西藏時,這片土地還被水覆蓋著。這應該是新特提斯海(Neo-Tethys Sea),但它大約於四千萬年前在西藏消失。同樣令人困惑的一種說法是,王朝時期帕丹巴就在西藏。當時他以經常使用的梵文名蓮花戒(Kamalaśīla)著稱。這個名字與兩位重要印度人的姓名相同。他很可能不止一次到過西藏,而且他與迦濕彌羅密切相關,正如他的其中一個傳承所顯示的那樣。《青史》中提到,他的第四次旅程是前往流經阿魯納恰爾邦邊境

的涅（gNyal）河谷，然後在 1073 年前往彭域，當時他遇到了馬貢・確吉協繞（rMa sgom Chos kyi shes rab）。他在彭域和工布停留了一段時間，接著去了中國，並於 1090 年代返回，也就是他的第五次入藏。在 1097 年至 1117 年去世之間，他落腳於定日朗科（Ding ri Rlangs skor）的定日。他在定日度過的二十年最為重要，因為他大部分的文件和傳承都出自這二十年間。

雖然帕丹巴與薩瑪譯師有過廣泛的合作，薩瑪譯師的灰色文本也在前面討論過，但帕丹巴的傳承幾乎完全不記得這位譯師。他辛勤地將帕丹巴的思想，翻譯成可理解的藏文。有幾份似乎是逐字記下的帕丹巴的談話紀錄顯示，他並不完全精通藏文的句子結構，但詞彙量相當大，喜歡使用誇張的陳述，並熱愛象徵、意象和舉例。[3] 帕丹巴的誇張習性，顯然不限於口語交流，還擴展到創作領域，因為恰羅・確傑貝譴責他將自己的作品冒充為真實的密續：

> 現在有了這位印度人，名叫小黑丹巴，他傳授《本覺頓現之廣傳見解》（英：*Widespread Position of Simultaneous Awareness*，藏：*gCig char rig pa rgyang 'dod*），這是由一些顛倒教法和某些大圓滿思想混合而成的。在此基礎上，他以《希解派三紅法》（*Zhiché of Three Red Cycles*）和《宗師白希解》（*Tirtika White Zhiché*）為題，創作了無數錯誤的佛法，並將它們與各類佛學材料置於同一個文本傳統中。[4]

這段概述說明了「希解」教法，完全是帕丹巴（這裡稱

他的綽號：「小黑阿闍黎」或「小黑丹巴」）所編造的，其「白口訣」用於淨化心靈，而「紅口訣」則是某種密續修持法。在同一文本中，恰羅・確傑貝指責帕丹巴寫了一部密續，該密續可以被認定為流傳下來的《一切空行母之祕密口訣續》（mKha' 'gro thams cad kyi gsang ba man ngag gi rgyud），這是一部簡短的三個章節的作品，據說是由帕丹巴本人所翻譯的，並且顯然沒有被納入任何藏經中。[5] 即使是寧瑪派伏藏的權威人士，也知悉帕丹巴所發現的伏藏文本，如惹那林巴在為伏藏辯護時，曾稱另一部密續《大河續，元音和輔音不可思議之祕密》（Ā li kā li gsang ba bsam gyis myi khyab pa chu klung chen po'i rgyud）是帕丹巴找到的。[6]

我們幾乎沒有理由懷疑帕丹巴能夠創作出這些作品，因為他的文學作品就是印度如何書寫密續的紀要，即通過個人指導形成筆記和短篇作品，最後彙編成具有若干短章節的經典文本。他被指控創作的兩部密續就是最好的例子。這兩部經典的與眾不同之處，在於通篇都可發現薩瑪譯師或其他藏人參與其中的感覺。帕丹巴留下的作品具有足夠的原創性，但以印度的標準來看，它有點奇怪，因為其中有些作品受到了西藏的社會現實和形象的影響。例如，《一切空行母之祕密口訣續》中，有個密咒似乎引用了定日這個地名：唵 嘛 定 日 定 日 伐 折羅 拉特納 帕瑪 比斯 瓦悉地 桑尼日哈 哄 哄 發 發（ĀṂ MA DING RI DING RI VAJRA RATNA PADMA VIŚ VASIDDHI SANIRIHA HŪṂ HŪṂ PHAṬ PHAṬ）。[7]

帕丹巴和他的道友們發展了兩個基本的宗教流派——希解傳承和斷境法傳承。後者將在下一章討論，主要涉及他的女弟子瑪紀・拉諄（Ma gcig Lab sgron）。

「希解」是一個奇特的產物，共有五個傳承使用了這個名稱，這些傳承分為前期、中期和後期的希解派。[8] 根據文獻記載，「前期」的希解是帕丹巴第三次入藏時，傳給了迦濕彌羅的智密（Jñānaguhya），然後從智密傳給淵波‧佩登協繞（dBon po dPal ldan shes rab），再傳給其他藏人。三個「中期」傳承是馬貢‧確吉協繞（馬派〔rMa lugs〕）、索‧日巴切通（So Rig pa cher thong，索派〔So lugs〕）和甘屯旺秋（sKam ton dbang chuk，甘派〔sKam lugs〕）上師的傳承，是帕丹巴第四、第五次旅程時所傳。「後期」的希解傳給了帕丹巴最偉大的希解派弟子蔣森‧貢噶（Byang sems Kun dga'），他一直陪伴著帕丹巴，直到這位印度人去世為止（圖13）。

希解派的奇特性不在於它的多個傳承，而是似乎沒有與希解一詞相關的核心教義。這個詞彙代表止息痛苦。帕丹巴顯然非常富於變化，以至於對他來說，任何適合教給弟子的東西都會被納入「息止」的範疇中。例如，傳給智密的前期希解有五個教學層次：中觀的密續版本、依據父續教學、依據母續教學、大手印口訣和以空行母為例來教學，是個一目了然的晚期密續教學目錄。但傳給甘屯的希解（同樣也叫希解）是一系列關於大乘般若系列經典《心經》的修習。最後，後期傳給蔣森‧貢噶的希解，包括了這兩個較早期傳承的許多內容，但以「五道」之教學為主，依據大乘佛教的資糧、加行、見、修和究竟道的等級，細分了金剛乘之道。

十餘年來閱讀密續文獻，我已經習慣了某種程度的不一致和不連貫，但希解派的思想和修行差異化程度，已經超出我的想像。這種不真實感也延伸到帕丹巴的藏人弟子身上。因為幾個希解傳承的持有者，都模仿帕丹巴本人，喜歡在西藏各地

圖 13　帕丹巴和貢噶（臨摹自十三世紀寫本中的一幅插圖）

流浪，收集零星片斷的教法，並在不同的環境中修行。文獻中也確認了這一點。《青史》引用帕丹巴的話說，由於每個人都奔向不同的方向，所以沒有特別出名的傳承持有者。[9] 雖然希解派成為許多上師教學目錄中最有特色的項目，但它並沒有維持一個強大穩定的環境，而這在十一世紀末的西藏瑜伽諸傳承中，是很普遍的現象，有很大部分是因為那些被古怪人格所吸引的人，傾向模仿他們的行為，沒有動力去建立永續的中心。

通俗的表達方式和傳法的熱情

強大道場需要廣大的民眾支持基礎，以接引下個世代的信眾。有跡象顯示，在藏人的互動交流中，由僧職人員所支持的一種通俗佛教，在十一世紀後半葉已成熟發展。到目前為止，我們所討論的大多數體系，都集中在相對菁英的宗教階層，如

僧侶、禪修大師和密續譯師等。他們是享有政治和經濟特權的貴族階級。相反地，佛教在普通藏人（dmangs）中的傳播，需要儀軌體系的發展和相應的敘事，以便能在廣大的人群中傳播。而個人也不會有太大的經濟負擔。為了令在家眾融入佛教活動所衍生的策略，包括了推廣通俗的教學法、發展慈愛的佛教諸聖者（特別是觀世音菩薩和度母）的信仰、在人人可觸及之處散布傳授這些思想的藝術表現形式，以及創作易於記憶的偈頌等。

這些策略當中，有許多是1054年阿底峽去世後，噶當派大師們所倡導的。雖然阿底峽的嫡傳弟子所建立的寺院，取得了一定的成功，但它們既不像桑耶寺和古老諸寺院，成為寧瑪派權威所在；也不像新的翻譯中心，如目谷隆寺、卓窩隆寺（Drowo lung）和達那埔寺等，受到新譯派傳承的重視。我們對桑普內鄔托寺在其創始人鄂・列貝協繞領導下的發展，所知有限。不過我們知道阿底峽的俗家弟子種敦，於1056/57年創建熱振寺。此時期的弟子人數非常少。《青史》指出，種敦有個由六十名禪修者所組成的固定的核心團體，但其他文獻則認為他有八十名弟子。[10] 正如前文提到過的，其他幾個中心與東部律僧的關係緊張，所以他們做為噶當派專屬寺院的地位並不穩固。這種情況在「同門三賢」（mched gsum）的行動下發生了變化，「同門三賢」是對三位噶當派僧侶的稱呼，他們以大乘禪修僧的新身分，向普通藏人弘揚正信的佛法。

這三位同門師兄弟是普穹瓦・循努堅贊（Phu chung ba gZhon nu rgyal mtshan, 1031-1109）、堅俄・楚欽巴（sPyan snga Tshul khrim 'bar, 1038-1103）和博朵瓦・仁欽賽（Po to ba Rin chen gsal, 1027-1105），三人都是種敦在熱振寺的主要弟

子。正是在這個時候，噶當派才真正成為一個獨立的實體。西藏作家們也一致認為，噶當派或覺沃噶當派這個名字，最早是用來描述種敦的弟子們的。[11] 普穹瓦‧循努堅贊出生於素爾氏族，在嘉拉康寺受戒，是東部戒律傳統的一員。大多數噶當派僧人都屬於東部戒律傳統。[12] 據稱他曾短暫地在聶塘寺向阿底峽求教，也曾在熱振寺和種敦一起度過了七年成果豐碩的時光。儘管普穹瓦非常精通《般若經》和相關文獻，但他還是決定專攻大乘禪修。

如同卓彌和馬爾巴一般，阿底峽的傳承，理論上也可以分成專攻修持者和注疏傳承者。普穹瓦雖然在這兩方面都受過訓練，但真正擅長的是前者。他終日靜坐，弟子相對較少。然而，他神奇的能力和神祕的人格，使他成為十二、十三世紀噶當派祕密文獻——《噶當全書》（bKa' gdams glegs bam）中的神話主角。[13]

同樣的神祕性卻無法適用於博朵瓦‧仁欽賽，因為他在中央西藏可說是名聞遐邇。[14] 他是另一位進入宗教領域的紐氏族成員，由盧枚的繼任者鄂‧蔣丘瓊涅在葉巴寺為他授戒，在那裡他遇見了阿底峽，但他起初是跟隨那措學習。後來，他決定在庫敦‧村竺雍仲處繼續他的教育，並開始專攻辯經（mtshan nyid）。阿底峽去世後，他去了熱振寺，在那兒他遇到了另外兩位同門師兄弟，並繼續學習經教七年。

與博朵瓦密切相關的是第三位師兄，堅俄，他是另一個偉大的宗教氏族——巴氏族的子孫，這個氏族的成員一直是王朝時期佛教的核心分子。[15] 在他十七歲時，堅俄在堆龍（sTod lung）的東部戒律傳統寺院受戒，並於阿底峽停留在附近時遇見了他。由於這次邂逅，堅俄萌生了拜訪菩提迦耶的願望，並

开始学习梵文,以便成为一名译师。但他的计画发生了变化,在二十五岁时,遇见种敦。这位热振寺创建者要坚俄放弃成为译师志向,并收他为徒。坚俄与博朵瓦一样,在种敦身边待了七年,担任他的侍者(所以他名叫:「坚俄」,是近侍之意),主要学习「道次第」文献。由于三位师兄弟共同守护噶当派教法,他们认为自己是十六位大阿罗汉当中三位的转世。十六位大阿罗汉是佛法坚定的护持者。不过人们赞扬他们是观世音、文殊师利和金刚手三大菩萨。

1064年种敦去世后,热振寺由下一任住持恰玖巴千波(rNal 'byor pa chen po,1076年去世)逐步扩大,但这三位师兄弟却前往其他地区,开始了他们四处奔波传法的生涯。由于当时在西藏各地传播的,大多是菁英导向的佛教形式,噶当派便著手提倡一种更加平等的理念。文献中记载他们延续阿底峡的某种教法,即僧侣们「从今天起,不问姓名,不问氏族,永远以慈悲心,修习菩提心」。[16] 这一理念在整个印度佛教中广为流传,在十一世纪的西藏也得到了好的风评。但它的实施意味著教育方法的根本改变,因为僧侣们必须向群众传达佛教的思想。最后,坚俄和博朵瓦实现了这种改变,他们设计了一种教学风格,在说法时加入了通俗的人物形象和趣谈。[17] 噶当派的解释是,博朵瓦特别仔细聆听了阿底峡的弟子库敦的意见。他阅读了经典,并留意通俗的表达方式,一直在寻求更好的传授佛法的方法。[18]

博朵瓦从各种资料中选取了一些例子,当他说法时,这些例子非常清晰地展现佛教思想。[19] 例如,当一个母亲失去了儿子时,她会一直想著他,不管醒著或睡著,她总是谈论著她死去的儿子。同样地,一个人应当不断思考三宝。人们应该像商

人一樣走向解脫道,因為商人積極看待任何情況。如果下雪,那麼對馬蹄有好處;如果下雨,那就不會有強盜。

他收集了數百個例子、解說和故事,並依照二十五個主題進行整理,形成了《喻法聚寶論》(dPe chos rin chen spungs pa)一書。[20] 這些例子從皈依的思想開始,然後是業力和大乘的理念,即六波羅蜜的問題,最後再加上功德迴向和總結。這包括了標準大乘佛教入門的大部分主題,因此傳法者也會有一本手冊,在對大眾說法時使用。事實上,這種方法即使在今天也很受歡迎,因為在研究這本書時,我發現在現代講座中也聽過許多這些例子。此外,由於教學的口語化性質,各種注釋本中充滿了早期中央西藏的諺語和地方語彙。因此,它們和相關的噶當派文獻,是十一世紀末至十二世紀的語言文化資訊寶庫。由於這些舉措,三位同門師兄弟的追隨者愈來愈多,博朵瓦吸引了兩千多名弟子,堅俄也有幾百名弟子。[21]

博朵瓦和堅俄絕不是第一個使用西藏本土意象和概念的人,因為這些在伏藏文獻中便已經出現過。強調帝國遺產和密咒之力的伏藏表述與噶當派傳法內容之間的差異,在噶當派所發展的觀世音菩薩和度母信仰中,具體呈現出來。由於他們是這位孟加拉大師帶到西藏的大量本尊中的重要組成部分,因此這些神祇經常被認為是阿底峽所發揚光大的,但這不完全正確。藏人早已表現出對觀世音菩薩的熱愛,桑耶寺的阿亞巴洛(Āryāva-lo[-kiteśvara] 的縮寫)[1] 殿是那裡建造的第一間殿堂,專門供奉這尊慈悲的菩薩。

由於噶當派強調大眾宗教,像這三位大師這樣的噶當派傳法僧,將觀世音菩薩和度母變成了西藏人民的宗教祖先。因此,松贊干布和他的后妃們成為這些聖者化身的思想,是在阿

底峽逝世後，噶當派的傳法活動所促成的。十一世紀開始的觀世音菩薩修持法，阿底峽與度母傳奇般的對話，西藏社會律法秩序的艱難處境，以及十一世紀末其他印度大師對這兩位菩薩的重視，都有助於人們關注這兩位本尊。他們從八難中拯救信徒。[22] 這場運動最終催生了諸如「十六明點法教」（thig le bcu drug gi bstan pa）等噶當派神話和修持法，並使一個以世俗為導向，以觀世音菩薩為中心的齋戒閉關（smyung gnas）流行起來，齋戒閉關之弘傳與噶當派僧人密不可分。[23]

在這股大眾宗教的熱潮中，拉薩大昭寺的地位變得至關緊要（圖14）。大昭寺不像桑耶寺那樣的大寺院具有雙重使命，因為它的主要用途，是連結西藏人民與諸佛菩薩。有意思的是，東部戒律傳承僧侶所修繕的寺院中，並「不」包括大昭寺。布敦解釋說，他們一般都避開拉薩，因為那裡是懲戒之地，這相當難以理解。[24] 依據阿底峽傳，這位孟加拉大師可能在1047/48年左右的中央西藏之行中，應鄂‧列貝協繞之邀，參觀了該寺著名的覺沃佛像，並獻上了精心製作的供品。[25] 這有可能是真的，但我們很難區分阿底峽的真實活動和傳記中所記載的，他與該建築之間的神奇關係。因為他本應已在大昭寺發現了伏藏本《柱間史》。有間「拉薩的寺廟」據說是阿底峽與那措合作翻譯四部作品的地點，但從作品的屬性來看，它一定是在他的拉薩住所──「歡喜光輝」（dga' ba 'od 'phro）所翻譯的，顯然不是在大昭寺。[26]

阿底峽精心計畫的參訪活動很令人懷疑，因為大昭寺顯然是在復興時期，才首次由一位噶當派學者桑卡譯師加以修繕，那時可能是在1070年代。《賢者喜宴》（mKhas pa'i dga' ston）提到了它的破敗狀態：「人民起義後，拉薩的兩座寺廟

圖 14　拉薩大昭寺入口（作者攝）

（小昭寺和大昭寺）都未被供奉。它們都變成乞丐居住的地方。在每個經堂裡，爐子冒著煙，經過很長一段時間之後，油煙燻黑了牆壁。」[27] 所有塑像的狀況也很糟糕，桑卡譯師和當地的工作人員侹瓊廓奔（mDol chung bskor dpon）一起趕走乞丐，以更換塑像，修建新牆，並將該建築變成一座正常運作之寺廟。[28] 事實上，《柱間史》指出，經過一段宗教衰敗時期之後，一個新的社區出現並資助翻新這座寺廟。[29]《柱間史》強調，西牆的繪畫與雅隆河谷其他帝國時期的寺廟如昌珠寺的壁畫，都在向人們訴說，第一位贊普松贊干布是如何成為觀世音菩薩的化身的。[30]

下一世紀的噶當派文獻，則提供了阿底峽在桑耶寺看到神奇的佛陀和度母唐卡（thang ka）的證明。我們知道這類卷軸畫對綠度母信仰傳統極為重要。事實上，在熱振寺受歡迎的某件度母畫像的唐卡複製品，奇蹟般地從十二世紀保存了下來，它說明了綠度母的信仰形象以及弘傳的方法。[31] 怛特羅佛教藝術對繪畫的強調遠遠超過雕塑，雕塑在密續中基本上是被忽視的。印度的這種傾向在西藏成熟，以各種方式製作一系列繪畫來傳達信息的作法，在西藏也逐漸發展。然而，熱振寺最重要的肖像之一是白度母的青銅像，它被稱為「戰勝度母」（g.yul rgyal sgrol ma）。據說是阿底峽的兩尊私人塑像之一，而另一尊是更著名的文殊金剛像。[32] 這尊特別的度母像，據說曾保護印度免受土耳其軍隊的侵擾、曾與種敦交談並從一場火災中倖存下來，這些都是這尊著名雕像的傳奇故事。這類繪畫和塑像連同阿底峽等偉大聖人的遺骨和舍利塔，共同為在家信眾提供了一個參與佛教的機會，無須菁英人士參與其中。

除了噶當派以外，馬爾巴的噶舉派信眾，也創造和培養了

弘傳大眾佛教的另一種方式,那就是傳唱道歌。這種性質的口傳文獻,一直是印度佛教的重要組成部分。而從早期開始,敘事文學(sgrung)也一直是人倫之法(mi chos)的一個重要面向。雖然寧瑪派在創造帝國偉大聖者的宗教敘事上速度肯定不慢,但詩歌和口頭傳唱的歌曲,在西藏佛教中並沒有得到很好的體現。直到像密勒日巴這樣的噶舉派大師才成功地在教學中融入了口語和故事。儘管文獻將這些人描述為獨居的隱士,但他們既獨住,也群居共修。他們往往混跡於市集、朝聖地或當地寺廟的人群之中,經常托缽乞食,仰賴在家眾的布施為生。他們的詩歌以印度成就者的道歌為基礎,結合了西藏的詩歌形式和民謠曲調。這些偈頌為廣大的西藏群眾所接受,就像他們的印度前輩詩句一般。

密勒日巴被認為是馬爾巴的四大弟子之一,屬於強大的瓊氏(Khyung)族的一個分支,雙親都是其出生地貢塘札(Gung thang tsa)地區的富豪和重要人物,他約莫出生於1040年。[33] 他從小就有歌唱的天賦,他的父母給他取名「聞喜」(Thos pa dga')。但他的家庭遭遇了悲劇,首先是他的父親可能因傳染病而過世,其次是財富被族人和朋友偷走,令他們陷入貧困。因此,他來自娘氏族的母親變得憤恨不平,便把兒子送到巫術(mthu)大師允敦·措嘉(g.Yung ston Khro rgyal)處學習,後者讓密勒日巴在另一位大師努芎(sNubs chung)醫生那裡學習法術。[34] 經過一年多的練習,密勒用他新得到的法術技巧殺死了他的對手,並用冰雹毀掉了他們的莊稼。後來,密勒日巴懺悔了他的罪行,並向一位名叫榮敦拉噶(Rong ston lha dga')的人學習大圓滿法。由於他沒有從修行中得到任何益處,便被大圓滿上師派去承受馬爾巴大師所施加

的磨難。

　　密勒日巴所經歷的各種考驗，經由早年英譯的藏寧版傳記已廣為人知，這些考驗在西藏廣為流傳，成為密勒日巴傳奇的一部分。事實上，噶舉派文獻十分強調求法的譬喻，這在那洛巴的傳記中扮演非常重要的作用，致使馬爾巴前往普拉哈里寺的旅程也在後來被改寫，以符合那洛巴的故事模式。那就是，雖然遇見各種神祕的引導者，但他再度啟程，尋找真正的大師。[35] 無論如何，馬爾巴無疑是一位難纏的上師，密勒日巴當然也需要在巨大的壓力下，才能贏得教導。經過幾年噶舉派瑜伽修持法的訓練，他終於在四十多歲的時候離開馬爾巴，去尋找他的家人。但他發現老家已成為斷垣殘壁，便到高山上的洞穴中修習拙火瑜伽。密勒日巴帶著他的學生前往各個朝聖地，特別是偉大的神山——岡仁波齊（Kang rin po che）、苯日神山（Bon ri）、扎日神山（Tsa ri）等。藉由他的例子，創造出白衣瑜伽士的原型。

　　密勒日巴的文學遺產同樣值得關注，因為他肯定為使用民謠形式創作佛教詩歌廣開大門。此形式不僅易於被接受，而且受到了尊重。由於我們沒有任何作品確定是由他所寫，所以難以確認篇幅浩瀚的《密勒日巴道歌集》，是否真的出自這位布衣聖人之手。因此，他的文學人格成為一種載體，不同的作者可以通過這個載體，來匿名表達他們的看法和感受。在密勒日巴之後的時代，《十萬道歌集》（*mgur 'bum*）成為噶舉派文獻的標準體裁。其中許多歌曲包含了藏語中最好的文學作品，感動了人們，也喚起讀者對人性弱點的認識，這在許多聖人的作品中是格外欠缺的。[36]

　　例如，密勒日巴故事中最悲慘的時刻，是這位四十多歲

第七章　十一世紀末——從密教傳承到氏族廟宇 · 451 ·

的瑜伽士回到家，那裡已成了一片廢墟。房屋一半塌陷，田地裡只有雜草，他看到母親的白骨散落在家門口。家已成了鬼魂出沒之地。他得知妹妹在遠方流浪行乞，而村民們對於密勒日巴為回應母親復仇的願望而發出的惡咒，感到恐懼。三世噶瑪巴（Karmapa III）文集中，描述了他認為的萬念俱灰的密勒日巴：

> 這房子，四柱六樑，
> 這些日子如同雪獅上顎一般〔毫無價值〕。
> 這座塔，四角八面，第九面為其塔尖，
> 如今如同驢耳一般〔平凡無奇〕。
> 名為沃嫫（Wor mo）的一塊三邊形窪地，
> 現在是雜草的故鄉。
> 那些我盼望求援的近親，
> 如今卻成為敵人的軍隊。
> 這又是一個無常和虛幻的例子，
> 我將以此意象，創造瑜伽佛法。[37]

這只是一首長篇幅道歌的一部分，而流傳下來之偈頌的性質，再加上其他早期作品集中的典故，說明這些情節早在佛教出現之前，就已經是在鄉間講述故事的流浪吟遊詩人的素材。一旦民間故事傳播者對佛教故事的挪用，不僅正當也受歡迎後，以噶當派和噶舉派為代表的高雅文學與菁英瑜伽傳統的成功，就得到了他們強而有力的支持。高原的文盲和半薩滿吟唱詩人們，享有徒步遊歷之生活和現成的聽眾，將佛教的瑜伽士和文人雅士，添加到他們本就擁有的神靈、國王和奇幻生靈的

眾神殿中,為群眾提供更動聽的故事。

　　十一世紀末,衛藏地區的大眾宗教復興,是以犧牲菁英宗教傳統為代價。這些菁英宗教傳統支持密續思想,或掌握在貴族手中,當時的西藏宗教大多兩者兼備。噶當派弘化師和噶舉派詩人,使普通的西藏牧民、定居的農民和富裕的城鎮商人能夠直接接觸到宗教,成功地顛覆了帝國敘事和氏族起源故事。在平等主義的推動下,它允許信徒與觀世音菩薩和度母,或與新興的西藏宗教聖者和本尊進行直接對話。然而,如果認為這完全是為了反對新譯派或舊譯派菁英,那就錯了。因為幾乎所有這些流行的表達方式,都與那些宣揚史詩般的帝國敘事,並闡述西藏其他精神層面的吟遊詩人,建立了密切的聯繫。最終,通俗的宗教信仰發展為另一種伏藏,如《柱間史》。西藏被視為佛陀佛行事業之地,而這種過去對印度人展現的精神動力,現在則被重新引導到西藏的藏人。

十一世紀末的知識全盛時期

　　除了推廣通俗宗教以外,十一世紀末還迎來了一場知識的全盛時期。其中一部分是由當時的譯師們所激發,他們開始質疑寧瑪派經典的起源。寧瑪的九乘思想也受到懷疑,舊傳統的詞彙也被認為有問題。這些批評轉而又引發譯師們對自身的評價。正如我們曾討論過的,新譯派的權威人士有時很難確定哪些文本是真實的。在 1092 年寂光王的詔書中,即使是正宗的印度文本和大師,有時也會因其德行不佳而備受譴責。尤其在西藏西部,愈來愈多人覺得印度佛教令人擔憂的變化莫測,而藏人應向最優秀的代表人物,尋求適當的方法,來因應其複雜

第七章 十一世紀末——從密教傳承到氏族廟宇 · 453 ·

性。後來的一些班智達們如帕丹巴或慧藏等人之行為，又加深了這種不安全感，因為他們兩人在遇到新情況時，似乎都創造了新的教法。隨著時間的推移，人們開始在義理的類別、正確的佛教詞彙、文本和教法的類型做出改變，使得顯密（非密續和密續）教法不致相互混淆。

東部戒律傳統的僧侶們主要研究顯教經典，除了戒律本身之外，他們還重視《般若經》、《阿毘達磨》、《瑜伽師地論》、其他大乘經典和相關作品。我們不清楚他們如何運用這些經典文獻，但他們的研究無疑是以帝國時期的教學為基礎。他們也探索了認識論，約莫是在十一世紀的最後二十五年，兩位僧人達波旺傑（Dwags po dBang rgyal）和瓊波·札謝（Khyung po Grags se）代表了古老的量學研究（tshad ma rnying ma）。據說這兩人曾在拉薩的紅山上挑戰對方。也許是辯論，也許是更一般的意義。紅山是布達拉宮（Po ta la）的所在地。[38]

因此，中央西藏從印度教學中心引入非密續教法的時機已經成熟，這首先是在鄂譯師·羅丹協繞的推動下實現的。他是桑普寺的建造者鄂·列貝協繞的侄兒。鄂譯師並非阿底峽的弟子，他是在這位孟加拉學者去世五年後才出生的，但鄂譯師深受噶當派學問傳統的影響。與專門研究表面上是佛語經典的東部律僧不同，鄂·羅單協繞研究的是論典（śāstra）。這些論文是由有影響力的學者們所撰寫的，並且是根據印度大寺院知識分子偏好的方式所撰寫的文本。其中包括瑜伽行派的專門作品——特別是託名彌勒的五部大論，以及法稱和他弟子們所寫的認識論著述。

鄂·羅單協繞很可能是因為參加了1076年由赤札希·

哲德（Khri bKra shis rTse lde）於托林寺主持的一次重要的譯師大會而大受啟發。[39] 過去也曾舉辦過其他宗教集會（chos 'khor），但這是一個關鍵時刻。在場學者中有六或七位譯師，包括曾經修繕大昭寺的桑卡譯師。密續譯師熱譯師·多吉札也在場，但他比較特殊，因為該會議強調的是非密續典籍的探討。對於十七歲的鄂譯師來說，這種知識上的鼓勵和使命感一定非常深刻，因為他決定繼續學習梵文。[40] 然而，鄂譯師的學習地點並不在印度，他在迦濕彌羅與波羅希多巴德拉（Parahitabhadra）、巴耶惹佳（Bhavyarāja）、薩佳那（Sajjana）等學者們一起學習了十七年。

當鄂·羅單協繞回國時，他隨身攜帶了一些已經完成的譯本和其他的印度文本，這使他不僅生產了更多的譯本，而且還撰寫了大量的注釋本和精選研究，長、短篇皆有。[41] 這種作法並非沒有風險，因為藏人對於其他藏人撰寫自己的著作，表達了一定程度的憂慮。知識分子的這些批評，既確保了藏文論典能夠妥善書寫，也能應對潛在的反對意見。但這種極端保守的立場注定是要失敗的，因為它錯誤地理解了佛教知識文化複製的方式。獨立論著以及其來源、教義講座和個別指導，既是來自良好的教法的結果，也是進一步對有問題的思想再次進行探索的動力。顯而易見的事實是，儘管佛教義理結構既複雜又深奧，但它們始終存在著許多棘手的理論、教義問題和難以妥善解決的悖論。

不過，藏人離獨立撰寫論著還很遠。鄂譯師在印度出版的兩本論書（《寶性論》和《現觀莊嚴論》），並未陳述爭議領域的解決方案，而是概述基本原理，研究其原始文本的結構和內容，並以那些尚未深入學習大乘思想者可以理解的方式來進

圖 15　鄂‧羅單協繞之墓（臨摹自理查森之照片）

行討論。[42] 這兩本書以容易理解的方式講述書中偈頌的意義，儘管有時缺乏解釋。[43] 總的來說，鄂譯師的這兩本論書是當時優秀的教學手冊，這興許是這兩本得以保存，但他大部分其他作品似乎都已遺佚，僅留下了他的墳墓做為朝聖之地的原因。（圖 15）

除了鄂‧羅單協繞以外，噶當派僧人此時開始嘗試為佛法修道建立一個理論架構，以涵蓋他們大部分所學的內容。從密續的例子中可以看出，標準的方式是建立一個以兩種方式運作的道路。首先，要描述各種佛教修道之間的關係；其次，要描述遵循這些道路的方法。這個問題很重要，因為在接下來的九百年裡，西藏佛教界討論的重要話題之一是，遵循顯教教法的大乘般若道（pāramitānaya），是否也能如採用密續修持法的密咒道（mantranaya），獲得此生完全解脫的結果。對於跨越分歧並使用此二道的噶當派僧侶來說，這個問題絕非純粹的解經學問題。如果以同門三賢為代表的傳承，不能藉由密咒道的方法通往解脫，那麼他們就會被認為是為了一個平凡無奇的目

標,而花費大量的時間和精力。這種作法對於為了興建嶄新且昂貴的寺院而尋求財務護持時,是不可取的。一些噶當派僧人試圖將若干佛教修道整合於一個思想下,有些人還因此使用了備受爭議的術語「大中觀」(Mahāmadhyamaka)。[44]

陳述(和論證)標準大乘佛法的需求,促使鄂‧羅單協繞的弟子們發展教法,最終形成文本。這些文本闡述了道次第(lam rim)和教法次第(bstan rim)的架構。[45] 這些文本的主題架構,類似博朵瓦《喻法聚寶論》作品中的主題架構,但預設對象是更有文化素養的讀者。它們涉及的主題與通俗作品中的主題相似,但以較有深度的論述和引文來解說,而非通過民謠來傳達。在佛教傳入西藏之前,這種博學的大乘論典歷史悠久,瑜伽行派和中觀派的大部分文獻都致力於類似的創作策略。但隨著大乘教義的全新發展,以及中央西藏廟宇和寺院數量不斷擴增新弘法領域,使得人們對於新的綜合性論述的需求變得愈發迫切,尤其是在十一世紀末的論戰氛圍中。這種文本的發展方向,最終產生了廣受歡迎的西藏佛教經典作品,即岡波巴的《解脫莊嚴寶論》(Dwags po thar rgyan)和宗喀巴的《道次第廣論》(Lam rim chen mo)。

噶當派的另一個貢獻與此密切相關,也就是名為「修心」(blo sbyong)文本的修行手冊體裁。這類作品專門介紹大乘禪修的基本修持法,並建立在噶當派對寂天《入菩薩行論》(Bodhicaryāvatāra)的強烈喜好上。寂天在其關於禪修的章節中,融入了瑜伽行派的禪修法。十世紀阿若‧益西瓊磊的《入大乘瑜伽行法》也起了幾乎相同的作用,而且影響極大。據說這是阿底峽在所有藏人著作中最喜歡的作品。[46] 道次第和修心書籍發展得不錯,並且彼此密切配合,因為後者證明了前

者所討論之理論架構是切實可行的。它們共同確立了大乘道次第的真實性和可行性，是十一世紀衛藏地區密續霸權的一大挑戰。

鑑於資源和興趣的關係，我們可能會期待密續在義理研究方面有更廣泛的發展，但它主要關注的仍是翻譯和儀軌。像馬爾巴和卓彌這樣的譯師，當然有獨立作品，但從倖存的少數作品和標題來看，他們自己作品大多篇幅不長，致力於澄清晦澀難懂的密續口訣。[47] 然而，這兩位傑出的譯師，都有弟子繼承了注釋傳承（bshad/gzhung brgyud），並撰寫主題廣泛的著作。鄂·確吉多傑是鄂氏族的一員，該氏族成員在十一世紀的西藏佛教中有舉足輕重的地位。鄂·確吉多傑是繼承馬爾巴解經學的弟子，他將七個主要的壇城系統化，並在雄城（Zhung）建立了日沃瓊定寺（Ri bo Khyung lding）。位於現代貢嘎（Gong dkar）機場南方。[48] 卓彌的弟子謝威寧波（gSal ba'i snying po）撰寫了一部關於《喜金剛續》的注釋本。據後來的傳記作者們說，這部注釋本因其清晰明瞭而造成了他與卓彌之間的緊張關係。[49]

這一時期流傳下來最重要的兩部西藏密續專著，不是注釋本，而是描述具體密續道的專論。桂譯師·庫巴列介的《密集總匯》（*gSang 'dus stong thun*），是一部根據龍樹、聖天及其追隨者的聖賢學派所修持的密集續傳承，所寫出的豐富且出色的介紹。該書的六個章節討論了基本的人物、現象的本質、修道的障礙、經由灌頂介紹密續、密續修持法，以及最後的成果。[50] 大多數章節都很短，而各章的要點事實上有些誤導，因為八成以上的內容是關於第五章，密續修持法。顯然，該書重點是儀軌。因此，各種哲學論題以「密咒實相」

（mantratattva，該書第 369 頁以後）下的次分類來介紹的。由於他幾乎沒有提到密續文獻的編排，不幸的是，被認為是這位博學卻惡名昭彰的十一世紀學者所著之《續部總集》(*rGyud sde spyi'i rnam bzhag*)仍未被找到。

若將桂譯師的作品與十一世紀中最具代表性之密續學者榮松・確吉桑波的巨著進行比對，應有助益。我們已經研究過榮松・確吉桑波對於寧瑪派的辯護。榮松活躍於十一世紀下半葉，在過去大圓滿心部（sems phyogs）大師所奠定的基礎上繼續努力。而心部大師中最重要的便是阿若・益西瓊磊。榮松無疑是當時極有影響力的寧瑪派知識分子，有著既深入且廣泛的著述。其中，他的《入大乘理》(*Theg chen tshul 'jug pa*)是西藏解經學的一個重要里程碑。[51] 該書共有篇幅一致的六章，主要運用阿毘達磨、瑜伽行派、中觀和《般若經》文獻的類型，以一種非常複雜的方式，逐步確立心部立場。[52] 那些精通從王朝時期不間斷地傳承下來的教傳文獻的這類人，定會欣賞他的流暢和細緻，特別是他將瑜伽行派的「三自性」(trisvabhāva) 思想，做為一種釋經的工具。

當我們審視桂譯師和榮松這兩位大師之間的作品差異時，他們各自的著重點便顯而易見。榮松幾乎沒有提到儀軌，對他來說，大圓滿主要是一種理解實相的方法，他一直在重新審視感知和事件現象層面的問題。但這並不意味著榮松對儀軌本身不感興趣，他深入普巴金剛體系，使得某個傳承以他的名字命名為榮派普巴（Rong lugs phur ba）。而他現存的梵文譯本，本質上就是儀軌，但他似乎認定儀軌不屬於大圓滿乘。[53] 相反地，儘管桂譯師在哲學方面的論述多少有些勉強，雖然在檢視第四級灌頂時，實際提到過一次大圓滿（第 73.2 頁）。不

過，就他的興趣和編排方式而言，他密切地反映了十至十一世紀印度權威人士的傾向。而且他的作品在各種文本的引用和作者的引述舉證上，是傳統義學的不朽之作。在這方面，榮松似乎對其他著作缺乏熱情和興趣，即使是專門討論大圓滿文本的第五章，也大多是來源不明的引文，只有少數列出了標題。

榮松的著作也可說是某種時光穿越之作，一種延續到十一世紀末的教義好奇心。他的著作以哲學思想和心部學說為主，反映了他本身的傳承。因為就如同早期的寧瑪密續一般，榮松似乎對來自喜馬拉雅山一帶的新儀軌形式漠不關心，而他的作品不同於桂譯師，就像寧瑪密續的《本覺自現大續》不同於新譯密續的《喜金剛續》一樣。榮松的著作大部分實際上極力避免了來自當時印度學界的語彙、論證方法和類型建構；儘管這些是由鄂‧羅單協繞及其後繼者帶到中央西藏，並且成為十二世紀後，大多數藏人撰寫感知一類主題的必備元素。回顧歷史，當我們考慮榮松對寧瑪派作品的注釋脈絡，可以發現他似乎做了最後的嘗試，以重申帝國遺留的義學傳統。他以大乘佛教的詞彙為基礎整合的大圓滿觀點，成為所有佛教解脫論的巔峰之作。

卓彌的遺產和下一個世代

榮松和馬爾巴做為密教的居士學者，在西藏宗教界享有共通的策略性地位。居士屬性簡化了體制性生活的許多面向，因為繼承權和接班人不是問題，但也暗示著這些上師與桂譯師等佛教僧侶並不完全相同。熱譯師在享受在家生活的同時，仍假裝成僧侶來規避這種情況。不過，卓彌一直都堅守戒律，直到

晚年才結婚，進入了一個貴族家庭。這些上師在各方面，都必須努力解決氏族家庭、貴族地位和土地所有權等問題。

卓彌的接班人可以說明許多這類的難題，因為在某種意義上，繼承問題被視為傳承的一部分。卓彌可能類似馬爾巴，他們的後代在宗教上都沒有什麼特別之處。而卓彌在他的弟子中使用了分而治之的經典技巧。他處理後代傳承的方式是，他只向弟子傳授「口訣法」（*upadeśanaya）或「注釋法」（*vyākhyānaya）這兩種傳統中的一種。卓彌也擅長獨特性的教學模式，他宣稱不會將道果法傳予四耳（即兩個人），也不會將密續傳予六耳（即三個人）。因此，西藏文獻往往以一種特殊的方式，來確認卓彌的弟子，例如五位完成了注釋法中的文本指引的學習，三位接受了道果體系的口訣法，七人取得了一定程度的成就。然而，由於名單是特定傳承傾向的，因此造成了許多分歧。[54]

在研究文本的弟子中，拿里巴・謝威寧波和薩迦派創始人昆・貢丘傑波都有傳記方面的紀錄。[55] 拿里巴寫了一本《喜金剛續》的注釋本，這似乎是現存關於該續的最早的本土注釋本。[56] 拿里巴的父親是一名來自古格王國早期中心地區芒域或普蘭（Pho brang）的僧侶。如同這時期的許多人物一樣，父親教導他閱讀，他的父親可能專門研究寧瑪派普巴金剛的儀軌。[57] 拿里巴依照寧瑪派的學習傳統，研究了東部中觀三著作，並成為一位廣受尊敬的上師。[58] 約莫在卓彌年事已高時，他請求卓彌為其灌頂，最終專精於蓮花金剛/湖生金剛之修持儀軌。據稱，拿里巴曾在工布授課一段時間，獲得了聲譽和財富，他把這些財富全都獻給了卓彌。

然而，與噶舉派類似的是，道果傳承盛讚那些在道果法上

獲得特殊指導的弟子,如拉尊葛里(Lha btsun ka li,卓彌的姊夫)、種・德巴敦芎和謝敦・昆里(Se ston Kun rig)。其中,拉尊葛里有婚姻與政治方面的關聯,但種・德巴敦芎是一位重要的宗教人物。他屬於種氏族(Drom clan),這個氏族從王朝時期起,就具有一定的政治權力和威望。[59] 種氏一直是個相對較小的氏族,在分裂時期顯然很成功。十一世紀時,種氏族有兩人脫穎而出,即道果弟子和種敦・堅威瓊磊,他是阿底峽的親近弟子和熱振寺的創始人。[60] 此二人在遇到他們的根本上師之前都相當富有,並在佛教修行方面受過良好的訓練。[61]

種・德巴敦芎是一位精通寧瑪派傳統的「瑪摩命滴」(Ma mo srog tig)儀軌大師。據說他與其他十一世紀的寧瑪派人物一樣,在桑耶寺發現了一種新的瑪摩修持法伏藏稱作《天女四指箭鏃》(Lha mo'i mde'u thun sor bzhi),並在前往目谷隆寺的途中,藉由主持相關儀式而積累了大量財富。[62] 德巴敦芎到達卓彌的居所後,要求接受道果法灌頂,並給予譯師相當慷慨的供養。在灌頂儀式期間,他每天都會獻給卓彌一個黃金壇城,要求能夠主持儀式。並獻上一件精緻的絲綢下裙,當時這種衣服在藏區相當罕見,其價值超過一隻羊,但卓彌沒有接受那件絲綢裙。[63] 德巴敦芎還做了很大的供餅,每個供餅都需要兩人才能搬動。此外他也敬獻叫做「酪堆」(zho spungs)的綠松石給這位目谷隆譯師。

德巴敦芎獲得廣泛的教法後,在該地區停留了一段時間。某次開口向卓彌商借一匹馬。這位譯師直率地拒絕了這個無傷大雅的請求。他說:「上師不向學生獻供!」卓彌的回答想當然的讓德巴敦芎深感沮喪,於是他前往拉堆定日榭(La stod Ding ri shed)。他在途中罹患了一種疾病,臨死前後悔離開卓

彌，認為自己因糊塗而缺乏信心，以至於未將卓彌視為佛陀本人。因此，德巴敦苢安排將他所有的書籍和物品，十七匹馬滿載的家當獻給這位偉大的譯師。據說卓彌得知他虔誠弟子的命運時，激動得流下了眼淚。說他的心彷彿因悲傷而蹦出體外。他表達願意指導德巴敦苢的任何弟子學習道果法。但令人吃驚的是，幾乎沒有人接受這個提議。不過，德巴敦苢確實創建了未經薩迦派傳承的兩種道果之一：「種之教法」。哦千未完成的十五世紀道果法研究中，確認了來自這傳承的極廣卷文獻（po ti shin tu che ba gcig）的存在，包括《道果根本頌》的注釋本和更專門的教法，如「十密法」的作品等。[64]

卓彌另一位偉大的道果法弟子謝敦・昆里的影響更大，因為卓彌教法的兩個最重要的傳承：昆氏傳承和薩瑪傳承，都是由謝敦培養出來的後人所維繫的。謝敦和卓彌有點像，他也是一名放牧氂牛的牧民，地點在由拉孜分流而出的雅魯藏布江北側的多克堛（mDog smad），約莫是在熱嘎藏布江（Raga Tsang po）河谷下游。[65] 與卓彌不同的是，謝敦來自謝氏（Se）族，這是一個古老的氏族，是神話中西藏最早出現的六大氏族之一。[66] 後來的說法是，謝氏有兩個分支，即迦氏（skya）族群和介氏族群。謝敦屬於後者，顯然與介氏這個大氏族有某種關係。《青史》中說，當謝敦和薩千・貢噶寧波相遇時，謝敦八十六歲，而薩千「大約二十歲」，此後不久謝敦便去世了。[67] 這意味著謝敦大約生於1026年左右，活到1112年左右。[68] 不管謝敦的生卒年代為何，他活了一段很長的時間，而且我們沒有什麼理由懷疑他在1110年後的某個時間點與薩千・貢噶寧波會面。他和卓彌的背景相似，這可能是他前往目谷隆學習的動機，也是卓彌同意他請求的理由。

有個流傳下來的趣聞是,在謝敦還是個小男孩時,他發現了一群三十三頭野生黑犛牛,便用甜草引誘並設法捕獲了一些。他帶著他的犛牛群向南越過雅魯藏布江,把牠們帶到卓彌處,做為接受道果法灌頂的供品。謝敦顯然來的正是時候,因為他被列為德巴敦芎去世後,接受道果法的特定受法者之一。不過,他提供的幾頭不值錢的犛牛,一定讓貪婪的卓彌覺得不屑一顧。據說卓彌曾說過,與他以往得到的供養相比,這些東西是多麼微不足道。但謝敦表現出的信心和毅力扭轉了局勢。在接下來的幾年裡,謝敦住在卓彌附近,並修習了教法。現有文獻對於他與卓彌共同生活了多長時間,存在分歧。顯然卓彌有天取笑他說:「謝希望有舌頭〔想成為一名傳法者〕,但他卻像個小偷一樣,帶著我所有的教法逃跑了。」[69] 這其實是一個很好的雙關語,因為 lCe 這個字在藏文中可以表示舌頭或介氏貴族(謝敦來自介氏族的分支謝氏)。因此,卓彌嘲笑謝敦想成為貴族,但行為卻像夜裡的小偷;或者想成為傳法者,但行為卻像個懦夫。謝敦聽到這個批評後大受打擊,但卓彌向他保證他只是在開玩笑。

謝敦最終建立了卡瓊寺(mKhar chung),他的謝・卡瓊瓦(Se mKhar chung ba)的稱號也由此而來。這座寺廟大約坐落於曼卡河谷中部,靠近嚓千大舍利塔的最終安放之處。不過也有其他幾個地點也稱作謝卡瓊。我們可以推測他可能是以卡瓊瓦(mKha rchung ba)做為他居所的名稱。[70] 為了圓滿他的教育,據說謝敦曾跟隨薩迦派創始人昆・貢丘傑波學習過一段時間。雖然有關謝敦的資料不多,但這些資料確實說明了他並未像德巴敦芎那樣,進行盛大供養。文獻中經常指出他給予卓彌很少的「侍奉」(即供養),但卻刻苦修行。如果我們能了

解他與尚‧貢巴瓦、薩瑪家族、薩千等人的往來紀錄，就可看出謝敦實際上是一個相當內斂的人物，他傾向隱藏自己對卓彌新教法的理解，但倚靠基本的儀軌維持生計。

昆氏族的神話和家族傳承的薩迦寺

卓彌的遺產得到中央西藏昆氏家族最為具體地培育與發展。昆氏家族應可被視為世界上偉大的宗教氏族之一，與日本皇室家族相似。昆氏家族在中央西藏南部的薩迦地區資源匱乏的基礎上，創建了一個穩定的道場。經歷了劇烈的社會變化，從王朝時期倖存至今。他們是最為成功的氏族，將可溯源至王朝時期的舊譯教傳儀軌，以及根據較晚期的譯本為修持基礎的新譯派修持法整合。昆氏家族在近一個世紀的蒙古人統治裡（約 1261-1358），成為國家的治理者，並在獲得和失去政治主導權的過程中存活了下來。而獲得和失去政治主導權，都可能對一個家族造成致命的傷害。在他們的努力經營下，薩迦教派誕生。儘管自十五世紀以來，薩迦家族、教團和道果法出現分裂現象，但薩迦派仍然保持著精神信仰的名望。雖然昆氏和薩迦派沒有得到應有的重視，但在某種程度上，這正是因為他們的保守主義立場，以及不願與現代世界妥協的原則所致。

如同王室一般，許多古老的西藏貴族都發展了天神後裔的氏族神話。他們從一個特定的地點降臨人間，藉由與生俱來的領袖魅力，進行統治。這些神話往往結合了佛教中眾許摩訶帝（Mahāsammata）獲取王權的故事，以及西藏本土通過天空和山峰間的一些神聖通道降臨人間的模式，然而，這些傳說的起源是不確定的，我們有證據表明這些神話隨著時間繼續發

展,特別是在十二世紀以後。由於九世紀中葉王朝崩解後,西藏政權顯著的不穩定,那些有可能獲得權力的貴族,試圖依照西藏或佛教的神聖標準,藉由自詡為神聖的後裔,來提高自己在公眾心目中的地位。這種手法並不令人驚訝。昆氏家族顯然不願意接受任何次級的地位,他們巧妙地闡述了一個既是西藏又是佛教的神話。然而,它的氏族起源神話相對較新,因為在1352年的氏族史中,該故事似乎仍不為人所知,直到1363年的《紅史》(Deb ther dmar po),才出現一個早期的版本。[71]

這些資料講述一個匯整了三個主題的故事,即文殊師利菩薩的慈悲、光音天('od gsal lha)以及諸天(gnam lha)的降臨。文本對後兩類眾生的認定有些彆扭,因為它們來自不同的神話。光音天眾源自《根本說一切有部律》或相關資料中的印度素材,並在西藏廣為流傳。而諸天的降臨則是古代西藏的原始神話。[72] 無論如何,其目的都是為了證明昆氏家族是智慧菩薩文殊師利化身的真實傳承者。由於諸神降臨時一些行為的關係,這個故事在概念上有些困難之處。故事始於三位天神(gnam lha):吉靈(sPyi ring,最長的一個)、玉靈(g.Yu ring,長綠松石)和烏塞(dBu se,灰白頭髮)。他們恰巧來到人世間,被邀請成為王,但只有烏塞接受了這個邀請。他生下了塞吉利(Se byi li)四兄弟,他們與董氏(lDong)部落的十八個部族進行戰爭。董氏是西藏早期神話中的六個部落之一。[73] 他們的叔叔玉靈也加入了這場戰爭,跟他們一起征服了董氏的十八個部族,使他們成為自己的臣民。《薩迦世系廣史》(gDung rabs chen mo)小心翼翼地指出,儘管昆氏是通過與其中一些族群的聯姻而產生的,但這並不代表他們與這些部落源自相同的祖先。

玉靈被穆氏（dMu，六部落之一）的一個女兒穆札丹布（dMu za ldem bu，不穩定的穆氏女王）所吸引，並「在自己的城寨裡迎接她」，這句話巧妙地使用了西藏敬語的暗示用語。[74] 馬桑（Ma sangs）七兄弟是他們所生，其中六人選擇藉由神聖的穆氏繩索隨父親一起返回神界。老七馬桑智傑（Ma sangs spyi rje）生活在人世間，但這是某種位於天空與大地之間的中界（bar snang）。他的孫兒是魯乍達波維千（kLu tsha stag po 'od chen）。他迎娶了蒙莎厝嫫佳（Mon bza' mtsho mo rgyal）。他們的兒子出生在長滿青苔的草地（spang）和石板山坡（g.ya'）之間，因此被命名為「雅邦凱」（石草生〔g.Ya' spang skye〕）。[75] 他居住在香區西北方的一座美麗高山上，這座山后來被稱為「雅邦山」（g.Ya' spang ri）。據說雅邦凱是一位英勇的天神，他被一位名叫迦忍剎黰（sKya rengs khrag med）的羅剎美麗妻子所吸引。於是他與羅剎搏鬥，殺死了他，並娶了羅剎的寡婦為妻。他們生了一個兒子，為了紀念他是經由神魔大戰（lha dang sring po' khon pa）所孕育出來的，因此給他取了個名字叫雅邦昆巴凱（石草戰間生〔g.Ya' spang 'khon bar skyes〕）。因此，我們相信，昆氏家族名的由來，是中央西藏一位天神和一位羅剎之間的戰爭（'khon），他們爭奪一位迷人的羅剎女。這與各氏族傳說的內容一樣有趣。

根據神話，只有在這個時候，諸天神靈才真正下降人間，在一座美麗的高山頂上，名為雪吒噶摩（Shel tsha rgyal mo）。也就是雅邦昆巴凱降生的地方。[76] 一名後世昆氏子孫，昆巴・傑貢達（dKon pa rJe gung stag）為了尋求一個家園，向桑耶寺的國王求助。國王要他去找一個屬於自己的地

方。為了尋找具備優良條件的處所,有豐沛的土地、水、木材、草原和粗石等,昆巴·傑貢達來到拉堆,在年孜塔(gNyen rtse thar)建立了自己的屬地。[77]由於國王赤松德贊對他十分敬重,他被授予內務大臣(nang rje kha)的重任,因此,他被稱為昆·貝波切('Khon dPal po che),意味著偉大吉祥的昆先生。[78]他娶了朗·康巴譯師(Blang Khams pa lo tsā ba)的妻子,他們生了幾個兒子,其中最大(或最小)的兒子是昆·魯伊旺波('Khon Klu'i dbang po),他是七賢士(sad mi mi bdun)之一。七賢士是第一批由寂護在新建的桑耶寺傳戒之藏僧。昆氏族的紀錄顯示,他是這七人中的三名年輕譯師(lo tsā ba gzhon gsum)之一,也是最聰明的一個。

對於昆·魯伊旺波,我們有紮實的史料基礎,所以在此評價傳承的神話是合適的。這些無法不連貫的神話,顯然說明了幾個接續發生的故事。與穆氏結合的天神征服了董氏部落並統治了人類。馬桑諸神的神話是西藏發展的一個階段。以神話肯定了祖先的山神(雅邦山、雪吒噶摩山)在香地區的地位。昆氏之名的由來是神魔大戰的古老泛歐亞神話。昆氏在拉堆的封地與帝國密不可分等。[79]敘事的不連續性是顯而易見的,因為這些故事不斷地把諸神放在人間,又把他們移走,只為了再一次將他們帶回來。實際上,現存最早的昆氏文獻,僅始於優秀譯師僧昆·魯伊旺波。儘管札巴堅贊確實指出,由於檀那師利(*Dānaśrī,即薩千·貢噶寧波)菩薩的緣故,該家族成為善知識的續流之一。[80]這種十二世紀非常謙虛的家庭描述,與十四世紀末以後,昆氏作者們所主張的菩薩化身,形成強烈對比。[81]

這個氏族在王朝時期的確切地位仍無法確定。在現有的記

載中,我無法確認昆‧貝波切得到國家的任命,儘管據說很多人都得到了這種任命。[82] 無論是他的名字或是昆氏的名字,都沒有出現在我所掌握的早期文獻中。[83] 甚至連昆‧魯伊旺波與「七賢士」的關聯也有待商榷。因為一些最早期的資料僅列出了「六賢士」,魯伊旺波不在其中。[84] 不過,可以確認的是,無論昆氏家族在王室中的地位如何,他們基本上處於王朝的外圍。第一任贊普松贊干布的氏族領土名單中,根本沒有提到昆氏。當然也不是所有的氏族都會被提及,譬如重要的朗氏和噶爾氏(mGar)便沒有。[85] 無論如何,各種證據都表明昆氏是個小型貴族,他們可能在拉堆地區,擁有一精心挑選的屬地,但在政治上並不重要。

他們最喜歡的兒子魯伊旺波得到了國家認可的榮譽,是「初級譯師」(lo kyi chung)之一。這是一個非常重要的僧侶地位。[86] 他的教育顯然是在西藏進行的,目前還不清楚他是否曾跟隨其他八世紀一些知名人士到印度學習。在不同時期,官方可能會對外國旅行有所限制,但當時有足夠多的藏人去印度求學。這就值得質疑,為何其他人沒有前往。事實上,有關魯伊旺波的資料很少。薩迦派和寧瑪派作者都把他列為蓮花生大士的弟子,顯然是後人對帝國時期的看法。[87] 我們確知昆氏一直修持古老的普巴金剛和真實黑魯嘎,而且他們與此傳統的關係,很可能可以回溯到王朝時期。[88]

從某種程度上說,昆氏家族跨足進入西藏稀有的貴族階層,可從魯伊旺波的弟弟(或侄兒)多傑仁波切(rDo rje rin po che)與卓氏家族女兒的著名聯姻中看出。[89] 如果不是昆氏的某些能力獲得了官方的認可,這種結合是不可能發生的,因為在帝國和之後的時期,卓氏和瓊波氏是藏區有權勢的氏

族。⁹⁰但是,正是這個與卓氏的聯姻,在王朝滅亡後,給昆氏帶來了不幸。在卓氏和昆氏兩族所居住的卓年孜（'Bro gnyan rtse）鎮,三天內出現了一系列特殊的「徵兆」。第一天,人們看到一匹披著白色羊毛斗篷的白馬;第二天,人們發現一匹披著紅色斗篷的紅馬;第三天,人們在該鎮看到一匹披著黑色斗篷的黑馬。藏人一向多疑,傳言說有人在向卓氏首領挑戰賽馬,這是一個具有政治意味的比喻。人們懷疑多傑仁波切的七個兒子,試圖挑戰他們卓氏親戚的管轄權。一般認為卓氏首領會帶著一群武裝人員來對付他們。昆氏族人的立場是,這些都是卓氏首領所為,因為他們一直以來和平地比鄰而居。但事已至此,七個兒子中年長的六位離開了該地,在西藏西部和南部廣泛地找尋新居,並於芒域、貢塘、謝（Srad）、聶羅柔（gNya' lo ro）和娘下布（Nyang shab）等地區,建立了屬於昆氏的地盤。最小的兒子顯然留在鎮上對付卓氏,最終獲得了成功。⁹¹

經過幾代人的多次變遷,該氏族的一個分支落腳在亞隆（Ya lung,不是雅隆〔Yar lung〕）。亞隆是春水中游流域向南分岔出的一個盆地,就在薩迦最終所在地以西,目谷隆的東北方（地圖6）。因此,後來昆氏與卓彌的關係,在某種程度上是以該氏族在附近地區的實力為基礎的,因為稍後在聶谷隆也有昆氏家族的成員。⁹²他們的許多年輕兒子,後來在該地區被稱為昆氏「八部落」（'khon tsho brgyad）,其中一位名為釋迦羅卓（Shākya blo gros）的後裔,鞏固了下布河谷西部,以及亞隆祖傳土地上的財產。⁹³人們很容易將這個人物與一位名叫昆‧釋迦羅卓（'Khon Shākya blo gros）的上師畫上等號,熱譯師‧多吉札曾與之有過一次特別激烈的爭鬥,他也在目谷

隆擁有莊園，顯然還有農奴。事實上，由於熱譯師聲稱是昆氏敵手之死的同謀，幾乎引發了一場小型戰爭，而且年代確實非常接近。[94]

釋迦羅卓在亞隆生了兩個兒子，大兒子是昆‧協繞慈誠（'Khon Shes rab tshul khrims），小兒子是昆‧貢丘傑波（1034年生）。昆‧協繞慈誠在很小的時候就成為一位東部戒律傳統的僧侶，也就是肅敦村竹（Zhu ston brtson 'grus）的弟子，肅敦村竹隸屬於一個與羅敦有關的團體。雖然昆‧協繞慈誠在肅敦村竹門下並未出家，但他一生禁欲。他顯然走上了這時期一些知名人士所奉行的，具足梵行優婆塞（brahmacari-upāsaka）之道，強調品德的重要性如同戒律一般，儘管他們仍持續修行普巴金剛和真實黑魯嘎儀軌。

相反地，新興佛教修持法和文獻強烈地吸引了他的弟弟昆‧貢丘傑波，[95] 他最初是因為親眼目睹了一個驚悚的事件而受到啟發。[96] 他受邀參加一個卓氏族為生者和祖先（gson gshin）所舉行的儀式時，發現在一個開放的市場裡，二十八名戴面具的瑜伽士，正跳著二十八星宿（īśvarī）本尊之羌舞（'chams），並以能降伏寧瑪派本尊瑪摩惹巴堅（Ma mo ral pa can）的方式擊鼓。[97] 當這種所謂的祕密儀式正在進行時，市場上充斥著商業活動，賽馬也正在舉行，因此，密續傳統的形式和精神同時遭到了嚴重的侵犯。當他向兄長詢問此事件時，協繞慈誠承認這有失體統，並指出今後將難以在舊傳統下取得成就。實際上，這一事件對昆氏產生了一些重大的影響，這些影響一直延續到現在。最耐人尋味的是，沒有任何一個西藏僧團像薩迦派那樣傾力關注保密制度的建立，他們以使用嚴格守祕的密教，做為他們優於其他較不祕密的傳承的一部分說

詞。[98] 這種對保密制度的關注，甚至讓他們直到 1905 年左右才印刷了道果法全集，也影響了他們與我們這個以資訊為基礎的現代社會成員之間的互動。

為了對二十八位跳舞的瑜伽士公平起見，我們必須解釋，在十一世紀中央西藏的宗教復興時期，無論新譯、舊譯傳統，往往都會在市場上舉行宗教活動，包括所謂的祕密儀式。[99] 例如，我們有時會讀到熱譯師‧多吉札在集市的聚會上，進行他的怖畏金剛灌頂，[100] 這恰恰是因為當時很少有地方能夠聚集大量人群的緣故。即使是正在建造的大廟宇或舊王朝所留下的寺廟建築，也無法容納這些參與「宗教聚會」（chos skor）的傳法活動數百人。這些活動視情況而定，從基本佛法教學到最高深的教法教學都有。毋庸置疑的，那些需要遵守密續保密規則的活動，會受到負責人更謹慎的控制。但即便如此，每個主要的西藏佛教傳承，都會不時地舉辦大型的半公開集會，向全部的人傳達「祕密耳傳」的教法。這在十一世紀顯然是真實的，現在也當然如此，所以即使特定教派如薩迦派關注限制這些材料，但最終仍不得不做出讓步。

昆氏兩兄弟為了終止舊儀軌，便將他們擁有的所有王朝的宗教材料——密續傳統的書籍、塑像和相關文物，全都埋進一個佛塔中，正式宣告該傳承儀軌已死。[101] 他們才剛剛這麼做，就被一些宗教護法神，特別是白色日月姊妹神（dKar mo nyi zla lcam sring）告知，有兩個重要的修行儀軌不應該以這種方式處理。[102] 因此，兄弟倆保留了普巴金剛的金剛童子法，和一些真實黑魯嘎的材料，這些仍是昆氏儀軌的一部分。因此，昆氏族至今仍在這些他們與寧瑪派共享的修行傳承中，保有相當強大的基礎。我們能夠理解這種立場的最佳方式是，

大多數西藏僧團,最終均藉由採納一些神祕的伏藏法,而與寧瑪派達成和解。不過,在寧瑪教派之外,只有昆氏可以證明他們的家族一直堅守「教傳」的修行,即從王朝延續下來的宗教體系。

舊儀軌終止後,昆‧貢丘傑波準備好要研究新譯經典了,他向白布克(sBal phug)的一位名不見經傳的金譯師('Khyin lo tsā ba)學習,開始研修喜金剛著作,直到這位上師突然去世。[103] 昆‧貢丘傑波並不灰心,他親自前去卓彌處,但卓彌需要一大筆供養才能接受他。因此,昆‧貢丘傑波賣掉了他在亞隆的一些土地,用所得的錢向卓彌獻上了十七匹馬,以及購買馬飼料的資金和一條念珠,名為「貴婦寶石念珠」。[104] 卓彌賜予他一些教法的口訣,如《不可思議次第優波提舍》,但他特別偏好喜金剛法的基本經典口訣:《喜金剛續》、《桑布札續》、和《金剛帳幕續》等。正如我們曾經討論過的,這就是被後來的作者們認定為無本頌道果(rtsa ba med pa'i lam 'bras)的材料。由於其不涉及《道果根本頌》,故也曾被稱為道果注釋派(lam 'bras bshad brgyud),因為它包含道果法所依據的經典材料。[105] 雖然這個注釋傳承在道果文獻中多少有些被忽視,但它實際上代表了密續體系中重要的知識層面。而且在隨後的幾個世紀裡,薩迦派密續解經學在西藏社會中的地位,便需要依靠這套文獻。

向卓彌的學習告一段落後,昆‧貢丘傑波在注釋派的學習和領悟方面取得了卓越的成就,他繼續跟隨當時許多著名的譯師和聖人學習。[106] 他從桂譯師‧庫巴列介那裡學習了《密集金剛續》、從梅譯師(Mal lo tsā ba)那裡學習了《勝樂金剛續》、從班智達慧藏(紅衣大師)那裡學習了五部《明點

續》；而後他持續向馬譯師（rMa lo tsā ba）、跋里譯師、普拉布譯師（Pu hrab lo tsā ba）等人求教，包括他的親戚昆・吉芎瓦（'Khon sGyi chu ba）。[107] 有了這些學問，貢丘傑波開始為他的父親和兄長舉行正確的葬禮儀式，他們的遺骨被安放在香域甲克修（Zhang yul 'Jag gshong）的一個佛龕中。此後，他在靠近亞隆的查窩隆（Bra bo lung）建造了一個小型中心，但幾年後證明它不夠理想，這個地方後來被稱為「薩迦寺遺址」（sa kya gog po）。貢丘傑波在與他的一些弟子旅行時，看到了後來成為薩迦寺的地區，並因其突出的特點而驚歎不已。因此，他找到了該地區的領主覺渥・東納巴（Jo bo gDong nag pa），後者允許他進行建設，但仍必須與一些地區的首領商量，因為他們擁有附近土地的控制權。他找到了尚孫・古拉瓦（Zhang gzhung Gu ra ba），以及四班第和七天人（Lha mi）鎮，這兩個以各自名人命名之城鎮的村民，詢問他們想要什麼做為土地的回報。他們猶豫不決，但最後決定要他交付一匹白色母馬、一串寶石念珠、一件精美女裝和一個鎧甲護手。完成交易後，於 1073 年，三十九歲的昆・貢丘傑波正式建立了薩迦寺，這是接下來九個世紀薩迦派總寺院的所在地。

結論──繼譯師之後的全新階段

到了十一世紀後半葉，譯師們的儀軌和修行事業已經為他們帶來了巨大的財富，但他們的影響力似乎需要一個總體的知識方向。因此，這個時期的特點是對新思想的探索、哲學譯本以及本土藏文著作激動人心的發展成果等。無論在顯、密兩種

主題上均是如此。從譯師衍生而出的傳承，必須建立在他們對印度新經典的研究、東部戒律僧侶開展的寺廟網絡、寧瑪派信仰背景所產生的優勢之上。第二代的人物，如道果法的謝敦‧昆里、噶舉派的鄂‧確吉多傑和密勒日巴、噶當派的同門三賢以及他們的同輩等，都必須找到一條新的道路，一條最終能導致西藏全面佛教化的道路。他們對所翻譯的經典進行注釋、組建新的道場、發展信眾、召集弟子，完全沒有去過印度或迦濕彌羅學習，並獲得其授權之後的好處。

　　佛教因此經歷了走向成功所必須經歷的巨大轉變，它變得本土化，開始了漫長且往往很曲折的同化過程。為了完成這個目標，各傳承知道他們需要西藏最強大的單一體制的力量，大氏族和貴族領主的凝聚力。氏族結構為繼承、權威的傳播和以家族為基礎的修行發展，提供了模型。昆氏家族在這些勢力中是一個特別好的例子，因為它可以合法地宣稱自己是王朝人物的後裔，延續著豐富的儀軌傳統，並為來到中央西藏的新經典傳承感到興奮不已。昆‧貢丘傑波與卓彌和其他譯師們的合作，也包括與他自己族人的合作，是尚氏、鄂氏（rNgog）、薩瑪氏（Zhama）、熱氏（Rwa）、欽氏、尼瓦氏、素爾氏、介氏以及其他許多貴族世家的典範。他們在累積財富並為族人的國際化投注心血的同時，經常建立寺廟、將教法傳給親族、提供大量的儀軌和文獻的指導，獲取土地、培養醫學、預言和占星術等次要技巧。他們的努力，迎來了十二世紀本土思想和表達方式的全盛時期。

原注

1. *gDung rabs chen mo* [《薩迦世系廣史》], pp. 24.22-25.2。關於據說是昆・貢丘傑波（遺骨安放地之昆氏佛塔（'Khon sku 'bum）的位置，見 Schoening 1990, pp. 14 和 24（地圖 4 上之 #11）。

2. *Blue Annals* [《青史》], vol. 2, p. 868；對照十九世紀康寧・達瑪僧格（Khams smyon Dharma seng ge）所寫的傳記：*Pha dam pa'i rnam thar* [《帕丹巴傳》], p. 12。

3. 有許多口頭問答（zhu len）及對會眾傳法（tshogs chos）形式的短篇作品，似乎是他的直接表述；見 *Dam chos snying po zhi byed las rgyud kyi snyan rgyud zab ched ma* [《希解派正法藏甚深耳傳傳承》]，在 *gDams ngag mdzod* [《教誡藏》], vol. 9, pp. 435-40。

4. *sNgags log sun 'byin gyi skor* [《駁斥邪見密法》], p. 14.2-4；我將開頭的 *rgya gar na* [在印度] 理解為 *rgya gar ba* [印度人]。

5. *Dam chos snying po zhi byed las rgyud kyi snyan rgyud zab ched ma* [《希解派正法藏甚深耳傳傳承》], vol. I, pp. 411-16；這在 *sNgags log sun 'byin gyi skor* [《駁斥邪見密法》], p. 16.2-3 中，是由做為對話者的女神獅面空行母（Seng ge gdong ma）所確認的。

6. *Ā li kā li gsang ba bsam gyis myi khyab pa chu klung chen po'i rgyud* [《大河續，元音和輔音不可思議之祕密》] 是在 *Dam chos snying po zhi byed las rgyud kyi snyan rgyud zab ched ma* [《希解派正法藏甚深耳傳傳承》], vol. I, pp. 6-114

中。有三個附帶注解的特定章節，被發表在 *gDams ngag mdzod* [《教誡藏》], vol. 9, pp. 2-16。這部作品在惹那林巴的 *gTer 'byung chen mo gsal ba'i sgron me* [《大伏藏明燈》], p. 47.1 中，被認為是 *Zhi byed chu klung gi rgyud* [《希解大河續》]。

7   *Dam chos snying po zhi byed las rgyud kyi snyan rgyud zab ched ma* [《希解派正法藏甚深耳傳傳承》], vol. I, pp. 413.7-14.1；定日於 p. 414.7 處重複。我還認為 p. 413.5 提到的兩種語言和桑日（zangs kyi ri），說明了翻譯的技巧和瑪紀·拉諄的晚年住所。

8   我所知道的唯一合理的希解史記載是 *Deb ther sngon po* [《青史》], vol. I, pp. 1015-1135；*Blue Annals* [《青史》], vol. 2, pp. 867-979。若《青史》並非 *Zhi byed dang gcog yul gyi chos 'byung rin po che'i phreng ba* [《希解及斷境法史籍寶鬘》], pp. 573-96 中希解部分的基礎，那麼它們應該有一個共同的資料來源。如果沒有羅千·達瑪師利（Lo chen Dharma Shrī）的寶貴摘要，我將無法理解以下大部分的論述：*Zhi byed snga phyi bar gsum gyi khrid yig rnams phyogs gcig tu bsdebs pa bdud rtsi'i nying khu* [《希解派前、中、後修法指引甘露精華集》], *gDams ngag mdzod* [《教誡藏》], vol. 9, pp. 308-404。

9   *Deb ther sngon po* [《青史》], vol. 2, p. 1019.20；*Blue Annals* [《青史》], vol. 2, p. 871。

10 *Deb ther sngon po* [《青史》], vol. I, p. 322；*Blue Annals* [《青史》], vol. I, p. 264；比較 *bKa' gdams rin po che'i chos 'byung* [《噶當珍寶法源史》], p. 304；*bKa' gdams chos*

'byung [《噶當法源史》], p. 102。

11 bKa' gdams rin po che'i chos 'byung [《噶當珍寶法源史》], p. 301；bKa' gdams chos 'byung [《噶當法源史》], p. 99；Zhu lan nor bu'i phreng ba [《答問寶鬘》], pp. 316, 318。

12 bKa' gdams rin po che'i chos 'byung [《噶當珍寶法源史》], pp. 310-12；bKa' gdams chos 'byung [《噶當法源史》], pp. 109-11；Zhu lan nor bu'i phreng ba [《答問寶鬘》], pp. 352-96。後面這件資料具有高度的傳記色彩；見 Ehrhard 2002。

13 Ehrhard 2002 曾對此加以討論。

14 關於博朵瓦的傳記材料見 bKa' gdams rin po che'i chos 'byung [《噶當珍寶法源史》], pp. 312-15；bKa' gdams chos 'byung [《噶當法源史》], pp. 111-14；博朵瓦和堅俄是 Zhu lan nor bu'i phreng ba [《答問寶鬘》], pp. 368-86 中的人物。Blue Annals [《青史》], vol. I, p. 269；Deb ther sngon po [《青史》], vol. I, p. 329 稱博朵瓦的出生年代為 1031 年；這個年代是有問題的，因為《青史》中許多十一世紀的年代都不太可靠，而噶當派認為他出生於 1027 年。

15 關於堅俄的傳記材料見 bKa' gdams rin po che'i chos 'byung [《噶當珍寶法源史》], pp. 315-19；bKa' gdams chos 'byung [《噶當法源史》], pp. 114-18；比照 Zhu lan nor bu'i phreng ba [《答問寶鬘》], pp. 368-86。

16 dPe chos rin chen spungs pa [《喻法聚寶論》], p. 364。

17 堅俄的形象記載在 bKa' gdams rin po che'i chos 'byung [《噶當珍寶法源史》], p. 318；bKa' gdams chos 'byung [《噶當法源史》], p. 117。

18 dPe chos rin chen spungs pa [《喻法聚寶論》], p. 5。

19 這些舉例是在 *dPe chos rin chen spungs pa* [《喻法聚寶論》], pp. 25, 167 中。

20 該二十五個主標題詳細列舉於 *dPe chos rin chen spungs pa* [《喻法聚寶論》], pp. 18-21 之中。

21 *bKa' gdams rin po che'i chos 'byung* [《噶當珍寶法源史》], pp. 314.2, 319.2（堅俄有三百名僧眾）；*bKa' gdams chos 'byung* [《噶當法源史》], pp. 112.21, 118.5（堅俄有七百名僧眾）；*Yar lung jo bo'i chos 'byung* [《雅隆尊者教法史》], p. 98；*Deb ther sngon po* [《青史》], pp. 61-62。

22 關於這個神話，見 Beyer 1973, pp. 229-36；Willson 1986, pp. 169-206；Lienhard 1993。關於阿底峽所翻譯之觀世音菩薩諸修持法的重要性，見 Chattopadhyaya 1967, pp. 477, 485 中所翻譯的相當詳細的跋文。

23 *Blue Annals* [《青史》], pp. 1008；在 Ehrhard 2002 研究的文獻中，聖瓦帝寺（'Phags pa Wa ti）及其塑像與同門三賢有關。該寺亦記載於 *Sras don ma* [《謝屯瑪》], p. 36.6。阿底峽和仁欽桑波翻譯了格隆瑪・帕嫫（dGe slong ma dPal mo）的經典文本（To. 2737）；見 Chattopadhyaya 1967, pp. 485-86；Vital 即將問世之作。

24 *Bu ston chos 'byung* [《布敦佛教史》], p. 62.15：*chad pas gcod pa'i sa yin pas* | *'gro ma nus par* [這是懲戒殺伐之地，不能去]。這段話通常表示因懲戒之法令而留下許多肢體和頭顱，但為什麼整座城市會被這樣描述呢？

25 *rNam thar yongs grags* [《高僧傳》], pp. 176-77。

26 此處翻譯的文本是 *Madhyamaka-upadeśa* [《中觀優波提舍》]（To. 3929 和 4468）、*Nikāyabhedavibhaṅgavyākhyāna*

[《異部分派解說》]（To. 4139）、*Bhikṣu-varṣāgrapṛcchā* [《比丘初夏問》]（To. 4133）和 *Tarkajvālā* [《思擇炎》]（To. 3856）。Chattopadhyaya 1967, pp. 455, 483, 486-87 中對這些有所描述。*rNam thar yongs grags* [《高僧傳》], p.177 說明「歡喜光輝」是一個獨立的「島」（gling cig），這通常是描述一個不同於神變寺（'Phrul snang gtsug glag khang）[2] 的獨立建築。同一資料顯示，它在十二世紀的動亂中被毀，現在被稱為 dkar chung gi skya khang chung chung，我無法找到它所在之處。

27　*mKhas pa'i dga' ston* [《賢者喜宴》], vol. I, p. 447.10-12。

28　關於這個過程，以及桑卡譯師於 1076 年譯師大會（chos skor）後所做的這件事情的爭議，見 Vitali 1990, pp. 69-88。

29　*bKa' 'chems ka khol ma* [《柱間史》], pp. 286-89。

30　如 *bKa' 'chems ka khol ma* [《柱間史》], p. 104.7-8。這些畫作在 Vitali 1990, p. 76 中被定為 I 號畫作（painting no. I）。

31　於 Kossak and Singer 1998, pp. 54-59, Catalog no. 3。這幅畫背面的題詞如下：*bya rtson 'grus 'od kyi thugs dam | se' spyil phu ba'i rab gnas gzhugs | mchad kha ba'i | spyil phu ba'i chos skyong la gtad do |* [伽‧隼竹維之本尊，居屍林之護法塞‧亟普瓦開光請神安住後並託付與他]。雖然這個題詞有點奇怪，但它似乎被 Kossak and Singer 誤解了。我認為該題詞指度母像是伽‧隼竹維（Bya rTson 'grus 'od，卒於 1175 年）用來傳法的，他的弟子塞‧亟普瓦（Se sPyil phu ba，卒於 1189 年）為這幅殊勝的畫作開光。因此，這幅畫可能是在 1175 年左右完成的，而非如

作者們所認為的是在更早的一個世紀之前。

32 *Rwa sgreng dgon pa'i dkar chag* [《熱振寺志》], pp. 103-4；同樣的塑像也被司徒・確吉嘉措記載於 *Kaḥ thog si tu'i dbus gtsang gnas yig* [《噶陀司徒古蹟志》], p. 53。

33 標準的密勒日巴生卒年，一般都認為是 1040-1123 年，但與大多數十一世紀的年代一樣，這些年分並無法確定；*dKar brgyud gser 'phreng* [《噶舉金鬘》], p. 198.7 稱他出生在某個羊（lug）年，而非後來的文本如 *Lho rong chos 'byung* [《洛絨法源史》], p. 72.18 中所說的陽鐵龍（lcags pho 'brug）年。除了特別注明的以外，下面的論述主要來自 *dKar brgyud gser 'phreng* [《噶舉金鬘》], pp. 189-265。關於各種重要資料的很有助益的討論，見 Tiso 1997。關於瓊氏族，見 Ramble 1997, pp. 492-95。

34 關於這些人物的絕佳論述，見 Martin 1982。

35 譬如，*sTag lung chos 'byung* [《達龍教法史》], pp. 132-137。

36 關於民謠體裁，見 Roger Jackson 1996。

37 *mDzod nag ma* [《黑寶藏》], vol. I, p. 117.2-5；我認為 dgro [敵人] 就是不符合韻律的 dgra bo，下一行的 rnor [瑜伽] = rnal 'byo 的情況亦是如此。

38 *Deb ther sngon po* [《青史》], vol. I, p. 123；*The Blue Annals* [《青史》], vol. I, p. 93；關於瓊波・札謝，見 Vitali 1990, pp. 97-98。

39 關於此次會議相關資料和與會者的討論，見 Shastri 1997。

40 關於鄂譯師的生平和研究，見 van der Kuijp 1983, pp. 29-

48；Kramer 1997。

41 布敦所列的鄂・羅丹協繞的著作目錄，是眾所周知的標準目錄；*Bu ston chos 'byung* [《布敦佛教史》],p. 313。關於鄂譯師的著作概況，見 Jackson 1985, 1993a, 1993b, 1994a；Kramer 1997。

42 這兩件文本分別是 *Theg chen rgyud bla'i don bsdus pa* [《寶性論攝義》] 和 *Lo tsā ba chen po'i bsdus don* [《大譯師要論》]。前一個文本雖然描述了在印度被稱為 piṇḍārtha 的注釋類型（正如 Jackson 1993b 在導論 p. 5 中所指出的），但實際上，don bsdus pa 這個名稱顯然是在模仿無著（To. 4025 [《究竟一乘寶性論》]，準確的標題載於跋文中，fol. 129a）所著之《寶性論》的 arthasaṃgraha 的注釋類型（don bsdus pa），此書是鄂譯師親自翻譯的。兩件注釋文本都對所有五章的偈頌進行了注釋，其中對第一章花費的精力最多，而且第一章是迄今為止最長的一章。我在鄂譯師其他的注釋本中沒有發現其他文本的引文。反之，鄂譯師對 *Abhisamayālaṃkāra* [《現觀莊嚴論》]影響廣大的注釋本，則出現他引用獅子賢（Haribhadra）：fols. 13a3, 30b4, 31a3, 44b6, 51b4, 54b6, 61b5, 77a2, 83a6, 85b1, 86b1, 92a2, 92b1 和 98a3、解脫軍（Ārya Vimuktisena）：fols. 20a2, 27b1-4, 31a4, 33a6, 37a1, 51b4, 62a2, 75a3, 84a1, 92a2-5、*Ratnagotravibhāga* [《寶性論》]：fol. 54a1 和 *Mahāyānasūtrālaṃkāra* [《大乘莊嚴經論》]：fols. 53b3, 95b3。有趣的是，在許多爭論中，他贊成解脫軍反對獅子賢。*Lo tsā ba chen po'i bsdus don* 也被洛桑堪繞嘉措（Blo bzang mkyen rab rgya mtsho）以附帶學術討論的方式，放

到了 Abhisamayālaṁkāra [《現觀莊嚴論》], pp. 1-252 的注疏脈絡中。

43 這些作品很奇怪地預知了賢彭確吉囊瓦（gZhan phan chos kyi snang ba, 1871-1927）在宗薩寺檔案（rDzong gsar yig cha）文本中所使用的方法；見 Smith 2001, pp. 26, 232-33, 277, n. 39, 332, n. 835。

44 Zhu lan nor bu'i phreng ba [《答問寶鬘》], p. 317；關於這個術語的討論，見 van der Kuijp 1983, pp. 36-42, Stearns 1999, pp. 86-105。

45 關於道次第文獻，見 Levinson 1996；關於教法次第文獻，見 David Jackson 1996。

46 rNam thar yongs grags [《高僧傳》], p. 199.1-4。

47 Lho rong chos 'byung [《洛絨史籍》], p. 50 列出了作者知道的馬爾巴著作。

48 mKhas pa'i dga' ston [《賢者喜宴》], vol. I, p. 777.10；鄂（rNgog，應該是確多 [Chos rdor]）的作品為 Sre 'pho'i zhal gdams [《和合往生之教誡》]（mKhas pa'i dga' ston [《賢者喜宴》], vol. I, p. 760.9）。鄂・確多（rNgog Chos rdor）的 yig cha [著作] 被列在 Lho rong chos 'byung [《洛絨史籍》], pp. 50.20-52.12 中。Blue Annals [《青史》], vol. I, p. 404 記載他的生卒年是 1036-1102 年。但應該注意的是，達察・次旺傑（rTa tshag Tshe dbang rgyal）曾查閱鄂氏族的文獻，rNgog gi gdung rabs che dge yig tshang [《鄂氏大世系檔案》]，但我們沒有；見 Lho rong chos 'byung [《洛絨法源史》], p. 50.16-17。

49 Bla ma mnga' ris pas mdzad pa'i brtag gnyis kyi tshig 'grel

[《拿里巴上師著喜金剛續釋》], *SKB* I.13.4-65.4。Stearns 2001, p. 231, n. 112 提供的故事中說，謝威寧波令卓彌不悅，但也承認沒有更早期的資料能夠確認這一點。查甘・旺秋堅贊（Cha rgan dBang phyug rgyal mtshan）的史冊存在許多問題，Stearns 經常以其為依據。

50　*gSang 'dus stong thum* [《密集總匯》]：rten gyi gang zag [人格特質]（pp. 5-12）、sbyang gzhi rang bzhin gyi chos [現象的本質]（pp. 12-31）、sbyang ba mi mthun pa lam gyi dri ma [修道之障礙]（pp. 31-36）、dmigs bya yul [觀修所緣境]（pp. 36-84）、nyams len thabs [修持法]（pp. 84-523）、mthar phyin 'bras bu [最終之果]（pp. 523-38）。

51　Karmay 1988, pp. 125-33 有該文本的摘要，但 Karmay 的文本並沒有考慮到榮松對三自性的研究，或他大乘佛教哲學架構的其他有趣面向。榮松的全部作品由他的玄孫駱本・梅奔詳細整理於 *Rong zom chos bzang gi gsung 'bum* [《榮松確桑全集》], vol. 2, pp. 235-39 中。關於傳記的參考資料，見 Almogi 2002。我能找到關於他的唯一年代是在某個龍（'brug）年或之後，他被雲丹的後裔帕巴（Pha ba）「提拔」為一名年輕學者，*Rong zom chos bzang gi gsung 'bum* [《榮松確桑全集》], vol. 2, p. 393.1，也許這是在 1040 或 1052 年。

52　David Jackson 對榮松的描述是「強調信仰的需求重於推理」（Jackson 1994b, p. 29），這並不令人信服。*Theg chen tshul 'jug* [《入大乘理》], p. 410.1 為信仰保留了一席之地，但它是為了那些無法進入大圓滿法之人所保留的一種技巧。推理在整本書中獲得了或明或暗的肯定（特別是

在第二章和第三章,專門討論反對意見並加以分析),儘管和大多數大乘佛教徒一樣,榮松認為勝義諦是超越論斷的。Jackson 對認識論作者的偏愛,也許是他把這種狹隘的分析,當成「推理」的背後原因。佛教在歷史上使用過許多種推理,這個詞語不能被合理地限制在晚期佛學的辯證或三段論之中。將作者們之立場具體化為信仰對推理的辯證法,肯定不足以公平地對待密教的複雜性。

53 *rDo rje phur pa'i chos 'byung ngor mtshar rgya mtsho'i rba rlabs* [《普巴金剛法源史稀有海浪》], pp. 145-56;對照 *Theg chen tshul 'jug* [《入大乘理》], pp.349-53 中對九乘的簡短描述,以及他在 *Man ngag lta ba'i phreng ba zhes bya ba'i 'grel pa* [《〈口訣見鬘〉釋》], pp. 75-93 中對儀軌的陳述,特別是他的矛盾心理,在 pp. 105-121。關於榮松的譯本,見第六章注 85。

54 Stearns 2001, pp. 102-23 深入研究了這個問題。另見 *Bla ma brgyud pa'i rnam par thar pa ngo mtshar snang ba* [《上師傳承傳記稀有呈現》], pp. 24-41; *gDams ngag byung tshul gyi zin bris gsang chen bstan pa rgyas byed* [《口訣史大密詳述》], pp. 77-99,於 p. 78 處,欽哲(mKhyen brtse)記載種・德巴敦芎停留桑耶寺期間是一位伏藏師,但種派('Brom lugs)文獻並未如此記載。

55 *Zhib mo rdo rje* [《微細金剛》], pp.111-13; *Bla ma brgyud pa'i rnam par thar pa ngo mtshar snang ba* [《上師傳承傳記稀有呈現》], pp. 28-29; *gDams ngag byung tshul gyi zin bris gsang chen bstan pa rgyas byed* [《口訣史大密詳述》], pp. 75-77。

56 *Bla ma mnga' ris pas mdzad pa'i brtag gnyis kyi tshig 'grel* [《拿里巴上師著喜金剛續釋》], *SKB* I.13.4-65.4。該書編輯，哦‧塔傑堪布（Ngor Thar rtse mkhan po）顯然認為下一部作品，*dPal Kye rdo rje'i rtsa ba'i rgyud brtag pa gnyis pa'i dka' 'grel man ngag don gsal* [《喜金剛續二品釋難教誡說明》]，*SKB* I.66.1-78.3 也是一部十一世紀的著作，作者是吉芎瓦，但這是他從各種「已知教法」的文本推斷出來的，而不是文本本身清楚說明的；見他在內容中的注解，*SKB* I.xvii。比較哦千的 *Kye rdo rje'i 'grel ba'i dkar chag* [《喜金剛注釋索引》], p. 284.4.4，其中列出了「七部上乘之作」。

57 *gDams ngag byung tshul gyi zin bris gsang chen bstan pa rgyas byed* [《口訣史大密詳述》], p. 75。

58 關於這些文本的性質，見 Jackson 1985, p. 21。

59 Stearns 2001, pp. 113-17, 232-35 提供了更詳盡的種氏（'Brom）人士的傳記。

60 娘列的 *Chos 'byung me tog snying po sbrang rtsi'i bcud* [《娘氏教法源流》], p. 470.10 記載了十一世紀中期的某位種敦‧多傑仁欽（'Brom ston rDo rje rin chen）。

61 *Zhib mo rdo rje* [《微細金剛》], pp. 112-13 和 *Bla ma brgyud pa'i rnam par thar pa ngo mtshar snang ba* [《上師傳承傳記稀有呈現》], p. 30 稱種‧德巴敦芎為土生土長的衛區人士，居住在塘域（Than yul），但哦千在他的 *Lam 'bras byung tshul* [《道果史》], p. 114.1.6-2.1 中並不接受這種說法。哦千大部分內容引自某件文獻，此文獻與 *Bhir ba pa'i lo rgyus* [《畢如巴傳》], p. 399 中的記載相當類似：'brom

de mdo' smad kyi 'khams pa mi chen phyug po byin brlabs shin tu che ba| [種‧德巴，下康巴大人物，在財富方面擁有很大的福報]。比對 *gDams ngag byung tshul gyi zin bris gsang chen bstan pa rgyas byed* [《口訣史大密詳述》], pp. 77-82，此處展示了欽哲陳述故事的特殊技巧。以下之論述皆引用自這些資料。

62 *gDams ngag byung tshul gyi zin bris gsang chen bstan pa rgyas byed* [《口訣史大密詳述》], p. 78。

63 這是所有資料都給予不同解釋的一個句子，我盡我所能地提供了最佳譯文，這句話是關於獻給卓彌或他太太的一件綢裙（dar sham）。

64 *Lam 'bras byung tshul* [《道果史》], p. 114.4.4。

65 關於謝敦巴（Se ston pa）的最佳資料是 *Zhib mo rdo rje* [《微細金剛》], pp. 116-17，接下來是 *Bla ma brgyud pa'i rnam par thar pa ngo mtshar snang ba* [《上師傳承傳記稀有呈現》], pp. 32-36 和 *gDams ngag byung tshul gyi zin bris gsang chen bstan pa rgyas byed* [《口訣史大密詳述》], pp. 82-90，儘管後兩個文本側重於傳記面的問題。

66 Stein 1961, pp. 4-19, 24-25。參照 Ramble 1997。

67 *Deb ther sngon po* [《青史》], p. 267.7-8；*Blue Annals* [《青史》], vol. I, p. 215 似乎有個木刻版說是二十五歲（亦即西方的二十四歲），而謝敦隔年便去世，但我們的文本更合理。

68 芒埵‧盧竹嘉措（Mang thos klu sgrub rgya mtsho）認為他生於 1025 年，並稱他活了九十七年，但這是有問題的；*bsTan rtsis gsal ba'i nyin byed* [《佛曆年鑑》], p. 89，這個文

本中的許多年代似乎都是錯誤或未經查證的。

69 *Zhib mo rdo rje* [《微細金剛》], pp. 120-21；比較 *Bla ma brgyud pa'i rnam par thar pa ngo mtshar snang ba* [《上師傳承傳記稀有呈現》], p. 353。

70 標準的地點是在欽哲旺波的旅行指南中找到的，Ferrari 1958, pp. 24, 65。哦千記載過一座在定日東邊的卡瓊寺，*Lam 'bras byung tshul* [《道果史》], p. 115.3.1。*Chos 'byung dpag bsam ljon bzang* [《如意寶樹史》], p. 833 的年表中，還有一座在 1064 年興建的朵卡瓊寺（lDog mkhar chung）。古老的藏文術語 phro brang，後來的意義是宮殿，早期泛指國王的居所，而卡瓊（Kharchung）可能也是這樣的意思。

71 該神話在早期文獻中並不為人所知，如 *Chos la 'jug pa'i sgo* [《入法之門》], pp. 343.1.2-344.2.6、*Ga ring rgyal po la rtsis bsdur du btang ba'i gsung yig* [《致噶林賈波曆算比對之書信》], p. 104.2.1、*Bla ma sa skya pa chen po'i rnam thar* [《薩迦派大上師傳》], p. 84.1.4 和 1352 年札撒巴・仁欽南佳（sGra tshad pa Rin chen rnam rgyal）的 *Sa skya'i gdung rabs* [《薩迦世系史》], p. 310。十四世紀的版本有 *Deb ther dmar po* [《紅史》], p. 46、*Yar lung jo bo'i chos 'byung* [《雅隆尊者教法史》], pp. 136-44；完整成型的版本在 *rGya bod yig tshang chen mo* [《漢藏史集》], pp. 305-20 和 *gDung rabs chen mo* [《薩迦世系廣史》], pp. 6-13。《漢藏史集》的材料翻譯於 Smith 2001, pp. 99-109；Tucci 1949, vol. 2, p. 625 則從五世達賴喇嘛的史冊中做出摘要。

72 關於光音天眾神話的印度資料以及西藏的首次採納，見

Davidson 2003。

73 關於這些部落,見 Stein 1961, pp. 18-70;董氏是在 pp. 31-41。

74 關於穆氏,見 Stein 1961, pp. 50-66。

75 *Deb ther dmar po* [《紅史》], p. 46 指雅邦凱(g.Ya' spang skye)是來自雅隆東部。

76 *gDung rabs chen mo* [《薩迦世系廣史》], p. 10 指出了另一個地點,即阿里的堆醒薩(mThos zhing sa)。

77 請注意在這八個(阿梅夏還另提出兩個)條件的確切性質上,*Yar lung jo bo'i chos 'byung* [《雅隆尊者教法史》], p. 137 和 *gDung rabs chen mo* [《薩迦世系廣史》], p. 11 之間存在差異。

78 不同的資料對他職位的說明方式也不一樣:*Bla ma brgyud pa'i rnam par thar pa ngo mtshar snang ba* [《上師傳承傳記稀有呈現》], p. 25 是 nang mi(la gtogs pa) [內人];*Yar lung jo bo'i chos 'byung* [《雅隆尊者教法史》], p. 138 是 nang rje kha [內務大臣];*rGya bod yig tshang chen mo* [《漢藏史集》], p. 308 是 nang che ba [內大臣];*gDung rabs chen mo* [《薩迦世系廣史》], p. 11 則是 nang blon [近臣]。

79 關於與穆氏婚配的神靈,見 Stein 1985, p. 107;關於馬桑(ma sangs),見 *mKhas pa'i dga' ston* [《賢者喜宴》], vol. I, p. 152,並請注意聶·雅邦凱(gNya' g.Ya' spang skye)也是他們其中之一;Haarh 1969, p. 293 中討論了這個名單。

80 *Bla ma sa skya pa chen po'i rnam thar* [《薩迦派大上師傳》], p. 84.1.3:dge ba'i bshes gnyen brgyud pa'i rigs su gyur pa

[成為善知識續流的氏族]；比較札巴堅贊之致噶林賈波（Ga ring rgyal po）信，*Ga ring rgyal po la rtsis bsdur du btang ba'i gsung yig* [《致噶林賈波曆算比對之書信》], p. 104.2.2，裡面僅開啟了傳承，並未多加描述。

81 *Bla ma sa skya pa chen po'i rnam thar* [《薩迦派大上師傳》], p. 84.3-4；*gDung rabs chen mo* [《薩迦世系廣史》], p. 7。

82 *mKhas pa'i dga' ston* [《賢者喜宴》], pp. 411-13 提供了一個諸大臣的名單，但沒有一個是昆氏。比較 *sBa bzhed* [《巴協》], pp. 58-59；*sBa bzhed zhabs btags ma* [《巴協增補本》], p. 51 提到了六個年輕人，但不包括魯伊旺波（Klu'i dbang po）。

83 Bacot and Toussaint 1940-46, index；*Tun hong nas thon pa'i bod kyi lo rgyus yig cha* [《敦煌本吐蕃歷史文書》], pp. 202-7；Thomas 1935-55, vol. 3, p.117-19；比較 Chang 1959-60, pp. 171-73、*sBa bzhed zhabs btags ma* [《巴協增補本》], pp. 95-96。

84 *Chos 'byung me tog snying po sbrang rtsi'i bcud* [《娘氏教法源流》], pp. 310；pp. 310-12 講述了他們各自在印度求學時所遭遇之困難的傳說。*gDung rabs chen mo* [《薩迦世系廣史》], pp. 310-12 也記載了那些困頓。

85 *mKhas pa'i dga' ston* [《賢者喜宴》], vol. I, pp. 186-87。

86 娘列將此記載為他的頭銜；*Chos 'byung me tog snying po sbrang rtsi'i bcud* [《娘氏教法源流》], p. 393.4。

87 *rGya bod yig tshang chen mo* [《漢藏史集》], p. 309 特別加以強調。

88 札巴堅贊的 *Phyag rgya chen po gees pa btus pa'i man ngag*

[《大手印重要口訣彙編》], pp. 305.1.6-3.4 有一個據稱是源自王朝時期的傳承:「努南開寧波之七黑字 (gNubs nam mkha'i snying po'i nag po 'bru bdun)」。

89 *Bla ma sa skya pa chen po'i rnam thar* [《薩迦派大上師傳》], p. 84.1.4-5 表示魯伊旺波的弟弟是一名普通人 (Phal pa), 而多傑仁波切是其子; 比較 *rGya bod yig tshang chen mo* [《漢藏史集》], p. 309、*gDung rabs chen mo* [《薩迦世系廣史》], p. 14.6。

90 *mKhas pa'i dga' ston* [《賢者喜宴》], vol. I, pp. 187. 4, 188.15。

91 *rGya bod yig tshang chen mo* [《漢藏史集》], p. 310。其他資料都沒有寫得如此詳細。

92 *Rwa lo tsā ba'i rnam thar* [《熱譯師傳》], p. 50。

93 *Yar lung jo bo'i chos 'byung* [《雅隆尊者教法史》], p. 139 並未記載他們曾回到亞隆。

94 *Rwa lo tsā ba'i rnam thar* [《熱譯師傳》], p. 50。

95 最早流傳下來的昆・貢丘傑波的傳記是在札巴堅贊的 *Bla ma sa skya pa chen po'i rnam thar* [《薩迦派大上師傳》], p. 84.2.2-6。這是薩千的傳記但也包括了一段簡短的父親傳記。其他資料有 *Yar lung jo bo'i chos 'byung* [《雅隆尊者教法史》], pp. 140-42、*Bla ma brgyud pa'i rnam par thar pa ngo mtshar snang ba* [《上師傳承傳記稀有呈現》], pp. 25-30、*gDung rabs chen mo* [《薩迦世系廣史》], pp. 18-22 (同樣地, 薩千傳的開頭是父親的傳記)、*rGya bod yig tshang chen mo* [《漢藏史集》], pp. 312-16、*rJe btsun sa skya pa gong ma gsum gyi rnam par thar pa dpag bsam ljon pa* [《至

尊薩迦三祖傳如意樹》], pp. 67-70 和 gDams ngag byung tshul gyi zin bris gsang chen bstan pa rgyas byed [《口訣史大密詳述》], pp. 71-77。

96 gDung rabs chen mo [《薩迦世系廣史》], p. 18；Yar lung jo bo'i chos 'byung [《雅隆尊者教法史》], p. 140；這段情節很反常的並未出現在 Bla ma brgyud pa'i rnam par thar pa ngo mtshar snang ba [《上師傳承傳記稀有呈現》], p. 26 中，此處他向卓彌求教，是因為他兄長的去世所引發的。

97 Yar lung jo bo'i chos 'byung [《雅隆尊者教法史》], p. 140 讀到的是 de lta bu'i bla ma de la gson gshin byed ba'i gdan 'dren byung bas byon | [如是，上師收到一個為生者和死者舉行之儀式的邀請]。我還未找到令我滿意的將生者和死者（gson gshin）做為一個儀式的參考資料。Thomas 1935-55, vol. 2, pp. 412-13 似乎並不適用。rGya bod yig tshang chen mo [《漢藏史集》], p. 309.12 也有問題，但《漢藏史集》, p. 312 指出它是 'Bro'i lung ston chen po gcig byung ba'i tshe，即「當時有個代表卓氏的盛大授記聚會。」

98 之前（Davidson 1991, p. 218）我將薩迦派（Sa skya）描述為「愛引戰的祕密教派（pugnaciously secretive）」，這導致 Stearns 2001, p. 174, n. 36 說我似乎被這個傳統給「冒犯」了，這是一個令人遺憾的錯誤看法。薩迦派將其對祕密性的強調，做為其優於其他傳統的依據，以至於一些薩迦派之人聲稱，由於寧瑪派缺乏祕密性，其修習者將不再能夠獲得任何成就（例如，Ngor chos 'byung [《哦教法史》], p. 301.6）。這樣的說法當然是很容易引發爭議的。

99 Snellgrove 1987, vol. 2, p. 510 特別強調了西藏朝向大型集

會的轉變。

100 *Rwa lo tsā ba'i rnam thar* [《熱譯師傳》], pp. 53-4, 119-120 等。關於 khrom [會、市] 這個詞是指無論在哪裡舉辦的一場聚會，還是像我所翻譯的，是一個集市的聚會仍然是個問題。

101 *gDung rabs chen mo* [《薩迦世系廣史》], p. 18；*Yar lung jo bo'i chos 'byung* [《雅隆尊者教法史》], p. 140；*rGya bod yig tshang chen mo* [《漢藏史集》], p. 312。

102 *gDung rabs chen mo* [《薩迦世系廣史》], p. 18；*rGya bod yig tshang chen mo* [《漢藏史集》], p. 313；*Yar lung jo bo'i chos 'byung* [《雅隆尊者教法史》], p. 140；這些角色在 Nebesky-Wajkowitz 1956, pp. 87, 259, 275 中有簡短的說明。

103 *Bla ma brgyud pa'i rnam par thar pa ngo mtshar snang ba* [《上師傳承傳記稀有呈現》], p. 26 也記載昆·貢丘傑波求教於另一位卓彌的弟子，垂·貢丘傑波；*gDams ngag byung tshul gyi zin bris gsang chen bstan pa rgyas byed* [《口訣史大密詳述》], p. 72 說明金譯師（'Khyin lo tsā ba）與上述事件的關係，並明確記載了另一個名字，巴提譯師（sBal ti lo tsā ba）。巴提可能表示此人與遙遠西方的阿里地區，或吉爾吉特（Gilgit）東南方的巴提斯坦（Baltistan）這個地點有關。然而，我們必須審慎地使用欽哲的書籍，因為他經常描述一些早期資料中沒有記載的材料。

104 貴婦寶石念珠（jo mo nor phreng ba）；*Bla ma brgyud pa'i rnam par thar pa ngo mtshar snang ba* [《上師傳承傳記稀有呈現》], p. 26；*rGya bod yig tshang chen mo* [《漢藏史集》], p.

313。

105 例如，我們注意到哦千寫過兩種不同的「法源」文本，兩個體系各一：他不完整的 *Lam 'bras byung tshul* [《道果史》] 和他的 *Kye rdo rje'i byung tshul* [《喜金剛源流史》]。

106 *Bla ma sa skya pa chen po'i rnam thar* [《薩迦派大上師傳》], p. 84.2.2-6。

107 *Bla ma sa skya pa chen po'i rnam thar* [《薩迦派大上師傳》], p. 26 正確地指出慧藏（Prajāgupta）即是紅衣阿闍黎（Ācārya dMar po），正如我們在上一章所看到的。這五部 *tilaka tantra* [《明點續》] 可能是 *Sampuṭa-tilaka* [《桑布札明點》]（T0. 382）、*Mahāmudrā-tilaka* [《大手印明點》]（To. 420）、*Jñānatilaka* [《智慧明點》]（To. 422）、*Candraguhya-tilaka* [《月祕密明點》]（To. 477）和 *Guhyamaṇi-tilaka* [《祕密摩尼明點》]（To. 493），但我無法肯定這份清單的正確性。然而，《大手印明點》和《智慧明點》都是由慧藏翻譯的，普蘭・席瓦維（Pho brang Zhi ba'od）的詔書便譴責了它們是這位烏金國班智達所創作的；見 Karmay 1998, p. 35。循努貝（gZhon nu dpal）的 *Deb ther sngon po* [《青史》], vol. 2, p. 1221（*Blue Annals* [《青史》], vol. 2, p. 1049；*Karmay 1998*, p. 30 亦同）犯了一個錯誤，將薩千・貢噶寧波認為是慧藏的學生，很可能是因為貢丘傑波的傳記與兒子的傳記收錄於同一件文獻的緣故；*Bla ma sa skya pa chen po'i rnam thar* [《薩迦派大上師傳》], p. 84.2.5-6。這顯然就是循努貝認為慧藏曾兩次前往西藏的原因，因為這個故事似乎沒有其他資料來源。*gDung rabs chen mo* [《薩迦世系廣史》], p. 18.8-9 記載貢丘

傑波向馬譯師（rMa lo）學習 *Cakrasaṁvara* [《勝樂金剛續》]，但我遵循札巴堅贊的《薩迦派大上師傳》。*Martin 1996a*, p. 36, n. 35 顯示一些西藏資料將紅衣阿闍黎與一位藏人拉堆・馬坡（La stod dMar po）混為一談。

譯注

[1] 即「聖觀世音菩薩」。
[2] 大昭寺別名。

第八章 十二世紀初
——自信的西藏佛教

　　總的來說，上師有兩種——具慧眼者以及具法眼者。

　　具慧眼者，因知曉萬法之共與不共特性，正確無誤地且毫無混淆地傳授法義。

　　具法眼者，由於已正確無誤地證得無上法義，他本人也在該境界中覺受，故體悟乃任運而生。但在任運而生之中，藉由（體悟）本身之周遍與聯結，故能引導他人覺受。

　　——岡波巴〈答杜松虔巴〉（*Dus gsum mkhyen pa'i zhu len*）[1]

　　當藏人落實佛教實踐之後，十一世紀宗教與知識的遺產，便為十二世紀的發展奠定了基礎。即使新的顯、密傳統皆從境外引進，新的譯本也仍在進行中，但十二世紀的藏人開始覺得自己是能夠承擔創新發展的正宗佛教徒了。因此，這個世紀見證了西藏新譯教派的逐漸成熟，在知識論和後期密續新瑜伽行派上，西藏思想都有了新的表述。如同十一世紀的噶當派和東部戒律傳統顯教傳承，以及寧瑪派密教體系一般，十二世紀噶舉派和薩迦派的密續傳承，從小的宗派中心演變成區域性的教派，擁有多樣化的道場以及明確表達的認同感。到了此世紀末時，東部戒律傳統僧侶的道場已經變得相當激進，他們本身的成功似乎助長了不穩定性。古老佛教寺院僅以功德為基礎的繼承模式，在西藏文化中也被證實是不穩固的。因此，在家與出

家之傳承，隨後都發展並推廣了一種新的寺院繼承模式，即僧侶將寺院傳給自己的家族成員，使得極為穩定的貴族氏族成為佛教道場的重心所在。

在衛區與藏區，不同的新譯教派傳承正在獲取宗派的地位。在此之前，舊譯傳承已分布於中央西藏大部分地區。舊譯教派創立宗派的過程，不僅為新譯教派諸傳承鋪設了道路，而且也與其明顯不同。在新譯教派中，噶當派和噶舉派成為中央西藏衛區的推動力量，而薩迦派及較脆弱的傳承則於藏區找到歸宿。在十二世紀的大多數時間裡，由於一些藏區人物較為保守的緣故，使得衛區的宗教傳統引領了西藏的宗教潮流。無怪乎十三世紀新保守主義的偉大領袖薩迦班智達，會以薩迦派人士所倡導的一種正統意識，來代表藏區的新保守主義，這種正統意識一直延續至二十世紀。

十二世紀也湧入了更多來自西藏東部（康區）的優秀青年才俊。因此，康區的僧侶和居士學者們前所未見地成為中央西藏最重要的領袖。即使那些如第一世噶瑪巴・杜松虔巴，原想返回且定居於西藏東部者，最後都再度投入衛區豐沛的活力之中。到此世紀中葉，中央西藏寺院的光環是如此之大，以至於藏外的學者們紛紛來到西藏學習佛法，特別是語言及種族上相近的西夏人。藏人和數量漸增的印度人都發現西藏是個安全的避風港。那些來自不安全的北印度寺院的學者們，以及因伊斯蘭人入侵而成為難民者，都開始談論那場最終降臨在整個南亞，迫在眉睫的災難。

本章聚焦於十二世紀前半葉，以了解新譯體系如何開始走上創新之路，從某種意義上來說，舊譯派學者在之前的幾十年裡便已經預見了這一點。寧瑪派的發展，無論是大圓滿教義、

本土的教義研究或伏藏的發掘，始終留在背景當中，而且依舊是一種可以用來印證本土信仰的迷人存在。我們也回顧了噶當派學術的發展情況，特別是由帕察譯師（sPa tshab lo tsā wa）帶回來的新材料，以及恰巴‧確吉僧格在認識論上的創新。我還認為在十二世紀，複雜的時輪修持法得到了廣泛的認同。接下來，我們探討了岡波巴將噶舉派提昇為以寺院為基礎的體制，以及岡波巴對大手印教義的詮釋。然而，本章大多在討論薩千‧貢噶寧波的生平及養成教育，因為他是薩迦派的初祖及薩迦寺的繼承人。薩千將卓彌區分開密續修持法和注釋法的兩種傳承合而為一。本章認為，十二世紀衛藏區成功的寺院體制所需要的強大知識內涵、偉大的宗教修行、崇高人格的魅力以及過去的遺產等，全都包含在以氏族為基礎的組織中。

在回顧之前，還有一些注意事項需要加以聲明。由於十二世紀是如此生氣蓬勃，許多十一世紀發生過的同樣活動仍然持續進行，但相較於那些極具魅力的人物以及當時的發展成果來說較不受注目。當然，新的譯本還在進行，但頻率漸低，而且整體來說較無足輕重。新的宗教傳承找到了自己的出路，他們將重點放在那些尚未被神聖空行母揭示並賜與之前大師的祕密口訣。這尤其是指瓊波南覺的香巴噶舉派（Shangs pa bKa' brgyud pa）修持法、密勒日巴的弟子惹瓊巴帶回來的帝普巴新瑜伽行派教法，以及其他許多來自印度各中心的新禪修傳統。[2] 伏藏師繼續發掘新的文本，最終在世紀末時，見證了蓮花生大士信仰的普及。我們談到了其中的一些事件，但遺憾的是我們力有未逮，仍有許多研究必須留給其他歷史學家。

這段時期的不同之處是，到了十二世紀初，藏人在豐富

的思想與儀軌、觀修與文本之中獲得了更強大的自我意識。他們開始正確地了解到,較新的材料是同一主題的各種變化,而不是自十世紀末起所吸收的全新題材。因此,他們開始盤點資產、編制目錄(因為王朝瓦解後便不曾再做過),將個別人物視為著名印度大師的轉世,來宣揚西藏並將西藏視為諸佛菩薩佛行事業之地。西藏開始自認為,也漸漸被其他亞洲人認為,是一個可與印度相提並論的新宗教領域。並且在十三世紀之交的那場大災難後,實際取代了佛教的故鄉,成為渴望學習正宗佛法的外籍僧侶的首選之地。

噶當派的知識團體

博朵瓦、堅俄及普穹瓦同門師兄弟三人走遍了中央西藏,向數千名僧侶傳教,促使噶當派成為一個真正的僧團和逐漸成形之教派,但他們卻沒能掌控熱振寺的命運。博朵瓦在進行一系列的傳法之旅前,據說曾擔任三年熱振寺的住持,但他之後的領導層便開始不甚穩定。總之,十一至十二世紀的噶當派傳承,因這個弱點而面臨三種後果。首先,桑普內鄔托寺成為噶當派最重要的寺院,而熱振寺則被視為,也被管理為桑普寺的附屬寺院。[3] 第二,這些新入教的僧侶必須有落腳之地,因此噶當派中心的數量,在十一世紀最後二十五年及整個十二世紀急遽增加(最有名的是 1153 年的那塘寺〔sNar thang〕),著名戒師與上師的數量也隨之增加。其中許多人就像阿底峽本人一樣,同時擔任密教與非密教的戒師,因此噶當派中心為弟子們提供了認真研讀新譯派密續以及噶當派獨有的經、論課程的機會。最後,由鄂譯師帶到桑普寺的強大知識傳統,成為那些

專注於佛教知識之僧侶們的重心。因此,那些主要關注於噶當派修心的修行體系和相關道次第文獻之人,傾向在熱振寺以及與其相關的閉關中心學習。相反地,那些專注於最新哲學著作之人,通常會選擇桑普寺,或位於拉薩或彭域的同級道場,因為這些地點是剛翻譯出來之材料的傳播之地,特別是迦濕彌羅。

　　對噶當派來說,翻譯發展最重要的契機是 1100 年左右,帕察·尼瑪札(sPa thsab Nyi ma grags, 1055-1142?)從迦濕彌羅歸來。[4] 帕察實際上與鄂·羅丹協繞是同時代人,他對十二世紀西藏佛教的發展有著最舉足輕重的影響。在他返抵西藏之前,中觀大多是通過清辨的自續(Svātantrika)派一脈的觀點來傳授的,這也是鄂譯師首選的學派。西藏對於這個學派的課程,是由八世紀作者所著之「自續派東方三論」(rang rgyud shar gsum)所組成,即智藏師(Jñānagarbha)的《中觀二諦論》、靜命(Śāntarakṣita)的《中觀莊嚴論》(Madhyamakālaṁkāra)以及蓮花戒的《顯中論》(Madhyamakāloka)。[5] 這個學派普遍認為,在解釋世俗諦與勝義諦時,邏輯的論證與陳述能發揮一定程度的作用,儘管在某些關鍵論點上,學派內部也存在極大的分歧。寧瑪派的寺院教育中,顯然也研讀自續派東方三論,阿底峽似乎也偏好此學派,因為他與那措合作的中觀譯本,主要描繪的便是這個觀點。

　　即便如此,阿底峽廣傳仍說,東印度大部分地區偏愛更激進的化約論者,即月稱的應成派(Prāsaṅgika)。[6] 與清辨大約同時期的月稱,曾在一系列文本與針對龍樹的著作所做的注釋本中提出,中觀派不應接受任何有關勝義諦的立場,至於世俗

諦，世界上普遍接受的觀點已經足夠。[7]帕察曾廣泛地向蘇克世馬迦納（Sūkṣmajana，鄂氏之師薩佳那〔Sajjana〕之子）學習，他於1076/77年至1100年間住在迦濕彌羅，並且日益關注月稱的著作。當他帶著兩位迦濕彌羅班智達回到他的出生地彭域一帶，起初很難招收到弟子，但有關他成就的傳聞引起桑普寺僧人夏瓦巴（Shar ba pa）的注意，夏瓦巴派遣了一些自己的弟子去學習新教法。帕察曾一度搬到拉薩的小昭寺，這古老的王朝寺廟。在那裡他與不同的班智達們完成了幾部譯作。他可能在不同的教學活動之間來回奔忙，並在彭域教書，直到1130年左右，第一世噶瑪巴‧杜松虔巴向帕察學習龍樹的著作。[8]

帕察在桑普寺的直接競爭對手，是當時比較有原創思想的人物之一，偉大的認識論和中觀大師，恰巴‧確吉僧格。[9]恰巴曾是中觀和認識論大師嘉馬巴（rGya dmar pa）的弟子，嘉馬巴被譽為學識淵博且嚴守佛教戒律的僧人。[10]他顯然在恰巴還很年輕時，就認可了他的能力。因此恰巴二十歲時，就已經在教導像噶瑪巴‧杜松虔巴和帕摩竹巴這樣聰明的學生。[11]不幸的是，他的行為突然發生了一些問題，據說當時他犯下了某種罪行，必須用八年的時間來懺悔罪愆。[12]這樣的開端我們可以預料到的，恰巴變成了一個以挑戰固有觀點而知名之人，無論是印度人或是其他藏人的觀點。恰巴依據古老阿毘達磨的分支之一，即有部論師（Vaibhāṣikas）的觀點，來確立認知過程，雖然他的觀點並非主流，但他的理論的重大貢獻在於，這是印度哲學思想中，尚未被充分定義的領域。恰巴試圖釐清各種不同的觀點，同時詳述了早期印度思想家所提出的空洞主張。他的中觀研究致力於推廣清辨自續派思想，並且對於帕察

從迦濕彌羅所帶回來的新應成派文獻,特別不屑一顧。由於他的對立立場,恰巴的觀點後來被薩迦班智達引用,做為西藏義理創新的卓越表現,但這正是對恰巴最致命的一擊。[13] 更糟的是,恰巴自己的弟子顯然也拋棄了上師的自續派中觀立場,有一位更轉而擁護較為激進的應成派。[14] 最終,實際上藏人在教義上的任何創新,都被包裝成是某位印度大師的密意。因為新保守主義分子已成功地譴責任何新的或西藏的觀點不具正統性。

時輪時代的來臨

從某些角度來看,這種對本土發展軌跡的譴責是可以理解的,因為藏人不斷地被來自印度的新創作所淹沒。這些對他們來說,就如同幾世紀前,他們所面對的中文和其他文獻的挑戰一般。時輪無疑是印度最後興起的偉大密教傳統,它對應成派和其他十一世紀末至十二世紀初的體系來說,是一種知識上的挑戰。[15] 時輪實際上在更早以前就已經進入西藏。據說吉玖‧達瓦維瑟運用自己的計算法以及首批時輪相關文獻的譯本,將藏曆的起始點設定為 1027 年,雖然他很可能是在十一世紀下半葉才進行大部分的計算。據說吉玖的弟子,紐譯師,也就是那位與馬爾巴一同去印度的譯師,將整部權威注釋本《無瑕之光》(*Vimalaprabhā*)譯為藏文。如果這屬實,的確是個不朽的成就。同樣的資料來源指出,這部作品又被卓譯師‧協繞札('Brog lo tsā ba Shes rab grags)再度翻譯,也許以早期譯本為基礎或做為部分的參考。[16] 無論如何,卓譯師與班智達索曼那他(Somanātha)共同完成了根本續與注釋本的標準譯本;而

其完成年代應該是在十一世紀末或十二世紀初。

這也是印度和西藏時輪學界的全盛時期。由印度學者如阿帕耶卡拉笈多（Abhayākaragupta，約 1100 年）、索曼那他、語自在，以及其他尼泊爾及迦濕彌羅學者的共同努力所促成。與此同時，此體系其他的偉大西藏學者們也努力不懈。如熱譯師・多吉札的侄兒熱譯師・曲饒（Rwa lo tsā ba Chos rab），與尼泊爾人薩曼塔師利（Samantaśrī）等人合作，譯出了如《灌頂儀軌》（Sekaprakriyā）類的著作。《灌頂儀軌》是時輪密續灌頂文本。而熱譯師・曲饒也是德高望重，且眾所周知的時輪上師。涅冲・達瑪札（gNyan chung Dharma grags）、噶羅・循努貝（rGwa lo gZho nu dpal, 1110/14-1198/1202）等若干十一世紀末至十二世紀初人士，也曾協助將《時輪密續》傳入西藏。再者，並非僅藏人對《時輪密續》有興趣，早期（活躍於十二世紀初）的西夏學者紮彌譯師・桑耶札（rTsa mi lo tsā ba Sangs rgyas grags），對於《時輪密續》傳入西藏與西夏兩國的過程，扮演了重要的角色。

為何這個密續傳承在十二世紀之交如此引人注目，令印度、西藏、西夏等國之人對其奧祕的思想深深著迷？對藏人來說答案很簡單，但有許多面向。時輪提供了一個宇宙觀，這個宇宙觀首次確認了真正的佛法中心是在印度之外，也就是北方祕境香巴拉（Shambhala）王國。《時輪密續》本身，對於其祕境方位的解釋至今仍令人費解。其中一種可能的解釋是，香巴拉位於普蘭（Pu rangs）王國附近。但這說法與具有高度影響力的注釋書《無瑕之光》的宇宙觀並不完全一致。[17] 這部典範之作不僅擁有「祕境」（sbas yul）及伏藏傳統的本土思想，其神話更強化了一種新興的西藏觀點，那就是佛法可以獲

得保護並隱匿於西藏。根據《時輪密續》以及相關文獻顯示，伊斯蘭人與印度教恐怖分子等外道，將被來自北方的新法王所擊敗。因此滿足了十二世紀藏人對帝國的想像，盼望能趕走邪惡的宗教敵人，並在自己的土地上建立一個強大的佛教僧侶統治體制。

除了佛教的宇宙觀以外，《時輪密續》是一部高度錯綜複雜的文獻，其中介紹了全新的知識領域。這個時期對新知的渴求，成為深入研究這部複雜的經典及其輔助文獻所提供的巨細靡遺各種學問的動機，如醫學、占星學、胚胎學、佛學智慧等等。最後，我相信與前述所有理由一樣重要的是，這部密續是現實的願景，將所有這些因素都融入其中。與其他密續在許多短章節中充斥著零碎的筆記、臨機應變的儀軌以及特殊的修習法不同，《時輪密續》的作者是一位具有世界觀的學者，並且是從非常學術的立場，優雅地撰寫而成。該書共五個章節，每一章都與其他章節密切相關，需要孜孜不倦地精讀，方能解開其中的奧祕。書中沒有不完整的部分，也沒有人為地拆解知識與修持法。文本談論超凡的觀點和權力的實際運用之整合，而未太過擔心哲學語法及宗教措辭的細節。它再現了一個包羅萬象的視野，在十一世紀末到十二世紀初，當藏人充分掌握了其中的訊息後，他們便熱情地將它奉為圭臬。

岡波巴及噶舉派的全盛時期

正是這種將佛教視野融會貫通的作法，使其他人深受吸引。噶舉派隨之發展了他們的綜合性觀點。當噶當派還在為各種新的哲學思想絞盡腦汁時，他們基本的大乘遺產卻協助了

其他傳統。沒有比岡波巴更好的例子了。岡波巴・索南仁欽（Gampopa Sönam Rinchen）是一位耐人尋味的人物，肯定比他的支持者或貶抑者所認為的更加複雜。大多數噶舉派傳承都是源自於他的弟子。噶舉派從一系列脆弱的傳承，轉變成一個有組織的寺院教派，擁有許多機構與共同的身分認同，這些實際上都源自於岡波巴。

他出生於涅河谷下游，可能靠近隆子（Lhun rtse），一個接近印度邊界的肥沃地區。其間涅河流貫而下，在進入阿薩姆邦（地圖 7）時，與蘇班西里（Subansiri）河交會。[18] 他的氏族尼瓦氏與昆氏一樣有些王室血統，但在此之前並不擅長宗教活動。[19] 岡波巴的父親卻為他的二兒子促成了一個人人稱羨的聯姻。岡波巴娶了位高權重的欽氏族的女兒。這對於一個醫生及術士家族的後裔來說，是個成功之舉。聯姻能夠實現，表示尼瓦家族在實際上由他們掌控的涅河谷中，必定具有強大的政治力量，並且似乎已家財萬貫。可能就如同西邊，相隔兩個山谷之外的洛扎地區的馬爾巴家族。尼瓦氏在涅河谷的地位，可能與岡波巴最終沿著雅魯藏布江，遷移至達波北方的決定有關。這個舉動有助於他那根植於噶當派的修道志業，能在氏族的庇蔭外的區域，蓬勃發展。

無論如何，岡波巴成長於一個醫藥世家。由於醫藥是王朝傳統的一部分，因此某些傳記作者也宣稱他被授予《祕密藏續》等舊譯密續，這有可能是真的。[20] 在自傳中，岡波巴說他十五歲時向桑噶瓦格西（dGe bshes Zangs dkar ba，顯然不是桑卡譯師〔Zangs dkar lo tsā ba〕）學習其他類別的密續，特別是一部不知名的《瑜伽部密續》（*Yoga-tantra*），以及《勝樂金剛續》。但這可能只是在他開始學醫前的一段短暫的時

第八章　十二世紀初——自信的西藏佛教 ·505·

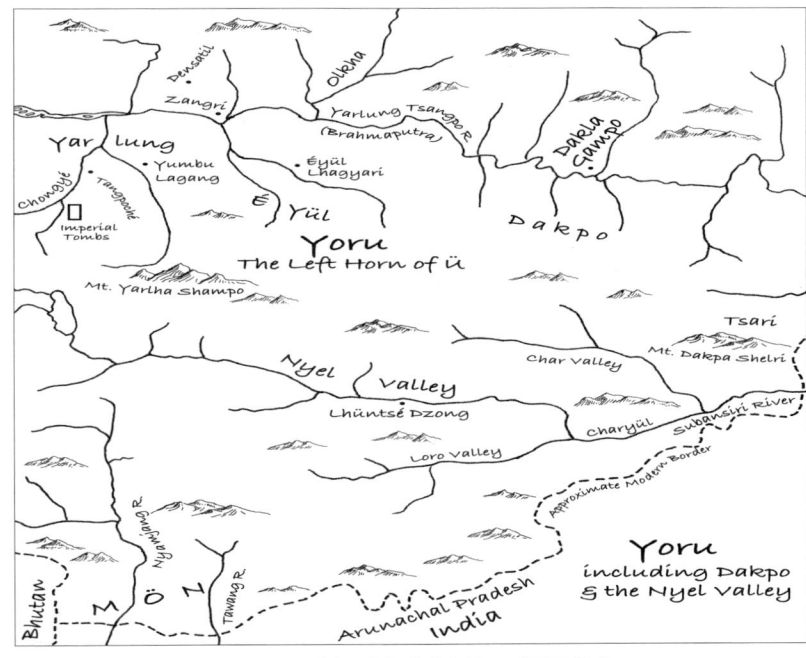

地圖 7　夭如（包括達波、涅河谷）

Approximate Modern Border 約略的現代邊界
Arunachal Pradesh India 印度阿魯納恰爾邦
Bhutan 不丹
Char Valley 甲河谷
Charyül 甲域
Chongyé 瓊結
Dakla Gampo 達拉崗布寺
Dakpo 達波
Densatil 丹薩梯寺
É Yül 埃域
Éyül Lhagyari 埃域拉加里寺
Imperial tombs 藏王墓
Left Horn of Ü 衛區左如
Lhüntsé Dzong 隆子宗
Loro Valley 羅洛曲谷地
MÖN 蒙區
Mt. Dakpa Shelri 塔巴西日聖山
Mt. Yarlha Shampo 雅拉香波雪山
Nyamjang R. 娘姆江
Nyel Valley 涅河谷
Olkha 沃喀
Subsansiri River 蘇班西里河
Tangpoché 唐波且寺
Tawang R. 達旺曲
Tsari 扎日
Yalung Tsanpo R. (Brahmaputra) 雅魯藏布江（布拉馬普特拉河）
Yar Lung 雅隆
Yoru 夭如
Yumbu Lagang 庸布拉康
Zangri 桑日

間。然而,岡波巴的幸福家庭生活被一場造成妻兒死亡的流行病(可能是瘟疫)給摧毀了。因此,在二十五歲時,他於瑪域‧洛丹協繞格西(dGe bshes Mar yul bLo ldan shes rab)座下受戒出家,地點在達波的榮喀(Rong kar)。在接受密續灌頂並練習一些顯教觀修之後,他去了衛區的彭域向噶當派的僧侶們學習。他似乎曾受教於好幾位噶當派學者,儘管他有三年的時間,都在主要上師賈雲達格西(dGe bshes rGyal yon dbag)座下學習,他的其他老師還有強秋僧巴格西(dGe bshes Byang chub sems dpa')、紐絨巴格西(dGe bshes sNyug rum pa)、恰里瓦格西(dGe bshes lCags ri ba)等。這些人全都在岡波巴的著作中被提及。[21] 總之,岡波巴用了大約五年的時間,學習噶當派的顯、密文獻,成為對道次第文類非常熟練,但主要專精於噶當派大乘禪修體系之人。在這些方面,岡波巴堪稱奇才,文獻資料上都肯定他在宗教上的天賦,相較於他所受的指導或用在禪修的時間,完全不成比例。

1109年春天,岡波巴聽說了密勒日巴。他請求上師同意他去尋找,並向這位有名的詩人瑜伽士(圖16)學習。他的噶當派上師們起初並不樂見他們最優秀的弟子去追隨一位流浪的瑜伽士,但經他百折不撓的請求,最終勉為其難的同意他去追尋密勒日巴。經過四十天以及一些障礙之後,岡波巴終於找到了這位雲遊的瑜伽行者。與其他聖人的傳記類似,噶舉派傳承史將岡波巴尋找上師的過程,描繪成是對於他的動機大考驗。他歷經了尋找、得到似是而非的線索、巧遇天人引導、最後發現上師出現在他面前。他確實得到了善待,密勒日巴積極地教導這位天賦異稟的僧侶,他與瑜伽士們共處了十三個月。而後密勒日巴證實了岡波巴的悟境。在1100年時,他被送往

圖 16　噶舉派傳承中的馬爾巴、密勒日巴、岡波巴（臨摹自一幅十三世紀初的圖畫）

自行練習禪修。[22] 岡波巴回到中央西藏，但顯然他所得到的密法並不完全符合噶當派的大乘觀點。有段時間，岡波巴為了密續觀點與大乘思想之間的扞格而困擾不已。此時，岡波巴似乎已經回到了家中，據說他的父親為他在涅河谷蓋了一座靜修之處。岡波巴在那裡練習禪修，並研讀經典，共計六年後才獨自離開。[23] 最後，在 1123 年左右，在偉大的瑜伽士密勒日巴去世之前，岡波巴再次和他碰面，並得到了一些最終的進階教導。

　　岡波巴相對缺乏直接養成訓練（以佛教徒的標準來說，總計六年的學術／僧侶以及禪修訓練，實在過於短暫），這成為此傳統的一個問題。聖傳作者們強調他是月光童子（Candraprabha-kumārabhūta）菩薩的轉世，這是在大乘經典名著《三昧王經》（Samādhirāja-sūtra）中所講述的菩薩。[24] 在岡波巴的密法著作中，背景知識是否充分的問題特別引人注目，而那些被傑克森（Jackson, D.）描述成是「反智」或「反思維」的看法有些離譜。因為關於概念，與那些已出現於印度密續佛教成就者文獻中的說法相比，岡波巴通常不會做出更為

極端的陳述，甚至與多數標準的大乘文本相比，亦是如此。他的確以醫生的一帖簡單萬靈丹（dkar po chig thub）為譬喻，來構思這些內容，以解決所有困難。但他與語言表達形式之間的關係，並不像後來的新保守主義分子，如薩迦班智達等人所描繪的那麼偏激。後者都是完全投入學術體系的人物。[25]

岡波巴的作法，違反了印度佛教晚期教義系統中的一些不成文規定，因為他引用密續文獻來描述適用於顯教學習的思想。因此，在解說「般若」這個很好的菩薩主題時，他越界引用了成就者文獻與密續，甚至穿插中國的疑偽經。岡波巴還認為大乘有第三條道路，即超越經、續的大手印「俱生瑜伽」（sahajayoga）。[26] 俱生瑜伽有兩種，一是俱生自心（sems nyid lhan cig skyes pa），一是俱生光明（snang ba lhan cig skyes pa）。前者是法身（dharmakāya），後者是究竟法身之光。在修道時需用到兩種「鎧甲」：由美德所組成的外在見地之鎧甲，及以由內在瑜伽修持所組成的內在智慧之鎧甲。[27] 大手印離言絕慮的強調即心即佛，這終究與經典和密續的觀點並無不同。

任意使用術語並不可取，這一點很容易理解，然而我們並不清楚為何以經典或者以密續的角度來解說，這兩者之間必然存在著界限。實際上，將兩者區分開來，是印度教義的一種策略。當印度佛教徒開始闡述不同的思想體系，這些體系的擁護者便相互競爭，爭取主導地位。事實上，顯教和密教傳統代表了互不相融的理念。只有當每個人都接受顯、密理念分別適用於不同的世界，那麼經典和密續在體制與教義層面才能夠同時運作。如此方可避免直接比較，或者整合中觀和金剛乘所描述的價值觀，譬如說倫理體系的運作。

社會階級是印度默認的生活狀態,所以印度人以劃分教義層級的方式,來區分不同思潮。這種模式之所以能夠運作,是因為印度種姓制度的目的之一,就在限制不同族群之間的競爭或聯姻。在印度,競爭往往會導致暴力,因此種姓制度就要求各種血統之間存在明確界線。隨著密續被確認為佛陀的教說,劃分印度修行體系的層級就變得勢在必行,因為當時的大乘佛教徒既希望傳統的修持之道成真,又希望將激進的密續納入聖典範圍,但兩者之間幾乎沒有共用的詞彙。因此,種姓制度的模式便被用來確認不同的宗教應用,以及在經續與密續間劃分明確的界線。然而,這種方式之所以真的有用,是因為傳統上認為顯教經典和哲學論著可以用來解釋密續主題,反之則不然。在印度佛教系統中,密續作者如維拉薩瓦迦勒(Vilāsavajra)可以合理地引用大乘文本來注解《聖妙吉祥真實名經》,但卻期待大乘學者們避免引用密續文獻來進行哲學論證。即使如此,我們有時仍會發現印度人未遵守這些不成文的規則,尤其是在密續撰述的早期階段,獅子賢(Haribhadra)的《現觀莊嚴論》長篇注釋書中,引用了《金剛手灌頂續》(*Vajrapāṇyabhiṣeka-tantra*)。[28]

當然,大部分佛教密續文本的研究,都致力於一再肯定這種層級區別,但岡波巴卻缺乏那樣的學術訓練。馬爾巴的密續文本注疏傳承的繼承人是鄂·確吉多傑,而非密勒日巴。但即使是追隨密勒日巴的模式,岡波巴在上師座下也僅花了一年多一點的時間。他對於密續文獻的另一個學習重點是禪修練習,而非注疏傳承,而且正如在本章開頭的引文中所說的,岡波巴認為一個偉大的修行人,可以直覺地了解一切必要之事,這實際上是一個古老的佛教思想。[29]

對於某些讀者來說,強調密續解、行之間的差異可能有些奇怪,但馬爾巴本人據說是未經禪修而得佛果的,卓彌的班智達嘉耶達羅也以甚少練習觀修而聞名。事實上,在十一世紀末、十二世紀初,密續的注疏傳承已成為重要的學習與實踐領域,但岡波巴的著作中很少引用密續,並且幾乎從未提及密續注釋本中典型的爭議論點。[30] 在這方面,岡波巴與受到完整教育的桂譯師・庫巴列介很不一樣。在庫巴列介的著作中,可以清楚地看出他輕鬆駕馭密續各派的文獻。因此,岡波巴的著作有許多前後矛盾之處,讀者往往也可以感受到,岡波巴試圖在盤根錯節的佛教文本及思想中,尋找出路。

在為岡波巴辯解時,同樣明顯的是,如果不認同存在著不同世界的觀點,而認為經續與密續只是浩瀚大乘學說中的文字,那麼佛教教義與詞彙便可以,且應該一起考慮。少數基於「體驗」的理由,使得顯、密詞彙之間無法競爭並分出高下,也無法合作與融合。的確,佛教對社會的評估欠缺基礎的傾向顯示,區分教義的分析也同樣缺乏基礎。這實際上是不同的十一世紀大圓滿作者,如榮松等人所認為的,而且岡波巴在許多地方傳法時,都表示他自己熟悉甚至喜愛大圓滿思想。[31] 在他的著作中,與大圓滿心部密切相關的詞彙與範例比比皆是,特別體現在他對本覺的表達方式。那是《岡波巴全集》中的一個重要術語,儘管它不像俱生(sahaja)一般受到高度重視。[32] 他更重要的著作之一是,《揭開隱藏之心相》(*Sems kyi mtshan nyid gab pa mngon du phyung ba*),事實上似乎是榮派「心部」教學傳統中的一個噶舉派版本。[33] 然而最重要的是,岡波巴曾致力於消除詞彙融合的障礙,使得某一領域的專用語彙能夠自由地用來解釋其他領域。他也發展了

不同乘之間，彼此能「相應」的想法。³⁴ 這可能是他將噶舉派傳統與噶當派大乘思想語言加以合併的一個基礎，表現在他的經典著作《解脫莊嚴寶論》中。此種融合讓人們對他的批評蓄勢待發。然而這正是我們對於一個修行人該有的期待。這個修行人並不鄉愿地接受詞彙分離的意識型態，並在其觀修實相的方法中，自行加以整合。對岡波巴來說，浩瀚學說之沙中的文字，似乎僅是他個人終極體驗過程中的短暫停靠站罷了。

但這不表示他完全不理會層級的劃分，而岡波巴被指責的一個領域，可能也是他比較主流的想法之一：即漸入法（rim gyis 'jug pa）與頓入法（cig char 'jug pa）的區別。到了十二世紀初，這些語彙背負了很大的包袱，從王朝時代和尚摩訶衍的北宗禪與蓮花戒的印度大乘學派之間產生爭議以來，在西藏它們便被用來討論佛學的差異。³⁵ 然而，在金剛乘的背景下，這也是整個復興時期密續討論的一個正式主題。代表人物有上一代的桂譯師・庫巴列介，下一代的薩迦派祖師札巴堅贊。³⁶ 這些學者可以討論這些想法，是因為西藏翻譯了一部具有純正來源的文本，也就是印度學者聖天的密續著作《攝行燈論》（*Caryāmelāpakapradīpa*）。其中的梵文詞語「漸」（kramavṛtyā）和「頓」（yugapad），被藏譯為漸入法和頓入法。³⁷ 聖天是以《楞伽經》中的討論為基礎，而《楞伽經》很可能是禪宗和金剛乘二者對於這個漸、頓之分的最初來源。因為禪宗和金剛乘體系的作者都視《楞伽經》為其思想的重要來源。³⁸ 無庸置疑地，岡波巴比其他作者們更自由且運用了這種分類法，但那也僅是程度上的差異，而非種類上的不同。岡波巴知道他有印度前例可以依靠，因為他特別引用了《楞伽經》做為兩種解脫形式的來源。³⁹ 反之，十三世紀新保守主義試圖

連結岡波巴與和尚摩訶衍的立場,部分原因是為了瓦解大手印和禪宗之間的差異,但也忽視了該主題的正統起源。[40]

1120 年左右,岡波巴在西藏雅隆以東的達波地區,創建了他的達拉崗布寺(Dwags la sgam po,以護持建寺經費者為名),並開始招收弟子。弟子們也被他這種具有高度宗教魅力的人格所吸引。[41] 他的傳記強調的觀點,如本章開頭之引文,即一位禪修大師可以將自己的覺受傳導給他人。據說岡波巴擁有這種特質。[42] 因此,他吸引了附近一些最優秀的年輕僧侶及修行人,其中四位被認為是他最出色的弟子:杜松虔巴(第一世噶瑪巴)、帕摩竹巴、跋龍巴('Ba' rom pa)和達波・貢處。從這四人中產生了「噶舉四大派」傳承。然而,人們通常沒有意識到的是,三個真正成功的傳承,是經由三位受過極佳的噶當派養成教育的上師所衍生出來的,即杜松虔巴、帕摩竹巴及達波・貢處。儘管噶舉派基本上是一個以瑜伽修行為導向的傳承,但噶當派傳統在接下來的幾個世代,仍持續影響著噶舉派的修行與思想。

岡波巴不僅將寺院制度帶入瑜伽修行傳承,他也在寺院中培養強大的家族勢力。達波・貢處既是他的繼承人也是他的姪兒,而貢處的繼承人,實際上是他自己的弟弟,達波・貢穹(Dwags po sGom chung)。因此,尼瓦氏為自己建寺並確保寺院為自己所有。類似於鄂氏在別處所做之事(從桑普寺開始),也與馬爾巴在洛扎傳位於其子,熱譯師傳位於其姪兒熱・曲饒相同。到了十二世紀中葉,人們逐漸形成了一種共識,即氏族能夠擁有並占據重要的教派中心,其他氏族成員可以在那兒受教育,但不太可能成為繼承人。在這些情況中,由於繼承是以血統為主,所以合法性的基礎很明確。相反地,無

血緣關係者繼承土地的想法在西藏社會仍具有爭議。偶爾出現非貴族出身的藏人如杜松虔巴擔任寺院住持的情況，使得傳統主義者感到備受威脅，他們已經因寺院權力的快速更迭而承受壓力。雖然《根本說一切有部律》對土地的共同持有及繼承做出了各種規定，但它在印度的權威是來自僧、俗分離的意識型態。[43] 然而在中央西藏，這樣的想法仍未建立。寺院繼承的合法性一直存在相當大的問題。東部戒律傳統的寺院族群，經常為所有權的有效性互相攻訐，早期的噶當派寺院就是一例。相反地，經由父傳子，或叔父傳侄兒的方式，合法的宗教權威就可以毫無異議地成功轉移到下一代。因此，無論在家或出家的宗教管轄權，就可以在不穩定的時期，心安理得地得到保障。

一展長才的瑪紀瑜伽女
——斷境法及薩瑪道果法

當這些必要的寺院發展正在進行時，帕丹巴的女弟子們也在推廣她們自己感興趣的方向。帕丹巴最重要的女弟子，通常不被包括在希解派傳統中，顯然是因為她自己的傳承與體系已足夠舉足輕重。她就是瑪紀・拉諄。關於她的著作很多，因此，我簡單地總結一下相關的學術研究成果。[44] 她出生於雅隆以東，靠近埃域（Ae yul）地區的某個地方，時間約莫在 1075 左右。[45] 雖然她被冠上了通常授予成熟的貴族或宗教女性的尊稱：「瑪紀」（唯一母親），但幾乎沒有跡象顯示她是出生於貴族之家。她的第一位上師是札巴・恩謝，有名的東部戒律僧侶，但他後來捨戒並創建寧瑪派寺院。瑪紀・拉諄在受教育期間，學會了閱讀，並有優異的表現。她成為一名專業的佛教文

本專家,由於她在儀式展演中表現優異,因此也得到其他人的支持。她繼續向不同的大師學習,最後與其中一位上師生了幾個小孩,這在當時並非特例,現在也是如此。大多數資料顯示她很晚才開始向帕丹巴學習。也許在 1097 年,他從漢地回來並且在定日落腳以後。她最後搬到山南(Lho kha)的桑日(Zangs ri),接近她的出生地,而且就在岡波巴的達拉崗布寺(Dakla Gampo)上游。

「斷境法」傳統聲稱他們有兩個傳承。斷境的意思是「斷除魔境」,但其修持法似乎主要是由瑪紀所發展出的。斷境法的印度起源有些模糊。這修法是在一個偏遠或魔障之地,觀想將自己的身體施予魔鬼的儀式,據說是以一篇署名聖天的《聖般若口訣》('Phags pa shes rab kyi pha rol tu phyin pa'i man ngag)這簡短偈頌為基礎。此口訣有兩種譯本。薩滿式信仰往往與該修持法有關,但斷境法的基本意象,似乎受到藏人死後將身體布施給禿鷹或其他肉食動物的儀式影響。這在西方文獻中,通常稱之為「天葬」。[46] 該修持法結合了想像的惡魔學,其中四種魔羅(Mara)的本質被描述為完全概念性的,因此是將葬禮儀式與佛教對其意義的評估合而為一。如果情況真是如此,那麼文本的來源必定曾被藏人或類藏人(祆教?)的儀式所影響。可以確定的是,斷境法遭到新保守主義分子的批評。最有名的例子是恰羅・確傑貝,他指控帕丹巴捏造作品,將外道教義融入佛教框架中。[47] 然而,實際的修持法更像是來自帕丹巴與瑪紀・拉諄的儀式對話。

瑪紀・拉諄不是唯一一位受到帕丹巴青睞的女性,薩瑪譯師的姊姊,薩瑪・瑪紀也是他的女弟子之一,但她的成就並沒那麼出色。她與弟弟都出生在拉堆洛(La stod lho)的六父

（Pha drug）地區，接近尼泊爾邊界，是該地區一百零四位薩瑪氏族成員之一。[48]《青史》中說，薩瑪譯師的生卒年是1069至1144年，而薩瑪・瑪紀則是1062至1149年。[49] 當這位後來被稱為薩瑪・瑪紀的女孩十六歲時，她嫁給了種・壤恰宇內（'Brom Ram cha yu ne），顯然是一喜馬拉雅地區的貴族，聲稱與種氏（'Brom）族有親戚關係。[50] 這段婚姻失敗了，她黯然離去，成為一位有名但較不重要的譯師馬・確魃（rMa Chos 'bar）的儀式助理。但不久後，他便去世了。她遭遇了各式各樣的心理問題。除此之外，她還開始經歷嚴重的婦科問題，如經常性地大出血，有一次還排出了一塊鳥蛋大小的血塊。這些經驗被她及她的親友們解釋為「元氣」出現問題，特別是漏失「菩提心」。這個詞語可以表示體液（例如女性的經血），或是覺醒之心。依據圓滿次第的修行準則，漏失菩提心對修行人來說，代表嚴重的障礙，更不用提子宮內膜以不受控制的速度崩落，這情況下女性所經歷的痛苦障礙。

聽聞帕丹巴・桑傑的顯赫名聲後，薩瑪・瑪紀便前往定日詢問他的意見。他對她說，她的困境是由於最初灌頂時沒有向馬・確魃獻供所造成的。他建議她修繕馬・確魃的寺廟、從尼泊爾取得一個小塔製作成舍利塔、向他的女兒獻供等，她一一照做，並且獲得了一年的平靜。但之後問題復發，帕丹巴又要求她閉關七年，閱讀經典。某天，薩瑪・瑪紀聽到一位從努域（sNubs yul）來的僧侶唱的一首歌，一股巨大的安定感向她襲來，讓她覺得好了許多。帕丹巴給了她一面鼓，要她擊出節奏做為回應。她擊了擊鼓，但只出現難聽的噪音。關於她與帕丹巴之間諸多事與願違的故事，真假難辨，因為十五世紀的《青史》與十三世紀的道果文獻，對

帕丹巴的描述完全不同。道果史通常將帕丹巴描寫成一個無能又愛自我吹噓，用印度信仰來治病的術士；但斷境法文獻卻說他是無懈可擊的第二佛。[51]

儘管如此，薩瑪·瑪紀終於聽說了道果上師謝敦·昆里，並趕往卡瓊。依據道果法源史，謝敦聽了她的故事，詢問她是否有這樣那樣的體驗。她回答是有的。於是他確定了她的問題是沒有獲得充分的禪修指導。他開玩笑說，她有很多的禪修體驗，但只有很少的禪修修持指引，而他自己則是擁有很多指導，但欠缺體驗。他授予她新的灌頂，並引導她學習道果法，來改善禪修中身體缺陷的一些方法，而那些方法似乎解救了她。

之後，薩瑪·瑪紀便與她的弟弟一起發展「薩瑪」道果法。不幸的是，我們實際上對於她和弟弟所知有限，只知道這對姊弟持續出現在帕丹巴奇蹟的核心——儘管十五世紀以後，他們幾乎完全被斷境法和希解派系統的信眾所忽視——並且也是昆氏道果法最可行的替代方案。事實上，薩瑪派通常是首選之法，有些噶舉派的上師也學習此法。[52] 十五世紀末時，甚至連廓譯師·循努貝也強調薩瑪法是道果體系中最好的。隨著薩瑪體系的銷聲匿跡，道果法與薩瑪姊弟之間的關係，最終成為一個無足輕重的註腳。而近年來，薩瑪·瑪紀已在聖地相關的西藏諸聖賢中，取得了一席之地。[53]

在這裡，我們有必要反思一下薩瑪·瑪紀、瑪紀·拉誆、帕丹巴的四名「空行母」弟子、他的二十四位女尼弟子，以及卓彌獲得證悟的四位女弟子的重要地位。雖然有證據顯示，印度密教極度不利於女性的宗教志向，但奇怪的是，在十一世紀至十二世紀初的中央西藏卻並非如此，特別是在藏區的女性。

事實上，女性在一段短暫的時期享有重要地位，然而到了十二世紀末，強烈新保守主義的氛圍興起後，她們就逐漸日益沉默。在十一世紀末至十二世紀初，較為自由的宗教環境中，藏人似乎正專注探索自己的方向，而女性也獲得了較大的表現力。但當中央西藏日漸成為國際關注的焦點，且被高舉為佛教修行的模範之地，甚至使印度黯然失色時，藏人便開始採取一些令人遺憾的行為準則，即要求壓制女性，如同印度的情況。

也就是說，在藏人變得更具正統性的過程中，他們也變得更像印度了。我們甚至可以在薩瑪・瑪紀的故事中略知一二。當三個印度僧侶到她那兒要求接受佛法指導時，她僅回答，她是一個從邊地來的野蠻人，而且是個女人，她能教他們什麼呢？她接受了禮物，但沒有傳授他們任何教法，就讓他們回家了。

薩千・貢噶寧波──薩迦寺的危機與存續

面對如此不同凡響的知識及修行活動，薩迦寺顯得有些落後，但到了十二世紀上半葉時，情況便完全不同了。創建了全新的薩迦寺之後，昆・貢丘傑波與兄長不同，他捨戒還俗並娶了妻子。他唯一的兒子薩千改變了薩迦寺的命運。薩千的出生故事，也是讓人感到研究西藏傳記文獻是十分有趣的例子之一。[54] 薩千之子，也是其傳記作者札巴堅贊，僅記載他的父親出生於藏區的仲巴地區上方。[55] 這一般是指薩迦周圍的區域，所以這個訊息並不令人驚訝。然而，這個在十七世紀所撰寫的，關於他出生情況的精彩故事，無論真實與否，都值得我們關注。一方面因為該故事是藏人自創的作品，另一方面也因為

它的文學魅力。這是一個天眼通及酒醉誘惑的故事，一名出遊的上師與封地領主之女的故事。[56]

根據最可靠的記載，貢丘傑波的第一任妻子多傑芎嫫（rDo rje phyung mo）沒有生育，這位薩迦寺的創建者似乎也安於無後的狀態。[57] 但這個區域中有位出名的天眼通者，即喀烏戒擂寺（Kha'u skyed lhas）偉大的傑尊・確吉堅贊（rJe btsun Chos kyi rGyal mtshan，他的名字可以簡單地縮短為南喀烏巴〔gNam kha'u pa〕），他以天眼通觀見了卡莎巴納觀世音菩薩。[58] 他看見菩薩周邊有明亮的虹光壟罩中，朝向附近的噶貢倫（dkar gong lung）地區。這位尊者當下便知慈悲的菩薩正在尋找一個合適的出生地，也需要適當的環境。為了建立正當的情境，使貢丘傑波能成為父親，尊者對這位偉大的上師發出了很多邀請。然而，由於他們彼此住得很近，當天便可往返，所以菩薩沒有機會獲得一個合適的管道（女人）誕生。最後，南喀烏巴巧設一計，將年長的貢丘傑波介紹給年輕的瑪紀・桑嫫（Ma gcig Zhang mo），這個地區領主的女兒。也正是這位首領促成將薩迦地區出售給貢丘傑波。一日，上師接受了尊者南喀烏巴的邀請，尊者拖遲了他的時間，並帶他到領主莊園房舍所在地噶貢倫。在將年輕女士介紹給年長上師後，他們硬逼上師喝新釀的濃烈青稞酒。貢丘傑波知道自己當晚無法返回薩迦，便詢問附近是否有旅館，但這位年輕女士卻邀請他留下過夜。於是九個月以後薩千出生，那年是 1092 年。

後來的薩迦派文獻都沉浸於薩千誕生預言的喜悅中。[59] 根據傳說，阿底峽在前往桑耶寺的途中，抵達薩迦，他便預言，未來會有一座寺院被兩位大黑天（Mahakālā）守護。此外，七位文殊師利菩薩的化身，觀世音菩薩及金剛手菩薩的各自化身

會駐留於該處。薩千的誕生不僅是尊者的一計策,也是許多菩薩的神聖計畫。然而,由於南喀烏巴是主謀,他必須確定貢丘傑波知道兒子誕生,於是他力邀他去看他的新生兒。

我們可以想像貢丘傑波發現自己在五十八歲成為一名父親時的驚惶失措,他努力保守此祕密,但妻子發現後跟他理論。無論這位上師多麼有魅力,這都不會是一次輕鬆的對談。他的妻子一針見血地告訴他,沒有這個孩子,他的家族即將絕後,因為他的哥哥,一位終身禁欲持戒的居士已經去世。她保證自己能夠自立獨處,但孩子與孩子的母親都需要生活與教育費用,因此她堅持要貢丘傑波帶著孩子及母親到薩迦,並為他的繼承人做好所有必要的安排。他照做了,也將薩迦大部分耕地留給這位未來薩迦上師及其母親,以供應他們的生活所需。不幸的是,貢丘傑波僅能為他的孩子開啟教育之門,因為他於1102年便過世於薩迦的古絨殿(sGo rum),那時男孩才十歲。[60]

薩千的教育以較平實的方式,建立了一個新的標準,他受教育的紀錄讀起來就像是十二世紀初期的西藏佛教文獻目錄。他個人的學術貢獻也從這個宗教興趣衍生而出。若僅因這個原因,便認為他是博學之士,那是錯誤的看法。雖然薩千的傳記作者將他描繪為精通世上所有的學問,但事實上我們幾乎無法證實這一點。他的教育其實是始於父親的葬禮之後。他的母親告訴他,儘管他是薩迦寺的繼承人,但他無權掌管寺院,因為對於一個準備不足的男孩來說,管理薩迦寺這樣的道場會是個笑話。[61] 瑪紀·桑嫫還有個很具說服力的看法。薩千的父親通過向受過印度教育訓練的譯師們學習,而贏得了很大的威望,所以薩千也必須仿效這種作法。因此,她邀請了一位在儀

軌方面備受尊敬的學者譯師，跋里譯師・確吉札巴擔任薩迦寺的住持，以便其子能夠受到良好的教育。[62] 跋里同意了，他制定了中世紀佛教教育的基本概念：如果智慧是必須的，那麼就應該具備菩薩聖智。因此，薩千被要求修持這位菩薩的偉大心咒：啊惹巴札那地（A RA PA CA NA DHĪ Ḥ），這是以西元初期的犍陀羅語為基礎所發展出來的一種密咒音節，與慧（prajñā）有關。[63] 剛開始，男孩經歷了一般會出現的禪修障礙，如看見了白色高大之人、獅子等，但通過採取適當的禪修調伏法後，他們都消失了。

最後，據說六個月之後，薩千便親見了文殊師利菩薩。菩薩給予他四句口訣，稱為「遠離四種執著」（Zhen pa bzhi bral），並且告知他的繼承人將從當下起，成為文殊師利菩薩的化身。[64] 這個口訣其實是佛教基本原則的標準陳述：

若執著於此生，則非修行者。
若執著於輪迴，則無出離心。
若執著於自利，則無菩提心。
凡有執取生起，則失正知見。[65]

這段情節——至少親見菩薩以及簡短的偈頌——顯然是古老的，但不確定對其傳承的預言是否也同時傳給了這個男孩，因為它似乎是後來才加進這個故事裡的。他的兩個兒子都特別提及薩千親見了文殊師利菩薩，而在「遠離四種執著」中也沒有任何不適合佛法初學者的內容。事實上，這正是與初學者有關的一段優雅陳述，薩迦派也持此看法。[66]

當薩千十一歲時，經過眾人商議後，他被送往鄰近的龍

約密（Rong Ngur smig），跟隨一位昌提氏（Brang ti）族的長老，昌提・達瑪寧波格西（dGe bshes Brang ti Dar ma snying po）學習基本的形上學（阿毘達磨）。[67] 顯然，形上學在當時是一門受歡迎的學科，可能是以研讀《大乘阿毘達磨集論》為主。上師教學中心的居住區域都被先前的學生給占滿了，因此，薩千只得在附近一個搖搖欲墜的小洞上，蓋了一條黑色氂牛皮氈簾做為居所。[68] 但更嚴重的問題出現了，他的鄰居生病，據說得了痘瘡（'brum bu'i nad）。由於他來自牧區，沒有人願意幫助他。薩千協助了這個不幸的僧侶，但自己也被傳染，在苦不堪言的情況下，只得返家。

後來，薩千完成基本的阿毘達磨研究後，昌提格西也過世了。薩千顯然對佛教義理的研究很感興趣，因此前往娘堆瓊切寺（Nyang stod byang 'chad），在那裡他跟隨昌提・素確巴格西・瓊仁欽札巴（Brang ti Zur chos pa dge bshes Khyung rin chen grags pa），學習無著的《菩薩地》（*Bodhisattvabhūmi*）以及其中所包含的律儀。[69] 接下來，在這位上師，以及素確巴・貝米諦巴（Zur chos pa dPal mi dig pa）的帶領下，他開始學習認識論，研究法稱的《量抉擇論》及《正理一滴論》（*Nyāyabindu*）。這時，薩迦莊園管家（gzhis pa），寄來了一封非常合乎情理的信，要求這位有抱負的學者返回他的家鄉。[70]「跋里上師年事已高，你以後可能沒機會向他學習了。」實際上，這個訴求既是為了行政權的延續，也是為了讓年輕的薩千能獲得凝聚社群能力的教育，也就是儀軌。儀軌不僅能使修行人的社群結合成一個整體，也能建立道場與周圍河谷之間的基本關係。在此基礎上，薩迦寺和類似寺院便可對其行使權威和決策。如果薩迦希望在儀軌上有延續性，那麼這位

年輕的大師就必須學習他父親和跋里譯師擅長的密續儀軌系統。認識論文本不可能維繫薩迦的社會結構,而那些主政人士知道這一點。

跋里譯師和不可或缺的儀軌

跋里譯師是當時傑出的儀軌專家之一,特別擅長密續成就法(sādhana)的翻譯。他出生於康區的嶺卡(Gling kha)地區,他的父母默默無名,但父親顯然是出自跋里氏族,一個相對不為人知的氏族。[71] 跋里熱愛宗教修行,並且夢想著能到中央西藏學習。他為旅程籌募資金,十八歲(1058)時向西出發。這也是當時一般康巴人離家,前往中央西藏的年齡。他在烏如西部,庫蘇盧巴・尚・雲登仁欽(Ku su lu pa Zhang Yon tan rin chen)和阿闍黎・單食巴・準竹查(Slob dpon sTan gcig pa brTson 'grus grags)處受沙彌戒。這些大師賜予他仁欽札(Rin chen grags)這一法名。如同薩千一般,跋里開始向這些上師學習基礎理論,也像這個時期許多其他康巴人一樣,學習噶當派傳統的佛教道次第。甚至還有個明顯杜撰的故事,那就是跋里親向阿底峽學習。這在年代上來說,是不可能發生的。[72] 在涅・拉瓦敦竹格西(dGe bshes gNya' Ra ba don grub)處,跋里完成了噶當派文獻的學習,然後繼續研讀瑜伽行派的基礎著作《大乘阿毘達磨集論》,以及一些署名彌勒的文本。

這時,跋里前往拉薩的一間大廟禮佛,並且做了個栩栩如生的夢,夢中十一面觀音菩薩現前,為他預言了重大事件。跋里醒來後對此夢的解讀是,他應該前往佛陀的國度學習。跋里已經在中央西藏十五年了。三十三歲那年,他加入了一個虔

誠佛教人士的隊伍，其中包括噶當派的達瑪格西（dGe bshes Dar ma）（他正要前往金剛座）、一位來自阿薩姆的瑜伽士師利法拉瑪提（Śrī Phalamati），以及兩人的信徒和其他的雲遊人士，共計十三位朝聖者。大約在1073年的秋天，他們從吉隆出發，途經納瓦果德和加德滿都，最終到達了拉利特—帕坦納的佛教中心。跋里在佛教義理及基本戒律方面獲得很好的訓練，但他即將發現南亞的佛教中心對儀軌的重視程度，是鋪天蓋地的。

跋里的第一位上師是尼泊爾班智達阿難達（Paṇḍita Ānanda）。但我們不清楚他住在何處。跋里從他那裡獲得了大量當時的儀軌教學素材：灌頂、靜坐、儀軌手冊、密續授權等。他也學習了《勝樂金剛續》、《金剛瑜伽母》（Vajrayoginī），以及《四座續》等著作的注釋。他也依照標準作法，在尼泊爾學習梵文文法，並在梵文方面學有所成。後來他去了印度，剛開始遇見了一位摩訶由金上師（Mahāyogin），跟隨這位沒沒無聞的上師，跋里繼續他的儀軌學習，特別是與金剛亥母有關的儀軌。跋里在印度學習最重要的時期，是受教於著名的密續大師金剛座，他是第二位擁有這個名字的人。[73]

從金剛座大師那裡，跋里廣泛地學習了密續文本，也學習大乘經典，如《華嚴經》、《寶積經》及《三昧王經》諸經。金剛座大師也教跋里一些打敗敵人，以及回遮外道傷害的特殊儀軌。這是我們開始看到的訊息之一，證實了這個時候，在南亞出現許多宗教衝突。[74] 金剛座與不空金剛一起翻閱了一千零八部成就法。他們從中挑選了一百零八部待翻譯成藏文的修法，促成跋里偉大的儀軌彙編，《一百成就法》（sGrub thabs brgya rtsa）。帶著這些儀軌訓練，跋里在尼泊爾及印度九年

之後,於1082年返回家鄉,時年四十二歲。在西藏,他從事相當愉快的著名遊歷譯師的職業,帶著剛從印度取得的最新密法,應邀至各地給予新修法的灌頂與指導。其中一次是在薩迦,他受到貢丘傑波的招待,這是後來薩迦的創辦人去世後,薩迦當局邀請他擔任住持的一個因緣。

薩千向跋里學習的文本和儀軌清單,是十二世紀重要佛教著作的縮影。[75] 跋里顯然是想提供薩千在印度備受尊崇的背景知識,所以引導這位年輕學子進入他自己也曾遨遊其中的,包羅萬象的大乘和金剛乘典籍之海中。這包括儀軌上相當重要的《事部密續》和《行部密續》文集,然後進入最高階的瑜伽部,特別是《瑜伽母續》的各種素材。這個儀軌盛宴圓滿結束於跋里自己翻譯的《一百成就法》。[76]

充分準備好成為儀軌大師後,薩千舉辦了一場盛大的佛塔開光典禮。在典禮中將(跋里辛苦蒐集的)過去偉大聖者的遺物,都埋入新的尊勝塔(rNam rgyal mchod rten)中。[77] 尊勝塔之名出自其內容物,大量含有〈尊勝咒〉(Vijayadhāraṇī)的裝藏品。此外,來自印度聖地的泥土、一片菩提葉、佛陀及聖者的遺物(包含舍利)等。其中最偉大的遺物,是神祕古佛迦葉佛法袍上的背心(僧伽黎〔samghāṭī〕),這些全都被埋入塔中。[78] 在典禮即將結束時,據說佛塔被波浪般的黃金光芒所包圍,鐘聲響徹雲霄。人們聽到宏亮而無形的聲音說「善哉!」,重複了四次。有了這些吉祥的徵兆,跋里譯師便將他妥善管理了八年的薩迦寺行政權及財產,交給薩千。據說譯師還給了薩千一尊會說話的大黑天石雕像來保護他。跋里回到他的玉噶摩寺(g.Yu mkhar mo),兩年後在閉關的山洞內圓寂。[79] 如果年代正確的話,跋里應該是在1110年結束他的薩

迦寺管理，1112 年逝世。[80]

薩千回到先前中斷的哲學研究中。他向附近的梅朗測格西（dGe bshes Me'i lhang tsher）學習法稱的作品，接下來經由自續派東方三師的著作，進入了中觀之門。[81] 而後，薩千回頭追隨尊者南喀烏巴，更有系統地研讀密續典籍，幾乎涵蓋了每一個部類。最後，他探索了更多的哲學文獻，如彌勒五論、寂天的著作以及《般若經》諸版本與注釋本的研讀。

薩千的長輩們發現他很貪吃，為了懲罰他，便將他送往吉曲瓦·札拉拔（sGyi chu ba dGra lha 'bar）居住的吉曲寺，吉曲瓦是一名昆氏族人，也是一位優秀的譯師。薩千向吉曲瓦學習了喜金剛相關的三部密續，包括《喜金剛續》注釋本、難勝月的《月光難釋》（*Kaumudī-pañjikā*）以及大成就者甘哈（Kāṇhapāda）的《瑜伽寶鬘》（*Yogaratnamālā*）。他還學習了大乘哲學以及密續著作，包括吉曲瓦剛從慈護的弟子金剛手處得來的兩部著作。[82] 就在某次預備接受吉曲瓦灌頂前的一個夜晚，薩千夢見了三座橋，橫跨一條被染紅，如鮮血一般的巨大河流。他知道這條河代表了生命之洋。[83] 河流中的許多生靈全都呼喊著：「救救我，拜託請您救救我！」他救了他們，然後發現許多人在最近的那座橋，只有七人在中間那座，三人在最遠那座。他夢見自己救了他們，但醒來後就把這個夢給忘記了，後來才又想起。當他詢問吉曲瓦有關夢境之事時，他的上師取笑他：「以你現在的能力，如何能救回三個以上的人呢？」[84]

薩千跟隨吉曲瓦學習時，得知謝敦·昆里將在埵格堆（mDog stod）講課，那是謝敦的祖傳之地。雖然沒有特別吉祥的徵兆，但由於吉曲瓦的一些年輕弟子要去，所以薩千也決

定前往。謝敦上師的弟子們開始打聽他的背景,當他們發現他來自薩迦時,謝敦說他其中一位上師昆・貢丘傑波曾在那兒,但他已經去世了。當薩千表明他是貢丘傑波之子時,謝敦指責他撒謊。不過,薩千的朋友們立刻告知上師,關於貢丘傑波第二任妻子之事,此後他便對貢丘傑波之子相當親切。「我這老朽身上有法,將交付於你,但你必須快點前來。如果你認為可以慢慢來,請體諒我明年就要死了。」然後謝敦用了一天的時間,教薩千一個短版的道果法。

吉曲瓦對謝敦印象不好,也不允許薩千再回去找謝敦。「你對於此人的期待是不正確的。那是個『謝介巴類(好為人師的謝〔Se lce pa re〕)』,他根本沒有任何的修行口訣。他教的只是從我的上師拿里巴(mNg' ris pa)那裡得來的一些零星佛法罷了。」依照標準的師生關係,以及薩千與吉曲瓦兩個家族之間的交情來說,他無計可施。然而,謝敦的預言成真,他隔年便去世了。吉曲瓦也不久於世,他對薩千的遺願是,希望他出家為僧,並且接管吉曲寺,然後將寺院傳承給同族後代。薩千先回到薩迦收集受戒的材料。然而,南喀烏巴不願給他任何資料,他說薩千維持在家居士的身分,將可利益更多眾生。[85] 薩千又一次糾結於上師們對他不同的生涯規畫當中,而這種分歧在西藏十分常見。

別無他法的薩千決定以在家居士的身分繼續他的學習,他帶著吉曲瓦的文本和筆記,前去向吉曲瓦的一位上師處,那就是在貢塘內薩(gNas gsar)一帶著名的梅玖・羅卓札巴。梅玖是尼泊爾龐亭巴(Pamthingpa)兄弟的弟子。那洛巴最優秀弟子的其中兩位(或四位,有不同的說法)。這位博學的譯師專注於勝樂金剛法類。勝樂金剛也成為薩千持久不衰的興趣。[86]

除了基礎經典以外，薩千還學習了印度的勝樂金剛傳承聖者們的修行體系，如盧伊巴（Luhipa）、乾大巴（Ghaṇṭapa）、甘哈巴達（Kāṇhapāda）等。另外，他還探索那洛巴的「金剛」頌，以及他已經通過其他傳承所掌握的許多密續著作。然而，譯師的某些弟子開始嫉妒及懷疑薩千的能力，一些不幸的意外事件，破壞了他在貢塘的生活。[87] 但也由於貢塘鄰近尼泊爾，使薩千遇見了三名外國人。兩名尼泊爾學者，帕德瑪師利（Padmaśrī）及嘉尼那瓦傑拉（Jñānavajra）來到西藏南部，並帶來新創作的以《聖妙吉祥真實名經》詮釋的時輪教法以及其他密法。印度學者巴德拉惹乎剌（Bhadrarāhula）也提供了一些教導。

然而，薩千還沒有取得完整的道果法，他向謝敦的弟子們詢問。他們不謀而合地認為尚氏兄弟是謝敦最優秀的弟子。哥哥是尚‧貢巴瓦，又名尚‧確魁（Zhang Chos 'bar），[88] 他和弟弟尚‧喜濟（Zhang gZi brjid）在謝敦建寺期間，便為他工作。[89] 當弟弟決定回去他們位於藏區東部的薩當頂（Sag thang sdings），哥哥貢巴瓦並不接受謝敦為他們協助建寺所付的酬勞，相反地，他要求接受修持指導。但他被告知需要更多供養，所以他後來帶回三百擔的大麥和許多物品，包括一件鎧甲上衣。顯然他的弟弟也得到了一些指導，因為謝敦在傳承文本中宣稱他們兩人都領悟他的法。到了薩千的年代，弟弟已過世，但貢巴瓦仍然在世。據說南喀烏巴嚴厲批評了尚‧貢巴瓦，但最後還是允許薩千去向這位大師學習。

尚‧貢巴瓦最有意思的事情，是自稱為大圓滿體系的梵志派（bram ze lugs）和㮈滿啟（tsa mun dri）法的信徒。儘管後面這個法門鮮為人知，但我們在前面曾提到過許多前者的修

持體系,因為它涉及了一個據說是來自無垢友的伏藏傳承,並且接近第六章所翻譯的心滴文類的跋文中所敘述的傳承。但也有可能與娘列講述的一個故事有關。該故事將梵志法文本與觀世音菩薩示現結合在一起。[90] 有兩部大圓滿密續的跋文記載了梵志修持系統,其中一件表示,它是從一組六部密續所組成的教法之一被發掘出來的。[91] 娘河谷的一段佛教記載中,也提到了一組六部密續,但又進一步擴充為十二部的組合。該文本聲稱是大圓滿的六支傳承之一。[92] 在娘列所著的法源史附錄中,出現的相關大圓滿傳承,其中一篇與其他傳承接近,陳列了帕丹巴、薩瑪兄妹及尚‧貢巴瓦,並將所有這些人物都串聯了起來。[93] 無論這些傳承名單的準確意義為何,總的來說,這些紀錄說明了尚氏與卓彌不同,他並未將自己描繪為提供印度新密法之人,而是選擇將更多的傳承結合在一起。類似的新舊傳統間的融合,在此時期其他人的活動裡是顯而易見的。如貢丘傑波雖專攻較新的修持法,卻仍保有舊王朝所傳承下的普巴金剛及真實黑魯嘎修持系統。

傳記作者們很喜歡描述薩千在簡陋的環境中,找到了穿著破爛、講話不甚清楚的尚上師——這是完美的西藏成就者的形象。但尚‧貢巴瓦對薩千並沒有好印象,他說自己只知道大圓滿。將他送走後才發現他是貢丘傑波之子。傳記作者們稱,尚‧貢巴瓦覺得自己犯了一個錯誤,輕視了一位道果傳承的道友。因此他把薩千叫回來,在儀式性地淨除障礙之後,便授予他整部道果法,連同所有的輔助教法以及八個附屬修持法。值得注意的是,這段情節說明了氏族身分的重要性。對兒子的輕視,將被視為是違背了對父親的誓言,這種想法當然不是出自印度的密續誓言結構。

尚上師的教法總共花了薩千四年的時間。大部分的資料對此說法基本上是一致的。而且薩千似乎從尚·貢巴瓦這裡得到了一個偶爾出現在道果傳承名單中的稱號：不動金剛（藏：Mi bskyod rdo rje，梵：Akṣobhyavajra）。[94] 尚上師設下的嚴格規定是，薩千學習期間不能做任何筆記，十八年內也不能向任何人解說文本。由於尚上師給薩千設下這個入門條件，薩千在那十八年裡甚至不承認他知道「道果」這個名稱。尚·貢巴瓦也告訴他，如果他單純地修持，那麼他將得到大手印的成就。但若薩千傳法，那麼他將會有無數的學生，且有三位將獲得大手印的最高成就，有七位將獲得世間道菩薩的「忍位」，另有八十位得到證悟。在上師的建議下，薩千發願每日持誦六或七次的《道果根本頌》全文。

薩千和十一個注釋本

　　我們經由薩千所著的各種注釋本，基本上了解了署名畢如巴所作，嘉耶達羅和卓彌所翻譯的艱澀的《道果根本頌》，因此我們也必須說明文本的傳承問題。儘管有豐富的資料可供證明，較早期的道果法文本曾傳授給其他人（種氏、薩瑪氏），但薩千的傳記中仍主張，標準的道果法文本僅出自薩千本人，這種情況帶來了一些問題。[95] 因為尚·貢巴瓦加諸於薩千的十八年封印，使得這位薩迦上師應該並未擁有這部簡短作品的實體抄本。許多薩迦的資料表示，尚上師過世時，薩千拒絕接收上師的書籍和筆記，堅持要把它們與聖者的其他遺物，一起安置於佛塔中。[96] 薩千之子札巴堅贊也認為，在父親之前，似乎並沒有任何文本流傳下來。[97]

表 5　薩千注釋本中引述之人名

藏人	文本及頁碼
目谷隆人／卓彌	《謝屯瑪》175-76；《嘎登瑪》469
傑噶·瓊瓦（rJe mKhr chung ba＝謝敦·昆里）	《嘎登瑪》175、267
傑·貢巴瓦（rJe dGon pa ba＝尚·貢巴瓦）	《嘎登瑪》175、192-93、267、320、331-32；《謝屯瑪》200（傑？110）；《班第瑪》86
朱母·拉潔瑪	《嘎登瑪》195、267
桂譯師·庫巴列介	《嘎登瑪》280
噶札強耶格西	《嘎登瑪》374
印度人	文本及頁碼
東比	《嘎登瑪》186；《謝屯瑪》114
薩熱哈	《嘎登瑪》243；《謝屯瑪》140
那洛塔巴	《嘎登瑪》187、203
帕丹巴／蓮花金剛	《嘎登瑪》267、274；《永屯瑪》74；《肅伽瑪》82
慈護	《嘎登瑪》267
庫達拉帕達	《嘎登瑪》285；《謝屯瑪》179
印札菩提	《嘎登瑪》296；《謝屯瑪》29
龍樹	《謝屯瑪》270
世親	《嘎登瑪》282；《謝屯瑪》179；《珞迦瑪》281
法稱	《珞迦瑪》281

　　由於薩千在注釋本中，偶爾引用之前的權威人士對《道果根本頌》的陳述，使得傳記裡的記載與隨後札巴堅贊的證詞都受到了質疑。雖然有些引文可能被我忽略了，但我在表 5 中，指出了印刷版注釋本所提到或引用的權威人士，只省略了畢如巴及甘哈。

　　這些人中，大多數是道果法主要傳承的持有者，或者是八

個附屬修持法的「作者」,這些附屬修持法是經由卓彌傳授下來的。另外據說也有一些是薩千得自於尚・貢巴瓦的傳授。其中有些人很奇怪,譬如我一直無法確定朱母・拉潔瑪(Jo mo Lha rje ma,意為醫生夫人)或噶札強耶格西(dGe bshes rGya tsha Byang ye)的身分。桂譯師・庫巴列介的引文不算意外,因為他是薩千所獲得的密集金剛傳統文獻的譯師。

然而,最引入注目的是對一系列來歷不明之文本的引用,特別是《謝屯瑪》中的《尚法大綱》(rJe sa bcad pa)和《簡本》(gZhung chung)。[98] 在別處一篇簡短的大師頌詞中,薩千隱約提及尚・貢巴瓦擁有或創作的道果法作品。[99] 所有這些資訊的明確意義仍待確定,但薩千似乎一度有機會接觸到一批早期的道果法文獻。可能是數個短篇,又或許是一件長篇作品,其中包括了對其文字詮釋方法的一些指示。這些著作似乎對於薩千理解文本非常重要。無論他是否持續掌握一些材料(尚・貢巴瓦死後所遺留下來的、從種氏或薩瑪氏傳承持有者處得到的,或父親留下的筆記等),顯然他也使用從別處取得的指示來解釋文本。特別是《嘎登瑪》(sGa theng ma)對於八個附屬修持法之「作者」的引文,說明這些資料影響了薩千對於《道果根本頌》的理解。

無論如何,若無薩千的注釋本,幾乎無法理解《道果根本頌》,因此我們應該討論它們的創作緣由、名稱和順序,盡可能地來了解這部作品。據說,這些作品被編寫的理由,是十八年之後,薩千開始傳授文本和修持體系。阿梅夏聲稱這發生在薩千四十九歲,即 1141 年時。這是阿梅夏比早期文獻所提供的資訊更為精確的另一個例子。[100] 薩千的第一位弟子是來自康區的上師,名為強秋僧巴・阿森(Byang chub sems dpa' A seng），他也是十二世紀早期重要的康區上師之一。[101]

不意外的，阿森難以理解《道果根本頌》，於是他要求一篇內容摘要。因此薩千以大綱的形式創作了這部作品，現在稱為《阿森瑪》（A seng ma）。除了這個第一部著作之外，據說薩千還寫作了其他十個注釋本，總計十一個。然而這些注釋本的名稱卻一點也不明確，顯然在某種程度上，反映了前蒙古時期薩迦派在管理文獻上的漫不經心。後來札巴堅贊在道果教法彙編《道果黃卷》的導言和目錄中，只說他的父親寫了十一個注釋本，但沒有提供它們的標題。不過他收錄了其中兩個注釋本在彙編集中。[102] 這個疏忽，再加上整個十二、十三世紀對這一艱澀文本的其餘注釋本不甚精準的描述，給後來的史學家帶來了一些困惑。在某種程度上，通過十八世紀印刷的「十一個注釋本」，有了各方一致同意的一個版本，這個問題算是得到了解決。但這不代表它們是十一個注釋本的唯一清單。印刷的版本包括了：《涅瑪》（gNyags ma）、《阿森瑪》、《謝屯瑪》、《肅伽瑪》（Zhu byas ma）、《珞迦瑪》（Klog skya ma）、《達堅瑪》（Zla rgyal ma）、《班第瑪》（Bande ma）、《嘎登瑪》、《永屯瑪》（Yum don ma）、《阿烏瑪》（'A 'u ma）以及《燈補瑪》（lDan bu ma），以獲得這些教法的個別人士命名。也有人對接受教法者和注釋本本身都提出了不同的認定，不過最早期的評論學者們確認僅有十一個注釋本，並強調了《涅瑪》的重要性。[103]

權威人士始終對它們的寫作順序存有疑慮。對於這樣一套不確定的作品集來說，這也在我們的意料之中。但他們卻對於開頭和結尾的作品有些共識。他們主張《阿森瑪》是最早創作的注釋本，《涅瑪》則是最後一個注釋本。有些專家認為《嘎

登瑪》是緊接在《阿森瑪》之後所作，但其餘作品的順序仍不確定。[104] 不幸的是，由於所有注釋本風格相似，阻礙了我們對於它們可能的發展方向的理解。然而，至少有一個觀點是隨著時間的推移，做出了一些修正，即對「道果」本身意義的界定。據後來學者們說，在每個文本的導言部分，提供了十一個這樣的定義，對標題進行了解釋。以下的列表顯示了這些定義是如何被理解的：[105]

1. 道連同果的口訣（'bras bu lam dang bcas pa'i gdam ngag）。
2. 果連同道的口訣（lam 'bras bu dang bcas pa'i gdams ngag）。
3. 一知一切知的口訣（gcig shes pas mang po shes par 'gyur ba'i gdams ngag）。
4. 轉困境為功德的口訣（skyon yon tan du bslang ba'i gdams ngag）。
5. 轉障礙為成就的口訣（bar chad dngos grub tu len pa'i gdams ngag）。
6. 經由了悟〔三昧〕來清除禪修障礙的口訣（ting nge 'dzin ngo shes pas bsam gtan gyi gegs sel ba'i gdams ngag）。
7. 經由了悟障礙〔即道本身〕來清除魔障的口訣（bra chad ngo she pas bdud kyi gegs sel ba'i gdams ngag）。
8. 說明轉障礙為成就，並敦促轉困境為功德的口訣（skyon yon tan tu bslang shes shing bar chad dngos grub tu len shes pa'i gdams ngag）。
9. 完全無誤地了知三藏真實義之口訣（sde snod gsum

gyi de kho na nyid phyin ci ma log par shes pa'i gdams ngag）。

10 如同點金石（rasāyana）般的甘露口訣（gser 'gyur gyi rtsi lta bu'i gdams ngag）。

11 簡短頌文如同如意寶珠（cintāmaṇi）般的口訣（gzhung chung yid bzhin gyi nor bu lta bu'i gdams ngag）。

表 6　薩千注釋本中的道果定義

注釋本	順序	缺少
《涅瑪》（頁 22）	1, 2, 3, 6, 7, 4, 5, 10	8, 9, 11
《謝屯瑪》（頁 21-24）	1, 2, 3, 4, 5, 10, 6, 7, 9	8, 11
《肅伽瑪》（頁 5-6）	1, 2, 3, 8, 6, 7, 9, 11, 10	4, 5
《珞迦瑪》（頁 195-97）	1, 2, 3, 10, 9, 11, 7, 6, 4, 5	8
《達堅瑪》（頁 400-401）	1, 2, 3, 4, 5, 10, 6, 7, 9, 11	8
《班第瑪》（頁 4-5）	1, 2, 3, 9, 4, 5, 6, 7, 10, 11	8
《嘎登瑪》（頁 156-57）	1, 3, 4, 5, 10, 11	2, 6, 7, 8, 9
《永屯瑪》（頁 5-6）	1, 2, 3, 4, 5, 10	6, 7, 8, 9, 11
《阿烏瑪》（頁 165-66）	1, 2, 3, 10, 4, 5	6, 7, 8, 9, 11
《燈補瑪》（頁 298）	1, 2, 3, 4, 10 (?9)	5, 6, 7, 8, 11

有趣的是，現代印刷的這些薩千注釋本中，沒有一個涵蓋了全部十一種定義。從某種意義上來說，這不令人意外，因為這個列表存在一定程度的重複性。編號 1 號及 2 號包含彼此，僅主客顛倒。編號 4、5 號可以幾無增減地合併成 8 號，這也是在任何注釋本中，8 號出現的頻率最低的原因之一。最後，編號 6、7 號幾乎完全相同。這十一種關於道果法標題的解說順序和分布，有助於理解注釋本的發展過程，因為其中還是有些變化。表 6 總結了這些結果。除《阿森瑪》之外，因為它太

短,除了標題,沒有實質內容。

必須強調的是,即使這十一種定義似乎是個標準清單,但在文本中並沒有編號。另外,在三個注釋本中發現了第12種定義:根本頌如同金剛句(vajrapada)一般的口訣(rtsa bardo rje'i tshig lta bu'i gdams ngag)。這一項顯然是想說明該文本乃是一種「金剛句」文本(作品本身並未發現此種說法)。而這最後一種詮釋可以在《蕭伽瑪》、《珞迦瑪》和《達堅瑪》三部著作中找到。總之,較短的注釋本往往排除一些定義。但最短的注釋本之一,《涅瑪》卻並非如此。

《嘎登瑪》可能是這個列表中最奇怪的文本,它的某些特性表明,傳統上將它當成第一本長篇注釋本是正確的。《嘎登瑪》援引前述權威人士的引文,遠遠多於任何其他注釋本,包括《謝屯瑪》。儘管《謝屯瑪》比《嘎登瑪》還要長。《嘎登瑪》缺少了很多定義,並且相較其他長篇注釋本來說,它編排定義的順序也很怪異。它的風格最不古典也是最通俗,也許因為薩千在這個時間點,尚未掌握後來注釋本得體的正統表達方式;或是因為尚·貢巴瓦以口語的方式向他說明道果法的內容;也可能因為《嘎登瑪》創作時的社會環境所致。我猜這三個因素全都起了作用。最後,《嘎登瑪》顯示作者仍在努力尋找他的材料,而其他的注釋本,尤其是《謝屯瑪》、《班第瑪》及《涅瑪》則似乎更有自信地追求他們的目標。

關於這一點,史登斯(Stearns, C.)認為,由於《嘎登瑪》與帕摩竹巴傳下來的道果法非常接近,因此《嘎登瑪》必定是帕摩竹巴的著作。[106] 這是一個非常奇怪的推論,並假定同時間有兩個不同的文本,其中薩千的文本必定已經遺失,而且已被噶舉派的作品所取代。更合理的一個推論應該是這樣

的：帕摩竹巴是薩千早期弟子之一，他抄錄了《嘎登瑪》，並放入他的教材中，帕摩竹巴的弟子自然認為那是他們上師自己的著作。十三世紀的帕摩竹巴傳當中，正是反映了這種情況。即帕摩竹巴的《道果書庫》（Lam 'bras dpe mdzod ma）實際上是薩千交給他的。[107] 類似的誤認作者身分也曾經發生過，特別是高度強調祕不外傳的文本。

儘管《班第瑪》的真實性曾受到質疑，但應該留意的是，《謝屯瑪》也有很多問題。它是由至少四個大的部分組成的。傳統上認為，這許多部分是由薩千一位親近的弟子，凝・晡瓊瓦格西（dGe bshes gNyan Phul byung ba）統合編輯而成。薩千過世後，他接管了薩迦寺。[108] 此外，人們對於《涅瑪》的信心，因為其完整性而進一步增強。多年來我經常注意到，在其他注釋本中所發現的重要的觀點，《涅瑪》中都有清楚的陳述。簡潔的結論是，傳統上關於諸文本特點的論述似乎是合理的，如《嘎登瑪》展現了我們所能預期的，初期作品的不確定性；《涅瑪》展現了一種正確無誤的篤定；《謝屯瑪》揭示了所有著作中最細緻的一面。這就難怪《涅瑪》和《謝屯瑪》至今仍很受歡迎，但我覺得《嘎登瑪》是作者對道果法最初理解的文獻，因此最引人入勝。

薩千注釋的策略，是拆解道果法本裡明示或暗示的修持法。最好的例子是，他注解一個看似平凡無奇的句子，給予了醒目的關注，使該句子成為道果傳統中至關緊要的一個概念。在《道果根本頌》的 I.B.2.b. 中簡單陳述了：「以四級五法解說生起次第等的修持道」（lam du bskyed rim stsogs lnga pa bzhis bstan）。這個句子在所有的注釋本中都被特別描述，因為密法的修道被拆解成四級灌頂，經由灌頂所授權的觀修之

道、在每一級灌頂時所揭示的對實相之見地（理解）、於觀修之道中將成就的見解、進行每一種修持法之人於臨終時的特殊體驗或觀想、每一級灌頂將成就的果位。表7顯示了分類細項。

這張表應該傳達了道果大師們對於整體灌頂儀式系統的重視程度，因為他們依據灌頂來安排所有其他修持法和順序。雖然大多數的密法體系都重視正確的灌頂，但那都只是通往解脫（sgrol）的實際密法修持前的成熟的入口（smin）罷了。道果法的作者們顯然知道這個順序，但他們將它應用得更為深入廣泛。而且據我了解，沒有其他密法修持體系能夠依照灌頂之結構，如此詳盡地編排所有的修持法。灌頂不僅在初入密法修持時採用，而且在其修持過程中，每天都要進行觀想。而道之果被表達為果灌頂，因此灌頂成為該修持系統最重要的象徵。

這二十個不同範疇的宏大編排，有時加上中陰狀態的體驗而擴展成二十四個，說明了該傳統的重要面向。[109] 事實上，道果法其中一個較與眾不同的特點是，它持續朝向複雜化與祕密化發展，因此上述總結的觀修法，成為後來薩迦派歷史中，所有文章論述的主題。這種朝向複雜性的發展，以及理解這種複雜性所必備的清晰軌跡（畢竟，這個體系必須由尚未獲得神通的凡夫來理解），與《道果根本頌》棘手的艱澀深奧相互牴觸。

表7　道果法之道的四種五分法

灌頂	瓶灌	密灌	智慧灌	第四級灌
道：lam	生起次第的正式體系	圓滿次第的自加持修持法	圓滿次第的壇輪修持法	圓滿次第的金剛波修持法
見地：lta ba	三實相：現分、空性、相應	四自生智	四上升喜	萬法清淨之法界四下行喜
成就之見解：grub mtha'	輪涅不二	圓滿無染	小樂空	大樂空
臨終體驗：'da' ka ma	往生上界	明光	臨終時金剛薩埵菩薩降臨	憑藉大手印往生
果：'bras bu	化身	報身	法身	法界體性身

因此，這個段落（I.B.2.b）中的內容，已經成功地占據了每一個根本頌注釋本的主要部分。從十五世紀起，成為密法傳統一系列新的教學和研究手冊的主題。這些新的手冊是以 I.B 中的三相續概念所編排的，即基、道和果，這個思維激發了諸如札巴堅贊的《現觀珍寶奇樹續》（*rGyud kyi mngon par rtogs pa rin po che'i ljon shing*）等偉大創作，且在其道的部分便包含了二十個項目的圖表，如表7所示。這種新的宗教文獻方向帶來的影響有二：首先，道果大師們似乎放棄了使用雜亂無章的《道果根本頌》諸注釋本，做為密法修行基本教學和指導的工具。轉而使用新的、更一目了然的，將二十個元素編排成四級灌頂法的手冊。第二，學者們以三相續或具體的修道問題，做為著述的重心，普遍不再創作新的《道果根本頌》注釋本。最終，《道果根本頌》文本和早期諸注釋本成為人們無心探索的未知領域。欽哲旺秋指出，到了十六世紀，只有《涅瑪》、《阿森瑪》和《謝屯瑪》的灌頂儀軌還在。[110] 阿梅夏在1621年做出了類似的陳述，並補充說，《涅瑪》是唯一真正被研習過的文本。[111]

薩千其他的文學遺產

　　雖然薩千・貢噶寧波寫了許多有趣的著作，但他的重心是在《道果根本頌》的注釋本。這個事實卻因薩千的作品分別被收錄在許多不同的文集出版而難以認清。例如道果法的各種注釋本、《薩迦全集》及其最近出版之增刊中的文本、兩部道果彙編《道果黃卷》及《小紅卷》中，都有署名薩千或被認為是薩千所作的特定文本。即使將某些具爭議性的材料也列入考慮，薩千全部的道果相關文本，仍占他全部著作的大約百分之六十到六十五，或大約四個半的大型西藏藏書空間。然而，從某種意義上來說，這種誇張的強調有點虛幻，因為如前所述，薩千《道果根本頌》的多個注釋本顯示出明顯的冗長多餘，以至於某些作品看來多半是既定主題的不斷重複。

　　薩千幾篇詳細說明或解釋《道果根本頌》各個部分的短篇文本，無疑與他人生中的某些時刻密切相關。且這些著作被札巴堅贊繼承，成為各種材料的初步彙編。第九章討論了札巴堅贊將這些材料重新編製成一件完整的道果文集，但它依靠的是薩千曾創作，後來被札巴堅贊收錄於《黃卷目錄》（*Glegs bam gyi dkar chags*）中的二十四件作品。[112] 先前已經提到過了兩本：《阿森瑪》與《涅瑪》，札巴堅贊只具體提到了前者書名，他還提到另一件薩千所作的，無名的注釋本，顯然便是《涅瑪》。

　　除了注釋本以外，我們還有三組文本。第一組由一系列十三個簡短的（有的非常短）短文組成。這些短文解釋了《道果根本頌》中晦澀難懂之處，或實際應用要點。[113] 第一組以觀想身體為一個壇城的陳述開始。道果法所採用的觀想身體的

方式有些與眾不同，身體的各部分被想像成壇城宮殿的不同部分，皮膚既是防護層又是宮殿本身的一部分。[114] 雖然這種敘述在後來的密續經典中很少見，但它絕非是道果法所獨有的。這種壇城結構成為薩迦派和十五世紀格魯派作者克主杰（mKhas grub rje）之間爭論的焦點。[115] 六件著作致力於四灌頂的各個層面，在這些著作中，薩千闡述了在瓶灌頂時給予的「臨終口訣」、授予密灌頂時的四個內在明點的觀想細節、智慧灌頂過程中合適的道侶特性、第四級灌頂的臨終口訣等，他在解釋時將這些都串連在了一起。[116]

第一組的其他作品討論了高階灌頂的各個層面。其一是關於《道果根本頌》III.B 之中一個困難的句子「密封於四脈輪內」，另外則是關於在第四級灌頂中成功地完成八自在。[117] 如同我們已經看到過的，由於中陰狀態的教法並不完全符合「四種五分法」的圖表，因此薩千專門撰寫一篇文章對其進行闡述。[118] 同樣地，「五緣起」是《道果根本頌》I.F 的主題，但依舊相當難理解。因此，薩千用一篇文章解釋該素材。[119] 第一組還包括了兩件與淨除障礙有關的文本，一件是火供儀軌，一件是關於金剛薩埵／金剛黑嚕嘎（Vajraheruka）百字明咒之正確唸誦方法的教導，其方法與大多數其他傳承不同。[120] 最後，這些短文中還有兩件較理論性的作品，一件解釋祕字「祕字壇城（yi ge bha ga'i dkyil 'khor）」中重要的十四個字母，另一件討論第十二地半和第十三地之間的過渡地，密道的最後剎那。[121] 第十三地是薩迦派理想的終極之地金剛總持地，也被十五世紀的反薩迦派人士所批評。[122]

第二組文本證明了薩千對淨除障礙的重視，其組成內容有三篇篇幅稍長，關於減輕特定身心障礙之修持法的作品。[123] 接

下來兩件是依據標準類別所著,關於「甚深之道、中品道及略說之道」(IV.B)的短篇作品。[124] 最後還有一組截然不同的作品,而且也不太能夠從跋文確定作者的身分。儘管如此,大部分作品顯示出薩千的能力,札巴堅贊將它們分成兩類:四大解說性文本(四大正柱,gzhung shing chen po bzhi,至少有一篇是札巴堅贊本人所寫)以及五種促生證悟之教法(rtogs pa bskyed pa'i chos lnga)。[125] 還有一種瑜伽詮釋法的獨特嘗試,其試圖將佛陀的十二行誼與修行體驗的剎那結合在一起,為的是說明薩千推崇具有內在瑜伽成分的聖者傳記。[126] 薩千融合佛教敘事和瑜伽體驗的作法,透露了早期昆氏上師們在體制和教義發展上,另一個顯而易見的衝突。如果道果法愈來愈深奧與複雜,那麼如何解釋無二的價值體系,以及將實相的所有元素完全地整合至道果法的價值系統?《道果黃卷》這一部分所包含的三篇文章,以廣泛的思路討論了這個問題,而且實際上可以與薩千另一篇並未被納入道果法的著作一起來思考。其中一篇,〈道的交融〉(Lam bsre ba)處理了道果法的第二種定義,即果涵蓋道的口訣。[127] 薩千在這裡說明了道果法如何嘗試將所體驗到的不同益處,與道的相關口訣加以整合,也與道的不同模組的各式複雜名相做整合,如世間／出世間之道、大乘五道、菩薩十三地、不同的灌頂、佛的各種身等。薩千在此試圖澄清那些在整部《道果根本頌》中所見到的,令人困惑的大量同時運行的結構。然而此文本實際上是說明它們之間的關係,而非詳盡的分析。

顯然,教授這個複雜體系的實際結構變得困難重重,因此薩千創作了關於道果教學法的著作:《完全依照〔道果〕法及弟子個性提供教學建議之文本》(*Gang zag gzhung ji lta ba* bzhin du dkri ba'i gzhung shing）。[128] 這件作品影響深遠，它為我們提供了一個模糊視窗，來觀察薩千是如何教授《道果根本頌》的。《完全依照〔道果〕法及弟子個性提供教學建議之文本》明顯是個迫切的需求，因為它是應薩千一位弟子的請求所創作的，即來自洛扎的噶敦佐謝·賈吉多傑（dKar ston jo sras lCags kyi rdo rje）。該文章中表示道果大師們有兩種策略，即依據學生需要的是最基本的佛教見解，或者是有能力處理較進階之金剛乘灌頂、口訣和觀修來決定。這種處置類似岡波巴所使用的「頓」法或「漸」法。這似乎是薩千教授道果法的標準方法，即用三現分教授基本佛法、用三續教授密法。對於一個有學習密法能力的學生，該文本講述三續，即依據金剛乘之基、道和果。基提供了個人、世界，以及本具覺性之哲學和心理分析；道簡述了《道果根本頌》I.B.2.b 段落「四種五分法」的素材；果闡明了本初佛金剛總持佛第十三地的最終證悟特點。

　　如果《完全依照〔道果〕法及弟子個性提供教學建議之文本》涉及顯、密佛教形式之間的實際關係，那麼薩千的另外兩篇作品，則探討了它們之間差異背後的理論。他的〈入道及離道〉（Lam 'jug dang ldog pa）是基本大乘般若法的提倡者和金剛乘支持者之間，更廣泛交流的一部分。[129] 在十一、十二世紀的中央西藏，並非每個人都為密教表面上的勝利而感到興奮，反對該體系之人也表達了強烈的意見。在這篇非常簡短的作品中，薩千提出了密教體系在道次第之確切位置的問題，並藉由指出密教體系需要顯教的般若空觀，特別是在修行的早期階段，來描述兩種佛教進路之間的大致關係。

　　我相信這件作品以及導致整個衛藏地區討論這件作品實

際上是另一件重要作品創作的前奏,即薩千的《小續部總集》(*rGyud sde spyi'i rnam bzhag chung ngu*)。[130] 這可能是現存同類作品中最早的一部。雖然從八世紀的佛密開始,作者們就在他們為特定密續注釋本所寫的長篇導言中,討論了這些問題。[131] 據說桂譯師·庫巴列介曾對同一主題寫過一部作品,薩千可能是依循了他的編排方式。薩千在此部作品中,延續他在〈入道及離道〉中所處理的問題,但是以一種更為正式的方式來討論,那就是二乘(大乘和金剛乘)在起始之基、道、果之間的根本差異為何?我們可以看到當時整個西藏都在探詢這問題。如果這二乘在所有這些領域都有著根本性的差異,那麼它們憑什麼宣稱自己是佛教?又或者,如果它們都算是佛教,這對佛陀本身又意味著什麼?

薩千在《小續部總集》中對這些問題的回答,確認了它們各自目標的一致性,即無餘涅槃,但也指出這兩個體系各自信徒之間心理上和實際上的差異。大乘佛教徒抗拒基本的生活所需,因此感官對象的欲望受到限制。它們被認為是有毒的,如同有毒植物的葉子一般。藉由累積福德資糧和智慧資糧,大乘佛教徒修持六波羅蜜或十波羅蜜。最主要關注的是在日常生活中正確地收攝自己的六根。由於在獲得覺悟之前,需要經過一段漫長的時間來通過基礎階段的修持,因此般若法被認為是「因」乘。相反地,密教徒運用感官對象的欲望,不抗拒人類生存的基礎,而是正確地培養它。因此,他利用密咒快速地前進到證悟之城,即道的第十三地金剛總持地。由於果是道中本俱的,故被稱為「果」乘。薩千利用這個機會進行密教典籍的編排,並討論了四種分類體系,這種分類體系是一些印度注釋者及幾乎所有藏人的最愛。[132]

畢如巴示現和昆氏近傳

在十五世紀哦巴（Ngor pa）所著的道果史中，對於成就者畢如巴於幻視中現身，授予薩千教法開示非常自豪。特別是對比於種氏、薩瑪氏以及後來的相關道果體系而言，這些開示的獲得，乃昆氏道果法系優於其他傳承的決定性因素。[133] 據說畢如巴最後的現身開示是一系列示現的，那是薩千在一連串異常艱難的事件之後所獲得的，並且他因而得到其他道果上師所沒有的某些口訣。因此，這些示現構成了「近傳」，薩千親見大成就者，這位大成就者又從無我佛母處得到了《道果根本頌》，故薩千與本初佛金剛總持佛的女相之間僅有一步之遙。然而，支持且陳述這個故事的文獻和思想本身很不尋常，有可能是杜撰的。這些文獻提到十三世紀中葉至十五世紀伏藏文獻對薩迦派的影響，也談到證明昆氏體系優於其他道果傳承的決心。雖然十三世紀中葉不在本研究的時間範圍之內，但其內容卻是關於薩千的觀境和文本傳統。

第一件可供參考的歷史文獻，是馬敦的史冊，此書大約創作於1250年左右。[134] 馬敦概括地講述了故事情節。當梅玖上師去世後，且在尚·貢巴瓦的禁令失效前，薩千去了峇埔壠（Bar spug rong），罹患了一種非常嚴重的疾病（snyung nad drag po），導致他忘記所有的教法。他回到薩迦，向貢巴瓦尊者祈求，他因而見到了尊者，並且後續見到了畢如巴的經歷。兩位上師傳給薩千完整的七十二《續藏》（*tantra piṭakas*）、第四級灌頂對脈輪的祕密解釋（lam sbas bshad）、關於十成就的教法以及畢如巴對《金剛摧破陀羅尼》（*Vajravidaraṇa-dhāraṇī*）之解釋及儀軌。馬敦稱這個經歷被隱密下來，而完

整的故事情節要從其他文獻中尋找。他也強調史冊中的所有內容都得到了薩迦班智達的認可。[135]

我們不清楚馬敦所說的「其他文獻」究竟指的是什麼，但十五世紀藏區哦寺第四任住持貢噶旺秋（Kun dga' dBang phyug, 1424-1478）的《小紅卷》中，有篇文章聲稱是札巴堅贊給溝坡・嘎登（Kyog po sGa theng）的一封信。溝坡是一個綽號，描述嘎登的跛腳。[136] 信中說，札巴堅贊十七歲時去了貢塘，在那裡遇見了阿闍黎左登絨貢（Jo dgan Rong sgom），他說：「似乎有個關於你父親遇見畢如巴的故事，你沒聽說過嗎？」札巴堅贊拜託他多說一些，但左登絨貢僅說他碰到了一位心神不寧（yid yengs pa）之人時，聽說了這件事，但不清楚細節。他向札巴堅贊推薦了在薩千死後接管薩迦寺的凝・晡瓊瓦格西。因為晡瓊瓦說他不會將故事告訴左登絨貢，只會直接告訴札巴堅贊本人。於是札巴堅贊返回薩迦。晡瓊瓦表示，薩千曾經去過貢塘，在那裡他染上了一種毒症（dug nad），導致他喪失了記憶。他病了一個月，但後遺症持續了三年。即使他人聽見並記住某些事情，薩千卻沒有辦法。他無法識字，或是認得他的朋友們。在此情況下，他認為即使去印度也於事無補，便向尊者貢巴瓦祈求。貢巴瓦來到他的夢中，賜予他教法。他更加努力地祈求，畢如巴也來到他的夢中，再一次地教給他所有的教法。

教法的內容隨著時間的流逝逐漸增加，年代也變得更加精確。到了1344年，在丹帕上師撰寫的《道果黑卷》（Pod nag）的歷史段落中，這個教法的傳承清單已經變得相當長了。[137] 此外，在薩迦班智達的作品集中，有幾個文本聲稱是源自薩千神異經驗所獲得的許多教法。此外還有一位匿名作

者對該故事的進一步說明。總的來說，這幾個文本似乎被稱為《薩迦班智達之特殊口訣》（*Sa skya paṇḍi ta'i khyad par gyi gdams pa*）或《薩迦班智達之不共口訣》（*Sa skya paṇḍi ta'i thun mong ma yin pa'i gdams ngag*）。[138] 除了這個聖傳的情節以外，還有兩次神奇事件。一次是薩千同時在兩個地方被看到，另一次是臨終時，他同時在四個地方被看到。但後來的作者們堅稱薩千同時在六個地方被見到。[139] 在薩千禮敬畢如巴的頌詞（該頌詞翻譯於第一章）中，有段不知名作者的補充結語指出，這篇頌詞是畢如巴出現在薩千眼前時被寫下的。[140] 阿梅夏總結認為，到了 1629 年，關於該事件的發生年代，有兩種不同的傳說。有些作者主張發生於 1135 年，當時薩千四十三歲，其他人則認定是在 1138 年，當時他四十六歲。[141]

首先，我們可以從風格來評估這些故事，其次再評估它們與我們自別處獲得的文件是否一致，最後評估當時的環境。「信件」是一個很好的開始，因為札巴堅贊的材料不少，其中就包括一些他的信件。即使同意札巴堅贊在寫那封信時應該還很年輕的觀點，但這封信的幾乎所有內容都很難被視為是真實的。這封信的風格與已知的札巴堅贊書寫風格有天壤之別，其中所使用的是最沒有特色的第一人稱（nga，這聽起來像是文盲）。而他在其他著作中，則幾乎無例外地，使用文雅謙虛的形式（亦即 kho bo），或是較不正式的我（bdag）。[142] 這封信還署名為「大尊者」（rJe btsun chen po），一個最怪異的署名方式，因為札巴堅贊會使用像是「薩迦優婆塞暨最上乘瑜伽士札巴堅贊」（Shākya'i dge bsnyen theg pa mchog gi rnal 'byor pa Grags pa rgyal mtshan）這樣極具特色的詞語。

再者，無論在札巴堅贊或他的兄長索南孜摩的著作中，似

乎都沒有其他跡象表明曾發生過這類事件。當札巴堅贊十七歲時，索南孜摩已經二十二歲，他們必定會分享這一重大事件。兩兄弟面前都有著大好的著述生涯，這樣的示現故事，必定也會出現在他們其他的作品中。最後，這件事正好反映了札巴堅贊在他的《黃卷目錄》中，警告他的讀者們必須小心的那種情況。他在《黃卷目錄》中說，他整理薩千道果文獻清單的一個理由是，他曾看到署名父親的作品，卻不是出自這位偉大的上師。[143] 當我們閱讀這個故事時，很難不得出一種結論，即這些後來教法的歸屬及與它們有關的示現故事，正是札巴堅贊所提到的，那種擴充薩千基本文獻的方式。將這些材料納入薩迦班智達作品集的嘗試也一樣。即借用薩千、札巴堅贊和薩迦班智達的身分，來為薩迦派的疑偽文獻服務。

這並不表示薩千一生中沒有親見事件或神異體驗。親見文殊師利菩薩在他年輕時便起了重要的作用。再者，在確認薩千親見文殊師利菩薩後，札巴堅贊表示，還有另外兩次神奇且令人信服的故事，只是時機尚未成熟，無法公諸於世。[144] 雖然札巴堅贊真正的作品中沒有薩千親見畢如巴而形成近傳的紀錄，但札巴堅贊的確記載了其他的觀境，其中有一次便是畢如巴：

> 您正傳授道果法時，
> 於懸掛虛空之中的獻供大典正中央，
> 文殊、畢如巴和觀世音菩薩三聖現前。
> 禮敬您這第十九位已成就淨相〔之聖者〕。[145]

正是這種儀式性的觀想，「近傳」傳承的說法終於在薩

迦派出現。根據後來的文本描述，薩千親見了偉大的瑜伽尊者（畢如巴）本人。他現身時，身後彷彿有一道白色布幕，其巨大的身影覆蓋了尼泊爾和蒙區（Mön，今不丹一帶）之間的整個西藏南部。[146] 他手結說法印，右側是甘哈，手握號角和盛滿甘露的碗；左側是嘉耶達羅，身上的白衣飄動著，在心口前的手握著金剛杵和鈴；身後是庫達拉帕達，手持雨傘；前方則是賓那撒（Binasa）。賓那撒面前有位薩跋羅（Śabara）正在供養他甘露。他們全都在甚深的禪定之中，從他們集體的定境中，發出了像是「啊！啦！啦！」這樣的讚歎之語。

　　標準文集的收集與編纂過程，可能與這個虛構景象文獻的最終集結有關。與這幾位禪修大師相關的，是若干他們尚未精確表述的教法，經由他們口耳相傳的開示或指導，最終被匯編於文集之中。這樣的彙編往往經由示現的神話而被賦予了權威，有時則不一定會獲得此種聖傳級別的待遇。有兩件這樣的文集，顯然對近傳神話的演變非常重要。第一件是被認為是薩千本人傳授的四十九個簡短口訣。大致上來說，視薩千為作者無疑是正確的。該著作的標題為《薩迦口訣精選寶鬘》（*dPal sa skya pa'i man ngag gces btus pa rin po che'i phreng ba*），它將許多同類的神異示現教法收集在一起。如觀想重要上師畢如巴的示現、強調防護的儀軌、懺罪文本、關於拙火的特殊口訣等等。有些託名班智達金剛座，他與跋里譯師合作過，其他則是來自十一、十二世紀多位尼泊爾人或其他人。該教法彙編的風格和用語非常接近薩千所作的《道果根本頌》注釋本，大大地增強了整部作品的真實性。[147] 又因札巴堅贊將自己的《大手印訣竅精選》（*Phyag rgya chen po gces pa btus pa'i man ngag*）與此文集合併並重新進行編排，而更證明其為正宗的薩

千作品。¹⁴⁸

然而,《薩迦口訣精選寶鬘》中有兩處納入了非常後期的資料,因為薩迦班智達之名被發現於彙編的某個傳承名單中,這位學問僧還被引用為另一件作品的作者,一部關於精華萃取術(bcud len)的簡短文本。¹⁴⁹ 薩迦班智達出現在他祖父的《薩迦口訣精選寶鬘》中很具啟發性,因為一些託名於畢如巴示現的作品(或口訣),也被稱為「薩迦班智達之特殊教法」。第二件對於近傳神話的形成具有影響力的觀修文本集,就是「薩迦班智達之特殊教法」。其中多數文本的作者也許是薩迦班智達,但並未被認為與畢如巴之示現有關。薩迦班智達關於「上師瑜伽」(guruyoga)的長篇作品的其中一個主題,據稱是畢如巴傳給薩千的,表示道果法中,這個「上師瑜伽」的特殊教法是以極祕密的方式來傳授的。這與《道果根本頌》本身所發現的語言是相似的。¹⁵⁰ 其他文獻中,當薩迦班智達解說喜金剛心咒——阿胥塔(Aṣṭa,另一個畢如巴近傳的主題)時表示,這個教法是來自薩千口訣的一部分(而且,薩千的《薩迦口訣精選寶鬘》中,確實有這樣的一個口訣),而它原本是出自於畢如巴。¹⁵¹ 以如此溫和的方式來肯定傳承的真實性,遠遠不及歷史上的伏藏的故事情節。然而對於那些試圖形塑一個宏大敘事的人士而言,在情感上是接近的。該敘事中融合了傳統的親見聖者、浮動的文本,以及確認傳承上師都是金剛總持本身之化身。

為何在這個保守的西藏佛教傳承中,會出現這麼一個虛構的故事?答案是,佛教體制經常使用這種技巧來發展和認證新的修持法。誠然,八個附屬修持法使用了大致相同的手法,將一個以早期教法為基礎的晚期文本,託名於早期的上師。同

樣地,十二世紀的中央西藏是道果法的全盛時期,它有許多不同的傳承——薩瑪氏、種氏、帕摩竹巴等。這些傳承有些在西藏南部傳播,有些從薩迦分支傳出。種氏傳承的創始人種·德巴敦芎,據說曾發掘桑耶寺中的伏藏,而薩瑪·瑪紀則經由她的哥哥而與帕丹巴的掘藏聯繫在一起。這也是伏藏文獻的全盛時期,受到娘列、卻汪上師以及其他許多伏藏師的刺激。同樣地,大部分的新譯教派也以多種形式參與了伏藏文獻的發掘。竹巴噶舉派('Brug pa bKa' brgyud pa)的創始人藏巴·嘉磊(gTsang pa rGya ras, 1161-1211),在1189年發現了一件伏藏,據說是那洛巴所寫,馬爾巴所藏。[152] 噶當派於十三世紀繼續發展出託名於種敦和阿底峽的疑偽文獻。如《柱間史》便被認為是這位孟加拉的智者所取出的伏藏。[153] 親見成就者的經歷成為任何傳承的寶貴訴求,後來的一位道果法學者,查甘·旺秋堅贊(Cha gan dBang phyug rgyal mtshan)將親見畢如巴的經歷,做為傳承真實性宣稱的重要附加說明。[154]

　　因此,薩迦班智達的弟子們,可能開始建構薩迦班智達及薩千·貢噶寧波之間極為密切的聯繫,為薩迦寺偉大上師(們)所傳授的諸多教法,提供示現教學的神話。薩千之子札巴堅贊,也就是薩迦班智達的伯父和上師,在他的精神生活中,顯然經常出現一系列與畢如巴有關的夢境和示現,進一步更加深了這種聯繫。據說這些夢境和親見示現最終被稱為「極近傳承」(shin tu nye brgyud),我們將在下一章檢視它的內容和脈絡。這類神話的目的是縮小畢如巴、薩千和札巴堅贊之間的距離,使得薩迦班智達與金剛總持佛之間僅有數步之遙。很久以前,噶舉派運用了類似的策略,拉近馬爾巴和那洛巴之間的距離。畢如巴的故事同時也顯示了昆氏家族的道果法優於

其他傳承,並證明如果其他新譯、舊譯密續傳承有親見示現的例子,那麼昆氏當然也有。所有這些表述是成功的,因為從十三世紀起,所有道果法的法源史作者,都對近傳示現體系加以補充與詳細說明。

結論——重塑宗教的藏人

十二世紀是西藏宗教的分水嶺,中央西藏宗教人士充滿信心地建立自己對於佛教解脫道架構的獨立觀點。前一世紀的伏藏文獻已經推動了這個進程,但在十二世紀,藏人在神話中提出西藏乃諸佛佛行事業的獨立之地,尊貴的菩薩們在此化身為王朝的偉大帝王。他們開始認真地應對佛教解脫道分裂的後果,試圖以印度人前所未見的方式,整合大乘和金剛乘。印度人更喜歡根據種姓制度的層級,為解脫道劃分類似的階層結構。因此,認識論、哲學(密續及非密續)和教義的新思想,成為此世紀上半葉的特點。中央西藏人士也開始加緊速度,創作自己的修持文獻和儀軌,通過歷史悠久的解經和詮釋的過程,將許多成就者的材料本土化。

最後,十二世紀是多數西藏寺院教團和各大教派蓬勃發展的時期。由氏族結構所提供的中央西藏整體社會生活組織已成為現實。寺院被饋贈給親屬,密法被理解為遺產的一部分。這種情況十分普遍,所以對於一個大上師的親屬或後代的侮辱,會被理解為對於上師本人的侮辱,因此是對密法誓言的嚴重違犯。這種說法在印度不曾見過,主要是受到西藏氏族禮節的啟發。密教系統與王權和親屬關係(金剛兄弟姊妹)的範式,被延伸到家族的世代,猶如金剛子孫。西藏的家族模式被擴展到

密續傳承,也意味著女性在密續盛宴中被賦予平等的地位。這在喜馬拉雅山以南地區是前所未見的。西藏婦女享有她們的印度姊妹們通常無法獲得的權威。而薩瑪・瑪紀回絕那些原本可能向她拜師的印度人,更明確彰顯了她在家鄉的優越地位。然而,所有的這些發展,都為創新及創造力打開了大門,而行為界限的瓦解,在十二世紀末產生了意想不到的後果。即使西藏佛教的真實性受到國際讚揚和支持,但卻引發了藏人修持佛教的信心危機。

原注

1. *sGam po pa gsung 'bum* [《岡波巴全集》], vol I, p. 452.3-4；自行周遍 [rang gis khyab 'brel] 的確切意義仍然存疑。
2. 香巴噶舉派（Shangs pa bka brgyud pa）在 Snellgrove 1987, vol. 2, pp. 499-504 及 Kapstein 1980, 1992 中皆有討論。
3. *bKa' gdams rin po che'i chos 'byung* [《噶當珍寶法源史》], pp. 307-309；*bKa' gdams chos 'byung* [《噶當法源史》], pp. 106-108。
4. 下面有關帕察的資料幾乎全部取自於 Lang 1990，關於進一步的細節說明，讀者應參考她更為全面的論述；也可見 Ruegg 2000, pp. 27-55。
5. Eckel 1987 已翻譯了這三論中的第一論。
6. *rNam thar yongs grags* [《高僧傳》], p. 190.2-4。
7. 關於印度對此立場的後續評估，見 Davidson 2002c, pp. 99-102。
8. 有些資料對此問題持不同看法；*mKhas pa'i dga' ston* [《賢者喜宴》], vol. 2, p. 860.10 指出杜松虔巴（Dus gsum mkhyen pa）是在桑普寺學習，在桑普寺他是「三康巴」之一，但一世噶瑪巴・杜松虔巴的傳記則將地點放在彭域，這個可能性較大；見噶羅・南嘉多傑（rGwa lo rNam rgyal rdo rje, 1203-1282）所著之 *rJe dus gsum mkhyen pa'i rnam thar* [《尊者杜松虔巴傳》], *Dus gsum mkhyen pa'i bka' 'bum* [《杜松虔巴全集》], vol. I, p. 59.3。
9. 關於恰巴（Phya pa），見 van der Kuijp 1978 and 1983, pp. 59-70。

10 據循努貝表示，嘉馬巴也曾是薩瑪譯師之子拉傑・達瓦維瑟（Lha rje Zla ba'i 'od zer）的弟子；*Deb ther sngon po* [《青史》], vol. I, p. 283；*Blue Annals* [《青史》], vol. I, p. 231-32。然而，據說拉傑・達瓦維瑟出生於1123年，或恰巴出生後的十四年，目前仍不清楚恰巴的上師怎麼能夠是一個比他小這麼多的人的弟子。

11 van der Kuijp 1983, p. 60.

12 *Phag mo gru pa'i rnam thar rin po che'i phreng ba* [《帕摩竹巴傳寶鬘》], p. II.I。

13 Jackson 1987, vol. I, pp. 129-31,169-77.

14 van der Kuijp 1983, p. 69.

15 關於這個體系的歷史概述，見 Newman 1985,1998；Orofino 1997。

16 *Kha rag gnyos kyi rgyud pa byon tshul mdor bsdus* [《喀剌紐氏諸法略攝》], p. 14。

17 *Kālacakra-tantra* [《時輪密續》], I.150；關於這個論點，見 Davidson 2002a。

18 他的傳記使用之資料如下：自傳部分見 *sGam po pa gsung 'bum* [《岡波巴全集》], vol. I, pp. 401-2；*mNyam med sgam po pa'i rnam thar* [《無比岡波巴傳》], *dKar brgyud gser 'phreng* [《噶舉金鬘》], pp. 267-339；*Lho rong chos 'byung* [《洛絨史籍》], pp. 168-77；*mKhas pa'i dga' ston* [《賢者喜宴》],vol. I, pp. 789-800。我們應該注意岡波巴的出生年代也存在爭議：*dKar brgyud gser 'phreng* [《噶舉金鬘》], p. 277.2 說他出生於雞年（1069 或 1081），這個年分被 *Lho rong chos 'byung* [《洛絨史籍》], p. 175 所否定，因其年代

順序有誤。司徒（Si tu）發現了一個據說是岡波巴出生的地點；*Kaḥ thog si tu'i dbus gtsang gnas yig* [《噶陀司徒古蹟志》], p. 258。

19 *mKhas pa'i dga' ston* [《賢者喜宴》], vol. I, p. 789.9-10 說尼瓦氏有三個分支：漢尼（rGya snyi）、玉尼（g.Yu snyi）及藏尼（Bod snyi），最後一個是西藏分支。我不清楚作者這個資料出自何處。王朝瓦解後，有個尼瓦氏參與的盜墓事件，見 *mKhas pa'i dga' ston* [《賢者喜宴》], vol. I, p. 433.4-8。

20 *dKar brgyud gser 'phreng* [《噶舉金鬘》], p. 280.2 說他向阿闍黎玖塞‧堅贊札巴（Slob dpon Jo sras rGyal mtshan grags pa）學習 *Guhyagarbha-tantra* [《祕密藏續》] 等寧瑪派著作。

21 *sGam po pa gsung 'bum* [《岡波巴全集》], vol. I, pp. 401-2；*mNyam med sgam po pa'i rnam thar* [《無比岡波巴傳》], pp. 55-56。

22 *sGam po pa gsung 'bum* [《岡波巴全集》], vol. I, p. 402.5；*mNyam med sgam po pa'i rnam thar* [《無比岡波巴傳》], p. 98；這段十三個月的時間在 *dKar brgyud gser 'phreng* [《噶舉金鬘》], p. 320 裡被延長為四十個月。

23 *'Brug pa'i chos 'byung* [《竹巴教法史》], p. 386。

24 *Samādhirāja-sūtra* [《三昧王經》] 通篇；*mNyam med sgam po pa'i rnam thar* [《無比岡波巴傳》], pp. 2-51 藉由作品後面幾章，述說了那位菩薩的一些神話。

25 Jackson 1994b, p. 39。Jackson 對於岡波巴的分析，是從肯定薩迦班智達的觀點而來的，而且主要是通過後來西

藏學者們的視角；它並未通盤考慮印度文獻，特別是金剛乘（Vajrayāna）文獻。*sGam po pa gsung 'bum* [《岡波巴全集》], vol. I, pp. 173, 217-30, vol. 2, pp. 328-29 不斷強調薩熱哈對於岡波巴的重要性，而且我們不須太深入了解薩熱哈的道歌集，就能發現學者們的譴責與那些在 Jackson 1994b, pp. 39-41 中所指出的不相上下。與其說岡波巴個人的立場與眾不同，不如說是他傳承的特點。再者，據我所知，沒有一個正常的印度大乘學者認為分別（vikalpa）有助於開悟；參照 Mahāyānasūtrālamkāra [《大勝莊嚴經論》], I. 11-14 中討論為何分別是菩薩唯一的煩惱（kleśa），因此，大乘並不在經院哲學主義的範圍當中，岡波巴所著之 rJe phag mo gru pa'i zhus len [〈尊者帕摩竹巴之答問〉]，*sGam po pa gsung 'bum* [《岡波巴全集》], vol. I, p. 471.7-72.1 同意此觀點，Jackson 1994b, pp. 150-51 也注意到了。雖然像這樣的參考資料多得不勝枚舉，但岡波巴萬靈丹（dkar po chig thub）的譬喻，似乎是建立在眾所周知的模式上的。

26　Jackson 1994b, pp. 14-28 出色地介紹了這個問題；Mathes 即將出版的著作中，認為岡波巴的立場源於不二金剛及俱生金剛（Sahajavajra）的著作。

27　關於他本人對於這些資料的討論，見 *sGam po pa gsung 'bum* [《岡波巴全集》], vol. I, pp. 333-35, vol. 2, pp. 329-378。

28　*Abhisamayālaṁkārāloka* [《現觀莊嚴論明義釋》], p. 270.13。

29　據說十六羅漢之一注荼半託迦（Cūḍapanthaka）藉由禪修了解了全部三藏；*Divyāvadāna* [《天譬喻》], p. 429。

30 *sGam po pa gsung 'bum* [《岡波巴全集》], vol. I, pp. 460-62 中包含了一些引文，但這個文本是由奇怪的零星文本的引文所組成的，幾乎沒有什麼連貫性的論點，名為 bStan bcos lung gi nyi 'od [〈論聖教之日光〉]，這個文本在舊版的《岡波巴全集》中遺佚，但被收錄於 *sGam po pa gsung 'bum* yid bzhin nor bu [《岡波巴全集如意寶》], vol. 4, pp. 91-184 之中。

31 *sGam po pa gsung 'bum* [《岡波巴全集》], vol. I, pp. 219, 269, 304, 368；p. 303 顯示他本人熟悉阿若・益西瓊磊的傳承，但不清楚這是他自己閱讀文本所得還是出自阿若的口傳。關於大圓滿與噶當派觀點的相似處，見 *sGam po pa gsung 'bum* [《岡波巴全集》], vol. 2, p. 300.5。在 *sGam po pa gsung 'bum* [《岡波巴全集》], vol. I, pp. 438-39 中，他表達了對於大圓滿主張的失望，這是 Jackson 1994b, p. 30, n. 71 所注意到的。

32 *sGam po pa gsung 'bum* [《岡波巴全集》], vol. I 通篇，但特別有趣的部分是 267.5-268.6，討論他最重要的術語「俱生（sahaja）」，以及俱生與本覺（rig pa）的關係。在 p. 273，岡波巴甚至使用本覺自現（rig pa rang shar）這個語彙。

33 *sGam po pa gsung 'bum* [《岡波巴全集》]。關於榮派（Rong lugs）的四個類別，見 *Klong chen chos 'byung* [《龍欽教法史》], p. 393。

34 *sGam po pa gsung 'bum* [《岡波巴全集》], vol. I, pp. 281.2-83.5, 285.4-88.1。

35 關於這個議題的文獻不勝枚舉，重要的資料包括 Ruegg

1989；Karmay 1988, pp. 86-106；Demiéville 1952；Broughton 1983；Gómez 1983；Ueyama 1983 和即將出版的 Meinert 2002, 2003。

36 *gSang 'dus stong thun* [《密集總匯》], p. 301.1；*rGyud kyi mngon par rtogs pa rin po che'i ljon shing* [《現觀珍寶奇樹續》], pp. 3.1.6, 17.1.3。

37 *Caryāmelāpakapradīpa* [《攝行燈論》]，梵本 pp. 3-7；藏本 pp. 158-67。

38 *Caryāmelāpakapradīpa* [《攝行燈論》], p. 4 引述了 *Laṅkāvatāra-sūtra* [《楞伽經》], p. 55.2-14, 82, 84。Ruegg 1989, p. 120 注意到《楞伽經》的使用，但沒有提及聖天的使用。這個同樣的《楞伽經》資料也在寫本 Pelliot Tibetan 116, fol. 129 及 Pelliot Tibetan 823, fols. 9b-10a 中被引述，表達一種禪宗的意識；也見 Demieville 1952, p. 18。這部經典對北宗禪的影響被 McRae 1986, pp. 24-29 所駁斥。

39 *bStan bcos lung gi nyi 'od* [〈論聖教之日光〉], pp. 173-74；當 Jackson 1994b, p. 24 表達他對於岡波巴資料的震驚時，他還沒有看到這個文本。

40 比較 Mayer 1997a，一篇回顧 Jackson 1994b 的文章。

41 關於護持者，見 *rGya bod yig tshang chen mo* [《漢藏史集》], p. 530.3。

42 *mNyam med sgam po pa'i rnam thar* [《無比岡波巴傳》], pp. 142-43。

43 這是 Schopen 1992, 1994a, 1994b, 1995 所研究出來的。

44 Gyatso 1985; Edou 1996; Rossi-Filibeck 1983; Kollmar-Paulenz 1993, 1998.

45 關於她的出生地與年代有些不同意見；見 see Gyatso 1985, p. 329 及 Edou 1996, p. 111。

46 Martin 1996b 也提出了這種關聯性；我要感謝 Bryan Cuevas 提醒我注意這篇文章。

47 見 *sNgags log sun 'byin gyi skor* [《駁斥邪見密法》], p. 14 中關於小黑丹巴（Dam pa nag chung），帕丹巴的另一個名字。

48 接下來的段落是出自 *Lam 'bras byung tshul* [《道果史》], pp. 115.1.1-16.2.4（此處姓名的拼法是 Zhwa ma），這個段落很接近薩瑪傳承的著作：*Lam 'bras snyan brgyud* [《道果耳傳》], pp. 440-47；*Zhib mo rdo rje* [《微細金剛》], pp. 124-31；*Bla ma brgyud pa'i rnam par thar pa ngo mtshar snang ba* [《上師傳承傳記稀有呈現》], pp. 43-48；*gDams ngag byung tshul gyi zin bris gsang chen bstan pa rgyas byed* [《口訣史大密詳述》], pp. 102-8。薩瑪傳承的文本或其他道果著作的其中一本，顯然是 *Deb ther sngon po* [《青史》], vol. I, pp. 271-80；*Blue Annals* [《青史》], vol. I, pp. 218-26 的資料來源。這件參考資料特別重要，因為在《青史》中，道果法主要是經由薩瑪體系來呈現的。關於現代六父區的地圖和討論，見 Diemberger and Hazod 1999, p. 36。

49 *Deb ther sngon po* [《青史》], vol. I, pp. 274, 279-80, 283；*Blue Annals* [《青史》], vol. I, p. 221, 226, 229。即使大多數人均已知曉，我們仍應注意 Roerich 在 *Blue Annals* [《青史》], 1949, vol. I, p. 225, vol. 2, p. 919 之中，將薩瑪・瑪紀與瑪紀・拉諄混為一談。Gyatso 1985, pp. 328-29, n. 34 已做出相關更正，這也是 LoBue 1994 的主題。

50 在 *Deb ther sngon po* [《青史》], vol. I, p. 274；*Blue Annals* [《青史》], vol. I, p. 221 中，丈夫名叫阿瓦‧拉噶（A ba lha rgyal），結婚年齡是十四歲。

51 見 *Pha dam pa'i rnam thar* [《帕丹巴傳》]，一部特別精彩的高僧傳。

52 例如，帕摩竹巴曾向薩瑪‧瑪紀學習；*Blue Annals* [《青史》], pp. 226, 557 及 *sTag lung chos 'byung* [《達龍教法史》], p. 177。

53 參照 Diemberger and Hazod 1999 中的薩瑪‧瑪紀，他們寫了一整篇關於這個充滿魅力之女性的文章，卻沒有提到她與道果法的關係，這也反映了後來在西藏聖地對她的想法。

54 下面是一些我能找到的薩千傳記：*Bla ma sa skya pa chen po'i rnam thar* [《薩迦派大上師傳》], pp. 84.2.6-87.3.5； *Zhib mo rdo rje* [《微細金剛》], pp. 132-49；*Bla ma brgyud pa'i rnam par thar pa ngo mtshar snang ba* [《上師傳承傳記稀有呈現》], pp. 48-66；*Yar lung jo bo'i chos 'byung* [《雅隆尊者教法史》], pp. 142-44；*rGya bod yig tshang chen mo* [《漢藏史集》], pp. 316-21；*rJe btsun sa skya pa gong ma gsum gyi rnam par thar pa dpag bsam ljon pa* [《至尊薩迦三祖傳如意樹》], pp. 70-85；*gDams ngag byung tshul gyi zin bris gsang chen bstan pa rgyas byed* [《口訣史大密詳述》], pp. 108-28；*gDung rabs chen mo* [《薩迦世系廣史》], pp. 22-62。

55 *Bla ma sa skya pa chen po'i rnam thar* [《薩迦派大上師傳》], p. 84.1.2: ru lag gtsang stod grom pa'i yul gyi stod du sku

'khrungs pa'i bla ma chen po sa skya pa zhes gnas las mtshan du grags pa [薩迦派大上師公認之出生地，是在藏區如拉克上仲巴地區]。

56　*gDung rabs chen mo* [《薩迦世系廣史》], pp. 20-23。

57　我沒有發現昆・貢丘傑波一開始是僧人，但後來被要求還俗的後期故事的任何證據。這似乎是結合了更後期的阿底峽與薩迦預言的故事；見 Cassinelli and Ekvall 1969, p. 12。

58　我們可以回想持蓮觀音對後來整體密教的重要性，特別是畢如巴神話；見第一章。

59　例如，*gDams ngag byung tshul gyi zin bris gsang chen bstan pa rgyas byed* [《口訣史大密詳述》], p. 109；*gDung rabs chen mo* [《薩迦世系廣史》], pp. 23-24。

60　阿滄・貢噶仁欽（sNgags 'chang Kun dga' rin chen）[1] 對這座建築的稱呼是「古絨興紀噶波（sGo rum gZim spyil dkar po）」；Schoening 1990, pp. 13-14。Schoening 對此建築的描述是參考 1919 年間噶陀司徒（Kaḥ thog Si tu）的遊記；見 *Kaḥ thog si tu'i dbus gtsang gnas yig* [《噶陀司徒古蹟志》], pp. 315-27，特別是 pp. 323-24。

61　早期的資料其實是從此處開始薩千的故事；*Bla ma sa skya pa chen po'i rnam thar* [《薩迦派大上師傳》], p. 84.2.6；*Yar lung jo bo'i chos 'byung* [《雅隆尊者教法史》], p. 142；*Zhib mo rdo rje* [《微細金剛》], p. 132。

62　*Bla ma ba ri lo tsā ba rin chen grags kyi rnam thar* [《上師跋里譯師・仁欽札傳》], fols. 5a5-5b6；這個傳記的重要性被 *gDung rabs chen mo* [《薩迦世系廣史》], p. 29.11 所確認。

63 Solomon 1990 認為它的起源是犍陀羅語（Gāndhārī）。

64 據說是出自 *Yar lung jo bo'i chos 'byung* [《雅隆尊者教法史》], p. 143 的好幾個材料表示這個親見是在拉章夏（Bla brang shar [東殿]）的建築中得到的；比較 *rGya bod yig tshang chen mo* [《漢藏史集》], p. 317。

65 英譯文出自 rGya-mtsho 1981, p. 27。

66 rJe sa chen la bstod pa [〈歌頌薩千尊者〉], p. 38.2.3；*Bla ma sa skya pa chen po'i rnam thar* [《薩迦派大上師傳》], p. 88.2.2-3。也見 rGya-mthso 1981 中對於「遠離四種執著（Zhen pa bzhi bral）」文獻的討論。

67 這段延伸的情節出現於 *Yar lung jo bo'i chos 'byung* [《雅隆尊者教法史》], p. 143；*Bla ma brgyud pa'i rnam par thar pa ngo mtshar snang ba* [《上師傳承傳記稀有呈現》], pp. 50-51；*rGya bod yig tshang chen mo* [《漢藏史集》], pp. 318-19；*gDams ngag byung tshul gyi zin bris gsang chen bstan pa rgyas byed* [《口訣史大密詳述》], pp. 111-12；*gDung rabs chen mo* [《薩迦世系廣史》], pp. 27-28 之中。札巴堅贊所著之 *Bla ma sa skya pa chen po'i rnam thar* [《薩迦派大上師傳》], p. 85.1.1 中說，薩千在向跋里求教後才學習阿毘達磨，並將年齡設定在他十二歲時。後來傳記的轉變有可能是因為任何人都不可能在一年內，完成札巴堅贊敘事中所描繪的跋里要求的研究範圍，同時還能讀完基本的阿毘達磨。

68 *Bla ma brgyud pa'i rnam par thar pa ngo mtshar snang ba* [《上師傳承傳記稀有呈現》], p. 50。

69 請注意阿梅夏為貢丘傑波及薩千擴充了已然不可思議的書

單；*gDung rabs chen mo* [《薩迦世系廣史》], p. 28.4。

70　這個故事的暗示意義見 *Zhib mo rdo rje* [《微細金剛》], pp. 136-37。

71　接下來的材料是以索南孜摩所寫的跋里傳記為主，*Bla ma ba ri lo tsā ba rin chen grags kyi rnam thar* [《上師跋里譯師‧仁欽札傳》], 特別是 fols. 3a-5b。

72　*rNam thar yongs grags* [《高僧傳》], pp. 201-2；*Deb ther sngon po* [《青史》], vol. I, p. 101.5；*Blue Annals* [《青史》] vol. I, p. 73。Chattopadyaya 1967, pp. 493, 498 列出了兩個據說是由阿底峽和跋里在托林寺一起翻譯的著作（To. 1866, 2704），阿底峽在托林寺的時間是 1042-1045 年，這意味著跋里必須在二歲到五歲間就已經學好了梵文和古典藏文；這些內容顯然是杜撰的。

73　*Bla ma ba ri lo tsā ba rin chen grags kyi rnam thar* [《上師跋里譯師‧仁欽札傳》], fols. 1a-1b, 4a；傳記中稱他們大金剛座（rDo rje gdan pa che ba）和小金剛座（rDo rje gdan pa chung ba），但不清楚這些名稱是否已在他們的印度名字中表現出來：Mahā-Vajrāsana-pāda [大金剛座]？Cūḍa-Vajrāsana-pāda [小金剛座]？或類似的名稱。

74　這類文本有許多都被收錄在 *Ba ri be'u bum* [《跋里手冊》], pp.1-23 之中，這些實際上是跋里譯師所著；其餘的則隨著時間的推移而與大量的伏藏資料結合在一起，在文本的最後（p. 581.3）竟還提到了多傑林巴（rDo rje gling pa, 1346-1405）。

75　*Bla ma sa skya pa chen po'i rnam thar* [《薩迦派大上師傳》], p. 84.4.2-6；*gDung rabs chen mo* [《薩迦世系廣史》], pp.

28-29。

76 關於跋里的著作和相關成就法集的討論，見 Thomas 1903。

77 現在也稱為十萬尊勝塔（rNam rgyal sku 'bum），Schoening 1990, pp. 24-25 (no. 10) 指出其所在之地；*Bla ma ba ri lo tsā ba rin chen grags kyi rnam thar* [《上師跋里譯師・仁欽札傳》], fols. 5a-b (pp. 263-264)；*gDung rabs chen mo* [《薩迦世系廣史》], pp. 28.21-29.12。

78 這個咒語可能是 *Sarvadurgatipariśodhanī-uṣṇīṣavijaya-dhāraṇī* [《聖淨除一切惡趣頂髻勝陀羅尼》]（To. 597 [＝ 984]）。關於在佛塔中使用的咒語，見 Schopen 1985。跋里的傳記，*Bla ma ba ri lo tsā ba rin chen grags kyi rnam thar* [《上師跋里譯師・仁欽札傳》], fols. 5a6 聲稱這個舍利塔中包含了三百一十四萬個（'bum ther gsum dang khri tsho bdun bzhugs pa'i rnam rgyal gyi sātstsha）此咒語的封泥，一個不可思議的數字。

79 根據 Stearns 2001, n. 170 所記載的 Jeffrey Schoening 的說法，這座寺廟就在薩迦。

80 *Bla ma ba ri lo tsā ba rin chen grags kyi rnam thar* [《上師跋里譯師・仁欽札傳》], fols. 5a5 表示跋里六十二歲時到薩迦寺，管理寺院十年，然後（fol. 5b5）在七十歲時移交給薩千，嚴格說來這是不可能的，我們應該認為這十年是從 1102 年直到他過世時的 1112 年。在 *Tshig mdzod chen mo* [《藏漢大辭典》] 中的編年曆，將 1111 年列為薩千・貢噶寧波登上薩迦寺座主（Khri pa [赤巴]）的位置，以及跋里逝世的年分。這可能是依據兩種不同的史冊。*rGya bod*

yig tshang chen mo [《漢藏史集》], p. 317 認為薩千之父亡於他十一歲時（亦即1103，但不正確），其他大部分資料則認為是十歲（1102，正確）；比較 gDung rabs chen mo [《薩迦世系廣史》], p. 28.22。

81 關於薩迦派對於此學說的研究重點，見 Jackson 1985。

82 這個資料不是很清楚；Bla ma sa skya pa chen po'i rnam thar [《薩迦派大上師傳》], p. 85.1.6-2.2：yang bla ma de nyid la rje btsun me trī ba'i slob ma rje btsun phyag na rdo rje zhes bya ba la bla ma de nyid kyis nos pa'i grub pa sde bco brgyad grub pa'i khongs su gtogs pa du ma dang bcas pa | snying po skor phra mo dang bcas pa nyis shu rtsa lnga yan lag du ma dang bcas pa shin tu zab pa'i man ngag gis brgyan pa rnams khong du chud par mdzad do |.［又，上師從尊者慈護名為尊者金剛手之弟子處得到成就法：許多屬於成就部之十八種成就法，以及與心滴及其分支有關的二十五種甚深口訣，皆是莊嚴通達之著作］。我剛開始懷疑這些有許多都被收錄在薩千怪異的零星口訣文集，dPal sa skya pa'i man ngag gces btus pa rin po che'i phreng ba [《薩迦派口訣集要寶鬘》]中，但是這四十九篇文章中，沒有一篇是金剛手所作的。

83 Bla ma brgyud pa'i rnam par thar pa ngo mtshar snang ba [《上師傳承傳記稀有呈現》], p. 52；rGya bod yig tshang chen mo [《漢藏史集》], p. 318；gDung rabs chen mo [《薩迦世系廣史》], p. 31.2-9。

84 這段故事見 Zhib mo rdo rje [《微細金剛》], pp. 136-39；比較 Bla ma brgyud pa'i rnam par thar pa ngo mtshar snang ba

[《上師傳承傳記稀有呈現》], pp. 53-54；*gDams ngag byung tshul gyi zin bris gsang chen bstan pa rgyas byed* [《口訣史大密詳述》], p. 113 有一個不同版本的夢境。這段出自欽哲（mKhyen brtse）的故事情節，Stearns 1997, pp. 192-93 中有英譯文。

85 *gDung rabs chen mo* [《薩迦世系廣史》], pp. 33.22-34.3。

86 簡短的傳記提要見 *Deb ther sngon po* [《青史》], vol. I, pp. 463- 65；*Blue Annals* [《青史》], vol. I, pp. 381-83。

87 *gDams ngag byung tshul gyi zin bris gsang chen bstan pa rgyas byed* [《口訣史大密詳述》], p. 117；*gDung rabs chen mo* [《薩迦世系廣史》], p. 35。

88 此人不可與著名的噶當派阿底峽弟子袞巴瓦格西（dGe bshes dGon pa ba）混為一談；比較 *rNam thar yongs grags* [《高僧傳》], p. 193，也勿與尚敦‧確魃（Zhang ston Chos 'bar）混淆，*Deb ther sngon po* [《青史》], vol. I, p. 125；*Blue Annals* [《青史》], vol. I, p. 95。

89 *Bla ma brgyud pa'i rnam par thar pa ngo mtshar snang ba* [《上師傳承傳記稀有呈現》], p. 42.1 記載他們的技能是 gsung rab kyi rtsi dras mkhan po，一個我不清楚的職位，也許涉及計算（rtsis）書寫聖典的花費。也見 *gDams ngag byung tshul gyi zin bris gsang chen bstan pa rgyas byed* [《口訣史大密詳述》], pp. 100-101。

90 *Chos 'byung me tog snying po sbrang rtsi'i bcud* [《娘氏教法源流》], pp. 187-90。

91 這兩部密續是十六章的 *rDo rje sems dpa' nam mkha' che bram ze rgyas pa'i rgyud* [《金剛薩埵大天梵志廣續》]，此

續不斷宣稱它們是出自 Extensive Brahman Tantra [《梵志廣續》] [Kaneko (1982), no. 19] 以及共計五十三章的 *rDzogs pa chen po lta ba'i yang snying | sangs rgyas thams cad kyi dgongs pa | nam mkha' klong yangs kyi rgyud* [《大圓滿見地精華，一切佛之密意，廣大虛空續》]（Kaneko 1982, no. 114），在書中它描述自己是由娘·頂增桑波（Myang Ting nge 'dzin bzang po）所埋藏的六件密續之一。我要感謝 David Germano 讓我注意到後面這件著作。

92 *Myang chos 'byung* [《娘氏史籍》], p. 207。

93 *Chos 'byung me tog snying po sbrang rtsi'i bcud* [《娘氏教法源流》], p. 492。Germano（私人交流）認為，根據他所閱讀的各種密續跋文，這有可能是初期的十一部密續佛典。

94 *gDams ngag byung tshul gyi zin bris gsang chen bstan pa rgyas byed* [《口訣史大密詳述》], p. 118 是個例外，因為它記載薩千學習道果法四年，再用另外四年學習八個輔助修持法，但這正是這段敘述可疑的原因。阿梅夏指出，薩千開始學習時是二十七歲，並且持續到他三十一歲，或是從 1119 年到 1123 年，但我們必須懷疑早期的紀錄是否能記載到這麼精確的程度；*Lam 'bras khog phub* [《道果架構》], p. 176。不動金剛的稱號，在西藏諸傳記版本中是明確的，見現代出版的 *Pod ser* [《道果黃卷》], p. 593，翻譯於第五章，也出現在札巴堅贊所著之 gNas bstod nyams dbyang [〈讚頌此地〉], p. 348.2.1。

95 Stearns（2001）的幾個論述，都是以薩千之前並沒有道果法文本的陳述為基礎。他指出（p. 173, n. 20）*A seng ma* [《阿森瑪》] 一書證實了這一點，該文本的跋文指出，畢

如巴的工作並非致力於寫作，而且這樣做是一種罪惡。我會將這個觀點視為那時的畢如巴所認知的情況，但後來局勢顯然發生了變化，因為他本人也開始致力於寫作，我想他應該是得到了他人的寫本，發現那些人也在認真寫作。

96　*Zhib mo rdo rje* [《微細金剛》], pp. 146-47；丹帕上師寫出尚敦巴（Zhang ston pa）[2] 之妻將文本交給薩千，*Bla ma brgyud pa'i rnam par thar pa ngo mtshar snang ba* [《上師傳承傳記稀有呈現》], p. 62；Stearns 2001, p. 250, n. 215 翻譯了這段情節的某個版本。

97　*Glegs bam gyi dkar chags* [《黃卷目錄》], p. 2：cung zad gsungs pa rnams sngar yi ge med kyang [然而之前完全沒有任何聖者的書籍]。

98　*Sras don ma* [《謝屯瑪》], 127-28, 175-77。

99　*sGa theng ma* [《嘎登瑪》], pp. 192, 267, 320, 331-33；*Sras don ma* [《謝屯瑪》], p. 200；*Bande ma* [《班第瑪》], p. 88。在他的 Zhang ston la bstod pa [〈尚敦巴頌〉], p. 2.3.1 中，薩千提出了尚敦巴持有文獻的一個隱約的暗示：rdo rje'i tshig rnams rgya cher 'grel mdzad sdud pa por | nges par mchis kyang mi yi gzugs 'dzin bla ma mchog |. [上師蒐集了詳細的金剛句注釋，擁有的定解是上師中最勝]。這似乎是表示尚上師蒐集了許多的注釋本，也或許（若將 sdud pa [蒐集] 視為 sdus pa [摘要] 的變化）是做了摘要。由於沒有其他的參考資料，這段頌詞仍然難以解釋。跋文說明這段頌詞是薩千剛開始接受道果法時所寫的，但由於它提到了道果法的詞彙，我們仍對其文本的傳承存疑。

100　*Lam 'bras khog phub* [《道果架構》], p. 184。

101 請注意，阿森（A seng）有時似乎是薩千的老師，因為札巴堅贊在他的 *Phyag rgya chen po gces pa btus pa'i man ngag* [《大手印訣竅精選》], p. 304.1.1 中，追溯了至少其中一個傳承是從阿森上師（Bla ma A seng）到薩迦派上師（Bla ma Sa skya pa）。我們在 *dPal sa skya pa'i man ngag gces btus pa rin po che'i phreng ba* [《薩迦口訣精選寶鬘》], p. 273.3.4 看到相同的文本與傳承，但這裡是上師阿（Bla ma A）到薩迦派，顯然表示在許多短篇作品中發現的「上師阿」即是阿森，或被札巴堅贊理解為阿森。

102 *Glegs bam gyi dkar chags* [《黃卷目錄》], p. 3 談到了他這個目錄的創作緣由。A seng ma 的正式標題──*Don bsdus pa* [《總攝》] 是在後面這個名稱下提到的：*Thams cad kyi don bsdud kyi tshigs su bcad pa* [《總攝一切義頌》], *Glegs bam gyi dkar chags* [《黃卷目錄》], p. 4.2.-3。

103 例如，*gSung sgros ma* [《孫覺瑪》], p. 4.3。丹帕上師所著之 *Bla ma brgyud pa'i rnam par thar pa ngo mtshar snang ba* [《上師傳承傳記稀有呈現》], pp. 62-63 僅提到了 A seng ma、*sGa theng ma* [《嘎登瑪》]、*Klog skya ma* [《珞迦瑪》] 及 *gNyags ma* [《涅瑪》]。關於注釋本接受者的詳細說明在 Stearns 2001, pp. 24-25。

104 例如，*Lam 'bras khog phub* [《道果架構》], p. 187。

105 這個主要的列表是取自 *Lam 'bras khog phub* [《道果架構》], p. 5；這些細項是依據 *Sras don ma* [《謝屯瑪》], pp. 21-24 或 *Zhu byas ma* [《肅伽瑪》], pp. 5-6 來翻譯的。

106 Stearns 2001, p. 30。在一封電子郵件中（日期是 2004 年 1 月 14 日），Stearns 告訴我他不再抱持這個立場，但相信

sGa theng ma [《嘎登瑪》] 是真品，而帕摩竹巴的原著 *dPe mdzod ma* [《道果書庫》] 遺失了，被 *sGa theng ma* [《嘎登瑪》] 所取代。

107 *dKar brgyud gser 'phreng* [《噶舉金鬘》], p. 404.4。

108 這個記載是在 *Sras don ma* [《謝屯瑪》], pp. 205, 241, 381。同書 pp. 445-46 之跋文似乎表示尊者晡瓊瓦（rJe Phul byung ba）是在他任薩迦寺住持三年，教育薩千之子期間完成此事。比較欽哲的 *gDams ngag byung tshul gyi zin bris gsang chen bstan pa rgyas byed* [《口訣史大密詳述》], p. 128。

109 在 *lDan bu ma* [《燈補瑪》], pp. 361-65 中，中陰狀態（藏：bar do）被當成一個獨立的類別，鉅細靡遺地加以闡述。

110 *gDams ngag byung tshul gyi zin bris gsang chen bstan pa rgyas byed* [《口訣史大密詳述》], p. 128。

111 *Lam 'bras khog phub* [《道果架構》], p. 187。

112 見第九章關於 *Pod ser* [《道果黃卷》] 的內容。

113 這些著作在 *Pod ser* [《道果黃卷》] 的第 II 部分 [3]；見第九章；連同 *A seng ma* [《阿森瑪》]，這個部分共有十四件薩千的作品。

114 我將在注解中提供這些著作的標題，以免給讀者帶來太大的負擔；這裡參考的是薩千的 Lus kyi dkyi 'khor [〈身之壇城〉], *Pod ser* [《道果黃卷》], pp. 135-38。

115 關於一些材料和參考資料，見 Davidson 1991。

116 Bum dbang gi snang bsgyur ba'i 'da' ka ma [〈瓶灌頂臨終要點〉]、gSang dbang gi skabs su thig le'i rnal 'byor bzhi [〈密

灌頂階段明點觀修四要點〉]、Shes rab ye shes kyi phyag rgya'i mtshan nyid [〈智慧灌頂之手印特性〉] 及 dBang bzhi pa'i 'da' ka ma dang bum dbang dang thun mong du yi ges sgo dgag pa dang bcas pa [〈第四級灌頂臨終法及與瓶罐頂之共法與辯駁〉]，這些都集中在 Pod ser [《道果黃卷》]，pp. 144-51 之中。

117 'Das pa'i lam la gsang dbang gi skabs su 'khor bzhi'i rgya [〈密灌頂階段之密封於四脈輪內〉]、dBang bzhi pa'i skabs su dang phyug gi don brgyad [〈第四級灌頂階段與八自在〉]，Pod ser [《道果黃卷》], pp. 185-87；第一個主題將在後來薩迦班智達的一件著作中討論，Lam sbas bshad [〈第四級灌頂之脈輪祕解〉]，SKB IV.349.1.2-3.6。

118 Bar do bzhi'i gdams ngag [〈中陰四口訣〉]，Pod ser [《道果黃卷》], pp. 151-54。

119 rTen 'brel lnga [〈五緣起〉]，Pod ser [《道果黃卷》], pp. 163-66。

120 Grib sel gyi sbyin sreg bsdus pa [〈除障火供概要〉], Yi ge brgya pa gdon pa'i gdams ngag [〈百字明咒唸誦口訣〉]，Pod ser [《道果黃卷》], pp. 166-67, 171-73。

121 Bha ga'i yi ge bcu bzhi, Sa bcu gsum pa'i phyed kyi mngon rtogs [〈十二地半之修證〉]，Pod ser [《道果黃卷》], pp. 183-85, 187-88。

122 Davidson 1991.

123 'Phrang bdun gsal ba [〈示七關隘〉], Byung rgyal du mi gtong ba'i gnad bzhi [〈不可隨意捨棄之四要害〉], 'Byung ba lus 'khrugs rlung dang spyod lam gyi gsal ba'i brtse chen thub

pas legs bar gsungs [〈解說身體元素混亂時約束風與重要行止之法〉], *Pod ser* [《道果黃卷》], pp. 260-88；見第九章《道果黃卷》表中的第 IV 部分。

124 rTsa ba med pa'i lam 'bring po [〈無根中品道〉], Lam 'bras bsdus pa zhes bya ba'i rtsa ba [〈道果總攝要點〉], *Pod ser* [《道果黃卷》], pp. 292-99（其中也包含了兩篇 *Glegs bam gyi dkar chags* [《黃卷目錄》] 中沒有出現的作品）；這些共同組成了《道果黃卷》表的第 V 部分。

125 *Glegs bam gyi dkar chags* [《黃卷目錄》], pp. 5.4-6.1；這些是《道果黃卷》的第 VI 和第 VII 部分，表 10。

126 Phyi nang gi mdzad pa bcu gnyis [〈內外十二行誼〉], *Pod ser* [《道果黃卷》], pp. 339-44。

127 Lam bsre ba [〈道的融合〉] 是在 *Pod ser* [《道果黃卷》], pp. 327-36 之中。

128 四大正柱（gzhung shing chen po bzhi）之一，*Pod ser* [《道果黃卷》], pp. 300-14。

129 *Pod ser* [《道果黃卷》], pp. 323-25。

130 *SKB* I.2.3.4-7.4.6.

131 譬如，在佛密的 *Vairocanābhisambodhitantrapiṇḍārtha* [《毘盧遮那現等覺怛特羅攝義》], fols. 2a3-4a4 中。

132 現在由於 Lessing and Wayman 1968 中翻譯的克主杰手冊而廣為人知。

133 文本的這個部分是由哦千本人或是共如・協繞桑波所完成的，目前仍不確定；*Lam 'bras byung tshul* [《道果史》], p. 118.2.4-5。

134 *Zhib mo rdo rje* [《微細金剛》], pp. 152-53。

135 *Zhib mo rdo rje* [《微細金剛》], pp. 152-53，並可比較 p. 255, n. 235。

136 *Pusti dmar chung* [《小紅卷》], pp. 13-15。這本書又稱 *Pod dmar* [《紅卷》]，但由於還有另一本馬敦・確吉賈波（dMar ston Chos kyi rgyal po）所寫的 *Pod dmar*，因此傳承有時以 *Pusti dmar chung* [《小紅卷》] 來稱呼以避免混淆。

137 *Pod nag* [《道果黑卷》], p. 64。Stearns 2001, p. 255, n. 234 表示對該傳承來說，這個清單的確切性質有待商榷，但它在洛瓦堪千・索南倫珠（Glo ba mkhan chen bSod nams lhun grub, 1456-1532）的著作中卻被「弄清楚」了。該傳承需要超過三百年的時間來確認流傳下來的資料，這個事實證實了我對於它們是偽造的評價。

138 根據當代 SKB 版本，這些是從 Grub chen bcu [〈十大成就〉] 開始且結束於 Phra mo brgyad kyi man ngag [〈八小口訣〉]，*SKB* V.349.3.6-54.3.1，但編輯的編排卻與在 pp. 350.1.1 和 354.3.1 所發現的名稱不同。事實上在 pp. 350.2.2-353.2.1 的文本標題其實是「吉祥瑜伽自在畢如巴之口傳教法」（dPal rnal 'byor gyi dbang phyug chen po birwa pa'i zhal gyi gdams pa, pp. 350.2.1-53.2.1），似乎是對於 Grub chen bcu 的簡單闡述或注釋，再加上簡短的傳記事蹟。

139 Grub chen bcu, *SKB* V.350.1.5-2.2；比較 *gDung rabs chen mo* [《薩迦世系廣史》], pp. 45, 53。

140 *dPal ldan Bi ru pa la bstod pa* [〈具德畢如巴頌〉], pp. 2.2.2-2.2.4。

141 *Lam 'bras khog phub* [《道果架構》], p. 180。

142 例如，收藏於 *SKB* IV.345.3.2-54.2.6 中，他的 *rNal 'byor byang chub seng ge'i dris lan* [《答瑜伽士強秋僧格》]、*Glegs bam gyi dkar chags* [《黃卷目錄》]、*Ga ring rgyal po la rtsis bsdur du btang ba'i gsung yig* [《致噶林賈波曆算比對之書信》]，以及歡樂系列「體驗頌（nyams dbyangs）」。我找到了札巴堅贊在幾個地方使用「nga」做為第一人稱，這些包括了他的 gNas bstod kyi nyams dbyangs [〈讚頌此地〉], pp. 348.2.6 和 348.3.3，即使那裡經常使用的是「bdag」。不過，體驗頌並不是寫給他父親弟子的一封信，此弟子還是東部藏區一位令人尊敬的成員，嘎登（sGa theng）當然就是這樣的一個人。還有一個「nga rang」在他寫給噶林賈波的長信結尾處，*Ga ring rgyal po la rtsis bsdur du btang ba'i gsung yig* [《致噶林賈波曆算比對之書信》], p. 104.4.1，但再次強調，這封信是在他六十歲而非青少年時所寫的。

143 *Glegs bam gyi dkar chag*s [《黃卷目錄》], p. 7.1-2。

144 *Bla ma sa skya pa chen po'i rnam thar* [《薩迦派大上師傳》], p. 87.2.3。

145 *Bla ma sa skya pa chen po'i rnam thar* [《薩迦派大上師傳》], p. 83.1.4。

146 *gDung rabs chen mo* [《薩迦世系廣史》], p. 44；關於早期蒙區的地理位置，見 Pommaret 1999。

147 在拙火修持法中，關於使用一個、兩個或四個脈輪的討論，是出現在 *Sras don ma* [《謝屯瑪》], pp. 95-99 中；然而這個修持法似乎是源自於文集中的一個文本，Pulla ha ri'i

paṇḍita'i man ngag [〈普拉哈里班智達之口訣〉]，在 dPal sa skya pa'i man ngag gces btus pa rin po che'i phreng ba [《薩迦口訣精選寶鬘》], p. 275.1.5-4.3 之中。前者也出現於札巴堅贊自己的口訣彙編，Phyag rgya chen po gces pa btus pat man ngag [《大手印訣竅精選》], p. 309.2.1-4.3 中的同一文本的校訂本。

148 Phyag rgya chen po gces pa btus pa'i man ngag [《大手印訣竅精選》], SKB IV.302.3.1-11.4.5。

149 dPal sa skya pa'i man ngag gces btus pa rin po che'i phreng ba [《薩迦口訣精選寶鬘》], pp. 278.2.4-4.1, 280.3.2-4.4。

150 Lam zab mo bla ma'i rnal 'byor（〈甚深道上師瑜伽〉），p. 339.4.4-5。

151 Aṣṭa'i gzhi bshad [〈阿胥塔之根源解說〉], p. 355.3.4。

152 dKar brgyud gser 'phreng [《噶舉金鬘》], pp. 509-11；Myang chos 'byung, pp. 23-24；Lho rong chos 'byung [《洛絨史籍》], p. 650；'Brug pa'i chos 'byung [《竹巴教法史》], pp. 429-35；mKhas pa'i dga' ston [《賢者喜宴》], p. 847；一個名為 'Brug lugs ro snyoms rtsa gzhung [《竹派一味本籍》] 的文本，被納入了 gDams ngag mdzod [《教誡藏》], vol. 7, pp. 59-73 之中。

153 關於 bKa' gdams Glegs bam [《噶當全書》] 的發展情況，見 Ehrhard 2002。

154 Lam 'bras byung tshul [《道果史》], p. 117.1.4-5；我認為我們必須了解一下讓查甘成為親見體驗主角的這個句子：de la cha gan gyi (s) zhwa ma lugs kyi chos skor [這是查甘的薩瑪派教法]。

譯注

[1] 此人為薩迦派第二十三任法王。
[2] 尚敦巴即薩千之上師尚・貢巴瓦。
[3] 應是第 III 部分。

第九章　十二世紀末至十三世紀初
——道德危機、國際聲響以及體制的成熟

有些人去了金剛座（菩提迦耶），但那裡充滿了外道，他們毫無成就。途中有許多可怕的土匪，當他們割斷你的喉嚨，你將後悔前往，成為刀下亡魂。

有些人去了冰封之地岡仁波齊峰（Kailāsa），但岡仁波齊冰川上有許多牧民，牧民們做盡各種壞事。在被自己顛倒見之冰川殺死後，你將後悔前往，成為刀下亡魂。

其他人去了扎日神山（Tsa ri Tsa gong），那裡充滿了當地的門巴族人（Mon pa）。在那兒，即使「佛語」一詞也無法得遇。在被自己的心魔殺死後，你將後悔前往，成為刀下亡魂。

像那樣的景點多如牛毛，故切勿跑去所有的「成就之地」，而是在一個與世隔絕的環境中閉關，生起兩種禪修次第〔的經幡〕以修戒。

那麼無論你身在何處，都是密嚴剎土（Akaniṣṭha），與你選擇之本尊為伴。無論飲食為何，都是甘露。切勿尋求一些外在的「成就之地」，這是甚深的密咒誓言。因此，不要吟唱這首朝聖頌，就留在原地，深耕福田！

是的，我的這個居所，輝煌的薩迦，就如同位於密嚴色

究竟天中的一個聖地。

——札巴堅贊〈讚頌修持之地〉
（gNas bstod kyi nyams dbyangs）中的「證悟歌」[1]

　　於十二世紀末、十三世紀初的亞洲佛教世界，中央西藏獲得了過去印度，以及某種程度上，中國曾經享有的地位。正是在這個時期，西夏帝王們開始護持噶舉派上師，並授予他們「國師」和「帝師」的稱號。這兩個稱號最終在十三世紀，為薩迦派上師八思巴所擁有。西夏僧侶們自主地來到衛藏地區學習，特別是在他們看到許多印度人開始出逃，遠離西印度和北印度地區的動亂。這偶爾也導致印度人對藏人產生興趣，也有少數印度人或錫蘭人（Singhalese）嘗試到西藏求學的案例。這些個別的事件看似獨立，但總的來說，它們彰顯了西藏和印度兩者在命運上的深刻變化。可以肯定的是，藏人仍將印度視為聖地，許多人仍在佛陀的國土尋求真正的佛法。因此，在西藏的印度學問僧，仍因最新或最神祕的教法而大受歡迎與護持。但到了 1200 年，中央西藏已成功地將自己轉化為充分展現佛陀佛行事業的地方。這裡可以找到著名印度僧侶的化身，也可見到印度寺院嚴格的修行和學術標準。西藏不再是個急需佛法傳布之地；反之，它正將自己的僧侶往外送至各國君主的王室。

　　矛盾的是，在這個時期，藏人本身似乎尚未準備好成為佛法的傳播中心。他們的道場才剛開始穩定地享有較長的壽命。學者也正闡述著自己對於佛法的理解，然而每當佛教界出現衝突時，社會仍顯得動盪不安。儘管西夏等國認為，在宗教之大傘下，西藏為一個和諧的整體，但藏人僅僅為了維持和平，便

遭遇到了一些困難。十二世紀後半葉，宗教衝突在各種傳承和教派中爆發。最重要的是，宗教權威人士所仿效的西藏和印度的封建制度，持續在佛行事業的名義下，助長了特立獨行的行為及個人權力的擴張，對明顯無法無天的舉動，也鮮少加以抑制。

的確，藏人似乎忽略了十二世紀引人注目的三件事。他們並未充分意識到在前兩個世紀裡，宗教人士從事的大量佛教文獻寫作和寺院建設所取得的成就。他們並未試圖證明獨立的藏文作品等同於印度大師的著作。他們也不了解宗教體制的建立，已經成為政治整合的替代品。這使得當權者難以實現國家統一。佛教寺院和它們在印度高度分裂之政治格局中的凝聚力，現在已經成為西藏分裂問題的一部分。就如同五個世紀之前，印度政治分裂的結果一般。隨後，藏人發覺自己正處於各種不穩定的關係中。這些關係包括王朝的直系後裔、與全西藏氏族均有聯繫的地方貴族，以及日益增加的寺院道場。這些寺院機構可與封地領主平起平坐，事實也的確如此。

到了十二世紀末，藏人已翻譯了大量的經典，這些經典日後被收編為藏經。成為一名譯師，或與譯師打交道，已不再是西藏宗教生活的必要條件。譯師的公眾形象也不再像以前那樣，被賦予權威。十二世紀中葉，藏人開始意識到佛教在印度受到嚴重的威脅。前往印度學習的優點不再具有吸引力，因為印度已經愈來愈危險了。到了十三世紀，巨大的文本熱潮結束，藏人也理所當然地開始安靜下來，消化這極為龐大的知識、儀軌和修行材料的內容。基本的佛教體系和其密教分支的體制化，已幾近完成。藏人依照自己的模式形塑宗派，中央西藏區的大寺院幾乎每日都在擴大和發展。十一世紀中至十二世

紀初，佛教密教的領袖通常是已婚的居士，而非出家的僧侶。但到了十二世紀中，西藏本土的教團逐漸以僧侶為代表，即使是在家上師也通常保持單身狀態。[2]

所有這些事情都給藏人一種不圓滿的感覺，因為在1175年時，他們並不比在1075、975甚至875年時，更接近政治整合。帝國滅亡三個多世紀後，對過去強大帝國的緬懷，似乎益發明顯。在面對印度文化、佛教信仰和其他民族，諸如党項族、漢族、契丹族的政治權衡時，藏人明顯地自我貶抑。[3]藏人一直以模仿印度寺院建築來建立自己的道場。在十二世紀的藏文文獻中也經常提到中國。因此，藏人對於當時已衰弱的宋朝過去曾經的輝煌，或在塔里木盆地蓬勃發展的西夏所展現出的政治能量，都有一定的了解。因此，他們意識到自己並未以任何一種方式實現一個統一的國家。因此在十二世紀出現了大量關於王朝世系的文獻。這包括了編纂各種流傳版本的《巴協》，其中有關於宏偉的桑耶寺的建造之說、《柱間史》中關於拉薩大昭寺建寺神話的最終說法、許多關於佛教法王的聖傳，以及鞏固蓮花生大士信仰的開端。蓮花生大士是將佛教和王族世系合而為一之人。[4]

本章探討了威脅和平的宗教動盪，最終導致噶舉派的一個分支在中央西藏建立了一支軍隊。而後，我們探索噶舉派與西夏王族的關係，以及噶舉派隨之成為成熟的國際佛教團體的情況。本章還會觀察薩迦派的傳統，以及兩位著名在家上師的生涯，即索南孜摩和札巴堅贊。他們的文獻和學術生涯，占據了本章的大部分篇幅，特別是他們重要的道果法密續體系的成熟。因為這兩位權威人士提供了宗教上、知識上和體制上的基礎，並最終促使薩迦派在蒙古的統治下繁榮。本章以札巴堅贊

第九章　十二世紀末至十三世紀初——道德危機、國際聲譽以及體制的成熟 ・581・

的圓寂告終，因為薩迦班智達和法王八思巴乃他們先祖們佛行事業的成果，也是西藏宗教、社會和政治歷史全新時期的開始。

十二世紀末的衝突和狂者

　　宗教衝突在十二世紀後期再次成為問題，這可以追溯至十一世紀在譯師之間，或班第與東部戒律僧侶之間的長期恩怨。十一世紀中葉，景氏（'Bring）和巴氏的東部戒律教團，於噶當派寺廟的掠奪中最為激進，其內部鬥爭亦最為激烈。大約於世紀初，可能是 1106 年左右，盧枚派和合併後的巴拉（Ba Rag）派系的僧侶，在桑耶寺的衝突開始升高，結果是環繞寺院的廊道（'khor sa）被焚，也有附屬寺廟被毀的傳聞。[5] 據說有名的（或說是聲名狼藉的）熱譯師的出現，顯然地解決了這場爭端。他堅持每個人都應該循規蹈矩，否則將受到黑術的懲罰。他利用自己的威望恢復了寺院，而且可能導正穩定了桑耶寺的管理。

　　除此事件外，十二世紀初的宗教人物似乎較不傾向使用暴力，直到拉薩的敵對情緒再度出現。該危機始於十二世紀中葉，大約在 1157 年，一場大饑荒席捲了康區，這一事件促使許多年輕的康巴僧侶到中央西藏求學。[6] 然而，1160 年左右，東部戒律僧侶又陷入了一場爭奪統治權的鬥爭中。這次是為了爭奪大昭寺，而且情況較半個世紀前的桑耶寺事件更為嚴重。此時，共有四個派系處於衝突，分別為盧枚派、巴派、拉喀派和景派，這四個派系成為東部戒律教派中最有權勢的。他們為尋求教導而聚集在一起，但這些宗派卻迅速地演變為公開交

戰。大昭寺和一些周遭建築被燒毀，可能還包括了上個世紀阿底峽在拉薩時的居所。[7]

桑耶寺或大昭寺被焚毀的情況並不十分清楚，因為歷史傾向掩蓋這些事件，僅提到岡波巴位於達拉崗布寺的侄兒，也是其繼承人達波・貢處，為和平事業及噶舉教派做出了極大的貢獻。他曾在不遠處的堆龍建造了一座新寺院——楚拉倫寺（mTshur lha lung）。聽到大寺院的戰事和大火的消息時，他不願意去干涉。儘管如此，他還是受到了世俗權威，即宗贊（rDzong btsan）的邀請，並且觀見了多位神祇，如大黑天和瑞瑪蒂（Remati）等要求他做貢獻。貢處花了很大的力氣將那些宗派聚集起來，希望達成和解，但剛開始時並不成功。最後，當他應僧侶們的請求，準備離開城市，返回自己的寺院時，貢處夢到了覺沃告訴他說，唯有他能化解干戈。因此，貢處留了下來，並且終於成功地平息了動盪的局勢。

重新恢復了和平之後，他將大昭寺的重建工作委託了當時其中一位頗為有趣的人物，尚・玉查巴（Zhang g.Yu brag pa, 1123-1193）。[8]尚上師被是達波・貢處的首要弟子，以及噶舉「四大」支派最後一支——采巴派（Tshal pa）的創始人。他出生於納南氏的一個分支，這個氏族由於他們的女兒嫁給了王朝子孫，所以獲得了「尚」（母舅）的稱號。但「尚」氏也是授予若干氏族不同分支的稱號。[9]他很早就開始學習，據說在四歲時就可以背誦大圓滿的偈頌。尚當然也在年輕的時候就開始研讀標準的佛教哲學著作（阿毘達磨、中觀、一些瑜伽行派的作品、認識論等），但他的最愛顯然是密續。而且據說他曾在某個時期學習了與山羊獻祭有關的黑術。1148年時，他受了具足戒，然後繼續學習瑜伽體系教法和大手印，包括來自梅

第九章　十二世紀末至十三世紀初——道德危機、國際聲譽以及體制的成熟 ・583・

爾・耶巴瓦（Mal Yer pa ba）上師的薩瑪道果傳承。[10]據說尚曾有過數十位上師，其中六位對於他的密續傳承最為重要。1153年，他在偉大的禪修大師岡波巴逝世前遇到了他。但據說大約也在這個時期，他從岡波巴的繼任者達波・貢處那裡獲得了最關鍵的證悟體驗。

因此，尚上師在接受完整的噶舉派教派修學訓練後，開始招收弟子，先是在1160年代創建了玉查寺（g.Yu brag），然後在1175年修築了采巴派的大型中心，並在1187年建造貢塘—采巴派互相毗連的建築物。[11]達波・貢處於1169年過世之前，將大昭寺的重建與管理之責，明確地委任給了尚。正是在這個時期以及道場管理的發展過程中，尚上師的行為從些許古怪，最終變成了血腥火爆。與上個世紀的熱譯師一樣，尚上師決定藉由設置路障，來管理他日益擴張的領地。限制道路、山區和河流的通行，也許是為了收取過路費，但更是要控制通道。[12]他還命令僧侶和雇用的流氓搶奪建築材料和工人。這些限制與激進展現武力的行為，並非沒有受到任何反抗。由此導致與當地封建領主的紛爭，顯然促使尚上師組建、裝備民兵或準軍事部隊，其中一些成員無疑是由他寺院的弟子們所組成的。當然，這種非正規的準軍事部隊以前也曾組建過，但尚上師卻利用這些軍隊從山南、止貢（'Bring gung）和沃喀等區域的封建領主手中，奪取了中央西藏的領地。1189年左右，在噶瑪巴・杜松虔巴親自干預下，尚上師才停止了部隊的交戰活動，並回到自己的寺院。[13]噶瑪巴・杜松虔巴介入後，據說尚上師於停止犯罪行為前，曾抓住噶瑪巴・杜松虔巴的手指跳了一小段舞，慶祝問題解決。

在這一切中最令人不安，也最能說明傭兵雇用問題的，是

尚上師試圖以密續來為他的犯罪行為辯護。儘管以宗教來合理化個人的權力、利益以及提高自己的地位的情況，在人類歷史上屢見不鮮；但值得慶幸的是，這種情況在佛教中很少見。不過，尚上師和他的弟子認為他們不受佛教戒律標準的約束。這種理由在印度通常是為了成就者而提出的，但在西藏則是由熱譯師等特定人士所提出。這種自私的藉口，是出於認為成就者具有至高無上的智慧，因此超越一切世俗標準的想法。儘管印度國王並不仁慈，但印度人一般都有足夠的理智，他們不會將成就者放在政治、軍事權威的位置上。他們正確地認為，那些覺得自己凌駕於社會制度之上的人，將無法抵抗權力的腐蝕。然而，藏人並沒有遵守理論上的政教分離，他們聽憑任何能夠控制資源和力量的好戰強人擺布，不管那人是不是宗教人士。

當我們看到在這段期間內，衛藏地區的各種場合如何演繹（往往是字面上的）成就者題材時，我們便能體會到藏人所面臨的挑戰。在十一、十二世紀時，許多流行的宗教運動（rdol chos）在啟示、附身、瘋狂和宗教實踐之間來回擺盪。丹‧馬丁討論了其中的一些運動，以及他們對於佛教寺院中心的民粹主義之挑戰。[14] 以成就者為主之活動持續發展，如尚上師一般的行為，甚至在佛教道場中也可以看得到。許多這種佛教道場中的運動，一直延續到十二世紀，遍及西藏南部和中央西藏這些噶舉派和寧瑪派上師常出沒的區域。例如，在娘列‧尼瑪維瑟（Nyang ral Nyi ma 'od zer, 1124-1192）的自傳中，這個年輕男孩曾有過一次碰到西藏「狂者」的奇遇，狂者屬於修行人的一個類別，他將獨特的西藏價值體現於完美的成就者人格中。[15]

後來,當我二十歲時(1144),我聽說了珍寶上師紐巴頓登(sMyon pa don ldan)的名聲,一股對他的特殊信心便油然而生。即使僅是去到他的面前,我發現他的加持力自然而然地,從他身上散發出來。我向他請求希解的馬(rMa)派傳承,以及後續傳承(希解派傳至蔣森・貢噶〔Byang sem Kun dga'〕)的教導。在(為了這些教法而聚集的)大會中,上師宣布:

現在,在我面前有許多博學的佛教阿闍黎和修行者,他們被認為是開悟的瑜伽行者。但你的到來,就像天空中升起的太陽,是為了利益眾生而發光。

然後,他脫光衣裳,裸露著身體,抓住我的手,開始狂野的跳躍和舞蹈。

醒醒吧,所有聚集在這裡的幸運的人們!這個邊地國家的前國王,就是如今頭上盤著髮辮(ral pa can)的年輕的娘列。過去的譯師現在已經轉生成我這個瘋子,這是多世以來業力的甚深因緣。帶著頭上的髮辮舞動吧,年輕的娘列!你已為了利益眾生而轉世,如同那升起的太陽。

可以說,他跳著瘋狂的裸舞。正因如此,那些以前總是嫉妒我的朋友,現在說,他們生命的續流已經成熟,而且全都充滿了信心。

顯然,這類行為是西藏本土的表現形式,但在主題上也與最狂野的印度成就者活動一脈相連。此外,將紐巴頓登與帕丹巴傳承連結,與其他記載一致,那些記載也列出了與希解派和斷境法有關的,數量驚人的「狂者」。

當時和現在一樣,這種古怪的人通常會合理化自己的行

為，認為這是面對強大的絕對體驗時，解構社會假象的自然表現。對某些人來說確實是如此，但同樣真實的是，這種辯解不僅自私，還培養了一種權威感，吸引了那些社會化不良的人群，以及一些有嚴重心理問題的人加入此一行列。因此，到本世紀中葉，帕丹巴傳承的密續薈供集會，看起來必定更像是一個精神患者所組成的團體，而非已證悟大師們的聚會。儘管這些人可能很有趣，但他們也是公共秩序的危險源頭，那些裸舞人士揮動著武器的隱形威脅，似乎就像一把利劍，懸掛在當時大多數教團領袖的頸項上。然而，只要約略的閱讀畢如巴傳記，似乎便能寬恕這種西藏瘋狂瑜伽士的行為，一些為此辯護的人，指出了尚上師和畢如巴的相似之處。[16]

不幸的是，中央西藏並沒有制度化的機制，以敦促這些人停止以佛法之名，行交戰之實的作為。而且據我所知，雖然存在著許多可以運用的資源，但藏人在這樣的危機中，竟不願援引其中任何一個教義體系。在大乘經典中有許多章節認定菩薩之退轉，譬如《小品般若經》（*Aṣṭasāhasrikā-prajñāpāramitā*）第二十一品，[17]此品描述佛陀敘述諸菩薩被魔羅（Māra）所亂，誤入歧途，並墮我慢（abhimānapatita）。在這部經典及其他文本所引述的許多同樣特質，都可以在自覺凌駕於普通道德之上的密續上師身上觀察到。問題是，社會上壓抑的氛圍再加上對個人安全的疑慮，似乎使人們不知所措，讓他們不敢公開譴責這些傳承的代表。畢竟，誰會願意出面反對一個有著貴族血統背景、各種有力的社會關係、宏偉的寺院、好戰的準軍事部隊，且眾上師均對其傾盡心力的大上師呢？更明確地說，如果尚上師已經變成了變態暴君，那就是懷疑他的根本上師、整個傳承，以及最初肯定

他宗教地位的佛教形式。它質疑了信仰正當性的假設、顛覆了修為和品行之間的良好模式,且與諸密續之思想互相牴觸。因此,即使在很久以後,噶舉派的史學家們仍傾向以簡單地提及「采巴之亂」,來掩蓋尚上師的行為。

噶舉派的傳法活動和西夏人

在岡波巴的其他弟子中,一世噶瑪巴·杜松虔巴也許是最適合去降服尚上師之人。儘管杜松虔巴知名度很高,也許是同代人之中地位最高的,但奇怪的是,他是十二世紀噶舉派大師中最神祕的一位。[18] 他出生在西藏東部(康區)一個普通家庭。他在十八歲時去了衛區,如同過去的跋里譯師,與他同時期的帕摩竹巴以及稍晚一些的止貢·吉天恭波('Bri gung 'Jig rten mgon po)等人所做的事情一樣。杜松虔巴和帕摩竹巴在堆龍相遇,兩人在那兒共同向嘉馬巴和他的天才學生恰巴·確吉僧格學習。杜松虔巴接著到彭域與十二世紀應成派支持者帕察譯師合作,最後一起探討噶當派的文本和禪修共計五年的時間,然後進行密續諸傳承的研究。杜松虔巴肯定學習了當時密教的主要課程:阿若(A ro)傳承的大圓滿、喜金剛、勝樂金剛、大幻(Mahāmāyā)以及道果法等壇城。1139 年時,他決定去尋找岡波巴,但卻先碰到了他的侄兒兼繼承人,年輕的達波·貢處。杜松虔巴從他那兒得到了許多教法。

當他終於遇見岡波巴時,雖然得到了一些指導,但這位偉大的上師明智地認為他的新弟子需要修行,因此直到 1153 年岡波巴圓寂之前,杜松虔巴似乎被送到西藏南部的各個區域,甚至更遠的地方去禪修。他在桑日待了一段時間,那裡是斷境

法專家瑪紀‧拉諄的居住地,回來後在達波進行了三年的嚴格修行,然後前往沃喀,再去藏區與密勒日巴的弟子們一起學習。最後,杜松虔巴被送到蒙區(Mon)南部的低地,娘江(Nyamjang)河和達旺(Tawang)河在那裡流淌出一塊古老的領地,該領地昔日涵蓋的區域現在被西藏、阿魯納恰爾邦和不丹所劃分。杜松虔巴獲得了蒙區國王的青睞,允許他在西藏和蒙區之間的邊界自由通行。他在老虎出沒之地練習觀修,曾嚇得魂不附體。岡波巴過世後,杜松虔巴餘生的每一年都會舉行大師的涅槃紀念,並將他的許多寺院與岡波巴其他弟子的達波噶舉派中心結合在一起。杜松虔巴在中央西藏的楚布(mTshur phu)以及康區創建寺院,他在康區停留了十年以上,最後返回中央西藏以維持他龐大的弟子網絡,並協助平息各種社會秩序的威脅,就像是那場以尚上師為代表的紛爭。

　　杜松虔巴學習噶當派教法,以及噶舉派禪修方面的法友是帕摩竹巴。帕摩竹巴出生西藏東部直龍梅雪('Bris lung rme shod)地區,是貴族瓦維那(Wa We na,巴氏族演變而來的)氏族的一員。[19] 他自幼便失去雙親,於是開始他與上師們一起遊歷並接受教法的生涯。十八歲時,他抵達衛藏地區,在那裡度過餘生的大部分時間。他早期的生涯主要用於學習噶當派和相關教法系統。當他遇見杜松虔巴時,他們兩人都是嘉馬巴和恰巴在堆龍的學生。帕摩竹巴在二十八歲(1138)時受具足戒,並決定待在中央西藏。因為擔憂杜松虔巴的性命安全,甚至一度勸說這位法友不要返回康區。[20] 帕摩竹巴學習了特定的密法傳承,並且遇見了康巴阿森(A seng)。他是薩千早期弟子之一。[21] 三十多歲時,帕摩竹巴在薩迦住了一段時間,從薩千那兒得到了道果法及相關的傳承,這應該是在1140年代。

儘管我們不確定他在薩迦待了多久,但他顯然在三十至四十歲時,拜訪並求教於許多上師。[22] 1151年,四十一歲的他前去拜訪岡波巴,並且從這位年老上師處得到了大手印的指導。通過修持這個法門,他獲得了甚深的修行體驗。[23] 1153年大師過世後,帕摩竹巴在所有荒野之地進行禪修,最後修建了他著名的茅棚禪修小屋。那個地方後來被稱為鄧薩梯寺(gDan sa mthil)。他從1158年開始便住在那裡,直到他圓寂時的1170年,噶舉傳承的「八小派」全都是在帕摩竹巴的基礎上發展起來的分支。

這種將最優秀的僧侶,一次次地送往不同的鄉村環境和非佛教徒區域,進行禪修訓練的模式,實際上是將他們變成真正的傳法僧,也是噶舉派建立護持管道和擴展傳承最重要的手段之一。當杜松虔巴或帕摩竹巴這樣充滿魅力的人物,出現在新譯教派僧侶不常去的地方時,村民們聽說這個目光炯炯的陌生聖人,便會蜂擁而至,看看這個聖人是否能用他的神通力量,幫助他們找到牲畜,或治癒孩子的疾病。久而久之,數以千次計的親臨現場,實現了宗教至高無上的地位。噶舉派禪修者的名聲,特別是岡波巴的三位弟子杜松虔巴、跋龍巴和帕摩竹巴的名聲遠傳到了西夏王國。自從十一世紀中葉以來,西夏人對佛教投入極大的關注。他們能夠培養出一名偉大的學者榃彌譯師・桑耶札,他對十二世紀初《時輪密續》體系的傳入西藏,具有關鍵的作用,也是各種大黑天活動的支持者。[24] 榃彌的弟子噶羅(rGwa lo)譯師在岡波巴的弟子中也有很大的影響力,因此在本世紀上半葉時,噶舉派便已經與西夏人建立了重要的關係。[25]

學者們認為榃彌的名字可能是由党項族名稱「夏」的

藏語翻譯，以及藏語的人格化詞尾「彌」（mi，亦即一個西夏人）組合而成的。西夏人在十二世紀極為投入西藏佛教，直到1227年被蒙古人滅亡為止。[26] 印度班智達賈雅南達（Jayānanda）在中央西藏與恰巴・確吉僧格辯論過後，便於1160年代至1180年代當中的某段時間，受到党項人的款待。西夏仁宗（Western Xia Renzong, 1139-1193）封他為「國師」。[27] 大約在這個時候，杜松虔巴也受到邀請，可能也是西夏仁宗。但杜松虔巴卻另派了一位弟子前往，即藏布巴・貢確僧格（gTsang po pa dKon mchog seng ge，卒於1218年）。藏布巴顯然是第一位贏得「帝師」稱號之人，後來忽必烈汗統治時將此頭銜賜與了八思巴。[28]

藏布巴之後，另一位噶舉派上師，帝師・桑耶熱千（Ti shri Sangs rgyas ras chen, 1164/65-1236）擔任帝王的上師。桑耶熱千曾在跋龍巴和采巴兩個傳承中學習，顯然也不時地往返於西夏首都與采貢塘之間。桑耶熱千的情況與桼彌譯師一樣，他們都是西夏人，但接受的是噶舉派的教育。所有這一切意味著，衛區噶舉派的組織已足夠完善，可以進行國際交流，這也是下個世紀噶瑪巴、帕摩竹巴和止貢派的分支，皆與薩迦競爭，成為蒙古人關注對象的原因之一。這也代表噶舉派變得非常富有且極為強大，遠遠超出了尚上師貧乏得可憐的軍事夢想。最終，噶舉派教團將它與東亞的關係，擴展到中國的明、清兩朝代。

當所有這些因素都被列入考慮時，那麼在十二世紀末、十三世紀初，噶舉派和新保守主義者之間爆發衝突也就不足為奇了。新保守主義者認為，岡波巴不倫不類的教義，似乎與八世紀中國的舊立場一致，而重新將影響力擴展至東亞。在他們

看來是外道、個人野心、政治權力和極度貪婪的有毒組合。噶舉派在佛教傳統見解（lta ba）和正確觀修（sgom pa）上的腐蝕，似乎是實際行為（spyod pa）腐化的先兆。這種對於衛區和康區上師的相當悲觀的評價，主要是由來自（或與之關係密切的）西藏西部和藏區的上師們。這往往給宗派之爭增添了幾分地理因素。

有些噶舉派上師終於從新保守主義分子身上學到了一些東西。止貢派的創始人止貢·吉天恭波，以及他的侄兒兼繼承人淵·謝拉迥涅（Dbon Shes rab 'byung gnas, 1187-1217）都是來自覺惹氏（sKyu ra）的偶充（'O phron）分支，他們在十三世紀初創立了「一密意趣」（dgongs gcig）的教義，這個教義將綜合性哲學觀點和新保守主義評論結合在一起。[29] 該著作不僅批評了後來同樣被薩迦班智達反對的一些修持法，而且試圖隱瞞薩迦派及大手印之間的一些差異。在某種層面來說這不難理解，因為止貢派與薩迦派都認同三律儀的思想，也都認為新譯教派瑜伽體系是佛陀教誨的巔峰。如同噶瑪派一樣，止貢派也成為一些党項人的關注焦點。[30] 不幸的是，正因為它們太過相似，使得這些新譯體系占據了同樣的宗教位置，使得各個噶舉派和薩迦派傳承，成為競爭者而非好夥伴。十三世紀時，藏區薩迦派人士的成功，無疑也有類似的因素在作用。甚至在1358年帕摩竹巴·絳曲堅贊獲得勝利，薩迦派統治權被廢黜後，促成了中央西藏噶舉派的重新崛起。

薩千的弟子、兒子以及傳承的延續

在這場風起雲湧的活動之中，薩迦寺顯得格外淡定，甚

至有些死氣沉沉。1158 年，薩千・貢噶寧波在擔任道場住持四十八年以後，圓寂於薩迦寺，享年六十六歲。[31] 薩千的遺骨最後被安葬於尊勝佛塔（sKu 'bum rnam rgyal）中（圖 17）。日後為所有到薩迦朝聖者讚歎和頂禮的對象。[32] 薩千的喪禮儀式，採用了一個名為「閉三時」（dus gsum khegs so）的盛大儀式，是一次大型的宗教集會，許多來自薩迦以及其他區域的著名宗教人士皆參與。以當時的標準來說，向與會的宗教人士所提供的供養多得驚人。薩迦班智達宣稱，共有約莫五十部完整的《十萬頌般若》、超過三十部的《二萬五千頌般若》以及超過八十部的《寶積經》，分送給參加喪禮的僧侶們。[33] 那些壯觀的供養規模，為往後的喪葬儀式樹立了一個標準。

在跋里譯師和薩千兩人的大力推動下，這也正是薩迦寺不斷擴張的時期。除了跋里譯師所建造的兩間寺廟以及薩千為亡父所建的佛塔以外，薩千還為母親蓋了悟孜寧瑪寺（dBu rtse rnying ma）以及一座舍利塔。[34] 經由這些活動，薩迦已正式成為人們的朝聖目標。與佛教舍利遺物崇拜有關的習俗，也在薩迦占有一席之地。在那裡朝聖者可以得到迦葉佛的法袍、仁欽桑波的空行面罩、寺廟中擺放的具有神奇力量的塑像、昆氏族聖者的遺物，以及健在的上師等的加持力。[35] 由於薩千的學識、能力、精力和修為，他也為眾弟子和年輕兒子們的佛行事業帶來了長遠的影響。

薩千的弟子不僅重要，也為同時代人所熟知。史料中強調了這群弟子以及他們與前面提過的兩個事件之間的關係。其中一個是薩千在接受吉芎瓦灌頂的準備期間所夢見的三座橋。薩千夢到三座橋橫跨一條被染成血紅色的巨大河流。最近處的橋上有許多人，但中間那座只有七個人，最後面那座僅有三人。

第九章　十二世紀末至十三世紀初——道德危機、國際聲譽以及體制的成熟 ·593·

圖17　薩千舍利塔外觀（臨摹自西魯斯·史登斯〔Cyrus Stearns〕之照片）

這表示他將有三名偉大的弟子。[36] 同樣地，尚·貢巴瓦也說，如果薩千教學授課，他將會有無數的學生，包括三位證得大手印的最高成就，七位成為世間的菩薩等等。順著這個思路，道果法的文獻便以藏人對於該神蹟傳言的普遍喜好為基礎，為他的學生們進行分級。[37] 這類故事是藏人宗教社會生活認知中的核心，我們不能不假思索地便將其區分為世俗和菁英的世界觀。這些神蹟故事被理解為成就（siddhi）的證明（rtag），因此祖師聖傳的作者們棄鍥而不捨地尋求這些故事，以證明薩千有能力將神奇的成就，灌輸給他的弟子們。

因此，據說薩千的三名弟子獲得了最高成就。來自斯里蘭卡的一位瑜伽士、來自曼卡的貢巴·濟瓦巴（sGom pa sKyi 'bar ba）、來自拉堆的強秋僧巴·達克（Byang chub sems dpa' sTag）。在其餘的弟子中，來自康區的嘎敦·多杰札（sGa ston rDo rje grags）獨樹一幟。欽哲旺秋認為札巴堅贊寫給該名弟子的信件，是最重要的道果法口訣。[38] 然而，後來的作者們在為弟子們的成就排名時，錯放了薩千幾位最重要弟子的位置。凝・晡瓊瓦格西是薩千最重要的弟子之一，因為他在薩千去世後接手了若干任務，並協助教育薩千的兒子們。據說當時索南孜摩和札巴堅贊仍在接受教育階段，凝・晡瓊瓦管理了薩迦寺三年。他也將薩千最長的《道果根本頌》注釋本裡的幾個部分集結成一個文本。第八章敘述了凝・晡瓊瓦格西是告知札巴堅贊有關畢如巴「近傳」示現的人物。即使這個故事應該是虛構的，但它卻是對於凝・晡瓊瓦權威的一種認可。然而，這位優秀的格西卻僅是間接地被列入薩千弟子的名單當中。

同樣被漏掉的是帕摩竹巴，他曾開創一個獨立的道果傳統，並且順理成章地將其做為自己的帕摩竹巴噶舉傳承來教授。[39] 帕摩竹巴三十多歲時，從薩千那裡得到道果法和相關的教導。[40] 後來帕摩竹巴返回薩迦，可能是在1154或1155年，他與薩千會面，向他獻上一部泥金書寫的《大般若經》，以及其他在岡波巴紀念儀式中所製作的書籍及物品。[41] 一件早期的史料顯示，薩千和帕摩竹巴交換了禮物，薩千承認了弟子在領悟力上的巨大變化，所以他將成為一名「法王」。[42] 事實上，帕摩竹巴持續在生命的不同時期教授道果法，也許是使用薩千交給他的《嘎登瑪》注釋本以及其他文本。[43]

然而，薩千最優秀的弟子是他排行中間的兩個兒子：索南孜摩和札巴堅贊，傳統上被認為是薩迦五祖中的第二與第三位。初祖是薩千，五祖則是八思巴。但是，在弟子的排名上，這兩個兒子卻遭到漠視。這個缺失令後世的學者如班千・木雅札鐸（Pan chen Mi nyag grags rdor）等人感到非常奇怪。薩千的

次子索南孜摩早期並未被列入優秀弟子的名單中，後來的學者們便決定將他放在一個新的，高於其他所有人的類別中。[44] 同樣地，欽哲旺秋覺得有必要為札巴堅贊在傳統名單中相當低下的地位（一位仍處於世間道上的菩薩）做出合理的解釋。因為這位偉大的學者被譽為文殊師利菩薩的化身。在神話敘事中，文殊師利菩薩被認為是「五佛之師」以及第十地菩薩。[45]

延續昆氏法脈的索南孜摩

如同他的父親昆·貢丘傑波一般，薩千注定要有兩任妻子，但我們不清楚他第一次結婚是在什麼時候。也許大約四十歲左右（約 1130-1135），在他完成跟隨梅譯師學習後的人生晚期。關於此事的記載有限，僅提到他娶了來自察莫絨（Tsha mo rong）一個貴族家庭（rje btsad）的兩姊妹。[46] 薩千的第一任妻子覺贊·璞嬤（Jo lcam Phur mo）是妹妹，她生了貢噶跋（Kun dga' 'bar）。這是將延續薩迦昆氏法脈的四個兒子中的老大。這位長子最後決定去印度，在那裡他取得了學業上的成就，成為一位「五明」學者。[47] 但正當他準備返回西藏時，他罹患了某種熱病，在摩揭陀過世，當時年僅二十一歲。

不幸的是，相關資料並沒有說明貢噶跋去印度的動機，不過我們可以從他和弟弟們的行為中，嘗試推測一些事情。這些年輕人的父親是位標準密法修持者，他們在這種修持典範的環境中成長。儘管薩千所受的教育很完整，但他卻是金剛乘的專家，我們沒有發現他所寫的任何哲學主題著作的文本；也就是那些貢噶跋必定在印度寺院教育中學習的教材。因此我們可以想像，貢噶跋所學習的材料，將會使薩迦派的學術成果更加完

善。事實上,薩千過世後,次子索南孜摩就立即追求印度大寺院中流行的哲學和藝術思想。

索南孜摩是薩千第二任妻子瑪紀・微純(Ma gcig 'Od gron)的大兒子,瑪紀・微純顯然是兩姊妹中的姊姊。她為薩千生下了三個兒子。他們為昆氏法脈帶來了翻天覆地的變化,因為索南孜摩及札巴堅贊之外,幼子貝欽沃布(dPal chen 'od po, 1150-1203),也是偉大的學問僧薩迦班智達之父。1142年,索南孜摩帶著許多尊貴的徵兆出生在薩迦,當時他的父親已經五十歲了。[48] 很快地,這個男孩的聰慧便廣為人知,他的能力無疑更促成了人們對於他的最終評價,即他是印度班智達的轉世,偉大的喜金剛注釋者難勝月的化身。[49] 相關資料沒有告訴我們索南孜摩和他的兄長貢噶跋之間的關係。但如果薩千在四十到四十五歲(約 1132-1137)的年紀有了第一個孩子,而第二個兒子出生在 1142 年,那麼這兩個男孩一定是互相認識的,甚至有可能貢噶跋在二十多歲準備返回薩迦,是因為知道父親生病或過世了。札巴堅贊的傳記中提到貢噶跋的喪禮是在薩千的儀式之後舉辦的,表示這位長子在父親圓寂後不久便去世了。[50] 如果情況真是如此,那麼貢噶跋去印度學習欲成為一名學者的決定,很可能影響了索南孜摩。無論他們的關係如何,索南孜摩早年主要是受到父親的影響,因為他很小的時候就可以背誦一些密續經典,如《喜金剛續》和《勝樂金剛續》。據說他十六歲時可以背誦十四部這類的經典,並且被一些人(可能半開玩笑地)認為是「如恆河般浩瀚的密續學者」。

然而,隨著薩千的過世,索南孜摩的人生突然有了翻天覆地的改變,朝向了一個新的方向發展。因為此後不久,他便決

定要向偉大的認識論和中觀大師恰巴・確吉僧格學習。[51] 如同前一章所說,恰巴是桑普內鄔托寺的一名大學者。該寺位於衛區拉薩以南,是研究噶當派哲學的寺院。1160年代,索南孜摩大部分時間可能都待在桑普內鄔托寺。不幸的是,我們對於此時的恰巴和他的弟子們知之甚少。但顯而易見的是,該道場非常重視僧侶的修行,認為大乘義理的研究是佛教道路的重心所在。那個環境對他而言想必是獲益匪淺且影響深遠的。因為索南孜摩斷斷續續地向恰巴學習了十一年(1158-1169),在《量抉擇論》和《入菩薩行論》等著作的研究上,必定取得了他父親不曾獲得的成就。

索南孜摩在桑普寺的經歷,對於他的知識發展至關緊要。他於1173年在薩迦為紀念恰巴所寫的偉大上師頌歌,說明了他對恰巴的感激與愛戴。[52] 顯然,恰巴的「挑戰與回應」(thal 'gyur)練習也成為索南孜摩文學方面的一個特點。雖然有些人認為薩千時期就喜歡不時地詢問弟子們關於義理的問題,做為對他們訓練的一部分。[53] 為金剛乘義理闡明辯護立場,最初是在索南孜摩的著作中得到了充分的發展,而且他很可能在桑普寺時便投入使用了這種模式。在那裡,哲學僧們會責問這位年輕的密法瑜伽士代表,關於密續中所運用的一些觀念和想法。事實上,桑普寺是中央西藏體現噶當派改革者熱情的重要地點之一,這種熱情導致他們嚴厲譴責許多印度人和藏人的密法修持之過失。這種背景論述在索南孜摩著作中隨處可見,尤其當他起身捍衛他的傳承,反對那些「修習般若法之人」時。無論這些不知名人士是誰,毫無疑問的是,索南孜摩的密法著作中,格外強調密續注疏法,特別是他在《續部總集》中,有專門用來探討這個主題的章節。其中部分原因就在

於他感到有必要對那些致力於佛教哲學的注釋,以及那些對密續用語感到震驚的僧侶們,好好地解釋密法。

索南孜摩的作品反映了他對父親的持續關注,特別是在我有幸找到的,他的兩封書信中。第一封是在 1165 年之前,也可能是在 1158 年薩千過世前,為了無我佛母灌頂儀式而寫給內措・北敦(Ne tso sBal ston)的記事綱要中所附的短箋。[54] 索南孜摩在信裡勸勉內措・北敦,表示像他那樣的聖人,正是主持這種灌頂儀式,並利益金剛乘教義的正確人選。而金剛乘優於聲聞乘體系,是因為金剛乘並非僅以小乘的方式反映佛法,而是真正的佛法本身。儘管這封早期信件並未說明薩千是否仍然在世,但索南孜摩在許多其他文獻中,都對他的殞世特別關切。那些文獻著重說明每年在薩迦舉行的盛大週年紀典期間(dus dran),圓滿薩千密意(dgongs rdzogs)的儀式。這段期間的高潮應該是在藏曆九月十四日,即薩千逝世的週年日。每年的這個儀式都必定是個非比尋常的大事。即使凝・晡瓊瓦格西和薩千的其他弟子們是促使持續舉辦週年紀念儀典的主要力量,但索南孜摩顯然在儀式中占據了極為重要的位置。例如,索南孜摩在他對傳承諸上師頌詞的結尾提到,他在猴年(肯定是 1164 年)的儀式期間,向九百名僧侶獻上了供品。[55]

另一封較長的書信,是索南孜摩在隔年(1165)寫給賈貢・竹清扎(rGya sgom Tshul khrims grags)的。信中他試圖平衡對父親的愛戴、對上師和功德主們(賈貢・竹清扎似乎兩者皆是)的感激以及對學業的熱愛。[56] 薩千涅槃日的週年紀念儀式是如此重要,以至於索南孜摩在信中提到了兩次。第二次提及時,他表達這個紀念活動所帶來的強烈感受。他在信中表

第九章　十二世紀末至十三世紀初——道德危機、國際聲譽以及體制的成熟 ·599·

示，加持力及所產生的信心是如此強烈，以至於他沒有時間修改寄給賈貢·竹清扎的兩件作品。在薩迦派寺院持續舉辦該紀念儀式，直到今日。他的這位長輩之前已經送給他一些禮品，特別是布料，索南孜摩則反贈一些對他們兩人都具有重要意義的物品。他連同信件一起寄了一個皮箱，裡面有薩千曾經配戴過的腰帶、一些據說是來自那洛巴的紅色藥丸，以及《無我佛母灌頂要點》（bDag med ma'i dbang gi tho yig），和他最近所創作的讚美父親的頌歌（rJe sa chen la bstod pa）。在信件中，索南孜摩為這首詩的音律錯誤之處和不夠縝密深表歉意。我們在他對於內容不夠完美的聲明中，看到了他開始關注藏人自印度承襲而來的，對於詩歌意象和韻律的要求。由於索南孜摩在寫給恰巴的頌詞中，對於詩歌需要考慮的問題，表現得非常明顯；因此可以推測詩歌的評論也許是桑普寺課程的一部分，而且索南孜摩可能已經進行了一定程度的深入學習。[57] 雖然現代學術界對於薩迦班智達引進印度文學評論家檀丁（Daṇḍin）有關詩歌標準的著作，並強調其引進此書的作用，但顯然有關詩歌創作的準則，在薩迦班智達出生前十六年，就已經受到了索南孜摩的關注。[58]

同樣清楚的是，在這封信中，索南孜摩持續與薩千的年長弟子們維持關係，以及他們在激勵兄弟們追隨父親腳步方面的幫助。索南孜摩表明，聶格西（dGe bshes gNyag）與凝·晡瓊瓦格西兩人，都曾在前年夏天擔任他的顧問，也協助他撰寫禮敬父親的頌詞。賈貢·竹清扎也曾參與其中，因為他似乎既為這名年輕男孩修訂詩歌，同時也是他的密法上師。索南孜摩表示，他打算在隔年（1166）初返回衛區，有可能是到桑普寺繼續跟隨恰巴學習。索南孜摩說，如果他能和賈貢在途中碰

面,而這位上師(他稱上師為尊敬的老父〔A po〕)可以解決他對於禪修和密續口訣的錯誤理解,他將會非常高興。

總而言之,這封真情流露的信件——我們沒有其他索南孜摩如此深情的信件——描繪了一位知道自己不足,並尋求值得信賴的上師和長輩協助的弟子。他顯然非常虔誠,且並非只因責任感而繼續學習,而是因為對傳統根深柢固的承諾。索南孜摩在對薩迦的責任和衛區的學業之間掙扎,然而,他對於學術生涯的追求,使他在成年後的大部分時間都遠離薩迦。據說他總共只做了三年的薩迦住持。後來的學者阿梅夏告訴我們,他對於學問的追求,使他在二十六歲時就已經贏得了「南瞻部洲偉大的教義生命之樹」的美譽。[59] 我們還知道,1169 年他在薩迦的其中一個時期,於薩迦「舊居」(gZims khang rnying ma)教授道果法。但我們對於他的教學所知有限,也懷疑他指導弟子(他弟弟的關切點)是否曾占用他很多時間。[60] 不幸的是,索南孜摩的著作很少注明創作日期(表 8)。

表 8　索南孜摩標注年代之著作

文本	完成年代
〈薩千尊者頌〉(rJe sa chen la bstod pa)	1164
〈致賈貢・竹清扎〉(rGya sgom tshul khrims grags la spring pa)	1165
《入法之門》(Chos la jug pa'i sgo)	1167/8
《簡易字母讀音指南》(Yig ge'i bklag thabs byis pa bde blag tu 'jug pa)	1167(或 1179)
〈阿闍黎恰巴頌〉(Slob dpon Phya pa la bstod pa)	1173
《吉祥喜金剛詳釋日光》(dPal kye rdo rje'i rnam par bshad pa nyi ma'i 'od zer)	1174
《桑布扎續釋》(Saṁ pu ṭa'i ṭī ka gnad kyi gsal byed)	1175

如果詳細追溯索南孜摩的思想發展過程有難度，我們不妨觀察他向恰巴學習的經歷。這對他撰寫一系列教學手冊是具有重要影響的。他的《入菩薩行論》注釋本和《初入道者之儀軌修習和道次第指南》（Dang po'i las can gyi bya ba'i rim pa dang lam rim bgrod tshul），很可能創作於 1160 年代或 1170 年代早期。未完成的《續部總集》也可能是在 1160 年代末或 1170 年代初構思，並且寫了一部分的。因為 1175 年在《桑布扎續釋》（Saṁ pu ṭa'i ṭī ka gnad kyi gsal byed）中，他表示注釋法和修行的主題已經在別處探討過了。這無疑是指他在《續部總集》第三和第四章概要處理過的那些主題。[61] 總之，索南孜摩著作中為數不多的線索表明，他愈來愈深入研究密續文獻，確認其中心思想，對父親作品中所欠缺的儀軌，予以適當的補充說明，並使這些修持法成為薩迦派寺院修行的主流。

在這方面，索南孜摩很可能是受到一位晚年雲遊的班智達，阿闍黎師利阿難陀迦（Ācārya Śrī Ānandagarbha）的影響。此人若非印度人即是尼泊爾人。阿難陀迦對湖生金剛之喜金剛修持法的口頭解說，肯定是索南孜摩注釋喜金剛成就法（sādhana）的資料來源。而這兩位學者可能有些語言上的困難，因為索南孜摩承認在注釋中，可能有些不清楚的地方。[62] 如果他真的曾與一位印度人或尼泊爾人合作了一段時間，這就可以解釋為何他曾經以他名字的梵文譯名 Puṇyāgra 來署名。也曾使用他最初名字的梵文（Dveṣavajra: Zhe sdang rdo rje）[1] 來署名。但索南孜摩必然很早就對梵文產生了興趣，他在 1167 年《簡易字母讀音指南》一書中加入了密咒讀音的段落。[63]

索南孜摩於 1182 年過世，年僅四十歲，雖然此事對薩迦

派來說必定是個打擊。但我們甚至無法確定他亡於何處。阿梅夏講了一個很有趣的傳記故事。據說是出自札巴堅贊獻給哥哥所作頌詞內容。札巴堅贊某天回到家，發現一堆餘留的衣服，暗指他的哥哥已經帶著身體飛升天界。有人說那些衣服嗡嗡作響，發出一種奇特的聲音。[64] 另有人宣稱「薩迦的一位老婦人」觀見索南孜摩騎著一隻母狗飛在空中，飛過了曲木景喀（Chu mig rdzing kha）西邊的懸崖。聖人和他的狗都在峭壁上留下了手（和爪）印。有些人認為索南孜摩實際上死於曲木景喀，其他人則堅稱他過世於古絨殿圖書館。這圖書館是他祖父在薩迦寺興建的第一座建築物，是保存梵文手抄本的地方。因此，如同故事中的空洞長袍或曲木懸崖上的中空爪印一般，索南孜摩的最後故事留下了某種缺憾。由於他不會被納入父親弟子的名單當中，因此甚至沒有人想到要將他過世的確實地點記錄下來。然而他不僅鞠躬盡瘁而且才華洋溢，後來的上師們重新肯定了他的貢獻，讓他從父親和弟弟的陰影中走出來。

札巴堅贊和薩迦道場

索南孜摩生平和畢生著述的不確定感，某種程度也反映在他弟弟札巴堅贊身上。目前仍不確定情況是否真是如此。薩迦班智達為札巴堅贊寫了一部標準長度的傳記，因此札巴堅贊並不完全像他的哥哥那樣，完全沒有人為之立傳。[65] 但不幸的是，薩迦班智達的作品並未完成，而且他太常留下「關於這點，要談的實在太多，所以我就不在這裡寫了！」這樣的感嘆句，用以迴避提供訊息。[66] 薩迦班智達這許多缺漏的原因不明，但他似乎認為，為了符合他那個時代聖傳體裁的需求，對

真實事件的完整描述是不必要的。而他也確實廣泛地提供了夢境、親見和神蹟故事的記載。實際上，這可能直接反映了札巴堅贊本人所信奉的價值觀，因為他留下的唯一的自傳文獻，就是他從十七歲開始一直到他過世前所經歷的，特別重要的夢境口述紀錄。[67]

無論如何，札巴堅贊是薩千第二任妻子瑪紀·微純的次子，1147年出生於薩迦。他顯然是薩千四個兒子中最長壽的一個，因為他負責父親和所有兄弟的喪禮紀念活動。[68] 薩迦班智達千方百計地將他記載的伯父生平的每一個事件，都與歷代祖師們的神話，或大乘經典中描述的菩薩的德行連繫在一起。因此，如同佛陀的境遇一般，據說札巴堅贊的母親曾夢見象王進入她的子宮。而他的出生與孩提時代，都以鼓舞人心的佛教聖者所必備的制式化陳述來描繪。[69]

更有趣的是，札巴堅贊顯然追隨他的哥哥，成為一位具足梵行之優婆塞。他七歲時於強秋僧巴·達瓦堅贊（Byang chub sems dpa' Zla ba rgyal mtshan）處，受了相關戒律。這位極具魅力的人物，可能是以傳播佛教基本戒律而聞名的上師，並且與各種傳承有著密切的聯繫。他曾是達隆派（sTag lung pa）的戒師、種·德巴敦芎之道果傳承的持有者，以及薩千的弟子。薩千並為他撰寫了道果法的注釋本《達堅瑪》。[70] 阿梅夏說這麼多，只是為了宣稱札巴堅贊的禁欲守戒修持勝過僧侶。因為他得益於前世曾為僧侶的善業，不為性欲所惑。[71] 據說大約在這個年紀時，札巴堅贊也決定放棄飲酒或吃肉，但密續儀式中不時的需要除外。他年輕時也努力研究《菩薩戒二十頌》以及最基本的喜金剛修持法，即依據湖生金剛的成就法文本，觀想喜金剛。據說他八歲從父親處得到了道果法，並被禁止於

十二歲之前傳授此法。這是一個非常奇特的指令。因為這個男孩極度年輕,該體系也異常困難。然而,顯而易見的是,由於札巴堅贊經由父親,很早便接觸了道果法。這不僅確立了他的權威,也讓他對傳承的整體組織有了深刻的認識。

從各種紀錄來看,札巴堅贊生命中的關鍵事件是父親的亡故。當時他年僅十一歲,而他的兄弟們是十六歲和八歲。他和哥哥是許多參加喪禮之大學者們所注目的焦點。而且據說札巴堅贊當時就背誦了《喜金剛續》。學者們同聲驚歎,有些人堅稱正如他的父親是文殊師利的化身一般,他一定也得到了智慧菩薩的加持。其他人則稱由於薩千年少時便親見文殊師利菩薩,所以他得到了加持力,日後所有子孫都會被賜予類似的示現。顯然這個事件使得人們都開始傳頌一個故事,即所有昆氏家族的成員,都被認為是文殊師利的化身。儘管我們完全找不到札巴堅贊本人關於此事的任何說法。無論他與這位智慧菩薩的神話關係是在什麼情況下發生的,顯然背誦《聖妙吉祥真實名經》是札巴堅贊最關心的事。他在夢境中持誦,也占用他一些修持儀軌的時間。[72]

薩千去世後,索南孜摩離開薩迦到桑普寺向恰巴學習,札巴堅贊則留下,繼續接受凝‧晡瓊瓦格西的密法教育。凝‧晡瓊瓦格西執掌薩迦寺三年,直至1161年。無庸置疑的,至少到1165年晡瓊瓦格西和聶‧旺嘎格西(dGe bshes gNyag dbang rgyal)都是薩迦寺的重要上師。薩迦班智達也寫道,札巴堅贊師跟隨某位「尚」(有可能是尚‧楚欽札〔Zhang Tshul khrims grags〕)及「其他的大師們」學習。他用這句話來貶低其他權威來源,除了薩千以外,非常有效地隱瞞札巴堅贊其他大部分的上師。[73] 阿梅夏稱除了凝格西、尚及聶格西以

外,札巴堅贊也曾向尼泊爾的賈亞塞那(Jayasena)、達瑪雲丹譯師(Lo tsā ba Dar ma yon tan)、松巴譯師·貝措當波多傑(Sum pa lo tsā ba dPal mchog dang po'i rdo rje)等人學習,但阿梅夏並未提供他們各自的教學課程。[74] 無論他的上師們是誰,我們都可以確定札巴堅贊在密教傳統中,受到非常嚴格的教育。這一點對任何閱讀他著作之人來說,都是相當明確的。他必定研究過所有薩迦派承認的四個等級的密續典籍,即事部、行部、瑜伽部和無上瑜伽部)。在札巴堅贊身上,我們也第一次看到《時輪密續》進入了薩迦的思想當中。儘管據稱薩千也研究過該文本。札巴堅贊一成年(或者說是十二歲到二十五歲之間),便承擔起薩迦寺的責任。但我們對於他的作為所掌握的少數證據是,當索南孜摩在宅邸時,他一直生活在兄長的威嚴之下。[75] 在索南孜摩1165年致賈貢·竹清扎的信件中,他非常感謝弟弟,鼓勵他表達自己對於金剛乘的理解。此時,也可能是其他時候,索南孜摩住在薩迦,也許住了幾個月,然後才回到恰巴處學習。[76]

然而,悲劇再次降臨,札巴堅贊又主持了另一場大型喪禮,這次是為了索南孜摩。他於1182年過世,當時札巴堅贊大約三十五歲。他製作了三十七部的《般若十萬頌》抄本、大約八十部的《兩萬五千頌般若經》抄本、五十部的《寶積經》、一部泥金書寫的《八千頌般若經》以及其他許多供品。札巴堅贊也比結婚且生了兩個兒子的弟弟貝欽沃布活得更久。為了弟弟的喪禮,他又贊助了與哥哥一樣多的經典寫本。事實上,喪禮對札巴堅贊非常重要,因此薩迦班智達將這些都當成伯父宗教活動的重要面向之一。薩迦班智達告訴我們,他的伯父總共提供了超過兩百五十部以墨水混合寶石書寫的《般若十

萬頌》抄本。這些經典中有許多是昆氏族人喪禮儀式的成果。大約1216年時，薩迦主寺中仍保留著一百本抄本。[77] 至尊仁波切（札巴堅贊後來的稱號）也護持了早期佛典的複製，包括了以泥金書寫的大乘經典與密續。當我們看到這些供養經典，以及他提供給薩迦寺和其他許多寺院的佛像、絲質經幡、寶蓋以及其他各種物品時，無怪乎札巴堅贊會因其慷慨布施等佛行事業而聞名。薩迦班智達提到，當他的伯伯過世時，除了身上的衣服及少數個人用品外，幾乎沒有留下任何財產。

如同本章開頭的引文所示，札巴堅贊並不喜歡旅行。薩迦班智達沒有記載他的伯父住過其他地方，除了他心愛的寺院以外。但根據其他的資料顯示，札巴堅贊在曼卡山谷的一個山洞中，至少建造了一座閉關房。這在朝聖指南，以及嚓千的傳記中都有紀錄。[78] 札巴堅贊這階段的閉關期間，很有可能是在他長大成人後。他提到過在四十八歲時，做了一系列攀爬山崖的夢境，還有一個是他待在曼卡「崖」時做的夢。[79] 這個地方必然不同於被稱為岡札尼帕（rGyang grags gnyis 'phags）「東方僻境」的隱居處。就在1206年，他在那裡創作了《瑜祇母普行續》（*Yoginīsañcāra-tantra*）的注釋本。[80] 由於札巴堅贊漫長的人生和有限的活動範圍，使他順理成章地成為了一個出類拔萃，涉獵極廣的作家。他寫作範圍涵蓋了密續藏經中的主題，並圓滿了父親和哥哥的發展方向。表9列出了他那些跋文中含有年代（或大約年代）的著作，但實在太少了。

表 9　札巴堅贊標注年代之著作

文本	完成年代
《健康疑問頌》（Khams bde dri ba'i nyams dbyangs）	1171
〈道果傳承上師祈請文〉（Lam 'bras brgyud pa'i gsol 'debs）	1174
〈致噶敦信〉（dGa' ston la spring yig）	鼠年 (1192?/1204/1216)
《現觀珍寶奇樹續》（rGyud kyi mngon par rtogs pa rin po che'i ljon shing）	1196 年以前[81]
《喜金剛二品續釋》（brTag gnyis rnam 'grel dag ldan）	1204
《瑜伽母普行續釋》（bDe mchog kun tu spy od pa'i rgyud kyi gsal byed）	1206
《致噶林賈波曆算比對之書信》（Ga ring rgyal po la rtsis bsdur du btang ba'i gsung yig）	1206
《輪涅無二珍貴詞句說明》（'Khor 'das dbyer med tshig byas rin chen snang ba）	1206
《聖金剛帳莊嚴》（'Phags pa rdo rje gur gyi rgyan）	1210
《珍寶顯現輸洛迦二十頌注解》（Rin chen snang ba shlo ka nyi shu pa'i rnam par 'grel pa）	1212
《至尊之夢》（rJe btsun pa'i mnal lam）	1213/14

如同其兄長的著作一般，我們還無法查明札巴堅贊本身的思想發展過程，因為這些書名僅僅代表了署名為他的作品中的九牛一毛。其著作大約一百五十件收藏在《薩迦全集》及其附錄，以及《道果黃卷》之中。從最狹隘的意義上來說，《道果黃卷》是札巴堅贊對於道果體系的最大貢獻。然而，到了十二世紀，這件作品的用途，卻愈來愈被局限於為傳承增加權威感，而「道果法」也開始成為薩迦派所傳授的與《喜金剛續》有關的密法學習的一個總稱。

儘管札巴堅贊寫過如此多作品，但他為其他人所進行的佛教活動以及他們之間的互動關係仍不明確。有兩件著作的跋

文顯示，他從 1196 年起一直忙於指導他的年輕侄兒貢噶堅贊（Kun dga' rgyal mtshan），即後來的薩迦班智達。特別是教授密續文本，直到這位年輕人於十三世紀初師從班千・釋迦師利（Paṇ chen Śākyaśrī）為止。[82] 貢噶堅贊與年邁的伯父一起研究了各種各樣的著作。年長的聖者向這名青年學子傳授了大量的教法，兩人之間的關係也成為傳記作者們津津樂道之事。無庸置疑的，這份教法傳授的清單，在某種程度上被誇大，並且也沒有太多證據顯示札巴堅贊能教他侄兒梵文或舊譯密續。[83] 正如薩迦班智達所寫的伯父的傳記，隱藏了札巴堅贊於薩千之後所跟隨的上師一般，薩迦班智達本人的傳記作者們也同樣如此。他們強調這位青年學子在其伯父處的學習勝過一切，使得昆氏家族之間的聯繫成為這些大師受教育的決定性因素。[84]

倘若札巴堅贊並未四處去旅行，是世界來到他身邊，而薩迦便被捲入了當時更廣大的地緣政治當中；就像楚布寺和其他噶舉派寺院在同一段時間內所經歷的一樣。突厥人和阿富汗人在一場征服異教的聖戰中，席捲了北印度大部分地區，並乘勝向東摧毀了比哈爾邦和孟加拉的諸大寺院。十二世紀初，西塔里木盆地被契丹／西遼占領，東塔里木盆地處於西夏政權的擴張勢力之下。1028 年西夏在吐魯番征服了維吾爾人。西夏仁宗在國內是佛教有力的支持者，而且似乎體現了一位法王（Dharmarāja）應有的典範。

這些以及相關的因素產生了若干後果。最重要的是，藏區在十二世紀最後二十五年及十三世紀第一個二十五年間，充斥著印度僧侶，這是釋迦師利、盛月（Vibhūticandra）、善慧稱（Sumatikīrti）等人在西藏西部和南部地區遊歷的時候，這也

第九章　十二世紀末至十三世紀初──道德危機、國際聲譽以及體制的成熟 ・609・

使得札巴堅贊有機會在薩迦招待他們。他還利用與印度僧侶會面的機會，進行自己的學習。並在晚年從逃到西藏的印度僧侶那裡，得到關於密續文獻方面的傳承。札巴堅贊因此從賈涯師利賽納（Jayaśrīsena）處得到了不二金剛的金剛亥母成就法。他的作品集裡還包含了其他零散的印度儀軌文本。這些文本可能得自印度人，或其他譯者。[85] 可能正是在這個時候，札巴堅贊受到了印度人的影響。如同其兄長可能曾受到尼泊爾人的影響一樣，使用其梵文譯名 Kīrtidvaja 來署名。但是，在西藏社會中，外來人士偶爾會衝撞重要上師的本質及其地位。例如，有個經過證實的小插曲表明，一些僧人，特別是盛月，不願意向居士禮拜。此處的居士指的是札巴堅贊。[86] 依據戒律傳統，他們被禁止這麼做，在約莫兩世紀之前，當戒律傳統從宗喀重新被引進中央西藏時，這也是身為居士的班第與僧人盧枚和羅敦之間衝突的一部分。

　　與此同時，許多僧人從西夏王國、西藏東部、拉達克、迦濕彌羅等地進入了中央西藏。西夏人的出現特別值得注意，可以推測在仁宗的支持下，有一股持續推動西夏宗教教育的力量。他對於佛教的大力支持，在噶舉派的段落中已經說明過了。[87] 根據克恰諾夫（Kychanov, E. J.）的說法，約於此時，「西夏強制要求受過教育的佛教徒了解藏文和藏文佛教文本，這也是擔任佛教團體管理職務的必要條件」。[88] 由於西藏已經成為印度僧侶的避風港，西夏僧侶既可以跟隨藏人學習密教文獻，又可以獲得最後進入西藏的戒律傳承。即由釋迦師利及他的班智達同伴們帶來，建立於 1204 年的「中」部戒律傳承（bar 'dul）。西藏歷史學家噶陀・策汪諾布於 1745 年撰文指出，這最後的戒律傳承是後弘期的修行體系中最具影響力的，

遠遠超過了經由古格傳入的西部戒律傳承（stod 'dul），並實際上與盧枚等人的東部戒律傳承（smad 'dul）相抗衡。[89]

外國人的蜂擁而入，也在其他方面直接影響了薩迦。札巴堅贊一部與金剛亥母有關的十種密法儀軌著作，就是口傳給一名西夏人金艾敦巴・給隆・謝拉札（Tsing nge ston pa dge slong Shes rab grags）的。[90]另一件文本有關事部與行部壇城的灌頂儀軌大綱，是為金艾敦巴・懟瓦勤巴（Tsing nge ston pa 'Dul ba 'dzin pa）所寫的，他有可能是一名西夏人。[91]據說「金艾敦巴」如同「䌷彌」一般，被當成類似「西夏上師」來使用。而十二世紀的藏文著作可能有助於我們了解西夏語音系統。其他請求作品者的名字，例如某位䌷彌或馬魯洛敦・給隆・滾卻札（sMa klu lo ston dGe slong dKon mchog grags）等都說明了他們的外國人身分，更不用說那些來自列城（可能是Sle'u或Leh，即拉達克）、宗喀或安多區的僧侶們。[92]安多區的僧侶們非常優秀，他們之中似乎有人在藏區為札巴堅贊建造了一座寺廟。因為札巴堅贊似乎在其生涯早期便為在宗喀貢巴（gTsong kha dgon pa）的旺秋維瑟（dBang phyug 'od zer）寫了一本關於基礎儀軌的文本。[93]札巴堅贊的著作中，明確標示日期的最早文本，實際上是1171年，為了來自康區的意西多杰（Ye shes rdo rje）所寫的證悟之歌。這也是札巴堅贊後來創作一系列這類文本的早期例子。[94]

在離家較近的地方，札巴堅贊最有趣的一個友人是噶林賈波（Ga ring rgyal po），札巴堅贊將1206年的家譜寄給了他，而且索南孜摩1165年寫給賈貢・竹清扎的信件中也提到了他。[95]1165年的信件中說噶林賈波供養了一塊品質極佳的中國絲綢布料給札巴堅贊。這樣的供品是札巴堅贊與眾不同的證

明,並且特意提高了受供者在其同輩人眼中的重要性,這一點尤為重要,因為當時的札巴堅贊只有十八歲左右。顯然,在這位偉大上師的成長過程中,噶林賈波和札巴堅贊一直保持著書信往來,因為這是札巴堅贊最長的信件往來紀錄。其他出現在這位偉大薩迦上師生命中的人物,無疑是他的其他弟子們,但除了少數人以外,我們對於他們的個人生活所知有限。由於人們對薩迦班智達的偏愛,這些人的名字都從傳承系譜與著作中消失了。因為薩迦班智達的學術名聲和神聖性,在十三世紀前半葉輾壓了其他所有人。

夢境、示現和圓寂

札巴堅贊最發人深省的著作,是他宗教夢境的紀錄——《至尊之夢》(rJe btsun pa'i mnal lam)。在此書中,他詳細敘述了他在十七(1164/65)、十八(1165/66)、十九(1166/67)、三十六(1183/84,索南孜摩圓寂之後)、四十八(1195/96)、六十(1207/08)和六十六(1213/14)歲時的夢境。[96] 有些是寓言式的,譬如四十八歲時的夢,他認為是一個關於他自己和弟子們的預言。其他的較為神祕,甚或包含對於義理的評論。接下來是他六十六歲夢境的第一部分:

北敦‧僧格堅贊(sBal ston Seng ge rgyal mtshan)寫道:通常,至尊(札巴堅贊)作夢時會遇見他的上師,那是為了澄清他的各種疑問:
又,六十六歲時,我在九月初六的黎明時分做了一個夢,那是秋天的最後一個月。我遇見了大上師(薩千)

並且問了一個問題,他的回答釐清了我關於修道的許多疑問。然後他說:「那麼,你覺得呢?是佛陀的報身(sambhogakāya)比較好,還是應化身(nirmāṇakāya)比較好?」

我回答:「基本上,尊勝(亦即佛陀)化現為應化身,是為了饒益他人,因此實際上在佛陀的化身中沒有好壞的區別。如果這個應化身表現出好或壞,那都只是神通的展現罷了,因此報身是比較好的吧?」

他答道:「兒啊,正是如此!你已經懂了!」[97]

在接下來的夢境中,薩千被八大菩薩圍繞。一方面展現出他與釋迦牟尼佛和八大阿羅漢相同的本質,另一方面與喜金剛和八女神壇城等同。最終這些全部與他融為一體。夢境中無論札巴堅贊或全部薩迦派傳承都消失了——其寓意是薩千・貢噶寧波體現了整個正統佛教傳統的模範上師。無論是聲聞(śrāvaka)、菩薩或持明(vidyādhara)之律儀皆如此,因為這些共同構成了西藏佛教非常重要的三律儀。

有個夢對薩迦派後來的作者們變得異常重要,十七世紀時被稱為「極近傳」(Shin tu nye brgyud)。[98] 如同第八章所述,「道果近傳」(Lam 'bras nye brgyud)的說法,首先在十三世紀中期出現,代表有大量的文本和禪修素材可能託名薩千得到畢如巴的啟示後寫下。然而,札巴堅贊淨觀父親的可能性較大,因為據說該流傳的偈頌被收錄於薩迦班智達所寫之伯父的傳記中。而傳記是在 1216 年,札巴堅贊圓寂不久後所寫的。[99] 這個淨相是何時發生的仍不確定。因為十五世紀哦巴的法源史中宣稱,那是在薩千過世後的三十六年所發

第九章　十二世紀末至十三世紀初——道德危機、國際聲譽以及體制的成熟 ·613·

生。這大約是在1194/95年間。然而後來的作者們則堅稱，那是發生在札巴堅贊五十五歲時（1202/3）時。[100]薩迦班智達的傳記直接在札巴堅贊三十六歲的預言夢之後（1183/84），描述此淨相經驗。[101]薩迦班智達記載，在聖境中札巴堅贊出現在父親面前，這位老上師將聚集在一旁的其他弟子們都打發走。然後他說：

> 兒啊，仔細聽，我將如實地，
> 總結所有佛法的解說！
> 菩提心的真正主人
> 首先將安住於法界，
> 吸取少量元素風，
> 便能夠很好地產生拙火的升溫體驗，
> 故停滯的菩提（心）將在中脈流動，
> 調伏了土以及其他元素後，
> 他將親見五智，
> 並將證得無死果位！[102]

此教法總結被證實是更大主張的一部分，即昆氏道果法優於所有其他傳承的道果法。由於他們一直擁有近傳的傳承，可以跳過中間世代。因此傳承開始假設，就重要性來說，畢如巴＞薩千・貢噶寧波＞札巴堅贊＞薩迦班智達＞八思巴＞忽必烈汗。不意外的是，到了十三世紀末，當薩迦派贏得西藏最崇高的政治和宗教的地位時，昆氏版的道果法也在中亞和東亞達到了至高無上的地位。

在札巴堅贊六十九歲去世之前，他還有另一系列的夢和淨

相經驗,預言他的未來和辭世的時間。在三十六歲時,他曾夢到自己最後會投生到蘇伐剌(*Suvarṇa),一個距離這個世界遙遠北方的不可思議的國度。在那裡他將以宇宙勝者「光那帕央塔」(*Guṇāparyanta)的身分誕生。薩迦班智達說,在札巴堅贊生命即將結束時,空行母和護法們都來拜訪他,證實他已在內、外緣起之間,發展出和諧的心性,如道果法所言。他有過許多次這樣的淨相經驗,札巴堅贊每次都將護法與空行們送回,認為他自己還未準備好進入淨土。最後,他再也無法延遲死亡,並往生至極樂淨土。薩迦班智達指出,雖然他的往生是由聖域眾生所宣告的,但他崩逝之後卻充滿了不幸。據說:

> 當「偉大的存在」進入涅槃時,眾生間共享的一切福德資糧全都耗盡,所有前人未曾經歷過荒年的區域,突都遭遇霜凍、冰雹、強風和不正常的降雨。各類生靈將受到各種疾病的嚴重傷害,世界將因社會混亂和傳染病叢生而變得難以生存。[103]

1216年札巴堅贊圓寂時,他被一些藏人認為是五佛之師,文殊師利菩薩的化身。隨著薩千的第四位,也是最後一位倖存於世的兒子的逝去,在滿是僧侶的著名寺院中,以居士上師為首的時代也告終了。從那時起,受具足戒的僧人成為衡量一切宗教修為的標準。

相得益彰的文人兄弟以及道果法的本土化

索南孜摩與札巴堅贊不僅年齡相仿,也有著相近的創作

第九章　十二世紀末至十三世紀初——道德危機、國際聲譽以及體制的成熟 ·615·

理念，他們以一種兄弟合作的方式進行寫作。這在西藏文學世界中是前所未見的。一直到十七世紀寧瑪派的烏金帖達林巴和羅千‧達瑪師利（Lo chen Dharma śrī）的組合之前，我們也沒有再見到過。在這段關係中，索南孜摩做為引領者是顯而易見的，因為他冒著極大的風險，讓自己進入未知的桑普內鄔托寺，留下弟弟與薩千的重要弟子一起學習。札巴堅贊亦步亦趨地追隨兄長，他曾一次又一次向身兼他上師的兄長表達感激之情。然而，若認為弟弟的成就不如兄長，這是錯誤的看法。因為札巴堅贊比哥哥多活了將近三十年，他持續創作的作品，在薩迦派寺院中一直流傳，延續至二十世紀中葉。他們共同的影響力在薩迦派的菁英圈是非常強大的。例如，哦巴派的上師們曾告訴我，藏區菁英寺院的住持，被要求背誦四部核心著作，一部索南孜摩，一部薩迦班智達，還有兩部札巴堅贊的著作。[104]

這不表示這兩兄弟的作品相近到無法區分的地步，只是說明兩者在風格和內容上彼此相輔相成，有時更彌補了對方的不足。例如，若索南孜摩的著作以關注印度的標準風格和注重音律著稱，薩迦班智達的著作以堅持印度正統的新保守主義而聞名，那麼札巴堅贊的著作則是以通俗易懂而為人稱頌。[105] 的確，在十二、十三世紀的薩迦派著作中，似乎只有如同《窮理查的年鑑》（*Poor Richard's Almanac*）一般的札巴堅贊的證悟之歌，和薩迦班智達的《薩迦格言》（*Sa skya legs bshad gter*），持續流傳在西藏大眾的記憶當中。我看過這兩部作品最近的現代印刷品，也聽過藏人背誦這兩部作品的偈頌。

兄弟倆最大的挑戰是完成道果教法的本土化。正如我們曾看到過的，《道果根本頌》是一部專門、神祕且詳細的針對各

種內在瑜伽修持法的闡述,這些修持法是中世紀早期印度成就者文化的主要焦點和目標。再者,由卓彌譯師整理、昆氏傳播的所有道果九法說明了這類的瑜伽技巧。這些傳播的教法和為個人賦權的文化中所產生並得到支持的修持法,很容易導致類似帕丹巴傳承的「狂者」的舉止,以及尚上師‧玉查巴的激進行為。這種成就者文化很少證實強大佛教體制的發展,因為這是體制隱密的特權。後來的運動通過在佛教壇城的儀軌系統,以及經灌頂儀式進入壇城聖化了階級關係和薩曼塔封建制度(sāmanta feudalism),以此來建立和維持體制。雖然成就者系統也使用壇城,但他們如此做的用意是最終摧毀、拋棄、解構和破解這些表徵。因為成就者認為所有經由它們所表現出的制度化的理念,遠不如他們自己的內在修行過程和由此產生之心靈力量。

　　相反地,由於藏人對分裂初期的混亂記憶猶新,西藏的貴族的價值觀保護了體制的興盛。儘管如此,瑜伽體系對於氏族的利益非常巨大,包括聲望、綜合魅力和宗教氏族成員所得到的權力的形象及權威等。此外,藏人持續對狂野的行為和神異故事情有獨鍾,因此宗教的神奇成分,就像站在薩迦門前一個不肯離去的乞丐。因此,本土化的過程需要調伏、阻止、顛覆、解釋,或直接否定那些促使體制不穩定的行為。這個馴化是通過幾種非常有效的方法來實現的,我們將依照其重要性來說明。

　　道果大師們認為,教法的核心是傳記,即聖者的生平事蹟,它將瑜伽修持法整合至敘事的架構中。薩千所寫的湖生金剛傳,是現存最早的印度聖人傳記之一;索南孜摩根據通行的佛傳,將佛法的學習情境化,並且撰寫了關於印度不空羂索

（Amoghapāśa）觀音傳承的文章；[106] 他還為未曾謀面的跋里譯師寫了一篇簡短但重要的傳記；他也與札巴堅贊一起撰寫了現存最早的舊王朝王統系譜，以及早期的昆氏族譜。[107] 札巴堅贊也擅長寫傳記，他的畢如巴故事，成為評價其他所有同類故事影響最深遠的版本；他還寫了相當廣泛的關於甘哈之勝樂金剛傳承的資料，以及關於許多成就者及其修持法的紀錄等。事實上，札巴堅贊的作品是名副其實的，關於印度奇聞軼事的寶庫。[108] 他也提供了最完整的早期東部戒律僧眾（sde pa/tsho）的名單，記載此戒律傳承從十世紀開始傳入中央西藏之藏省的情況，以及這些持戒團體與印度僧團的關係。[109] 關於西藏的道果傳承，札巴堅贊於《西藏上師傳承史》中提供了卓彌、謝敦以及尚・貢巴瓦的粗略描繪（翻譯於本書第五章），並且寫下了第一篇關於祖父及父親生平的文章。

傳記伴隨成就者的專屬文獻，就像畢如巴的故事伴隨道果法一般。畢如巴的故事將這些瑜伽士描繪成與外道對抗之人，他們被和尚訕笑，甚至被正統佛教僧侶逐出寺院。因此，在薩迦派的傳記中，公民的美德最終必須獲得勝利。畢如巴因破壞印度教聖地而聲名狼藉，最後被觀世音菩薩降服，制止了他的破壞活動。嘉耶達羅對桂譯師・庫巴列介謊稱自己的身分，最後被揭穿。卓彌無力償還嘉耶達羅的欠款，但獲得素千・釋迦瓊磊的協助，以上乘的教法換取了上好的黃金。

與這些社會、敘事因素同樣重要的是，道果法與任何特定壇城都沒有必然的關係。薩千諸注釋本雖認為該文本可與勝樂金剛或喜金剛壇城一起使用，但它與這兩部密續所要求的瑜伽體系並不完全一致。的確，言簡意賅的禪修指引手冊在十一世紀後半葉的流行，部分原因是這些文本較能直指人心，並且在

某種意義上來說,它們比密續本身的效果更好。因此,密續諸壇城僅用來做為教學的輔助、禪修道路上的工具,以及與最低層次灌頂有關的用途。相反地,瑜伽專著是解脫的路徑,是帶領瑜伽士到達宇宙中心的流星。外在壇城視覺化的宏偉圖像,有可能帶領瑜伽士至菩薩道,但更高階的修行形式,卻能引導他至自己的金剛總持殿堂中。

但若要讓道果法徹底融入薩迦,它必須成為一個更大儀軌的一部分。這個儀軌應該要對修行者闡明儀式的注意事項,以及有關的行為限制。根據十五世紀的某部史冊表示,薩千將他對《道果根本頌》的最終注釋本《涅瑪》與數個短篇修行作品集中在一起,放在一個特殊的羊皮書篋中上鎖保存。這個最初的道果素材文集被確認為《薩訴瑪》,即《羊皮書篋》。[110]薩千很可能熟知一個類似的藏品,是他的上師尚・貢巴瓦所擁有的。但薩迦派否認薩千曾得到這部著作,儘管有一組文本很可能實際上是由尚・貢巴瓦的遺孀提供給他的。

無論實情為何,我們現在幾乎沒有證據來評估有關《羊皮書篋》的傳承。然而,在薩迦祖師的作品集中,還保存了一本薩千的修行文集彙編。它可以用來證實薩千將文本集中在一起的作法。這是《珍寶念珠,珍貴薩迦派口訣集要》(dPal sa skya pa'i man ngag gces pa btus pa rin po che'i phreng ba),一部四十九個簡短修持法的作品集。在第八章已簡要地檢視過。[111]在札巴堅贊過世很久之後,薩迦傳承並未意識到這部特殊作品集的重要性。但對薩千・貢噶寧波的十一部注釋本的研究顯示,一些簡短的修持法似乎已被納入了《道果根本頌》的諸注釋本中。[112]顯然這四十九篇文集對於札巴堅贊來說非常重要,因此他以父親的文集為範本,編纂他自己的三十二篇短文

彙編。¹¹³

這種彙編在佛教修行傳承中有著悠久的歷史，也確實成為藏經材料的精髓。此類彙編特別重視禪修，與之相關的儀軌、觀修法和注解的材料常常會被結集成一件相當重要的文本。此外，其他傳承也為編制類似的文獻投注心力。在這段時間裡，噶當派由於擁有許多相同的神話及儀軌的原因，也開始整理他們自己的《噶當全書》。¹¹⁴

無論早期匯集的道果法素材是如何留存的，現存最早的道果法彙編是札巴堅贊的《道果黃卷》。幸運的是，《道果黃卷》為我們保留了札巴堅贊的處理標準，因為它是依照放在書首的短篇《黃卷目錄》（Glegs bam gyi dkar chags）來排序的。札巴堅贊表達了他編輯《黃卷目錄》的用意：「我編寫這個目錄，是為了根絕此書卷中作品（數量）的增減。」¹¹⁵ 札巴堅贊從多個來源收集材料進行彙編，之所以有《道果黃卷》這別名，是因手稿是用金黃色的布料包裹。¹¹⁶ 札巴堅贊本人幽默地承認他在編纂《道果黃卷》時有多麼懶惰。當《道果黃卷》初版意外遺失了一半時，在一個頭大、矮胖又聰明的弟子釋迦札（Shākya grags）的不斷請求下，才終於有完成《黃卷目錄》的動力。¹¹⁷ 由於他自己所寫的輪涅無別偈頌論述的自釋《珍寶顯現輸洛迦二十頌注解》（Rin chen snang ba shloka nyi shu pa'i rnam par 'grel pa）完成於 1212 年，並且記載於《黃卷目錄》中，所以《黃卷目錄》必定是創作於 1212 與札巴堅贊圓寂的 1216 年之間。因此《道果黃卷》就如同《黃卷目錄》中所描述的一般，是他一生教學道果法的成果。

札巴堅贊的《黃卷目錄》實際上是我所知曉的這類文獻中最早的。一份依據神聖計畫彙整而成的自成一體、獨立創作

的短篇作品清單，並因其實現了準經典的意圖而被賦予了真實性。後來，西藏也發展了非常完整的彙編目錄，譬如十九世紀末二十世紀初康區作者蔣揚‧洛德旺波（'Jam dbyangs Blo gter dbang po）和康楚‧羅卓泰耶（Kong sprul Blo gros mtha' yas）的作品。他們對儀軌彙編及其編排原則的陳述很有啟發性。[118]但就十三世紀之交而言，札巴堅贊的作品顯然是具有開創意義的。

事實上，儘管他宣稱避免變動是他的目的所在，但其《黃卷目錄》並未完全排除作品的小範圍調整。它聲明第 IV、VIII 項下的文本可以先擱置，而實際上似乎也是這樣的。然而，後來的編輯並不在意這樣的規範準則。所有現代《道果黃卷》的版本都沒有遵循札巴堅贊在《黃卷目錄》中的意見，收錄了許多他未選取的文本。至少從十七世紀開始，彙編內文本的準確數量一直是個有爭議的問題。[119]無論最終如何處理這些手稿和出版品中的材料，《黃卷目錄》都聲稱應包含以下幾個部分：

文本	數量	在 LL II 中的頁碼
I.《黃卷目錄》	1 件，作者札巴堅贊	1-8
II.《道果根本頌》和《涅瑪》	2 件：畢如巴 1 件；薩千 1 件	11-19, 21-128
III. 二十三篇短文（gsal ba'i yi ge nyi shu rtsa gsum）	24 件：薩千 13 件（加上《阿森瑪》成為 14 件），札巴堅贊 10 件	128-91
IV. 十七段講經文章（gsung ba'i yi ge dum bu bcu bdun，不全）	17 件：薩千 3 件；索南孜摩 2 件；札巴堅贊 12 件	191-292
V. 道果總綱（lam 'bring bsdus）	2 件，薩千著	292-99

VI. 四大正柱（gzhung shing chen po bzhi）	4件：薩千2或3件；札巴堅贊1或2件	300-32
VII. 五種生起證悟之法（rtogs pa bskyed pa'i chos lnga）	5件：薩千4或5件；札巴堅贊1件或沒有	323-44
VIII. 小譬喻（dpe chung，不全）	9件：薩千6件；札巴堅贊3件	481-581
IX. 上師傳承史（bla ma brgyud pa'i lo rgyu）	2件：作者札巴堅贊	581-99

感謝《黃卷目錄》的存在，我們才能看出該彙編基本上是由九個較大的單元組成，暫時不去管那些後來加入的材料。[120] 首先是《黃卷目錄》本身（I）。再來是《道果根本頌》和注釋本《涅瑪》（II），《涅瑪》在此出現很可能是這部著作後來持續受到歡迎的原因之一。[121] 下一個主要部分（III）包含了二十三件短篇作品，這些作品釐清了《道果根本頌》的部分內容，並以《道果根本頌》的摘要《阿森瑪》來結尾。許多這些短篇作品參考了薩千注釋本中的論述，也解釋了注釋本是如何創作的。特別是由於薩千的十三篇文章相對容易辨認，故可與其子的作品區分開來。[122]

接下來第四部分（IV）包括了十七個標題，其中七個沒有出現在目前的印刷版中。這七個標題包含詳細的灌頂程序、生起次第的修持法、密續誓言、薈供、護摩獻祭等議題；札巴堅贊表示，將它們納入或分開都可以，因為它們既適合初學者，也適合較進階的弟子。[123] 這十七篇作品是以兩篇對薩迦派最有影響力的文章開頭，即札巴堅贊闡述輪涅無別（'khor 'das dbyer med）觀點的偈頌文本及注釋本。其創作思路與他人不同，像是寧瑪派或《密集金剛續》注釋者。[124] 該偈頌是藉由道果法的圓滿次第（sampannakrama）體系來建構的，其

中內在的金剛身壇城,是辨識束縛與解脫的關鍵角色。到了十六世紀,薩迦支系嚓巴(Tshar pa)傳承的著作中,分析了這個體系可能帶來的各種影響,並被視為薩迦派對於密教義理的貢獻之一。[125] 在這些著作之後,專門討論了具體的修行問題,以及四篇澄清身心障礙的短篇論述,其中三篇是由薩千所撰寫的。[126]

　　第五部分(V)包含了詳細闡述中等修持道及精簡修持道的作品,即在《道果根本頌》的結尾提出,但並未在那裡多做解釋的內容。第六個部分(VI)由「四大正柱」組合而成,描述了未被收錄於輪涅無別材料中的,更為重要的理論基礎。由於大部分文本都是出自薩千(作品的確切數量仍不清楚)的,我們在第八章時便討論過它們。第七和第八部分(VII 和 VIII)回到《道果根本頌》中未完整描述的特定修持法,譬如身心瑜伽和拙火,許多在《黃卷目錄》中羅列的文本,也被排除在目前的印刷版本中。不過,所收錄的三篇札巴堅贊文章,顯示了他的一些注釋方向。[127] 這三篇文章代表他試圖為《道果根本頌》中的修持法尋找經典依據。但事與願違,它們只說明了某些修持法必須經由極高超的解釋技巧,才能在藏經中找到出處。最後,第九部分(IX)包括了畢如巴故事的傳記材料;以及卓彌在印度和西藏的生涯記載,這些已經在第五章翻譯過。

　　如前所述,第四部分(IV)認可有些材料適合初學者,也就是說,關於喜金剛壇城、其灌頂與相關儀式的著作,都是道果法依據密教原則,為穩定體制基礎而作。薩千一直關注成就法,特別是那些與甘哈的勝樂金剛傳承,或湖生金剛的喜金剛壇城有關的成就法。薩千顯然認為後者是喜金剛修持資料的

第九章　十二世紀末至十三世紀初——道德危機、國際聲譽以及體制的成熟 ·623·

典範，道果傳承的前輩們必定也如此認為，而湖生金剛的壇城，大概也是從卓彌時代以來，就與道果法關係最為密切的壇城。薩千似乎曾撰寫了喜金剛灌頂文本，直接將之與道果法的特點聯繫在一起。而短篇文本既存於《道果黃卷》之中，也散見於薩千的其他作品中。[128] 它們大多數談到將身體視為壇城的問題，也就是在圓滿次第中所觀修的，而非在生起次第所使用的外在型態的壇城。雖然其中有些作品試圖將道果法整合至更大的體制範圍，薩千卻似乎並未為了這個目標而製作統一的灌頂文本或特定的儀軌。

然而，到了十二世紀下半葉，薩迦寺似乎是一個迥然不同的道場了。薩千諸子們明顯感受到對於這類文本的需求，如前所述，我們可以確認的，索南孜摩最早期著作，是《無我佛母灌頂要點》，它與喜金剛灌頂密切相關，因為無我佛母被認為是喜金剛的道侶，以及畢如巴的神聖導師。當索南孜摩年紀較長時，他依據道果法，創作了首部喜金剛灌頂與觀修的專修系統法本。有鑑於父親的灌頂文本所關注的是內在的身壇城，而且關於這主題寫得並不多，因此他特別針對了外在形相的壇城（phyi dbyibs dkyil 'khor）描述，並為道果法提出了一套詳細的儀軌體系。索南孜摩的大多數著作是將道果法與更大的儀軌模式串連在一起，這似乎都是以湖生金剛之前的文本為基礎。例如，基本的修持文本使用「四支」的編排，其中生起次第有四個發展階段，即四支金剛（vajracatuṣka）：承事支（sevā）、近修支（upasādhana）、修持支（sādhana）以及大修支（mahāsādhana）。這是湖生金剛所使用的修持方法，但自《密集金剛續》的時代以來，這已是一種被普遍接受的模式。[129]

札巴堅贊在這方面的貢獻有些不同,因為他顯然發現,儘管四支儀軌的大綱很精簡,但施行起來卻相當冗長。他制定簡略版的動機和方式,說明了道果法本土化的許多情況。因為如果札巴堅贊像卓彌一樣,致力於維持小規模的弟子群體,他就不太可能會提供較簡短的文本。札巴堅贊在文本中還捨棄了四支儀軌,改為六支的形式。他更進一步決定使用一本相對艱澀的著作,該作者在界定道果法的注釋方法上,具有舉足輕重的地位。這就是難勝月的《六支成就法》,由寶聖智(Ratnaśrījñāna)及卓彌所譯。難勝月以《金剛帳幕續》第四章當中的六個階段,做為他觀修文本的基礎,因此他便可以聲稱自己的作品具有佛典的基礎。[130] 這六個階段確定了標準的生起次第的觀想對象:宮殿、成聖的喜悅、被聚集在自己面前的「持明者們」灌頂、品嘗五甘露、向喜金剛及眷屬獻供,以及受與會眾女神讚揚等。在選擇難勝月的作品時,札巴堅贊顯然希望強調這兩個道果法傳承之間的關係,以及推廣難勝月的著作,因為難勝月其他的作品對於札巴堅贊本身的發展影響極大。[131] 在札巴堅贊的要求下,從那時開始,喜金剛壇城的六支形式成為薩迦派的標準形式,也導致了更多的發展成果以及一些有爭議的問題。[132]

這些作品完美地說明了薩千諸子為了整合道果法與其道場所需之儀軌,而不遺餘力地創作一個具有公信力的文本。因此,他們以薩千本人所蒐集與傳播,出自卓彌及其他傳承相關人士所翻譯的儀軌為基礎,創作了關於薈供的作品、各種護摩火供指南以及其他相關儀軌的文本。札巴堅贊甚至對持明律儀(vidyādharasaṁvara)的元敘事也有所著墨,他也撰寫了影響深遠的密續十四根本戒,以及八支分戒的長篇論述。[133]

釐清密法以及注疏體系的整合

如果說之前作品的目標,是為了整合道果法的口訣於更大的儀軌體制之中,那麼這個任務僅達成了一半。十二世紀薩迦派的作者們,相信注釋體系也同樣是出自畢如巴的一個正統傳承,儘管它的樣貌和範圍都更加多變。因此,有時被稱為「無本頌」的道果法,對於昆氏來說同樣重要,因為它包括了對《喜金剛續》以及相關密續經典的注釋本。此外,兩兄弟都很關注密續典籍總體的問題,就如同札巴堅贊在早期的密續目錄所說明的。[134] 然而,有兩個特定領域,成為兄弟倆相輔相成的注釋範圍,即針對某些特定密續的注釋本,特別是《喜金剛續》以及《續部總集》體裁的後續發展。有趣的是,在這兩個領域中,札巴堅贊認為他的貢獻不過是對父親及兄長著作的補充說明罷了,但事實上他的作品成為了傳承的典範,且在各種儀軌文本中,基本上取代了父兄的作品。

密續的注釋本很難評價,因為它們通常引用許多資料來源。然而,我們看到像西藏昆氏這樣的家族,投注了極龐大的精力在注釋創作,而且我們不得不相信,佛教機構以持續支持注釋作品的書寫,做為活力的來源。對薩迦派諸多的注釋本來說,這些因素多半屬實,其《喜金剛續》文本的注釋傳承也相當明確。薩迦派《喜金剛續》的注解主要依據難勝月的《月光難釋》(*Kaumudīpañjikā*)。此書曾由卓彌及普拉笈念達拉如奇加以翻譯。卓彌在密續注釋方面最重要的弟子拿里巴・謝威寧波(mNg' ris pa gSal ba'i snying po),以卓彌的教導為基礎所作的《喜金剛續》的注釋本,一直很有影響力。[135] 薩千撰寫了自己對於《喜金剛續》中疑難問題的解釋,但這不是一

部適合心智昏聵之人閱讀的作品,因為它很困難,必須掌握大量《喜金剛續》的相關知識才能讀懂它。[136] 索南孜摩1174年的《喜金剛續》注釋本,詳細地闡述了他所採納的密續詮釋法觀點,其中有許多是他從拿里巴的早期著作中搜集而來的。[137] 1204年,札巴堅贊撰寫了自己的注釋本,比哥哥的版本晚了三十年。他的總綱和逐章分析的方法都是依據兄長的作法。[138] 然而,札巴堅贊不太在意印度的書寫和韻律模式,因此他所寫的藏文往往比較清楚易懂。

然而,僅僅依靠密續注釋本,並無法促進對整體佛道的理解,而兄弟倆最大的貢獻之一,就是他們對密教體系所做的偉大科判圖表。薩千已經開始了這樣的嘗試,他的《小續部總集》也許就是仿效桂譯師・庫巴列介之前的著作。但自薩千的作品問世之後,衛藏地區的思想氛圍已經發生了顯著的變化。索南孜摩在桑普寺所遭遇的問題和思想挑戰,顯然使他確信有必要擴大和重述一些核心的議題,特別是關於如何正確理解密續典籍中,容易引發激烈爭議的密教用語。

索南孜摩未完成的《續部總集》(*rGyud sde sphyi'i rnam par gzhag pa*),在許多方面來說都是父親短篇作品的進一步思想發展,但在某些方面來說,又是一篇獨立的專論。這件作品共有四個部分,索南孜摩生前僅寫了三個部分。《續部總集》的第一部分以討論終極目標開始,索南孜摩也接受那就是獨特的終極覺醒的境界。接下來,他指出大乘有兩條道路,第一條是般若乘,第二條是真言乘。此時索南孜摩開始證明真言乘的優越性,但所使用的方式與父親不同。他指出此乘不僅較標準的般若法門更為快速,並且會產生更好的結果,即十三地金剛總持之佛果。這種說法沒有什麼特殊之處,因為大乘佛教

第九章　十二世紀末至十三世紀初──道德危機、國際聲譽以及體制的成熟　·627·

徒已做出類似的陳述，主張大乘的終極覺醒比之前的各種學派更為優越。但那確實意味著索南孜摩的單一佛果理論，需要對於與目標有關的語彙進行一些操作，因為如果密教體系能夠產生更高的結果，那麼兩種大乘佛教的道路，又怎會只有一種結果？索南孜摩還對密續典籍中的主要標題進行分類，並且詳述了薩迦派在他們最重要作品中所使用的「無二」的類別。總的來說，索南孜摩作品的第一章，大抵是薩千早期文章的進一步發揮。

該著作非常簡短的第二章，分析了「密續」的概念。首先根據《密集金剛續》最後一章的著名陳述，來探討這個名稱：即密續是基、本性和不可剝奪之三重相續。[139]索南孜摩接著討論了三續（rgyud gsum），指出將在第四章（遺佚）更詳細地描述三續。[140]最後，第三章論述了困難的注疏法範疇。佛教人士採用了各種各樣的詮釋學技巧，索南孜摩收集了六大密續注疏的體系，並根據他的理解解釋了這些體系的運用。[141]這些體系包括了已在《密意釋續》（*Sandhivyākaraṇa-tantra*）中介紹，並被密教的月稱所採用的方法，以及在像是《智慧金剛集》（*Jñānavajrasamuccaya*）、《虛空平等續》（*Khasama-tantrarāja*）、《喜金剛續》和《桑布扎明點》（*Samputatilaka*）等密續中所蘊涵的體系。[142]

《續部總集》對於專門密續系統分類學體裁的出現，具有重大意義，除此之外，它還有兩個有趣之處。一與十二世紀的思想史有關，另一則是在更為人性化的層面。在思想史方面，這部作品提供了一系列的論點，這些論點是不同的佛教僧團成員用來反對他們所認為的密教體系的。無疑地，這些論點有許多實際上是索南孜摩在恰巴處學習時所遇到的，因為它們幾乎

一成不變地被表述為來自一位身分不明的「修習般若法之人」（pha rol tu phyin pa po）。總體而言，這顯示出當時的藏人對密教並不盡然都是照單全收。他們會對那些有可能破壞社會穩定的密續文獻內容和後續影響，加以反思（如同他們之前和之後所做的一樣）。其中有個論點對密教範式的解構尤為犀利：[143]

> 現在，關於這樣的論點：由於我們宣稱密乘有許多方法，並且毫無困難，因此這條道路一定有誤。（反對者說：）你們（密教徒）認為，在實現最高成就過程中的許多方法，是做為證悟實相的一種手段，譬如「生起次第」及（圓滿次第）使用氣、脈和明點等。關於這些，你們的主張是不正確的。「生起次第」是為了成就色身佛（rūpakāya），其本質與般若乘完全一致。所謂的「許多方法」（明點、氣和脈）也存在於外道之中，因此它們怎麼能變成（成佛的）方法呢？更甚者，普通成就的「許多方法」，只會表現出對眾生的敵意。以那樣的方式行事之人，即使離生天道都非常遙遠，你如何能在他們身上看到無上正等覺？至於你們所謂「無礙道」，你們聲稱證悟的成就是通過加持而來。如果證悟是經由毫不猶豫的貪欲而實現的，那麼宇宙中的一切眾生都已經證悟了。但若你們主張，若某人以對實相的理解來檢視感官的外境（而不被捲入欲望之中），就會因為保持無染而實現證悟——這簡直就是數論派（Sāṁkhya），並非佛道！

索南孜摩對這些反對意見的回應是說明了密教體系的前

提。他重申了層級制度，確立了它們在不同實相層面的表現，並且駁斥了反對意見，因為該比較標準顯然遠遜他自己的體系。因此，儘管他們有明顯的相似性，但大乘行者觀想色身佛形象，與生起次第並不相同，因為密教體系能當生證悟，因此較為優越。圓滿次第明顯地參照濕婆的修持法，以及濕婆教和密續佛教體系，兩者皆依賴數論派的理論架構的說法，都不完全正確。因為佛教徒以皈依、生起菩提心等修持法來建構自己的儀式。關於使用激烈的手段殺害和控制眾生，索南孜摩（正確地）指出，即使是大乘佛教徒也承認這些方便法，曾被至高無上的聖者運用，以利益一切眾生，譬如在無著《菩薩地》的例子中就可以看到。並且於842年拉隆・貝紀多傑（Lha lung dPal gyi rdo rje）刺殺達瑪王的事件中實際演示。因此，大乘佛教徒無須訝異自己所開創之教義延續發展於密教。總之，索南孜摩證明了詮釋學的分層策略，仍然是那些想捍衛在中世紀早期環境所發展出的密教體系之人士，最佳的辯護選項。

從索南孜摩完成的關於注疏方法的最後一章最後一節，可以看出《續部總集》的人性面。這整章有些粗糙，而且無疑地曾被潤飾過。儘管它的現狀曾被薩迦班智達編輯處理，但我們不知道其編輯程度。然而，最後一節並未被列入大綱，表示索南孜摩完成此段落後，並未返回更新大綱。它從駁斥不具名之反對者的意見開始，那些反對者對運用這些複雜的注疏技巧做出抗議。至少有一位反對者指出，這些方法因缺乏一致性而受到質疑，因為很少有兩個密教注釋者以類似的方式，解釋密續中的同一個段落。然而，索南孜摩以令人感動的方式肯定了他的傳承，以及將傳承交給他的方法，來終止對手們的頑強駁斥。他簡要概述了來自畢如巴的兩個傳承：從東比到普拉笈念

達拉如奇,以及從甘哈到嘉耶達羅。當下,我們得以一窺這位十二世紀作者的核心價值觀,以及他繼承父親遺志的強烈需求。

最後一節依據薩迦權威人士在密教體系中的實際修持,由索南孜摩發表,但最終在札巴堅贊所寫的《現觀珍寶奇樹續》中完成。我們不清楚兩兄弟是否曾就索南孜摩文本最後一節的撰寫有過何種交流,但札巴堅贊的導論中有一句話表示,他的哥哥曾命令他撰寫這個主題。[144] 若將《現觀珍寶奇樹續》描述為索南孜摩《續部總集》的第四個部分也不太對,因為這最終作品的長度,幾乎是它母本的兩倍。我們從《續部總集》的參考資料得知,索南孜摩有意在文章中討論三續,因此《現觀珍寶奇樹續》是依照這個策略編排的,即本基因續(kun gzhi rgyu'i rgyud)、方便道續(lam thabs kyi rgyud)和最終之果續(mthar thug gi 'bras bu rgyud)。

然而,這種總體結構是有些啟人疑竇的,因為第一個部分相當短,最後的部分也不長,但道的材料卻占據了文本超過百分之八十的篇幅。這類似桂譯師‧庫巴列介的《密集總匯》中,章節大小不一的情況。因續概述了對修持者分門別類的想法,以及特定之人需要特別方法的原則。這是自義學分析法開始以來,佛教作者們最喜愛的主題。札巴堅贊則謙虛地借鑑了前人的成果,部分原因是他希望更詳細地研究道的部分。果相續也涵蓋了大乘行者熟悉的領域,並致力說明菩薩地的每一地、佛果位、大乘佛教各種思想之間的差異以及密教的十三地體系。最後結束於佛身的不同名相、轉依(āśraya-parivṛtti)的觀念、五智、無住涅槃(apratiṣṭhita-nirvāṇa)的概念、無二以及佛陀為了利益眾生而持續佛行事業等論述。

第九章 十二世紀末至十三世紀初——道德危機、國際聲譽以及體制的成熟 ·631·

然而，道的部分就不一樣了。札巴堅贊本可以簡單地遵循父親所使用的注疏技巧，即前一章提到過的，常見於不同的道果注釋本之「四種五分法」。但是，也許是遵循了桂譯師所建立的範本的緣故，札巴堅贊選擇了一種完全不同的策略。他依據受眾的本性，來編排這個冗長的段落。因此，準瑜伽行者們要麼是那些不太利根的入漸修道行者（rim gyis pa），要麼是那些具有敏銳理解力的入頓修道行者（cig char 'jug pa）。這些都是被不同的權威人士所使用過的，具有挑釁意味的詞彙，如中國禪宗大師、桂譯師和岡波巴等。但札巴堅贊與禪宗作者不同，他使用這個語彙來討論進入密乘的問題，而非為了最後的證悟階段。在這方面，他遵循了聖天所建立的前例。因此，根機不銳利的初學者也許可以漸進地學習聲聞乘、菩薩乘和持明乘，依次完成每一階段。[145] 相反地，利根的弟子可以直接進入像是《喜金剛續》那樣的無二密續中所採用的較高階瑜伽修持法。[146]

事實上，文章的大部分內容都是在頓入法的標題下。頓入法又依照傳統分類，透過灌頂儀軌使弟子成熟，或以密教體系的實際修持法，帶領弟子走向解脫。在成熟的類別下，札巴堅贊對他那個時代實際運用的灌頂儀軌的重要內容，做了非常有益的總結。很顯然，此時藏人已經接受了以觀想的道侶取代實際的道侶（shes rab dngos）。同樣地，在實修法的段落中，他說明了瓶灌後的壇城觀想過程、密灌後產生的拙火與隨之而來的證悟、智慧灌頂後運用真實或想像的道侶所產生之證悟。

上述簡短的總結無法表達這個文本的趣味性，以及它在許多方面的特殊性。也許《現觀珍寶奇樹續》中最引人注目的部分，是關於哲學見解或觀點的較長段落。該段落介於灌頂和

實修法之間,在這個似乎無關緊要的標題下,札巴堅贊對主要的佛教哲學派別,進行了相當嚴密的分析,並以中觀學派為終結。與恰巴的想法和當時某些人的偏好一致,他的結論認為,由佛護(Buddhapālita)和月稱提出,並由帕察譯師倡導的應成派的極端懷疑論,無法支持佛教的重要觀點。相反地,他表示清辨的中觀自續學派,在提供勝義諦相關議題微妙的評估方面,優於較為偏激的中觀應成派人士。[147]

這為何很重要?札巴堅贊致力發展的體系認為終極實相為智,這在後來的密教體系中是個有趣且令人興奮的發展狀況。在諸《瑜伽母續》中特別明顯,但在學術界的二手文獻中,幾乎沒有受到任何關注。然而,有各種不同種類的智,尤其是在智慧灌頂時所產生之譬喻智(mtshon byed dpe ye shes),以及在證得第十三地金剛總持地時,由瑜伽行者所獲得的勝義智(mtshon bya don gyi ye shes)等。同樣地,弟子也有不同的種類,即那些見解普通的和那些前世已積累了福慧資糧的。這些類別必須保持在技術層面,而且必須以不試圖解構其制度關係的方式來表達。因為師徒之間的關係基礎是信任,而非猜疑。應成派以非常嚴厲的態度,否定了所有佛教專用詞彙的有效性,我們很難看到它與任何成就法互相配合,但更為精細的自續派,卻能滿足札巴堅贊對密教體系提供知識基礎的需求。

在樹立了這個基礎後,札巴堅贊轉向了確立輪涅無別的觀點,這是道果法義理最基本的論述。此處他帶領讀者了解可感知的世界,只不過是心性的想法。由於心性終究是虛幻的,因此虛幻的性質本身就是空。然而,空並不是缺乏任何理論基礎,札巴堅贊指出了一個合理的情況,即被大肆吹捧的中觀學

派的「無立場」,本身就是一種立場。反之,在描述密教體系的立場時,他肯定了某些基本的佛教價值觀。其中一個價值觀是,在身心相續和覺悟行動之間,存在著一種關係。道果法與許多《瑜伽母續》的體系類似,它將普通的身心狀態稱為「金剛身」(vajrakāya),終極覺悟所需的一切均已存在,但並未正常地運作。因此氣、脈、明點、共振結構、心性以及智的活動等,已存在於每個人體內,只是發展得不好。有鑑於此,札巴堅贊將密教眾多的內在思想體系,與更廣大的佛教教義結構整合在一起,並且確認了最能助道果修持法一臂之力的體系。札巴堅贊在這部著作以及其他作品中,都不避諱面對批評,就像他的兄長在《續部總集》中所做的事情一樣。[148] 在過程中,札巴堅贊為我們提供了有趣的見解,使我們了解像薩迦寺這種代表金剛乘優越性的寺院,與那些質疑金剛乘的說詞者之間的緊張關係。

佛教的背景和薩迦早期的教學作品

我們也體會到教育對索南孜摩的重要性。他總是在自己的作品中,尋求改良之道。這種對完美教學法的探索,隨著他最有名的著作之一,《入法之門》(*Chos la jug pa'i sgo*)在1167年的完成而取得了一定的成果。[149] 此書章節結構鬆散,致力於解釋佛道的基本通則,特別強調傳記和歷史敘事觀點。書中首先探討了與定義和理解法(Dharma)相關的問題,接下來探討了動機、淨化、尋找在修行道路上能提供協助之善知識等問題。然後,文中接著討論佛道,因為這是進入佛法的途徑。索南孜摩由此開始進入文本的主要部分,即重述佛陀前世

的各種化身、他的再度轉世以及十二行誼等。索南孜摩根據不同的資料,思考了反對意見,但表達了自己的觀點,對於佛的本質,火化的相關問題、舍利的分配,以及教法的三次集結(或宗教會議)。他還總結了印度學者們的傳承,然後介紹包括西藏王統系譜的西藏佛教。索南孜摩以年表做結尾,年表中包含九世紀中至十世紀末,一些對重建復興時期之前非常重要的年分。最後,索南孜摩透露出他對佛教未來的擔憂,因為能夠傳遞佛法的人很少,而大多數人似乎對傳法者感到憤怒。在摩揭陀,佛法的敵人日益增加;在西藏,錯誤的教義四處蔓延;而邊地的邪惡國王還摧毀了印度的偉大寺院。索南孜摩因此撰寫了這部關於佛法本質的著作,盼藉由少數仍尊崇佛教之人的再次努力,來應對喜馬拉雅山脈兩側所遭受之威脅。

除此之外,索南孜摩還撰寫了一篇關於藏人語言文字以及密咒單字發音方式的短文,並呼籲藏人學習統一的發音法。[150] 他依照地域羅列出的發音表,顯然是對西藏方言極為早期的描述,可以做為該方言的歷史語音學資料來源。[151] 同樣地,他對於十二世紀中葉印度發音的描述,也是尚未被充分利用的印度語音學資源。再者,我們可以確定札巴堅贊使用了念智稱的藏文文法,來教授正確的發音、拼寫以及寫作原則,因為一本據稱是札巴堅贊教學筆記的著作已經出版。[152] 索南孜摩根據他對恰巴作品的了解,還寫了《入菩薩行論》的注釋本。這件作品起初只是對重要的第九章進行注解,但最終被擴展到整部論,且至今仍是薩迦派上師教導弟子這部優雅的大乘著作時的首選注釋本。[153] 最後,我們應該注意到,兩兄弟都為寺院中的初學者撰寫了介紹儀軌的文本,以便人們在薩迦殿堂中能遵照標準的祈請文和正確儀式修持的範本。[154]

儘管在大多數情況下，書寫入門材料的人都不被重視，但這兩位卓越的學者為了佛法的初學者所做的努力，並未被忽視。阿梅夏認為索南孜摩非常關注教學法，因為這些作品在協助有抱負的學者方面是「史無前例的」（sngon med）。[155] 要理解這個讚美，我們必須知道在標準的藏語情境中，「史無前例」一詞是帶有貶義的。儘管如此，阿梅夏宣稱索南孜摩不僅令初學者有所進步，其進步的程度甚至令人讚歎，故他的創新並非毫無用處或故意顛覆傳統。阿梅夏對札巴堅贊做出了類似的評論，即無論文字有多困難，他的書寫總是讓弟子們很容易理解，即便是在第一次朗讀的時候也是如此。[156]

結論——佛教信仰的可靠資料

到了十三世紀初，西藏佛教已在亞洲宗教舞台上占有一席之地。薩迦班智達、止貢·吉天恭波及恰羅·確傑貝等人的新保守主義目標，克服了一定程度的社會動盪，並為重要的新譯派體制，提供了強大的社會和儀軌場所，且為其自我宣傳提供了合理的理由。隨著印度的文學理論占據核心地位，藏人發現他們的機構也受到相同標準的批判。因此，那些過去常常被非僧侶所創立與主導的「寺院」，如噶當派的種敦、噶舉派的馬爾巴和薩迦派的貢丘傑波等，就日漸改由具有戒律傳統及印度禮儀典範的權威人士管轄。當這個體系失敗，如尚上師那樣的瘋狂上師，或東部戒律傳統僧侶們的奪權陰謀等情況發生時，藏人就會拼湊出臨時的解決方案，但結構上的缺陷依舊存在。

從 1073 年薩迦寺建成，到札巴堅贊去世的 1216 年之間，還不到一個半世紀的時間。然而，西藏道場的安全模式獲得了

成功,很大程度上是因為每一代人都以敏銳的時機感和極大的運氣,完成了指定的任務。薩迦寺是幸運的,它既擁有優秀的領導階層,又享有異常的好運。而薩千之子中的兩位文學家,在這兩方面都發揮了作用。不幸的是,他們有時是以犧牲學術的準確性為代價。因為眾所周知,布敦·仁欽珠在索南孜摩和札巴堅贊的偉大著作發表一個多世紀之後,發現他們對佛教檔案文獻的資料引用和認定有諸多錯誤。[157] 這也要歸功於布敦,以相當善巧和細膩的態度,處理這些錯誤。這也許是面對體系偶像級人物的著作時,必須具備的能力。札巴堅贊對於密教誓言的討論,也引起了軒然大波,因為他認為聲聞、菩薩和持明者的誓言具有同樣的本質,就像早期佛教認為諸法一味,即「解脫」一樣。[158] 著名的時輪學者盛月認為有必要反駁札巴堅贊的立場,但這並未減損世人對此文章的重視,而且至今依舊是重要的標準。然而,像這類的小問題僅僅說明了這兩兄弟的著作,在推動本土化的進程上格外成功。他們成功地為中亞歷史最重要的一個發展奠定了基礎,即蒙古人大舉離開西藏,並將其管理權委託給一位薩迦派的僧侶。

阿梅夏講述了一個有趣的故事,當札巴堅贊住在一個禪修窟的某個夜晚,西藏和蒙古諸神祇出現在他的夢中。他們全都喝著札巴堅贊的修法供桌上,裝在顱骨內的酒,喝得酩酊大醉,在夜裡載歌載舞,用各種語言喋喋不休。阿梅夏確信薩迦派就是用這種方式與蒙古王國建立了一種特殊的關係,因為通過暢飲密法甘露的喧鬧夜晚,使得精神層面上的連結早已暢通無阻。[159] 這些故事是使人愉悅的小說情節,但實際情況是,昆氏投入了超過一個世紀的辛勤工作,將反社會禮俗的印度密教本土化,並使其符合十一、十二世紀,衛藏地區大家族所信

奉的貴族價值觀。他們需要一整個壇城的傑出人物同心協力，這些人願意屈居人下並不計個人付出，使得昆氏家族的明星可以閃閃發光。這數十位為昆氏奉獻的人物，略舉幾位如跋里譯師、凝‧晡瓊瓦格西和聶‧旺嘎格西等，為了大我而付出，他們一定了解中央西藏體制不穩定的後果。就如同這個為昆氏家族奉獻的人身壇城一般，雖然道果法文本在薩迦及其各類附屬道場的宗教生活中，始終保有最重要的位置，但道果的本土化卻將它帶入了更豐富的文獻和更廣大的修行領域。所有這些人的成就，都是中世紀印度佛教體制富有變化、能順應潮流，以及有能力同時滿足宗教和政治需求的傑出例證。

原注

1. gNas bstod kyi nyams dbyangs [〈讚頌此地〉], p. 348.1.3-6。我們可以發現此「頌」幾乎完全未加潤飾，尤其是七至九音節之間的變化很不規則。然而，薩迦人明確質疑朝聖習俗的趨勢，至少是始於札巴堅贊，但後來才充分發揮其價值；關於薩班（Sa Paṇ）等人參與的一些論戰，見 Huber 1990。

2. Martin 1996c, p. 188, n. 65 和 1996a, pp. 23-24 提出這一點。在西藏早期的佛教傳統中，居士的盛行削弱了 Martin 1996a 的假設，他似乎也承認了這一點。

3. Kapstein 2000, pp. 141-62 在 *Maṇi bka' 'bum* [《瑪尼全集》] 和其他文本中檢視了這個議題。

4. Kapstein 2000, pp. 23-50 對史冊 *sBa bzhed* [《巴協》] 的性質提出了很好的意見。

5. 基本的記載是在 *Rwa lo tsā ba'i rnam thar* [《熱譯師傳》], pp. 283-84，並在 *Deb ther sngon po* [《青史》], vol. I, p. 458；*Blue Annals* [《青史》], vol. I, p. 378 中概述。桂譯師（'Gos lo）將事件放在陽火狗（me pho khyi）年，可能是讀到熱譯師在傳記中的年齡是八十歲（他出生於 1016 年）。這顯然是 Martin 2001a, p. 48 提出這個年分的理由。然而，我對於《青史》的早期歷史較沒有信心。Martin 2001a 仍認為外圍寺院和寺區的圍牆是被東部戒律（sMad 'dul）僧侶所破壞的。

6. *'Bri gung chos rje 'Jig rten mgon po bka' 'bum* [《止貢確傑‧吉天恭波全集》], vol. I, p. 50.1。

第九章 十二世紀末至十三世紀初——道德危機、國際聲譽以及體制的成熟 ·639·

7　*mKhas pa'i dga' ston* [《賢者喜宴》], vol. I, pp. 448, 801；*bKa' 'chems ka khol ma* [《柱間史》], p. 287；*mNyam med sgam po pa'i rnam thar* [《無比岡波巴傳》], p. 167；*Lho rong chos 'byung* [《洛絨史籍》], pp. 178-79。我推斷這就是景宗（'Bring tsho）摧毀阿底峽住所的方式；見 *rNam thar yongs grags* [《高僧傳》], p. 177。

8　除另有說明的以外，以下的內容是基於 Martin 1992 和 2001a，以及 Jackson 1994b, pp. 58-72。

9　關於一部分的欽氏族變成尚氏，見 *Deb ther sngon po* [《青史》], vol. I, p. 125.1；*Blue Annals* [《青史》] vol. I, p. 95。關於其他尚氏族不甚清楚的討論，見 *rGya bod yig tshang chen mo* [《漢藏史集》], pp. 236-37。

10　*mKhas pa'i dga' ston* [《賢者喜宴》], vol. I, p. 807.9。

11　*Dus gsurn mkhyen pa'i bka' 'bum* [《杜松虔巴全集》], p. 127.22-23。關於這兩座道場，見 Richardson 1998, p. 306。

12　*mKhas pa'i dga' ston* [《賢者喜宴》], vol. I, p. 808.11。

13　*Dus gsurn mkhyen pa'i bka' 'bum* [《杜松虔巴全集》], p 78.1 表示噶瑪巴居中調停了尚上師與一位達拉瓦（Dag ra ba ?）的紛爭。

14　Martin 1996c, pp. 185-86 和 1996a 通篇。

15　*Nyang ral rnam thar* [《娘列傳》], pp. 90-92。

16　*mKhas pa'i dga' ston* [《賢者喜宴》], vol. I, p. 808.18-19。

17　*Aṣṭasāhasrikā-prajñāpāramitā-sūtra* [《小品般若經》], pp. 191-96。

18　接下來是以 *Dus gsurn mkhyen pa'i bka' 'bum* [《杜松虔巴全集》], vol. I, pp. 47-128 中噶羅（rGa lo）所著之傳記為基

礎，所有標準歷史都採用這件作品的內容。[2]

19 帕摩竹巴的傳記包括了 *Phag mo gru pa'i rnam thar rin po che'i phreng ba* [《帕摩竹巴傳寶鬘》]，*dKar brgyud gser 'phreng* [《噶舉金鬘》], pp. 387-435；*sTag lung chos 'byung* [《達龍教法史》], pp. 171-87；*Lho rong chos 'byung* [《洛絨史籍》], pp. 306-327；*Rlangs kyi po ti bse ru rgyas pa* [《朗氏一帙補述》], p. 103；*Deb ther sngon po* [《青史》], vol. I, pp. 651-66；*Blue Annals* [《青史》], vol. I, pp 552-65；*mKhas pa'i dga' ston* [《賢者喜宴》], vol. I, pp. 811-19；*'Brug pa'i chos 'byung* [《竹巴教法史》], pp. 401-8。*rGya bod yig tshang chen mo* [《漢藏史集》], pp. 534-35 提供了不一樣的帕摩竹巴編年史，認為他出生於火虎年（1086?）而非鐵虎年（1110），並且在二十四歲（1110?）那年前往中央西藏，而非於1128年的十八歲。Jackson 1990, pp. 39-45；1994b, pp. 39-42, 60-61, 77 有助於我們了解這個重要人物。

20 *Deb ther sngon po* [《青史》], vol. I, p. 655 和 *Blue Annals* [《青史》], vol. I, p. 555 認為他在二十五歲（1135）時受戒，但這與 *dKar brgyud gser 'phreng* [《噶舉金鬘》], p. 403 以及 *Lho rong chos 'byung* [《洛絨史籍》], p. 307 不同。

21 *Phag mo gru pa'i rnam thar rin po che'i phreng ba* [《帕摩竹巴傳寶鬘》], p. 12.1。

22 *Lam 'bras byung tshul* [《道果史》], p. 118.1.1 中說帕摩竹巴住在薩迦十二年，一個不太可能的數字；阿梅夏顯然依樣畫葫蘆地寫在 *gDung rabs chen mo* [《薩迦世系廣史》], p. 48 中。

23 *dKar brgyud gser 'phreng* [《噶舉金鬘》], pp. 407-411 強調了帕摩竹巴的信心及他所得到的體驗。Jackson 1994b, p. 60 中指出，這段時期關於尚上師的各種著作，都有特殊的年代編排。

24 Sperling 1994.

25 這是噶羅‧循努貝。關於這個人物，見 Sperling 1994 和 *Blue Annals* [《青史》], vol. 2, pp. 469, 475, 555。我們注意到還有一個後來的噶羅‧南嘎多傑（rGwa lo rNam rgyal rdo rje, 1203-1282），他是杜松虔巴傳記的作者，也據說是榮彌（rTsa mi）那位早期弟子的轉世。

26 關於這個詞尾，見 Kychanov 1978, p. 210。這篇文章研究藏人在西夏的特殊地位。

27 Dunnall 1992, pp. 94-96; van der Kuijp 1993.

28 關於這個議題，見 Sperling 1987 和 Dunnel 1992。

29 Martin 2001b, pp. 148-160 對於這個材料提供了極佳的導讀。這些偈頌的創作緣由闡述於 *Dam chos dgongs pa gcig pa'i yig cha* [《正法一密意趣》], pp. 156-158。

30 *'Brig ung chos rje 'Jig rten mgon po bka' 'bum* [《止貢卻傑‧吉天恭波全集》], p. 166；*'Brig gung gdan rabs gser phreng* [《止貢法嗣金鬘》], p. 83。

31 *Bla ma sa skya pa chen po'i rnam thar* [《薩迦派大上師傳》], p. 87.2.5-3.1。

32 *gDung rabs chen mo* [《薩迦世系廣史》], p. 53。

33 *Bla ma rje btsun chen po'i rnam thar* [《至尊大上師傳》], p. 144.2.5。

34 Schoening 1990, p. 14.

35 關於仁欽桑波的面罩,見 Vitali 2001。

36 *Bla ma brgyud pa'i rnam par thar pa ngo mtshar snang ba* [《上師傳承傳記稀有呈現》], p. 52;*rGya bod yig tshang chen mo* [《漢藏史集》], p. 318;*gDung rabs chen mo* [《薩迦世系廣史》], p. 31.2-9。

37 這些弟子被記載於 *Zhib mo rdo rje* [《微細金剛》], pp. 149-51;*Bla ma brgyud pa'i rnam par thar pa ngo mtshar snang ba* [《上師傳承傳記稀有呈現》], pp. 66-70;*gDams ngag byung tshul gyi zin bris gsang chen bstan pa rgyas byed* [《口訣史大密詳述》], pp. 128-34;*Lam 'bras khog phub* [《道果架構》], pp. 188-90。

38 *gDams ngag byung tshul gyi zin bris gsang chen bstan pa rgyas byed* [《口訣史大密詳述》], p. 133;*Bla ma brgyud pa'i rnam par thar pa ngo mtshar snang ba* [《上師傳承傳記稀有呈現》], p. 68 中記載了一封信。這可能是 dGa' ston la spring yig [〈致嘎敦信〉], *SKB* III.272.3.6-74.3.2,在十五世紀 *Pusti dmar chung* [《小紅卷》], pp. 41-49 當中也有收錄:*rJe btsun gyis dga' ston rdo rje grags la gdams pa* [〈尊者致嘎敦・多杰札之教誡〉]。

39 關於帕摩竹巴的不同觀點,見 Stearns 2001, pp. 26-31。

40 *dKar brgyud gser 'phreng* [《噶舉金鬘》], pp. 407-11 強調了帕摩竹巴的信心以及他得到的許多體驗。

41 *dKar brgyud gser 'phreng* [《噶舉金鬘》], pp. 414-15;*Lho rong chos 'byung* [《洛絨史籍》], p. 314。

42 *dKar brgyud gser 'phreng* [《噶舉金鬘》], p. 414-15;比較 *Lho rong chos 'byung* [《洛絨史籍》], p. 314。Jackson 1990,

pp. 39-47 討論了薩千和帕摩竹巴曾有過爭執的不妥見解（基於 Roerich 對於 Blue Annals [《青史》], 1949, vol. I, p. 559 的說明），但 Jackson 以充分的文獻依據否定了這種詮釋。

43 Lam 'bras byung tshul [《道果史》], p. 118.2.2。關於 sGa theng ma [《嘎登瑪》] 的問題，見第八章。

44 這是在一篇由肅伽（Zhu byas）所做的禮敬薩千文的附錄中，gDung rabs chen mo [《薩迦世系廣史》], pp. 49-51，阿梅夏亦採納之。

45 gDams ngag byung tshul gyi zin bris gsang chen bstan pa rgyas byed [《口訣史大密詳述》], p. 130。

46 gDung rabs chen mo [《薩迦世系廣史》], p.62。

47 Jackson 1987, vol. 2, pp. 344-47 介紹了薩迦班智達總結的十三世紀藏人所理解的佛教和非佛教領域的五明處：佛教包括有部（Vaibhāṣika）、經量部（Sautrāntika）、唯識（Vijñapti [-mātratā-vāda]）和無自性（Niḥsvabhāvavāda）（中觀（Madhyamaka））的哲學體系；非佛教體系則是吠陀（*Vaidaka，彌曼差 [Mīmāṁsā]）、數論（Sāṁkhya）、優樓佉（Aulūkya，勝論 [Vaiśeṣika]）、沙盤納卡（Kṣapaṇaka，耆那 [Jaina]）和唯物（Cārvāka）。（Mahāvyutpatti）《翻譯名義集》，編號 1554-59 與 4953-71 之中所列的知識領域不包括任何專門的佛學研究，並且整體說明了這些標題的變化性。

48 gDung rabs chen mo [《薩迦世系廣史》], p. 63。

49 Lam 'bras byung tshul [《道果史》], p. 120.1.4；gDung rabs chen mo [《薩迦世系廣史》], p. 63。

50 *Bla ma rje btsun chen po'i rnam thar* [《至尊大上師傳》], p. 144.2.6。

51 關於恰巴（Phya pa），見 van der Kuijp 1978 and 1983, pp. 59-70。

52 *Slob dpon Phya pa la bstod pa* [〈阿闍黎恰巴頌〉], p. 41.1.5。他顯然也送了一份抄本到桑普內鄔托寺做為一種供品，p. 41.2.2。恰巴的過世日期、以他之名所獻的供品以及他著重的知識領域，都記載在頌詞之中。

53 這一點是在帕摩竹巴被薩千青睞的事件中發現的，薩千喜歡他回答問題的方式；例如，*Deb ther sngon po* [《青史》], vol. I, p. 656；*Blue Annals* [《青史》], vol. 2, p. 556。

54 *bDag med mai dbang gi tho yig* [〈無我佛母灌頂記事綱要〉], p. 404.3.2-6。這件簡短的作品是在他 1165 年的 *rGya sgom tshul khrims grags la spring ba* [〈致賈貢‧竹清扎〉], p. 39.3.2-3 當中提到的。

55 *brGyud pa dang bcas pa la gsol ba 'debs pa* [〈向傳承上師祈求〉], p. 39.1.5。

56 *rGya sgom tshul khrims grags la spring ba* [〈致賈貢‧竹清扎〉] 通篇，此信由於十二世紀的艱澀字彙及敬語用詞而非常難以理解。

57 *Slob dpon Phya pa la bstod pa* [〈阿闍黎恰巴頌〉], p. 40.2.2-5 特別有意義。

58 對於薩迦班智達地位的強調，可在如 Jackson 1983, p. 7 之中找到。阿梅夏注意到索南孜摩在寫作中對於韻律的重視；*gDung rabs chen mo* [《薩迦世系廣史》], p. 66。

59 *gDung rabs chen mo* [《薩迦世系廣史》], p. 64：*'dzam bu*

第九章　十二世紀末至十三世紀初——道德危機、國際聲譽以及體制的成熟 ·645·

　　　gling pa'i bstan pa'i srog shing chen po（南瞻部洲教義之生命大樹）。

60　gDung rabs chen mo [《薩迦世系廣史》], p. 64。

61　Sam pu ṭa'i ṭī ka gnad kyi gsal byed [《桑布札續釋》], p. 189.3.5。

62　dPal kye rdo rje'i sgrub thabs mtsho skyes kyi ṭī ka [《吉祥喜金剛成就法湖生釋》], p. 131.6。

63　Yig ge'i bklag thabs byis pa bde blag tu 'jug pa [《簡易字母讀音指南》]，後面會再加以討論。Puṇyāgra 是在 Dang po'i las can gyi bya ba'i rim pa dang lam rim bgrod tshul [《初入道者之儀軌修習和道次第指南》], p. 147.1.6 的跋文中發現的；Dveṣavajra 則是出現在 dPal kye rdo rje rtsa ba'i rgyud brtag pa gnyis pa'i bsdus don [《吉祥喜金剛續二品要義》], p. 176.1.5 中。

64　gDung rabs chen mo [《薩迦世系廣史》], pp. 66-67。

65　Bla ma rje btsun chen po'i rnam thar [《至尊大上師傳》], SKB V.143.1.1-154.4.6。其他重要的資料來源是 gDung rabs chen mo [《薩迦世系廣史》], pp. 69-85，以及他於 rJe btsun pa'i mnal lam [《至尊之夢》] 中的夢境紀錄。

66　Bla ma rje btsun chen po'i rnam thar [《至尊大上師傳》], pp. 144.1.2, 144.1.6, 144.2.3, 144.4.4, 145.1.2。

67　rJe btsun pa'i mnal lam [《至尊之夢》]。SKB 的編輯列了一個注解（V.x），稱哦千主張文字是由札巴堅贊在不特定的時間，向智者北敦（mKhas pa sbal ston）所口述的，這件事同時也在 LL I.64.1 頁面的文字之中指出：rje btsun pa'i mnal lam sbal ston seng ge rgyal mtshan gyis bris so [北

敦・僧格堅贊所著之至尊之夢]。

68 *Bla ma rje btsun chen po'i rnam thar* [《至尊大上師傳》], p. 144.2.4-3.2；*Ga ring rgyal po la rtsis bsdur du btang ba'i gsung yig* [《致噶林賈波曆算比對之書信》], p. 104.2.6 之中有他最小的弟弟貝欽沃布的逝世年代。

69 *Bla ma rje btsun chen po'i rnam thar* [《至尊大上師傳》], p. 143.2.2。此處的龍王（klu'i rgyal po）在印度被理解為象王（因為象和龍經常被視為同樣物體的不同變化），而我假設薩迦班智達會以此種方式使用這個詞語。

70 *Deb ther sngon po* [《青史》], vol. I, p. 661；Blue Annals [《青史》], vol. I, p. 561。他被列為薩千的弟子，而且在 *gDung rabs chen mo* [《薩迦世系廣史》], p. 50 之中被認為是觀世音菩薩的轉世。關於他與種派（'Brom lugs）的關係，見 *Lam 'bras byung tshul* [《道果史》], p. 114.4.2。

71 *gDung rabs chen mo* [《薩迦世系廣史》], p. 69。

72 *rJe btsun pa'i mnal lam* [《至尊之夢》], p. 98.3.1-4.2；*Bla ma rje btsun chen po'i rnam thar* [《至尊大上師傳》], p. 144.4.4-6。

73 例如，*Bla ma rje btsun chen po'i rnam thar* [《至尊大上師傳》], pp. 143.4.1, 144.1.1-2；*gDung rabs chen mo* [《薩迦世系廣史》], p. 51 列出了班千・木雅札鐸所寫的薩千弟子補充名單，其中包括了兩位尚氏：尚敦・孫陀巴（Zhang ston gSum thog pa）及尚敦・貝瑪瓦（Zhang ston sPe'i dmar ba）。

74 *gDung rabs chen mo* [《薩迦世系廣史》], p. 70；*gDams ngag byung tshul gyi zin bris gsang chen bstan pa rgyas byed* [《口

第九章　十二世紀末至十三世紀初——道德危機、國際聲譽以及體制的成熟・647・

訣史大密詳述》], p. 140.2 將賈貢・竹清扎（rGya sgom tshul khrims grags）加進札巴堅贊重要上師的名單中。

75　*gDung rabs chen mo* [《薩迦世系廣史》], p. 83 提到一些不同的記載。

76　*rGya sgom tshul khrims grags la spring ba* [〈致賈貢・竹清扎〉], pp. 39.3.5 和 39.4.1-2。

77　*Bla ma rje btsun chen po'i rnam thar* [《至尊大上師傳》], p. 144.4.1；比較 *gDung rabs chen mo* [《薩迦世系廣史》], p. 75，其中計入了超過三百部，並將一百部放在安置薩迦偉大祖師（gong ma）們遺骨的寺廟中，偉大祖師通常指的是薩千、他的兩個兒子、薩班和恰巴，但不清楚他們的遺骨當時是否安置於同一處。

78　*Tshar chen rnam thar* [《嚓千傳》], p. 500；Ferrari 1958, p. 65。

79　*rJe btsun pa'i mnal lam* [《至尊之夢》], SKB IV.99.1.2-3.4。

80　*bDe mchog kun tu spyod pa'i rgyud kyi gsal byed* [《瑜伽母普行續釋》], p. 55.2.4。

81　這也許可以從薩迦班智達在大綱末尾的言論推斷出來，*rGyud sde spyi'i rnam gzhag dang rgyud kyi mngon par rtogs pa'i stong thun sa bcad* [《續部總集暨現觀大綱》], SKB III.81.2.4-5，即他編輯此摘要時年僅十四歲。這些著作也在他的 *brTag gnyis rnam 'grel dag ldan* [《喜金剛二品續釋》], p. 162.3.3 中被提及。

82　*rGyud sde spyi'i rnam gzhag dang rgyud kyi mngon par rtogs pa'i stong thun sa bcad* [《續部總集暨現觀大綱》], SKB III.81.2.4-5；*rGyud kyi rgyal po chen po saṁ pu ṭa zhe bya ba dpal ldan sa skya paṇḍi ta'i mchan dang bcas pa* [《具德薩迦

班智達之桑布札大續王釋》], p. 668.4（fol. 300b4）指出，薩班十六歲（1198）撰寫注釋之前，從札巴堅贊那裡聽聞了 Sampuṭa [《桑布札續》] 五次，以及 Sampuṭa-tilaka [《桑布札明點續》] 兩次。

83 例如，dPal ldan sa skya paṇḍi ta chen po'i rnam par thar pa [《具德薩迦大班智達傳》], pp. 434.1.4-436.3.2 提供了一份冗長的主題和書名清單，多數都歸功於札巴堅贊的教導；pp. 436.1.3 和 436.3.1 特別列出了寧瑪派密教著作以及梵文的學習。

84 Jackson 1985, p. 23 承認在薩迦班智達所列的他向伯父學習的書單，與後來傳記所提供的書單之間存在差異，在此是指有關中觀的研究，但 Jackson 不願做出傳記作者在資料的選擇上，有特殊考量的結論。

85 Vidyādharīkelī-śrīvajravārāhī-sādhana [《持明金剛亥母成就法》], SKB IV.29.2.3，也見 SKB IV.28.2.5-30.4.4。

86 Stearns 1996, pp. 132-34 提供了關於這個問題的資料。

87 Dunnel 1996, p. 158.

88 Kychanov 1978, p. 208.

89 Bod rje lha btsan po'i gdung rabs tshig nyung don gsal [《西藏王統世系簡史》], p. 84。關於律統的討論是在 pp. 82-85。釋迦師利（Śākyaśrī）成為 Myang chos 'byung [《娘氏史籍》], pp. 68-73 中讚揚的重要文化英雄。

90 Phag mo las bcu'i gsal byed [《金剛亥母十法》], SKB IV.28.2.3。關於以 Mi nyag [西夏] 做為一個國家的名稱，見 Stein 1951, 1966, p. 288。

91 Bya spyod rigs gsum spyi'i rig gtad kyi cho ga [《密教三部佛

事灌頂儀軌大綱》]，SKB IV.255.1.3-5。

92 *Nges brjod bla ma'i 'khrul 'khor bri thabs* [《上師幻輪畫法實說》]，*SKB* IV.45.4.5，由紮彌（rTsāmi）所請；*Arga'i cho ga dang rab tu gnas pa don gsal*，*SKB* IV.252.2.6，由艾敦・滾卻札（sNge ston [? = sDe ston] dKon mchog grags）和多麥嶺喀卡域出生之僧人德敦巴（mDo smad gling kha'i yul du skyes pa yi dGe slong lDe ston pa）所請；*Kun rig gi cho ga gzhan phan 'od zer* [《遍照毘盧遮那如來利他儀軌之光》]，*SKB* IV.228.1.4，由列城・給隆・桑給滾（Lle'u dge slong Seng ge mgon）所請；*gZhan phan nyer mkho* [《利他要點》]，*SKB* IV.237.2.4，由宗喀尼敦・給隆・仁欽札（gTsang kha [= Tsong kha] snyid ston dGe slong Rin chen grags）所請；*rTsa ba'i ltung ba bcu bzhi pa'i 'grel pa gsal byed 'khrul spong* [《十四根本戒詳釋》]，*SKB* III. 265.3.4，由宗喀・給隆・多杰切（bTsong ga'i dGe slong rDor rje grags mched）所請；*rTsa dbu ma'i khrid yig* [《中脈指引書》]，*SKB* IV.42.4.2，由安多區亞摩平原之敦巴軒努（mDo smad gyar mo thang gi ston pa gZhon nu）所請；*Chos spyod rin chen phreng ba* [《法行寶鬘》]，*SKB* IV.320.2.6，由宗喀臧敦・給隆・準竹札（rTsong kha'i cang ston [?] dGe slong brTson 'grus grags）所請。

93 *Byin rlabs tshar gsum khug pa* [《得三次加持》]，p. 95.3.3-4。

94 *bDud rtsi 'khyil pa sgrub thabs las sbyor dang bcas pa* [《甘露漩明王成就法暨適用範圍》]，*SKB* IV. 67.2.6。這是我唯一一次發現他使用這個名稱。

95 *rGya sgom tshul khrims grags la spring ba* [〈致賈貢・竹清

扎〉], p. 39.4.3；*Ga ring rgyal po la rtsis bsdur du btang ba'i gsung yig* [《致噶林賈波曆算比對之書信》], p. 104.4.4-5。

96 從 *rJe btsun pa'i mnal lam* [《至尊之夢》], *SKB* IV.99.4.4 開始的這個段落，提到了他對於六十九歲的展望，我認為這是從 p. 99.4.1 開始的六十六歲夢境的延伸。這也是 *gDung rabs chen mo* [《薩迦世系廣史》], p. 81 的看法，而 *Bla ma rje btsun chen po'i rnam thar* [《至尊大上師傳》], p. 145.3.2 似乎說這發生在他圓寂前兩年。

97 *rJe btsun pa'i mnal lam* [《至尊之夢》], p. 99.4.1-4。比較 *LL* I.62.3-5。

98 這個語彙在 *Lam 'bras khog phub* [《道果架構》], p. 190.5 中被用來描述這個事件；據我所知，在此書之前，沒有使用該語彙的例子。

99 *Bla ma rje btsun chen po'i rnam thar* [《至尊大上師傳》], p. 145.1.2-2.2。

100 *gDung rabs chen mo* [《薩迦世系廣史》], p. 79；*gDams ngag byung tshul gyi zin bris gsang chen bstan pa rgyas byed* [《口訣史大密詳述》], pp. 139-40；*Lam 'bras khog phub* [《道果架構》], p. 190.5。

101 *Bla ma rje btsun chen po'i rnam thar* [《至尊大上師傳》], p. 145.1.2-4 幾乎與 *rJe btsun pa'i mnal lam* [《至尊之夢》], pp. 98.4.6-99.1.2 一模一樣。

102 *Bla ma rje btsun chen po'i rnam thar* [《至尊大上師傳》], p. 145.1.5-2.1。由於所有之前資料記載的偈頌全都不一樣，因此薩迦班智達的版本似乎是最可靠的。

103 *Bla ma rje btsun chen po'i rnam thar* [《至尊大上師傳》], p.

146.2.2-3。

104 這是我與哦‧塔澤夏仲（Ngor Thar rtse zhabs drung）（1981）和哦‧塔傑堪布（Ngor Thar rtse mkhan po）（1982）的私人交流。這些著作是 rGyud sde spyi'i rnam par gzhag pa [《續部總集》]、rGyud kyi mngon par rtogs pa rin po che'i ljon shing [《現觀珍寶奇樹續》]、brTag gnyis rnam 'grel dag ldan [《喜金剛二品續釋》]、sDom gsum rab dbye [《三律儀論說》]。

105 Bla ma rje btsun chen po'i rnam thar [《至尊大上師傳》], p. 144.1.4-5；類似的表述見 gDung rabs chen mo [《薩迦世系廣史》], p. 74。

106 他的 Chos la 'jug pa'i sgo [《入法之門》] 將在稍後研究；不空羂索菩薩傳承的資料是在他的 'Phags pa don yod zhags pa'i lo rgyus [《聖不空羂索菩薩傳承》] 中。

107 王朝系譜的材料是收錄在索南孜摩的 Chos la 'jug pa'i sgo [《入法之門》], pp. 343.1.2-46.2.4，以及札巴堅贊的 Bod kyi rgyal rabs [《西藏王統記》] 專著之中。昆氏族譜則在 Bla ma rje btsun chen po'i rnam thar [《至尊大上師傳》], 84.1.4-2.2，也是 Ga ring rgyal po la rtsis bsdur du btang ba'i gsung yig [《致噶林賈波曆算比對之書信》] 的主題。

108 除了父親的傳記外，他對傳記的主要貢獻是在他 Bla ma rgya gar ba'i lo rgyus [《印度上師傳》] 中的畢如巴傳；甘哈傳是在他的 Nag po dkyil chog gi bshad sbyar [《黑天壇場儀軌合釋》], pp. 304.3.4-306.2.2 之中；甘大巴傳是在 Slob dpon rdo rje dril bu pa'i lo rgyus [《阿闍黎金剛直布巴傳》] 中；盧伊巴（Luïpa）傳是在 bDe mchog lu hi pa'i lugs kyi

bla ma brgyud pa'i lo rgyus [《勝樂盧伊巴派上師傳承史》] 中；*Notes on Vajrayāna Systems (rDo rje 'byung ba'i yig sna)* [《金剛乘體系檔案》] 及 *Notes on Individual Sādhanas (sGrub thabs so so'i yig sna)* [《個別成就法檔案》] 也有一些奇聞軼事。

109 *rGya bod kyi sde pa'i gyes mdo* [《印藏教眾之交融》]。

110 *Lam 'bras byung tshul* [《道果史》], p. 120.1。請注意阿梅夏給予了 gseg shubs ma 的讀音，表示那是一個標準書篋（gsegs）；*Lam 'bras khog phub* [《道果架構》], p. 275。

111 *dPal sa skya pa'i man ngag gces btus pa rin po che'i phreng ba* [《薩迦口訣精選寶鬘》], SKB I.268.2.1-81.2.6。作品的編號不確定，因為有些文本似乎是與之前或之後的作品一起產生作用，而且也沒有以「目錄」（dkar chag）來列舉作品的作法。

112 例如，比較 *Sras don ma* [《謝屯瑪》], pp. 95-99 以及 *dPal sa skya pa'i man ngag gces btus pa rin po che'i phreng ba* [《薩迦口訣精選寶鬘》], SKB I. 275.1.5-75.4.3。

113 *Phyag rgya chen po gces pa btus pa'i man ngag* [《大手印訣竅精選》], SKB IV.302.3.1-11.4.5。對於薩千作品集編號的不確定性同樣也適用於札巴堅贊。

114 Ehrhard 2002, p. 40.

115 *Glegs bam gyi dkar chags* [《黃卷目錄》], p. 3.1。

116 關於藏文顏色的詞彙與英文之間的關係，見 Nagano 1979, pp. 11-23。

117 *Glegs bam gyi dkar chags* [《黃卷目錄》], p. 8.1-2。

118 見他的 *gSung ngag rin po che lam 'bras bu dang bcas pa*

ngor lugs thun min slob bshad dang | thun mong tshogs bshad tha dad kyi smin grol yan lang dang bcas pa'i brgyud yig gser gyi phreng ba byin zab 'od brgya 'bar ba [《萬丈光芒甚深加持道果珍寶親傳暨哦派不共解說與共類講解，併達成熟解脫之師傳錄金鬘》], LL XX.417-511；比較 Smith 2001, pp. 235-58。

119 *Lam 'bras khog phub* [《道果架構》], pp. 301-303。

120 Stearns 2001, pp. 32-35 已經總結了《道果黃卷》的內容，但他的論述著重的要點與我不同，因此那些是補充資料而非重複。

121 *Lam 'bras khog phub* [《道果架構》], p. 187。

122 札巴堅贊顯然是負責下列的作品（附上其在 *Pod ser* [《道果黃卷》] 中的頁碼）：Kun gzhi rgyu rgyud [〈含藏因續〉]（128-131）；gDan stshogs kyi yi ge [〈寺院薈供志〉]（131-135）；Bum dbang gi 'da' ka ma'i skabs su 'chi ltas | 'khrul 'khor | 'chi bslu dang bcas pa [〈瓶灌頂臨終體驗、修持與贖罪〉]（138-144）；Lam dus kyi dbang rgyas 'bring bsdus gsum [〈詳中略三說道位灌頂〉]（154-158）；Tshad ma bzhi'i yi ge [〈四正量〉]（158-161）；gDams ngag drug gi yi ge [〈六教誡〉]（161-163）；Grib ma khrus sel [〈除障〉]（167-169）；Grib ma satstshas sel ba [?]（169-170）；Thig le bsrung ba [〈守護明點〉]（170-171）；以及 'Jig rten pa'i lam gyi skabs su rlung gi sbyor ba bdun gyis lam khrid pa [〈解說世人修行風的七種方法〉]（173-183）。根據 *Glegs bam gyi dkar chags* [《黃卷目錄》]，其餘作品的作者皆是薩千。

123 *Glegs bam gyi dkar chags* [《黃卷目錄》], p. 5.1-2。

124 Wayman 1977, pp. 137-80 仍是僅有的對於密集（Guhyasamāja）資料的重要論述。

125 Tachikawa 1975 就土觀・洛桑卻吉尼瑪（Thu'u bkwan Blo bzang chos kyi nyi ma）所寫的 *sGrub mtha' shel gyi me long* [《宗義明鏡》] 之中的格魯派（dGe lugs）觀點，專門研究了這個議題。

126 Stearns 2001, pp. 30-32 認為《道果黃卷》中的一些短篇著作，是以帕摩竹巴的道果法作品為基礎。這有可能是真的，但他提出的論述並不完全令人信服，因為它依據的是薩千沒有使用任何文本的想法；比較 Stearns 2001, pp. 32-35。

127 Lung 'di nyid dang mdor bsdus su sbyar [〈略說教法〉]（*Pod ser* [《道果黃卷》], pp. 481-493），Lung 'di nyid dang zhib tu sbyar ba [〈細說教法〉]（*Pod ser* [《道果黃卷》], pp. 493-529），以及 Lam 'bras bu dang bcas pa'i don rnams lung ci rigs pa dang sbyar [〈道果法諸義暨一切聖教學問〉]（*Pod ser* [《道果黃卷》], pp. 529-581）。

128 除了 *Pod ser* [《道果黃卷》], IV, pp. 144-51 和 185-87 以外，還有一個較長的著作，*Kye rdor lus dkyil gyi dbang gi bya ba mdor bsdus pa* [《略攝喜金剛身壇城之灌頂法》]，作者是上師薩千巴（Bla ma Sa chen pa），與薩千其他相關作品的語言很接近。在 fol. 7a4（p. 19.4）提到其道果法之署名：rdo rje rba rlabs bsgom pa（觀修金剛浪）；比較一件關於金剛師灌頂（Vajrācāryabhiṣeka）的補充作品，Gong tu ma bstan pa'i rdo rje slob dpon gyi dbang gi tho [〈金

剛師灌頂法補充說明〉], *Sa skya'i rje btsun gong ma rnam lnga'i gsung ma phyi gsar rnyed* [《薩迦至尊五祖遺教原稿新現》], vol. I, pp. 21-25。還有另一件短文，sMon lam dbang bzhi'i bshad par sbyar ba [〈四灌頂祈願合釋〉]，這不一定是道果法相關著作；*Sa skya'i rje btsun gong ma rnam lnga'i gsung ma phyi gsar rnyed*, vol. I, pp. 81-84。

129 *Guhyasamāja-tantra* [《密集金剛續》], XII, vv. 60-76, pp. 42-44。

130 關於參考資料，見 Davidson 1992, pp. 178-79, n. 20。

131 關於這個儀軌及相關議題的討論，見 Davidson 1992, pp. 114-120。

132 關於許多這些議題的討論，見哦千的 *bsKyed rim gnad kyi zla zer* [《生起次第疑難月光》], pp. 190.1 ff；以及戈蘭帕（Go rams pa）之 *bsKyed rim gnad kyi zla zer la rtsod pa spong ba gnad kyi gsal byed* [《駁生起次第疑難月光之說明》], pp. 597 ff。

133 *rTsa ba'i ltung ba bcu bzhi pa'i 'grel pa gsal byed 'khrul spong* [《十四根本戒詳釋》]。

134 Eimer 1997.

135 *Bla ma mnga' ris pas mdzad pa'i brtag gnyis kyi tshig 'grel* [《拿里巴上師著喜金剛續釋》]。比較 *dPal kye rdo rje'i rnam par bshad pa nyi ma'i 'od zer* [《吉祥喜金剛詳釋日光》], p. 109.3.1 中對難勝月和拿里巴注釋本的肯定。

136 *Kye rdo rje'i rtsa rgyud brtag gnyis kyi dka' 'grel* [《吉祥喜金剛續釋難》]。

137 *dPal kye rdo rje'i rnam par bshad pa nyi ma'i 'od zer* [《吉祥

喜金剛詳釋日光》]。

138 *brTag gnyis rnam 'grel dag ldan* [《喜金剛二品續釋》]。

139 *Guhyasamāja-tantra* [《密集金剛續》], XVIII. 34。

140 *rGyud sde spyi'i rnam par gzhag pa* [《續部總集》], pp. 22.3.5, 34.3.3, 35.4.5, 36.3.3。

141 見 Steinkellner 1978；Broido 1982, 1983, 1984；Arènes 1998。

142 他的資料來源是在 *rGyud sde spyi'i rnam par gzhag pa* [《續部總集》], pp. 31.4.5, 32.1.2, 32.1.6, 32.3.1, 32.3.3, 32.3.4, 33.1.5, 33.2.6, 34.2.1, 34.2.4, 34.3.6, 35.1.1, 35.2.4, 35.3.4, 35.4.6 之中確認的。

143 *rGyud sde spyi'i rnam par gzhag pa* [《續部總集》], pp. 11.4.4-12.1.2。

144 *rGyud kyi mngon rtogs rin po che'i ljon shing*, 2.1.3。

145 此處札巴堅贊的經典來源是 HT II.ii.14-15，和 HT II.viii.9-10。

146 *rGyud kyi mngon rtogs rin po che'i ljon shing*, 17.1.6-2.3，引用 *Sarvatathāgatatattvasaṁgraha*（《一切如來真實攝經》）和 *Sampuṭa* [《桑布札續》]；比較 HT II.iv.76。

147 *rGyud kyi mngon rtogs rin po che'i ljon shing*, pp. 22.1.1-4, 26.3.2-4。

148 *rGyud kyi mngon rtogs rin po che'i ljon shing*, pp. 22.3.2, 26.1.3。我們也在他的 *rTsa ba'i ltung ba bcu bzhi pa'i 'grel pa gsal byed 'khrul spong* [《十四根本戒詳釋》], pp. 261.2.6-65.2.6 中看到他對於這種層次的交流與駁斥的興趣，他在書中反駁了四種關於金剛乘的「顛倒見」。

149 這個入門地點的名稱還不確定。*Rwa lo tsā ba'i rnam thar* [《熱譯師傳》], p. 46 提到了拉堆的涅南拿摩切（sNye nam na mo che），而 *rNam thar rgyas pa yongs grags* [《高僧廣傳》], p. 157 則提到了拉堆的涅扔（sNe len）。

150 *Yi ge'i bklag thab byis pa bde blag tu 'jug pa.*

151 Verhagen 1995, 2001, pp. 58-63 研究了這本著作。

152 *sMra sgo'i mtshon cha'i mchan rje btsun grags pa rgyal mtshan gyis mdzad pa* [《至尊札巴堅贊所著之〈口劍論〉注釋》]；*gDung rabs chen mo* [《薩迦世系廣史》], p. 74；Jackson 1987, vol. I, pp. 116-117；Verhagen 2001, p. 52。

153 *Byang chub sems dpa'i spyod pa la 'jug pa'i 'grel pa* [《入菩薩行論釋》]；關於他對恰巴的感激，見 p. 515.2.5。

154 索南孜摩的 *Dang po'i las can gyi bya ba'i rim pa dang lam rim bgrod tshul* [《初入道者之儀軌修習和道次第指南》]，以及札巴堅贊之 *Chos spyod rin chen phreng ba* [《法事寶鬘》]。

155 *gDung rabs chen mo* [《薩迦世系廣史》], p. 64。

156 *gDung rabs chen mo* [《薩迦世系廣史》], p. 72。

157 Ruegg 1966, pp. 112-13 討論了這個事件。

158 關於這個爭議的討論，見 Stearns 1996, pp. 152-155。

159 *gDung rabs chen mo* [《薩迦世系廣史》], pp. 80-81。

譯注

[1] 意為憤怒金剛。

[2] 此噶羅為噶羅·南嘎多傑，見注 25。

第十章　結論和後記
——氏族結構、晚期密續佛教及新保守主義的勝利

　　印度中世紀初期，特別是自七世紀起，密續佛教在印度政治和宗教區域化的背景下崛起。在印度，這代表了各種宗教團體部分的成功重組，以面對和克服經濟不穩定、人口遷移、護持者流失、新的薩曼塔（sāmanta）封建制度的變動性，以及種姓、神祇和區域價值的日益重要等挑戰。由於婦女參與人數的減少、知識價值觀轉變為婆羅門模式、道德和知識重心的淪喪等，使得這些宗教團體對佛教的認同感產生了巨大的變化。面對這樣的挑戰，印度佛教徒藉由挪用並聖化特定的政治社會領域來應對，但這樣的應對方式所隱含的緊張關係，對佛教來說是前所未有的。一方面是那些認同並聖化當時實際的政治活動的恆河流域大道場的僧侶們，以及極少數其他地方的僧侶，他們藉由「主君」（rājādhirāja）形成的模式，發展並傳播某種修行體系與相關的儀軌。這些修行體系與儀軌展現出對薩曼塔封建制度的理想和方法的充分掌握。他們以周邊的壇城國家為基礎，建構神聖佛教權力關係的各種範式，於觀想的神聖壇城中，他們以諸佛菩薩之間的關係闡明了核心權威區和緩衝附庸國的概念。

　　在光譜的另一端，是新興的成就者形式，其目標是以具有領主統治的權威，掌控持明者（vidyādharas）以及諸神。這種

成就者傳承也引入了支配與控制的政治學，但都只是為了個別成就者的利益，而非為了改善周圍的社群。佛教成就者們借用並改造衍生自濕婆教等其他來源的方法，不但發展出佛教世界前所未見的極端禪修技巧，並且以既有趣又野蠻且具破壞性的語言加以包裝。佛教的成就者成為中世紀印度區域性的語言和文化、部落思想、權力分散的支持者，畢如巴就是一個典型的例子。他們迫使寺院努力適應新的儀軌和瑜伽體系，發展全新的詮釋學，學習迅速演變的聖像畫法，運用歌曲與舞蹈供養新的佛像，以及投入全新的藏經創作之中。其中，《大瑜伽續》和《瑜伽母續》往往屈居次要地位，而首要地位是由一位通常示現為女性的「本尊」，傳給某位特定成就者的新瑜伽口訣。

　　西藏人、尼瓦爾人和其他喜馬拉雅民族，成為這些七至十一世紀發展成果的受眾。他們使用新的形式來再生自己四分五裂的文化。然而印度的體制與成就者密教體系，是社會從一系列困境中掙扎求生的結果。而在中央西藏，這些宗教形式成為十一世紀譯師用來重塑藏人自我認同的工具，並將其與密教修行牢牢地聯繫在一起。藏人剛剛經歷了一段帝國分裂後的歷史黑暗時期，他們正尋求一種佛教的重振形式，這種形式能提供共同的話語，將混亂的毒藥轉化為文明的甘露。新經典中直率的語言、對其修行者魔幻般的吸引力、代表人物雙標的道德行為、對於魅力人格的強調等，都令一部分西藏新知識分子與高原上許多大氏族的繼承人深感興趣。他們以東部戒律傳統僧侶所復原的大、小寺院為駐錫地，東部律僧在宗喀倖存的寺廟中受戒，且將其寺院的修行課程帶到中央西藏。下一代的藏人憑藉著能力和奉獻精神，崛起為具有無量功德的譯師，他們將西藏的宗教信仰與印度佛教重新串聯，以便在印度宗教的療癒之

水中，洗滌破碎帝國的陳汙舊垢。

　　滿懷理想的譯師們在印度、迦濕彌羅和尼泊爾的大型寺院和小型閉關中心中，尋找新的經典。密教儀軌的譯師們一旦於志業中取得成就，便會將封建制度所需要的個人魅力、氏族關係、精湛的學問、偶現的神聖感、儀軌的技巧和極佳的奉獻精神等條件結合在一起。卓彌·釋迦益西和其同代人，運用中世紀的印度世界來重塑及改造西藏文化，他們也在分裂的政治環境中，不斷地強化這種文化。無論是卓彌譯師的個人貪念，或嘉耶達羅的道德瑕疵，都沒有說服藏人，讓他們知道這樣的宗教制度，會令自己和社會付出代價。雖然如此，十一世紀的密教譯師完成了歷史上最偉大的知識成就之一，他們將大量的儀軌、醫學和哲學義理翻譯成古典藏文。儘管譯師的寺院很少能實現長治久安，但其嫡傳弟子所建造的寺院，經由結盟宗教傳承與穩定的氏族繼承制，形成了一種新的社會形式，這是東方戒律僧侶們未能成功解決的問題。

　　復興時期的藏人檢視其宗教遺產的局限，開始了本土化的進程。寧瑪派以王朝分裂時期遺留下來的宗教形式為基礎，發展出新的儀軌和文獻類別。他們之所以這麼做，一部分的原因是為了回應新譯經典；一部分是為了確認氏族首領的神聖性，這些氏族首領往往也是舊傳承的領袖；一部分是為了證實西藏本土著作的真實性；一部分是哀悼偉大王朝成就的喪失，以及對其表達信心。他們在中央西藏的舊王朝遺址中掘取文獻及物質性寶藏，宣稱這些是藏王的私人收藏，在王室滅亡時用以維持西藏人民的生活。伏藏運用了本土的美學，肯定了本土的神靈，並將西藏從佛教世界的邊陲，轉變成諸佛菩薩佛行事業的中心。同樣地，新譯派權威人士在十一世紀，尤其是十二

世紀也發展出新的想法。無論是岡波巴對大手印的新詮釋、恰巴的認識論發展成果或瑪紀・拉諄的斷境法儀軌，衛藏地區新譯派的代表們，都開始認識到佛教在西藏的最終地位，需要這個印度的宗教對西藏獨特的表達方式抱持開放態度。所有人都被復興時期裡的知識、覺知和許多新的智慧學表述的可能性所吸引。

因此，無論是寧瑪派的伏藏或新譯派的譯本，密教文本都提供了最具代表性的組成模式，為社會中的各個族群描繪出許多參考方向。那些非常深奧且受到嚴格保護的修習口訣，成為修行者解脫的工具，也成為他們優越地位的象徵。過程中出現了許多不同的文本群，每個文本群都專注於各自的作品，也都主張其傳承與傳統具有至高無上的神聖性。但是，支撐所有主張的一個重要事實是，西藏已然發展出本土的文本。因此，即便其宗教人士為文本權威的定義爭論不休，西藏仍被視為，也被評價為文本之國，其本身之景致便是大聖人和全知帝王宗教作品的泉源。

做為西藏本土化的一部分，介氏、鄂氏、紐氏、尼瓦氏、覺惹氏等諸氏族，開始專注地從事宗教活動。而昆氏是其中一個傑出的案例。昆氏創造了一個神話，最終將菩薩的化身與西藏諸神的神聖血統結合起來，成為十一至十二世紀最成功的宗教氏族之一。昆・貢丘傑波於 1073 年創建了薩迦派，此後該道場即由昆氏家族的成員加以維護。他們在藏區封建信仰文化中，運用非凡的才智和技巧，創建了一個學習的堡壘。在眾多博學同儕的協助下，他們將卓彌譯師和跋里譯師的譯本，特別是密續道果法的體系，發展為儀軌展演場的願景。其中西藏人的修持足以匹敵印度的任何信仰，其對聖人遺物的崇拜同樣發

達。如同其他成功的中央西藏氏族一般，昆氏從父子相承的形式，轉變為叔姪相承，持守戒律的出家僧侶最終取代了在家聖者，成為理想的典範。

十二、十三世紀印度各寺院中心的隕落，鞏固了薩迦寺等寺院的聲譽，迫使印度僧侶向西藏居士致敬。因為這些居士較其印度的施主們更幸運，也更擅於維護佛法。薩千・貢噶寧波和兩個成就斐然的兒子，發展了寺院，並馴化了畢如巴狂野的形象，使道果法成為最深奧的成就者修行系統之一，也是這座可能是最保守的佛教中心的支柱。這種同時教化《瑜伽母續》和《瑜伽解釋手冊》的作法，需要將內在的觀想與某種壇城儀軌結合在一起，強調單一系列的經典，並在成就者特立獨行的個人主義形象上，烙上群體結構的印記。神祕聖者的出現即由此而來。他是印度僧侶和成就者的繼承人，精通世事、修為成熟，他具有神通和管理能力、具備內在的神性和外在的同盟，在各方面都具有強大的力量。昆氏為此所付出的努力，也成為薩迦派祖師們與忽必烈汗結盟的種籽最終能萌芽成長的重要基礎。

同時，十二世紀西藏的紛亂——桑耶寺和大昭寺被焚、瓊波南覺的香巴派（Shangs pa）弟子之間的內訌、尚上師（Bla ma Zhang）的宗教戰爭等，都讓人們感覺到九、十世紀以前曾發生過的社會形式的分崩離析，有可能捲土重來。再加上伊斯蘭教的入侵北印、中亞淪陷於伊斯蘭軍隊之手、蒙古勢力的崛起、邊境地區的衝突等，藏人被迫在壓力下形成正統佛教的認知，這種認知基本上是正確的。對內而言，藏人了解他們很大程度地保存了北印度偉大寺院制度，即便其實際上已不復存在於印度。這種國際佛教的危機感，加上印度和西夏對西藏的嚮

往,促進了新保守主義運動的發展。其中包括了止貢・吉天恭波、薩迦班智達、恰羅・確傑貝等人。他們看到自己所理解的正信佛法內外交迫,而展現於恰巴、岡波巴以及伏藏大師們等人作品中的自然創造力,都被視為是異端和義理上的背叛。於是,他們努力壓制任何偏離正軌的行為,批評那些他們認為非印度式的佛行事業。為此,他們採用的標準是理論上的立場,而非真正的印度建構。在十三世紀初的西藏,保守主義者批評那些他們不清楚或不承認的行為和思想,在印度數個世紀前就可見到。

共有三個因素對其立場大有助益。首先,蒙古人意識到新保守主義觀對蒙古有利,因此,忽必烈汗將薩迦班智達的身分制度化,做為西藏宗教的典範。蒙古人不過是被無所不能的聖人所深深吸引,他們無所不能,諸如瑜伽修持系統、神奇的儀式、寺規、氏族關係、聰明才智、管理能力、醫學、邏輯、語言等等。在蒙古人參與西藏宗教的幾個世紀中,他們所選擇的大多數上師都擁有最多的技能。畢竟,薩迦班智達在許多方面,都是一千七百年以來,佛教歷史上的巔峰。其次,藏人開始看到其社會的健全,多半取決於大型且管理良好之寺院的健全體制。而這些寺院當時已完全體現出貴族氏族與晚期印度佛教之間的共生關係。在這方面,蒙古人追隨藏人,他們直覺地對許多中國模式的寺院感到懷疑,因為他們從來都不熟悉那種穩定的制度。中國寺院表現出來的美學和知識方向,以蒙古的標準來看也不具吸引力。最後,即使蒙古統治者給予機會,但身為優良佛教徒的新保守主義分子,並沒有選擇藉由法律的力量來操縱他們的觀點。他們是寬宏大量的統治者,在取得勝利後,他們很願意賦予那些邊緣人宗教自由。在這一點上,他們

與其他的佛教徒相似，即認為全世界均終將見到真理。

十三世紀初的新保守主義運動，在印度流亡僧侶和蒙古勢力的協助下，從那時起，便為西藏形塑大部分的制度結構。薩迦政權倒台後，帕摩竹巴派的掌權者，帕摩竹巴‧絳曲堅贊於1348年崛起，正統佛教僧侶所代表的強大瑜伽和經典傳統的願景，依然存在。在十七世紀達賴喇嘛政府崛起之前，僧侶領袖時而成功，時而與世俗政治領袖的意識型態相衝突。然而，這一切都源自於十至十二世紀一些堅定不移之士勇敢努力的成果。這些人克服了難以想像的挑戰，在西藏迫切需要他們的付出時，賭上了自己的知識與精神力量。佛教藉由他們所有的活動，為重建西藏社會提供了正確的材料，各種證悟學說則成為復興西藏社會、知識和精神文化的催化劑。

這並不表示所有西藏的創新活動，或西藏成就者的狂放表現形式都樂於退場，因為這些是難以抹滅的人類行為模式。紐巴（sMyon pa）[1]狂者持續存在於噶舉派與寧瑪派中。在往後的一段時間裡，雲遊的西藏成就者們，也持續在宗教機構的交流中，占有一席之地。在某種程度上，他們不僅受到新保守主義思想，也受到轉世上師制度的制衡。在大多數情況下，這模式使得氏族結構制度化，因為氏族接受佛教寺院的小型宮殿（bla brang）被做為其私人財產加以管理，而轉世化身大多是在貴族群體中被認定。西藏的創新活動持續進行，覺囊派（Jo nang pa）巨大的異端──「他空」即將出現。但是，究竟應支持還是反對分層管理知識與社會制度，迄今仍是西藏宗教的一個主要議題。

譯注

[1] 紐巴即狂者之意。

名詞解釋

灌頂（Abhiṣeka）	仿照印度加冕典禮之密教聖化或入門儀式。
阿底瑜伽（Atiyoga）	最高階瑜伽，通常等同大圓滿。
菩提心（Bodhicitta）	出現在幾個層面上：它可能表示大乘佛教的「覺悟之念」而引發菩薩誓言；它有可能是指體液，是瑜伽的「相對菩提心」；或者它可能表示勝義覺醒之心，宇宙的真正本質。
在家僧；班第（ban de）	有時擁有家眷，有時為僧。
勝樂金剛（Cakrasaṁvara）	一本尊，伴隨著《瑜伽母續》（Yoginī-tantra）文獻，著重圓滿次第。
斷境法（gcod）	「斷除」，藉由布施自己的身體達致開悟的修持法。
瓊結（'Phyong rgyas）	雅隆（Yar lung）河谷的帝王陵墓區。
空行母（Ḍākinī）	可能帶領人們解脫的神祕女性。
大圓滿（rDzogs chen）	一種寧瑪派教義及修持法。
密集金剛（Guhyasamāja）	《大瑜伽續》（mahāyoga tantra）及相關的「密集」壇城體系。
喜金剛（Hevajra）	一種晚期的《瑜伽母續》，以喜金剛本尊及八位空行母為特點。
大昭寺（gtsug lag khang）	由松贊干布或他的王妃在拉薩所建造的寺廟，民眾的信仰中心。
覺囊派（Jo nang pa）	十三世紀一個強調《時輪密續》（Kālacakra-tantra）的傳承。
噶舉派（bKa' brgyud pa）	表示一個密續傳承，但後來主要是指來自傑出譯師馬爾巴（Mar pa）的傳承。
經教傳承（bka' ma）	寧瑪派文獻及各種傳統，據說是從王朝時期不間斷地傳承下來。

時輪（Kālacakra）	十世紀末或十一世紀初的一個密續傳承。
道果法（lam 'bras）	據說始於畢如巴（Virūpa）的一個密教瑜伽體系，體現於一部文本中。
龍神（klu）	西藏本土的地底神靈，後來被認為是印度的蛇神（nāga）。
中觀（Madhyamaka）	一種否認所有實有屬性的印度宗教哲學體系。
大手印（Mahāmudrā）	新譯教派各傳承密乘的終極修持法。
《大瑜伽續》（Mahāyoga-tantra）	一種密續，也稱為父續，此類密續強調壇城。最著名的《大瑜伽續》是《密集金剛續》（Guhyasamāja-tantra）。
瑪摩（Ma mo）	西藏的女神，類似於印度的本母（mātṛkā）。
壇輪瑜伽（maṇḍalacakra）	實際或觀想的身心瑜伽；圓滿次第的兩個主要類別之一。
真言乘（Mantrayāna）	密續佛教的正統名稱之一，真言之乘。
手印（Mudrā）	表示一種手勢或觀想、存在的最後狀態。
根本說一切有部律（Mūlasarvāstivāda）	所有西藏寺院的戒律傳統。
寧瑪（rNying ma）	「舊傳統」，指依據王朝時期的翻譯或其本土文獻發展出的早期教派。
狂者（sMyon pa）	被世人視為精神錯亂的聖人，其行為舉止亦是如此。
薩迦派（Sa skya pa）	以薩迦寺為基礎的西藏傳承，創建於 1073 年。
成就法（Sādhana）	一種觀想佛教本尊的修持儀式，通常觀自身為本尊。
薩曼塔封建制度（sāmanta feudalism）	印度中世紀封建制度，強調薩曼塔的地位。
圓滿次第（Sampannakrama）	包括內在拙火的觀想（svādhiṣṭhānakrama）和輪城瑜伽（maṇḍalacakra）。
桑耶寺（bsam yas dgon pa）	西藏第一座寺廟，於王朝時期建立。

名詞	解釋
新譯派（gsar ma）	指從十世紀末起引進西藏的傳承和譯本。
論（Śāstra）	有特定人類作者的專門論著或注釋本，與佛經（sūtra）不同。
聲聞（Śrāvaka）	早期佛教傳統的僧侶，持守兩百多條戒律。
經典（Sūtra）	顯教文本，收錄佛陀所說的教言。
自受持（svādhiṣṭhāna）	圓滿次第（sampannakrama）的內在拙火瑜伽修持法。
密續（Tantra）	密教文本，據說是佛陀／某佛所說。
伏藏（gter ma）	王朝時期所埋藏的神祕寶藏或文本。
三律儀（Trisaṁvara）	聲聞、菩薩和持明（vidyādhara）所持的三種戒律傳統。
生起次第（Utpattikrama）	包括觀想壇城，特別是外在的壇城。修行者想像自己為本尊。在一座宮殿中被其他從屬於壇城本尊的諸神所圍繞。
衛藏地區（dBus gTsang）	由中央西藏四如所界定：烏如（dBu ru）和夭如（g.Yo ru）為衛區、耶如（g.Yas ru）和如拉克（Ru lag）為藏區。
毘廬遮那佛（Vairocana）	大乘佛教中的大日如來。在密續中發展成為偉大壇城體系的本尊，受到西藏君王們的喜愛。
普巴金剛（Vajrakīla）	寧瑪派的本尊和壇城；普巴金剛具有經教傳承和伏藏兩種形式。
金剛薩埵（Vajrasattva）	金剛般的存有，本初佛以及聖師。
金剛乘（Vajrayāna）	密續佛教的一個名稱，強調其立竿見影的速度（如雷電一般），並以皇家權杖（金剛）為其象徵。
持明（Vidyādhara）	一個擁有密法知識的御用巫覡，是密續瑜伽士的典範。
閻摩德迦（Yamāntaka）	死亡的破壞者，《大瑜伽續》（*Mahāyoga-tantra*）的另一位本尊、壇城和文本。
楊達（Yangdak）	具有經教傳承和伏藏形式的寧瑪派本尊和壇城。

雅隆（Yar lung）	早期西藏王朝的河谷，包括位於瓊結的王陵。
瑜伽行派（Yogācāra）	一種強調描述心法和心所法之印度宗教哲學體系。
《瑜伽母續》（*Yogini-tantra*）	一部強調圓滿次第（sampannakrama）的密續文本。圓滿次第對於《勝樂金剛續》（*Cakrasaṁvara-tantra*）、《喜金剛續》（*Hevajra-tantra*）和《佛頂蓋續》（*Buddhakapāla-tantra*）等密續而言，猶為重要。
希解派（Zhi byed）	由帕丹巴・桑傑（Pha dam pa Sangs rgyas）分次帶入西藏的「息止」修習傳承。

略符表

* 表示無實際梵本情況下，所推敲還原的梵語標題或術語。

BEFEO	《法國遠東學院學刊》（Bulletin de l'École française d'Extrême Orient）
CAJ	《中亞雜誌》（Central Asiatic Journal）
CIHTS	中央西藏大學（Central University for Tibetan Studies）
GOS	蓋克瓦之東方叢書（Gaekwad's Oriental Series）
HJAS	《哈佛亞洲研究學報》（Harvard Journal of Asiatic Studies）
ISMEO	義大利中東與遠東研究所（Istituto italiano per il Medio ed Estremo Oriente）
IA	《印度考古》（Indian Antiquary）
IIJ	《印度伊朗學報》（Indo-Iranian Journal）
JA	《亞洲學報》（Journal asiatique）
JIABS	《國際佛教研究學報》（Journal of the International Association of Buddhist Studies）
JIP	《印度哲學學報》（Journal of Indian Philosophy）
JRAS	《皇家亞洲學會學報》（Journal of the Royal Asiatic Society）
JTS	《西藏社會學報》（Journal of the Tibet Society）
LL	《道果教學釋》（Lam 'bras slob bshad）
Pe.	北京版《西藏大藏經》（加上編號），Suzuki, 1957 編輯
SKB	《薩迦全集》（Sa skya bka' 'bum），Bsod Nams Rgya Mtsho, 1969 編輯
SOR	羅馬東方系列（Serie orientale Roma）
T.	《大正新脩大藏經》（加上編號），高楠順次郎及渡邊海旭（Takakusu & Watanabe），1924-1934 編輯
TJ	《西藏學報》（Tibet Journal）（德蘭薩拉，Dharamsala）
To.	德格版《西藏大藏經》（加上編號），Ui et al., 1934

參考書目

本參考書目按照印度資料、中文資料、西藏本土文獻以及西方語文資料排序，因中文材料與印度資料不易按印度字母排序，故將之分開。

印度資料（Indic and Ostensibly Indic Sources）

Acintyādvayakramopadeśa.

Ascribed to Kuddālapāda. Edited with *Guhyasiddhi*, pp. 195-208. Translated by Ratnavajra and 'Brog-mi Shakya ye-shes, *LL* XI.347-62. Translated by *Sukhankura and 'Gos [Khug-pa lhas-btsas]; To. 2228. *bsTan 'gyur*, rgyud, wi, fols. 99b5-104b6.

Advayavajrasaṁgraha.

Edited by Haraprasad Shastri, 1927. GOS no. 40. Baroda: Oriental Institute.

Anavilatantraraja.

To. 414. *bKa' 'gyur*, rgyud 'bum, ga, fols. 259b3-61b3.

Abhidharmakosabhaôya.

Edited by Pralhad Pradhan, 1975. *Abhidharmakośabhāṣyam of Vasubandhu*. Tibetan Sanskrit Works Series, vol. 8, 2nd rev. ed. Patna: K. P. Jayaswal Research Institute.

Abhidharmasamuccaya.

Edited by Pradhan Pralhad, 1950. *Abhidharma Samuccaya of Asanga*. Santiniketan: Visvabharati. To. 4049; T. 1605.

Abhidhānottara-tantra.

To. 369. *bKa' 'gyur*, rgyud 'bum, ka, fols. 247a1-370a7.

Abhisamayālaṁkāra.

Asc. Maitreya. Edited by Theodore Stcherbatsky and Eugene Obermiller, 1929. *Abhisamayālaṁkāra-Prajñāpāramitā-upadeśaśāstra*. Bibliotheca Buddhica 23. St. Petersburg: Academy of Sciences of USSR.

Abhisamayālaṁkārāloka.

Asc. Haribhadra. Edited with *Aṣṭasāhasrikā-prajñāpāramitā*, pp. 267-558.

Amṛtasiddhimūla.

Asc. Virūpa. To. 2285. *bsTan 'gyur*, rgyud, zhi, fols. 142b7-45a1.

Amṛtādhiṣṭhāna.

Asc. Virūpa. To. 2044. *bsTan 'gyur*, rgyud, tsi, fols. 143a2-44a2.

Arthaśāstra.

Edited and translated by R. P. Kangle, 1960. *The Kauṭilīya Arthaśāstra*. University of Bombay Studies in Sanskrit, Prakrit, and Pali, nos. 1-3. Bombay: University of Bombay.

Avataṁsaka-sūtra.

T. 278. To. 44. *bKa' 'gyur*, phal chen, vols. ka-ga.

Aṣṭasāhasrikā-prajñāpāramitā-sūtra.

Edited by P. L. Vaidya, 1960. *Aṣṭasāhasrikā Prajñāpāramitā with Haribhadra's Commentary Called Āloka*. Buddhist Sanskrit Texts no. 4. Darbhanga: Mithila Institute.

Ārya-tathāgatoṣṇīṣasitātapatrāparājita-mahāpratyaṅgirā-paramasiddha-nāmadhāraṇī.

To. 591. *bKa' 'gyur*, rgyud 'bum, pha, fols. 212b7-19a7.

Ā li kā li gsang ba bsam gyis myi khyab pa chu klung chen po'i rgyud.

In *Dam chos snying po zhi byed las rgyud kyi snyan rgyud zab ched ma*, vol. 1, pp. 6-114; 3 chaps. in *gDams ngag mdzod*, vol. 9, pp. 2-16.

Ārya-Tārāmaṇḍalavidhi-sādhana.

Asc. *Sahajavilāsa. To. 1705. *bsTan 'gyur*, rgyud, sha, fols. 62a2-63b3.

Uḍḍiyānaśrīyogayoginīsvabhūtasambhoga-śmaśānakalpa.

Asc. Birba-pa. To. 1744. *bsTan 'gyur*, rgyud, sha, fols. 111b6-13b2.

'Od gsal 'char ba'i rim pa.

Asc. Virūpa. To. 2019. *bsTan 'gyur*, rgyud, tsi, fols. 80b5-81a6.

Olapaticatuṣṭaya.

Asc. Kāṇha. To. 1451. *bsTan 'gyur*, rgyud, wa, fols. 355b7-58b7.

Karmacaṇḍālikā-dohakoṣa-gīti.

Asc. Virūpa. To. 2344. *bsTan 'gyur*, rgyud, zi, fols. 2b7-3a5.

Kāṇhapādasya dohākoṣa.

Edited and translated by M. Shahidullah, 1928. *Les Chants mystiques de Kāṇha et de Saraha—Les Dohā-Koṣa*. Paris: Adrien-Maisonneuve. Edited by Prabodh Chandra Bagchi, 1935. Dohakoṣa. University of Calcutta Journal of the Department of Letters, vol. 28.

Kāyavākcittatrayādhiṣṭhānoddeśa.

Asc. Buddhajñānapāda. To. 2085. *bsTan 'gyur*, rgyud, tsi, fol. 161a6-b5.

Kālacakra-tantra.

Edited by Biswanath Banerjee, 1985. *A Critical Edition of Śrī Kālacakratantra-Rāja* (collated with the Tibetan version). Calcutta: Asiatic Society.

Kurukullesādhana.

To. 1319. *bsTan 'gyur*, rgyud, ta, fols. 245a6-47a5.

Kṛṣṇayamāri-tantra.

Edited by Samdhong Rinpoche and Vrajvallabh Dvivedi, 1992. *Kṛṣṇayamāritantram with Ratnāvali Pañjikā of Kumāracandra.* Rare Buddhist Text Series, no. 9. Sarnath: CIHTS.

Kṛṣṇayamāritantrapañjikā.

Asc. Padmapāṇi. To. 1922. *bsTan 'gyur*, rgyud, bi, fols. 312b5-337a7.

Kaumudīpañjikā.

Durjayacandra. To. 1185. *bsTan 'gyur*, rgyud, ga, fols. 1b1-58b4.

bsKyed rim zab pa'i tshul dgus brgyan pa.

Asc. Padmavajra but written by Grags-pa rgyal-mtshan. *Pod ser* LL XI.419-41.

Khasama-tantrarāja.

To. 386. *bKa' 'gyur*, rgyud 'bum, ga, fols. 199a7-202a1.

Khrodhavijayakalpaguhyatantra.

T. 1217. To. 604. *bKa' 'gyur*, rgyud 'bum, vol. pha, fols. 269a3-87a7; vol. ba, fols. 1b1-35b7.

Gaṇḍavyūha.

Edited by Daisetsu Teitarō Suzuki and Hokei Itsumi, 1949. *The*

Gaṇḍavyūha Sūtra. 2nd rev. ed. Tokyo: Society for the Publication of Sacred Books of the World.

Guhyagarbha. Śrī-Guhyagarbha-tattvaviniścaya.

To. 832. *bKa' 'gyur*, rnying rgyud, kha, fols. 110b1-132a7; Kaneko 1982, no. 187.

Guhyatattvaprakāśa.

Asc. Kāṇha. To. 1450. *bsTan 'gyur*, rgyud, wa, fols. 349a3-55b7.

Guhyamaṇi-tilaka-sūtra.

To. 493. *bKa' 'gyur*, rgyud 'bum, kha, fols. 119b5-51b1.

Guhyaratna.

Ascribed to Paṇḍita Akṣobhya. To. 1525. *bsTan 'gyur*, rgyud, za, fols. 82b6-83b2.

Guhyasamāja-tantra.

Edited by Matsunaga Yukei, 1978. *Guhyasamāja Tantra*. Osaka: Toho shuppan.

Guhyasiddhi.

Asc. Padmavajra. Edited by Samdhong Rinpoche and Vrajvallabh Dwivedi, 1987. *Guhyādi-Aṣṭasiddhi-Saṅgraha*. Rare Buddhist Text Series, no. 1, pp. 5-62. Sarnath: CIHTS.

Gopālarājavaṁśāvalī.

Edited and translated by Dhanavajra Vajrācārya and Kamal P. Malla, 1985. *Gopālarājavaṁśāvalī*. Nepal Research Centre Publications, no. 9. Wiesbaden: Franz Steiner Verlag.

dGongs 'dus. Sangs rgyas kun gyi dgongs pa 'dus pa'i mdo chen po.

Kaneko 1982, no. 160.

sGra thal 'gyur chen po rgyud.
Kaneko 1982, no. 155.
Cakrasaṁvara-tantra. Tantrarāja-śrīlaghusaṁvara.
Edited by Janardan Shastri Pandey, 2002. *Śrīherukābhidhānaṁ Cakrasamvaratantram.* 2 vols. Sarnath: CIHTS. To. 368. *bKa' 'gyur*, rgyud 'bum, ka, fols. 213b1-46b7.
*Catuḥkrama.
Asc. Kāṇha. To. 1451. *bsTan 'gyur*, rgyud, wa, fols. 355b7-58b7.
Catuḥpīṭha-mahāyoginī-tantrarāja.
To. 428. *bKa' 'gyur*, rgyud 'bum, nga, fols. 181a1-231b5.
*Caturaśītisiddhapravṛtti.
Asc. Abhayadattaśrī. Pe. 5091. Edited and translated by James B. Robinson, 1979. *Candraguhya-tilaka-mahātantrarāja.*
To. 477. *bKa' 'gyur*, rgyud 'bum, ja, fols. 247b4-303a7.
Caryāgītikośa.
Edited and translated by Per Kværne, 1977. *An Anthology of Buddhist Tantric Songs: A Study of the Caryāgīti.* Det Norske Videnskaps-Akademi II Hist.- Filos. Klasse Skrifter Ny Serie, no. 14. Oslo: Universitetsforlaget. Edited by Nilratan Sen, 1977. *Caryāgītikoṣa* facsimile ed. Simla: Indian Institute of Advanced Study.
Caryāmelāpakapradīpa.
Asc. Āryadeva. Edited by Janardan Shastri Pandey, 2000. *Caryāmelāpakapradīpam of Ācārya Āryadeva.* Sarnath: CIHTS.
Cittaguhyadohā.

Asc. *Ḍākinī. To. 2443. *bsTan 'gyur*, rgyud, zi, fols. 67a3-71a7.

Chinnamuṇḍasādhana.

Asc. Birwa. To. 1555. *bsTan 'gyur*, rgyud, za, fols. 206a1-8a4. See Nihom 1992.

mChod rten drung thob.

Asc. Nāgārjuna but written by Grags-pa rgyal-mtshan. *Pod ser LL* XI.400-6.

Jñānatilaka-yoginītantrarāja-paramamahādbhuta.

To. 422. *bKa' 'gyur*, nga, fols. 96b6-136a4.

Jñānaprasthāna.

T. 1543, 1544.

Jñānavajrasamuccaya.

To. 450. *bKa' 'gyur*, rgyud 'bum, cha, fols. 1b1-35b7.

Jñānasiddhi.

Asc. Indrabhuti. Edited with *Guhyasiddhi*, pp. 93-157. Edited by Benoytosh Bhattacharya, 1929. *Two Vajrayāna Works*. GOS no. 44. Baroda: Oriental Institute.

Jñānodaya-tantra.

Edited by Samdhong Rinpoche and Vrajvallabh Dwivedi, 1988. *Jñānodaya Tantram*. Rare Buddhist Text Series, no. 2. Sarnath: CIHTS.

Jñānodayopadeśa.

Asc. Kāyastha Gayādhara. To. 1514. *bsTan 'gyur*, rgyud, zha, fols. 363b4-74b4.

Jñānolka-dhāraṇī-sarvagatipariśodhanī.

To. 522. *bKa' 'gyur*, rgyud 'bum, na, fols. 59a7-60b4. T. 1397,

1398.
rJe btsun ma 'phags pa sgrol ma'i sgrub thabs nyi shu rtsa gcig pa'i las kyi yan lag dang bcas pa mdo bsdus pa.
Asc. *Sūryagupta [Nyi-ma sbas-pa]. To. 1686. *bsTan 'gyur*, rgyud, sha, fols. 10a7-24b6.

rNying ma rgyud 'bum.
mTshams-brag manuscript. 1981. *The mTshams-Brag Manuscript of the rNying-ma rgyud 'bum.* 46 vols. Thimphu, Bhutan: National Library. gTing-skyes manuscript. 1973/74. *rNying ma rgyud 'bum, The Collected Tantras of the Ancient School of Tibetan Buddhism.* 36 vols. Thimbu, Bhutan: Dil mgo mkhyen brtse. See Kaneko 1982.

Ḍākārṇava. Ḍākārṇava-mahāyoginītantrarāja.
To. 372. *bKa' 'gyur*, rgyud 'bum, kha, fols. 137a1-264b7.

Ḍākinyupadeśaśrotraparamparapīḍācchedanāvavāda.
Anon. To. 2286. *bsTan 'gyur*, rgyud zhi, fols. 145a1-50a2.

Tattvaratnāvaloka.
Asc. Vāgīśvarakīrti. Edited by Janardan Pandey, 1997. *Bauddhalaghugrantha Samgraha*, pp. 81-142. Rare Buddhist Text Series, no. 14. Sarnath: CIHTS. To. 1889.

Tattvasaṁgraha.
See *Sarvatathāgatatattvasaṁgraha.*

Tantrārthāvatāra.
Asc. Buddhaguhya. To. 2501. *bsTan 'gyur*, rgyud, 'i, fols. 1b1-91b6.

Tantrārthāvatāra-vyākhyāna.

Asc. Padmavajra. To. 2502. *bsTan 'gyur*, rgyud, 'i, fols. 91b6-351a7.

Tarka-jvālā.Madhyamakahṛdayavṛtti-tarkajvālā.
Asc. Bhavya. To. 2856. *bsTan 'gyur*, dbu-ma, dza, fols. 40b7-329b4.

Tripratyayabhāṣya.
To. 4432. *bsTan 'gyur*, sna-tshogs, no, fols. 141b7-49a7.

Trisattvasamādhisamāpatti.
Asc. Buddhajñānapāda. To. 2086. *bsTan 'gyur*, rgyud, tsi, fols. 161b5-62b5.

gTum mos lam yongs su rdzogs pa.
Asc. *Mahācārya-cīrṇavrata-Kāṇha but written by Grags-pa rgyal-mtshan. *Pod ser LL* XI.445-57.

Daśabhūmika.
Edited by Kondo Ryuko, 1936. *Daśabhūmīśvaro Nāma Mahāyānasūtraṁ*. Rinsen Buddhist Text Series, no. 2. Reprint, Kyoto: Rinsen Book, 1983.

Divyāvadāna.
Edited by P. L. Vaidya, 1959. BST, no. 20. Darbhanga: Mithila Institute.

Dohakoṣa.
Asc. Birba-pa. To. 2280. *bsTan 'gyur*, rgyud, zhi, fols. 134a1-36a4.

Dravva-saṁgaha.
Asc. Nemicandra Siddhānta-cakravarttī. Edited and translated by Sarat Chandra Ghoshal, 1917. *Dravya-saṁgraha*. The Sacred Books of the Jainas, vol. 1. Arrah: Central Jaina Publishing

House.
rDo rje sems dpa' nam mkha' che bram ze rgyas pa'i rgyud.
Kaneko 1982, no. 19.
brDa nges par gzung ba.
To. 1214. *bsTan 'gyur,* rgyud, ja, fols. 314b1-16a4.
Nikāyabhedavibhaṅga-vyākhyāna.
Asc. Bhavya. To. 4139. *bsTan 'gyur,* 'dul-ba, su, fols. 147a3-54b2.
Nīlamatapurāṇa.
Edited by K. de Vreese, 1936. *Nīlamata or Teachings of Nila—Sanskrit Text with Critical Notes.* Leiden: Brill. See Ikari 1994.
Nepālavaṁśāvalī.
Edited by Kamal P. Malla, 1985. "Nepālavaṁśāvalī: A Complete Version of the Kaisher Vaṁśāvalī." *Contributions to Nepalese Studies* 12(2): 75-110.
Nairātmyayoginīsādhana.
Asc. Ḍombiheruka. To. 1305. *bsTan 'gyur,* rgyud, ta, fols. 212b7-15a7.
rNal 'byor pa thams cad kyi de kho na nyid snang zhes bya ba grub pa rnams kyi rdo rje'i mgur.
Pseudo-Indic title: *Yogasarvatattvāumutriāloka-vikalavajragīti.* To. 2453. *bsTan 'gyur,* rgyud, zi, fols. 92b1-115b3.
Pañcakrama.
Asc. Siddha Nāgārjuna. Edited by Mimaki Katsumi and Tomabechi Toru, 1994. *Pañcakrama—Sanskrit and Tibetan Texts Critically Edited with Verse Index and Facsimile Edition*

of the Sanskrit Manuscripts. 2 parts. Bibliotheca Codicum Asiaticorum 8. Tokyo: Centre for East Asian Cultural Studies for UNESCO.

Pramāṇavārttika.
Edited by Shastri Dharmakirti and Swami Dwarikadas, 1968. *Pramāṇavārttika of Ācārya Dharmakīrtti.* Bauddha Bharati Series, no. 3. Varanasi: Bauddha Bharati.

Pramāṇaviniścaya.
Dharmakirti. To. 4211. *bsTan 'gyur*, tshad-ma, ce, fols. 152b1-230a7. See Steinkellner 1973.

Pramāṇasamuccaya.
Dignāga. To. 4203. *bsTan 'gyur*, tshad-ma, ce, fols. 1b1-13a7. See Hattori 1968.

Phyag rgya chen po yi ge med pa.
Asc. Vāgīśvarakīrti but written by Grags-pa rgyal-mtshan. *Pod ser LL* XI.406-19.

Phyag rgya'i lam skor.
Asc. Indrabhūti. *Pod ser LL* XI.461-79.

*Biruvajragīti.
Asc. Virūpa. To. 2356. *bsTan 'gyur*, rgyud, zi, fol. 6b4-7.

Buddhakapāla-tantra. Śrī-Buddhakapāla-yoginī-tantra-rāja.
To. 424. *bKa' 'gyur*, rgyud 'bum, nga, fols. 143a1-67a5; Peking 63. *bKa' 'gyur*, rgyud 'bum, da, fols. 126b4-53a6.

Buddhakapālatantrapañjikā Tattvacandrikā.
Asc. Padmavajra. To. 1653 *bsTan 'gyur*, rgyud, ra, fols. 150a3-66a7.

Bodhicaryāvatāra.

Edited by P. L. Vaidya, 1960. *Bodhicaryāvatāra of Śāntideva, with the Commentary Pañjikā of Prajñākaramati.* Buddhist Sanskrit Texts, no. 12. Darbhanga: Mithila Institute.

Bodhicittabhāvanā.

Asc. Mañjuśrīmitra. To. 2591. Edited and translated by Norbu and Lipman, 1986.

Bodhicittavivaraṇa.

Asc. Nāgārjuna. To. 1800. Edited and translated by Lindtner, 1982.

Bodhipathapradīpa.

Asc. Atiśa Dīpaṁkaraśrījñāna. Edited by Helmut Eimer, 1978. See Davidson 1995.

Bodhisattvabhūmi.

Edited by Unrai Wogihara, 1930-36. *Bodhisattvabhūmi: A Statement of Whole Course of the Bodhisattva (Being Fifteenth Section of Yogācārabhūmi).* Reprint, Tokyo: Sankibo Buddhist Book Store, 1971. To. 4037; T. 1579.

Bhikṣāvṛtti-nāma.

Asc. Dombipa. To. 1234. *bsTan 'gyur*, rgyud, nya, fols. 67b7-70a5.

Bhikṣuvarṣāgrapṛcchā.

To. 4133. *bsTan 'gyur*, 'dul-ba, su, fols. 66a1-70b3.

Bhoṭasvāmidāsalekha.

Buddhaguhya. To. 4194. Dietz 1984, pp. 360-65.

Mañjuśrīmūlakalpa.

T. Ganapati Sastri, 1920. *Āryamañjuśrīmūlakalpa.* Reprint, Trivandrum: C B H Publications, 1992. To. 543.

Mañjuśrīnāmasaṁgīti.
See Davidson 1981.
Madhyamakālaṁkāra.
Asc. Sāntarakṣita. To. 3884. *bsTan 'gyur*, dbu-ma, sa, fols. 53a1-56b3.
Madhyamakāloka.
Asc. Kamalaśīla. To. 3887. *bsTan 'gyur*, dbu-ma, sa, fols. 133b4-244a7.
Madhyamakāvatāra.
Edited by Louis de la Vallée Poussin, 1907-12. *Madhyamakāvatāra par Candrakīrti*. Bibliotheca Buddhica, no. 9. St. Petersburg: L'Académie impériale des sciences. See Huntington 1989.
Madhyamakopadeśa.
Asc. Atiśa Dīpaṁkara. To. 3929. To. *bsTan 'gyur*, dbu-ma, ki, fols. 95b1-96a7.
Madhyāntavibhāga-ṭīkā.
Sthiramati. Edited by Ramachandra Pandeya, 1971. *Madhyāntavibhāga-śāstra*. Delhi: Motalal Banarsidass.
Mayamata.
Edited and translated by Bruno Dagens, 1970-76. *Mayamata—Traité sanskrit d'architecture*. Publications de l'Institut français d'indologie no. 40-I and II. Pondichéry: Institut français d'indologie.
———. 1985. *Mayamata—An Indian Treatise on Housing Architecture and Iconography*.
New Delhi: Sitaram Bhartia Institute of Science & Research.

Mahākāla-tantrarāja.

To. 440. *bKa' 'gyur*, rgyud 'bum, ca, fols. 45b6-86a7.

Mahāmāyātantra.

Edited by Samdhong Rinpoche and Vrajavallabh Dwivedi, 1992. *Mahāmāyātantram with Guṇavatī by Ratnākaraśānti*. Rare Buddhist Text Series, no. 10. Sarnath: CIHTS.

Mahāmudrātilaka. Śrī-Mahāmudrātilaka-mahāyoginī-tantrarājādhipati.

To. 420. *bKa' 'gyur*, rgyud 'bum, nga, fols. 66a1-90b7.

Mahāyāna-sūtrālaṁkāra.

Asc. Maitreya. T. 1604. To. 4020. Edited by Levi 1907.

Mahāvairocanābhisambodhitantra.

Extended title: *Mahāvairocanābhisambodhi-vikurvitādhiṣṭhāna-vaipulyasūtrendrarāja-nāma-dharmaparyāya*. To. 494. *bKa' 'gyur*, rgyud 'bum, tha, fols. 151b2-260a7; T.848.18.1a-55a.

Mahāvyutpatti.

Edited by Sasaki Ryōzaburō, 1916-25. *Mahāvyutpatti: Bonzo Kanwa shigaku taiko Mahāwyuttpattei.* 2 vols. Kyoto.

Mahāsāṁghika-vinaya.

T. 1425.

Mūlamadhyamakakārikā.

Edited by Louis de la Vallée Poussin, 1903-13. *Mūlamadhyamaka-kārikās de Nāgārjuna avec la Prasannapadā commentaire de Candrakīrti*. Bibliotheca Buddhica, no. 4. St. Petersburg: L'Académie impériale des sciences.

Mūlasarvāstivāda Vinaya.

To. 1-7. Edited by Nalinaksha Dutt, 1947-50. *Gilgit Manuscripts.* Vol. 3, parts 1-4. Srinagar: Research Department. Edited by Raniero Gnoli, 1977. *The Gilgit Manuscript of the Saṅghabhedavastu.* SOR, vol. 49, 2 parts. Rome: ISMEO. Edited by Raniero Gnoli, 1978. *The Gilgit Manuscript of the Śayanāsanavastu and the Adhikaraṇavastu.* SOR, vol. 50. Rome: ISMEO.

Mṛcchakaṭika.

Edited by M. R. Kale, 1924. *The Mrichchhakatika of Sudraka.* Reprint, Delhi: Motilal Banarsidass, 1988.

Mṛtyuvañcanopadeśa.

Asc. Vāgīśvarakīrti. To. 1748. *bsTan 'gyur*, rgyud, sha, fols. 118b7-33b3.

rDzogs pa chen po lta ba'i yang snying | sangs rgyas thams cad kyi dgongs pa | nam mkha' klong yangs kyi rgyud.

Kaneko 1982, no. 114.

Yamāntakavajraprabheda-nāma-mūlamantrārtha.

Asc. *Vilāsavajra. To. 2014. *bsTan 'gyur*, rgyud, tsi, fols. 1b1-69a7.

Yamāriyantrāvalī.

Asc. Virūpa. To. 2022. *bsTan 'gyur*, rgyud, tsi, fols. 85a1-88a4.

Ye shes kyi mkha' 'gro ma sum cu rtsa lnga'i rtogs pa brjod pa.

Anon. To. 2450. *bsTan 'gyur*, rgyud, zi, fols. 85b6-88a1.

Yogācārabhūmi.

Partially edited by Vidhushekhara Bhattacharya, 1957. *The Yogācārabhūmi of Ācārya Asaṅga.* Calcutta: University of

Calcutta. See *Bodhisattvabhumi and Sravakabhumi*. To. 4035-4042. T. 1579.

Yoginīsañcāratantra.

Edited by Janardan Shastri Pandey, 1998. *Yoginīsañcāratantram with Nibandha of Tathāgataraksita and Upadeśānusāriṇīvyākhyā of Alakakalaśa*. Rare Buddhist Texts Series, no. 21. Sarnath: CIHTS.

Yon po bsrang ba'i gdams ngag.

Asc. Acyuta-Kāṇha but written at Sa-skya. *Pod ser LL* XI.457-61.

Raktayamāntakasādhana.

Asc. Virūpa. To. 2017. *bsTan 'gyur*, rgyud, tsi, fols. 76b3-77b7.

Raktayamārisādhana.

Asc. Śrīvirūpa. To. 2018. *bsTan 'gyur*, rgyud, tsi, fols. 78a1-80b5.

Raktayamārisādhana.

Asc. Buddhajñānapāda. To. 2084. *bsTan 'gyur*, rgyud, tsi, fols. 160a6-161a5.

Ratnakūṭa.

T. 310. To. 45-93.

Ratnagotravibhāga.

Edited by E. H. Johnston, 1950. *Ratnagotravibhāga Mahāyānottaratantraśāstra*. Patna: Bihar Research Society. See Takasaki 1966.

Ratnajvalasādhana.

Asc. Prajñedraruci. To. 1251. *bsTan 'gyur*, rgyud, nya, fols. 214a3-41b2.

Rahasyānandatilaka.

Asc. Mahāmati. To. 1345. *bsTan 'gyur*, rgyud, ta, fols. 359b6-66a7.

Rājataraṅgiṇī.

Edited and translated by Marc Aurel Stein, 1892. *Kalhaṇa's Rājataraṅgiṇī or the Chronicle of the Kings of Kashmir.* Bombay. M. A. Stein, 1900. *Kalhaṇa's Rājataraṅgiṇī , a Chronicle of the Kings of Kashmir.* 2 vols.Westminster.

Rig pa rang shar chen po'i rgyud.

A-'dzom chos-gar xylographic ed. *rNying-ma'i rgyud bcu bdun.* Vol. 1, pp. 389-855. New Delhi: Sanje Dorje, 1977. *rNying ma rgyud 'bum*, gTing-skyes manuscript, vol. 10, pp. 2-334; Kaneko 1982, no. 153; mTshams-brag manuscript, vol. 11, pp. 323-699.

Re ma ti srog sngags kyi rgyud kyis rgyal po.

Samten 1992, Phug-brag no. 772.

Laṅkāvatāra-sūtra.

Edited by Nanjio Bunyiu, 1923. Reprint, Bibliotheca Otaniensis, vol. 1. Kyoto: Otani University Press, 1956.

Lam 'bras bu dang bcas pa'i gdams ngag dang man ngag tu bcas pa.

Asc. Virūpa. To. 2284. *bsTan-'gyur*, rgyud, zhi, fols. 139a6-42b7. See app. 2.

Lalitavistara.

Edited by P. L. Vaidya, 1958. *Lalita-Vistara.* Buddhist Sanskrit Texts, no. 1. Darbhanga: Mithila Institute.

Vajraḍāka-mahātantrarāja.

To. 370. *bKa' 'gyur*, rgyud 'bum, kha, fols. 1b1-125a7.

Vajrapañjara. Ārya-Ḍākinīvajrapañjara-mahātantrarājakalpa.
To. 419. *bKa' 'gyur*, rgyud 'bum, nga, fols. 30a4-65b7.
Vajrapāny-abhiṣeka-mahātantra.
To. 496. *bKa' 'gyur*, rgyud 'bum, da, fols. 1b1-156b7.
Vajrabhairavasādhanakarmopacāra-sattvasaṁgraha.
*Amoghavajra. To. 1982. *bsTan 'gyur*, rgyud, mi, fols. 159b5-66a7.
Vajramaṇḍalavidhipuṣṭi-sādhana.
Asc. *Vilāsavajra. *Rong zom chos bzang gi gsung 'bum*, vol. 1, pp. 355-67.
Vajrayānasthūlāpatti.
Attributed to Nāgārjuna. To. 2482. *bsTan 'gyur*, rgyud, zi, fols. 180a2-b3.
**Vajrayānamūlāpattiṭīkā*, [*rDo rje theg pa'i rtsa ba'i ltung ba'i rgya cher 'grel pa*].
To. 2486. *bsTan 'gyur*, rgyud, zi, fols. 185a7-92b6.
Vajrayānamūlāpattiṭīkā-mārgapradīpa.
Mañjuśrīkīrti. To. 2488. *bsTan 'gyur*, rgyud, zi, fols. 197b7-231b7.
Vajravidāraṇā-dhāraṇī.
To. 750. Edited by Iwamoto Yukata, 1937. *Kleinere Dhāraṇī Texte.* Vol. 2, pp. 7-9. Kyoto.
Vajraśekhara-mahāguhyayogatantra.
To. 480. *bKa' 'gyur*, rgyud 'bum, nya, fols. 142b1-274a5.
Vasantatilakā.
Asc Kṛṣṇacārya. Edited by Samdhong Rinpoche and Vrajavallabh Dwivedi, 1990. Sarnath: CIHTS.

Vidyādharīkelī-śrīvajravārāhī-sādhana.
Asc. Advayavajra. *SKB* IV.28.4.3-29.2.3.
Vinaya-sūtra.
Asc. Gunaprabha. To. 4117. Partially edited by P. V. Bapat and V. V. Gokhale, 1982. *Vinaya-sūtra and Auto-commentary on the Same.* Patna: K. P. Jayaswal Research Institute.
Vimalaprabhā.
Edited by Jagannatha Upadhyaya, 1986. Bibliotheca Indo-Tibetica Series, no. 11. Edited by Vrajavallabh Dwivedi and S. S. Bahulkar, 1994. Rare Buddhist Texts Series, nos. 12, 13. 3 vols. Sarnath: CIHTS.
Virūapādacaurāsi.
Asc. Virūpa. To. 2283. *bsTan 'gyur*, rgyud, zhi, fols. 138a4-39a6.
**Virūpagīti. Bir rū pa'i glu.*
To. 2369. *bsTan 'gyur*, rgyud, zi , fols. 9a5-9b1; Pe. 3197. rgyud-'grel vol. tshi 11a5-11b1.
Vairocanābhisambodhitantrapiṇḍārtha.
Buddhaguhya. To. 2662. *bsTan 'gyur*, rgyud, nyu, fols. 1-65a.
Śrāvakabhūmi.
Edited by Karunesha Shukla, 1973. *Śrāvakabhūmi of Ācārya Asaṅga.* Tibetan Sanskrit Works Series, vol. 14. Patna: K. P. Jayaswal Research Institute.
Śrī-Agnimālātantrarāja.
To. 407. *bKa' 'gyur*, rgyud 'bum, ga, fols. 244b1-45b6.
Śrī-Guhyasamājasādhana-siddhasambhava-nidhi.
Asc. Vitapāda. To. 1874. *bsTan 'gyur*, rgyud, pi, fols. 1b1-69b6.

Śrī-Cakrasaṁvaraguhyācintyatantrarāja.
To. 385. *bKa' 'gyur*, rgyud 'bum, ga, fols. 196a1-99a1.
Śrī-Jñānajvala-tantrarāja.
To. 394. *bKa' 'gyur*, rgyud 'bum, ga, fols. 222a1-23a7.
Śrī-Jñānarājatantra.
To. 398. *bKa' 'gyur*, rgyud 'bum, ga, fols. 229a2-30a2.
Śrī-Jñānāśayatantrarāja.
To. 404. *bKa' 'gyur*, rgyud 'bum, ga, fols. 239a1-39b7.
Śrī-Jvalāgniguhyatantrarāja.
To. 400. *bKa' 'gyur*, rgyud 'bum, ga, fols. 231b4-33a5.
Śrī-Ḍākārṇava-mahāyoginītantrarāja-vāhikaṭīkā.
Asc. Padmavajra. To. 1419. *bsTan 'gyur*, rgyud, dza, fols. 1b1-318a7.
Śrī-Ḍākinīsaṁvaratantra.
To. 406. *bKa' 'gyur*, rgyud 'bum, ga, fols. 242b7-44a7.
Śrī-Mahākhatantrarāja.
To. 387. *bKa' 'gyur*, rgyud 'bum, ga, fols. 202a2-3b1.
Śrī-Mahāsamayatantra.
To. 390. *bKa' 'gyur*, rgyud 'bum, ga, fols. 213b4-16a3.
Śrī-Ratnajvalatantrarāja.
To. 396. *bKa' 'gyur*, rgyud 'bum, ga, fols. 224b4-27b2.
Śrī-Vajraḍākinīgītā.
Ascribed to *Dhātujyeṣṭhā (dbyings kyi gtso mo). To. 2442. *bsTan 'gyur*, rgyud, zi, fols. 64b7-67a2.
Śrī-Vajrabhairavavidāraṇatantrarāja.
To. 409. *bKa' 'gyur*, rgyud 'bum, ga, fols.247a4-48a1.

Śrī-Śmaśānālaṁkāratantrarāja.
To. 402. *bKa' 'gyur*, rgyud 'bum, ga, fols. 235a5-37a5.
Śrī-Sahajapradīpa-pañjikā.
Ascribed to *Vajragupta. To. 1202. *bsTan 'gyur*, rgyud, ja, fols. 160a1-208b1.
Śrī-Sūryacakratantrarāja.
To. 397. *bKa' 'gyur*, rgyud 'bum, ga, fols. 227b3-29a2.
Śrī-Hevajrapañjikā muktikāvalī.
Asc. Ratnākaraśānti. To. 1189. Edited by Ram Shankar Tripathi and Thakur Sain Negi, 2001. *Hevajratantram with Muktāvalīpañjikā of Mahāpaṇḍitācārya Ratnākaraśānti.* Bibliotheca Indo-Tibetica Series, no. 68. Sarnath: CIHTS.
Śrī-Hevajrapradīpaśūlopamāvavādaka.
Asc. *Saroruhavajra. To. 1220. *bsTan 'gyur*, rgyud, nya, fols. 19a7-20b6.
Śrī-Hevajrasādhana. Asc. Ḍombi-pa. To. 1232. *bsTan 'gyur*, rgyud, nya, fols. 45a4-48a1.
Śrī-Hevajrābhisamayatilaka.
Asc. Śākya srung-ba. To. 1277. *bsTan 'gyur*, rgyud, ta, fols. 105a6-30a6.
gShin rje gshed kyi yid bzhin gyi nor bu'i phreng ba zhe bya ba'i sgrub thabs.
Anon. To. 2083. *bsTan 'gyur*, rgyud, tsi, 159a7-60a6.
Ṣaḍaṅgasādhana.
Asc. *Durjayacandra. To. 1239. *bsTan 'gyur*, rgyud, nya, fols. 126b2-30a3.

Saddharmopadeśa.

Asc. Tillipa. To. 2330. *bsTan 'gyur*, rgyud, zhi, fols. 270a7-71a3.

Also in *gDams ngag mdzod*, vol. 5, pp. 106-7.

Saṃvaravyākhyā.

Asc. Kāṇha. To. 1460. *bsTan 'gyur*, rgyud, zha, fols. 6a3-10b7.

Saṃvarodaya-tantra.

To. 373. *bKa' 'gyur*, rgyud 'bum, kha, fols. 265a1-311a6. Edited and translated by Shinichi Tsuda, 1974. *The Saṃvarodaya-Tantra—Selected Chapters.* Tokyo: Hokuseido Press.

Satyadvayavibhaṅga.

Edited and translated by Malcolm David Eckel, 1987. *Jñānagarbha's Commentary on the Distinction Between the Two Truths.* Albany: State University of New York Press.

Sandhivyākaraṇa-tantra.

To. 444. *bKa' 'gyur*, rgyud 'bum, ca, fols. 158a1-207b7.

Saptāṅga.

Attributed to Vāgīśvarakīrti. To. 1889. *bsTan 'gyur*, rgyud pi, fols. 203a3-4b4.

Samādhirāja-sūtra.

Edited by P. L. Vaidya, 1961. Buddhist Sanskrit Texts, no. 2. Darbhanga: Mithila Institute.

Sampuṭa-tantra. Sampuṭodbhava.

To. 381. *bKa' 'gyur*, rgyud 'bum, ga, fols. 73b1-158b7; Pe. 26. *bKa' 'gyur*, rgyud 'bum, ga, fols. 244a2-330a5. Partially edited by Tadeusz Skorupski, 1996.

Sampuṭa-tilaka.

To. 382. *bKa' 'gyur*, rgyud 'bum, ga, fols. 158b7-84a7; Pe. 27. *bKa' 'gyur* rgyud 'bum, ga, fols. 330a5-57a6.

Sarahapādasya dohākoṣa.

P. C. Bagchi, 1935; M. Shahidullah, 1928; see *Kāṇhapādasya dohākoṣa.*

Sarvatathāgatatattvasaṁgraha.

Edited by Yamada Isshi, 1980. *Sarva-tathāgata-Tattvasaṅgraha: A Critical Edition Based on a Sanskrit Manuscript and Chinese and Tibetan Translations.* New Delhi: International Academy of Indian Culture. Reprinted with errors by Chandra Lokesh, ed., 1987. *Sarva-Tathāgata-Tattva-Saṅgraha.* Delhi: Motilal Banarsidass, 1987. To. 479; T. 882.

Sarvadurgatipariśodhana-tantra.

Edited and translated by Tadeusz Skorupski, 1983. *The Sarvadurgati-parisodhana Tantra—Elimination of All Evil Destinies.* Delhi: Motilal Banarsidass.

Sarvabuddhasamāyoga, or *Sarvabuddhasamāyoga-ḍākinījāla-sambara-nāma-uttaratantra.* (longer recension)

To. 366. *bKa' 'gyur*, rgyud 'bum, ka, fols. 151b1-93a6.

Sarvabuddhasamāyoga-gaṇavidhi.

Asc. Indrabhuti. To. 1672. *bsTan 'gyur*, rgyud, la, fols. 195a7-99a4.

Sarvabuddhasamāyoga-tantrarāja. (shorter recension)

rNying ma rgyud 'bum, mTshams-brag ms., vol. tsha, fols. 1b1-26a7. Kaneko 1982, no. 207.

Sahajasiddhi.

Asc. Indrabhuti. To. 2210. *bsTan 'gyur*, rgyud, zhi, fols. 1b1-4a3;

Pe. 3107. *bsTan 'gyur,* rgyud-'grel, tsi, fols. 1b1-4b7.

Sahajasiddhi.

Asc. Ḍombiheruka. In Malati J. Shendge, ed. and trans., 1967. "Śrīsahajasiddhi," IIJ 10 (1967):126-49. Edited with the *Guhyasiddhi*, pp. 181-91.

Sahajasiddhi.

Asc. Ḍombiheruka. *Pod ser* LL XI.387-95.

Sahajasiddhipaddhati.

Asc. Lha-lcam rje-btsun-ma dpal-mo (? = *Devibhattarikasri). To. 2211. *bsTan 'gyur*, rgyud, zhi, fols. 4a3-25a1; Pe. 3108. *bsTan 'gyur*, rgyud-'grel, tsi, fols. 4b8-29a7.

Sādhanamālā.

Edited by Benoytosh Bhattacharya, 1925. GOS nos. 26, 41. 2 vols. Baroda: Oriental Institute.

Suniṣprapañcatattvopadeśa.

Asc. Virūpa. To. 2020. *bsTan 'gyur*, rgyud, tsi, fols. 81a7-84a6.

Suparigraha-maṇḍalavidhi-sādhana.

Asc. Durjayacandra. To. 1240. *bsTan 'gyur*, rgyud, nya, fols. 130a3-54a7.

Sekaprakriyā.

To. 365. *bKa' 'gyur*, rgyud 'bum, ka, fols. 146a7-50a7.

Hevajra-tantra.

Edited and translated David L. Snellgrove, 1959. *The Hevajra Tantra: A Critical Study*. 2 vols. London Oriental Series, vol. 6. Oxford: Oxford University Press. Includes the *Yogaratnamālā* of Kāṇhapāda.

Hevajrasādhana.

Asc. Mañjuśrījñāna. To. 1301. *bsTan 'gyur,* rgyud, ta, fols. 199b6-205b2.

中文資料（Chinese Sources）

Datang xiyu ji.

Xuan-zang. T.2087.51. See Beal 1869.

Datang xiyu qiufa gaoseng zhuan.

Yijing. T.2066.51.1a-12b. See Lahiri 1986.

西藏本土文獻（Tibetan Sources）

Kaḥ thog si tu'i dbus gtsang gnas yig.

Si tu pa Chos kyi rgya mtsho. Lhasa: Bod ljongs bod yig dpe rnying dpe skrun khang, 1999.

Kun rig gi cho ga gzhan phan 'od zer.

Grags pa rgyal mtshan. *SKB* IV.199.1.1-228.1.6.

Kye rdo rje'i 'grel ba'i dkar chag.

Ngor chen Kun dga' bzang po. *SKB* IX.284.4.1-85.1.2.

Kye rdo rje'i byung tshul.

Ngor chen Kun dga' bzang po. *rGyud kyi rgyal po dpal kye rdo rje'i byung tshul dang brgyud pa'i bla ma dam pa rnams kyi rnam par thar pa ngo mtshar rgya mtsho. SKB* IX.278.1.1-84.3.3.

Kye rdo rje'i rtsa rgyud brtag gnyis kyi dka' 'grel.

Sa chen Kun dga' snying po. *SKB* I.78.4.1-122.4.6.

Kye rdor lus dkyil gyi dbang gi bya ba mdor bsdus pa.

Attributed to bla ma Sa chen pa. *Sa skya'i rje btsun gong ma rnam lnga'i gsung ma phyi gsar rnyed*, vol. 1, pp. 7-20.

Klog skya ma.

Sa chen Kun dga' snying po. *gZhung rdo rje'i tshig rkang gi 'grel pa rnal 'byor dbang phyug dpal sa skya pa chen po la klog skya dbang phyug grags kyis zhus pa. LL* XXVII.191-395. MS. facsimile published in *gZuṅ bsad Klog skya ma and Other Related Esoteric Sa skya pa Texts*, pp. 1-345. See app. 3.

Klong chen chos 'byung.

Lhasa: Bod ljongs bod yig dpe snying dpe skrung khang, 1991.

dKar brgyud gser 'phreng.

rGyal thang pa bDe chen rdo rje. *Dkar brgyud Gser 'phreṅ: A Thirteenth-Century Collection of Verse Hagiographies of the Succession of Eminent Masters of the 'Brug pa Dkar brgyud pa Tradition.* Tashijong: Tibetan Craft Community, 1973.

dKar chag ldan dkar ma. Pho brang stod thang ldan dkar gyi chos 'gyur ro cog gi dka' chag.

To. 4364. See Lalou 1953.

bKa' 'chems ka khol ma.

Edited by sMon lam rgya mtsho. Lanzhou: Kan su'i mi rigs dep skrun khang, 1989.

bKa' thang sde lnga.

U rgyan gling pa. Edited by rDo rje rgyal po, 1986. Beijing: Mi rigs dpe skrun khang.

bKa' gdams chos 'byung.

A mes Zhabs. *dGe ba'i bshes gnyen bka' gdams pa rnams kyi dam pa'i chos byung ba'i tshul legs par bshad pa ngo mtshar rgya mtsho.* Xining: Mtsho sngon mi rigs dpe skrun khang, 1995.

bKa' gdams rin po che'i chos 'byung.
bSod nam lha'i dbang po. In Gonpo Tseten, ed., *Two Histories of the Bka' gdams pa Tradition from the Library of Burmiok Athing*, pp. 207-393. Gangtok: Palace Monastery, 1977.

bKa' gdams gsar rnying gi chos 'byung.
Pan chen bSod nams grags pa. Edited with *bKa' gdams rin po che'i chos 'byung*, in Tseten, ed., Two Histories, pp. 1-205.

bsKyed rim gnad kyi zla zer.
Ngor chen Kun dga' bzang po. SKB IX.173.4-277.

bsKyed rim gnad kyi zla zer la rtsod pa spong ba gnad kyi gsal byed.
Go rams bSod nams seng ge. *Go rams bka' 'bum*, vol. 12, pp. 557-693.

Kha rag gnyos kyi rgyud pa byon tshul mdor bsdus.
Edited by Khedup Gyatso, 1978. *The History of the Gños Lineage of Kha Rag*, pp. 1-96. Dolanji: Tibetan Bonpo Monastic Centre.

Khams bde dri ba'i nyams dbyangs.
Grags pa rgyal mtshan. SKB IV.347.1.1-3.6.

mKhas grub khyung po rnal 'byor gyi rnam thar.
Edited by bSod nams tshe brtan, 1996. *Shangs pa bka' brgyud pa bla rabs kyi rnam thar*, pp 3-62. Lhasa: Bod ljongs bod yig dpe rnying dpe skrun khang.

mKhas pa lde'u chos 'byung.

Edited by Chab spel tshe brtan phun tshogs and Nor brang o rgyan, 1987. *mKhas pa lde'us mdzad pa'i rgya bod kyi chos 'byung rgyas pa.* Lhasa: Bod ljongs mi rigs dpe skrun khang.

mKhas pa'i dga' ston.

dPa' bo gtsug lang phreng ba. *Dam pa'i chos kyi 'khor lo bsgyur ba rnams kyi byung ba gsal bar byed pa mkhas pa'i dga' ston.* 2 vols. Beijing: Mi rigs dpe skrun khang, 1986.

'Khor 'das dbyer med tshig byas rin chen snang ba.

Grags pa rgyal mtshan. *Pod ser*, pp. 191-94.

Ga ring rgyal po la rtsis bsdur du btang ba'i yi ge.

Grags pa rgyal mtshan. *SKB* IV.104.1.6-4.6.

Gang zag gzhung ji lta ba bzhin du dkri ba'i gzhung shing.

Sa chen Kun dga' snying po. *Pod ser*, pp. 300-14.

Gu bkra'i chos 'byung.

Gu ru bKra shis. Edited by rDo rje rGyal po, 1990. *bsTan pa'i snying po gsang chen snga 'gyur nges don zab mo'i chos kyi byung ba gsal bar byed pa'i legs bshad mkhas pa dga' bnyed ngo mtshar gtam gyi rol mtsho.* Beijing: Krung go'i bod kyi shes rig dpe skrun khang.

Go rams bka' 'bum.

The Collected Works of Kun Mkhyen Go Rams pa Bsod Nams Seng Ge. 13 vols. Rajpur: Sakya College, 1979.

Gong tu ma bstan pa'i rdo rje slob dpon gyi dbang gi tho.

Anonymous but probably by Sa chen Kun dga' snying po. *Sa skya'i rje btsun gong ma rnam lnga'i gsung ma phyi gsar rnyed*, vol. 1, pp. 21-25.

Grub chen bcu.
Asc. Sa skya Pandita. *SKB* V.349.3.6-53.2.1.
Glegs bam gyi dkar chags.
Grags pa rgyal mtshan. *gSung ngag rin po che lam 'bras bu dang bcas pa'i don gsal bar byed pa glegs bam gyi dkar chags.* LL XI.1-8.
dGag lan nges don 'brug sgra.
Sog zlog pa blo gros rgyal mtshan. *gSang sngags snga 'gyur la bod du rtsod pa snga phyir byung ba rnams kyi lan du brjod pa nges pa don gyi 'brug sgra.* Chengdu: Si khron mi rigs dpe skrun khang, 1997.
dGa' ston la spring yig.
Grags pa rgyal mtshan. *SKB* III.272.3.6-74.3.2.
rGya sgom tshul khrims grags la spring ba.
bSod nam rtse mo. *SKB* II.39.2.4-4.4.
rGya bod kyi sde pa'i gyes mdo.
Grags pa rgyal mtshan. *SKB* IV.296.4.2-98.3.3.
rGya bod yig tshang chen mo.
sTag sthang rdzong pa. Cheng du: Si chuan min zu chu ban she, 1985.
rGyal po bka'i thang yig.
In *bKa' thang sde lnga*, pp. 85-227.
rGyal po go pe la sras dang btsun mor bcas la shing mo yos sogs la gnang ba'i bkra shis kyi tshigs bcad rnams.
Asc. 'Phags pa blo gros rgyal mtshan. *SKB* VII.300.2.5-10.2.5.
rGyal po la gdams pa'i rab tu byed pa'i rnam par bshad pa gsung

rab gsal ba'i rgyan.

By Shes rab bzhon nu under the direction of 'Phags pa blo gros rgyal mtshan. *SKB* VII.90.4.1-108.4.6.

rGyal bu byang chub sems dpa' la gnang ba'i bka' yig.

Asc. 'Phags pa blo gros rgyal mtshan. *SKB* VII.238.2.3-4.4.

rGyal rabs gsal ba'i me long.

Bla ma dam pa bSod nams rgyal mtshan. In B. I. Kuznetsov, ed., 1966. *Rgyal Rabs Gsal Ba'i Me Long* (*The Clear Mirror of Royal Genealogies*). Scripta Tibetana, no. 1. Leiden: Brill. Beijing: Mi rigs dpe skrun khang, 1981. See Sørensen 1994.

rGyud kyi rgyal po chen po saṁ pu ta zhe bya ba dpal ldan sa skya paṇḍi ta'i mchan dang bcas pa.

Sa skya Paṇḍita Kun dga' rgyal mtshan. *Sa skya'i rje btsun gong ma rnam lnga'i gsung ma phyi gsar rnyed*, vol. 2, pp. 69-669.

rGyud kyi mngon par rtogs pa rin po che'i ljon shing.

Grags pa rgyal mtshan. *SKB* III.1-70.1.

rGyud rgyal gsang ba snying po'i 'grel pa rong zom chos bzang gis mdzad pa.

Asc. Rong zom Chos kyi bzang po. *rNying ma bka' ma rgyas pa*, vol. 25.

rGyud sde kun btus.

Compiled by 'Jam dbyangs blo gter dbang po. Delhi: N. Lungtok & N. Gyaltshan, 1971.

rGyud sde spyi'i rnam par gzhag pa.

bSod nams rtse mo. *SKB* II.1-37.

rGyud sde spyi'i rnam gzhag chung ngu.

Sa chen Kun dga' snying po. *SKB* I.2.3.4-7.4.6.

rGyud sde spyi'i rnam gzhag dang rgyud kyi mngon par rtogs pa'i stong thun sa bcad.

Grags pa rgyal mtshan. *SKB* III.70.2.1-81.2.6.

rGyud bzhi'i bka' bsgrub nges don snying po.

In *Sog bzlog pa gsung 'bum*, vol. 2, pp. 213-41.

rGyud lugs rnam 'grel. rTsa ba rdo rje'i tshig rkang rgyud lugs kyi rnam par 'grel pa bshad pa.

Asc. Bo dong Phyogs las rnam rgyal. In *Bo dong gsung 'bum*, vols. 104.2.1-105.414.4.

sGa theng ma.

Sa chen Kun dga' snying po. *gZhung rdo rje'i tshig rkang gi 'grel pa rnal.*

'byor dbang phyug dpal sa skya pa chen po la khams pa sga theng gis zhus pa. LL XXVIII.149-491.

sGam po pa gsung 'bum.

The Collected Works (*Gsuṅ 'Bum*) *of Sgam Po Pa Bsod Nams Rin Chen.* 2 parts. Shashin Learned Works Library and Publishing House Series, vol. 5. Manali: Khasdub Gyatsho Shashin, 1975.

sGam po pa gsung 'bum yid bzhin nor bu.

Edited by Khen po shedup Tenzin and Lama Thinley Namgyal, 2000. 4 vols. Kathmandu: Shri Gautam Buddha Vihara.

sGra sbyor bam po gnyis pa.

To. 4347. *bsTan 'gyur* sna tshogs, co, fols. 131b1-60a7.

sGrub thabs rgya rtsa.

Compiled by Amoghavajra and Ba ri lo tsa ba. To. 3306-399.

sGrub thabs so so'i yig sna.
Grags pa rgyal mtshan. *SKB* IV.148.1.1-70.1.6.
brGyud pa dang bcas pa la gsol ba 'debs pa.
bSod nams rtse mo. *SKB* II.38.3.4-39.2.4.
Nges brjod bla ma'i 'khrul 'khor bri thabs.
Grags pa rgyal mtshan. *SKB* IV.43.1.1-45.4.5.
Ngor chos 'byung.
dKon mchog lhun grub, completed by Sangs rgyas phun tshogs. New Delhi: Ngawang Topgay, 1973.
sNgags log sun 'byin gyi skor.
Thimphu: Kunsang Topgyel and Mani Dorji, 1979.
sNgon gyi gtam me tog phreng ba.
Ascribed Ne'u (Nel pa) Pandita. Edited and translated in Uebach, 1987. Chab spel tshe brtan phun tshog and lDan lhun sangs rgyas chos 'phel, eds., 1990. *Bod kyi lo rgyus deb ther khag lnga*, pp. 1-54. Lhasa: Bod ljongs bod yig dpe rnying dpe skrun khang.
bsNgags par 'os pa'i rab tu byed pa.
'Phags pa blo gros rgyal mtshan. *SKB* VII.285.2.2-286.1.1.
Chag lo tsa ba'i rnam thar.
By 'Ju ba Chos dar. Edited and translated by G. N. Roerich, 1959. *Biography of Dharmasvamin* (*Chag lo tsa ba Chos rje dpal*). Historical Researches Series, vol. 2. Patna: K. P. Jayaswal Research Institute.
Chos spyod rin chen phreng ba.
Grags pa rgyal mtshan. *SKB* IV.312.2.1-20.2.6.

Chos 'byung grub mtha' chen po.
Rog Bande Shes rab 'od. *Grub mtha' so so'i bzed tshul gŹuṅ gsal bar ston pa chos 'byuṅ grub mtha' chen po bstan pa'i sgron me.* Leh: Tshul Khrims Jam dbyang, 1971.

Chos 'byung bstan pa'i sgron me.
Ratna gling pa. *The Nyingmapa Apology of Rin Chen Dpal Bzang Po.* Tashijong: Sungrab Nyamso Gyunphel Parkhang, 1972.

Chos 'byung dpag bsam ljon bzang.
Sum pa mkhan po ye shes dpal 'byor. Lanzhou: Kan su'i mi rigs dpe skrun khang, 1992.

Chos 'byung me tog snying po sbrang rtsi'i bcud.
Asc. Nyang Nyi ma 'od zer. Gangs can rig mdzod, vol. 5. Lhasa: Bod ljongs mi dmangs dpe skrun khang, 1988.

Chos la 'jug pa'i sgo.
bSod nams rtse mo. *SKB* II.318.3.1-45.3.6.

rJe dus gsum mkhyen pa'i rnam thar.
rGwa lo rNam rgyal rdo rje. In *Dus gsum mkhyen pa'i bka' 'bum*, vol. 1, pp. 47-139.

rJe btsun pa'i mnal lam.
Grags pa rgyal mtshan. *SKB* IV.98.2.6-100.1.6; *LL* I.57-64.

rJe btsun sa skya pa gong ma gsum gyi rnam par thar pa dpag bsam ljon pa.
Anonymous. Included in *Sa skya pa lam 'bras bla brgyud kyi rnam thar*, pp. 57-107. Dehra Dun: Sakya Centre, 1985.

rJe sa chen la bstod pa.
bSod nam rtse mo. *SKB* II.37.4.1-38.3.4.

Nyang ral rnam thar. sPrul sku mnga' bdag chen po'i skyes rab rnam thar dri ma med pa'i bka' rgya can.
In *Bka' brgyad bde gśegs 'dus pa'i chos skor.* 13 vols. Ngagyur Nyingmay Sungrab Series, no. 75, vol. 1, pp. 1-163. Gangtok: Sonam Topgay Kazi, 1978.

Nye brgyud gcod kyi khrid yig gsal bar bkod pa legs bshad bdud rtsi'i rol mtsho.
Pad ma lung rtogs rgya mtsho. Thimphu: Kunsang Topgay, 1978.

gNyags ma.
Sa chen Kun dga' snying po. *gZhung bshad gnyags ma. LL* XI.21-128.

mNyam med sgam po pa'i rnam thar.
sGam po sPyan snga bSod nams lhun grub zla 'od rgyal mtshan. Xining: mTsho sngon mi rigs dpe skrun khang, 1993.

rNying ma bka' ma rgyas pa.
Various authors. Edited by bDud 'joms 'Jigs bras ye shes rdo rje, 1982. 55 vols. Kalimpong: Dubjung Lama.

sNying thig ya bzhi.
Asc. kLong chen pa Dri med 'od zer. 11 vols. New Delhi: Trulku Tsewang, Jamyang, and L. Tashi, 1970.

sNying thig lo rgyus chen mo.
In *sNying thig ya bzhi*, vol. 9, pp. 1-179. In *rNying ma bka' ma rgyas pa*, vol. 45, pp. 503-657.

Tun hong nas thon pa'i bod kyi lo rgyus yig cha.
Edited by dBang rgyal and bSod nams, 1992. Beijing: Mi rigs dpe skrun khang.

gTam gyi tshogs theg pa'i rgya mtsho.
'Jigs med gling pa. Edited by bSod nams tshe brtan, 1991. *'Jigs med gling pa'i gtam tshogs.* Lhasa: Bod ljongs bod yig dpe rnying dpe skrun khang.

gTer ston brgya rtsa'i rnam thar.
Kong sprul blo gros mtha' yas. In *Rin chen gter mdzod chen mo*, vol. ka, pp. 291-759.

gTer 'byung chen mo.
Gu ru Chos kyi dbang phyug. *The Autobiography and Instructions of Gu ru Chos kyi dbaṅ phyug*, vol. 2, pp. 75-193. Paro: Ugyen Tempai Gyaltsen, 1979.

gTer 'byung chen mo gsal ba'i sgron me.
Ratna gling pa. In Tseten Dorji, ed., 1973. *Selected Works of Ratna Gliṅ pa*, vol. 1, pp. 1-215. Tezu, Arunachal Pradesh: Tibetan Nyingmapa Monastery.

sTag lung chos 'byung.
sTag lung zhabs drung Ngag dbang rnam rgyal, supplemented by sTag lung Khris 'dzin Ngag dbang bstan pa'i nyi ma. Gang can rig mdzod Series, vol. 22. Lhasa: Bod ljongs bod yig dpe rnying dpe skrun khang, 1992.

brTag gnyis rnam 'grel dag ldan.
Grags pa rgyal mtshan. *SKB* III.96.3.1-162.3.6.

bsTan bcos lung gi nyi 'od.
In *sGam po pa gsung 'bum yid bzhin nor bu*, vol. 4, pp. 91-184.

bsTan rtsis gsal ba'i nyin byed.
Mang thos klu sgrub rgya mtsho. Lhasa: Bod yig dpe rnying dpe

skrun khang, 1987.

bsTod pa rnam dag gi phreng ba.

Asc. 'Phags pa blo gros rgyal mtshan. *SKB* VI.142.4.1-43.3.3.

Theg chen tshul 'jug.

Rong zom Chos kyi bzang po. *Commentaries on the Guhyagarbha and Other Rare Nyingmapa Texts from the Library of Dudjom Rimpoche*, pp. 223-431. New Delhi: Sanje Dorje, 1974.

Theg chen rgyud bla'i don bsdus pa.

Dharamsala: Library of Tibetan Works and Achives, 1993.

Theg pa chen po'i rnal 'byor 'jug pa'i thabs.

A ro Ye shes 'byung gnas. *sNga 'gyur bka' ma'i chos sde*, vol. 59, pp. 5-47. Chengdu: Kah thog mKhan po 'Jam dbyangs, 1999. Copy provided courtesy of David Germano.

Thos yig rgya mtsho.

Ngor chen Kun dga' bzang po. *SKB* IX.44.4.1-108.2.6.

Dang po'i las can gyi bya ba'i rim pa dang lam rim bgrod tshul.

bSod nams rtse mo. *SKB* II.143.2.1-47.2.1.

Dam chos snying po zhi byed las rgyud kyi snyan rgyud zab ched ma.

Edited by Barbara Nimri Aziz, 1979. *The Tradition of Pha Dam pa Saṅs rgyas: A Treasured Collection of His Teachings Transmitted by Thugs sras Kun dga'*. 5 vols. Thimphu: Druk Sherik Parkhang.

Dam chos dgongs pa gcig pa'i yig cha.

dBon po Shes rab 'byung gnas. Thimphu: Kunsang Topgey, 1976.

Dus gsum mkhyen pa'i bka' 'bum.

Selected Writings of the First Zwa Nag Karma pa Dus Gsum Mkhyen pa. 2 vols. Gangtok: Dzongsar Chhentse Labrang, 1980.

Deb ther sngon po.

'Gos lo tsa ba gZhon nu dpal. 2 vols. Chengdu: Si khron mi rigs dpe skrun khang, 1984. See Roerich 1949.

Deb ther dmar po.

Tshal pa Kun dga' rdo rje. Beijing: Mi rigs dpe skrun khang, 1981.

Deb ther dmar po gsar ma.

Edited and translated by Giuseppe Tucci, 1971. *Deb T'er Dmar Po Gsar Ma: Tibetan Chronicles*. SOR 24. Rome: ISMEO.

gDams ngag byung tshul gyi zin bris gsang chen bstan pa rgyas byed.

'Jam dbyangs mKhyen brtse'i dbang phyug. *LL* XIV.2-154.

gDams ngag mdzod.

Kong sprul blo gros mtha' yas. 14 vols. Paro: Lama Ngodrup and Sherab Drimay, 1979.

gDung rabs chen mo.

'Jam mgon A mes zhabs. *'Dzam gling byang phyogs kyi thub pa'i rgyal tshab chen po dpal ldan sa skya pa'i gdung rabs rin po che ji ltar byon pa'i tshul gyi rnam par thar pa ngo mtshar rin po che'i bang mdzod dgos 'dod kun 'byung*. Beijing: Mi rigs dpe skrun khang, 1986.

bDag med ma'i dbang gi tho yig.

bSod nams rtse mo. *SKB* II.404.1.4-3.6.

bDag med lha mo bco lnga'i mngon rtogs.

Grags pa rgyal mtshan. *SKB* III.222.1.1-26.3.6.

bDag med lha mo bco lnga'i bstod pa dri ma med pa'i rgyan and bDag med bstod pa'i bsdus don.

Grags pa rgyal mtshan. *SKB* III.291.3.2-93.1.6.

bDud rtsi 'khyil pa sgrub thabs las sbyor dang bcas pa.

Grags pa rgyal mtshan. *SKB* IV.65.4.5-67.2.6.

bDe mchog kun tu spyod pa'i rgyud kyi gsal byed.

Grags pa rgyal mtshan. *SKB* IV.48.4.6-55.2.6.

bDe mchog nag po pa'i dkyil chog lag tu blang ba'i rim pa.

Grags pa rgyal mtshan. *SKB* III.326.4.1-44.4.6.

bDe mchog lu hi pa'i lugs kyi bla ma brgyud pa'i lo rgyus.

Grags pa rgyal mtshan. *SKB* III.293.2-98.4.

rDo rje phur pa'i chos 'byung ngor mtshar rgya mtsho'i rba rlabs.

In *Sog bzlog pa gsung 'bum*, vol. 1, pp. 111-201.

rDo rje 'byung ba'i yig sna.

Grags pa rgyal mtshan. *SKB* IV.112.2.1-47.4.6.

lDan bu ma.

Sa chen Kun dga' snying po. *gZhung rdo rje'i tshig rkang gi 'grel pa rnal 'byor dbang phyug dpal sa skya pa chen po la jo gdan ldan bu mas zhus pa. LL* XXIX.297-496.

lDe'u chos 'byung.

Asc. lDe'u jo sras. *Chos 'byung chen mo bstan pa'i rgyal mtshan lde'u jo sras kyi mdzad pa.* Lhasa: Mi dmangs dpe skrun khang, 1987.

sDom gsum rab dbye.

Sa skya Pandita. *SKB* V.297.1.1-320.4.5.

Nag po dkyil chog gi bshad sbyar.
Grags pa rgyal mtshan. *SKB* III.304.3.2-26.3.6.
gNas bstod kyi nyams dbyangs.
Grags pa rgyal mtshan. *SKB* IV.347.3.6-48.2.6.
gNas yig phyogs bsgrigs.
Edited by dGe 'dun chos 'phel et al., 1998. Chengdu: Si khron mi rigs dpe skrun khang.
gNa' rabs bod kyi chang pa'i lam srol.
Bar shi Phun tshogs Dbang rgyal. Dharamsala: Library of Tibetan Works & Archives, 1979.
rNam thar rgyas pa.
Edited by Helmut Eimer, 1979.
rNam thar yongs grags.
mChims Nam mkha' grags. In *Pha chos*, pp. 44-228.
rNam thar lam yig.
Asc. 'Brom ston rGyal ba'i 'byung gnas. In *Pha chos*, pp. 229-90.
rNal 'byor byang chub seng ge'i dris lan.
Grags pa rgyal mtshan. *SKB* III.276.4.1-78.2.7.
Padma bka' thang.
Orgyan gling pa. Chengdu: Si khron mi rigs dpe skrun khang, 1987.
Pusti dmar chung. Lam 'bras gzhung bshad pod dmar ma.
First compiled by Kun dga' dbang phyug with later additions. *LL* XIII.
Pod nag. Lam 'bras bzhung bshad pod nag.
Bla ma dam pa bSod nams rgyal mtshan. *LL* XVI.

Pod ser.
First compiled by Grags pa rgyal mtshan, with many additions. *LL* XI.

dPal kye rdo rje rtsa ba'i rgyud brtag pa gnyis pa'i bsdus don.
bSod nams rtse mo. *SKB* II.168.3.1-76.1.6.

dPal kye rdo rje'i sgrub thabs mtsho skyes kyi ti ka.
bSod nams rtse mo. *SKB* II.116.3.1-31.2.1.

dPal kye rdo rje'i rnam par bshad pa nyi ma'i 'od zer.
bSod nams rtse mo. *SKB* II.41.3.1-109.3.6.

dPal kye rdo rje'i rtsa ba'i rgyud brtag pa gnyis pa'i dka' 'grel man ngag don gsal.
Asc. sGyi chu ba. *SKB* I.66.1-78.3.

dPal ldan Bi ru pa la bstod pa.
Sa chen Kun dga' snying po with additions. *SKB* I.1.1.1-2.2.4.

dPal ldan sa skya pandi ta chen po'i rnam par thar pa.
Gung thang gi btsun pa Zhang rgyal ba dpal. *SKB* V.433.2.1-38.4.6.

dPal Nā ro pa'i rnam par thar pa.
dBang phyug rgyal mtshan. *The Biographies of Tilopa and Naropa by Dbaṅphyug rgyal mtshan*. Darjeeling: Kargyud Sungrab Nyamso Khang, 1976.

dPal sa skya pa'i man ngag gces btus pa rin po che'i phreng ba.
Asc. Sa chen Kun dga' snying po. *SKB* I.268.2.1-81.2.6.

dPal gsang ba 'dus pa'i dam pa'i chos byung ba'i tshul legs par bshad pa gsang 'dus chos kun gsal pa'i nyin byed.
A mes zhabs Ngag dbang kun dga' bsod nams. Rajpur: Sakya Centre, 1985.

dPe chos rin chen spungs pa.
Asc. Po to ba Rin chen gsal. *Dharma upama ratna sangrah.* Sarnath: Mongolian Lama Guru Deva, 1965. Includes the commentary *dPe chos rin po che spungs pa'i 'bum 'grel* by bTsun pa Shes rab rdo rje.

sPyod pa'i rgyud spyi'i rnam par gzhags pa legs par bshad pa'i sgron me.
Ngor chen Kun dga' bzang po. *SKB* X.248.3.1-65.4.2.

Pha chos.
Asc. 'Brom ston rGyal ba'i 'byung gnas. *Jo bo rje dpal ldan a ti sha'i rnam thar bka' gdam pha chos.* Xining: Mtsho sngon mi rigs dpe skrun khang, 1993.

Pha dam pa'i rnam thar.
Chos kyi seng ge. In *Pha dam pa dang ma cig lab sgron kyi rnam thar*, pp. 3-242. Xining: Mtsho sngon mi rigs dpe skrun khang, 1992.

Phag mo gru pa'i bka' 'bum.
Photocopy in possession of University of Hamburg. 5 vols. Provided courtesy of Jan Ulrich Sobisch.

Phag mo gru pa'i gsung 'bum.
Edited by Gompo Tseten, 1976. *The Collected works (Gsuṅ 'Bum) of Phag Mo Gru Pa Rdo Rje Rgyal Po.* Gangtok: Palace Monastery.

Phag mo gru pa'i rnam thar rin po che'i phreng ba.
dPal chen Chos kyi ye shes. In *Phag mo gru pa'i gsung 'bum*, pp. 5-62.

Phag mo las bcu'i gsal byed.
Grags pa rgyal mtshan. *SKB* IV.23.2.5-28.2.5.
Phyag rgya chen po gces pa btus pa'i man ngag.
Grags pa rgyal mtshan. *SKB* IV.302.3.1-11.4.5.
Phra mo brgyad kyi man ngag.
Asc. Sa skya Paṇḍita. *SKB* V.353.2.1-54.3.1.
'Phags pa don yod zhags pa'i lo rgyus.
bSod nams rtse mo. *SKB* II.436.2.1-38.2.3.
'Phags pa rdo rje gur gyi rgyan.
Grags pa rgyal mtshan, written 1210. *SKB* III.175.1.1-211.1.6.
Bande ma.
Asc. Sa chen Kun dga' snying po. *gZhung rdo rje'i tshig rkang gi 'grel pa rnal 'byor dbang phyug dpal sa skya pa chen po la bande gshing rje mas zhus pa.* LL XXVIII.1-148.
Ba ri be'u bum.
Be'u bum of Ba ri Lo tsa ba Rin chen grags. Delhi: Lama Jurme Drakpa, 1974.
Bu chos.
sBrom ston rgyal ba'i 'byung gnas kyi skyes rabs bka' gdams bu chos. Xining: mTsho sngon mi rigs dpe skrun khang, 1993.
Bu ston bka' 'bum.
Edited by Chandra Lokesh, 1971. *The Collected Works of Bu ston.* Śata-Piṭaka Series, no. 68. 28 vols. New Delhi: International Academy of Indian Culture.
Bu ston chos 'byung.
Edited by rDo rje rgyal po, 1988. *Chos 'byung gsung rab rin po*

che'i mdzod. Beijing: Krung go bod kyi shes rig dpe skrun khang. Partially edited by Szerb 1990.

Baidurya sngon po.

Sangs rgyas rgya mtsho. *Aryaveda in Tibet: A Survey of the History and Literature of Lamaist Medicine*. Leh: Tashi Yangphel Tashigang, 1970.

Bo dong gsung 'bum.

Encyclopedia Tibetica: The Collected Works of Bo Don Pan Chen Phyogs Las Rnam Rgyal. New Delhi: Tibet House, 1973.

Bod kyi rgyal rabs.

Grags pa rgyal mtshan. *SKB* IV.295.1.6-96.4.2.

Bod kyi gnas yig bdams bsgrigs. Edited by Tshe ring dpal 'byor, 1995. Lhasa: Bod ljongs bod yig dpe rnying dpe skrun khang.

Bod kyi gdung rus zhib 'jug.

lDong ka tsang dGe bshes chos grags et al. Beijing: Mi rigs dpe skrun khang, 2001.

Bod rje lha btsan po'i gdung rabs tshig nyung don gsal.

Kaḥ thog mkhan po Tshe dbang nor bu. In *Bod kyi lo rgyus deb ther khag lnga*, pp. 55-86. Lhasa: Bod ljongs bod yig dpe rnying dpe skrun khang, 1990.

Bod sil bu'i byung ba brjod pa shel dkar phreng ba.

Nor brang O rgyan. Lhasa: Bod ljongs mi dmangs dpe skrun khang, 1991.

Bhir ba pa'i lo rgyus.

In *gŹuṅ bsad Klog skya ma and Other Related Esoteric Texts*, pp. 347-404.

Bya rgyud spyi'i rnam par bshad pa legs par bshad pa'i rgya mtsho.
Ngor chen Kun dag' bzang po. *SKB* X.265.4.2-319.1.6.
Bya spyod rigs gsum spyi'i rig gtad kyi cho ga.
Grags pa rgyal mtshan. *SKB* IV.252.4.1-55.1.5.
Byang chub sems dpa'i spyod pa la 'jug pa'i 'grel pa.
bSod nams rtse mo. *SKB* II.457.4.1-515.2.6.
Byin rlabs tshar gsum khug pa.
Grags pa rgyal mtshan. *SKB* III.94.2.3-95.3.4.
Bla ma rgya gar ba'i lo rgyus.
Grags pa rgyal mtshan. *SKB* III.170.1.1-73.1.6; *LL* I.2-14; *LL* XI.581-94.
Bla ma brgyud pa bod kyi lo rgyus.
Grags pa rgyal mtshan. *SKB* III.173.1.7-74.1.7; *LL* I.14-18; *LL* XI.594-99.
Bla ma brgyud pa'i rnam par thar pa ngo mtshar snang ba.
Asc. Bla ma Dam pa bSod nams rgyal mtshan. *LL* XVI.2-121.
Bla ma mnga' ris pas mdzad pa'i brtag gnyis kyi tshig 'grel.
Asc. mNga' ris pa gSal ba'i snying po. *SKB* I.13.4-65.4.
Bla ma rje btsun chen po'i rnam thar.
Sa skya Paṇḍita Kun dga' rgyal mtshan. *SKB* V.143.1.1-48.3.4.
Bla ma dam pa chos kyi rgyal po rin po che'i rnam par thar pa rin po che'i phreng ba.
Asc. Ye shes rgyal mtshan. *LL* I.290-338.
Bla ma rnam thar bstod pa khyod nyi ma.
Grags pa rgyal mtshan. *SKB* III.82.4.5-83.3.6.

Bla ma ba ri lo tsa ba rin chen grags kyi rnam thar.

bSod nams rtse mo. *Sa skya'i rje btsun gong ma rnam lnga'i gsung ma phyi gsar rnyed*, vol. 1, pp. 255-66.

Bla ma sa skya pa chen po'i rnam thar.

Grags pa rgyal mtshan. *SKB* III.83.3.6-87.3.5.

dBa' bzhed.

Edited and translated by Pasang Wangdu and Hildegard Diemberger, 2000. *dBa' bzhed: The Royal Narrative Concerning the Bringing of the Buddha's Doctrine to Tibet.* Vienna: Österreichischen Akademie der Wissenschaften.

'Bri gung chos rje 'Jig rten mgon po bka' 'bum.

The Collected Writings (Gsuṅ 'Bum) of 'Bri Gung Chos Rje 'Jig rten Mgon po Rin Chen Dpal. 5 vols. New Delhi: Khangsar Talku, 1969.

'Bri gung gdan rabs gser phreng.

'Bri gung bsTan 'dzin pad ma'i rgyal mtshan. Lhasa: Bod ljongs bod yig dpe rnying dpe skrun khang, 1989.

'Brug pa'i chos 'byung.

'Brug pa Padma dKar po. Gangs cen rig mdzod Series, no. 19. Lhasa: Bod ljongs bod yig dpe rnying dpe skrun khang, 1992.

sBa bzhed.

Edited by mGon po rgyal mtshan, 1980. Beijing: Mi rigs dpe skrun khang.

sBa bzhed zhabs btags ma.

Edited by Rolf A. Stein, 1961. *Une chronique ancienne de bSam yas: sBa bźed.* Publications de l'Institut des hautes études chinoises, textes et documents, no. 1. Paris: Institut de hautes études chinoises.

Maṇi bka' 'bum.

Maṇi Bka' 'Bum: A Collection of Rediscovered Teachings Focusing upon the Tutelary Deity Avalokitesvara (*Mahakarunika*). 2 vols. New Delhi: Trayang and Jamyang Samten, 1975.

Man ngag gces pa btus pa.

Asc. Sa chen Kun dga' snying po. *dPal sa skya pa'i man ngag gces pa btus pa rin po che'i phreng ba.* SKB I.268.2.1-81.2.6.

Man ngag lta phreng.

Rong zom gsung thor bu, pp. 1-18. See Karmay 1988, pp. 163-71.

Man ngag lta ba'i phreng ba zhes bya ba'i 'grel pa.

Rong zom gsung thor bu, pp. 19-124.

Mar pa lo tsā'i rnam thar.

Asc. Khrag 'thung rgyal po (gTsang smyong he ru ka). Chengdu: Si khron mi rigs dpe skrun khang, 1983. See Nalanda Translation Committee 1982.

Mi la rnam thar. Edited by J.W. de Jong, 1959. *Mi la ras pa'i rnam thar: Texte tibétain de la vie de Milarépa.* Indo-Iranian Mongraphs, no. 4. The Hague: Mouton.

Myang chos 'byung. Apocryphally asc. Jo nang Tāranātha. Edited by Lhag pa tshe ring, 1983. *Myang yul stod smad bar gsum gyi ngo mtshar gtam legs bshad mkhas pa'i 'jug ngogs.* Lhasa: Bod ljongs mi dmangs dpe skrun khang. See Martin 1997, no. 190.

sMon lam dbang bzhi'i bshad par sbyar ba.

Anonymous but possibly by Sa chen Kun dga' snying po. *Sa skya'i rje btsun gong ma rnam lnga'i gsung ma phyi gsar rnyed*, vol. 1, pp. 81-84.

sMra sgo mtshon cha. sMra ba'i sgo mtshon cha lta bu.
To. 4295. *bsTan 'gyur*, sgra mdo, she, fols. 277b1-281b7.

sMra sgo'i mtshon cha'i mchan rje btsun grags pa rgyal mtshan gyis mdzad pa.
Asc. Grags pa rgyal mtshan. *Sa skya'i rje btsun gong ma rnam lnga'i gsung ma phyi gsar rnyed*, vol. 1, pp. 767-94.

rTsa ba'i ltung ba bcu bzhi pa'i 'grel pa gsal byed 'khrul spong.
Grags pa rgyal mtshan. SKB III.235.1.1-65.3.6.

rTsa dbu ma'i khrid yig.
Grags pa rgyal mtshan. SKB IV.36.2.5-42.4.2.

Tshar chen rnam thar.
Ngag dbang blo bzang rgya mtsho (Dalai Lama V). *Rigs dang dkyil 'khor kun gyi khyab bdag rdo rje 'chang blo gsal rgya mtsho grags pa rgyal mtshan dpal bzang po'i rnam par thar pa slob bshad bstan pa'i nyi 'od.* LL II.399-637.

Tshig mdzod chen mo. Bod rgya tshig mdzod chen mo.
Edited by Krang dbyis sun et al., 1985. 3 vols. Beijing: Mi rigs dpe skrun khang.

mDzod nag ma.
Karma pa III Rang byung rdo rje. *The Life and Songs of Mi La Ras Pa.* 2 vols. Dalhousie: Damchoe Sangpo, 1978.

Zhang ston la bstod pa.
Sa chen Kun dga' snying po. SKB I.2.2.4-2.3.4.

Zhi byed snga phyi bar gsum gyi khrid yig rnams phyogs gcig tu bsdebs pa bdud rtsi'i nying khu.
Lo chen Dharma Shrī. *gDams ngag mdzod,* vol. 9, pp. 308-404.
Zhi byed dang gcod yul gyi chos 'byung rin po che'i phreng ba.
Khams smyon Dharma seng ge. In *Gcod Kyi Chos Skor,* pp. 411-597. New Delhi: Tibet House, 1974.
Zhib mo rdo rje.
dMar ston Chos kyi rgyal po. *Bla ma bod kyi brgyud pa'i rnam thar zhib mo rdo rje.* See Stearns 2001.
Zhu byas ma.
Sa chen Kun dga' snying po. *gZhung rdo rje'i tshig rkang gi 'grel pa rnal 'byor dbang phyug dpal sa skya pa chen po la zhu byas dngos grub kyis zhus pa.* LL XXVII.1-189.
Zhu lan nor bu'i phreng ba.
'Brom ston gZhon nu blo gros. In *Pha chos,* pp. 299-504.
gŹuṅ bsad Klog skya ma and Other Related Esoteric Sa skya pa Texts.
Edited by Tashi Dorje, 1975. Dolanji: Tibetan Bompo Monastic Centre.
gZhan phan nyer mkho.
Grags pa rgyal mtshan. *SKB* IV.228.2.1-37.2.6.
Zangs gling ma.
Nyang ral Nyi ma 'Od zer. *Slob dpon padma'i rnam thar zangs gling ma.* Chengdu: Si khron mi rigs dpe skrun khang, 1989.
Zab don gnad kyi sgron me.
Go rams bSod nams seng ge. *Go ram bka' 'bum,* vol. 12, pp. 1-29.

Zla rgyal ma.

Sa chen Kun dga' snying po. *gZhung rdo rje'i tshig rkang gi 'grel pa rnal 'byor dbang phyug dpal sa skya pa chen po la byang chub sems dpa' zla ba rgyal mtshan kyis zhus pa.* LL XXVII.397-529.

'A 'u ma.

Sa chen Kun dga' snying po. *gZhung rdo rje'i tshig rkang gi 'grel pa rnal 'byor dbang phyug dpal sa skya pa chen po la jo mo 'a 'u mas zhus pa.* LL XXIX.161-295.

Yar lung jo bo'i chos 'byung.

Shakya rin chen sde. Edited by Ngag dbang, 1988. Lhasa: Bod ljongs mi dmangs dpe skrun khang.

Yi ge'i bklag thab byis pa bde blag tu 'jug pa.

bSod nams rtse mo. *SKB* II.345.4.1-49.4.6.

Yum don ma.

Sa chen Kun dga' snying po. *gZhung rdo rje'i tshig rkang gi 'grel pa rnal 'byor dbang phyug dpal sa skya pa chen po la yum ma gcig zhang mo'i don du mdzad pa.* LL XXIX.1-159.

Rin chen gter mdzod chen mo.

Kong sprul blo gros mtha' yas. 111 vols. Paro: Ngodrub and Sherab Drimay, 1976-80.

Rin chen snang ba shlo ka nyi shu pa'i rnam par 'grel pa.

Pod ser, pp. 194-243.

Rong zom chos bzang gi gsung 'bum. 2 vols.

Chengdu: Si khron mi rigs dpe skrun khang, 2001.

Rong zom gsung thor bu.

Rong zom Chos kyi bzang po. *Selected Writings (Gsuṅ Thor Bu) of Roṅzom Chos kyi bzaṅ po.* Leh: 'Khor gdoṅ Gter sprul 'Chi med rig 'dzin, 1974.

Rwa sgreng dgon pa'i dkar chag.

Lhun grub chos 'phel. Chengdu: Si khron mi rigs dpe skrun khang, 1994.

Rwa lo tsā ba'i rnam thar.

Attributed to Rwa ye shes seng ge. *mThu stobs dbang phyug rje btsun rwa lo tsā ba'i rnam par thar pa kun khyab snyan pa'i snga sgra.* Xining: mTsho sngon mi rigs dpe skrun khang, 1989.

Rlangs kyi po ti bse ru rgyas pa.

Asc. Si tu Byang chub rgyal mtshan, but with later additions. Lhasa: Bod ljongs mi dmangs dpe skrun khang, 1986.

Lam 'jug pa dang ldogs pa.

Sa chen Kun dga' snying po. *Pod ser*, pp. 323-25.

Lam 'bras khog phub.

A mes zhab Ngag dbang kun dga' bsod nams. *Yongs rdzogs bstan pa rin po che'i nyam len gyi man ngag gsung ngag rin po che'i byon tshul khog phub dang bcas pa rgyas par bshad pa legs bshad 'dus pa'i rgya mtsho.* LL XXII.1-314.

Lam 'bras rgyud pa'i gsol 'debs.

Grags pa rgyal mtshan. *SKB* III.81.3.1-82.4.5.

Lam 'bras snyan brgyud.

In *gŹuṅ bsad Klog skya ma and Other Related Esoteric Texts*, pp.

405-590.

Lam 'bras byung tshul.

Ngor chen Kun dga' bzang po, supplemented by Gung ru Shes rab bzang po. *Lam 'bras bu dang bcas pa'i man ngag gi byung tshul gsung ngag rin po che bstan pa rgyas pa'i nyi 'od.* SKB IX.108-26.

Lam 'bras lam skor sogs kyi gsan yig.

'Phags pa blo gros rgyal mtshan. SKB VI.32.4.1-35.1.4.

Lam 'bras slob bshad.

Edited by Sa skya Khri 'dzin Ngag gi dbang phyug, 1983/84. 31 vols. Dehra Dun: Sakya Centre.

Lam zab mo bla ma'i rnal 'byor.

Asc. Sa skya Paṇḍita. SKB V.339.3.1-43.4.1.

Lus kyi dkyi 'khor.

Sa chen Kun dga' snying po. *Pod ser*, pp. 135-38.

Lo tsā ba chen po'i bsdus don.

rNgog blo ldan shes rab. Dharamsala: Library of Tibetan Works and Archives, 1993.

Sa skya bka' 'bum.

Edited by Bsod Nams Rgya Mtsho, 1968. *The Complete Works of the Great Masters of the Sa Skya Sect of the Tibetan Buddhism.* 14 vols. Tokyo: Toyo Bunko.

Sa skya gsung rab dkar chag. dPal ldan sa skya'i rje btsun gong ma lnga'i gsung rab rin po che'i par gyi sgo 'phar 'byed pa'i dkar chag 'phrul gyi lde'u mig.

By dGe slong bKra shis lhun grub. SKB VII.310.3.1-43.1.6.

Sa skya legs bshad gter.
Sa skya Paṇḍita. *SKB* V.50.2.1-61.32.6. See Bosson 1969.
Sa skya'i gdung rabs.
sGra tshad pa Rin chen rnam rgyal. In *Bu ston bka' 'bum*, vol. 28, pp. 309-14.
Sa skya'i rje btsun gong ma rnam lnga'i gsung ma phyi gsar rnyed.
Edited by bSod nams tshe 'phel et al. 3 vols. n.p. (Lhasa?): n.d. (late 1980s?). Copy provided courtesy of E. Gene Smith and the Tibetan Buddhist Resource Center, Cambridge, Mass.
Saṁ pu ta'i ti ka gnad kyi gsal byed.
bSod nams rtse mo. *SKB* II.188.1.1-307.1.6.
Sems kyi mtshan nyid gab pa mngon du phyung ba.
sGam po pa bSod nams rin chen. *sGam po pa gsung 'bum*, part 2, pp. 24-32.
Sog bzlog pa gsung 'bum. Collected Writings of Sog Bzlog Pa Blo Gros Rgyal Mtshan. 2 vols. New Delhi: Sanji Dorji, 1975.
Sras don ma.
Sa chen Kun dga' snying po. *Lam 'bras gzhung bshad sras don ma. LL* XII.1 1-446.
Slob dpon dga' rab rdo rje nas brgyud pa'i rdzogs pa chen po sems sde'i phra khrid kyi man ngag.
sGya sman pa Nam mkha' rdo rje. *rNying ma bka' ma rgyas pa*, vol. 17, pp. 435-517.
Slob dpon rdo rje dril bu pa'i lo rgyus.
Grags pa rgyal mtshan. *SKB* III.345.1.1-46.1.4.
Slob dpon Phya pa la bstod pa.

bSod nams rtse mo. *SKB* II.39.4.4-41.2.5.

Slob dpon mtsho skyes kyi lo rgyus.

Sa chen Kun dga' snying po. *SKB* I.380.4.1-81.4.3.

gSang 'dus stong thun.

Asc. 'Gos lo Khug pa lhas btsas. New Delhi: Trayang, 1973.

gSung sgros ma.

dMar Chos kyi rgyal po. *gZhung rdo rje'i tshig rkang gi 'grel pa 'jam dbyangs bla ma'i gsung sgros ma.* LL XXX.1-295.

gSung ngag rin po che lam 'bras bu dang bcas pa ngor lugs thun min slob bshad dang |thun mong tshogs bshad tha dad kyi smin grol yan lang dang bcas pa'i brgyud yig gser gyi phreng ba byin zab 'od brgya 'bar ba.

'Jam dbyang blo gter dbang po. LL XX.417-51 1.

gSung ngag slob bshad khob phub gnad kyi be'u bum.

Mang thos kLu sgrub rgya mtsho. LL XVIII.161-241.

gSo dpyad rgyal po'i dkor mdzod.

Grags pa rgyal mtshan. *SKB* IV.354.3.1-96.1.6.

bSam gtan mig sgron.

Asc. gNubs chen sangs rgyas ye shes. *Rnal 'Byor Mig Gi Bsam Gtan or Bsam Gtan Mig Sgron.* Leh: Khor gdoṅ Gter sprul Chi med rig 'dzin, 1974.

Lho rong chos 'byung.

Ri bo che dpon tshang. Gang can rig mdzod Series, vol. 26. Lhasa: Bod ljongs bod yig dpe rnying dpe skrun khang, 1994.

Arga'i cho ga dang rab tu gnas pa don gsal.

Grags pa rgyal mtshan. *SKB* IV.237.3.1-52.3.6.

Aṣṭa'i gzhi bshad.
Asc. Sa skya Pandita. *SKB* V.355.2.1-58.4.4.
A seng ma.
Sa chen Kun dga' snying po. *Thams cad kyi don bsdus pa'i tshigs su bcad pa. LL* XI.188-91; *gDams ngag mdzod* vol. 4, pp.12-15; *rGyud sde kun btus* vol. 26, pp.104-6.

西方語文資料（Modern Studies）

Almogi, Orna. 2002. "Sources on the Life and Works of the Eleventh-Century Tibetan Scholar Rong Zom Chos Kyi Bzang Po: A Brief Survey." In *Tibet, Past and Present*, edited by Henk Blezer, vol. 1, pp. 67-80. Leiden: Brill.

Arènes, Pierre. 1998. "Herméneutique des *tantra*: Étude de quelques usages du 'sens caché.'" *JIABS* 21 & 22: 173-226.

Aris, Michael. 1979. *Bhutan: The Early History of a Himalayan Kingdom.* Warminster: Aris & Phillips.

Arya, Pasang Yonten. 1998. *Dictionary of Tibetan Materia Medica*, translated and edited by Dr. Yonten Gyatso. Delhi: Motilal Banarsidass.

Backus, Charles. 1981. *The Nan-chao Kingdom and T'ang China's Southestern Frontier.* Cambridge: Cambridge University Press.

Bacot, J., F.W. Thomas, and C. Toussaint. 1940-46. *Documents de Touen-houang relatifs a l'histoire du Tibet.* Annales du Musée Guimet, Bibliothèque d'études, vol. 51. Paris: Librairie orientaliste Paul Geuthner.

Bajracharya, Purna Harsha. 1979. "Than Bahil, an Ancient Centre for Sanskrit Study." *Indologica Taurinensia* 7: 61-64.

Baldissera, Gabrizia. 2001. "The Satire of Tantric Figures in Some Works of Kṣemendra." In *Le Parole e i marmi: Studi in onore di Raniero Gnoli nel suo 70° compleanno*, edited by Raffaele Torella. SOR 92, vol. 1, pp. 13-35. Rome: Istituto italiano per L'Africa e L'Oriente.

Bandyopadhyay, Nandity. 1979. "The Buddhist Theory of Relation Between Prama and Pramana." *JIP* 7: 43-78.

Banerji, R. D. 1919-20. "Neulpur Grant of Subhakara: The 8th year." *Epigraphia Indica* 15: 1-8.

Barrett, David V., ed. 2001. *The New Believers: A Survey of Sects, Cults and Alternative Religions*. London: Cassell.

Beal, Samuel, trans. 1869. *Si-yu-ki: Buddhist Records of the Western World*. London: Kegan Paul, Trench, Trübner.

Beckwith, Christopher I. 1977. "Tibet and the Early Medieval *Florissance* in Eurasia: A Preliminary Note on the Economic History of the Tibetan Empire." *CAJ* 21: 89-104.

———. 1987. *The Tibetan Empire in Central Asia*. Princeton, N.J.: Princeton University Press.

Benson, Robert L. 1982. "Political *Renovatio*: Two Models from Roman Antiquity." In *Renaissance and Renewal in the Twelfth Century*, edited by Robert L. Benson et. al., pp. 339-86. Cambridge, Mass.: Harvard University Press.

Beyer, Steven. 1973. *The Cult of Tārā: Magic and Ritual in Tibet*. Berkeley: University of California Press.

Blackburn, Anne M. 2001. *Buddhist Learning and Textual Practice in Eighteenth-Century Lankan Monastic Culture*. Princeton, N.J.: Princeton University Press.

Blezer, Henk, ed. 2002. *Tibet, Past and Present*. 2 vols. PIATS 2000: Tibetan Studies: Proceedings of the Ninth Seminar of the International Association for Tibetan Studies, Leiden 2000. Leiden: Brill.

Blondeau, Anne-Marie, and Ernst Steinkellner, eds. 1996. *Reflections of the Mountain: Essays on the History and Social Meaning of the Mountain Cult in Tibet and the Himalayas*. Vienna: Österreichischen Akademie der Wissenschaften.

Bosson, James. 1969. *A Treasury of Aphoristic Jewels: The Subhaṣitaratnanidhi of Sa Skya Pandita in Tibetan and Mongolian*. Uralic and Altaic Series, vol. 92. Bloomington: Indiana University Press.

Bouillier, Véronique. 1997. *Ascètes et rois: Uni monastère de Kanphata Yogis au Népal*. Paris: CNRS Ethnologie.

Boyer, A. M., E. J. Rapson, and E. Senart. 1920-29. *Kharoṣṭhī Inscriptions Discovered by Sir Aurel Stein in Chinese Turkestan*. 3 vols. Oxford: Clarendon Press. Reprint, New Delhi: Cosmo Publications, 1997 (1 vol.).

Boyle, J. A., ed. 1968. *The Cambridge History of Iran*. Vol. 5, *The Saljuq and Mongol Periods*. Cambridge: Cambridge University Press.

Broido, Michael. 1982. "Does Tibetan Hermeneutics Throw Any Light on Sandhābhāṣā." *JTS* 2: 5-39.

——. 1983. "*Bshad-thabs*: Some Tibetan Methods of Explaining the Tantras." In *Contributions on Tibetan Language, History and Culture*, edited by Ernst Steinkellner and Helmut Tauscher, vol. 2, pp. 15-45. Proceedings of the Csoma de Körös Symposium, Velm-Vienna, September 13-19, 1981. Vienna: Arbeitskreis für Tibetische und Buddhistische Studien Universität Wien.

——. 1984. "Abhipraya and Implication in Tibetan Linguistics." *JIP* 12: 1-33.

Broughton, Jeffrey. 1983. "Early Ch'an Schools in Tibet." In *Studies in Ch'an and Hua-yen*, edited by Robert M. Gimello and Peter N. Gregory, pp. 1-68. Honolulu: University of Hawai'i Press.

Burke, Peter. 1986. *The Italian Renaissance—Culture and Society in Italy*. Princeton, N.J.: Princeton University Press.

Cabezón, José Ignacio, and Roger R. Jackson, eds. 1996. *Tibetan Literature: Studies in Genre*. Ithaca, N.Y.: Snow Lion.

Carrasco, Pedro. 1959. *Land and Polity in Tibet*. American Ethnological Society, monograph 32. Seattle: University of Washington Press.

Cassinelli, C.W., and Robert B. Ekvall. 1969. *A Tibetan Principality—The Political System of Sa sKya*. Ithaca, N.Y.: Cornell University Press.

Chang, Kun. 1959-60. "An Analysis of the Tun-Huang Tibetan Annals." *Journal of Oriental Studies* 5: 122-73.

Chattopadhyaya, Alaka. 1967. *Atīśa and Tibet*. Calcutta: Motilal

Banarsidass.

Chattopadhyaya, Brajadulal. 1994. *The Making of Early Medieval India*. Delhi: Oxford University Press.

Childs, Geoff H. 1997. "Householder Lamas and the Persistence of Tradition: Animal Sacrifice in Himalayan Buddhist Communities." In *Tibetan Studies: Proceedings of the 7th Seminar of the International Association for Tibetan Studies, Graz 1995*, edited by Helmut Krasser et al., vol. 1, pp. 141-57. Österreichische Akademie der Wissenschaften Philosophisch-Historische Klasse Denkschriften, 256 Band. Vienna: Österreichischen Akademie Der Wissenschaften.

Cleaves, Francis W. 1967. "Teb Tenggeri." *Ural-Altaische Jahrbücher* 39: 248-60.

Cochrane, Eric. 1981. *Historians and Historiography in the Italian Renaissance*. Chicago: University of Chicago Press.

Conze, Edward. 1957. "Marginal Notes to the Abhisamayālaṁkāra." *Sino-Indian Studies* 5/3-4: 21-35.

Cuevas, Bryan J. 2003. *The Hidden History of The Tibetan Book of the Dead*. Oxford: Oxford University Press.

Cüppers, Christoph. 1997. "A Ban on Animal Slaughter at Buddhist Shrines in Nepal." In Karmay and Sagant 1997, pp. 677-87.

Dargyay, Eva K. 1991. "Sangha and State in Imperial Tibet." In *Tibetan History and Language: Studies Dedicated to Uray Géza on his Seventieth Birthday*, edited by Ernst Steinkellner, pp. 111-27. Wiener Studien zur Tibetologie und

Buddhismuskunde Heft 26. Vienna: Arbeitskreis für Tibetische und Buddhistische Studien Universität Wien.

Davidson, Ronald M. 1981. "The *Litany of Names of Mañjuśrī*: Text and Translation of the *Mañjuśrīnāmasaṃgīti*." In *Tantric and Taoist Studies in Honour of R. A. Stein*, edited by Michel Strickmann. *Mélanges chinois et bouddhiques* 20: 1-69.

———. 1985. "Buddhist Systems of Transformation: *Āśrayaparivṛtti / parāvṛtti* Among the Yogācāra." Ph.D. diss., University of California, Berkeley.

———. 1990. "An Introduction to the Standards of Scriptural Authenticity in Indian Buddhism." In *Chinese Buddhist Apocrypha*, edited by Robert E. Buswell, pp. 291-325. Honolulu: University of Hawai'i Press.

———. 1991. "Reflections on the Maheśvara Subjugation Myth: Indic Materials, Sa-skya-pa Apologetics, and the Birth of Heruka." *JIABS* 14/2: 197-235.

———. 1992. "Preliminary Studies on Hevajra's *Abhisamaya* and the *Lam-'bras Tshogs-bshad*." In *Tibetan Buddhism: Reason and Revelation*, edited by Steven D. Goodman and Ronald M. Davidson, pp. 107-32, 176-84. Albany: State University of New York Press.

———. 1995. "Atiśa's *A Lamp for the Path to Awakening*." In *Buddhism: In Practice*, edited by Donald Lopez, pp. 290-301. New Readings Series. Princeton, N.J.: Princeton University Press.

———. 1999. "Masquerading as Pramāṇa: Esoteric Buddhism

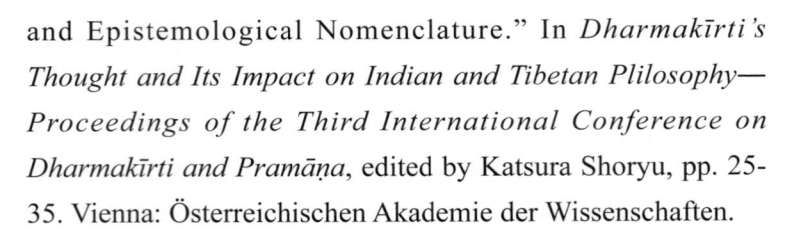

and Epistemological Nomenclature." In *Dharmakīrti's Thought and Its Impact on Indian and Tibetan Pliosophy—Proceedings of the Third International Conference on Dharmakīrti and Pramāṇa*, edited by Katsura Shoryu, pp. 25-35. Vienna: Österreichischen Akademie der Wissenschaften.

——. 2002a. "Gsar-ma Apocrypha: Gray Texts, Oral Traditions, and the Creation of Orthodoxy." In *The Many Canons of Tibetan Buddhism*, edited by Helmut Eimer and David Germano, pp. 203-24. Leiden: Brill.

——. 2002b. "Hidden Realms and Pure Abodes: Central Asian Buddhism as Frontier Religion in the Literature of India, Nepal and Tibet." *Pacific World: Journal of the Institute of Buddhist Studies*, 3rd ser., 4: 153-81.

——. 2002c. *Indian Esoteric Buddhism: A Social History of the Tantric Movement.* New York: Columbia University Press.

——. 2002d. "Reframing *Sahaja*: Genre, Representation, Ritual and Lineage." *JIP* 30: 45-83.

——. 2003. "The Kingly Cosmogonic Narrative and Tibetan Histories: Indian Origins, Tibetan Space, and the *bKa' 'chems ka khol ma* Synthesis." In Roberto Vitali, ed., *Lungta: Cosmogony and the Origins* 16:64-83.

——. forthcoming a. "Imperial Agency in the Gsar-ma Treasure Texts During the Tibetan Renaissance: The *Rgyal po bla gter* and Related Literature." In *Studies in Tibetan Buddhist Literature and Praxis*, edited by Ronald M. Davidson and Christian Wedemeyer. Leiden: Brill.

——. forthcoming b. "Vajras at Thirty Paces: Authority, Lineage, and Religious Conflict in gSar-'gyur Central Tibet." In *Proceedings of the Eighth Seminar of the International Association for Tibetan Studies*, edited by Elliot Sperling. Bloomington: Indiana University Press.

Davidson, Ronald M., and Christian K.Wedemeyer, eds., forthcoming. *Studies in Tibetan Buddhist Literature and Praxis*. Leiden: Brill.

Dawson, Lorne L. 2001. "The Cultural Significance of New Religious Movements: The Case of Soka Gakkai." *Sociology of Religion* 62, no. 2: 337-64.

Dayal, Har. 1932. *The Bodhisattva Doctrine in Sanskrit Buddhist Literature*. Reprint, Delhi: Motilal Banarsidass, 1970.

Decleer, Hubert. 1992. "The Melodious Drumsound All-Pervading—Sacred Biography of Rwa Lotsâwa: About Early Lotsâwa *rnam thar and chos 'byung*." In *Tibetan Studies: Proceedings of the 5th Seminar of the International Association for Tibetan Studies: Narita 1989*, edited by Ihara Shoren and Zuiho Yamaguchi, vol. 1, pp. 13-28. Narita: Naritasan shinshoji.

——. 1994-95. "Bajracharya Transmission in XIth Century Chobar." *Buddhist Himalaya* 6: 9-20.

——. 1996. "Master Atiśa in Nepal: The Tham Bahīl and Five Stūpas' Foundations According to the *'Brom ston Itinerary*." *Journal of the Nepal Research Centre* 10: 27-54.

Demiéville, Paul. 1952. *Le Concile de Lhasa*. Vol. 7. Bibliothéque de l'institut des hautes études chinoises. Paris: Presses Universitaires de France.

———. 1973. *Choix d'études bouddhiques* (1929-1970). Leiden: Brill.

Denjongpa, Anna Balikci. 2002. "Kangchendzönga: Secular and Buddhist Perceptions of the Mountain Deity of Sikkim Among the Lhopos." *Bulletin of Tibetology* 38, no. 2: 5-37.

Diemberger, Hildegard, and Guntram Hazod. 1997. "Animal Sacrifices and Mountain Deities in Southern Tibet." In Karmay and Sagant 1997, pp. 261-79.

———. 1999. "Machig Zhama's Recovery: Traces of Ancient History and Myth in the South Tibetan Landscape of Khata and Phadrug." In *Sacred Spaces and Powerful Places in Tibetan Culture—A Collection of Essays*, edited by Toni Huber, pp. 34-51. Dharamsala: Library of Tibetan Works and Archives.

Dietz, Siglinde. 1984. *Die Buddhistische Briefliteratur Indiens—Nach dem tibetischen Tanjur herausgegeben, übersetzt und erläutert*. Asiatische Forschungen Band 84. Wiesbaden: Otto Harrassowitz.

Dotson, Brandon. Forthcoming. "At the Behest of the Mountain." In *Proceedings of the Xth Seminar of IATS*, edited by Charles Ramble. Leiden: Brill.

Dubois, Abbé J. A. 1897. *Hindu Manners, Customs and Ceremonies*. Translated by Henry K. Beauchamp. Oxford: Clarendon Press.

Dunnel, Ruth. 1992. "The Hsia Origins of the Yüan Institution of Imperial Preceptor." *Asia Major* ser. 3, vol. 5: 85-111.

———. 1994. "The Hsi Hsia." In *The Cambridge History of China*. Vol. 6, *Alien Regimes and Border States, 907-1368*, edited by Herbert Franke and Denis Twitchett, pp. 154-214. Cambridge: Cambridge University Press.

———. 1996. *The Great State of White and High: Buddhism and State Formation in Eleventh-Century Xia*. Honolulu: University of Hawai'i Press.

Eckel, Malcolm David, ed. and trans. 1987. *Jñānagarbha's Commentary on the Distinction Between the Two Truths*. Albany: State University of New York Press.

Edou, Jérôme. 1996. *Machig Labdrön and the Foundations of Chöd*. Ithaca, N.Y.: Snow Lion.

Ehrhard, Franz-Karl. 1997. "Recently Discovered Manuscripts of the Rnying Ma Rgyud 'Bum from Nepal." In *Tibetan Studies: Proceedings of the 7th Seminar of the International Association for Tibetan Studies, Graz 1995*, edited by Helmut Krasser et al., vol. 1, pp. 253-77. Österreichische Akademie der Wissenschaften Philosophisch-Historische Klasse Denkschriften, 256 Band. Vienna: Österreichischen Akademie Der Wissenschaften.

———. 2002. "The Transmission of the *Thig-le Bcu-drug* and the *Bka' Gdams Glegs Bam*." In *The Many Canons of Tibetan Buddhism*, edited by Helmut Eimer and David Germano, pp. 29-56. Leiden: Brill.

Eimer, Helmut, ed. and trans. 1978. *Bodhipathapradīpa: Ein Lehrgedicht de Atiśa (Dīpaṁkaraśrījñāna) in der Tibetischen Überlieferung*. Asiatische Forschungen 59.Wiesbaden: Otto Harrassowitz.

———. 1979. *Rnam Thar Rgyas Pa: Materialien zu einer Biographie des Atiśa (Dīpaṁkaraśrījñāna)*. Asiatische Forschungen, Band 67.Wiesbaden: Otto Harrassowitz.

———. 1997. "A Source for the First Narthang Kanjur: Two Early Sa skya pa Catalogues of the Tantras." In *Transmission of the Tibetan Canon*, edited by Helmut Eimer. Vienna: Österreichischen Akademie der Wissenschaften.

Eimer, Helmut, and David Germano, eds. 2002. *The Many Canons of Tibetan Buddhism. Leiden*: Brill.

Ekvall, Robert B. 1968. *Fields on the Hoof: Nexus of Tibetan Nomadic Pastoralism*. Reprint, Prospect Heights, Ill.:Waveland Press, 1983.

Epstein, Lawrence, and Richard F. Sherburne, eds. 1990. *Reflections on Tibetan Culture—Essays in Memory of Turrell V. Wylie*. Studies in Asian Thought and Religion, vol. 12. Lewiston, N.Y.: Edwin Mellen Press.

Everding, Karl-Heinz. 2000. *Das Königreich Mang yul Gung thang*. 2 vols. Bonn: VGH Wissenschaftsverlag GmbH.

Ferrari, Alfonsa. 1958. *Mk'yen Brtse's Guide to the Holy Places of Central Tibet*. Edited and completed by Luciano Petech. SOR 16. Rome: ISMEO.

Finke, Roger, and Rodney Stark. 2001. "The New Holy Clubs:

Testing Churchto-Sect Proposition." *Sociology of Religion* 62/2: 175-89.

Francke, A. H. 1914-26. *Antiquities of Indian Tibet*. Archaeological Survey of India, Monograph Series, vols. 38, 50. Calcutta: Superintendent Government Printing.

Franke, H. 1978. *From Tribal Chieftain to Universal Emperor and God: The Legitimation of the Yüan Dynasty*. Munich: Verlag der Bayerischen Akademie der Wissenschaften.

——. 1981. "Tibetans in Yüan China." In *China Under Mongol Rule*, edited by J. D. Langlois, pp. 296-328. Princeton, N.J.: Princeton University Press.

Gellner, David N. 1992. *Monk, Householder, and Tantric Priest*. Cambridge: Cambridge University Press.

Germano, David. 2002. "The Seven Descents and the Early History of Rnying ma Transmissions." In *The Many Canons of Tibetan Buddhism*, edited by Helmut Eimer and David Germano, pp. 225-63. Leiden: Brill.

Gethin, R. M. L. 1992. *The Buddhist Path to Awakening: A Study of the Bodhi-Pakkhiyā Dhammā*. Leiden: Brill.

Gimello, Robert M., and Peter N. Gregory, eds. 1983. *Studies in Ch'an and Hua-yen*. Honolulu: University of Hawai'i Press.

Goepper, Roger. 1996. *Alchi: Ladakh's Hidden Buddhist Sanctuary—The Sumtsek*. London: Serindia Publications.

Gómez, Luis O. 1983. "The Direct and the Gradual Approaches of Zen Master Mahayana: Fragments of the Teachings of Mo-ho-yen." In *Studies in Ch'an and Hua-ye*n, edited by Robert

M. Gimello and Peter N. Gregory, pp. 69-167. Honolulu: University of Hawai'i Press.

Gould, Stephen Jay. 2002. *The Structure of Evolutionary Theory.* Cambridge, Mass.: Belknap Press.

Green, Thomas M. 1982. *The Light in Troy: Imitation and Discovery in Renaissance Poetry.* New Haven, Conn.: Yale University Press.

——. 1988. "Petrarch and the Humanist Hermeneutic." In *Petrarch,* edited by Harold Bloom, pp. 103-23. New York: Chelsea House.

Grupper, Samuel Martin. 1980. "The Manchu Imperial Cult of the Early Ch'ing Dynasty: Texts and Studies on the Tantric Sanctuary of Mahākāla at Mukden." Ph.D. diss., Indiana University.

Guenther, Herbert V. 1959. *Jewel Ornament of Liberation.* London: Rider.

——. 1963. *The Life and Teaching of Nāropa.* Oxford: Clarendon Press.

Gupta, Chitrarekha. 1996. *The Kāyasthas: A Study in the Formation and Early History of a Caste.* Calcutta: K. P. Bagchi.

Gyalbo, Tsering, et al. 2000. *Civilization at the Foot of Mount Sham-po: The Royal House of lHa Bug-pa-can and the History of g.Ya'-bzang.* Vienna: Österreichischen Akademie der Wissenschaften.

Gyatso, Geshe Kelsang. 1982. *Clear Light of Bliss: Mahamudra in*

Vajrayana Buddhism. London: Wisdom Publications.

Gyatso, Janet. 1985. "The Development of the Gcod Tradition." In *Soundings in Tibetan Civilization*, edited by Barbara Nimri Aziz and Matthew Kapstein, pp. 320-41. New Delhi: Manohar.

——. 1987. "Down with the Demoness: Reflections on the Feminine Ground in Tibet." *TJ* 12: 33-53.

——. 1994. "Guru Chos-dbang's *Gter 'Byung Chen Mo*: An Early Survey of the Treasure Tradition and Its Strategies in Discussing Bon Treasure." In *Tibetan Studies: Proceedings of the 6th Seminar of the International Association for Tibetan Studies*, edited by Per Kværne, vol. 1, pp. 275-87. Oslo: Institute for Comparative Research in Human Culture.

——. 1996. "Drawn from the Tibetan Treasury: The *gTer ma* Literature." In *Tibetan Literature: Studies in Genre*, edited by José Ignacio Cabezón and Roger R. Jackson, pp. 147-69. Ithaca, N.Y.: Snow Lion.

——. 1998. *Apparitions of the Self: The Secret Autobiographies of a Tibetan Visionary*. Princeton, N.J.: Princeton University Press.

Haarh, Erik. 1969. *The Yar-Luṅ Dynasty: A Study with Particular Regard to the Contribution by Myths and Legends to the History of Ancient Tibet and the Origin and Nature of Its Kings*. Copenhagen: G. E. C. Gad's Forlag.

Hackin, Joseph. 1924. *Formulaire sanscrit-tibétain du Xe siècle*. Mission Pelliot en Asie Centrale, Série Petit in Octavo, vol. 2. Paris: Librarie orientaliste Paul Geuthner.

Hattori, Masaaki. 1968. *Dignāga, on Perception*. Harvard Oriental Series, vol. 47. Cambridge, Mass.: Harvard University Press.

Hazod, Guntram. 2000a. "The Nine Royal Heirlooms." In *Civilization at the Foot of Mount Sham-po: The Royal House of lHa Bug-pa-can and the History of g.Ya'-bzang*, edited by Tsering Gyalbo et al., pp. 192-97. Vienna: Österreichischen Akademie der Wissenschaften.

———. 2000b. "The Yum-brtan Lineage." In *Civilization at the Foot of Mount Sham-po: The Royal House of lHa Bug-pa-can and the History of g.Ya'-bzang*, edited by Tsering Gyalbo et al., pp. 177-91. Vienna: Österreichischen Akademie der Wissenschaften.

Heissig, Walther. 1980. *The Religions of Mongolia*. Translated by Geoffrey Samuel. Berkeley and Los Angeles: University of California Press.

Herrmann-Pfandt, Adelheid. 1992. *Ḍākinīs: Zur Stellung und Symbolik des Weiblichen im Tantrischen Buddhismus*. Indica et Tibetica 20. Bonn: Indica et Tibetica Verlag.

———. 2002. "The *Lhan Kar Ma* as a Source for the History of Tantric Buddhism." In *The Many Canons of Tibetan Buddhism*, edited by Helmut Eimer and David Germano, pp. 129-49. Leiden: Brill.

Huber, Toni. 1990. "Where Exactly Are Caritra, Devikota and Himavat? A Sacred Geography Controversy and the Development of Tantric Buddhist Pilgrimage Sites in Tibet." *Kailash: A Journal of Himalayan Studies* 16, nos. 3-4: 121-64.

―, ed. 1999. *Sacred Spaces and Powerful Places in Tibetan Culture—A Collection of Essays*. Dharamsala: Library of Tibetan Works and Archives.

Huntington, C.W., trans. 1989. *The Emptiness of Emptiness: An Introduction to Early Indian Mādhyamika*. Honolulu: University of Hawai'i Press.

Ikari, Yasuke, ed. 1994. *A Study of the Nīlamata: Aspects of Hinduism in Ancient Kashmir*. Kyoto: Institute for Research in Humanities, Kyoto University.

Irvine, Martin. 1994. *The Making of Textual Culture: 'Grammatica' and Literary Theory*, 350-1000. Cambridge: Cambridge University Press.

Isaacson, Harunaga. 2001. "Ratnākaraśānti's *Hevajrasahajasadyoga*." In *Le Parole e i marmi: Studi in onore di Raniero Gnoli nel suo 70° compleanno*, edited by Raffaele Torella. SOR 92, vol. 1, pp. 457-81. Rome: Istituto italiano per L'Africa e L'Oriente.

Iwasaki, Tsutomu. 1993. "The Tibetan Tribes of Ho-hsi and Buddhism During the Northern Sung Period." *Acta asiatica* 64: 17-37.

Jackson, David P. 1983. "Commentaries on the Writings of Sa-skya Pandita: A Bibliographical Sketch." *TJ* 8, no. 3: 3-23.

―. 1985. "Madhyamaka Studies Among the Early Sa-skya-pas." *TJ* 10, no. 2: 20-34.

―. 1986. "Sa-skya Pandita's Letter to the Tibetans: A Late and Dubious Addition to His Collected Works." *JTS* 6: 17-23.

―. 1987. *The Entrance Gate for the Wise* (*Section III*). Wiener

Studien zur Tibetologie und Buddhismuskunde Heft 17, 1-2. 2 vols. Vienna: Arbeitskreis für Tibetische und Buddhistische Studien Universität Wien.

———. 1990. "Sa-skya Pandita the 'Polemicist': Ancient Debates and Modern Interpretations." *JIABS* 13: 17-1 16.

———. 1993a. Foreword to "rNgog Lo-tsa-ba's Commentary on the *Abhisamayālaṁkāra.*" *Lo tsā ba chen po'i bsdus don*, pp. 1-31.

———. 1993b. Foreword to "rNgog Lo-tsā-ba's Commentary on the *Ratnagotravibhāga."* *Theg chen rgyud bla'i don bsdus pa*, pp. 1-49.

———. 1994a. "An Early Biography of rNgog Lo-tsā-ba Blo-ldan-shes-rab." In *Tibetan Studies: Proceedings of the 6th Seminar of the International Association for Tibetan Studies*, edited by Per Kværne, vol 1, pp. 372-92. Oslo: Institute for Comparative Research in Human Culture.

———. 1994b. *Enlightenment by a Single Means*. Vienna: Österreichischen Akademie der Wissenschaften.

———. 1996. "The *bsTan rim* ('Stages of the Doctrine') and Similar Graded Expositions of the Bodhisattva's Path." In *Tibetan Literature: Studies in Genre*, edited by José Ignacio Cabezón and Roger R. Jackson, pp. 229-43. Ithaca, N.Y.: Snow Lion.

Jackson, Roger R. 1996. " 'Poetry' in Tibet: *Glu, mGur, sNyan ngag* and 'Songs of Experience.' " In *Tibetan Literature: Studies in Genre*, edited by José Ignacio Cabezón and Roger R. Jackson, eds., 368-96. Ithaca, N.Y.: Snow Lion.

Jagchid, Sechin. 1970. "Why the Mongolian Khans Adopted Tibetan Buddhism as Their Faith." In *Proceedings of the Third East Asian Altaistic Conference*, edited by Ch'en Chieh-hsien and Sechin Jagchid, pp. 108-28. Taibei.

———. 1980. "Chinese Buddhism and Taoism During the Mongolian Rule of China." *Mongolian Studies* 6: 61-98.

Jagchid, Sechin, and Paul Hyer. 1979. *Mongolia's Culture and Society*. Boulder, Colo.:Westview Press.

de Jong, J.W. 1972. "Notes à propos des colophons du Kanjur." *Zentralasiatische Studien* 6: 505-59.

Kajiyama, Yuichi. 1968/69. "Bhavaviveka, Sthiramati and Dharmapāla." *Wiener Zeitschrift für die Kunde Süd- und Ost-Asiens* 12-13: 193-203.

Kaneko, Eiichi. 1982. *Ko-tantora zenshu kaidai mokuroku*. Tokyo: Kokusho kankōkai.

Kapstein, Matthew T. 1980. "The Shangs-pa Bka'-brgyud: An Unknown Tradition of Tibetan Buddhism." In *Tibetan Studies in Honour of Hugh Richardson*, edited by Michael Aris and Aung San Suu Kyi, pp. 138-44.Warminster: Philips and Aris.

———. 1992. "The Illusion of Spiritual Progress: Remarks on Indo-Tibetan Buddhist Soteriology." In *Paths to Liberation: The Marga and Its Transformations in Buddhist Thought*, edited by Robert E. Buswell and Robert M. Gimello, pp. 193-224. Honolulu: University of Hawai'i Press.

———. 2000. *The Tibetan Assimilation of Buddhism: Conversion, Contestation, and Memory*. Oxford: Oxford University Press.

Karmay, Samten Gyaltsen. 1972. *The Treasury of Good Sayings: A Tibetan History of Bon*. London Oriental Series, vol. 26. Oxford: Oxford University Press.

——. 1988. *The Great Perfection: A Philosophical and Meditative Teaching of Tibetan Buddhism*. Leiden: Brill.

——. 1991. "L'homme et le boeuf: le rituel de glud (rançon)." *JA* 279: 327-81. Translated in Karmay 1998, pp. 339-79.

——. 1998. *The Arrow and the Spindle: Studies in History, Myths, Rituals and Beliefs in Tibet*. Kathmandu: Mandala Book Point.

Karmay, Samten Gyaltsen, and Philippe Sagant, eds. 1997. *Les habitants du toit du monde*. Nanterre, France: Société d'ethnologie.

Karmay, Samten Gyaltsen, and Yasuhiko Nagano, eds. 2000. *New Horizons in Bon Studies*. Osaka: National Museum of Ethnology.

Kielhorn, F. 1886. "The Sasbahu Temple Inscription of Mahipala, of Vikrama-Samvat 1 150." *IA* 15: 33-46.

Klimburg-Salter, Deborah E. 1987. "Reformation and Renaissance: A Study of Indo-Tibetan Monasteries in the Eleventh Century." In *Orientalia Iosephi Tucci Memoriae Dicta*, edited by Edenda Curaverunt et al., vol. 2, pp. 683-702, plates I-VII. Rome: ISMEO.

——. 1997. *Tabo: A Lamp for the Kingdom*. New York: Thames & Hudson.

Kollmar-Paulenz, Karénina. 1993. *Der Schmuck der Befreiung. Die Geschichte der Zhi byed-und gCod-Schule des tibetischen*

Buddhismus.Wiesbaden: Harrassowitz.

———. 1998. "Ma gcig lab sgron ma—The Life of a Tibetan Woman Mystic Between Adaptation and Rebellion." *TJ* 23/2: 11-32.

Kölver, Bernhard, and Hemrāj Śākya. 1985. *Documents from the Rudravarṇa-Mahāvihāra, Patan.* Vol. 1, *Sales and Mortgages.* Sankt Augustin: VGH Wissenschaftsverlag.

Kossak, Steven M., and Singer, Jane Casey. 1998. *Sacred Visions: Early Paintings from Central Tibet.* New York: Metropolitan Museum of Art.

Kramer, Ralf. 1997. "rNgog Blo-ldan-shes-rab (1059-1109): The Life and Works of the Great Translator." Master's thesis, University of Hamburg.

Krasser, Helmut, et al., eds. 1997. *Tibetan Studies: Proceedings of the 7th Seminar of the International Association for Tibetan Studies, Graz 1995.* 2 vols. Österreichische Akademie der Wissenschaften Philosophisch-Historische Klasse Denkschriften, 256 Band. Vienna: Österreichischen Akademie Der Wissenschaften.

van der Kuijp, Leonard W. J. 1978. "Phya-pa Chos-kyi seng-ge's Impact on Tibetan Epistemological Theory." *JIP* 5: 355-69.

———. 1983. *Contributions to the Development of Tibetan Buddhist Epistemology.* Alt- und Neu-Indische Studien 26.Wiesbaden: Franz Steiner Verlag.

———. 1985. "A Text-Historical Note on *Hevajratantra* II:v:1-2." *JIABS* 8: 83-89.

———. 1987. "The Monastery of Gsang-phu ne'u-thog and Its

Abbatial Succession from ca. 1073 to 1250." *Berliner indologische Studien* 3: 103-27.

———. 1993. "Jayānanda: A Twelfth Century *Guoshi* from Kashmir Among the Tangut." *CAJ* 37: 188-97.

———. 1994. "Apropos of Some Recently Recovered Texts Belonging to the *Lam 'bras* Teachings of the Sa skya pa and Ko brag pa." *JIABS* 17:175-201.

———. 1996. "Tibetan Historiography." In *Tibetan Literature: Studies in Genre*, edited by José Ignacio Cabezón and Roger R. Jackson, pp. 39-56. Ithaca, N.Y.: Snow Lion.

Kumar, Nita. 1988. *Artisans of Banaras: Popular Culture and Identity, 1880-1986*. Princeton, N.J.: Princeton University Press.

Kværne, Per. 1971. "A Chronological Table of the Bon po: The Bstan Rcis of Ñi Ma Bstan 'Jin." *Acta orientalia* 33: 205-48.

———. 1975. "On the Concept of Sahaja in Indian Buddhist Tantric Literature." *Tememos* 11: 88-135.

———, ed. 1994. *Tibetan Studies: Proceedings of the 6th Seminar of the International Association for Tibetan Studies*. 2 vols. Oslo: Institute for Comparative Research in Human Culture.

Kychanov, E. J. 1978. "Tibetans and Tibetan Culture in the Tangut State Hsi Hsia (982-1227)." In *Proceedings of the Csoma de Körös Memorial Symposium*, edited by Louis Ligeti, pp. 205-11. Budapest: Akadémiai Kiadó.

Lahiri, Latika, trans. 1986. *Chinese Monks in India*. Reprint, Delhi: Motilal Banarsidass, 1995.

Lalou, Marcelle. 1938. "Le Culte des Naga et la thérapeutique." *JA* 230: 1-19.

——. 1949. "Les Chemins du mort dans les croyances de haute Asie." *Revue de l'histoire des religions* 135: 42-48.

——. 1952. "Rituel Bon-po des funérailles royales." *JA* 240: 339-61.

——. 1953. "Les Textes bouddhiques au temps du Roi Khri-sroṅ-lde-bcan." *JA* 241, no. 3: 313-53.

Lang, Karen Christina. 1990. "Spa-tshab Nyi-ma-grags and the Introduction of Prāsaṅgika Madhyamaka into Tibet." In *Reflections on Tibetan Culture—Essays in Memory of Turrell V. Wylie*, edited by Lawrence Epstein and Richard F. Sherburne. Studies in Asian Thought and Religion, vol. 12, pp. 127-41. Lewiston, N.Y.: Edwin Mellen Press.

Leonard, Karen Isaksen. 1978. *Social History of an Indian Caste: The Kayasths of Hyderabad*. Berkeley and Los Angeles: University of California Press.

Lessing, Ferdinand D., and Alex Wayman. 1968. *Mkhas Grub Rje'i Fundamentals of the Buddhist Tantras*. Indo-Iranian Monographs, vol. 8. The Hague: Mouton.

Lévi, Sylvain. 1907. *Mahāyāna-Sūtrālamkāra: Exposé de la doctrine du grand véhicule*. Paris: Libraire honoré champion.

Levinson, Jules B. 1996. "The Metaphors of Liberation: Tibetan Treatises on Grounds and Paths." In *Tibetan Literature: Studies in Genre*, edited by José Ignacio Cabezón and Roger R. Jackson, pp. 261-74. Ithaca, N.Y.: Snow Lion.

Lewis, Todd T. 1993. "Newar-Tibetan Trade and the Domestication of *Siṁhalasārthabāhu Avadāna.*" *History of Religions* 33: 135-60.

Lewis, Todd T., and Lozang Jamspal. 1988. "Newars and Tibetans in the Kathmandu Valley: Three New Translations from Tibetan Sources." *Journal of Asian and African Studies* 36: 187-211.

Lhagyal, Dondrup. 2000. "Bonpo Family Lineages in Central Tibet." In *New Horizons in Bon Studies*, edited by Samten Gyaltsen Karmay and Yasuhiko Nagano, pp. 429-508. Osaka: National Museum of Ethnology.

Lienhard, Siegfried. 1993. "Avalokiteśvara in the Wick of the Night-Lamp." *IIJ* 36: 93-104.

Ligeti, Louis, ed. 1978. *Proceedings of the Csoma de Kőrös Memorial Symposium*. Bibliotheca orientalis hungarica, vol. 23. Budapest: Akadémiai Kiadó.

———. 1984. *Tibetan and Buddhist Studies, Commemorating the 200th Anniversary of the Birth of Alexander Csoma de Kőrös*. 2 vols. Bibliotheca orientalis hungarica, vol. 29, no. 2. Budapest: Akadémiai Kiadó.

Lin, Meicun. 1990. "A New Kharoṣthi Wooden Tablet from China." *Bulletin of the School of Oriental and African Studies* 53: 283-91.

Lindtner, Christian. 1982. *Nagarjuniana: Studies in the Writings and Philosophy of Nāgārjuna*. Indiske Studier 4. Copenhagen: Akademisk Forlag.

Lo Bue, Erberto. 1994. "A Case of Mistaken Identity: Ma-gcig Labs-sgron and Ma-gcig Zha-ma." In *Tibetan Studies: Proceedings of the 6th Seminar of the International Association for Tibetan Studies*, edited by Per Kværne, vol. 1, pp. 482-90. Oslo: Institute for Comparative Research in Human Culture.

———. 1997. "The Role of Newar Scholars in Transmitting Buddhist Heritage to Tibet (c. 750-c. 1200)." In Karmay and Sagant 1997, pp. 629-58.

Locke, John K. 1985. *Buddhist Monasteries of Nepal: A Survey of the Bāhās and Bahīs of the Kathmandu* Valley. Kathmandu: Sahayogi Press.

Macdonald, Ariane, ed. 1971a. *Études tibétaines dédiées à la mémoire de Marcelle Lalou*. Paris: Adrien Maisonneuve.

———. 1971b. "Une lecture des Pelliot Tibétain 1286, 1287, 1038, 1047, et 1290." In *Études tibétaines dédiées à la mémoire de Marcelle Lalou*, edited by Ariane Macdonald, pp. 190-391. Paris: Adrien Maisonneuve.

Mala, Guilaine, and Ryutoku Kimura. 1988. *Un traité tibétain de Dhyana chinois*. Tokyo: Maison Franco-Japonaise.

Malla, Kamal P. 1985. Review of *Mediaeval History of Nepal c. 750-1482. Contributions to Nepalese Studies* 12, no. 2: 121-35.

Martin, Dan. 1982. "The Early Education of Milarepa." *JTS* 2: 53-76.

———. 1992. "A Twelfth-Century Tibetan Classic of Mahamudra,

The Path of Ultimate Profundity: The Great Seal Instructions of Zhang." *JIABS* 15: 243-319.

———. 1996a. "Lay Religious Movements in 11th- and 12th-Century Tibet: A Survey of Sources." *Kailash* 18, nos. 3-4: 23-56.

———. 1996b. "On the Cultural Ecology of Sky Burial on the Himalayan Plateau." *East and West* 46: 353-70.

———. 1996c. "The Star King and the Four Children of Pehar: Popular Religious Movements of the 11th- to 12th-Century Tibet." *Acta orientalia academiae scientiarum hungarica* 49, nos. 1-2: 171-95.

———. 1997. *Tibetan Histories: A Bibliography of Tibetan-Language Historical Works*. London: Serindia Publications.

———. 2001a. "Meditation Is Action Taken: On Zhang Rinpoche, a Meditation- Based Activist in Twelfth-Century Tibet." *Lungta (Dharamsala)* 14: 45-56.

———. 2001b. *Unearthing Bon Treasures: Life and Contested Legacy of a Tibetan Scripture Revealer*. Leiden: Brill.

Martines, Lauro. 1988. *Power and Imagination: City-States in Renaissance Italy*. Rev. ed. Baltimore: Johns Hopkins University Press.

Mather, Richard B. 1959. *Biography of Lü Kuang*. Chinese Dynastic Histories Translations, no. 7. Berkeley and Los Angeles: University of California Press.

Mathes, Klaus-Dieter. forthcoming. "Blending the Sūtras with the Tantras: The Influence of Maitripa and His Circle on the

Formation of *Sūtra Mahāmudrā* in the Kagyu Schools." In *Studies in Tibetan Buddhist Literature and Praxis*, edited by Ronald M. Davidson and Christian Wedemeyer. Leiden: Brill.

Mayer, Robert. 1994. "Scriptural Revelation in India and Tibet." In *Tibetan Studies: Proceedings of the 6th Seminar of the International Association for Tibetan Studies*, edited by Per Kværne, vol. 1, pp. 533-44. Oslo: Institute for Comparative Research in Human Culture.

——. 1996. *A Scripture of the Ancient Tantra Collection: The Phur-pa bcu-gnyis*. Oxford: Kiscadale Publications.

——. 1997a. "The Sa-skya Pandita, the White Panacea, and Clerical Buddhism's Current Credibility Crisis." *TJ* (*Dharamsala*) 22, no. 3: 79-105.

——. 1997b. "Were the gSar-ma Polemicists Justified in Rejecting Some rNyingma-pa Tantras?" In *Tibetan Studies: Proceedings of the 7th Seminar of the International Association for Tibetan Studies, Graz 1995*, edited by Helmut Krasser et al., vol. 2, pp. 619-32. Österreichische Akademie der Wissenschaften Philosophisch-Historische Klasse Denkschriften, 256 Band. Vienna: Österreichischen Akademie Der Wissenschaften.

——. 1998. "The Figure of Mahesvara/Rudra in the rÑiÉ-ma-pa Tantric Tradition." *JIABS* 21: 271-310.

McRae, John. 1986. *The Northern School and the Formation of Early Ch'an Buddhism*. Honolulu: University of Hawai'i Press.

Meinert, Carmen. 2002. "Chinese *Chan* and Tibetan *Rdzogs*

Chen: Preliminary Remarks on Two Tibetan Dunhuang Manuscripts." In *Tibet, Past and Present*, edited by Henk Blezer, vol. 2, pp. 289-307. Leiden: Brill.

———. 2003."Structural Analysis of the *bSam gtan mig sgron*. A Comparison of the Fourfold Correct Practice in the *Āryāvikalpapraveśanāmadhāraṇī* and the Contents of the Four Main Chapters of the *bSam gtan mig sgron*." *JIABS* 26: 175-95.

———. forthcoming. "The Legend of Cig car ba Criticism in Tibet: A List of Six Cig car ba Titles in the *Chos 'byung me tog snying po* of Nyang Nyi ma 'od zer (12th century)." In *Studies in Tibetan Buddhist Literature and Praxis*, edited by Ronald M. Davidson and Christian Wedemeyer. Leiden: Brill.

Meyvaert, Paul. 1980. "An Unknown letter of Hulagu, Il-Khan of Persia, to King Louis IX of France." *Viator* 11: 245-59.

Nagano, Yasuhiko. 1979. "An Analysis of Tibetan Colour Terminology." *Tibetano-Burman Studies* 1: 1-83.

———. 2000. "Sacrifice and *lha pa* in the glu rol Festival of Rebskong." In *New Horizons in Bon Studies*, edited by Samten Gyaltsen Karmay and Yasuhiko Nagano, pp. 567-649. Osaka: National Museum of Ethnology.

Nalanda Translation Committee, trans. 1982. *The Life of Marpa the Translator*. Boston: Shambhala.

Namai, Chishō Mamoru. 1997. "On *bodhicittabhavana* in the Esoteric Buddhist Tradition." In *Tibetan Studies: Proceedings of the 7th Seminar of the International Association for Tibetan Studies,*

Graz 1995, edited by Helmut Krasser et al., vol. 2, pp. 657-68. Österreichische Akademie der Wissenschaften Philosophisch-Historische Klasse Denkschriften, 256 Band. Vienna: Österreichischen Akademie Der Wissenschaften.

Nath, Vijay. 2001. *Purāṇas and Acculturation: A Historioco-Anthropological Perspective*. New Delhi: Munshiram Monoharlal Publishers.

de Nebesky-Wojkowitz, Réne. 1956. *Oracles and Demons of Tibet—The Cult and Iconography of the Tibetan Protective Deities*. s'Gravenhage: Mouton. Reprinted with introduction by Per Kværne. Graz: Akademische Druk-u.Verlagsanstalt, 1975.

Newman, John. 1985. "A Brief History of the Kalacakra." In *The Wheel of Time*, edited by Geshe Lhundup Sopa, pp. 51-90. Madison,Wisc.: Deer Park Books.

———. 1998. "Islam in the Kalacakra Tantra." *JIABS* 21, no. 2: 311-71.

Nihom, Max. 1992. "The Goddess with the Severed Head: A Recension of Sādhanamālā 232, 234, and 238 Attributed to the Siddhācārya Virūpā." In *Ritual, State and History in South Asia: Essays in Honour of J. C. Heesterman*, edited by A.W. van den Hoek et al., pp. 222-43. Leiden: Brill.

———. 1995. "On Attracting Women and Tantric Initiation: Tilottamā and *Hevajratantra* II, v. 38-47 and I, vii. 8-9. *Bulletin of the School of Oriental and African Studies* 58, no. 3: 521-31.

Norbu, Namkhai, and Kennard Lipman. 1986. *Primordial Experience: An Introduction to rDzogs-chen Meditation.* Boston: Shambhala.

Oberniller, E. 1931. *History of Buddhism (Chos-hbyung) by Bu-ston.* Materialien zur Kunde des Buddhismus 18 Heft. 2 vols. Heidelberg: O. Harrassowitz.

Orofino, Giacomella. 1997. "Apropos of Some Foreign Elements in the Kālacakratantra." In *Tibetan Studies: Proceedings of the 7th Seminar of the International Association for Tibetan Studies, Graz 1995*, edited by Helmut Krasser et al., vol. 2, pp. 717-24. Österreichische Akademie der Wissenschaften Philosophisch-Historische Klasse Denkschriften, 256 Band. Vienna: Österreichischen Akademie Der Wissenschaften.

———. 2001. "Notes on the Early Phases of Indo-Tibetan Buddhism." In *Le Parole e i marmi: Studi in onore di Raniero Gnoli nel suo 70° compleanno*, edited by Raffaele Torella. SOR 92, vol. 2, pp. 541-64. Rome: Istituto italiano per L'Africa e L'Oriente.

Owens, Bruce McCoy. 1993. "Blood and Bodhisattvas: Sacrifice Among the Newar Buddhists of Nepal." In *Proceedings of the International Seminar on the Anthropology of Tibet and the Himalaya*, edited by Charles Ramble and Martin Brauen, pp. 249-60. Zurich: Ethnological Museum of the University of Zurich.

Pagel, Ulrich. 1995. *The Bodhisattvapitaka.* Tring: Institute of Buddhist Studies.

Paludan, Ann. 1991. *The Chinese Spirit Road: The Classical Tradition of Stone Tomb Statuary*. New Haven, Conn.: Yale University Press.

Pelliot, Paul. 1961. *Histoire ancienne du Tibet*. Paris: Maisonneuve.

Petech, Luciano. 1983. "Tibetan Relations with Sung China and with the Mongols." In *China Among Equals: The Middle Kingdom and Its Neighbors, 10th-14th Centuries*, edited by Morris Rossabi, pp. 173-203. Berkeley and Los Angeles: University of California Press.

——. 1984. *Mediaeval History of Nepal (c. 750-1482)*. SOR 54. Rome: ISMEO.

——. 1990. *Central Tibet and the Mongols*. Rome: ISMEO.

——. 1994. "The Disintegration of the Tibetan Kingdom." In *Tibetan Studies: Proceedings of the 6th Seminar of the International Association for Tibetan Studies*, edited by Per Kværne, vol. 2, pp. 649-59. Oslo: Institute for Comparative Research in Human Culture.

——. 1997. "Western Tibet: Historical Introduction." In *Tabo: A Lamp for the Kingdom*, Deborah E. Klimburg-Salter, pp. 229-55. New York: Thames & Hudson.

Pommaret, Françoise. 1999. "The Mon-pa Revisited: In Search of Mon." In *Sacred Spaces and Powerful Places in Tibetan Culture—A Collection of Essays*, edited by Toni Huber, pp. 52-73. Dharamsala: Library of Tibetan Works and Archives.

Prasâda, Râma. 1912. *Patanjali's Yoga Sutras, with the*

Commentary of Vyâsa and the Gloss of Vâchaspati Miśra. Reprint, New Delhi: Oriental Books Reprint Corporation, 1978.

Rabil, Albert, ed. 1988. *Renaissance Humanism: Foundations, Forms, and Legacy*. 3 vols. Philadelphia: University of Pennsylvania Press.

Rajaguru, Satyanarayan. 1955-76. *Inscriptions of Orissa*. 5 vols. Bhubaneswar: Orissa State Muesum.

Ramble, Charles. 1997. "Se: Preliminary Notes on the Distribution of an Ethnonym in Tibet and Nepal." In Karmay and Sagant 1997, pp. 485-513.

Ratchnevsky, Paul. 1991. *Genghis Khan: His Life and Legacy*. Translated and edited by Thomas Nivison Haining. Oxford: Blackwell.

Regmi, D. R. 1983. *Inscriptions of Ancient Nepal*. 3 vols. New Delhi: Abhinav Publications.

rGya-mtsho, bSod-nams. 1981. "Go-ram bSod-nams seÉ-ge's Commentary on the *Żen pa bżi bral*." In *Wind Horse—Proceedings of the North American Tibetological Society*, edited by Ronald M. Davidson, pp. 23-39. Berkeley, Calif.: Asian Humanities Press.

Richardson, Hugh. 1957. "A Tibetan Inscription from Rgyal Lha-khaṅ; and a Note on Tibetan Chronology from A.D. 841 to A.D. 1042." *JRAS*, 57-78.

——. 1985. *A Corpus of Early Tibetan Inscriptions*. London: Royal Asiatic Society.

———. 1995. "The Tibetan Inscription Attributed to Ye-shes-'od: A Note." *JRAS*, 3rd ser., vol. 5: 403-4.

———. 1998. *High Peaks, Pure Earth: Collected Writings on Tibetan History and Culture*. London: Serindia Publications.

Robinson, James B. 1979. *Buddha's Lions: The Lives of the Eighty-Four Siddhas*. Berkeley, Calif.: Dharma Publishing.

Robinson, Richard H. 1967. *Early Mādhyamika In India and China*. Madison: University of Wisconsin Press.

Rocher, Ludo. 1986. *A History of Indian Literature*. Vol. 2, fasc. 3, *The Purāṇas*. Wiesbaden: Otto Harrassowitz.

Roerich, George N., trans. 1949. *The Blue Annals*. 2 vols. Calcutta: Royal Asiatic Society of Bengal.

Róna-Tas, A. 1978. "On a Term of Taxation in the Old Tibetan Royal Annals." In *Proceedings of the Csoma de Körös Memorial Symposium*, edited by Louis Ligeti, pp. 357-63. Budapest: Akadémiai Kiadó.

Rossabi, Morris. 1988. *Khubilai Khan: His Life and Times*. Berkeley and Los Angeles: University of California Press.

Rosser, Colin. 1978. "Social Mobility in the Newar Caste System." In *Caste and Kin in Nepal, India and Ceylon*, edited by Christoph von Fürer-Haimendorf, pp. 68-139. New Delhi: Sterling Publishers.

de Rossi-Filibeck, E. 1983. "The Transmission Lineage of the gCod According to the 2nd Dalai-Lama." In *Contributions on Tibetan Language, History and Culture*, edited by Ernst Steinkellner and Helmut Tauscher, vol. 2, pp. 47-

57. *Proceedings of the Csoma de Körös Symposium, Velm-Vienna, September 13-19, 1981.* Vienna: Arbeitskreis für Tibetische und Buddhistische Studien Universität Wien.

Ruegg, David Seyfort. 1966. *The Life of Bu Ston Rin po Che.* SOR 34. Rome: ISMEO.

———. 1971. "Le *Dharmadhātusthva* de *Nāgārjuna.*" In *Études tibétaines dédiées à la mémoire de Marcelle Lalou*, edited by Ariane Macdonald, pp. 448-71. Paris: Adrien Maisonneuve.

———. 1973. *Le Traité du Tathāgatagarbha de Bu Ston Rin Chen Grub.* Publications de l'École française d'extrême-orient, vol. 88. Paris: École française d'extrêmeorient.

———. 1981. "Deux problèmes d'exégèse et de pratique tantriques." In *Tantric and Taoist Studies in Honour of R. A. Stein*, edited by Michel Strickmann. *Mélanges chinois et bouddhiques* 20: 212-26.

———. 1989. *Buddha-nature, Mind and the Problem of Gradualism in a Comparative Perspective: On the Transmission and Reception of Buddhism in India and Tibet.* London: School of Oriental and African Studies.

———. 1995. *Ordre spirituel et ordre temporel dans la pensée bouddhique de l'Inde et du Tibet.* Publications de l'Institute de civilisation indienne, fasc. 64. Paris: Collège de France.

———. 1997. "The Preceptor-Donor (*yon mchod*) Relation in Thirteenth Century Tibetan Society and Polity, Its Inner Asian Precursors and Indian Models." In *Tibetan Studies: Proceedings of the 7th Seminar of the International*

Association for Tibetan Studies, Graz 1995, edited by Helmut Krasser et al., vol. 2, pp. 857-72. Österreichische Akademie der Wissenschaften Philosophisch-Historische Klasse Denkschriften, 256 Band. Vienna: Österreichischen Akademie Der Wissenschaften.

———. 2000. *Three Studies in the History of Indian and Tibetan Madhyamaka Philosophy*. Vienna: Arbeitskreis für Tibetische unde Buddhistische Studien, Universität Wien.

Russell, R. V. 1916. *The Tribes and Castes of Central Provinces of India*. Assisted by Rai Bahadur Hira Lal. Reprint, Oosterhout: Anthropological Publications, 1969. 4 vols.

Sachau, Edward C. 1910. *Alberuni's India—An Account of the Religion, Philosophy, Literature, Geography, Chronology, Astronomy, Customs, Laws and Astrology of India About A.D. 1030*. 2 vols. London: Kegan Pual, Trench, Trubner.

Sakurai, Munenobu. 1996. *Indo mikkyōgirei kenkyū*. Kyoto: Hōzōgan.

Salomon, Richard. 1990. "New Evidence for a Gāndhārī Origin of the Arapacana Syllabary." *JAOS* 110: 255-73.

———. 1999. *Ancient Buddhist Scrolls from Gandhāra: The British Library Kharoṣṭhī Fragments*. Seattle: University of Washington Press.

Samten, Jampa. 1992. *A Catalogue of the Phug-brag Manuscript Kanjur*. Dharamsala: Library of Tibetan Works & Archives.

Schaeffer, Kurtis R. 2002. "*The Attainment of Immortality*: From Nathas in India to Buddhists in Tibet." *JIP* 30: 515-33.

van Schaik, Sam. 2004. "The Early Days of the Great Perfection." *JIABS* 27: 165-206.

Scherrer-Schaub, Christina A. 2002. "Enacting Words. A Diplomatic Analysis of Imperial Decrees (*bkas bcad*) and Their Application in the *sGra sbyor bam po gñis pa* Tradition." *JIABS* 25: 263-340.

Schoening, Jeffrey D. 1990. "The Religious Structures at Sa-skya." In *Reflections on Tibetan Culture—Essays in Memory of Turrell V. Wylie*, edited by Lawrence Epstein and Richard F. Sherburne. Studies in Asian Thought and Religion, vol. 12, pp. 11-47. Lewiston, N.Y.: Edwin Mellen Press.

Schopen, Gregory. 1985. "The Bodhigarbhālaṅkāralakṣa and Vimaloṣṇīṣa Dhāraṇīs in Indian Inscriptions." *Wiener Zeitschrift für die Kunde Südasiens* 29: 119-49.

———. 1992. "On Avoiding Ghosts and Social Censure: Monastic Funerals in the Mulasarvastivada-Vinaya." *JIP* 20: 1-39.

———. 1994a. "Doing Business for the Lord: Lending on Interest and Written Loan Contracts in the *Mūlasarvāstivāda-vinaya*." *JAOS* 1 14: 527-54.

———. 1994b. "Ritual Rights and Bones of Contention: More on Monastic Funerals and Relics in the *Mūlasarvāstivāda-vinaya*a." *JIP* 22: 31-80.

———. 1995. "Monastic Law Meets the Real World: A Monk's Continuing Right to Inherit Family Property in Classical India." *History of Religions* 35: 101-23.

Schram, Louis M. J. 1961. *The Mongours of the Kansu-Tibetan*

Frontier. Part 3, Records of the Mongour Clans, *Transactions of the American Philosophical Society*, n.s. 51, no. 3.

Sharma, R. C. 1989. "New Inscriptions from Mathurā." In *Mathurā—The Cultural Heritage*, edited by Doris M. Srinivasan, pp. 308-15. New Delhi: American Institute of Indian Studies.

Sharma, Ram Sharan. 1965. *Indian Feudalism*—c. 300-1200. Reprint, Calcutta: University of Calcutta, 1987.

———. 2001. *Early Medieval Indian Society: A Study in Feudalisation*. Hyderabad: Orient Longman.

Shastri, Lobsang. 1994. "The Marriage Customs of Ru-thog (Mnga'-ris)." In *Tibetan Studies: Proceedings of the 6th Seminar of the International Association for Tibetan Studies*, edited by Per Kværne, vol. 2, pp. 755-77. Oslo: Institute for Comparative Research in Human Culture.

———. 1997. "The Fire Dragon *Chos 'Khor* (1076 A.D.)." In *Tibetan Studies: Proceedings of the 7th Seminar of the International Association for Tibetan Studies, Graz 1995*, edited by Helmut Krasser et al., vol. 2, pp. 873-82. Österreichische Akademie der Wissenschaften Philosophisch-Historische Klasse Denkschriften, 256 Band. Vienna: Österreichischen Akademie Der Wissenschaften.

Siklós, Bulcsu. 1996. *The Vajrabhairava Tantras: Tibetan and Mongolian Versions, English Translation and Annotations*. Buddhica Britannica Series Continua 7. Tring: Institute of Buddhist Studies.

Slusser, Mary Shepherd. 1982. *Nepal Mandala—A Cultural Study of the Kathmandu Valley*. 2 vols. Princeton, N.J.: Princeton University Press.

Smith, E. Gene. 2001. *Among Tibetan Texts: History and Literature of the Himalayan Plateau*. Boston: Wisdom Publications.

Snellgrove, David L. 1967. *The Nine Ways of Bon: Exerpts from gZi-brjid Edited and Translated*. London Oriental Series, vol. 18. Oxford: Oxford University Press.

——. 1987. *Indo-Tibetan Buddhism: Indian Buddhists & Their Tibetan Successors*. 2 vols. Boston: Shambhala.

Snellgrove, David L., and Tadeusz Skorupski. 1977-80. *The Cultural Heritage of Ladakh*. 2 vols. New Delhi: Vikas.

Sobisch, Jan-Ulrich. 2002. *Three-Vow Theories in Tibetan Buddhism: A Comparative Study of Major Traditions from the Twelfth Through Nineteenth Centuries*. Wiesbaden: Dr. Ludwig Reichert Verlag.

Somers, Robert M. 1979. "The End of the T'ang." In *The Cambridge History of China. Vol. 3, Sui and T'ang China, 589-906*, edited by Denis Twitchett, part 1, pp. 682-789. Cambridge: Cambridge University Press.

Sørensen, Per, trans. 1994. *Tibetan Buddhist Historiography: The Mirror Illuminating the Royal Genealogies: An Annotated Translation of the XIVth Century Tibetan Chronicle: rGyal-rabs gsal-ba'i me-long*. Asiatische Forschungen series, band 128. Wiesbaden: Harrassowitz.

Sperling, Elliot. 1987. "Lama to the King of Hsia." *JTS* 7: 31-50.

——. 1991. "Some Remarks on sGa A-gnyan dam-pa and the Origins of the Hor-pa Lineage of the dKar-mdzes Region." In *Tibetan History and Language: Studies Dedicated to Uray Géza on his Seventieth Birthday*, edited by Ernst Steinkellner, pp. 455-65.Wiener Studien zur Tibetologie un Buddhismuskunde Heft 26. Vienna: Universität Wien.

——. 1994. "Rtsa-mi Lo-tsā-ba Sangs-rgyas grags-pa and the Tangut Background to Early Mongol-Tibetan Relations. In *Tibetan Studies: Proceedings of the 6th Seminar of the International Association for Tibetan Studies*, edited by Per Kværne, vol. 2, pp. 803-24. Oslo: Institute for Comparative Research in Human Culture.

Spitz, Lewis W. 1987. *The Renaissance and Reformation Movements*. Vol. 1, The Renaissance. Rev. ed. St. Louis: Concordia.

Stark, Rodney, and William Sims Bainbridge. 1985. *The Future of Religion: Secularization, Revival, and Cult Formation*. Berkeley and Los Angeles: University of California Press.

Stearns, Cyrus. 1996. "The Life and Tibetan Legacy of the Indian *Mahāpaṇḍita* Vibhūticandra." *JIABS* 19: 127-71.

——. 1997. "A Quest for 'The Path and Result.' " In *Religions of Tibet—In Practice*, edited by Donald S. Lopez, pp. 188-99. Princeton, N.J.: Princeton University Press.

——. 1999. *The Buddha from Dolpo: A Study of the Life and Thought of the Tibetan Master Dolpopa Sherab Gyaltsen*. Albany: State University of New York Press.

———. 2001. *Luminous Lives: The Story of the Early Masters of the Lam 'Bras Tradition in Tibet*. Boston: Wisdom Publications.

Stein, Burton. 1991. "The Segmentary State: Interim Reflections." *Puruṣārtha* 13: 217-37.

Stein, Rolf A. 1951. "Mi-ñag et Si-hia, géographie historique et légendes ancestrales." *BEFEO* 44: 223-65.

———. 1959. *Recherches sur l'épopée et le barde au Tibet*. Bibliothèque de l'Institute des hautes études chinoises, vol. 13. Paris: Presses universitaires de France.

———. 1961. *Les Tribus anciennes des marches sino-tibétaines*. Bibliothèque de l'Institut des hautes études chinoises, vol. 15. Paris: Presses universitaires de France.

———. 1962. "Une source ancienne por l'histoire de l'épopée tibétaine, le *Rlaṅs Poti bse-ru*." *JA* 250: 77-106.

——— 1966. "Nouveaux Documents tibétains sur le Mi-Ñag/Si-hia." *Mélanges de sinologie offerts à Monsieur Paul Demiéville*, pp. 281-89. Bibliothèque de l'Institut des hautes études chinoises, vol. 20. Paris: Presses universitaires de France.

———. 1978. "À Propos des documents anciens relatifs au *Phur-Bu (Kila)*." In *Proceedings of the Csoma de Körös Memorial Symposium*, edited by Louis Ligeti, pp. 427-44. Budapest: Akadémiai Kiadó.

———. 1984. "Tibetica antiqua II: L'Usage de métaphores pour des distinctions honorifiques à l'époque des rois tibétains." *BEFEO* 73: 257-72.

———. 1985. "Tibetica antiqua III: À Propos du mot *gcug-lag* et de la religion indigène." *BEFEO* 74: 83-133.

———. 1986. "Tibetica antiqua IV: La Tradition relative au début du bouddhism au Tibet." *BEFEO* 75: 169-96.

———. 1995. "La Soumission de Rudra et autres contes tantriques." *JA* 283:121-60.

Steinkellner, Ernst. 1973. *Dharmakīrti's Pramāṇaviniścayaḥ, 2. Kapitel: Svārthānumānam*. 2 vols. Vienna: Österreichische Akademi der Wissenschaften.

———. 1978. "Remarks on Tantristic Hermeneutics." In *Proceedings of the Csoma de Körös Memorial Symposium*, edited by Louis Ligeti, pp. 445-58. Budapest: Akadémiai Kiadó.

———. 1991. *Tibetan History and Language: Studies Dedicated to Uray Géza on His Seventieth Birthday*. Wiener Studien zur Tibetologie und Buddhismuskunde Heft 26. Vienna: Arbeitskreis für Tibetische und Buddhistische Studien Universität Wien.

Steinkellner, Ernst, and Helmut Tauscher, eds. 1983. *Contributions on Tibetan Language, History and Culture*. Proceedings of the Csoma de Körös Symposium, Velm-Vienna, September 13-19, 1981. 2 vols. Vienna: Arbeitskreis für Tibetische und Buddhistische Studien Universität Wien.

Stock, Brian. 1990. *Listening for the Text*. Baltimore: Johns Hopkins University Press.

Sutherland, Gail Hinich. 1991. *Disguises of the Demon: The Development of the Yakṣa in Hinduism and Buddhism*. Albany: State University of New York Press.

Sweet, Michael J. 1996. "Mental Purification (*Blo sbyong*): A Native Tibetan Genre of Religious Literature." In *Tibetan Literature: Studies in Genre*, edited by José Ignacio Cabezón and Roger R. Jackson, pp. 244-60. Ithaca, N.Y.: Snow Lion.

Szerb, János. 1980. "Glosses on the Oeuvre of Bla-ma 'phags-pa. I on the Activity of Sa-skya Pandita." In *Tibetan Studies in Honour of Hugh Richardson*, edited by Michael Aris and Aung San Suu Kyi, pp. 290-300. Warminster: Aris and Phillips.

——. 1985. "Glosses on the Oeuvre of Bla-ma 'Phags-pa: III. The 'Patron-Patronized' Relationship." In *Soundings in Tibetan Civilization*, edited by Barbara Nimri Aziz and Matthew Kapstein, pp. 165-73. New Delhi: Manohar.

——. 1990. *Bu ston's History of Buddhism in Tibet, Critically Edited with a Comprehensive Index*. Beiträge zur Kultur- und Geistesgeschichte Asiens, no. 5. Vienna: Österreichischen Akademie der Wissenschaften.

Tachikawa, Musashi. 1975. "The Tantric Doctrine of the Sa skya pa According to the *Śel gyi me loṅ*." *Acta asiatica* 29: 95-106.

Takasaki, Jikido. 1966. *A Study on the Ratnagotravibhaga*. SOR 33. Rome: ISMEO.

Tatz, Mark. 1986. *Asanga's Chapter on Ethics with the Commentary of Tsong-Kha-pa*, The Basic Path to Awakening, the Complete Bodhisattva. Studies in Asian Thought and Religion, vol. 4. Lewiston, N.Y.: Edwin Mellen Press.

——. 1987. "The Life of the Siddha-Philosopher Maitrīgupta." *JAOS* 107:695-711.

Templeman, David. 1999. "Internal and External Geography in Spiritual Biography." In *Sacred Spaces and Powerful Places in Tibetan Culture—A Collection of Essays*, edited by Toni Huber, pp. 187-97. Dharamsala: Library of Tibetan Works and Archives.

Thakur, Laxman S. 1994. "A Tibetan Inscription by lHa Bla-ma Ye-shes-'od from dKor (sPu) rediscovered." *JRAS* 3rd. ser., vol. 4: 369-75.

Thapar, Romila. 2004. *Somanatha: The Many Voices of a History*. New Delhi: Viking Penguin.

Thargyal, Rinzin. 1988. "The Applicability of the Concept of Feudalism to Traditional Tibetan Society." In *Tibetan Studies: Proceedings of the 4th Seminar of the International Association for Tibetan Studies*, edited by Helga Uebach and Jampa L. Panglung, pp. 391-95. Munich: Bayerische Akademie der Wissenschaften.

Thomas, F.W. 1903. "Deux collections sanscrites et tibétaines de sādhanas." *Le Muséon* n.s. 4: 1-42.

——. 1935-55. *Tibetan Literary Texts and Documents Concerning Chinese Turkestan*. Oriental Translation Fund, n.s. vols. 32, 37, 40. London: Luzac.

——. 1957. *Ancient Folk-Literature from North-Eastern Tibet*. Berlin: Akademie Verlag.

Thondup, Tulku. 1986. *Hidden Teachings of Tibet: An Explanation of the Terma Tradition of the Nyingma School of Buddhism*. London: Wisdom Publications.

Torella, Raffaele, ed. 2001. *Le Parole e i marmi: Studi in onore di Raniero Gnoli nel suo 70° compleanno.* SOR 92. 2 vols. Rome: Istituto italiano per L'Africa e L'Oriente.

Tsering, Pema. 1978. "*Rñiṅ Ma Pa* Lamas am Yüan-Kaiserhof." In *Proceedings of the Csoma de Körös Memorial Symposium,* edited by Louis Ligeti, pp. 511-40. Budapest: Akadémiai Kiadó.

Tucci, Giuseppe. 1930a. "Animadversiones Indicae." *Journal of the Asiatic Society of Bengal* 26:125-60.

———. 1930b. *The Nyayamukha of Dignāga.* Materialien zur Kunde des Buddhismus, vol. 15. Heidelberg: O. Harrassowitz.

———. 1947. "The Validity of Tibetan Historical Tradition." Reprint, *Opera minora.* Rome: Rome University, 1971.

———. 1949. *Tibetan Painted Scrolls.* 3 vols. Rome: La Libreria dello stato. Reprint, Bangkok: SDI Publications, 1999.

———. 1950. *The Tombs of the Tibetan Kings.* SOR 1. Rome: ISMEO.

———. 1956a. *Preliminary Report on Two Scientific Expeditions in Nepal.* SOR 10. Rome: ISMEO.

———. 1956b. *To Lhasa and Beyond.* Rome: Istituto poligrafico dello stato.

———. 1958. *Minor Buddhist Texts.* SOR 9. 2 vols. Rome: ISMEO.

———. 1980. *The Religions of Tibet.* Translated from the German and Italian by Geoffrey Samuel. Berkeley and Los Angeles: University of California Press.

Uebach, Helga, ed. and trans. 1987. *Nel-pa Paṇḍita's Chronik Me-*

Tog Phreṅ-ba: Handschrift der Library of Tibetan works and Archives, Tibetischer Text in Faksimile, Transkription und Übersetzung. Studia Tibetica Band I. Munich: Bayerische Akademie der Wissenschaften.

———. 1990. "On Dharma-Colleges and Their Teachers in the Ninth Century Tibetan Empire." In *Indo-Sino-Tibetica: Studi in onore di Luciano Petech*, edited by Paolo Daffina, pp. 393-417. Studi Orientali, vol. 9. Rome: Universita di Roma.

Ueyama, Daishun. 1983. "The Study of Tibetan Ch'an Manuscripts Recovered from Tun-huang: A Review of the Field and Its Prospects." In *Early Ch'an in China and Tibet*, edited by Whalen Lai and Lewis R. Lancaster, pp. 327-49. Berkeley, Calif.: Asian Humanities Press.

Ui, Hakuju, et al., eds. 1934. *A Complete Catalogue of the Tibetan Buddhist Canons (BKaḥ-ḥgyur and Bstan-ḥgyur)*. Sendai: Tohoku Imperial University.

Uray, Géza. 1982. "Notes on the Thousand-Districts of the Tibetan Empire in the First Half of the Ninth Century." *Acta orientalia academiae scientiarum hungaricae* 36, nos. 1-3: 545-48.

de la Vallée Poussin, Louis, trans. 1971. *L'Abhidharmakosa de Vasubandhu*. 2nd. ed. *Mélanges chinois et bouddhiques* 16. 6 parts.

van der Veer, Peter. 1988. *Gods on Earth: The Management of Religious Experience and Identity in a North Indian Pilgrimage Centre*. London: Athlone Press.

Verhagen, Pieter C. 1994. *A History of Sanskrit Grammatical*

Literature in Tibet. Vol. 1, *Transmission of the Canonical Literature*. Leiden: Brill.

———. 1995. "Studies in Tibetan Indigenous Gammar (2): Tibetan Phonology and Phonetics in the *Byis-pa-bde-blog-tu-'jug-pa* by Bsod-nams-rtse-mo (1142-1182)." *Asiatische studien* 49, no. 4: 943-68.

———. 2001. *A History of Sanskrit Grammatical Literature in Tibet*, Vol. 2, *Assimilation into Indigenous Scholarship*. Leiden: Brill.

Vitali, Roberto. 1990. E*arly Temples of Central Tibet*. London: Serindia Publications.

———. 1996.*The Kingdoms of Gu-.ge Pu.hrang*. Dharamsala:Tho.ling gtsug.lag.khang lo.gcig.stong 'khor.ba'i rjes.dran.mdzad sgo'i go.sgrig tshogs.chung.

———. 2001. "Sa skya and the mNga' ris skor gsum legacy: the case of Rin chen bzang po's flying mask." *Lungta* 14: 5-44.

———. 2002. "The History of the Lineages of Gnas Rnying Summarised as Its 'Ten Greatnesses.' " In *Tibet, Past and Present*, edited by Henk Blezer, vol. 1, pp. 81-107. Leiden: Brill.

———. forthcoming. "The Transmission of *bsnyung gnas* in India, the Kathmandu Valley and Tibet (10th-12th Centuries)." In *Studies in Tibetan Buddhist Literature and Praxis*, edited by Ronald M. Davidson and Christian Wedemeyer. Leiden: Brill.

Vogel, Jean Phillippe. 1926. *Indian Serpent Lore; or the Nāgas of Hindu Legend and Art*. London: A. Probsthain.

Vostrikov, A. I. 1970. *Tibetan Historical Literature*. Translated from the Russian by Harish Chandra Gupta. Soviet Indology Series, no. 4. Calcutta: Indian Studies Past & Present.

Wang, Gungwu. 1963. *The Structure of Power in North China During the Five Dynasties*. Stanford, Calif.: Stanford University Press.

Wayman, Alex. 1977. *Yoga of the Guhyasamajatantra: The Arcane Lore of Forty Verses*. Delhi: Motilal Banarsidass.

Wedemeyer, Christian K. forthcoming. "Tantalizing Traces of the Labors of the Lotsawas: Alternative Translations of Sanskrit Sources in the Writings of Rje Tsong Kha pa." In *Studies in Tibetan Buddhist Literature and Praxis*, edited by Ronald M. Davidson and Christian K.Wedemeyer. Leiden: Brill.

Weinstein, Stanley. 1987. B*uddhism Under the T'ang*. Cambridge: Cambridge University Press.

Willson, Martin. 1986. *In Praise of Tārā: Songs to the Savioress*. Boston:Wisdom Publications.

Witzel, Michael. 1994. "Kashmiri Manuscripts and Pronunciation." In *A Study of the Nīlamata: Aspects of Hinduism in Ancient Kashmir,* edited by Yasuke Ikari, pp. 1-53. Kyoto: Institute for Research in Humanities, Kyoto University.

Wright, Arthur F. 1990. *Studies in Chinese Buddhism*. New Haven, Conn.: Yale University Press.

Wylie, Turrell V. 1977. "The First Mongol Conquest of Tibet Reinterpreted." *Harvard Journal of Asian Studies* 1: 103-33.

——. 1982. "Dating the Death of Nāropa." In *Indological and*

Buddhist Studies—Volume in Honour of Professor J.W. de Jong on His Sixtieth Birthday, edited by L. A. Hercus et al., pp. 687-92. Bibliotheca Indo-Buddhica, no. 27. Delhi: Sri Satguru Publications.

Yamaguchi, Zuiho. 1984. "Methods of Chronological Calculation in Tibetan Historical Sources." In *Tibetan and Buddhist Studies, Commemorating the 200th Anniversary of the Birth of Alexander Csoma de Körös*, edited by Louis Ligeti, vol. 2, pp. 405-24. Bibliotheca orientalis hungarica, vol. 29, no. 2. Budapest: Akadémiai Kiadó.

索引

【一劃】

《一〇八位伏藏師傳記》gTer ston brgya rtsa'i rnam thar 423-425

《一切空行母之祕密口訣續》mKha' 'gro thams cad kyi gsang ba man ngag gi rgyud 439

《一百成就法》sGrub thabs brgya rtsa 523, 524

一密意趣 dgongs gcig 591, 641

一髻佛母 Ekajātī 399

【二劃】

七十二《續藏》tantra piṭakas 544

《七支》Saptāṅga 338, 369

七賢士 sad mi mi bdun 467, 468

乃西 gNas gzhi 26, 188

乃寧寺 gNas rnying 158, 178, 208

《二儀軌》Dvikalpa 81

人文主義者 humanists 45

人倫之法 mi chos 136, 137, 155, 383, 449

《入大乘理》Theg chen tshul 'jug 428, 431, 458, 483, 484

《入大乘瑜伽行法》Theg pa chen po'i rnal 'byor 'jug pa'i thabs 134, 456

《入法之門》Chos la 'jug pa'i sgo 145, 204, 214, 215, 358, 487, 600, 633, 651

《入菩薩行論》Bodhicaryāvatāra 112, 456, 597, 601, 634

《入瑜伽法》Yogāvātara 57

〈入道及離道〉Lam 'jug dang ldog pa 542, 543

八大法行 bka' brgyad 133, 134, 265

八思巴 'Phags pa 23, 24, 29, 30-33, 43, 44, 50-54, 111, 112,

578, 581, 590, 594, 613
八個附屬修持法 Eight subsidiary cycles of practice 41, 528, 530, 531, 549
八種道果附屬修法 lam skor phyi ma brgyad 305
《十萬道歌集》mgur 'bum 450
卜卦者 phywa mkhan 135

【三劃】

三十七菩提分法 saptatriṁśad-bodhipākṣika-dharmāḥ 325, 332
三世噶瑪巴 Karmapa III 451
三名年輕譯師 lo tsā ba gzhon gsum 467
三自性 trisvabhāva 458, 483
三律儀 trisaṁvara 189, 190, 211, 212, 591, 612, 651, 669
《三昧王經》Samādhirāja-sūtra 507, 523, 555
三界銅洲殿 Khams gsum zangs khang 174
三藏 tripiṭaka 8, 37, 533, 556
三續 rgyud gsu 297, 328, 335, 542, 627, 630

上阿里 mNga' ris stod 299
下布吉果雅 Shabs kyi sgo lnga 177
下布河谷 Shab Valley 309, 469
千戶部落 stong sde 308
口訣手冊 gdams ngag gi be bum 242
《口訣見鬘》Man ngag lta ba'i phreng ba 408, 409, 431
口訣部 man ngag sde 397
土地神 yul lha 135, 375, 385, 416
大人物 mi chen po 183, 194, 486
大中觀 Mahāmadhyamaka 456
《大幻化續》Mahāmāyā-tantra 90
大手印 mahāmudrā 76, 266, 313, 319, 328, 334, 440, 497, 508, 512, 529, 538, 582, 589, 591, 593, 662, 668
《大手印明點續》Mahāmudrā-tilaka-tantra 266
《大手印訣竅精選》Phyag rgya chen po gces pa btus

pa'i man ngag 548, 569, 575, 652
《大手印無字訣》 Phyag Rgya Chen Po Yi Ge Med Pa 337, 338
《大史》 Lo rgyus chen mo 124, 125, 127, 137, 386
《大印契明點》 Mahāmudrātilaka 340, 371
大自在天 Maheśvara 80
《大宗義教史》 Chos byung grub mtha' chen po 402, 428
《大河續，元音和輔音不可思議之祕密》 Ā li kā li gsang ba bsam gyis myi khyab pa chu klung chen po'i rgyud 439, 475
大昭寺 Jokhang 115, 188, 277, 382, 384, 390, 395, 396, 446-448, 454, 494, 580-583, 663, 667
《大毘盧遮那成佛經》 Mahā-vairocanābhisambodhi 73
《大乘阿毘達磨集論》 Abhidharmasamuccaya

185, 186, 521, 522
大乘哲學 Mahāyānist philosophy 42, 525
《大祕密歡喜明點續》 Rahasyānanda-tilaka 266
大理 Dali 162
《大詔書》 bKa' shog 37
大黑天 Mahākāla 51, 399, 518, 524, 582, 589
《大黑天續》 Mahākāla tantra 69
大圓滿 rdzogs chen 132, 133, 134, 136, 152, 153, 198, 215, 376, 397, 402, 403, 407, 408, 410, 429, 438, 449, 458, 459, 483, 496, 510, 527, 528, 557, 582, 587, 667
《大瑜伽續》 mahāyoga-tantra 27, 33, 74, 75, 77, 104, 119, 132, 219, 247, 409, 660, 667-669
《大寶伏藏》 Rin chen gter mdzod 392, 393, 423, 424
女性地位 women's position 517
《小品般若經》 Aṣṭasāhasrikā-

prajñāpāramitā 586, 639
小昭寺 Ramoché 384, 448, 500
《小紅卷》 Pusti dmar chung 305, 306, 357, 539, 545, 573, 642
《小續部總集》 rGyud sde spyi'i rnam bzhag chung ngu 543, 626
山南 Lho kha 514, 583
山塔巴德拉 Śāntabhadra 303
工布 Kong po 396, 435, 438, 460
工布・也瓊 Kong po Ye 'byung 178
工布・阿嘎 Kong po A rgyal 245, 283
工匠 artisans 46, 55

【四劃】
不二金剛 Advayavajra 269, 369, 556, 609
《不可思議次第優波提舍》 Acintyādvayakramopadeśa 297, 298, 317, 334, 335, 343-345, 367, 368, 472
不空金剛 Amoghavajra 318, 338, 344, 427, 523
不空羂索觀音／不空羂索菩薩 Amoghapāśa 616, 651
不動如來金剛 Akṣobhyavajra 77, 106, 336, 368
不動金剛 Mi bskyod rdo rje 529, 567
中文 Chinese language 120, 123, 129, 149, 166, 222, 404, 429, 432, 501
中國／中國人 China/Chinese 5, 19, 30, 31, 33, 34, 46, 48, 53, 59, 65, 73, 104, 117, 121, 123, 124, 129, 130, 131, 134, 160, 162, 164, 166, 168, 218, 226, 227, 249, 267, 271, 382, 386, 387, 406, 407, 418, 420, 438, 508, 578, 580, 590, 610, 631, 664
中陰狀態 antarābhava/bardo 90, 320, 537, 540, 570
中觀 Madhyamaka 67, 77, 185, 228, 303, 440, 456, 458, 460, 499, 500, 501, 508, 525, 582, 597, 632, 643,

648, 668
自續派東方三論 rang rgyud shar gsum 499
應成派 Prāsaṅgika 499, 501, 587, 632
《中觀二諦論》 *Satyadvayavibhaṅga* 228, 499
《中觀根本論》 *Mūlamadhyamaka-kārikā* 228
《中觀莊嚴論》 *Madhyamakālaṁkāra* 499
中觀論著 Madhyamaka treatises 185
丹‧馬丁 Dan Martin 19, 35, 156, 584
丹帕上師 Bla ma Dam pa 316, 362, 363, 545, 568, 569
《丹珠爾》 *bsTan 'gyur* 279, 321, 345
《五次第》 *Pañcakrama* 79, 106, 266, 366
五種促生證悟之教法 rtogs pa bskyed pa'i chos lnga 541, 621

五種觀修練習 pañcakrama 79
什葉派 shin tu nye brgyud 32
仁欽桑波 Rin chen bzang po 36, 190, 192, 196-198, 264, 302, 304, 355, 393, 478, 592, 642
介氏 lCe 38, 135, 142, 143, 308, 398, 426, 462, 463, 474, 662
介貢‧納玻 lCe sgom Nag po 36
介尊‧僧格旺秋 lCe btsun Seng ge dbang phyug 399, 414
介敦‧協繞瓊內 lCe ston Shes rab 'byung gnas 176, 177
允敦‧措嘉 g.Yung ston Khro rgyal 449
元朝 Yuan dynasty 23, 32, 33, 54
內坡‧札巴堅贊 sNe po Grags pa rgyal mtshan 178
內務大臣 nang rje kha 467, 488
內措‧北敦 Ne tso sBal ston 598
內薩 gNas gsar 526
《六支成就法》

Ṣaḍaṅgasādhana 350, 624
六父 Pha drug 309, 514, 559
六谷部落 Six Valleys' Tribes 167, 168
化身 nirmāṇakāya 36, 79, 80, 83, 88, 90, 96, 188, 246, 306, 318, 343, 380, 401, 405, 406, 411, 413, 414, 445, 448, 465, 467, 518, 520, 538, 549, 551, 578, 595, 596, 604, 612, 614, 634, 662, 665
《天女四指箭鏃》 Lha mo'i mde'u thun sor bzhi 461
天主基督教 Catholic Christianity 31
天神 gnam lha 219, 390, 464, 465, 466, 467
巴・傑波塔納 sBa rGyal po stag sna 120
巴・慈誠羅卓 sBa Tshul khrims blo gros 171, 174
巴・嘉瓦羅卓 sBas rGyal ba blo gros 187
巴・賽囊 sBa gSal snang 388, 399

巴氏 dBa'/sBa 120, 122, 123, 127, 135, 149, 158, 178, 443, 581, 588
巴令阿闍黎 Balim Ācārya 252
巴克塔布 Bhaktapur 237, 238
《巴協》 dBa' bzhed 119, 146, 147, 155, 158, 205, 248, 385, 418, 419, 420, 421, 430, 431, 489, 580, 638
巴拉喀 Ba Rag 195, 196
巴洛・恰克頓。另見：袞達・巴洛 Bhāro Chagdum. See also: Kuṇḍa Bhāro 240, 281
巴洛・翰敦 Bhāro Haṁ thung 297, 302
巴耶惹佳 Bhavyarāja 454
巴尊・羅卓遠丹 sBa btsun bLo gros yon tan 177, 178
巴德拉惹乎剌 Bhadrarāhula 527
巴蘭乃 Ba lam gnas 180
《幻網續》 Māyājāla 265
心部 sems sde 133, 134, 265, 288, 402, 425, 427, 429, 458, 459, 510
《心經》 Heart Sutra 297, 307,

440

心滴 sNying thig 308, 397, 400, 407, 410, 413, 414, 426, 430, 528, 565

《心滴大史》sNying thig lo rgyus chen mo 400

扎日神山 Tsa ri 450, 577

扎孜索納巴 Brag rtse so nag pa 300

扎拉那・益西堅贊 Tsa la na Ye shes rgyal mtshan 37, 170, 173, 197, 198, 219, 302, 350

扎葉巴寺。另見：葉巴寺 Brag yer pa. See also: Yerpa 178

扎囊 Dranang 26, 38, 179, 186

文本群 texual communities 662

文殊金剛 Mañjuvajra 77, 105, 448

文殊師利 Mañjuśrī 83, 250, 444, 465, 518, 520, 547, 595, 604, 614

日上大寺 Ye rang nyi ma steng 239

日本 Japan 48, 59, 73, 104, 464

日沃瓊定寺 Ri bo Khyung lding 457

日喀則 gZhis ka rtse 26, 224

月光童子 Candraprabha-kumārabhūta 507

《月光難釋》 Kaumudī-pañjikā 525, 625

月稱 Candrakīrti 77, 224, 228, 277, 499, 500, 627, 632

月蔓 Candramālā 318, 361

止貢 'Bring gung 583

止貢・吉天恭波 'Bri gung 'Jig rten mgon po 587, 591, 635, 664

止貢贊普 Gri gum btsan po 377, 390

比哈爾 Bihar 66, 81, 192, 228, 229, 230, 231, 256, 292, 314, 608

水綢 chu dar 387, 420

王法 rgyal khrims 128, 183

世親 Vasubandhu 227, 530

【五劃】

主君 rājādhirāja 61, 659

仙千・魯嘎 gShen chen kLu dga' 189, 393, 424

《以拙火圓滿道》Gtum Mos Lam Yong Su Rdzogs Pa 340

加茲尼王朝的穆斯林 Ghaznavid Muslims 60

加茲尼的馬哈茂德 Maḥmūd of Ghazna 97

加德滿都 Kathmandu 78, 192, 193, 228, 229, 234, 236, 237, 238, 239, 254, 266, 278, 303, 523

加蘇・巴洛 Gasu Bhāro 241

北敦・僧格堅贊 sBal ston Seng ge rgyal mtshan 611, 645

匝蘭達拉 Jālandara 341

卡九寺 Ka chu 174, 175, 178, 179, 180, 184

卡拉克 Kharak 299

卡拉克・藏巴。另見：紐譯師 Kha rag gtsang pa. See Also: Nyö lotsāwa 299

卡拉克堆普 Kha rag thod phu 319

《卡拉帕文法論》Kalāpa 227

卡納斯里 Karṇaśrī 229

卡斐爾尼 Kværne 19, 393

卡雅帕達 Caryapāda 90

卡雅斯塔 Kāyastha 314, 315, 324, 359

卡爾梅 Karmay, S. G. 135, 393

卡瑪拉古雅 Kamalaguhya/gupta 197, 302

卡瓊 Kharchung 487, 516

卡瓊寺 mKhar chung 463, 487

古老的量學研究 tshad ma rnying ma 453

古格——普蘭 Gu ge pu hrangs 7, 35, 169, 190, 220, 266

古普塔 Gupta, C. 315

古絨殿 sGo rum 519, 602

古嫫繞卡 'Gur mo rab kha 172

史坦 Stein 61

史蒂芬・傑伊・古爾德 Stephen Jay Gould 47

司徒・確吉嘉措 Si tu Chos kyi rgya mtsho 311, 358, 480

四大正柱 gzhung shing chen po bzhi 541, 572, 621, 622

《四次第》Catuḥkrama 217, 275, 340, 341, 349, 370

《四座續》Catuḥpīṭha-tantra 90, 523

四量 tshad ma bzhi 109, 110, 323, 331

《外來魔障之防護口訣》 *Phyi rol gdon gyi bar chad bsrung ba'i man ngag* 305

外道 tīrthikas 35, 87, 91, 96, 97, 104, 191, 197, 242-244, 263, 305, 403, 405, 503, 514, 523, 577, 591, 617, 628

尼瓦氏 sNyi ba 141, 474, 504, 512, 555, 662

尼瓦爾人 Newars 156, 224, 243, 303, 304, 660

《尼拉瑪塔往世書》 *Nīlamata-purāṇa* 404

尼泊爾／尼泊爾人 Nepal/Nepalese 5, 26, 34, 35, 37, 41, 48, 74, 83, 124, 164, 217, 219, 223-226, 228-231, 234-239, 242-245, 247, 249, 250, 252, 260, 269, 273, 280, 282, 283, 286, 292, 295, 297, 302, 303, 307, 309, 310, 333, 357, 375, 381, 386, 393, 396, 402, 435, 502, 515, 523, 526, 527, 548, 601, 605, 609, 661

尼瑪堅贊貝桑波 Shākyabhikṣu Nyi ma rgyal mtshan dpal bzang po 229

左登絨貢 Jo dgan Rong sgom 545

布多拉克拉康寺 Bul rdog lhag lha khang 176

布敦・仁欽珠 Bu ston Rin chen grub 74, 176, 398, 636

《布敦佛教史》 *Bu ston chos 'byung* 146, 202, 204, 207, 210, 215, 272, 290, 478, 481

布塘 Bum thang 176

布達拉宮 Po ta la 453

布爾曲寺 Bur chu 396

旦迪寺 Dan tig 164, 169, 172

末法時期 bstan pa'i bsnubs lugs 115, 402

本布里琪 Bainbridge 193

本母 mātṛkā/ma mo 82, 265, 296, 668

本覺 rig pa 8, 42, 273, 376, 398,

406-408, 410-413, 429, 430, 510, 557
《本覺自現大續》 *Rig pa rang shar chen po'i rgyud* 398, 407, 459
札巴・恩謝 Gra pa mNgon shes 38, 186, 200, 211, 394, 395, 513
札巴協繞 Grags pa shes rab 217, 275
札巴堅贊 Grags pa rgyal mtshan 9, 41, 43, 44, 55, 96, 108, 109-111, 145, 162, 195, 207, 253, 255, 257, 286, 293, 296, 304, 305, 307, 311, 336, 337, 338, 340, 341, 343, 349, 350, 355, 357, 370, 467, 489, 490, 494, 511, 517, 529, 530, 532, 538, 539, 541, 545, 546, 547, 548, 550, 562, 567, 569, 574, 575, 578, 580, 594-596, 602-615, 617-622, 624-626, 630-636, 638, 645, 647, 648, 651-653, 656, 657

札西策貝 bKra shis brtsegs dpal 125, 126, 166
札塘 Gra thang 179
札霍爾 Zahor 403
《正理一滴論》 *Nyāyabindu* 521
玄奘 Xuanzang 225, 227
玄祕神物 gNyan po gsang ba 386, 419, 420
玉查寺 g.Yu brag 583
玉噶摩寺 g.Yu mkhar mo 524
甘大巴 Ghaṇṭapāda 79, 651
甘屯旺秋 sKam ton dbang chuk 440
甘伽・慈護 Gaṅga Metrīpa 255
甘哈 Kāṇha 80, 82, 100, 217, 260, 340, 341, 342, 370, 525, 527, 530, 548, 617, 622, 630, 651
甘肅 Gansu 130, 168
甘德拉魯帕 Candrarūpa 316
甘露 bDud rtsi 23, 70, 93, 94, 133, 322, 330, 364, 365, 382, 534, 548, 577, 624, 636, 660
生者和死者（祖先）gson gshin

470, 491
生起次第 utpattikrama 75, 76, 77, 79, 82, 132, 329, 348, 536, 538, 621, 623, 624, 628, 629, 669
《生起次第之莊嚴甚深九法》 *Bskyed Rim Zab Pa'i Tshul Dgus Brgyan Pa* 338, 339
白氏 'Bal 122, 149
白布克 sBal phug 472
白色日月姊妹神 dKar mo nyi zla lcam sring 471
白哈爾王 Pe har 211
白若札那 Bai ro tsa na 36, 265, 288, 398, 403, 428
白廟 Lha khang dkar po 193
白潘撒瑪 'Bal 'phan bza' ma 122, 148
目谷隆寺 Mugulung 294, 298, 353, 442, 461
石勒 Shile 33, 53
瓜州 Gua 124

【六劃】

仲巴 Grom pa 26, 141, 308, 309, 517, 561

仲巴江寺 Grom pa rgyang 176, 295, 296, 297, 308, 310, 396
任・益西循努 Leng Ye shes gzhon nu 296
伊朗 Iran 31, 32
伊朗的伊兒汗 Il khan of Iran 31, 32
伊斯蘭 Islam 25, 31, 60, 62, 256, 496, 503, 663
伏藏 gter ma 7, 8, 37, 38, 41, 42, 99, 132, 186, 211, 246, 258, 262, 265, 295, 308, 375-388, 390-398, 400, 401, 406, 416, 417, 420, 422, 423, 429, 435, 439, 445, 446, 452, 461, 472, 497, 502, 528, 544, 549-551, 563, 661, 662, 669
伏藏文本 Terma texts 8, 41, 258, 378, 379, 381, 383, 386, 393, 397, 401, 406, 435, 439
伏藏師 Treasure finders 7, 36, 186, 189, 377, 380, 390, 392, 393, 394, 415, 423,

424, 484, 497, 550
《伏藏廣史》gTer byung chen mo 379, 417, 418, 420, 422, 423, 424, 426
共如·協繞桑波 Gung ru Shes rab bzang po 294, 344, 371, 572
列城 Leh 610
印札菩提 Indrabhūti 342, 343, 530
印刷術 printing 46
《印度上師傳》Bla ma rgya gar ba'i lo rgyus 109, 297, 359, 651
合贊 Ghazam 32
吉曲瓦·札拉拔 sGyi chu ba dGra lha 'bar 525
吉曲寺 sGyi chu 301, 525, 526
吉曲河谷 skyid chu 192
吉江·玉噶瓦 Gyi ljang dbu dkar ba 300
吉西魯 Gri zi ru 180
吉玖·達瓦維瑟 Gyi jo Zla ba'i 'od zer 84, 247, 299, 317, 319, 320, 324, 345, 364, 501

《吉祥大三摩耶怛特羅王》Śrī-Mahāsamayatantra 348
《吉祥大虛空怛特羅王》Śrī-Mahākhatantrarāja 347
吉祥山 Śrīparvata 337
吉祥天母 dPal ldan Lha mo 234
《吉祥日輪怛特羅王》Śrī-Sūryacakratantrarāja 349
《吉祥火鬘怛特羅王》Śrī-Agnimālātantrarāja 348
《吉祥呼金剛燈明頂譬教訓》Śrī-Hevajrapradīpaśūlopamāvavādaka 339, 340, 350, 369
《吉祥空行父之海瑜伽母怛特羅大王注釋船筏》Śrī-Ḍākārṇavamāhayoginītantrarājavāhikaṭīkā 339
《吉祥空行母制怛特羅王》Śrī-Ḍākinīsaṁvaratantra 348
《吉祥金剛怖畏破壞怛特羅王》Śrī-Vajrabhairavavidāraṇatantrarāja 348
《吉祥屍林莊嚴怛特羅王》Śrī-Śmaśānālaṁkāratantrarāja

348

《吉祥祕密焰火怛特羅王》*Śrī-Jvalāgniguhyatantrarāja* 348

《吉祥勝樂金剛不可思議怛特羅王》*Śrī-Cakrasaṁvaraguhyācintyatantrarāja* 348

《吉祥喜金剛成就法》*Śrī-Hevajrasādhana* 100, 338, 339, 369

《吉祥喜金剛詳釋日光》*dPal kye rdo rje'i rnam par bshad pa nyi ma'i 'od zer* 600, 655

《吉祥智慧意樂怛特羅王》*Śrī-Jñānāśayatantrarāja* 348

《吉祥寶焰怛特羅王》*Śrī-Ratnajvala-tantrarāja* 349

吉隆 sKyi grong 237, 238, 523

吉雅・益西旺波 Kyi Atsarya Ye she dbang po 176, 177

吉瑞朗拉寺 Gye re Glang ra 176

同門三賢 mched gsum 442, 455, 474, 478

《吐蕃贊普編年史》*Old Tibetan Chronicle* 248

回紇汗國 Uigur Khanate 130, 168

《因明正理門論本》*Nyāyamukha* 408

因陀羅 Indra 319

地神 sa bdag 135

多加・巴洛 Dhoga Bhāro 241

多克堸 mDog smad 462

多傑仁波切 rDo rje rin po che 468, 469, 490

多傑芎嫫 rDo rje phyung mo 518

多傑貝宗 rDo rje dpal 'dzom 234

多羅那他 Tāranātha 279, 282

如來藏 tathāgatagarbha 328, 413

字體與字體變化 script and script changes 231, 403, 404

安多區 Amdo 142, 160, 610, 649

安瓊南宗寺 An chung gnam rdzong 164

寺院 gdan sa 5, 7, 24, 27, 28,

32-36, 38, 39, 41, 43, 46-48, 65-67, 69, 71-73, 89, 91, 95, 96, 98, 103, 115, 119, 121, 131, 138, 143, 144, 160-163, 165, 169, 171, 174-176, 178, 180, 183-186, 190, 191, 193-198, 200, 210, 211, 214, 218, 221, 222, 224-227, 228-231, 233, 239-241, 244, 245, 248, 254, 256, 257, 273, 274, 276, 280-282, 295, 302, 304, 306-308, 310-312, 319, 323, 367, 375, 379, 394, 404, 415, 435, 442, 443, 446, 453, 456, 473, 495-499, 504, 512, 513, 518, 519, 521, 526, 551, 564, 578-584, 586, 588, 595-597, 599, 601, 606, 608, 614, 615, 617, 633-635, 638, 653, 660, 661, 663-665, 668

寺廟網絡 temple networks 163, 474

年表 chronologies 108, 294, 393, 487, 634

成吉思汗 Chinggis Khan 27, 29, 31, 32, 33

成就 siddhi 9, 28, 43, 46, 48, 71, 77, 87, 89, 90, 93, 95, 96, 200, 219, 226, 235, 243, 250, 268, 274, 291, 298-301, 303, 306, 307, 313, 316, 319, 321, 326, 350-352, 435, 436, 460, 470, 472, 491, 500, 501, 514, 529, 533, 537, 538, 544, 547, 573, 577, 579, 584, 593-595, 597, 615, 628, 637, 661, 663

成就者 siddha 35, 40, 43, 59, 70, 71, 72, 75, 81, 82, 84, 85, 89, 90, 91, 92, 96, 97, 98, 100, 101, 103, 104, 109, 139, 182, 209, 228, 229, 235, 248, 250, 251, 257, 260-263, 267, 281, 306, 312, 316-319, 322, 324, 326, 334, 337, 396, 402, 437, 449, 507, 508, 525, 528, 544, 550, 551, 584, 585, 616, 617, 659, 660,

索引・787

663, 665
托林寺 mTho lding 272, 319, 454, 563
旭烈兀 Hülegü 31, 32
曲木景喀 Chu mig rdzing kha 602
曲沃日貢扎 Chu bo ri'i bsgom grwa 163
朱母・拉潔瑪 Jo mo Lha rje ma 530, 531
朱羅王朝 Coḷas 60
《朵康教法史》mDo Khams smad kyi chos 'byung 403
江北和尚 Gan 'bag 164
江孜 rGyal rtse 26, 178
灰色文本 gray texts 8, 220, 259, 260, 261, 333, 438
竹巴噶舉派 'Brug pa bKa' brgyud pa 550
竹妥紐珠 Grub thob dngos grub 394
竹梅・慈誠瓊內 Gru mer Tshul khrims 'byung gnas 177, 182
米開朗基羅 Michelangelo 46
自加持 svādhiṣṭhāna 76, 79, 322, 329, 330, 332, 538
《至尊之夢》rJe btsun pa'i mnal lam 607, 611, 645-647, 650
色拉普巴 Se ra phug pa 180
色喀古托寺 Sékhar Gutok 26
艾拉・阿若 Era A ro 57
《行部密續》Caryā- tantra 73, 524
《行歌》Caryāgīti 100
《行歌藏》Caryāgītikośa 106, 314, 341, 371
西夏人 Tanguts 5, 34, 37, 44, 496, 587, 589, 590, 609, 610
西夏仁宗 Western Xia Renzong 590, 608
西涼府 Xiliangfu 166, 167, 168, 169
西部律僧 Western Vinaya monks 37
西寧 Xining 121, 164, 166, 167
西魯斯・史登斯 Cyrus Stearns 18, 39, 593
西遼 Karakhitai 608
《西藏上師傳承史》Bla ma

brgyud pa bod kyi lo rgyus 284, 293, 297, 301, 336, 354, 617
《西藏王統記》 *Bod kyi rgyal rabs* 145, 162, 201, 651
西藏早期神話中的六個部落 six tribes of early Tibet 465
西藏貿易 Tibet trade 237
列氏 Gle 140, 141

【七劃】

佉盧文獻 Kharoṣṭhī 315
佛身 Buddha bodies 82, 331, 332, 335, 341, 349, 411, 630
佛法 lha chos 4, 23, 36, 48, 57, 63, 65, 88, 89, 118, 120, 136-138, 151, 159, 164, 169, 187, 196, 217, 220-224, 226, 234, 242, 247, 254, 255, 257, 263, 267, 271, 272, 291, 295, 296, 298, 299, 303, 312, 325, 332, 340, 359, 380, 382, 388, 390, 396, 398, 402, 403, 405, 421, 438, 442, 444, 451, 455, 456, 471, 496, 498, 502, 517, 520, 524, 526, 542, 578, 586, 598, 613, 616, 633-635, 663, 664
佛密 Buddhaguhya 57, 58, 133, 339, 354, 543, 572
《佛頂蓋》 *Buādhakapāla* 339
《佛頂蓋怛特羅難語釋真性月》 *Buddhakapālatantra-pañjika Tattvacandrikā* 339
佛智足 Buddhajñānapāda 77, 79, 83, 106, 197
佛圖澄 Fotudeng 33, 53
佛護 Buddhapālita 632
克什曼得拉 Kṣemendra 315, 360
克主杰 mKhas grub rje 540, 572
克里希那班智達 Kṛṣṇapaṇḍita 82
克果寺 sKal skor 178
克恰諾夫 Kychanov, E. J. 609
努氏 gNubs 140, 141
努・貝吉強秋 sNubs dPal gyi byang chub 165
努・桑杰仁千 gNubs Sangs rgyas rin chen 265

努千・桑傑耶謝 gNubs chen Sangs rgyas ye shes 6, 124, 409
努芎 sNubs chung 449
努域 sNubs yul 515
吽嘎拉 Hūṁkara 133
呂光 Lüguang 53, 58
妙吉祥友 Mañjuśrīmitra 409, 431
孜邦薩 Tshe spong bza' 122
宋太宗 Song Taizong 162
《完全依照〔道果〕法及弟子個性提供教學建議之文本》Gang zag gzhung ji lta ba bzhin du dkri ba'i gzhung shing 367, 541, 542
巫覡 lha pa 669
《希有法》rMad du byung ba 265
希解派 Zhi byed 43, 261, 287, 437, 438, 440, 441, 475, 476, 513, 516, 585, 670
希臘化文明 Hellenism 46
希臘語 Homeric Greek 223
希臘學者 Greek scholars 45
弟吳玖謝 lDe'u jo sras 122, 125, 128, 171
弟吳賢者 mKhas pa lde'u 159, 173, 183
戒律傳統 Vinaya 36, 140, 160, 161, 165, 166, 175, 183, 185, 186, 194, 195, 197, 200, 219, 221, 273, 435, 443, 453, 470, 495, 513, 609, 635, 660, 668, 669
抄寫員 kāraṇa 314, 315, 359, 404
李立遵 Lilicun 166, 168
杜松虔巴。另見：噶瑪巴・杜松虔巴 Dus gsum mkhyen pa. See also: Kar ma pa Dus gsum mkhyen pa 495, 496, 500, 512, 513, 553, 583, 587, 588, 589, 590, 639, 641
沃喀 'Ol kha 26, 389, 505, 583, 588
沃德 'Od lde 125, 126, 166, 295
狂者 sMyon pa 43, 581, 584, 585, 616, 665, 666, 668
芒域 Mang yul 192, 193, 237, 238, 402, 460, 469

芒埵・盧竹嘉措 Mang thos kLu grub rgya mtsho 294, 316, 486
貝千寺 dPal chen 396
貝克威斯 Beckwith, C. 117
貝桑卡恰起普寺 dPal bzang 'khar chags dril bu'i dgon pa 165
貝欽沃布 dPal chen 'od po 596, 605, 646
貝嫫貝拓 dPal mo dpal tha 176
貝廓森 dPal 'khor btsan 124, 125, 126, 149, 295, 308
貝德 dPal lde 125, 126, 295, 361
赤・吉德尼瑪袞 Khri sKyi lde nyi ma mgon 125
赤札希・哲德 Khri bKra shis rTse lde 453
赤松德贊 Khri srong lde'u btsan 36, 37, 57, 119, 162, 377, 380, 386, 388, 390, 399, 400, 420, 467
《赤銅洲》 Zangs gling ma 417
赤德松贊／色納勒・赤德松贊 Khri sde srong btsan/Sad na legs Khri sde srong btsan 118, 162, 259
赤德貢贊 Khri lde mgon btsan 159, 170, 173, 174, 197, 206
《身障之防護口訣》 Lus 'khrugs kyi bar chad bsrung ba'i man ngag 305
辛吉 Shendge, M. J. 335
辰吉拉丁寺 'Dren gyi lha sdings 195
那伽 Nāgas 343, 384, 418
那洛巴 Nāropā 40, 59, 84, 85, 86, 87, 88, 89, 90, 91, 92, 98, 107, 192, 228, 251, 252, 253, 254, 255, 256, 257, 259, 262, 285, 286, 305, 306, 318, 355, 450, 526, 527, 550, 599
那洛塔巴 Nāroṭapa 305, 530
那措・慈誠嘉瓦 Nag tsho Tshul khrims rgyal ba 191
那塘寺 sNar thang 498
那爛陀寺 Nālandā 66, 87, 91, 227, 228, 240, 245, 281, 306, 357

【八劃】

《事部密續》 *Kriyā-tantra* 73, 524
亞隆 Ya lung 309, 469, 470, 472, 473, 490
佩脫拉克 Petrarch 44, 55
具足梵行之優婆塞 brahmacari upāsaka 603
《初入道者之儀軌修習和道次第指南》 *Dang po'i las can gyi bya ba'i rim pa dang lam rim bgrod tshul* 601, 645, 657
初級譯師 lo kyi chung 468
《制注釋》 *Saṃvaravyākhyā* 340, 370
卓・堅贊森格 'Bro rGyal mtshan seng ge 308
卓・曼殊師利 sGro Mañ 'dzu shrī 171
卓木 Gro mo 26, 299
卓氏 'Bro 122, 123, 124, 127, 135, 141, 142, 308, 468-470, 491
卓年孜 'Bro gnyan rtse 469
卓瑪 Khrol ma 176
卓窩隆寺 Drowo lung 442
卓彌・扎吉熱巴堅 'Brog mi Phrag gi ral pa can 296, 354
卓彌・貝吉益西 'Brog mi dPal gyi ye she 133, 296, 354
卓彌・釋迦益西 'Brog mi Shākya ye she 291, 293, 294, 296, 297, 661
卓譯師・協繞札 'Brog lo tsā ba Shes rab grags 501
《和合往生竅訣》 *Sre 'pho'i zhal gdams* 257
和尚摩訶衍 Heshang Moheyan 134, 406, 511, 512
咒師 sngags pa 6, 68, 69, 138, 139, 187, 188, 189, 220, 234, 299, 319, 375, 379, 381, 401
《咕汝・札西教法史》 *Gur bkra chos 'byung* 393, 423, 424, 425
固故利巴 Kukuripa 252
奈巴 Nel pa 145, 147, 206, 296
孟加拉 Bengal 41, 60, 61, 66, 71, 78, 81, 85, 86, 96, 100, 184, 190, 192, 194, 199,

228, 231, 232, 256, 257, 274, 306, 313, 314, 316, 318, 353, 363, 404, 445, 446, 453, 550, 608

宗教運動 rdol chos 47, 58, 70, 584

宗都 Tshong 'dus 237, 238

宗喀 gTsong kha 163, 164, 166-169, 172, 173, 196, 199, 220, 224, 232, 244, 249, 328, 456, 609, 610, 649, 660

宗喀巴 gTsong kha pa 196, 199, 328, 456

宗喀貢巴 gTsong kha dgon pa 610

宗噶 rDzong kha 237, 238, 239

定日 Ding ri 238, 244, 262, 309, 438, 439, 476, 487, 514, 515

定日朗科 Ding ri Rlangs skor 438

尚・玉查巴 Zhang g.Yu brag pa 582

尚・納南多傑汪丘 Zhang sNa nam rdo rje dbang phyug 177, 181, 302

尚・貢巴瓦 Zhang dGon pa ba 321, 464, 527, 528, 529, 530, 531, 535, 544, 576, 593, 617, 618

尚・喜濟 Zhang gZi brjid 527

尚・楚欽札 Zhang Tshul khrims grags 604

尚・確魃。另見：尚・貢巴瓦 Zhang Chos 'bar. See also: Zhang dGon pa ba 527

尚上師。另見：尚・玉查巴 Bla ma Zhang. See also: Zhang g.Yu brag pa 43, 249, 528, 529, 568, 582, 583, 584, 586, 587, 588, 590, 616, 635, 639, 641, 663

尚比比 Zhang bi bi 124, 130

尚氏 Zhang 142, 398, 474, 527, 528, 639, 646

《尚法大綱》 rJe sa bcad pa 531

尚孫・古拉瓦 Zhang gzhung Gu ra ba 473

尚傑・塞內 Zhang rje Sad ne

127
尚敦・達瑪堅贊 Zhang ston Dar ma rgyal mtshan 395, 424
岡仁波齊 Kang rin po che 78, 450, 577
岡波巴・索南仁欽 Gampopa Sönam Rinchen 504
岩崎務 Iwasaki, T. 168
帕坦。另見：拉利特帕坦納 Pāṭan. See also: Lalita paṭṭana 235, 236, 237, 238, 239, 240, 241, 245, 282, 303
帕拉瓦王朝 Pallavas 60
帕拉西達帕朗巴 Parahitaprabha 229
帕舒帕蒂納斯 Paśupatināth 237, 238
帕察譯師 sPa tshab lo tsā wa 497, 587, 632
帕賓 Pharping 78, 228, 238, 252, 253, 303
帕德瑪師利 Padmaśrī 527
帕摩竹巴 / 帕摩竹巴・多吉傑波 Pagmo Drupa/Pagmo Drupa Dorje Gyelpo 19, 43, 362, 500, 512, 535, 536, 550, 554, 556, 560, 570, 587, 588, 589, 590, 594, 640, 641, 642, 643, 644, 654
帕摩竹巴・絳曲堅贊 Phag ma gru pa Byang chub rgyal mtshan 54, 591, 665
帕摩竹巴傳承 Phag mo gru pa lineage 32
帖卜・騰格里 Kököchü 31
念青唐拉 gNyan chen thang lha 385
念智稱 Smṛti Jñākīrti 198, 224, 230, 634
念靈 gNyan 135, 136, 383, 385
忽必烈 Khubilai 23, 29, 30, 31, 32, 33, 39, 50, 53, 54, 590, 613, 663, 664
忽必烈汗的灌頂年代 Khubilai Khan's initiation date 39
怖畏金剛 Vajrabhairava 83, 223, 241, 242, 243, 244, 245, 257, 284, 471
怖畏金剛體系 Vajrabhairava system 245, 284

《怛特羅義》 Tantrārthāvatārā 339
《怛特羅義入注釋》 Tantrārthāvatā-vyākhyāna 339
拉丁文 Latin 31, 45, 218
拉克希米卡瑪提婆 Lakṣmīkāmadeva 236, 237
拉利特—帕坦納 Lalita paṭṭana 234, 236, 238, 523
拉妥妥日聶贊 Lha Tho tho ri gnyan btsan 385
拉孜 Lha rtse 238, 295, 300, 307, 308, 310, 311, 462
拉孜扎 Lha rtse'i brag 298, 316
拉姆拉錯 Lha mo bla mtsho 389
拉堆 La stod 26, 238, 244, 309, 467, 468, 593, 657
拉堆定日樹 La stod Ding ri shed 461
拉堆洛 La stod lho 309, 514
拉堆瑪 La stod mar 176
拉喀西·慈誠瓊內 Rag shi Tshul khrims 'byung gnas 174, 177, 196
拉喇嘛·智慧光 Lha bla ma

Ye shes 'od 125, 138, 156, 190, 197, 264, 405
拉尊溫墨 Lha btsun sngon mo 394
拉尊葛里 Lha btsun ka li 300, 319, 361, 461
拉隆·貝紀多傑 Lha lung dPal gyi rdo rje 122, 165, 181, 629
拉隆·羅卓央 Lha lung Rab 'byor dbyangs 165
拉達克 Ladakh 142, 251, 285, 609, 610
拉摩恰弟吳 La mo chag de'u 180
拉薩 Lhasa 26, 38, 120, 122, 123, 124, 129, 139, 141, 179-181, 188, 192, 310, 388, 396, 398, 425, 446, 447, 453, 499, 500, 522, 580, 581, 582, 597, 667
拓羅·循努慈誠 sTag lo gZhon nu tshul khrims 296, 297, 307
拙火瑜伽 gtum mo 450, 669
旺秋維瑟 dBang phyug 'od zer

610

昆・貝波切 'Khon dPal po che 467, 468

昆・協繞慈誠 'Khon Shes rab tshul khrims 470

昆・貢丘傑波 'Khon dKon mchog rgyal po 9, 42, 212, 243, 300, 301, 435, 460, 463, 470, 472, 473, 474, 475, 490, 492, 517, 526, 561, 595, 662

昆・魯伊旺波 'Khon Klu'i dbang po 467, 468

昆・釋迦羅卓 'Khon Shākya blo gros 243, 244, 469

昆氏 'Khon 6, 9, 27, 40, 42, 143, 157, 243, 261, 398, 436, 462, 464-472, 474, 475, 489, 504, 516, 525, 541, 544, 550, 551, 592, 595, 596, 604, 606, 608, 613, 616, 617, 625, 636, 637, 651, 662, 663

昆氏，其他分支 Khön clan, other branches 469

昆氏八部落 'khon tsho brgyad 469

于闐 Khotan 37, 108, 222

庫氏 Khu 142

差繇 khral 184, 210

龍神 klu 135, 136, 383, 384, 385, 396, 418, 419, 435, 668

瓊波氏 Khyung po 142, 308, 468

覺惹氏 sKyu ra 591, 662

昆瓊格西。另見：南喀烏巴 dGe bshes 'Khon chung. See also: gNam kha'u pa 301

昌珠寺 Khra 'brug temple 245, 387, 394, 396, 420, 448

昌珠殿 Khra 'brug Palace 129, 151

昌提・素確巴格西・瓊仁欽札巴 Brang ti Zur chos pa dge bshes Khyung rin chen grags pa 521

昌提・達瑪寧波格西 dGe bshes Brang ti Dar ma snying po 521

昌提氏 Brang ti 521

《明點續》Tilaka-tantras 266, 472, 493
東比黑魯嘎 Ḍombiheruka 82, 99, 100, 102, 297, 306, 335, 336, 338, 368, 369
東寺 Wam Bāhā 239
東部戒律 Eastern Vinaya 7, 8, 35, 38, 159, 160, 177, 188, 189, 195, 196, 199, 200, 219, 296, 310, 375, 394, 435, 443, 446, 453, 470, 474, 495, 513, 581, 610, 617, 635, 638, 660
松巴‧益西羅卓 Sum pa Ye shes blo gros 171, 177, 184, 194
松巴堪布 Sum pa mkhan po 294
松巴譯師‧貝措當波多傑 Sum pa lo tsā ba dPal mchog dang po'i rdo rje 605
松場 gSum 'phrang 172
松敦‧帕巴堅贊 Sum ston 'Phags pa rGyal mtshan 176, 177
松敦‧羅卓登巴 Shong ston Blo gros brtan pa 218, 275
松贊干布 Srong bstan sgam po 115, 117, 136, 188, 215, 258, 295, 382, 386, 388, 390, 396, 398, 401, 415, 420, 445, 448, 468, 667
武宗對佛教的鎮壓 Wuzong surrression of Buddhism 121
武威 Wuwei 166, 167, 169
河西 Hexi 130, 162, 163, 165, 167, 168
法拉拉陵巴 Phralaringba 224
法稱 Dharmakīrti 228, 408, 453, 521, 525, 530
法護 Dharmapāla 91, 93, 95, 96, 108, 169, 248
波羅王朝 Pālas 60, 130, 162
波羅希多巴德拉 Parahitabhadra 454
注疏法 bshad thabs 112, 313, 597, 627
注疏傳承 bshad brgyud 59, 100, 111, 112, 443, 509, 510
直龍梅雪 'Bris lung rme shod 588
《空行父之海》Ḍākārṇava 339
空行母 ḍākinī 82, 176, 235, 246,

254, 260, 262, 287, 291, 313, 348, 384, 402, 403, 437, 440, 475, 497, 516, 614, 667
空性 emptiness 77, 79, 106, 138, 413, 538
舍利 relics 320, 391, 524, 592, 634
芒・楚清寧波 Glan Tshul khrim snying po 224, 277
芒・義西協繞 Rlan Ye shes shes rab 177, 182
近傳 nye brgyud 43, 544, 547-549, 551, 594, 612, 613
金字 gSer yig can 414
金艾敦巴・給隆・謝拉札 Tsing nge ston pa dge slong Shes rab grags 610
金艾敦巴・慰瓦勤巴 Tsing nge ston pa 'Dul ba 'dzin pa 610
金法 gser chos 403, 428
《金剛心莊嚴續》 Vajrahṛdayālaṃkāra-tantra 197
金剛手 Vajrapāṇi 69, 245, 343, 356, 444, 518, 525, 565
《金剛手灌頂續》 Vajrapāṇyabhiṣeka-tantra 509
金剛亥母 Vajravārāhī 241, 242, 348, 523, 609, 610
金剛身 vajrakāya 57, 76, 330, 411, 412, 622, 633
 身甘露壇城 khams bdud rtsi'i dkyil 'khor 330
 祕字壇城 yi ge bha ga'i dkyil 'khor 330, 540
 脈身壇城 rtsa lus dkyil 'khor 330
金剛波 rdo rje rba rlabs 330, 331, 366, 367, 538
《金剛空行父》 Vajraḍāka 340
《金剛空行母歌》 Śrī-Vajraḍākinīgītā 262, 287
金剛座 Vajrāsana 182, 192, 298, 307, 403, 523, 548, 563, 577
《金剛頂一切如來真實攝大乘現證大教王經》 Sarvatathāgata tattvasaṃgraha 73, 80, 112
《金剛帳幕續》 Vajrapañjara-

tantra 82, 100, 347, 373, 472, 624
金剛黑嚕嘎 Vajraheruka 540
《金剛瑜伽母》Vajrayoginī 523
《金剛摧破陀羅尼》Vajravidaraṇa-dhāraṇī 544
金剛總持 Vajradhara 79, 80, 90, 95, 98, 245, 250, 251, 332, 540, 542, 543, 544, 549, 550, 618, 626, 632
金剛薩埵 Vajrasattva 132, 538, 540, 669
金譯師 'Khyin lo tsā ba 472, 492
阿瓦都底 Avadhūti 316, 325
阿求塔・甘哈 Acyuta-Kāṇha 341, 342
阿里 mNga' ris 254, 310, 488, 492
阿里摩羅 Arimalla 237
阿亞巴洛殿 Āyrapalo 211, 394
阿帕伯朗沙文 Apabhraṁśa 92, 97, 110, 222, 293, 314, 337, 359
阿帕耶卡拉笈多 Abhayākaragupta 502
阿底峽 Atiśa 36, 41, 160, 181, 184, 190-196, 199, 212, 215, 229, 232, 236, 239, 253, 254, 266, 267, 276, 281, 286, 304, 306, 318, 328, 353, 394, 395, 405, 418, 442-446, 448, 453, 456, 461, 478, 498, 499, 518, 522, 550, 561, 563, 566, 582, 639
阿毘達磨 Abhidharma 7, 35, 164, 165, 185, 186, 192, 200, 212, 227, 408, 430, 453, 458, 500, 521, 562, 582
阿若・益西瓊矗 A ro Ye shes 'byung gnas 134, 153, 265, 456, 458, 557
阿若派 A ro lugs 134
阿梅夏 A mes zhabs 105, 198, 488, 531, 538, 546, 562, 567, 600, 602-605, 635, 636, 640, 643, 644, 652
阿爾比魯尼 Albīrūnī 225, 231
阿闍黎・單食巴・準竹查 Slob

dpon sTan gcig pa brTson 'grus grags 522

〈阿闍黎恰巴頌〉Slob dpon Phya pa la bstod pa 600, 644

阿彌利都婆毘精舍 Amṛtodbhava-vihāra 229

阿難陀迦 Ācārya Śrī Ānandagarbha 601

阿難跋陀 Ānandabhadra 229

《青史》Blue Annals/Deb ther sngon po 55, 107, 134, 153, 154, 157, 205, 208, 209, 210, 211, 215, 216, 246, 251, 284, 285, 287, 289, 302, 319, 353, 355, 360, 362, 371, 425, 437, 441, 442, 462, 475, 476, 477, 478, 480, 482, 486, 493, 515, 554, 559, 560, 563, 566, 638, 639, 640, 641, 643, 644, 646

青海 Qinghai 130, 166, 167

事部密續 Kriyā-tantra 73, 524

附屬國組成的壇城 maṇḍala of states 68

采巴 Tshal pa 582, 583, 587, 590

【九劃】

侻瓦・也偕堅贊 Thul ba Ye shes rgyal mtshan 171, 204

侻瓊廓奔 mDol chung bskor dpon 448

促刺琛瓦 gTsug lag 'phreng ba 122, 128, 257

保密 secrecy 243, 470, 471

保護神 lha 390

前弘期 snga dar 8, 159, 185, 199, 218, 224

南紹 Nanzhao 73

南喀烏巴 gNam kha'u pa 518, 519, 525-527

南開寧波 Nam mkha'i snying po 133, 490

南德・維嵩 gNam lde 'Od srung 122

卻汪上師 Gu ru Chos dbang 379, 390, 395, 417, 418, 420, 422, 550

哈佐德 Hozod, G. 126, 170, 198

哈金 Hackin, J. 118

哈密 Hami 124

契丹 Khitan 48, 117, 162, 168, 580, 608

契嬤・南喀嬤 'Phyad mo Nam mkha' mo 301

帝洛巴／帝利巴／德洛巴 Tilopa/Tillipa/Telopa 87-91, 98, 102

帝師・桑耶熱千 Ti shri Sangs rgyas ras chen 590

帝普巴 Tipupa 317, 318, 497

度母 Tārā 244, 246, 318, 338, 356, 372, 373, 396, 442, 445, 446, 448, 452, 479

《律經》 Vinayasūtra 227

後弘期 phyi dar 7, 8, 48, 116, 159, 197, 218, 219, 224, 271, 277, 398, 403, 609

後譯時期 phyi 'gyur 224

恆伽王朝 Gaṅgās 60

恰 Phya 140, 141

恰巴・確吉僧格 Cha pa Chos kyi seng ge 42, 497, 500, 587, 590, 597

恰克薩 Chag sa 176

恰里瓦格西 dGe bshes lCags ri ba 506

恰羅・確傑貝 Chag lo Chos rje dpal 265, 438, 439, 514, 635, 664

持明 vidyādhara 71, 291, 612, 624, 631, 636, 648, 659, 669

持明轉輪王 vidyādharacakravartin 59

持蓮觀音 Khasarpaṇa Avalokiteśvara 96, 561

《政事論》 Arthaśāstra 68, 69, 72

政治分裂時期 rgyal khrims sil bu'i dus 115

施戒 Dānaśīla 37

春水 Khrum chu 295, 308, 309, 469

《春時明點》 Vasantatilaka 340, 370

昶沃 'Phrang 'od 300

曷利沙 Harṣa 60, 65

查巴希爾佛塔 Chābhil stūpa 237

查甘・旺秋堅贊 Cha rgan dBang phyug rgyal mtshan

483, 550
查隆多傑札 Cha lung rdo rje brag 311
查窩隆 Bra bo lung 473
《柱間史》bKa 'chems ka hhol ma 106, 115, 139, 145, 151, 156, 188, 211, 215, 221, 276, 380, 382, 395, 397, 406, 417, 418, 419, 420, 424, 425, 446, 448, 452, 479, 550, 580, 639
毘廬遮那佛 Vairocana 120, 250, 669
毘廬遮那金剛 Vairocanavajra 336, 337, 368
洛扎 Lho brag 26, 251, 258, 310, 388, 504, 512, 542
洛克 Locke 241
洛昂達孜 Lo ngam rta rdzi 390
洛倭譯師・貝登強邱 bLo bo lo tsā ba dPal ldan byang chub 266
《珍寶顯現輸洛迦二十頌注解》Rin chen snang ba shlo ka nyi shu pa'i rnam par 'grel pa 607, 619

《祈請文七章》gSol 'debs le'u bdun ma 295
約陀北 Yol thog 'bebs 178
《紅史》Deb ther dmar po 148, 201, 202, 203, 214, 215, 285, 287, 465, 487, 488
紅衣阿闍黎。另見：慧藏 Red Ācārya. See also: Prajñāgupta 39, 191, 343, 351, 493, 494
紅閻曼德迦 Raktayamāntaka 321, 322, 364
《紅閻曼德迦成就法》Raktayamāntakasādhana 322, 364
紅閻魔敵 Raktayamāri 321, 322
〈致國王信〉Bhoṭasvāmidāsalekha 57
〈致賈貢・竹清扎〉rGya sgom tshul khrims grags la spring pa 600, 644, 647, 649
《致噶林賈波曆算比對之書信》Ga ring rgyal po la rtsis bsdur du btang ba'i gsung yig 487, 489, 574, 607, 646, 650, 651

〈致噶敦信〉dGa' ston la spring yig 607
苦行 vratacaryā 65, 72, 88, 90, 93, 98, 237, 316
苯日神山 Bon ri 450
苯教徒 Bön pos 136, 139, 164, 393
軌敦 mGos ston 176
迦喇底迦國王 Kārttika 94
迦爾訶那 Kalhaṇa 315
迦濕彌羅（喀什米爾） Kashmir 32, 37, 47, 48, 52, 61, 78, 190, 191, 220, 223, 225, 226, 228, 229, 230, 231, 236, 252, 256, 257, 260, 274, 287, 302, 304, 310, 333, 375, 404, 437, 440, 454, 474, 499, 500, 501, 502, 609, 661
迦濕彌羅人 Kashmiris 74, 86, 257, 304, 343, 355
迪松 Dus srong 129
降伏 abhicāra 94, 100, 244, 245, 247, 383, 401, 470
飛行寺 Odantapuri 66, 228
首陀羅迦 Śudraka 315

香巴拉 Shambhala 502
香巴噶舉派 Shangpa Kagyüpa 319, 497, 553
香域甲克修 Zhang yul 'Jag gshong 473
香喀隆寺 Shangs mkhar lung 176

【十劃】

修心 blo sbyong 456, 499
修行傳承 sgrub brgyud 59, 82, 101, 102, 133, 471, 512, 619
《俱生成就》 Sahajasiddhi 111, 335, 336, 368
俱生瑜伽 sahajayoga 508
《俱舍論》 Abhidharmakośa 227
党項人 Jurchen Tungus 168, 590, 591
准・益西堅贊 Grum Ye shes rgyal mtshan 165, 171
准・清喇堅 Grum Phying slag can 171
准・跋瓦蔣秋 Brum 'Bar ba byang chub 180

准氏 Drum 171
哦千・貢噶桑波 Ngor chen Kun dga'bzang po 74, 91, 108, 320
哦寺 Ngor 273, 545
哦林寺 sNgo gling 184
哦采金洲殿 Bu tshal gser khang gling 174
哲拉康 Zhwa'i lha khang 179, 398, 399
哲登沃察喀 mDzes ldan 'od chags 319
唂厮囉 Jiaosile 166, 168
唐寺 Thang 176
唐武宗 Tang Wuzong 121
唐瑪 lDang ma 398, 399
埃域 Ae yul 26, 179, 505, 513
夏巴嫫・江吉喀 Shab pa mo lCam gcig 301
夏瓦巴 Shar ba pa 500
夏克贊 Shag btsan 224, 277
夏魯寺 Zha lu 26, 175, 176, 207, 308, 398
娑羅蹉國 Saurāṣṭra 94
娘下布 Nyang shab 469
娘氏 Nyang 141, 143, 449

娘列・尼瑪維瑟 Nyang ral Nyi ma 'od zer 584
娘河谷 Nyang valley 178, 398, 528
娘派 nyang lugs 134
娘堆瓊切寺 Nyang stod byang 'chad 521
娘絨 Nyang rong 175
師利法拉瑪提 Śrī Phalamati 523
師利星哈 Śrī Siṃha 403
庫丁寺 Kho mthing 26, 258, 388, 389, 394, 396
庫敦・村竺雍仲 Khu ston brTson 'grus g.yung drung 124, 185, 194, 443
庫達拉帕達 Śrī-Kuddālapāda 334, 530, 548
庫蘇盧巴・尚・雲登仁欽 Ku su lu pa Zhang Yon tan rin chen 522
徐普氏 Shud pu 141, 142
恩朗・嘉偉汪波 Ngan lam rGyal ba'i dbang po 187
恩達・赤瓊 mNga' bdag Khri chung 159

拿里巴・謝威寧波 mNga' ris pa gSal ba'i snying po 300, 460, 625

拿達哲德 mNga' bdag rTse lde 319

旁塘殿 'Phang thang 119

《旃陀羅文法論》 Candravyākaraṇa 227

時輪 Kālacakra 42, 283, 497, 501, 502, 527, 636, 668

《時輪密續》 Kālacakra-tantra 84, 107, 269, 349, 502, 503, 554, 589, 605, 667

朗・康巴譯師 Blang Khams pa lo tsā ba 467

朗氏 Rlangs 143, 166, 468, 640

朗拉・強秋多傑 Lang lab Byang chub rdo rje 244, 245, 283, 284

朗炯・佩吉桑格 Rlangs chung dPal gyi seng ge 133

朗敦・蔣巴 Glang ston Byams pa 176, 177

朗達瑪。另見：達瑪赤・烏東贊 Glang dar ma. See also: Dar ma Khri 'U dum btsan 120, 149

《根本說一切有部律》 Mūlasarvāstivāda-vinaya 160, 227, 465, 513

《格言寶藏》 Legs bshad rin po che'i mdzod 393

格魯派 Gelugpa 192, 540, 654

格薩爾 Ge sar 136

桂氏 'Gos 135, 246

桂譯師・庫巴列介 'Gos lo tsā wa Khug pa lhas brtsal 220, 226, 246, 264, 291, 294, 295, 299, 313, 319, 346, 351, 402, 405, 457, 472, 510, 511, 530, 531, 543, 617, 626, 630

桑日 zangs kyi ri 179, 476, 505, 514, 587

桑卡譯師 Zangs dkar lo tsā ba 186, 211, 446, 448, 454, 479, 504

《桑布札明點續》 Saṃpuṭa-tilaka-tantra 334, 346, 347, 648

《桑布札續》 Saṃpuṭa-tantra 82, 100, 318, 340, 347, 361,

472, 648, 656

《桑布札續釋》*Sam pu ṭa'i ṭī ka gnad kyi gsal byed* 645

桑吉喇嘛 Sangs rgyas bla ma 393, 423, 424

桑波扎巴 bZang po grags pa 295

桑耶寺 bSam yas 7, 119, 129, 162, 163, 173, 174, 175, 178, 179, 180, 191, 192, 194, 245, 266, 273, 289, 310, 384, 385, 386, 387, 388, 390, 394, 405, 421, 442, 445, 446, 448, 461, 466, 467, 484, 518, 550, 580, 581, 582, 663, 668

桑耶寺烏策殿 dBus rtse 173, 174, 175, 178, 206

桑傑仁波切 Sangs rgyas rin po che 265

桑傑嘉措 Sangs rgyas rgya mtsho 395

桑普內鄔托寺 gSang phu ne'u thog 195, 442, 498, 597, 615, 644

桑噶瓦格西 dGe bshes Zangs dkar ba 504

氣／風 vāyu 76, 321, 330, 331, 342, 403, 628, 633

泰奧多爾・貝扎 Theodore Beza 45

浦扎版《藏經》Phug brag 361, 372, 373, 395, 425

涅氏 gNyags 135, 142, 143

涅・佳那 gNyags Jñāna 133, 153

涅・拉瓦敦竹格西 dGe bshes gNya' Ra ba don grub 522

涅瓦通界巴 Nye ba'i 'thung gcod pa 229, 278

涅多克波 sNyags thogs po 128

涅河谷 Nyel Valley 504, 505, 507

涅譯師・達瑪扎 gNyan lo tsā ba Darma grags 198

烏金帖達林巴 U rgyan gter bdag gling pa 392, 615

烏金國 Oḍiyāna 72, 78, 260, 343, 437, 493

烏堅林巴 U rgyan gling pa 131, 390, 392, 394

班千・木雅扎鐸 Pan chen Mi

nyag grags rdor 594, 646

班千・釋迦師利 Kha che paṇ chen Śākyaśrī 154, 289, 608

班第 ban de 35, 36, 41, 138, 187, 188, 296, 375, 380, 473, 530, 532, 534, 535, 536, 568, 581, 609, 667

班智達阿難達 Paṇḍita Ānanda 523

珮瑪・馬汝傑 Pema Marutsé 224

《真性寶光》 Tattvaratnāvalok 338, 369

真實黑魯嘎 Yang dag Heruka 133, 234, 243, 468, 470, 471, 528

祕密口訣手冊 upadeśa 104

《祕密成就》 Guhyasiddhi 339

《祕密真性明》 Guhyatattvaprakāśa 340, 370

《祕密藏續》 Guhyagarbhatantra 133, 265, 405, 431, 504, 555

祕境 sbas yul 502

神我 puruṣa 387

神魂／精神 bla 387, 390

笈多王朝 Guptas 60

納瓦果德 Navakoṭ 237, 238, 239, 523

納南氏 sNa nams 135, 582

紐巴頓登 sMyon pa don ldan 585

紐氏 gNyos 142, 252, 285, 363, 443, 554, 662

紐絨巴格西 dGe bshes sNyug rum pa 506

紐譯師 Nyö lotsāwa 198, 252, 256, 285, 286, 299, 319, 395, 501

紐譯師・雲丹札 gNyos lo tsā ba Yon tan grags 198, 252

素千・釋迦瓊聶 Zur chen Shākya 'byung gnas 34, 617

素芎・協繞札巴 Zur chung Shes rab grags pa 34, 246, 317

素爾氏 Zur 34, 143, 157, 247, 443, 474

素確巴・貝米諦巴 Zur chos pa dPal mi dig pa 521

索‧日巴切通 So Rig pa cher thong 440

索那唐波齊寺 Sol nag Thang po che 38, 180, 184, 185, 186, 194

索南孜摩 bSod nams rtse mo 9, 43, 111, 197, 370, 546, 547, 563, 580, 594-602, 604, 605, 610, 611, 614-616, 620, 623, 626-630, 633-636, 644, 651, 657

索南嘉措 bSod nams rgya mtsho 17, 32

索格多克巴‧羅卓堅贊 Sog bzlog pa bLo gros rgyal mtshan 264

索曼那他 Somanātha 501, 502

索曼那沙 Somanātha 97, 110

索瑪普里寺 Somapuri 66, 228

耆那教徒 Jainas 70

脈 nāḍī 76, 82, 83, 327, 330, 331, 403, 540, 544, 574, 613, 628, 633

脈輪 cakra 76, 82, 83, 327, 330, 540, 544, 574

《般若經》Perfection of Insight 137, 185, 270, 297, 302, 304, 377, 443, 453, 458, 525, 639

虔信 bhakti 63

貢巴‧濟瓦巴 sGom pa sKyi 'bar ba 593

貢巴色。另見：噶瓦色 dGong pa gsal. See also: dGe ba gsal 159, 164, 204

貢塘 Gung thang 238, 239, 254, 469, 526, 527, 545, 583

貢噶旺秋 Kun dga' dBang phyug 545

貢噶跋 Kun dga' 'bar 595, 596

起千曲 Dril chen chu 295

起義 uprisings 123, 148, 446

馬‧確魃 rMa Chos 'bar 515

馬貢‧確吉協繞 rMa sgom Chos kyi shes rab 438, 440

馬敦 dMar ston 304, 305, 544, 545, 573

馬爾巴 Mar pa 8, 41, 142, 220, 225, 226, 245, 248, 250-259, 262, 266, 272, 285, 295, 310, 318, 351, 382, 443, 448-450, 457, 459,

460, 482, 501, 504, 507, 509, 510, 512, 550, 635, 667

馬爾巴・多傑益西 Mar pa rDo rje ye shes 178

馬爾巴・確吉羅卓 Mar pa Chos kyi blo gros 230, 254

馬爾巴譯師・確吉羅卓 Mar pa lo tsā ba Chos kyi blo gros 251, 294

馬爾西利奧・費奇諾 Marcillio Ficino 46

馬魯洛敦・給隆・滾卻札 sMa klu lo ston dGe slong dKon mchog grags 610

馬頭明王 Hayagrīva 387, 394

馬譯師 rMa lo tsā ba 473, 494

高昌 Qocho 124

【十一劃】

《健康疑問頌》 Khams bde dri ba'i nyams dbyangs 607

動物獻祭 animal scrifice 156

唯識派 vijñānavāda 91, 408

商人 merchants 62, 65, 66, 168, 172, 201, 205, 225, 239, 240, 241, 245, 282, 375, 393, 444, 445, 452

《問念智稱之斷疑大史》 Smṛti Jñānakīirti la dri ba'i the tshom bcad pa'i lo rgyus chen mo 403

《國王遺教》 rGyal po bka'i thang yig 131

國師 gus shi 30, 50, 578, 590

基德 sKyi lde 125, 126, 295

堅俄・楚欽巴 sPyan snga Tshul khrim 'bar 442-445, 477, 478, 498

堅耶 Chenyé 179

堅耶寺 sPyan g.yas 186, 211

堅廓寺 rGyan skor 178

堆布 Thod phu 300

堆嫫・朵結措 rTad mo rDo rjé 'tsho 301

堆龍 sTod lung/Tölung 26, 179, 443, 582, 587, 588

寂天 Śāntideva 228, 456, 525

寂光王 Pho brang Zhi ba 'od 37, 126, 264, 266, 267, 343, 452

密咒實相 mantratattva 457

密勒日巴 Mi la ras pa 35, 76, 255, 285, 449, 450, 451, 474, 480, 497, 506, 507, 509, 588

《密勒日巴傳》*Mi la rnam thar* 234

密集金剛 Guhyasamāja 75, 82, 83, 197, 223, 246, 247, 277, 283, 347, 531, 667

密集金剛傳承 Gugyasamāja system 247, 313

《密集金剛續》*Gubyasamāja-tantra* 77, 81, 83, 90, 105, 106, 152, 252, 304, 336, 337, 356, 368, 369, 472, 621, 623, 627, 655, 656, 668

《密集總匯》*gSang 'dus stong thun* 457, 483, 558, 630

《密意釋續》*Sandhivyākaraṇa-tantra* 627

密續 tantra 5, 6, 17, 27, 28, 33, 37, 38, 42, 58-60, 72-75, 77, 79, 81-84, 95, 99, 101-106, 113, 119, 120, 131-133, 135, 139, 140, 152, 185, 186, 194, 200, 217, 219, 221, 228, 233, 240, 250, 252, 259-261, 263-267, 269, 270, 273, 274, 277, 286, 292, 302, 313, 318, 321-325, 328, 329, 333, 337, 338, 340, 341, 344, 346-350, 371, 372, 376, 381, 390, 392, 394, 395, 397-399, 401-405, 407, 408, 410, 429-431, 435-440, 442, 448, 452-455, 457-460, 470-472, 495, 497, 498, 502-504, 506-511, 522, 523, 525, 527, 528, 540, 543, 551, 552, 566, 567, 580, 582-584, 586, 587, 596-598, 600, 601, 603, 605, 606, 608, 609, 617, 618, 621, 624-629, 631, 659, 662, 667-670

密續薈供 tantric feast 586

寇巴・貝桑波 sKyob pa dPal bzang po 232

崔塔普利 pretapuri 81

崗巴宗 Gam pa'i rdzong 319

康巴・僧格 Khamps pa Seng ge 403
康派 khams lugs 134, 425
康區 Khams 121, 125, 164, 172, 224, 253, 396, 496, 522, 531, 532, 581, 587, 588, 591, 593, 610, 620
康楚・羅卓泰耶 Kong sprul Blo gros mtha' yas 392-394, 424, 620
康薩亞日布 Khang gsar ya ri phug 165
張議潮 Zhang Yichao 123, 124
強巴・多傑堅贊 Byams pa rDo rje rgyal mtshan 294, 311, 312, 313
強咤伽絨寺 Byang tsha bye rong 165
強秋僧巴・阿森 Byang chub sems dpa' A seng 531
強秋僧巴・達瓦堅贊 Byang chub sems dpa' Zla ba rgyal mtshan 603
強秋僧巴・達克 Byang chub sems dpa' sTag 593
強秋僧巴格西 dGe bshes Byang chub sems dpa' 506
悉地・納拉辛哈・摩羅 Siddhi Narasiṃha Malla 239, 240
恰玖巴・協繞多傑 rNal 'byor pa Shes rab rdo rje 195
措給多傑 mTsho skyes rdo rje 339
教法次第文獻 bstan rim literature 482
教眾 tsho 207, 375, 633
教規絲結 chos khrims 128
曼卡 Mang kar/Mangkhar 26, 308, 309, 311, 317, 345, 463, 593, 606
曼卡河 Mang mkhar chu 308, 309
曼卡起千 Mang kar dril chen 299
曼尼卡・斯里加納 Maṇika Śrījñāna 266, 289
曼努埃爾・赫里索洛拉斯 Manuel Chrysoloras 218
曼殊師利 Mañjuśrī 57, 230, 426, 427
《曼荼羅儀軌成就法善攝》 *Suparigraha-maṇḍalavidhi-*

sadhana 291, 353

梅村波・索南堅贊 Mes tshon po bSod nams rgyal mtshan 255

梅玖・羅卓札巴 Mal gyo bLo gros grags pa 230, 526

梅朗測格西 dGe bshes Me'i lhang tsher 525

梅爾・耶巴瓦 Mal Yer pa ba 582

梅譯師 Mal lo tsā ba 472, 595

涼州 Liangzhou 162, 166, 167, 168

《淨除三苦》sDug bsngal gsum sel 305

淵波・佩登協繞 dBon po dPal ldan shes rab 440

《清楚憶念本然》gNyug ma dran gsal 305

清辨 Bhāvaviveka 228, 499, 500, 632

《現觀珍寶奇樹續》rGyud kyi mngon par rtogs pa rin po che'i ljon shing 109, 110, 111, 366, 538, 558, 607, 630, 631, 651

《現觀莊嚴論》 Abhisamayālaṁkāra 227, 332, 454, 481, 482, 509

畢如巴 Virūpa 40, 43, 59, 91, 92, 95, 96, 97, 98, 99, 100, 101, 109, 110, 111, 248, 260, 297, 306, 320, 321, 322, 325, 326, 333, 336, 437, 529, 530, 544-548, 550, 561, 567, 568, 586, 594, 612, 613, 617, 620, 622, 623, 625, 629, 651, 660, 663, 668

畢如巴示現 Virūpa visions 544, 549

《畢如巴八十四句》 Virūpādacaurāsi 322, 365

畢拉金剛 Bhikṣu Vīravajra 297, 307, 313, 336, 337, 344

畢梅西伐拉 Bhīmeśvara 78, 97

畢達克 Petech, L. 123, 197

盛月 Vibhūticandra 608, 609, 636

砦沃碓格西 dGe bshes Kre'o mchog 245

〈第四級灌頂之脈輪祕解〉

Lam sbas bshad 571
絭彌 rTsa mi 502, 589, 590, 610, 641, 649
絭彌譯師・桑耶札 rTsa mi lo tsā ba Sangs rgyas grags 502, 589
莊嚴論 Phra khrid 414
莫卡喆薩 Mo 'gar 'bras sa 180
莫拉給 Mo ra 'gyel 180
袞達・巴洛 Kuṇḍa Bhāro 241, 242, 249, 257, 303
陳那 Dignāga 408
陳卻古 Greng 'phyos khu 129
陵墓 tombs 122, 129, 131, 222, 259, 375, 390, 391, 401, 413, 414, 667
雪吒噶摩山 Shel tsa Gyelmo 467
頂髻羅漢 dgra bcom gtsug phud can 6, 35, 137, 138, 187

【十二劃】

傑・貢巴瓦。另見：尚・貢巴瓦 rJe dGon pa ba. See also: Zhang dGon pa ba 301, 530
傑克森 Jackson, D. 507

勝樂金剛 Cakrasaṁvara 75, 79, 80, 81, 82, 87, 95, 98, 99, 194, 223, 228, 329, 347, 366, 526, 527, 587, 617, 622, 667
勝樂金剛傳承 Cakrasṁvara system 79, 99, 527, 617, 622
《勝樂金剛續》 *Cakrasaṁvaraa-tantra* 81, 90, 252, 472, 494, 504, 523, 596, 670
博朵瓦・仁欽賽 Po to ba Rin chen gsal 442, 443
博德納斯 Bodhnāth 237, 238
喀烏戒擂寺 Kha'u skyed lhas 518
《善無戲論真性優波提舍》 *Suniṣprapañcatattvopadeśa* 365
善慧稱 Śrī Sumatikīrti 217, 275, 608
喜 ānanda 83
喜金剛 Hevajra 75, 81, 82, 83, 87, 98, 99, 100, 112, 223, 293, 297, 304, 307, 313,

314, 317, 329, 347, 350, 366, 368, 369, 372, 373, 426, 457, 459, 472, 485, 493, 525, 549, 587, 596, 601, 603, 612, 617, 622, 623, 624, 667

《喜金剛二品續釋》 brTag gnyis rnam 'grel dag ldan 607, 647, 651, 656

喜金剛傳承 Hevajra system 293

《喜金剛續》 Hevajra-tantra 81-83, 90, 100, 106, 109, 247, 252, 291, 293, 323, 335, 337, 340, 347, 349, 366, 368, 372, 457, 459, 460, 472, 525, 596, 604, 607, 625, 626, 627, 631, 670

喜特拉古波塔 Citragupta 315

《喻法聚寶論》 dPe chos rin chen spungs pa 445, 456, 477, 478

埵格堆 mDog stod 525

尊者傳承 btsun brgyud 165

《尊勝佛頂陀羅尼經》 Sarvadurgatipariśodhana-tantra 112

尊勝塔 rNam rgyal mchod rten 524, 564

尊訴以格 Cun zhui ge 168

彭域 'Phan yul 26, 141, 179, 255, 438, 499, 500, 506, 553, 587

彭賈列 dPon rGyal le 249

復興 Renaissance 5, 6, 7, 17, 24, 25, 27-29, 33, 34, 37, 39, 40, 41, 43, 44-46, 48, 59, 60, 73, 75, 82, 84, 85, 103, 104, 115, 116, 119, 120, 125, 130-133, 136, 138, 142, 143, 145, 159-162, 169, 172, 174, 175, 178, 181-183, 185, 189, 190, 196, 197, 199, 200, 218, 221, 245, 251, 258, 273, 274, 351, 352, 376, 383, 386, 396, 398, 408, 409, 430, 435, 446, 452, 471, 511, 634, 661, 662, 665

提婆達多 Devadatta 343

《揭開隱藏之心相》 Sems kyi mtshan nyid gab pa mngon

du phyung ba 510
敦卓克 gDung 'brog 295
敦煌 Dunhuang 118, 123, 124, 140, 149, 167, 185, 288, 380, 432
斯瓦揚布寺 Swayambhū caitya 239, 241
斯里賽勒 Śrī Śaila 77, 78
斯里蘭卡 Śrī Laṅka 66, 106, 225, 290, 318, 361, 593
斯坦精舍 Stham Vihāra 192, 193
斯塔克 Stark 193
普巴金剛 rDo rje phur pa, Vajrakīla 133, 135, 234, 243, 244, 283, 284, 347, 402, 427, 428, 458, 460, 468, 470, 471, 484, 528, 669
普西亞布蒂王朝 Puṣyabhūti 60
普拉布譯師 Pu hrab lo tsā ba 473
普拉哈里寺 Phullahari 192, 228, 256, 450
普拉笈念達拉如奇 Prajñendraruci 306, 307, 313, 318, 349, 350, 358, 625, 629
普波切寺 Phug po che 186
普穹瓦・循努堅贊 Phu chung ba gZhon nu rgyal mtshan 442, 443
普納卡拉 Pūrṇakāla 241, 242
普斯帕哈里 Puṣpahari 256, 257, 287
普蘭・席瓦維 Pho brang Zhi ba'od 493
普蘭譯師・循努協繞 Pu rangs lo tsā ba gZhon nu shes rab 316
景・益西雲單 'Bring Ye shes yon tan 171, 177, 183
景宗 'Bring tsho 639
智吉友 Jñānaśrīmitra 305
智足學派 Jñānapāda school 197, 198
《智起續》*Jñānodaya-tantra* 269, 289
智密 Jñānaguhya 440
智慧 jñāna 41, 67, 70, 72, 75, 76, 83, 87, 89, 98, 234, 260, 261, 270, 273, 303, 331,

335, 340, 341, 349, 376, 406, 407, 408-410, 412, 413, 431, 503, 508, 520, 543, 584
《智慧出生優波提舍》 Jñānodayopadeśa 359
智慧光 Ye she 'od 36, 125, 126, 138, 156, 190, 197, 264, 405
《智慧成就》Jñānasiddhi 329
《智慧明點》 Jñānatilaka 493
智慧空行母 Jñānaḍākinī 87, 89, 98, 260
《智慧金剛集》 Jñānavajrasamuccaya 627
《智慧燈明陀羅尼》 Jñānolkadhāraṇī 268
《智慧藏》Jñāna-garbha 266
智藏師 Jñānagarbha 499
欺南陵溫錢逋 Khri gNam lde btsan po 166
欽氏 mChims 135, 140, 142, 186, 474, 504, 639
欽哲旺秋 mKhyen brtse'i dbang phyug 98, 316, 317, 538, 594, 595

欽普殿 mChims phu 119
游給瓊 g.Yo dge 'byung 164
湖生金剛 Saroruhavajra 82, 338, 339, 350, 460, 601, 603, 616, 622, 623
《無上瑜伽續》yogottara-tantra 264
無住涅槃 apratiṣṭhita-nirvāṇa 630
無我佛母 Nairātmyā 82, 93, 95, 96, 98, 99, 260, 324, 338, 350, 369, 544, 598, 599, 623, 644
《無我佛母成就法》 Nairātmyayoginīsādhana 338, 369
《無我佛母灌頂要點》bDag med ma'i dbang gi tho yig 599, 623
無垢友 Vimalamitra 36, 133, 398, 399, 400, 414, 428, 528
無畏施吉祥 Abhayadattaśrī 86, 107
無畏稱 Abhayakīrti 87
無著 Asaṅga 377, 407, 481, 521,

629
無量壽佛 Amitāyus 268
《無瑕之光》Vimalaprabhā
　501, 502
《無濁怛特羅王》
　Anāvilatantrarāja 349
琛卡・貝吉雲丹 Bran kha dPal
　gyi yon tan 127, 194
《發智論》Jñānaprasthāna 227
盜墓 tomb robberies 128, 129,
　555
〈答杜松虔巴〉Dus gsum
　mkhyen pa'i zhu len 495
結湯巴・德千多傑 rGyal thang
　pa bDe chen rdo rje 86
給貢色波 sGyer gom se po 300
絳妥神山 Gyang to 391
肅州 Su 124, 167
肅敦村竹 Zhu ston brtson 'grus
　470
菩提心 bodhicitta 336, 337, 343,
　368, 369, 444, 515, 520,
　613, 629, 667
《菩提心修習》Bodhicitta-
　bhāvanā 409
《菩提心釋》Bodhicittavivaraṇa
　336, 337, 368
菩提光 Byang chub 'od 191,
　196
菩提迦耶。另見：金剛座
　Bodhgayā. See also: Vajrāsana
　225, 302, 403, 443, 577
菩提喇扎 Bodhirātsa 394
《菩提道燈論》
　Bodhipathapradīpa 192
《菩薩地》Bodhisattvabhūmi
　147, 521, 629
《華嚴經》Avataṁsaka 406,
　523
菲力波・維拉尼 Filippo Villani
　44
《虛空平等續》Khasamatantra
　364, 627
《詔書》bKa' shog 37, 264, 266
貴族氏族 aristocratic clans 49,
　104, 135, 140, 174, 272,
　398, 496, 664
超戒寺 Vikramaśīla 66, 78, 192,
　195, 228-230, 279, 281,
　286, 303-307
《跋里手冊》Ba ri be'u bum
　563

跋里譯師・確吉札巴 Ba ri lo tsā ba Chos kyi Grags pa 42, 520
跋龍巴 'Ba' rom pa 512, 589, 590
鄂・列貝協繞 rNgog Legs pa'i shes rab 177, 195, 200, 442, 446, 453
鄂・多德 rNgog mDo sdé 259, 285
鄂・確吉多傑 rNgog Chos kyi rdo rje 255, 257, 457, 474, 509
鄂・蔣丘瓊涅 rNgog Byang chub 'byung gnas 177, 182, 208, 443
鄂氏 rNgog 38, 142, 143, 284, 457, 474, 482, 500, 512, 662
鄂歇尼瓦 sNgo bzher snyi ba 129
鄂譯師・羅丹協繞 rNgog Blo ldan shes rab 147, 199, 275, 453
《量抉擇論》 *Pramāṇaviniścaya* 228, 521, 597

開封 Kaifeng 166
隆・貢楔 Blon Gung bzher 123, 124, 125, 130
隆子 Lhun rtse 504
雄城 Zhung 457
雅邦山 g.Ya' spang ri 466, 467
雅邦凱 g.Ya' spang skye 466, 488
雅拉香波 Yar lha Sham po 385, 505
雅隆 Yar lung 5, 8, 26, 38, 40, 141, 179, 185, 186, 195, 203, 213, 448, 478, 487, 488, 490-492, 505, 512, 513, 560-562, 667, 670
《集量論》 *Pramāṇasamuccaya* 408
雲丹 Yum brtan 122, 123, 124, 125, 127, 161, 169, 170, 194, 196, 197, 198, 214, 252, 483, 605
須彌山 Sumeru 80
《黃卷目錄》 *Glegs bam gyi dkar chags* 111, 367, 539, 547, 568, 569, 572, 574, 619, 620, 621, 622, 652,

653, 654
黃巢之亂 Huangchao rebellion 130
黑魯嘎 Heruka 80, 348
傳承命名 lineage designations 77

【十三劃】

嗡布寺 'Om phug 176
圓滿次第 sampannakrama 75-77, 79, 81-83, 90, 92, 100, 109, 228, 329, 330, 332, 334, 335, 339-342, 349, 350, 515, 538, 621, 623, 628, 629, 667-670
塔巴朗敦 Thar pa lam ston 257
塔巴譯師・尼瑪堅贊 Thar pa lo tsā ba Nyi ma rGyal mtshan 229, 288
塔孜克 Tazik 37
塔里木盆地 Tarim basin 48, 65, 580, 608
塔南達拉 Dhanadāla 403
塔庫里時期 Ṭhakurī 236
塘千 Thang chen 180
惹那林巴 Ratna gling pa 246, 264, 405, 428, 429, 439, 476
惹瓊巴 Ras chung pa 317, 497
《惹瓊耳傳》 Ras chung snyan rgyud 257
意西多杰 Ye shes rdo rje 610
慈護 Maitrīpā 255, 281, 299, 313, 319, 324, 525, 530, 565
新保守主義者 neoconservatives 38, 265, 267, 590
新譯派 gsar ma 131, 188, 218, 233, 263, 267, 288, 291, 324, 344, 382, 395, 400, 401, 402, 405, 406, 428, 436, 442, 452, 464, 498, 635, 661, 662, 669
楊學・嘉瓦沃 Yam shud rgyal ba 'od 186
楚布寺 Tsurpu 608
《楞伽經》 Laṅkāvatāra-sūtra 406, 511, 558
業印 karmamudrā 329
溝坡・嘎登 Kyog po sGa theng 545
煖 drod 96, 110

犍陀羅 Gandhāra 46, 520, 562
獅子賢 Haribhadra 481, 509
瑜伽 yogas 17, 27-29, 38, 40, 49, 74-77, 80-82, 85, 89-91, 95, 96, 98-100, 104, 107-109, 113, 119, 132-134, 185, 194, 200, 213, 219, 221, 228, 247, 250, 255, 260, 264-267, 269, 271, 272, 283, 286, 287, 312, 318, 321, 322, 325, 326, 328-330, 332, 333, 340-342, 346, 347, 349, 350, 361, 364, 377, 381, 407-410, 430, 437, 441, 450, 451, 453, 456, 458, 470, 471, 480, 495, 497, 504, 506-508, 512, 513, 522-524, 541, 546, 548, 549, 573-575, 582, 585, 586, 591, 593, 597, 605, 607, 616-618, 622, 631-633, 647, 660, 663-665, 667-670
《瑜伽母普行續釋》bDe mchog kun tu spy od pa'i rgyud kyi gsal byed 607, 647

《瑜伽母續》yoginī-tantra 27, 33, 71, 74, 75, 82, 90, 104, 219, 266, 267, 269, 329, 330, 341, 346, 347, 524, 632, 633, 660, 663, 667, 670
瑜伽行派文獻 Yogācāra texts 408, 430
《瑜伽師地論》Yogācāra-bhūmi 185, 453
《瑜伽部密續》Yoga-tantra 73, 504
《瑜伽寶鬘》Yogaratnamālā 525
《瑜祇母普行續》Yoginīsañcāra-tantra 606
瑞瑪蒂 Remati 582
《瑞瑪蒂命咒續王》Re ma ti srog sngags kyi rgyud kyis rgyal po 395
經典 Sūtra 17, 24, 27, 35, 37, 38, 42, 46, 69-71, 73, 81-83, 87, 93, 96, 99-101, 119, 120, 133, 139, 144, 147, 188, 197, 200, 221, 222, 227, 233, 244, 247, 250,

251, 256, 260, 261, 263, 264, 267-269, 273, 275, 281, 292, 296, 302, 304, 306, 323, 324, 333, 341, 347, 348, 352, 361, 377-379, 381, 397, 400, 401, 404-409, 411-413, 429, 437, 439, 440, 444, 452, 453, 456, 472, 474, 478, 503, 507-509, 511, 515, 523, 527, 540, 558, 579, 586, 596, 603, 605, 606, 620, 622, 625, 656, 660, 661, 663, 665, 669

教傳 bka' ma 35, 131, 132, 135, 234, 259, 265, 381, 397, 398, 436, 458, 464, 471, 472, 495, 501, 549, 661, 667, 669

《經續結合之修持法》 mDo rgyud bsre ba'i nyam len 305

義淨 Yijing 226

聖天 Āryadeva 77, 457, 511, 514, 558, 631

聖地 sacred geography 23, 63, 79, 80, 81, 92, 96, 102, 106, 163, 174, 209, 225, 245, 257, 325, 353, 358, 375, 401, 403, 416, 449, 450, 516, 524, 560, 578, 617

《聖妙吉祥真實名經》 Mañjuśrīnāmasaṁgīti 74, 269, 279, 367, 402, 509, 527, 604

《聖金剛帳莊嚴》 'Phags pa rdo rje gur gyi rgyan 607

《聖度母曼荼羅成就法儀軌》 Ārya-Tārāmaṇḍalavidhi-sādhana 346, 373

聖提婆寺 Āryadeva 193

聖賢學派 Ārya school 77, 79, 81, 82, 152, 457

萬靈丹 dkar po chig thub 508, 556

葉巴寺 Yerpa 150, 178, 179, 180, 181, 182, 192, 208, 443

葛維確札巴 Ka 'od mchog grags pa 164, 165

董氏部落 Dong tribe 467

蒂拉哈提 Tirahati 229

《解脫莊嚴寶論》 *Dwags po thar rgyan* 456, 511
詩歌 poetics 64, 100, 449, 450, 599
賈亞塞那 Jayasena 605
賈貢・竹清扎 rGya sgom Tshul khrims grags 598, 599, 605, 610, 644, 647
賈涯師利賽納 Jayaśrīsena 609
賈雅南達 Jayānanda 590
賈雲達格西 dGe bshes rGyal yon dbag 506
賈塔卡那 Jaitakarṇṇa 229
路易九世 Louis IX 31
遍淨殿 dGe rgyas 174
道次第 lam rim 327, 328, 339, 444, 456, 457, 482, 499, 506, 522, 542, 601, 645, 657
道次第文獻 lam rim literature 482, 499
《道次第廣論》 *Lam rim chen mo* 456
道果法 lam 'bras 9, 39-41, 43, 98-101, 110, 111, 257, 260, 293, 299-301, 316, 317, 321, 322, 324, 325, 328-331, 333, 335, 336, 344, 363, 460-464, 471, 472, 474, 513, 516, 526-531, 534-542, 544, 547, 549-551, 559, 560, 567, 568, 580, 587, 588, 593, 594, 600, 603, 604, 607, 613, 614, 617-619, 621-625, 632, 633, 637, 654, 655, 662, 663, 668

十一種定義 eleven definitions 534, 535
口訣派 man ngag lugs 111, 112, 293
四耳傳 snyan brgyud bzhi 94, 96, 109, 331
四種五分法 four quinaries of the path 538, 540, 542, 631
昆氏傳承 Khön lineage 462
注疏派 bshad lugs 111, 112, 293, 307, 368
帕摩竹巴 Phag mo gru pa 19, 32, 43, 54, 362, 500, 512, 535, 536, 550, 554, 556,

560, 570, 587, 588, 589, 590, 591, 594, 640, 641, 642, 643, 644, 654, 665
無本頌道果 rtsa med lam 'bras 306, 307, 336, 368, 472
道果嚓巴派 Tsarpa method of the Lamdre 311
種氏傳承 Drom lineage 550
薩瑪傳承 Zhama lineage 261, 462, 559
《道果書庫》 Lam 'bras dpe mdzod ma 536, 570
《道果根本頌》 Lam 'bras rtsa ba 18, 111, 293, 320-327, 329, 331-333, 335, 345, 363, 462, 472, 529-532, 536-542, 544, 548, 549, 594, 615, 618, 620-622
十一個注釋本 eleven commentaries 342, 529, 532
薩千所著相關文本 related texts by Sachen 529
《道果黃卷》 Pod Ser 100, 111, 334-339, 341, 344, 365, 367-371, 532, 539, 541, 567, 570-572, 607, 619, 620, 623, 653, 654
《道果黑卷》 Pod nag 355, 545, 573
〈道果傳承上師祈請文〉 Lam 'bras brgyud pa'i gsol 'debs 607
〈道的交融〉 Lam bsre ba 541
道歌 dohā 35, 88, 89, 92, 194, 255, 257, 267, 322, 349, 365, 449, 450, 451, 556
《道歌藏》 Dohākoṣa 322, 336, 337, 365, 369
達千貝 Dar chen dpal 265
達那 rTa nag 224, 246, 247, 248, 254, 442
達拉崗布寺 Dakla Gampo 505, 514, 582
達波 Dwags po 26, 389, 504, 505, 506, 512, 588
達波・貢穹 Dwags po sGom chung 512
達波・貢處 Dwags po sGom tshul 276, 395, 512, 582, 583, 587

達波旺傑 Dwags po dBang rgyal 453
達拿那瓦 Dānārṇava 97
達常莫切寺 mDar grong mo che 311
達雪采寺 Zla shod tshal 165
達瑪‧多德 Dar ma mdo sde 217, 245, 258, 318
達瑪赤‧烏東贊 Dar ma Khri 'U dum btsan 120
達瑪格西 dGe bshes Dar ma 523
達瑪雲丹譯師 Lo tsā ba Dar ma yon tan 605
達賴喇嘛 Dalai Lama 24, 32, 142, 311, 389, 406, 423, 487, 665
鄔巴‧陲波切 dBus pa Grod po che 300
雍布拉崗 Yum bu gla sgang 122, 179
雷‧貢丘傑布 dbRad dKon mchog rgyal po 300
雷貢孃‧昆內 dBrad sgom ma dKon ned 301
馱那羯磔迦城 Dhānyakaṭaka 337
鳩摩羅什 Kumārajīva 33, 53, 58

【十四劃】

嘉‧楚森 rGya Tsul seng 178
嘉‧釋迦循努 rGya Shākya gzhon nu 176, 177, 295, 297
嘉化和尚 Ka ba 164
嘉尼那瓦傑拉 Jñānavajra 527
嘉洛‧村竺僧格 rGya lo brTson 'grus seng ge 192
嘉耶達羅 Gayādhara 8, 35, 40, 41, 247, 260, 291, 293, 295, 298, 299, 308, 312-320, 324, 325, 326, 329, 340, 341, 342, 344, 346, 347, 349, 350, 351, 353, 359, 362, 372, 373, 510, 529, 548, 617, 630, 661
嘉馬巴 rGya dmar pa 500, 554, 587, 588
嘉惹拿 Car rad na 165
嘉魯列吉拉康寺／嘉拉康寺 rGyal lugs lhas kyi lha khang 181, 443

嘉薩岡寺 Gyasar gang 194
嘎敦・多杰札 sGa ston rDo rje grags 593, 642
圖奇 Tucci, G. 118, 180
圖登格珮 Thub bstan dge 'phel 311
夢境 dreams 525, 550, 566, 603, 604, 606, 611, 612, 645, 650
奪舍法 grongs'jug 318
察必 Chabi 31
察莫絨 Tsha mo rong 595
《寧瑪十萬密續》rNying ma rgyud 'bum 6, 34, 264, 354, 392, 430
寧瑪派 rnying ma 6-8, 34, 35, 41, 42, 117, 124, 131-135, 138, 143, 147, 152, 186, 198, 222, 223, 231, 233, 234, 243, 245-247, 260, 263, 264, 266, 283, 317, 376, 381, 382, 390, 394, 395, 401, 402, 405-408, 422, 428, 430, 436, 439, 442, 449, 452, 458-461, 468, 470-472, 474, 491, 495, 496, 499, 513, 555, 584, 615, 621, 648, 661, 662, 665, 667, 669
對佛教的鎮壓 suppression of Buddhism 224, 390
廓州 Kuozhe 166
廓譯師・循努貝 'Gos lo gZhon nu dpal 215, 246, 247, 516
榮松・確吉桑波 Rong zom Chos kyi bzang po 230, 428, 431, 458
榮派 rong lungs 134, 402, 427, 458, 510, 557
榮喀 Rong kar 506
榮敦拉噶 Rong ston lha dga' 449
榮敦僧格札 Rong ston seng ge grags 165
漸入法／頓入法 kramavṛtyā/ yugapad 511
瑪・仁欽丘 rMa Rin chen mchog 133, 265, 405
瑪・釋迦桑格 dMar Shākya seng ge 164
《瑪尼全集》Maṇi bka' 'bum 386, 406, 417, 420, 638
瑪紀・拉諄 Ma gcig Lab sgron

439, 476, 513, 514, 516, 559, 588, 662
瑪紀・桑嫫 Ma gcig Zhang mo 518, 519
瑪紀・微純 Ma gcig 'Od gron 596, 603
瑪格佐媽 dmag zor ma 389
瑪域 Mar yul 251, 285, 506
瑪域・洛丹協繞格西 dGe bshes Mar yul bLo ldan shes rab 506
瑪摩 Mamo 133, 461, 470, 668
瑪摩命滴 Ma mo srog tig 461
瑪摩惹巴堅 Ma mo ral pa can 470
疑偽經文獻 apocryphal literature 13, 147, 222, 259, 260, 261, 263, 265, 266, 352, 397, 508
監宮寺 rGyan gong 176, 295
種・德巴敦芎 'Brom De pa ston chung 295, 300, 461, 484, 485, 550, 603
種・壤恰宇內 'Brom Ram cha yu ne 515
種氏 Drom clan 461, 485, 515, 529, 531, 544, 550
種姓制度 caste 63, 65, 101, 102, 142, 509, 551
種敦・堅威瓊聶 'Brom ston rGyal ba'i 'byung gnas 195, 319, 461
種登・日克列 bCom ldan Rig ral 264, 265, 289
綠松石字 g.Yu yig can 414
維巴諸侯 'Od 'bar vassals 128
維抗庫堆孫珠 'Og 'am khu dol gsum 'brug 127
維拉薩瓦迦勒 Vilāsavajra 427, 509
維昌・羅卓旺秋 'O bran bLo gros dbang phyug 224
維茨爾 Witzel, M. 404
維塔利 Vitali, R. 19, 124
維賈亞提婆 Vijayadeva 236, 241
聞喜 Thos pa dga' 449
蒙古人 Mongols 29-32, 43, 44, 45, 51-53, 58, 84, 183, 271, 464, 590, 636, 664
蒙哥 Möngke 32
蒙區 Mön 505, 548, 574, 588

蓊隋 Ngom shod 255
裴索・克瓦 Be so Ker ba 186
語自在 Vāgīśa 93, 502
語自在稱 Vāgīśvarakīrti 304, 305, 337, 338, 369
遠離四種執著 Zhen pa bzhi bral 520
銅字 Zangs yig can 414
《駁邪咒》 sNgags log sun 'byin 264, 288
維嵩 'Od srung 122-124, 126, 131, 160, 161, 166, 169, 190, 196-198, 310

【十五劃】
廝鐸督 Siduodu 166, 168
德瓦普特拉 Devaputra 132, 133, 288
德光 Guṇaprabha 227
慧生藏 Prajñākaragupta 305, 306, 318, 343, 344
慧印 jñānamudrā 329
慧藏 Prajñāgupta 191, 212, 289, 371, 437, 453, 472, 493
摩尼教 Manichaeism 31, 62
摩訶・迦瀾達拉 Śrī-Mahā-Jālandara 340
摩訶由金上師 Mahāyogin 523
摩訶帝 Mahāsammata 464
《摩訶僧祇律》 *Mahāsāṃghika-vinaya* 193, 194
摩醯波羅一世 Mahīpāla I 223
數論派 Sāṃkhya 628, 629
潘羅支 'Phan bla rje 166
熱・羅卓桑波 Rwa Blo gros bzang po 178
熱巴堅 Ral pa can 40, 118-120, 127, 135, 146, 147, 162-165, 193, 296, 354, 381
熱巴堅三個偉大詔書 Relpachen's three proclamation 119
熱氏 Rwa 474
熱振寺 Rwa sgreng 179, 195, 196, 213, 273, 442-444, 448, 461, 480, 498, 499
熱敦・滾卻多傑 Rwa ston dKon mchog rdo rje 234
熱嘎藏布江 Raga Tsang po 26, 309, 462
熱譯師・多吉札 Rwa lo tsā ba rDo rje grags 83, 220, 232,

233, 294, 303, 454, 469, 471, 502
熱譯師・曲饒 Rwa lo tsā ba Chos rab 502
碓氏 lCogs 123
碓若氏 lCogs ro 135, 141
碓若・佩吉旺秋 Chog ro dPal gyi dbang phyug 171
緣起 pratītyasamutpāda 331, 540, 571, 614
蓮花生 Padmasambhava 36, 133, 246, 375, 378-380, 395, 398, 400, 401, 408, 418, 423, 468, 497, 580
蓮花戒 Kamalaśīla 437, 499, 511
蓮花金剛 Padmavajra 83, 242, 257, 338-340, 460, 530
蔣揚・洛德旺波 'Jam dbyangs Blo gter dbang po 620
蔣揚・欽哲旺波 'Jam dbyangs mKhyen brtse'i dbang po 311, 393
蔣森・貢噶 Byang sems Kun dga' 440, 585
衛夏紮 dBus sha tshar 171
衛藏人士 men of Ü Tsang 41, 188
課程 curriculum 7, 10, 36, 39, 46, 67, 93, 160, 185, 194, 198, 199, 200, 227, 252, 268, 273, 274, 304-306, 352, 394, 498, 499, 587, 599, 605, 660
《賢者喜宴》mKhas pa'i dga' ston 53, 107, 108, 137, 141, 146, 148-151, 155, 201, 204-211, 213, 214, 285-287, 354, 357, 358, 361, 419, 421, 422, 425, 432, 446, 479, 482, 488-490, 553-555, 575, 639, 640
《輪涅無二珍貴詞句說明》'Khor 'das dbyer med tshig byas rin chen snang ba 607
遮婁其毘摩一世 Chāḷukya Bhīma I 97
鄧薩梯寺 gDan sa mthil 179, 589
鄯州 Shanzhou 124, 130
魯希特河 Lohita River 316

【十六劃】

凝・晡瓊瓦格西 dGe bshes gNyan Phul byung ba 536, 545, 594, 598, 599, 604, 637

噶札強耶格西 dGe bshes rGya tsha Byang ye 530, 531

噶瓦色。另見：貢巴色 dGe ba gsal. See also: dGong pa gsal 164, 165, 169, 171

噶林賈波 Ga ring rgyal po 489, 574, 607, 610, 611

噶陀・策汪諾布 Kaḥ thog Tshe dbang nor bu 151, 169, 213, 277, 609

《噶當全書》 bKa' gdams glegs bam 443, 575, 619

噶當派 bKa' gdams pa 7, 36, 38, 41, 42, 134, 154, 160, 182, 185, 190-196, 198-200, 215, 286, 306, 395, 425, 436, 442-446, 448, 451-453, 455, 456, 474, 477, 495-499, 503, 504, 506, 507, 511-513, 522, 523, 550, 557, 566, 581, 587, 588, 597, 619, 635

噶爾氏 mGar 468

噶瑪巴・杜松虔巴 Kar ma pa Dus gsum mkhyen pa 43, 496, 500, 553, 583, 587

噶舉派 Kagyüpa 32, 42, 82, 85, 92, 98, 99, 108, 110, 230, 251-254, 256, 257, 259, 276, 285, 317, 319, 330, 347, 395, 425, 436, 448-452, 460, 474, 495-497, 503, 504, 506, 507, 510-512, 516, 535, 550, 553, 578, 580, 583, 584, 587-591, 608, 609, 635, 665, 667

噶羅・循努貝 rGwa lo gZho nu dpal 502, 641

壇城本尊 maṇḍalas of divinities 76, 132, 669

壇城國家 segmentary state 105, 659

壇輪瑜伽 maṇḍalacakra 328, 329, 330, 331, 332, 344, 366, 668

學者傳承 mkhan brgyud 165,

202

盧伊巴 Luhipa 527, 651, 652

盧枚・協繞慈誠 Klu mes Shes rab Tshul khrims 171, 177

盧枚派 Lumé group 195, 581

穆氏 dMu 466, 467, 488

穆利塔 Mu ri ta 57

穆拉瑞賈一世 Mūlarāja I 97

穆香吉羅剛寺 Mu shangs kyi ro skam 176

穆爾貝克的威廉 William of Moerbeke 218

興貢・羅克波 gShen sgom rog po 300, 319, 363

諾章・吳堅 Nor brang O rgyan 148, 203

錫蘭人 Singhalese 578

閻曼德迦 Yamāntaka 83, 133, 194, 224, 322

閻曼德迦文獻 Yamāntaka texts 224

閻摩敵 Yamāri 83, 281

閻摩敵傳統 Yamāri tradition 83

靜命 Śāntarakṣita 499

鴦輸伐摩 Aṁśuvarman 239

龍・星王 Klu sKar rgyal 35,
139

龍約密 Rong Ngur smig 520

《龍欽教法史》 Klong chen chos 'byung 134, 152, 153, 154, 427, 557

龍樹 Nāgārjuna 67, 77, 79, 90, 106, 336, 337, 377, 437, 457, 499, 500, 530

翰敦・巴洛 Haṁ thung Bhāro 302, 303

【十七劃】

嚓千・羅謝嘉措 Tshar chen Blo gsal rgya mtsho 311

嶺卡 Gling kha 522

彌勒 Maitreya 137, 377, 453, 522, 525

檀丁 Daṇḍin 599

檀那師利 Dānaśrī 467

濕婆教的國王們 Śaiva king 60

濕婆教徒 Śaivas 242

濕婆陪臚 Śiva Bhairava 64

濕婆提婆二世 Śivadeva II 237

濟拉康寺 rTsis lha khang 178

濟貢 Kri gong 176

《矯枉為正之口訣》 Yon Po

Bsrang Ba'i Gdams Ngag 341, 345

《禪定心障之防護口訣》*Ting nge 'dzin sems kyi bar chad bsrung ba'i man ngag* 305

《禪定目炬》*bSam gtan mig sgron* 153, 409, 410, 431

聰村・協繞僧格 Tsong btsun Shes rab seng ge 171, 174, 175, 177

薄伽丘 Boccacio 45, 272

螺貝字 Dung yig can 414

謝・益西村竺 Se Ye shes brtson 'grus 295, 297

《謝屯瑪》*Sras don ma* 109-111, 342, 366, 371, 478, 530-532, 534-536, 538, 568-570, 574, 652

謝氏 Se 135, 462, 463
　契氏 lCe 249
　迦氏 skya 462

謝洽・索南堅贊 Se tsha bSod nams rgyal mtshan 229

謝喀瓊瓦。另見：謝敦・昆里 Se mkhar chung ba. See also: Se ston Kun rig 300, 355

謝敦・昆里 Se ston Kun rig 9, 363, 461, 462, 474, 516, 525, 530

謝敦・索南維瑟 Se ston bSod nams 'od zer 246

闇種日巴 Ngan rdzong ras pa 255

闊端汗 Köden Khan 29, 30, 32, 58

【十八劃】

斷首母 Chinnamuṇḍā 321

斷境法 gcod 9, 43, 439, 476, 513, 514, 516, 585, 587, 662, 667

瞿折羅─普臘蒂哈臘王朝 Gurjara Pratīhāras 60, 130

《簡本》*gZhung chung* 531

《簡易字母讀音指南》*Yig ge'i bklag thabs byis pa bde blag tu 'jug pa* 600, 601, 645

繞恰寺 Ra chag 182

翻譯 translation 5, 8-10, 17, 18, 20, 23-25, 28, 31, 37, 38, 41, 50, 73, 84, 92, 96, 105,

107, 109, 119, 120, 131, 135, 145, 147, 158, 190, 192-194, 197, 201, 206, 212, 215-218, 220-224, 226, 229, 230, 232, 240, 256, 260-263, 266, 268, 269, 271, 275, 277, 281, 283, 284, 286, 289, 291-293, 307, 311, 313, 316-318, 320, 321, 323, 324, 334-337, 344-347, 349-352, 355, 359, 371, 372, 375, 377, 381, 386, 388, 399, 402-404, 406, 408, 409, 414, 418, 422, 426, 428, 431, 438, 439, 442, 446, 457, 474, 476, 478, 481, 487, 492, 493, 499, 501, 511, 522-524, 528, 529, 546, 553, 563, 567-569, 572, 579, 590, 617, 622, 624, 625, 643, 661, 668

身體上的挑戰 physical challenges 226

帝國贊助譯場 imperial bureaus 218

動機和方法 motivation, strategies 41, 218, 220

《翻譯名義集》 *Mahāvyuttpati* 230, 643

聶‧旺嘎格西 dGe bshes gNyag dbang rgyal 604, 637

聶拉木 gNya' lam 234, 237, 238, 239

聶納朗 sNye nam glang 234, 238

聶斯托留派基督教 Nestorian Christianity 31

聶塘 sNye thang 179, 192, 193, 195, 196, 254, 443

聶羅柔 gNya' lo ro 469

舊居 gZims khang rnying ma 600

舊譯派 snga 'gyur 7, 131, 452, 496

薩千‧貢噶寧波 Sa chen Kun dga' snying po 9, 42, 43, 92, 281, 301, 305, 321, 337, 341, 344, 462, 467, 493, 497, 517, 539, 550, 564, 592, 612, 613, 618, 663

薩千逝世的週年日 Sachen's

death, rites for the recollection of 598
〈薩千尊者頌〉rJe sa chen la bstod pa 600
薩佳那 Sajjana 454, 500
薩哈佳比拉撒 Sahajavilāsa 346
《薩迦世系廣史》gDung rabs chen mo 465, 475, 487-493, 560-566, 573, 574, 640-647, 650, 651, 657
《薩迦全集》Sa skya bka' 'bum 345, 539, 607, 671
薩迦寺 Sakya Monastery 23, 24, 27, 42, 43, 55, 243, 257, 273, 435, 436, 464, 473, 497, 517-521, 524, 536, 545, 550, 564, 570, 591, 592, 594, 602, 604-606, 623, 633, 635, 636, 663, 668
薩迦寺遺址 sa kya gog po 473
薩迦派 Sakyapa 6, 8, 9, 10, 17, 19, 39, 40, 43, 44, 52, 82, 91, 92, 96-99, 110, 117, 134, 257, 276, 281, 283, 293, 295, 301, 304, 305, 307, 310, 311, 313, 317, 320, 321, 323, 333-335, 338, 341, 343, 347, 350, 460, 462-464, 468, 470-473, 487-491, 493-497, 511, 518, 520, 532, 537, 540, 544, 547, 560-563, 565, 569, 574, 576, 578, 580, 591, 595, 599, 601, 605, 607, 612, 613, 615, 617, 618, 621, 622, 624, 625, 627, 634-636, 641, 662, 663, 668
《薩迦派口訣集要寶鬘》dPal sa skya pa'i man ngag gces btus pa rin po che'i phreng ba 565
薩迦班智達 Sa skya Paṇḍita 29, 30, 43, 44, 50, 51, 58, 91, 108, 346, 496, 501, 508, 545-547, 549, 550, 555, 571, 581, 591, 592, 596, 599, 602-606, 608, 611-615, 629, 635, 643, 644, 646-648, 650, 664
《薩迦班智達之不共口訣》Sa skya paṇḍi ta'i thun mong

ma yin pa'i gdams ngag
546
《薩迦班智達之特殊口訣》*Sa skya paṇḍi ta'i khyad par gyi gdams pa* 546
薩迦傳承 Śākya lineage 31, 618
薩曼塔封建制度 sāmanta feudalism 61, 68, 616, 659, 668
薩曼塔師利 Samantaśrī 502
《薩訴瑪》*Sag shub ma* 618
薩當頂 Sag thang sdings 527
薩滿教 shamanism 31
薩瑪・瑪紀 Zha ma Ma gcig 261, 514, 515, 516, 517, 550, 552, 559, 560
薩瑪・確吉傑波 Zha ma Chos kyi rgyal po 259, 261
薩瑪氏 Zhama 474, 515, 529, 531, 544, 550
薩熱哈 Saraha 79, 85, 336, 337, 437, 530, 556
《薩熱哈道歌藏》*Sarahapādasya dohākoṣa* 369
《藍琉璃》*Baiḍūrya sngon po* 395, 424
藍袍宗 nīlāmbara 191
藏巴・嘉磊 gTsang pa rGya ras 550
藏布巴・貢確僧格 gTsang po pa dKon mchog seng ge 590
藏章 gTsang 'gram 176
藏惹色 gTsang Rab gsal 164, 165
藏達・德巴也謝 gTsang dar Dad pa ye shes 255
藏寧・黑嚕嘎 Tsang smyon Heruka 251
轉依 śrayaparivṛtti 407, 630
轉輪王 vidyādharacakravartin 59, 69
邈川大酋 Miaoquan chieftain 168
《醫學四續》*rGyud bzhi* 186, 395

【十九劃】

瓊瓦 'Ching nga 141, 386
瓊波・札謝 Khyung po Grags se 453, 480
瓊波・岳素普 Khyung po g.Yu'i

zur phud 308

瓊波・僧格堅贊 Khyung po Seng ge rgyal mtshan 187

瓊波南覺 Khyung po rNal 'byor 110, 319, 363, 497, 663

瓊結 'Phyong rgyas 124, 131, 179, 414, 505, 667, 670

繪畫 paintings 132, 383, 448

羅千・達瑪師利 Lo chen Dharma Shrī 476, 615

羅巴帕 Lwabapa 90

羅克。另見：興貢・羅克波 Rok. See also: gShen sgom rog po 299, 355, 363

羅格奔・謝拉維 Rok ban Shes rab 'od 402, 428

羅納曲森 Lo nag gtsug san 172

羅敦・多傑汪曲 Lo ston rDo rje dbang phyug 171, 175, 177, 187

羅徹 Rocher, L. 404

羅濕陀羅拘陀王朝 Rāṣṭrakūṭas 60, 62, 65, 162

隴塘度母寺 Glong thang sgrol ma 396

難勝月 Durjayacandra 291, 297, 349, 350, 525, 596, 624, 625, 655

龐亭巴・語自在稱 Phamthingpa Vāgīśvarakīrti 228

龐亭巴兄弟 Pamthingpa brothers 252

龐敦 Bang ston 195

龐勳兵變 Pangxūn mutiny 130

【二十劃】

寶生寂 Ratnākaraśānti 82, 228, 269, 297, 303-306, 356, 373

寶吉祥友 Ratnaśrīmitra 350

《寶性論》 *Ratnagotravibhāga* 194, 328, 366, 432, 454, 481

《寶炎成就法》 *Ratnajvalasādhana* 313, 350, 359

寶金剛 Ratnavajra 305, 318, 334, 343, 344, 350, 351

寶聖智 Ratnaśrījñāna 373, 624

《寶積經》 *Ratnakūṭa* 523, 592, 605

繼承 inheritance 23, 27, 29-31, 34, 38, 40, 43, 44, 61, 105,

122, 123, 125, 126, 143, 161, 170, 191, 197, 199, 248, 263, 375, 415, 436, 457, 459, 460, 474, 495-497, 509, 512, 513, 519, 520, 539, 582, 587, 591, 630, 660, 661, 663
蘇巴寂尼 Subhaginī 90
蘇卡悉地 Sukhasiddhi 98
蘇克世馬迦納 Sūkṣmajana 500
蘇克漢庫惹 Sukhāṅkura 334
《蘇悉地經》 Susiddhikara 73
蘇嘎多傑 gZu dga' rdo rje 229
覺沃佛 Jo bo 384, 386, 446
覺渥‧東納巴 Jo bo gDong nag pa 473
覺賢 Bodhibhadra 228
覺贊‧璞孃 Jo lcam Phur mo 595
覺囊派 Jo nang pa 84, 665, 667
釋迦協繞 Shākya shes rab 164
《釋量論》 Pramāṇavārtika 228, 430

【二十一劃】

《攝行燈論》 Caryāmelāpaka-pradīpa 511, 558
灌頂 abhiṣeka 27, 39, 54, 67, 68, 75, 76, 83, 88, 89, 95, 96, 100-102, 109, 112, 113, 139, 200, 222, 234, 240, 241, 303, 313, 328, 329, 332, 338, 346, 350, 370, 398, 407, 427, 457, 458, 460, 461, 463, 471, 502, 506, 515, 516, 523-525, 536-538, 540-542, 544, 570, 571, 592, 598, 610, 616, 618, 621-624, 631, 632, 644, 653-655, 667
《續部總集》 rGyud sde spyi'i rnam par gzhag pa 111, 370, 458, 597, 601, 625, 626, 627, 629, 630, 633, 651, 656

【二十二劃】

囊塘噶坡 rNam thang dkar po 298
歡喜光輝 dga' ba 'od 'phro 446, 479

【二十三劃】

《顯中論》 *Madhyamakāloka* 499

【二十五劃】

觀世音菩薩 Avalokiteśvara 96, 243, 316, 400, 401, 405, 415, 420, 442, 445, 446, 448, 452, 478, 494, 518, 528, 547, 617, 646

【二十六劃】

〈讚頌此地〉 gNas bstod nyams dbyang 567, 574, 638

國家圖書館出版品預行編目資料

重振西藏文化的密續佛教 / 羅納德. 戴維森 (Ronald M. Davidson)著；黃書蓉，陳桂芬，釋若理，陳美靜，洪琬雯譯. -- 初版. -- 臺北市：法鼓文化, 2024.12
面； 公分

譯自：Tibetan renaissance : Tantric Buddhism in the rebirth of Tibetan culture.
ISBN 978-626-7345-54-2(平裝)

1.CST: 藏傳佛教 2.CST: 佛教史 3.CST: 西藏自治區

226.968   113016180

法鼓文理學院譯叢 [6]
Dharma Drum Institute of Liberal Arts Translation Series 6

重振西藏文化的密續佛教
Tibetan Renaissance: Tantric Buddhism in the Rebirth of Tibetan Culture

著者	羅納德・戴維森（Ronald M. Davidson）
譯者	黃書蓉、陳桂芬、釋若理、陳美靜、洪琬雯
校潤	梅靜軒
主編	釋果鏡
出版	法鼓文化
總監	釋果賢
總編輯	陳重光
編輯	莊國彬
封面設計	黃聖文
地址	臺北市北投區公館路186號5樓
電話	(02)2893-4646
傳真	(02)2896-0731
網址	http://www.ddc.com.tw
E-mail	market@ddc.com.tw
讀者服務專線	(02)2896-1600
初版一刷	2024年12月
建議售價	新臺幣1000元
郵撥帳號	50013371
戶名	財團法人法鼓山文教基金會—法鼓文化
北美經銷處	紐約東初禪寺 Chan Meditation Center (New York, USA) Tel: (718)592-6493 E-mail: chancenter@gmail.com

TIBETAN RENAISSANCE by Ronald M. Davidson
Copyright © 2005 Columbia University Press
Chinese Complex translation copyright © (2024)

by Dharma Drum Cultural and Educational Foundation–Dharma Drum CORP.
Published by arrangement with Columbia University Press
through Bardon-Chinese Media Agency
博達著作權代理有限公司
ALL RIGHTS RESERVED

本書如有缺頁、破損、裝訂錯誤，請寄回本社調換。版權所有，勿翻印。

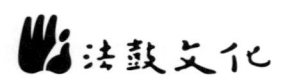